Erläuterungen und Beispiele (Auswahl)

OPERATOREN	ERLÄUTERUNGEN	BEISPIELE
Anforderungsbereich I (Reproduktion: wiederholen, wiedergeben usw.)		
nennen **aufzählen** **feststellen**	bestimmte Informationen zusammentragen, ohne sie zu erläutern	– *Stelle* fest, welche Position der Historiker Wehler zur Reichsgründung vertritt (Preußens Aufstieg mit „gewisser Folgerichtigkeit", Vorsprung/Macht durch Industrialisierung, Kriegsglück, politisches Geschick Bismarcks).
beschreiben **aufzeigen**	historische Sachverhalte auf das Wichtigste reduzieren	– *Beschreibe* den Wandel in Stadt und Land (Zuzüge in die Industriestädte, neue Infrastruktur der Städte, Konsum- und Unterhaltungskultur; Maschinisierung der Landwirtschaft, Arbeitskräftewanderungen).
schildern **skizzieren**	geschichtliche Aussagen und Probleme erkennen und zutreffend formulieren	– *Schildere*, wie die „mobile" Gesellschaft dargestellt wird (elektrische Straßenbahn, Fahrräder, erste Autos). – *Skizziere* stichwortartig den Eintritt der USA in den Krieg (neutrale Haltung, deutsche U-Boot-Angriffe, Kriegserklärung an Deutschland, militärische Überlegenheit).
zusammenfassen **wiedergeben**	das Erfragte aus geschichtlichen Aussagen in Quellen oder Darstellungen erkennen und nennen bzw. aufschreiben	– *Fasse* die Aussagen des Autors von M3 zusammen (keine Hilfe des Versailler Vertrages in wirtschaftlicher und politischer Hinsicht).
Anforderungsbereich II (Reorganisation und Transfer: erschließen, einordnen, übertragen usw.)		
herausarbeiten **erarbeiten**	aus Materialien bestimmte Sachverhalte herausfinden, die nicht alle ausdrücklich genannt werden	– *Erarbeite* an M4 die Kritik an der Weimarer Demokratie (Parteien und Parlamentarismus sind „undeutsch", Volksbetrug„; neuer Nationalismus mit dem Ziel eines neuen Reiches; Revolution durch das Proletariat gegen „die Reaktionäre". Kritik von zwei politisch extremen Seiten: rechts- und linksradikal).
analysieren **untersuchen**	Materialien nach bestimmten Methoden oder Kriterien (Merkmalen) erschließen	– *Analysiere* M1 unter dem Gesichtspunkt der beabsichtigten Wirkung auf die Bevölkerung (Fackelzug als „Show", auch Abseitsstehende zu beeindrucken, Gegner und Oppositionelle einzuschüchtern; fünfstündiger Zug; Eindruck des Monumentalen, Machtvollen, Unbesiegbaren; Verbot von Gegendemonstrationen). – *Untersuche* die Doppelstrategie der Nationalsozialisten im Freistaat Braunschweig ab 1930 („Radau machen und mitregieren", Koalition Bürgerliche Einheitsliste mit NSDAP, Verletzung der rechtlichen Ordnung, Störungen, Krawalle, Diskriminierung des Parlaments, militante Bekämpfung der Sozialdemokraten).
erklären	geschichtliche Sachverhalte in einen Zusammenhang einordnen und ggf. begründen	– *Erkläre*, warum die Swing-Jugend von den Nationalsozialisten verfolgt wurde (Jugendliche wurden als oppositionell betrachtetet, weil sie sich dem militärischen Drill entziehen wollten, gegen Marschmusik; „westliche Musik" galt als undeutsch).
erläutern	wie erklären (s. o.), aber durch zusätzliche Informationen und Beispiele verdeutlichen	– *Erläutere* anhand der Abfolge judenfeindlicher Maßnahmen die Folgen für die Betroffenen (geringe Schul- und Ausbildungschancen, Ausgrenzung, wirtschaftliche Nachteile, Berufsverbote, politische Entmündigung, Verfolgung und Verhaftung).

Europa heute

Abkürzungen in Europa:

- A. = Albanien
- B. = Bosnien-Herzegowina
- Bel. = Belgien
- Bul. = Bulgarien
- K. = Kosovo *(zzt. nur von 62 Staaten anerkannt)*
- Kro. = Kroatien
- Lux. = Luxemburg
- M. = Montenegro
- Ma. = Mazedonien
- Mol. = Moldawien
- Ndl. = Niederlande
- Öst. = Österreich
- Rum. = Rumänien
- S. = Schweiz
- Sk. = Slowakei
- Sl. = Slowenien
- Srb. = Serbien
- Tsch. = Tschechien
- Ung. = Ungarn
- Zyp. = Zypern

Abkürzungen in Afrika:

- Ä.Gu. = Äquatorial Guinea
- Be. = Benin
- Bu. = Burundi
- Ru. = Ruanda
- To. = Togo

Abkürzungen in Amerika:

- Dom. Rep. = Dominikanische Republik

Abkürzungen in Asien:

- Arm. = Armenien
- Aser. = Aserbaidschan
- Ba. = Bahrain
- Isr. = Israel
- Jord. = Jordanien
- K. = Katar
- Ku. = Kuwait
- Lib. = Libanon
- Syr. = Syrien
- V.A.E. = Vereinigte Arabische Emirate

„Jahrhundertschritt", Bronzeplastik von Wolfgang Mattheuer (1927–2004), 1984, 250 × 150 × 230 cm.

3. Die Weimarer Republik 1918 bis 1933

4. Der Nationalsozialismus – Ideologie und Herrschaftspraxis

5. Längsschnitt: Jüdisch-christliches Zusammenleben seit der Frühen Neuzeit

6. Die Neuordnung Europas und der Welt nach 1945

7. Längsschnitt: Migration im 19. und 20. Jahrhundert

Ergänzungsthemen

Anhang

Liebe Schülerin, lieber Schüler!

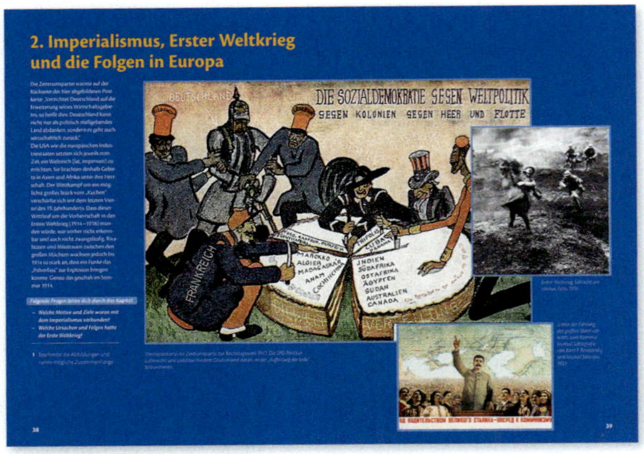

Vor dir liegt Band 9/10 von **Forum Geschichte**, mit dem du in der nächsten Zeit arbeiten wirst. Die Verfasserinnen und Verfasser des Buches haben für dich viele Quellen und Informationen zusammengestellt. Diese geben Auskunft darüber, was Menschen vor langer Zeit bewegt hat und womit sie sich heute noch beschäftigen.

Auftaktseiten

Jedes Kapitel beginnt mit einer Auftaktdoppelseite. Bilder und Leitfragen geben dir eine erste Vorstellung von den Themen und Fragen, um die es in den folgenden Geschichtsstunden gehen wird.

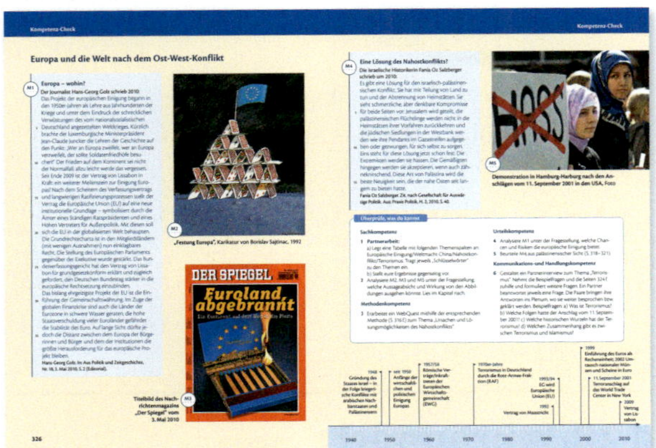

Kompetenz-Seiten

Jedes Kapitel teilt sich in Themenabschnitte, die mit einer **Orientierungsseite** beginnen. Du findest hier eine Übersicht über die Fähigkeiten („Kompetenzen“), die du in diesem Abschnitt erwerben und anwenden kannst.
Der Themenabschnitt endet mit zwei **Kompetenz-Checkseiten**, auf denen du deine Fähigkeiten überprüfen kannst. Die **Lösungen** findest du im Anhang.

Themenseiten

Die Themenseiten bilden den Kern des Kapitels. Meistens kannst du auf einer Doppelseite eine Themeneinheit zu einem wichtigen Problem aus der Geschichte erarbeiten. Dazu findest du Materialien wie schriftliche Quellen, Bilder, Karten, Schaubilder und Tabellen, die du mithilfe von Arbeitsaufträgen befragst und auswertest. Der Darstellungstext am Beginn der Themeneinheit vermittelt dir einen Überblick über das Thema. Er gibt dir einen roten Faden in die Hand, der dich durch die Arbeit mit den Materialien leitet.

M1

Alle **Textmaterialien** sind hellblau unterlegt. Sie haben einen blauen Materialpunkt.

Methoden- und Werkstattseiten
In den Kapiteln findest du Werkstatt- und Methodenseiten. Auf den **Methodenseiten** kannst du lernen, mit welchem „Handwerkszeug“ du aus den Materialien Erkenntnisse und Urteile gewinnst. Du findest hier Arbeitsschritte, mit deren Hilfe du zum Beispiel ein Bild, eine Karte oder eine schriftliche Quelle auswertest. Auf den **Werkstattseiten** kannst du immer etwas selbst machen.

Zusammenfassung
Am Ende des Kapitels kannst du dir mithilfe eines längeren Textes und eines Schaubildes noch einmal die wichtigsten historischen Zusammenhänge verdeutlichen.

Anhang
- **Historische Sachverhalte beschreiben und erörtern**
  Hier findest du Anregungen und Hilfen, wie du bei der Bearbeitung der Arbeitsaufträge historische Sachverhalte angemessen darstellen kannst.
- **Methodenübersicht**
  In der Methodenübersicht kannst du die Arbeitsschritte noch einmal nachschlagen, die du auf den Methodenseiten in Band 5/6 bis 9/10 von Forum Geschichte kennen gelernt hast.
- **Lexikon**
  Auf den Themenseiten sind manche Wörter mit einem * gekennzeichnet. Sie werden im Lexikon erklärt.
- **Register**
  Das alphabetische Register am Ende des Buches hilft dir, Informationen über Personen, Ereignisse und wichtige Begriffe im Buch schnell zu finden.

Operatoren
Die Erläuterungen und Beispiele helfen dir bei der Bearbeitung von Arbeitsaufträgen. Du findest sie im vorderen und hinteren Umschlag.

Die **Kästen**, die mit einem blauen Balken gekennzeichnet sind, informieren dich über wichtige Personen, Begriffe oder Ereignisse. Sie geben dir aber auch Tipps für Bücher oder Internetseiten.

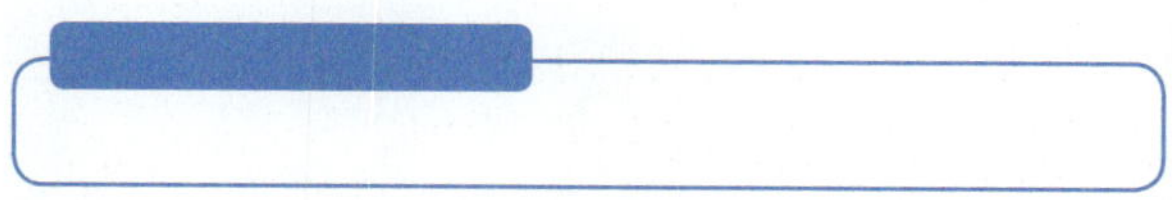

Die **Arbeitsaufträge** erkennst du an einer blauen Zahl. Wie die Materialien sind sie innerhalb einer Themeneinheit durchnummeriert. Einige Themen könnt ihr zu zweit oder in Gruppen erarbeiten. Darauf wirst du an entsprechender Stelle hingewiesen.

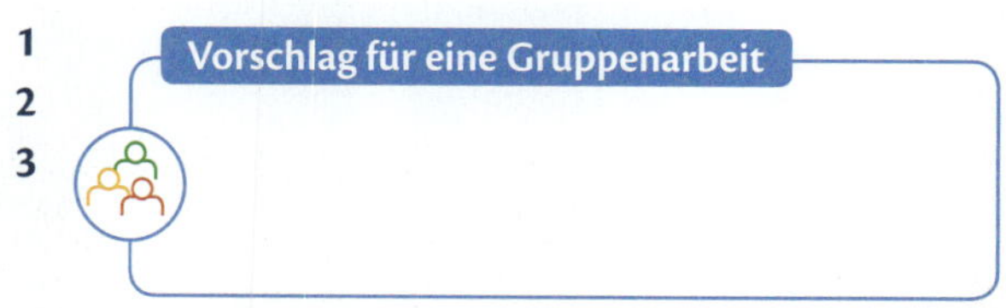

1. Das Deutsche Kaiserreich 1871 bis 1918

„Zwischen Tradition und Modernität“ – so wird die Situation Deutschlands in der zweiten Hälfte des 19. Jahrhunderts von Geschichtswissenschaftlern beschrieben. Während in anderen westeuropäischen Staaten wie England und Frankreich die Bildung von Nationalstaaten weitgehend abgeschlossen war, scheiterte ein solcher Versuch in Deutschland mit der Revolution von 1848/49. Damit war zunächst auch der Traum von bürgerlicher Freiheit und Demokratie zu Ende. Monarchische (adlige) Herrschaft und territoriale Zersplitterung kennzeichneten weiterhin die politische Lage Deutschlands.
Schließlich waren es die Fürsten selbst, die 1871 unter der Führung Preußens das Deutsche Reich gründeten und den preußischen König zum deutschen Kaiser ausriefen. Vielen erschien das Kaiserreich als die Erfüllung nationaler Wünsche und als Vollendung der deutschen Geschichte. Innerhalb weniger Jahrzehnte veränderte sich die Lebens- und Arbeitswelt vieler Menschen: Aus der Agrargesellschaft wurde eine Industriegesellschaft.

Der Kaiser kommt!
Laßt euere Häuser
abwaschen
vom Glas- und Gebäude-Reinigungs-Institut
„Borussia“
J. Lehmacher, Bachstrasse 18.
Fernsprecher 1179.

Folgende Fragen leiten dich durch das Kapitel:

- ***Wie kam es zur Gründung des Deutschen Kaiserreiches?***
- ***Welche Kräfte beeinflussten den Wandel im Kaiserreich?***

1 Beschreibe deinen Eindruck von der Abbildung auf der Postkarte.

2 Erörtert, welcher Zusammenhang zwischen den vier Abbildungen bestehen könnte.

Großes Bild: Postkarte aus dem Jahr 1909, abgebildet ist Kaiser Wilhelm II. bei einer Truppenparade.

Links: Anzeige einer Gebäudereiniger-Firma in Bonn, um 1910

Oben rechts: Kaiser Wilhelm II., Gemälde von 1890

Unten rechts: Der prassende Altersrentner, Farblithografie aus dem Wochenblatt „Der wahre Jakob", 1891

Herrschaft und Gesellschaft im Kaiserreich

Wissen • Urteilen • Kommunizieren/Handeln • Methoden anwenden

Am Ende dieses Unterkapitels kannst du

- beschreiben, wie es zur Gründung des Deutschen Reiches 1871 kam
- erklären, wie im Reich die politische Macht verteilt war
- die Bismarck'sche Außenpolitik erläutern
- den Wandel in Gesellschaft und Wirtschaft zeigen
- darstellen, welche politischen Konflikte im Reich ausgetragen wurden
- beurteilen, ob das Deutsche Reich ein Obrigkeitsstaat war
- **Methode** Historiengemälde deuten

Nationalstaatsgründungen in Europa[1]

[1] während des 19. und beginnenden 20. Jahrhunderts

1870/71
Krieg der deutschen Staaten gegen Frankreich

1871
Gründung des Deutschen Reiches

1870 · 1875 · 1880

Durch Krieg zur Einheit

Konflikt zwischen Preußen und Österreich

Eine wichtige Rolle auf dem Weg zur Reichsgründung spielte Otto von Bismarck, der seit 1862 preußischer Ministerpräsident war. Neben Preußen war Österreich der zweite große Machtfaktor unter den deutschen Fürstenstaaten. Beim Streben nach der Vorherrschaft in Deutschland schien ein Konflikt der beiden Kontrahenten unausweichlich. Zunächst kämpften Österreich und Preußen 1864 noch gemeinsam in einem Krieg gegen Dänemark um den Besitz der Fürstentümer Schleswig und Holstein. Nicht ganz zwei Jahre später jedoch begann mit dem Vormarsch preußischer Truppen auf österreichisches Interessengebiet im Juni 1866 der Preußisch-Österreichische Krieg, aus dem Preußen nach nur wenigen Wochen als Sieger hervorging. Eine 1848 noch für möglich gehaltene „großdeutsche Lösung" bei der Bildung eines deutschen Nationalstaates war durch diesen Krieg unmöglich geworden.

Im selben Sommer forderte Preußen die norddeutschen Staaten auf, einen neuen Bund zu schließen. Er sollte innere und äußere Sicherheit garantieren und eine Bundesverfassung als Grundlage erhalten. Das Bündnis trat am 1. Juli 1867 in Kraft (Norddeutscher Bund). Parallel dazu hatte sich der neue Zollverein gebildet: Zwischen den Staaten des Norddeutschen Bundes und den vier süddeutschen Staaten waren nun alle Zollgrenzen gefallen.

Biografie

Bismarck

Otto von Bismarck (1815–1898) entstammte einer alten preußischen Landadelfamilie und wurde im Sinne konservativer, monarchisch geprägter Werte erzogen. Als konservativer Abgeordneter im preußischen Landtag tat er sich dort als Kämpfer gegen die Revolution von 1848 hervor. 1862 berief ihn König Wilhelm I. zum preußischen Ministerpräsidenten. Bismarcks aggressive Kriegspolitik nach außen und seine geschickte Diplomatie gegenüber den deutschen Fürsten führten 1871 zur Gründung des Deutschen Kaiserreichs, dessen Politik er als Reichskanzler bis 1890 bestimmte.

Einheit durch Krieg

Im europäischen Ausland sprach sich besonders Frankreich gegen die Bildung eines deutschen Staates aus. Zu groß war die Angst vor einem so mächtigen Nachbarn im Osten. Als dann auch noch ein Verwandter des preußischen Königs aus dem Hause Hohenzollern König von Spanien werden sollte, erhob Frankreich Einspruch. Obwohl die Kandidatur daraufhin zurückgezogen wurde, verlangte Frankreich vom preußischen König die Zusage, nie wieder der Kandidatur eines Hohenzollernprinzen für den spanischen Thron zuzustimmen. König Wilhelm, der sich gerade zur Kur in Bad Ems aufhielt, lehnte diese Zusage ab. Daraufhin formulierte Bismarck eine Pressemitteilung, die Frankreich in der Öffentlichkeit zutiefst beleidigen musste. Diese Provokation genügte, um Frankreich zu einem militärischen Eingreifen zu verleiten. Am 19. Juli 1870 erklärte Frankreich Preußen den Krieg.

Auch dieser Krieg, der Deutsch-französische Krieg, endete mit einem Sieg Preußens und der anderen deutschen Staaten. Noch während der militärischen Auseinandersetzung fand am 18. Januar 1871, unter dem Eindruck des sich abzeichnenden Sieges, die feierliche Gründung des Deutschen Reiches im Spiegelsaal von Versailles statt. König Wilhelm I. von Preußen wurde zum deutschen Kaiser ernannt. Frankreich musste hohe Kriegsentschädigungen an das Deutsche Reich zahlen und auch noch Elsass-Lothringen abtreten. Innerhalb der Grenzen des Deutschen Reiches („Kaiserreich" 1871–1918) mit 22 monarchischen Staaten, drei republikanischen Stadtstaaten und dem Reichsland Elsass-Lothringen lebten etwa 42,5 Millionen Einwohner. Darunter waren 3 Millionen Polen, 0,2 Millionen Dänen und in Elsass-Lothringen 1,5 Millionen Franzosen.

1 Beschreibe anhand des Darstellungstextes die Phasen auf dem Weg zur Gründung des Deutschen Reiches und schätze die Handlungsspielräume der agierenden Politiker bzw. Staaten ein. Ziehe den Kasten heran.

2 Ordne anhand der Karte auf S. 10 die Gründung eines Nationalstaates (Deutsches Reich) von 1871 in den Vorgang der Nationalstaatsgründungen in Europa ein. Kläre dazu den Begriff „Nationalstaat".

3 Formuliere Fragen zur Gründung eines einheitlichen Staates in Deutschland im 19. Jahrhundert.

M1 **Die Länder des Deutschen Reichs:**
A. politische Entwicklung 1864 bis 1871
B. Sprachen 1914
C. Konfessionen 1914

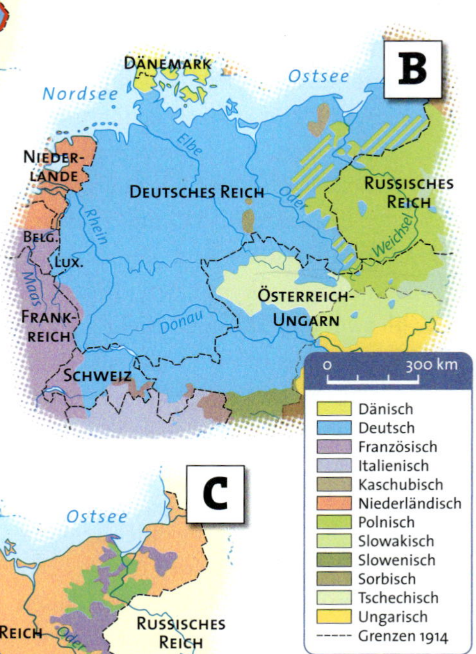

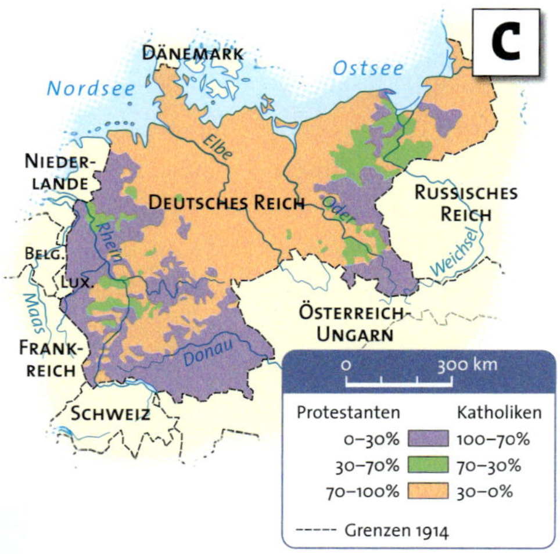

M2

Siegestaumel …

Tagebucheintrag der Baronin Spitzemberg über die Stimmung in Berlin, 3. März 1871:

Und was für ein Friede für uns Deutsche! Herrlicher und glorreicher, als wir je einen geschlossen! Vereint zu einem Reiche, dem größten, mächtigsten, gefürchtetsten in Europa, groß durch seine physische Macht nicht allein, größer noch durch seine Bildung und den Geist, der das Volk durchdringt! … Glücklich sind wir, … dass wir noch jung genug sind, … um die … reichen und segensvollen Früchte zu genießen, die aus dieser unter Blut und Tränen gesäten Saat hervorgehen. Möge Gott den Geist meines Volkes also lenken, dass seine Entwicklung eine friedliche und zivilisatorische bleibe, sein Reich ein Reich des Lichts, der Freiheit, der wahren, christlichen Gesinnung sei!

Zit. nach Geschichte in Quellen, Bd. 5, hg. von Wolfgang Lautemann u. a., München (bsv) 1980, S. 370.

M3

… und Kritik

Der Abgeordnete der Sozialdemokratischen Arbeiterpartei August Bebel schrieb 1874 in einer Wahlkampfbroschüre:

Als am 3. März 1871 unter dem Glockengeläute und Kanonendonner für den Versailler Frieden dieser Reichstag gewählt wurde, gab es wohl viele, die hoffnungsselig ihm entgegensahen. Aber das durch „Blut und Eisen" mühsam zusammengeschweißte „Reich" ist kein Boden für bürgerliche Freiheit, geschweige für die soziale Gleichheit. Staaten werden mit den Mitteln erhalten, durch die sie gegründet wurden. Der Säbel stand als Geburtshelfer dem „Reich" zur Seite, der Säbel wird es ins Grab begleiten.

August Bebel, Die Sozialdemokratie im deutschen Reichstag, Bd. 1, Berlin (Vorwärts) 1909, S. 3 f.

M4

Tschechische Karikatur auf die deutsche Expansionspolitik, Humoristické listy, 1871. (Übersetzung der Unterschrift:
Bismarck: „Bitte, wohin soll ich den Grenzstein setzen?"
Wilhelm: „Setzen? Nirgendwohin! Wir stellen ihn auf ein Wägelchen und fahren ihn, wohin wir wollen!")

M5

Eisen und Blut statt Mehrheitsbeschlüsse

Vor der Budgetkommission des Abgeordnetenhauses machte Bismarck am 30. September 1862 folgende Bemerkung:

Nicht auf Preußens Liberalismus sieht Deutschland, sondern auf seine Macht: Bayern, Württemberg, Baden mögen den Liberalismus dulden, darum wird ihnen noch keiner Preußens Rolle anweisen; Preußen muss seine Kraft ... zusammenhalten auf den günstigen Augenblick, der schon einige Male verpasst ist; Preußens Grenzen nach den Wiener Verträgen sind zu einem gesunden Staatsleben nicht günstig; nicht durch Reden und Mehrheitsbeschlüsse werden die großen Fragen der Zeit entschieden – das ist der große Fehler von 1848 gewesen –, sondern durch Eisen und Blut.

Otto von Bismarck, Die gesammelten Werke, Bd. 10, Berlin (Stollberg) 1928, S. 140.

M6

Gab es Alternativen zur Reichsgründung?

Der Historiker Hans-Ulrich Wehler schrieb 1995:

[Es] drängt sich doch das Urteil auf, dass Preußen mit einer gewissen Folgerichtigkeit in den 1860er-Jahren zur Vorherrschaft im deutschsprachigen Mitteleuropa aufstieg ... Die Industrielle Revolution verlieh Preußen den Vorsprung einer wirtschaftlich wahrhaft modernen Macht ... Die militärische Schlagkraft erwies sich in zwei Großmachtkriegen als gewaltig ... Bismarck übte ... die entscheidenden Führungsfunktionen aus ... Die Macht des liberalen Nationalismus, das Kriegsglück, der politische Genius Bismarck – nichts davon ließ sich um 1860 voraussagen, alles musste aber im folgenden Jahrzehnt zusammenschießen, um die eigentliche Erfolgsdynamik zu schaffen.

Hans-Ulrich Wehler, Deutsche Gesellschaftsgeschichte, Bd. 3, München (C. H. Beck) 1995, S. 334.

Begriffe und Daten

1871 Reichsgründung

Die Gründung des Deutschen Reiches im Januar 1871 erfolgte durch die Proklamation (amtliche Verkündigung, Ausrufung) des preußischen Königs Wilhelm I. zum deutschen Kaiser. Nach längeren Verhandlungen mit den süddeutschen Staaten gelang damit die Gründung eines Nationalstaates als „kleindeutsche" Lösung unter Führung Preußens.

4 Beschreibe an M1A–C die Struktur des Deutschen Reiches bis 1914.

5 Stelle anhand von M2 und M3 dar, welche Hoffnungen und welche Befürchtungen mit der Reichsgründung verbunden waren.

6 Beurteile die Rolle Otto von Bismarcks im Prozess der Reichsgründung (M5, Darstellungstext, Kasten Bismarck).

7 Stelle fest, welche Position der Historiker Wehler (M6) zur Reichsgründung vertritt.

8 Untersuche M4 mithilfe der Arbeitsschritte „Karikaturen entschlüsseln" im Anhang.

Historiengemälde deuten

M1 **Die Proklamation des Deutschen Kaiserreichs im Spiegelsaal zu Versailles am 18. 1. 1871,** Gemälde von Anton von Werner, 1877. Der Künstler nahm im Auftrag des Hofes an der Zeremonie in Versailles teil. In den folgenden Jahrzehnten erarbeitete er vier Fassungen des Gemäldes. Das 4,30 × 7,30 m große Bild (1. Fassung) schenkten die Fürsten Wilhelm I. zum 80. Geburtstag. Es wurde bei einem Angriff auf das Berliner Schloss im Zweiten Weltkrieg zerstört.

Bild, Absicht und Wirklichkeit

Historienbilder sind „Geschichtsbilder“. Oft stellen sie einen aufsehenerregenden Moment der Vergangenheit dar. Häufig handelt es sich dabei um Auftragsarbeiten, die ein bestimmtes Ziel verfolgen. Im Mittelpunkt stehen meistens eine große, handelnde Einzelpersönlichkeit oder ein historisches Ereignis, die in einem bestimmten Licht erscheinen sollen. Die Erinnerung an das Ereignis oder die Person soll Handlungen in der Gegenwart rechtfertigen. Historiengemälde verraten uns deshalb oft mehr über die Zeit, in der sie entstanden sind, als über das abgebildete Ereignis oder die Person selbst. Deshalb sind sie nicht als objektive Quelle anzusehen. Historienbilder sind vielmehr Darstellungen, die etwas Symbolhaftes, überzeitlich Bedeutsames zeigen wollen. Bildquellen sind daher wie andere Quellen auch kritisch zu betrachten.

Arbeitsschritte

1. Schritt: Das Bild beschreiben

- Welches Ereignis ist dargestellt?
- An welchem Ort spielt sich das Geschehen ab?
- Welche Personen sind zu sehen? Welche stehen im Mittelpunkt?

2. Schritt: Die Entstehung des Bildes untersuchen

- Wer hat es gemalt?
- Wer hat es in Auftrag gegeben?
- Für welchen Zweck wurde es geschaffen?
- Welcher Zeitraum liegt zwischen dem Ereignis und der Entstehung des Bildes?
- Hat der Maler das Geschehen selbst miterlebt?

3. Schritt: Bild und Wirklichkeit vergleichen

- Suche nach Abbildungen (Fotos, Gemälde, Zeichnungen usw.), die das gleiche Ereignis zeigen.
- Ziehe gegebenenfalls schriftliche Informationen und Quellen heran.

4. Schritt: Die Aussage des Bildes erschließen

- Was wollte der Maler dem Betrachter zeigen? Berücksichtige, ob es Abweichungen zwischen Bild- und weiteren Quellenaussagen gibt.
- Welche Wirkung wollte der Künstler beim Publikum erreichen?
- Welche Informationen erhalten wir über das zentrale Thema des Bildes hinaus, die z. B. Aufschluss geben über politische, gesellschaftliche Verhältnisse oder über die Kultur (zur Zeit des dargestellten Ereignisses bzw. des Künstlers)?

M2 **Die Proklamation des Deutschen Kaiserreichs im Spiegelsaal zu Versailles am 18.1. 1871,** Gemälde von Anton von Werner, 1885. Das 1,70 × 2,00 m große Bild (3. Fassung) war ein Geschenk Kaiser Wilhelms I. an Bismarck zu dessen 70. Geburtstag. Es hängt heute im Bismarck-Museum in Friedrichsruh. Die weiße Uniform hat Bismarck am 18. Januar 1871 nicht getragen.

M3 Die Gefühle des Kaisers

Wilhelm I. schrieb am 18. Januar 1871 aus Versailles an seine Gemahlin:

Eben kehre ich vom Schlosse nach vollbrachtem Kaiserakt zurück! Ich kann Dir nicht sagen, in welcher morosen[1] Emotion ich in diesen letzten Tagen war, teils wegen der hohen Verantwortung, die ich nun zu übernehmen habe, teils und vor allem über den Schmerz, den preußischen Titel verdrängt zu sehen! In einer Konferenz gestern mit Fritz [dem Kronprinzen], Bismarck und Schleinitz [Minister des Königlichen Hauses] war ich zuletzt so moros, dass ich drauf und dran war, zurückzutreten und Fritz alles zu übertragen! Erst nachdem ich in inbrünstigem Gebet mich an Gott gewendet habe, habe ich Fassung und Kraft gewonnen!

Briefe Kaiser Wilhelms des Ersten, hg. von Erich Brandenburg, Leipzig (Insel) 1911, S. 254.

[1] mürrischen

M4 „Fälschungen"?

Der Historiker Michael Sauer schrieb 2000:

Bis in die jüngste Zeit hat man von Werners Gemälde als eine geradezu fotodokumentarische Wiedergabe des Geschehens aufgefasst ... Gerade die Genauigkeit und Realität der Details indes täuscht darüber hinweg, dass es sich bei der „Kaiserproklamation" um eine Inszenierung und Stilisierung der Ereignisse handelt ... Tatsächlich hat Werner ja den Krönungsakt miterlebt und ihn skizziert. Aber der Maler hat mit seinem Bild nicht einfach eine Wiedergabe des Ereignisses, sondern eine historische Deutung und Würdigung geliefert ... [In Bild M1 erscheint die Reichsgründung – Verf.] als Werk der Fürsten, aber mehr noch der Militärs ... [Bild M2 – Verf.] rückt ... eine andere Perspektive in den Vordergrund, nämlich die preußische ... Im Zentrum des Bildes stehen Wilhelm und seine drei Paladine[1] Bismarck, Moltke und Roon. ... [Tatsächlich hat Bismarck – Verf.] in Versailles einen blauen Waffenrock getragen, ... und Roon hatte wegen Krankheit an der Zeremonie gar nicht teilgenommen.

Michael Sauer, Bilder im Geschichtsunterricht, Seelze-Velber (Kallmeyer) 2000, S. 118 f.

[1] treue Gefolgsleute

1 Analysiere anhand der Arbeitsschritte jeweils eine Deutung für M1 und M2.

2 Vergleiche M1 mit M2 und stelle die Unterschiede fest. Konzentriere dich dabei auf die Hauptpersonen Wilhelm I. und Bismarck.

3 Suche nach Erklärungen für die von dir notierten Unterschiede. Berücksichtige dabei die Textquelle M3 und den Historikertext M4.

4 Diskutiert in der Klasse die Frage, ob man Historienbilder als „Fälschungen" bezeichnen kann.

Die Verfassung von 1871: Einheit vor Freiheit und Demokratie?

Die Verfassung des Kaiserreichs

Das Deutsche Reich von 1871 war nach dem Vertrag der Fürstentümer und Freien Reichsstädte ein Bundesstaat*. Die Verfassung des Reiches jedoch war unter der Regie des preußischen Ministerpräsidenten Bismarck entworfen worden. Sie sollte die Monarchie sichern, das demokratisch gewählte Parlament als Machtfaktor weitgehend ausschalten und einen liberalen Nationalstaat verhindern. Der peußische Teilstaat umfasste etwa zwei Drittel des Reichsgebietes, drei Fünftel der Reichsbevölkerung wohnten in Preußen. Im Reichsheer stellte es zwei Drittel der Soldaten. Im Bundesrat, der Vertretung der Regierungen aller Mitgliedsstaaten des Reiches, hatte Preußen 17 von 58 Stimmen. Überstimmt werden konnte es nur, wenn mehrere Mittelstaaten sich zusammenschlossen. Die Reichsverfassung war gegen den Willen Preußens nicht zu verändern.

Wenn auch die Einzelstaaten nicht mehr souverän waren, so besaßen sie doch eigene Hoheitsrechte im Justiz- und Schulwesen, in der Steuer- und Finanzpolitik sowie in Verfassungs- und Gesetzgebungsangelegenheiten. Als Preis für seinen Beitritt zum Deutschen Reich erhielt Bayern Sonderrechte. Im Bundesrat hatte Bayern sechs, die übrigen Königreiche hatten nur vier Stimmen. Da das Reich kein Staatenbund* mehr war, rangierte das Reichsrecht vor dem Landesrecht: Reichsrecht „brach" Landesrecht.

Anders als die Paulskirchenverfassung von 1848/49 enthielt die Reichsverfassung keine Grundrechte, die den Einzelnen vor staatlicher Willkür schützten. Grundrechte gab es nur in einzelnen Länderverfassungen. Weitere Schwachpunkte sahen Kritiker der Verfassung in der kaum kontrollierten Macht des Kaisers und dem Übergewicht Preußens.

M2 Preußen und das Reich

Freiherr von Mittnacht vor dem württembergischen Parlament am 7. Dezember 1899:

Preußen ist für sich allein eine Großmacht, der König von Preußen ist zugleich deutscher Kaiser, der preußische Ministerpräsident zugleich Reichskanzler. Preußen wird und kann niemals die politische Führung im Reiche in wichtigen Angelegenheiten, vielleicht in Lebensfragen der deutschen Nation aus der Hand geben. Wir leben ... in einem Bundesstaat, in welchem ein Einzelstaat eine ganz überwiegende Macht und Bedeutung hat, und diesem Staat die Führung und Initiative in Reichsangelegenheiten zu entwinden, das möge man sich nicht zu leicht vorstellen.

Verhandlungen der Württembergischen Kammer der Abgeordneten auf dem 34. Landtag in den Jahren 1899/1900. Protokoll-Band III, Stuttgart, 1900, S. 2141.

konstitutionelle Monarchie

M1 Die Verfassung des Deutschen Reiches von 1871

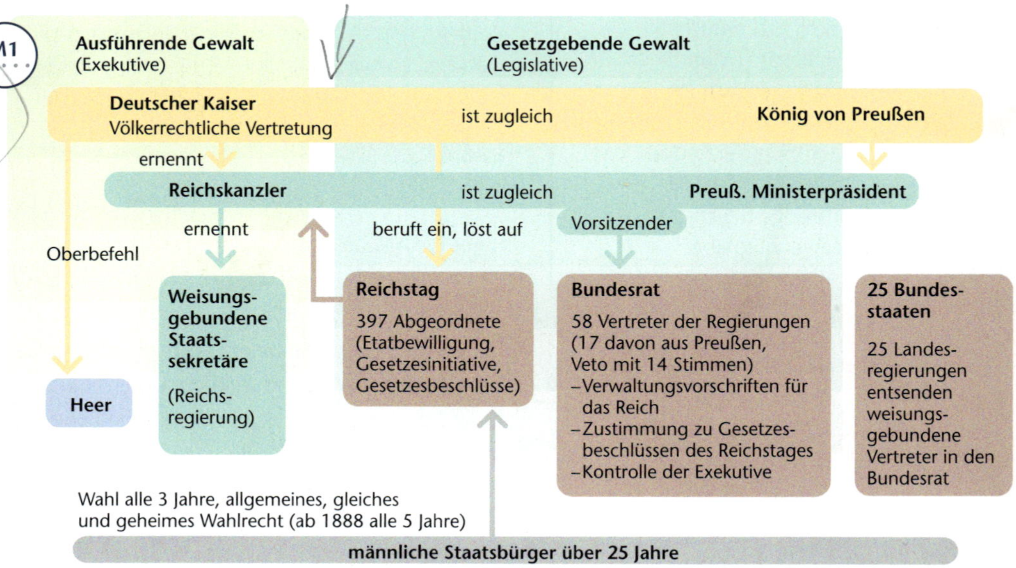

Verhältnis
Welche Rolle spielt Reichstag/Bundesrat

M3

Über den Reichstag

Bismarck in einem Brief an Ludwig II. von Bayern (12. August 1878):

Der Zweck des Deutschen Reiches ist der Rechtsschutz; die parlamentarische Tätigkeit ist, als der bestehende Bund der Fürsten und Städte gegründet wurde, als ein Mittel zur Erreichung des Bundeszweckes, aber nicht als Selbstzweck aufgefasst worden. Ich hoffe, dass das Verhalten des Reichstages die verbündeten Regierungen nicht zwingen wird, die Konsequenzen dieser Rechtslage jemals praktisch umzusetzen. Aber ich bin mir nicht sicher, ob die Mehrheit des jetzt gewählten Reichstages schon der richtige Ausdruck der ... loyal und monarchisch gesinnten Mehrheit der deutschen Wähler ist. Sollte das nicht der Fall sein, so wird die Frage einer ... Auflösung in die Tagesordnung treten.

Michael Stürmer (Hg.), Bismarck und die preußisch-deutsche Politik 1871–1890, 3. Aufl., München (dtv) 1978, S. 128 f. Bearb. d. Verf.

M4

Ein „persönliches Regiment“

Der Politiker H. v. Sybel beschrieb 1871 in einer englischen Zeitschrift die Grundlagen des deutschen Regierungssystems:

Bleibe nicht die Regierung des Königs oder des Kaisers, wenngleich einsichtig, gemäßigt und erfolgreich, trotz alledem ein gouvernement personnel [persönliches Regiment]? Es würde nicht viel helfen ... anzuführen, dass wir Parlamente haben, ... ein deutsches und ein preußisches, dass wir für beide das allgemeine und wenigstens für jenes auch das gleiche, direkte und geheime Stimmrecht besitzen, ... dass sie [die Regierung] ... keine Gesetze ohne parlamentarische Zustimmung erlässt ... Aber nicht minder gewiss ist es freilich, dass das neue Reich kein verantwortliches Ministerium und sein Parlament kein Recht zur Ministeranklage ... besitzt. Bleibt ein ministerieller Antrag oder Gesetzentwurf in der Minorität [Minderheit], so ist der Antrag freilich beseitigt, aber kein Minister denkt deshalb daran, seine Entlassung zu nehmen oder seinem politischen Verfahren eine andere Richtung zu geben. Wir haben eine konstitutionelle Monarchie, aber wir haben keine parlamentarische Regierung.

Heinrich von Sybel, Das neue deutsche Reich. In: Vorträge und Aufsätze, 2. Aufl., Berlin (Hofmann) 1874, S. 322 ff.

M5

Bismarck und der Reichstag, Karikatur aus Ungarn, 1879

Begriffe und Daten

Reichstag

Der Reichstag von 1871 wurde als Volksvertretung nach dem gleichen, geheimen, direkten Mehrheitswahlrecht von Männern über 25 Jahre gewählt. Er hatte in der Verfassung gegenüber dem Kaiser und dem Bundesrat eine schwache Stellung. Alleiniger Inhaber der Souveränität blieb der Kaiser. Die Regierung war dem Parlament gegenüber nicht verantwortlich. Lediglich der Staatshaushalt (ohne Militäretat) wurde von ihm allein beschlossen.

1 a) Untersuche M1. Siehe Arbeitsschritte im Anhang.
b) Vergleiche mit der Revolution von 1848.

2 Kläre mithilfe des Darstellungstextes die Machtverhältnisse nach der Verfassung von 1871.

3 Vergleiche die in M2 und M3 vertretenen Positionen.

4 a) Erläutere, wie Sybel die Verantwortlichkeit der Minister gegenüber dem Reichstag beurteilt (M4).
b) Informiere dich über die heutige Stellung der Minister und des Bundeskanzlers gegenüber dem deutschen Parlament. Berichte.

5 Analysiere M5 und vergleiche mit M4, S. 13.

Die Bündnispolitik Bismarcks – Ziele und Zerfall

Machtpolitik und Friedenssicherung

Durch die Gründung des Deutschen Reiches 1871 war in der Mitte Europas ein starker Flächenstaat entstanden, der das System des Gleichgewichts zu gefährden schien. Bismarck befürchtete, die Nachbarn im Westen und Osten könnten sich verbünden, um eine weitere Ausdehnung des Deutschen Reichs zu verhindern. Im Falle eines Krieges müsste es sich nämlich an zwei Fronten mit zwei Gegnern auseinandersetzen. Um dies zu verhindern, versicherte die Reichsregierung den europäischen Großmächten wiederholt, dass das Deutsche Reich sein Gebiet nicht weiter ausdehnen würde.

Das europäische Gleichgewicht war durch die Gründung des deutschen Nationalstaats ins Wanken gekommen. Außer Kontrolle geriet es dann durch Kräfte und Konflikte in den Vielvölkerstaaten im Osten und Südosten: Dort forderten Minderheiten ihre Unabhängigkeit, um einen eigenen Nationalstaat zu gründen. Mit Russland fanden die auf dem Balkan lebenden Slawen eine Großmacht, die sie in diesem Bestreben unterstützte. Das Osmanische Reich, unter dessen Herrschaft sie bisher gelebt hatten, war zu schwach, um sich Russlands Druck zu widersetzen. Damit stieg die Gefahr eines Krieges, denn England und Österreich sahen eigene Interessen gefährdet, wenn Russland sich zum „starken Mann am Bosporus" erklärt hätte.

In dieser Situation trat Bismarck als Vermittler auf und berief 1878 eine internationale Konferenz nach Berlin. Hier und in den folgenden Jahren gelang es ihm, zwischen den europäischen Mächten ein relativ starkes Netz aus Verträgen zu knüpfen, sodass der Frieden gesichert schien.

Sicherheit ließ sich nur durch die Aufrechterhaltung der bestehenden Kräfteverhältnisse erreichen. Für das zumindest zeitweise Gelingen wird in der Geschichtsforschung das persönliche Geschick Bismarcks angeführt. Andererseits gibt es aber auch die These, dass das äußerst komplizierte Bündnissystem Bismarcks langfristig nicht funktionieren konnte. Ein Zerfall der Bismarck'schen Bündnis- und Gleichgewichtspolitik deutete sich bereits an, als Bismarck 1890 von Kaiser Wilhelm II. zum Rücktritt gezwungen wurde.

M1

Der Weichensteller, Karikatur aus der Londoner Zeitung „Punch", 1878

M2

Deutschland in Europa

Bismarck, der 1890 entlassen worden war, erläuterte die Grundsätze seiner Außenpolitik 1892 in seinen Memoiren:

Unser Interesse ist, den Frieden zu erhalten, während unsre continentalen Nachbarn ohne Ausnahme Wünsche haben ..., die nur durch Krieg zu erfüllen sind. Dementsprechend müssen wir ... den Krieg nach Möglichkeit hindern oder einschränken, uns in dem europäischen Kartenspiele die Hinterhand wahren und uns durch keine Ungeduld ... vor der Zeit aus dem abwartenden Stadium in das handelnde drängen lassen ... Im Gegentheil sollten wir uns bemühen, die Verstimmungen ... durch den ehrlichen und friedliebenden Gebrauch unsrer Schwerkraft abzuschwächen, um die Welt zu überzeugen, dass eine deutsche Hegemonie in Europa nützlicher und unpartheiischer ... für die Freiheit andrer wirkt als eine französische, russische oder englische.

Otto von Bismarck, Erinnerung und Gedanke, hg. von Rudolf Buchner, Stuttgart u. a. (Kohlhammer) 1975, S. 498 f.

M3

Deutschland als Kolonialmacht?

Aus einer Rede Bismarcks vor dem Reichstag, 1884:

Ich wiederhole, dass ich gegen Kolonien bin ..., die als Unterlage ein Stück Land schaffen und dann Auswanderer herbeizuziehen suchen, Beamte anstellen und Garnisonen errichten ... Etwas ganz anderes ist die Frage, ob es zweckmäßig und zweitens, ob es die Pflicht des Deutschen Reiches ist, denjenigen seiner Untertanen, die solchen Unternehmungen im Vertrauen auf den Schutz des Reiches sich hingeben, diesen Reichsschutz zu gewähren und ihnen gewisse Beihilfen in ihren Kolonialbestrebungen zu leisten ... Und das bejahe ich, allerdings mit weniger Sicherheit vom Standpunkt der Zweckmäßigkeit – ich kann nicht voraussehen, was daraus wird –, aber mit unbedingter Sicherheit vom Standpunkte der staatlichen Pflicht ...

Unsere Absicht ist nicht, Provinzen zu gründen, sondern kaufmännische Unternehmungen zu schützen in ihrer freien Entwicklung sowohl gegen die Angriffe aus der unmittelbaren Nachbarschaft als auch gegen Bedrückung und Schädigung vonseiten anderer europäischer Mächte.

Bismarck, Die gesammelten Werke, Bd. 12: Reden 1878 bis 1885, Berlin, 1929, S. 479–482.

M4

Deutschland als Seemacht?

Alfred von Tirpitz, 1897–1916 Staatssekretär im Reichsmarineamt, formulierte im Februar 1896 in einem Brief an General Albrecht von Stosch:

Unserer Politik fehlt bis jetzt vollständig der Begriff der politischen Bedeutung der Seemacht. Wollen wir aber gar unternehmen, in die Welt hinauszugehen und wirtschaftlich durch die See zu erstarken, so errichten wir ein gänzlich hohles Gebäude, wenn wir nicht gleichzeitig ein gewisses Maß an Seekriegsstärke uns verschaffen. Indem wir hinausgehen, stoßen wir überall auf vorhandene oder in der Zukunft liegende Interessen. Damit sind Interessenkonflikte gegeben. Wie will nun die geschickteste Politik, nachdem das Prestige von 1870[1] verraucht ist, etwas erreichen ohne reale, der Vielseitigkeit der Interessen entsprechende Macht? Weltpolitisch vielseitig ist aber nur die Seemacht.

Zit. nach Peter Alter, Der Imperialismus, Stuttgart (Klett) 1998, S. 77.

[1] 1870/71 gewann Deutschland den Krieg gegen Frankreich.

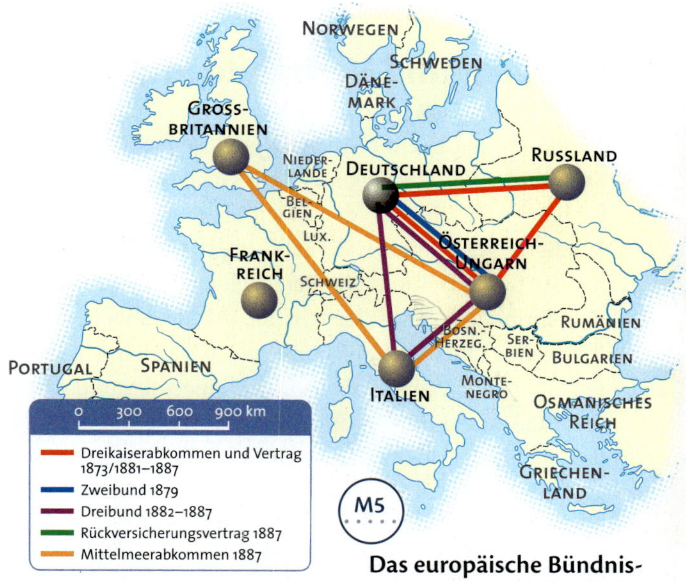

Das europäische Bündnissystem zur Zeit Bismarcks

Begriffe und Daten

Europäische Verträge 1879 bis 1887

1879 Zweibund (Deutschland, Österreich-Ungarn); Verteidigungsbündnis gegen Russland.

1881 Dreikaiserbündnis (Deutschland, Österreich-Ungarn, Russland); Neutralitätsabkommen (bis 1887) für den Fall eines Angriffs durch eine vierte Macht.

1882 Dreibund (Deutschland, Österreich-Ungarn, Italien); Verteidigungsbündnis gegen Frankreich.

1887 Rückversicherungsvertrag (Deutschland, Russland); Neutralitätsabkommen für den Fall, dass einer von ihnen sich im Krieg mit einer dritten Großmacht befindet. Es gilt jedoch nicht, wenn einer von ihnen Österreich oder Frankreich angreift.

1887 Mittelmeer-Abkommen (Großbritannien, Italien, Österreich-Ungarn). Auf Vermittlung Bismarcks verpflichten sich die drei Partner, das Osmanische Reich bei einem russischen Angriff zu verteidigen.

1 Erarbeite anhand des Darstellungstextes, M2, M3 und M5 die Grundsätze der Außenpolitik Bismarcks.

2 Bismarck nannte seine Außenpolitik das „Spiel mit den fünf Kugeln“. Erläutere diesen Ausspruch. Ziehe den Kasten und M5 heran.

3 Prüfe mithilfe von M4 Anzeichen eines neuen außenpolitischen Kurses unter Wilhelm II.

4 Analysiere M1 mithilfe der Arbeitsschritte im Anhang.

Parteien und Verbände im Obrigkeitsstaat

Parteien – politischer Spiegel der Gesellschaft

Seit den 1860er-Jahren kam es zur Gründung von politischen Parteien. Zu den wichtigsten Parteien im Reichstag gehörte die Nationalliberale Partei: Sie stand für Werte wie Demokratie, Rechtsgleichheit und nationale Einheit. Ihre Wähler fand sie größtenteils bei Industriellen und Bildungsbürgern. Die Anhänger der Linksliberalen waren vorwiegend Freiberufler und Angehörige des mittleren Bürgertums. Sie wollten u.a. dem Reichstag mehr Macht einräumen. Eine weitere große bürgerliche Partei war das Zentrum. Sie vertrat die Interessen der katholischen Bevölkerung. Die Konservativen standen für die Interessen des Adels und der Großgrundbesitzer auf der Grundlage der Monarchie. Die Freikonservativen unterstützten Bismarck. Die Deutsch-Konservativen, bei denen die Agrarier das Sagen hatten, standen ihm kritisch gegenüber. Zu den schärfsten Gegnern der Konservativen zählte die im Mai 1875 gegründete Sozialistische Arbeiterpartei Deutschlands, die spätere SPD. Sie forderte das allgemeine, gleiche und direkte Wahlrecht für Männer und Frauen, direkte Gesetzgebung, Entscheidung über Krieg und Frieden durch das Volk und ein Volksheer.

Verbände – organisierte Interessen

Mit der Aufhebung der Vereinigungsverbote Anfang der Sechzigerjahre organisierten sich die Industriearbeiter in großer Zahl in den sogenannten Freien Gewerkschaften, in geringerer Zahl auch in christlichen und liberalen Arbeitervereinigungen. Das Ziel einer Anerkennung als Tarifpartner konnten die Gewerkschaften aber erst nach dem Ende des Kaiserreichs (1918) durchsetzen.

Interessenverbände wurden auch auf Unternehmerseite gegründet: 1876 der Centralverband Deutscher Industrieller, 1893 der konservative Bund der Landwirte und 1898 der rüstungspolitisch aktive Flottenverein. Bürgerliche Frauen organisierten sich 1894 im Bund Deutscher Frauenvereine. Ihr Ziel war, der Hausarbeit der Ehefrau und Mutter Achtung zu verschaffen und eine rechtliche Gleichstellung beim Zugang von Frauen zu Abitur und Studium.

Als Weg zur Gleichberechtigung forderte die „proletarische Frauenbewegung" vor allem das Frauenwahlrecht und die Anerkennung der Frauenarbeit.

Vorschlag für eine Gruppenarbeit

Auf den folgenden drei Doppelseiten findet ihr Materialien

a) zu Parteien und Verbänden im Kaiserreich (S. 20/21) sowie zu zwei bedeutenden Konflikten des monarchischen Staates, und zwar

b) mit der katholischen Kirche (S. 22/23) und

c) mit der Sozialdemokratie (S. 24/25).

Diese Themen könnt ihr in Gruppen bearbeiten.

1. Erarbeitet die Materialien mithilfe der Arbeitsaufgaben und stellt eure Ergebnisse in der Klasse vor.
2. Diskutiert gemeinsam die Stellung von Parteien und Verbänden im Kaiserreich.

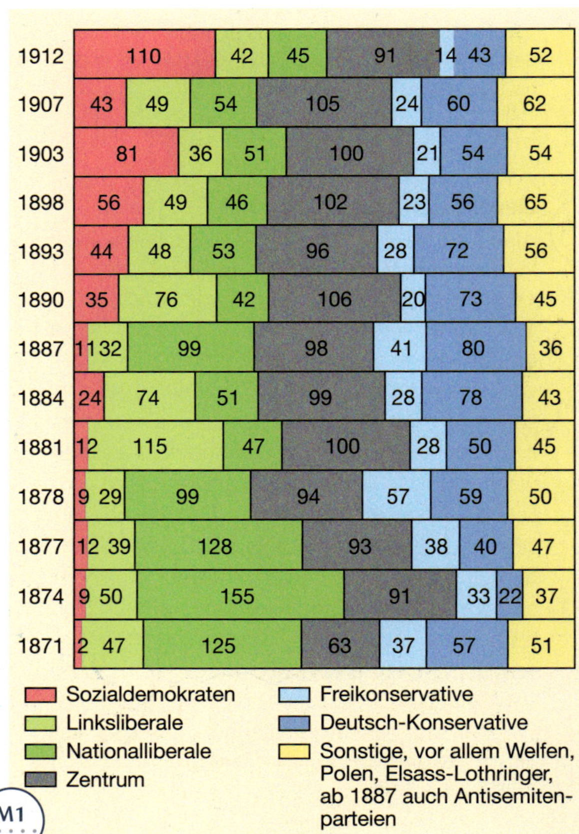

Die Sitzverteilung der Parteien im Deutschen Reichstag 1871 bis 1912

M2

Organisation … „das Wachsen der Masse"

Der sozialliberale Politiker Friedrich Naumann (1860–1919) schrieb über die „Zeit der Organisation" nach 1900:

Alle Verhältnisse werden vom Gedanken der Organisation, das ist der der Regelung der Menge, durchdrungen. Es wird ein Stolz des Menschen, in großen Betrieben zu stehen, in weite Verbindungen hineingezogen zu sein. … Selbst der Landmann beginnt sich zu organisieren. Alle fühlen, dass sie gemeinsam ihre Geschäfte machen müssen, dass auf Vereinzelung wirtschaftliche Todesstrafe gesetzt ist. Diese Änderung der Gegenwart ist eines der interessantesten Erlebnisse. Es kommt uns allen unerwartet, denn die Parole der geistigen Bewegung, die der Gegenwart vorausging, war die Unabhängigkeit des Einzelmenschen … Und doch ist heute alles voll von Motiven anderer Art. Alle Teile des Volkes treten mit Forderungen an den Staat heran … Der Staat und die Verbände werden Wirtschaftsfaktoren … So wirkte das Wachsen der Masse.

Friedrich Naumann, Werke, Bd. III, Köln, 1966, S. 104 f.

M4 **Organisierter Nationalismus,** Werbepostkarte des Alldeutschen Verbandes, 1914

M3 **„Der Sozialismus vertreibt den Vampir des Kapitalismus",** Titelabbildung einer Zeitung zum 1. Mai 1899

Begriffe und Daten

Parteien

In der Politik der Zusammenschluss von Menschen mit gemeinsamen politischen Vorstellungen und Zielen. Merkmale einer Partei sind: 1. dauerhafte Organisation, 2. Parteiprogramme, 3. Wille zur Einflussnahme, z. B. durch Wahlen und Teilnahme an der Regierungsgewalt. Parteien im modernen Sinne entstanden mit dem Parlamentarismus seit der Mitte des 19. Jahrhunderts aus Wahlvereinen und politischen Klubs.

1 a) Erarbeite aus dem Darstellungstext die Ziele der genannten Parteien und Verbände.
b) Notiere die Ergebnisse stichwortartig in einer Tabelle.

2 Ziehe aus den Zielen Rückschlüsse auf die jeweilige Einstellung zur Monarchie.

3 a) Beschreibe anhand von M1 die Entwicklung der Parteien im Reichstag.
b) Schätze ihren politischen Einfluss bis 1912 ein.

4 Vergleiche an M3 und M4 beispielhaft die „Organisierung" von politischen Vorstellungen und Interessen. Ziehe M2 mit heran.

Der „Kulturkampf“

Spannungen in der Gesellschaft

Das Deutsche Reich war keineswegs ein stabiler Nationalstaat. Es war vielmehr ein kompliziertes Gebilde aus Einzelstaaten mit unterschiedlichen politischen und konfessionellen Traditionen. Bismarck wollte das Deutsche Reich zu einer europäischen Großmacht festigen. Diese Ziel wurde vor allem durch politische und gesellschaftliche Kräfte gefährdet, die ihre jeweiligen Interessen gegen den Willen der Regierung durchzusetzen versuchten, wie z. B. die Industriearbeiter, die sich politisch organisierten.

Einer der gefährlichsten innenpolitischen Krisenherde jedoch entwickelte sich aus dem Gegensatz zwischen Protestantismus und Katholizismus: Der monarchische Staat und der protestantische Liberalismus standen den gesellschaftlichen Kräften gegenüber, die dem „überstaatlichen“ Katholizismus anhingen. Dieser grundlegende Konflikt erschütterte den Nationalstaat, der mit der Reichsgründung noch keineswegs gefestigt war. Der Konflikt betraf das Leben von vielen Millionen Menschen im Land und verschärfte sich vor allem deshalb, weil es um Grundüberzeugungen und höchste Werte ging.

M1

Der große Kampf des Jahrhunderts, Karikatur aus der in Barcelona erscheinenden Zeitung „La Madeja politica“, 1874. Der Papst mit dem Schild „Unfehlbarkeit“ kämpft gegen Preußen mit dem Schild „Moderne Weltanschauung“.

Der „Kulturkampf“

1871 lebten im Deutschen Reich 41 Millionen Reichsbürger. Ungefähr 62 Prozent waren Protestanten und 36 Prozent Katholiken. Traditionell akzeptierte die evangelische Kirche die Entscheidungen der Regierung. Dagegen machte die katholische Kirche ihre Stellungnahme von der Weisung des Papstes abhängig. Dieser „Staat im Staate“ störte Bismarcks Konzept, zumal die Zentrumspartei, die sich als politische Vertretung der Katholiken verstand, als zweitstärkste Partei aus den Reichstagswahlen 1871 hervorgegangen war. Eine politische Kraft, die nicht zu kalkulieren und schon gar nicht zu steuern war, musste nach Bismarcks Ansicht ausgeschaltet werden. Deshalb wurden zahlreiche Gesetze erlassen, um die Stellung des Staates gegenüber den Kirchen zu stärken.

Schließlich aber verlor Bismarck den sogenannten Kulturkampf. Es gelang ihm nicht, die Verbindung zwischen Kirche, Zentrumspartei und deutschen Katholiken zu zerstören. Formell wurde der Konflikt 1886/87 mit den „Friedensgesetzen“ beendet.

M2

Eine Mobilmachung gegen den Staat

Bismarck griff die Zentrumspartei am 30. Januar 1872 vor dem preußischen Abgeordnetenhaus an:

Wie ich gefunden habe, dass die Fraktion [Zentrumspartei], von der ich sprach, im Reichstage sich bereitwillig Elemente aneignete, deren fortdauernder prinzipieller … Widerspruch gegen den preußischen Staat und gegen das Deutsche Reich notorisch[1] war, … da bin ich mir immer klarer in der Besorgnis geworden, dass wir durch diese Partei zu der bedauerlichen Situation kommen würden, in der wir uns befinden … Aber wir können den dauernden Anspruch auf eine Ausübung eines Teiles der Staatsgewalt den geistlichen Behörden nicht einräumen, und soweit sie dieselbe besitzen, sehen wir im Interesse des Friedens uns genötigt, sie einzuschränken, damit wir nebeneinander Platz haben, damit wir in Ruhe miteinander leben können.

Stenographische Berichte über die Verhandlungen der durch die Allerhöchste Verordnung vom 16. 11. 1871 einberufenen beiden Häuser des Landtages. Haus der Abgeordneten, Bd. 1, Berlin, 1872, S. 535 ff.

[1] offenkundig, allbekannt

M3

„Kulturkampf" in Köln

Der Historiker Adolf Klein schrieb 1992 über das staatliche Vorgehen gegen den Kölner Erzbischof Paulus Melchers:

Er war in mehreren Strafverfahren zu Geldstrafen verurteilt worden, weil er geistliche Ämter ohne die jetzt vorgeschriebene Anzeige an den Oberpräsidenten besetzt hatte. Da er die Geldstrafen nicht zahlte ..., wurde er im Jahre 1874 für sechs Monate in der Kölner Strafanstalt „Klingelpütz" zur Vollstreckung der Ersatzfreiheitsstrafen inhaftiert. Das machte den Erzbischof zum Märtyrer, was dem Staat kaum erwünscht sein konnte ... Trotz allen Entgegenkommens der Gefängnisverwaltung geschahen Fehlgriffe ... Als Ministrant für die täglich zu lesende Messe wies man ihm einen Zuhälter an. Die Zentrumspresse schlachtete das weidlich aus ... 1876 erklärte der staatliche Gerichtshof für kirchliche Angelegenheiten den Kölner Erzbischof für abgesetzt. Die kirchlichen Stellen, die sich allein dem Kirchenrecht verpflichtet fühlten, nahmen das nicht zur Kenntnis. Der Erzbischof war nach Holland emigriert und leitete von dort die Diözese weiter. Unterdessen ließ der Staat die erzbischöflichen Vermögensverhältnisse durch einen königlichen Kommissar verwalten. Wie der Erzbischof, so wurden auch viele einfache Pfarrer wegen Verstoßes gegen die verschiedenen Kulturkampfgesetze strafrechtlich verfolgt. Nicht wenige Pfarren waren verwaist.

Adolf Klein, Köln im 19. Jahrhundert. Von der Reichsstadt zur Großstadt, Köln (Wienand) 1992, S. 246 f.

M4

Verhaftung des Kölner Erzbischofs, Holzstich, 1874

Begriffe und Daten

Gesetze gegen die Kirchen

1871 „Kanzelparagraf": Den Geistlichen im Reich wird es verboten, in ihren Predigten staatliche Angelegenheiten „in einer den öffentlichen Frieden gefährdenden Weise" zu behandeln.

1872 Schulaufsichtsgesetz: Alle Schulen in Preußen werden unter Staatsaufsicht gestellt.

1872 Jesuitengesetz: Verbot des Jesuitenordens

1873 „Maigesetze": Ausbildung und Anstellung der Geistlichen in Preußen werden staatlich kontrolliert.

1874 Expatriierungsgesetz: Die Geistlichen im Reich können auf einen bestimmten Aufenthaltsort beschränkt oder ausgebürgert werden.

1874 Zivilstandsgesetz: Geburten, Todesfälle und Trauungen können nur noch von neu geschaffenen Standesämtern rechtswirksam beurkundet werden.

1875 „Brotkorbgesetz": Preußen sperrt alle staatlichen Geldzuweisungen an die katholische Kirche.

1875 Klostergesetz: Verbot aller Orden in Preußen (Ausnahme: in der Krankenpflege tätige)

Begriffe und Daten

„Kulturkampf"

Bezeichnung des liberalen Abgeordneten Virchow von 1873 für den grundlegenden Konflikt zwischen dem Deutschen Reich und der katholischen Kirche um die (Neu-)Bestimmung des Verhältnisses von Staat und Kirche. Bismarck scheiterte am Widerstand der katholischen Kirche.

1. Erkläre mithilfe von M2, warum Bismarck gerade diese Gesetze (Kasten) im „Kampf" gegen die Kirche erließ. Nimm den Darstellungstext zu Hilfe.
2. Erörtere anhand der Materialien auf dieser Doppelseite, ob der Begriff „Kulturkampf" den Konflikt zwischen Kirche und Staat treffend beschreibt.
3. **Partnerarbeit:** Schreibt zwei Zeitungsberichte über die Gefangennahme des Kölner Erzbischofs: einen für die dem Zentrum nahestehende „Kölnische Volkszeitung" und einen für die in Berlin erscheinende liberale „National-Zeitung". Lest sie einander vor und diskutiert, ob sie „realistisch" erscheinen.

Der Kampf gegen die Sozialdemokratie

„Sozialistengesetz“ und Sozialgesetzgebung

Neben dem „Kulturkampf“ war die Auseinandersetzung zwischen der Reichsregierung unter Bismarck und der Sozialdemokratie der schärfste Konflikt im Kaiserreich. Bismarck lehnte grundsätzlich alle sozialen oder gar sozialrevolutionären Bewegungen ab. Diese Haltung war tief in seiner aristokratisch-konservativen Grundeinstellung verankert: „Man kann ein Land nicht von unten regieren“, lautete seine Position gegenüber Volkssouveränität und Demokratie. Es erfüllte ihn mit Misstrauen, dass die unteren sozialen Schichten, insbesondere die Industriearbeiterschaft, stetig anwuchsen und sich schließlich gewerkschaftlich und parteipolitisch zu organisieren begannen.

Deshalb ging Bismarck mit scharfen „vorbeugenden“ Maßnahmen gegen führende Sozialdemokraten wie August Bebel und Karl Liebknecht vor. Einen günstigen Anlass für ein „Sozialistengesetz“ boten 1878 zwei Attentate auf Wilhelm I. Zwar war eine Verbindung der Attentäter zur Sozialdemokratie nicht nachzuweisen. Dennoch gelang es Bismarck, im Reichstag das „Sozialistengesetz“ durchzubringen mit den Stimmen der Nationalliberalen und der Konservativen. Dieses Gesetz verbot alle „sozialdemokratischen, sozialistischen oder kommunistischen“ Vereine. Die sozialdemokratischen Abgeordneten im Reichstag ließ es dagegen unbehelligt. Bismarck erreichte sein Ziel jedoch nicht: Die Zahl der sozialdemokratischen Wähler verdreifachte sich von 493 000 (1877) auf 1 427 000 (1890). 1890 beschloss der Reichstag, das Sozialistengesetz nicht mehr zu verlängern. Im Reichstag von 1912 stellten die Sozialdemokraten bereits die stärkste Fraktion.

Einführung einer modernen Sozialgesetzgebung

Bismarck verfolgte eine doppelte Strategie: Einerseits wurde die Arbeiterbewegung unterdrückt, andererseits sollte der Staat den „berechtigten Wünschen der arbeitenden Klassen“ durch Gesetzgebung entgegenkommen. Um die Arbeiterschaft für den Staat zu gewinnen, führte er zwischen 1883 und 1889 die staatliche Kranken-, Unfall-, Alters- und Invalidenversicherung ein. Wenn auch ursprünglich ungewollt, schuf Bismarck damit das weltweit erste moderne System sozialer Sicherheit.

M1

Kontrolle der Kranzschleifen auf dem Friedhof der Märzgefallenen in Berlin, Foto, 1912. Am 18. März jeden Jahres erinnerten Arbeiter an die Opfer der Revolution von 1848. Polizisten kontrollierten die Texte auf den Kranzschleifen und schnitten missliebige Verse heraus.

M2

Das „Sozialistengesetz“

Auszüge aus dem „Gesetz gegen die gemeingefährlichen Bestrebungen der Sozialdemokratie“ vom 21. Oktober 1878:

§ 1. Vereine, welche durch sozialdemokratische, sozialistische oder kommunistische Bestrebungen den Umsturz der bestehenden Staats- oder Gesellschaftsordnung bezwecken, sind zu verbieten.

§ 9. Versammlungen, in denen sozialdemokratische, sozialistische oder kommunistische, auf den Umsturz der bestehenden Staats- oder Gesellschaftsordnung gerichtete Bestrebungen zu Tage treten, sind aufzulösen.

§ 11. Druckschriften, in welchen sozialdemokratische, sozialistische oder kommunistische, auf den Umsturz der bestehenden Staats- oder Gesellschaftsordnung gerichtete Bestrebungen in einer den öffentlichen Frieden, insbesondere die Eintracht der Bevölkerungsklassen gefährdenden Weise zu Tage treten, sind zu verbieten.

§ 17. Wer an einem verbotenen Vereine als Mitglied sich beteiligt oder eine Tätigkeit im Interesse eines solchen Vereins ausübt, wird mit Geldstrafe bis zu fünfhundert Mark oder mit Gefängnis bis zu drei Monaten bestraft.

Reichs-Gesetzblatt 1878, S. 351 ff.

M3 Die Sozialversicherungsgesetze 1883/1884/1889

	Krankenversicherung (1883)	Unfallversicherung (1884)	Invaliditäts- und Alterssicherung (1889)
Betroffene	Arbeiter (ohne Familienangehörige; seit 1900 einbezogen), ausgenommen Land- und Forstarbeiter	Arbeiter	Arbeiter Angestellte bis 2000 Mark Verdienst jährlich, Familienangehörige nicht mit einbezogen
Leistungen	Freie ärztliche Behandlung: Krankengeld in Höhe der Hälfte des ortsüblichen Tageslohnes bei Erwerbsunfähigkeit	Kosten für ein Heilverfahren Rente für Dauer einer Erwerbsunfähigkeit Rente in Höhe von ⅔ des Verdienstes bei völliger Erwerbsunfähigkeit	Invalidenrente bei dauernder oder länger als 1 Jahr währender Erwerbsunfähigkeit Altersrente ab 70. Lebensjahr Lohnklasse 1: 106 Mark jährl. Lohnklasse 4: 191 Mark jährl.
Dauer	Krankengeld für 13 Wochen	Heilverfahren und Rente ab 14. Woche	Wartezeit: Invalidenrente: 5 Beitragsjahre Altersrente: 30 Beitragsjahre
Beitragszahler	⅔ Versicherter ⅓ Arbeitgeber	Arbeitgeber	½ Arbeitnehmer ½ Arbeitgeber staatlicher Zuschuss von 50 Mark jährlich pro Rente
Träger	Ortskrankenkassen	Berufsgenossenschaften, gegliedert nach Gewerbegruppen	Landesversicherungsanstalten

Jost Cramer/G. Zollmann, Der Staat und die soziale Frage. In: Wirtschaft und Gesellschaft, Bd. 2, Klett, Stuttgart o. J., M 102.

M4 Die Sozialdemokratie in Trümmern

August Bebel, der Führer der Sozialdemokratie im Reichstag, berichtete 1913 in seinen Memoiren:

Sobald das Gesetz verkündet und in Kraft getreten war, fielen die Schläge hageldicht. Binnen weniger Tage war die gesamte Parteipresse mit Ausnahme des „Offenbacher Tageblatts" und der „Fränkischen Tagespost" in Nürnberg unterdrückt. Das gleiche Schicksal teilte die Gewerkschaftspresse mit Ausnahme des Organs des Buchdruckerverbandes, des „Korrespondenten". ... Ebenso verfielen der Auflösung die zahlreichen lokalen sozialdemokratischen Arbeitervereine, nicht minder die Bildungs-, Gesang- und Turnvereine ... Durch die Verfolgungen aufs Äußerste verbittert, zogen sie [die Sozialdemokraten] von Stadt zu Stadt, suchten überall die Parteigenossen auf, die sie mit offenen Armen aufnahmen, und übertrugen jetzt ihren Zorn und ihre Verbitterung auf ihre Gastgeber, die sie zum Zusammenschluss und zum Handeln anfeuerten. Dadurch wurde eine Menge örtlicher geheimer Verbindungen geschaffen ... Der Vorgang erinnert an die Verfolgung der Christen in den ersten Jahrhunderten unserer Zeitrechnung durch die römischen Cäsaren und ihre Werkzeuge.

August Bebel, Aus meinem Leben, bearb. v. Ursula Herrmann, Berlin (Dietz) 1983, S. 509 ff.

Begriffe und Daten

Sozialistengesetz

Von Reichskanzler von Bismarck 1878 durchgesetztes „Sondergesetz" zur Unterdrückung der Sozialdemokratie (Auflösung von Vereinen, Ausweisungen, Druckverbote). Das Gesetz wurde 1890 aufgehoben.

Sozialgesetzgebung

Von Bismarck 1883 bis 1889 als „Antwort" auf die „soziale Frage" und die Arbeiterbewegung eingeführte Gesetze zur Kranken-, Unfall- und Rentenversicherung. Beginn moderner staatlicher Sozialpolitik.

1 Erläutere anhand des Darstellungstextes, warum die Sozialdemokratie von den herrschenden Schichten als Gefahr gesehen wurde.
2 Beschreibe M1. Kläre dazu: „Märzgefallene".
3 Nenne die Grundrechte, die durch das Sozialistengesetz (M2) verletzt wurden. Ziehe M4 hinzu.
4 a) Erläutere die Leistungsempfänger und die Leistungen nach M3. b) Informiere dich an einem Beispiel über gegenwärtige Leistungen.
5 Zeige am Beispiel des Konflikts um „Sozialistengesetz" und Sozialgesetzgebung die Spannung zwischen politischer Absicht, Wirkung und Ergebnissen.

Frauen fordern Rechte

Bürgerliche Frauenbewegung

Seit der Aufklärung wandelten sich die Vorstellungen über die Familie und die Beziehungen zwischen Mann und Frau: Eigene Wünsche und die Erziehung und Bildung der Kinder wurden wichtige Werte. Mit der Industrialisierung veränderten sich auch die Lebensbedingungen: Arbeitsplatz und Wohnung wurden getrennt. Während der bürgerliche Mann z. B. ins Kontor (Büro) ging, kümmerten sich bürgerliche Frauen um Haushalt und Kinder. Seit der Revolution von 1848/49 begannen Frauen, sich verstärkt gegen ihre Abhängigkeit und Benachteiligung zu wehren. Es entstanden Frauenorganisationen, die „Gleichberechtigung“ forderten, wie z. B. der Bund Deutscher Frauenvereine von 1894. Mit fast 500 000 Mitgliedern wurde er bis 1914 zum Mittelpunkt der bürgerlichen Frauenbewegung. Gegen viele Widerstände konnten die Frauen wichtige Forderungen durchsetzen: Im Jahr 1900 durften Frauen erstmals an einzelnen deutschen Universitäten studieren, seit 1908 konnten sie in politischen Parteien mitarbeiten. Das Wahlrecht erlangten sie jedoch erst nach dem Ende des Kaiserreichs 1918.

Proletarische Frauenbewegung

Die im Kaiserreich gegründete proletarische bzw. sozialdemokratische Frauenbewegung stützte sich vor allem auf das Buch „Die Frau und der Sozialismus“ von 1879. Geschrieben hatte es der Arbeiterführer August Bebel. Er sah die Frau in der „kapitalistischen Gesellschaft“ doppelt unterdrückt: zum einen durch ihre soziale Abhängigkeit von den Männern im privaten Bereich und zum anderen durch ihre wirtschaftliche Abhängigkeit im Bereich des Arbeitslebens. Nach Bebel sollte diese Abhängigkeit durch eine Umgestaltung der kapitalistischen in eine sozialistische Wirtschafts- und Gesellschaftsordnung beseitigt werden. Folgerichtig verstanden die sozialdemokratischen Frauen ihr politisches Engagement als „antikapitalistischen“ Kampf. Bis 1907 hatten sich 94 sozialdemokratische Frauenvereine mit etwa 10 000 Mitgliedern gebildet, obwohl der Staat durch ein rigides Vereinsrecht die Bewegung zu unterdrücken versuchte. Erst mit dem Reichsvereinsgesetz von 1908 eröffneten sich für Frauen neue Möglichkeiten politischer Arbeit.

M1 Plakat von Karl Maria Stadler

M2 Das Verhältnis von weiblicher zu männlicher Erwerbsbevölkerung im Jahre 1907

Wirtschaftssektor	Selbstständige insgesamt (in Tsd.)	Selbstständige davon weiblich (in %)	Unselbstständige insgesamt (in Tsd.)	Unselbstständige davon weiblich (in %)
Landwirtschaft	2501	13,1	7382	57,8
Industrie und Handwerk	1977	24,1	9279	17,5
Handel und Verkehr	1012	24,4	2466	27,8
Häusliche Dienste	–	–	1736	90,4
insgesamt	5490	19,0	20 863	39,1

M3

Ziele der Frauenbewegung

Aus dem Programm des „Allgemeinen Deutschen Frauenvereins" (1905):

Die Frauenbewegung setzt sich somit das Ziel: den Kultureinfluss der Frau zu voller innerer Entfaltung und freier sozialer Wirksamkeit zu bringen ...

I. Bildung: ... a) obligatorische Fortbildungsschulen (Berufsschulen – Verf.) für alle aus der Volksschule entlassenen Mädchen; b) eine Reorganisation der höheren Mädchenschule, durch welche diese, unbeschadet ihrer dem Wirkungskreise der entsprechenden Besonderheit, den höheren Knabenschulen gleichwertig wird ... c) unbeschränkte Zulassung ordnungsgemäß vorgebildeter Frauen zu allen wissenschaftlichen, technischen und künstlerischen Hochschulen.

II. Berufstätigkeit. Die Frauenbewegung betrachtet für die verheiratete Frau den in der Ehe und Mutterschaft beschlossenen Pflichtenkreis als ersten und nächstliegenden Beruf ... In Anbetracht der großen Zahl von Frauen, die unverheiratet bleiben, und der weiteren Zahl derer, die in der Ehe keine ausreichende wirtschaftliche Versorgung finden können, ist die Berufsarbeit der Frau eine wirtschaftliche und sittliche Notwendigkeit ... In Bezug auf die wirtschaftliche Bewertung der beruflichen Frauenarbeit vertritt die Frauenbewegung den Grundsatz: Gleichen Lohn für gleiche Leistung ...

III. Ehe und Familie. Die Frauenbewegung sieht in der Heilighaltung der Ehe die wesentlichste Bürgschaft für das körperliche und geistige Wohl der Nachkommenschaft und die Grundbedingung sozialer Gesundheit ...

IV. Öffentliches Leben, Gemeinde und Staat ...
a) Zulassung der Frauen zu verantwortlichen Ämtern in Gemeinde und Staat ... b) Zuziehung der Frauen zur Vertretung der Laien bei der Rechtspflege (weibliche Schöffen und Geschworene) ... d) Teilnahme der Frauen am kirchlichen Wahlrecht; e) Teilnahme der Frauen am kommunalen Wahlrecht; f) Teilnahme der Frauen am politischen Wahlrecht.

Deutsche Sozialgeschichte, Bd. II, hg. von Gerhard A. Ritter und Jürgen Kocka, München, 1974, S. 422–424.

M4

Karikatur über das Studium von Frauen aus den „Fliegenden Blättern", 1908. Die Bildunterschrift lautet: „Wie, gnädiges Fräulein wollen sich dem ärztlichen Beruf widmen? ... Aber ich bitt' Sie, mit so einem lieben G'sichterl studiert man doch nicht!"

M5

„Absolutes Verbot der Nachtarbeit ..."

Ottilie Baader (1847–1927), ehemals Arbeiterin, gehörte als Sozialdemokratin zu den führenden Frauen der proletarischen Frauenbewegung. Sie schrieb 1921:

Die Forderungen, die wir bei unserer Agitation immer wieder in den Vordergrund stellten, waren die folgenden:

1. Absolutes Verbot der Nachtarbeit für Arbeiterinnen.
2. Verbot der Verwendung von Arbeiterinnen bei allen Beschäftigungsarten, welche dem weiblichen Organismus besonders schädlich sind.
3. Einführung des gesetzlichen Achtstundentags für Arbeiterinnen.
4. Freigabe des Sonnabendnachmittags für Arbeiterinnen.
5. Aufrechterhaltung der gesetzlich festgelegten Schutzzeit für erwerbstätige Schwangere und Wöchnerinnen.

Zit. nach Die Frauenfrage in Deutschland 1865–1915, hg. von Elke Friederiksen, Stuttgart (Reclam) 1981, S. 365.

1 Stelle anhand des Darstellungstextes, M1, M3 und M5 die Ziele und Forderungen der bürgerlichen und der proletarischen Frauenbewegung zusammen und vergleiche.

2 Formuliere Aussagen über das Verhältnis zwischen männlicher und weiblicher Erwerbstätigkeit (M2).

3 Gib dem Herrn in M4 eine Antwort aus der Sicht der abgebildeten Frau.

Nationale Minderheiten im Nationalstaat

Wer gehörte zur Nation?

Das Deutsche Reich von 1871 verstand sich als Nationalstaat, der alle Deutschen, d.h. die Menschen deutscher Sprache, Kultur und Geschichte, umfassen sollte. Tatsächlich wohnten in Deutschland auch Menschen mit einer anderen Muttersprache: Sie sprachen polnisch, dänisch, französisch, litauisch, kaschubisch oder sorbisch. Das war in Europa nichts Außergewöhnliches. Es gab Mischzonen, in denen die Grenzen nach Sprache und Kultur fließend waren, Grenzen, die über die Köpfe der Bevölkerung hinweggezogen worden waren. Wie verhielt sich der neue Nationalstaat gegenüber solchen Bevölkerungsgruppen, die nach ihrer Sprache, Kultur und Überzeugung keine Deutschen waren? Wie wurden z. B. die Minderheiten der Polen und Dänen im Deutschen Reich behandelt?

Die polnische Minderheit: Zwangsassimilation

Die polnisch sprechende Bevölkerungsgruppe, bei der Reichsgründung etwa 2,4 Millionen, war durch Preußen ins Reich gekommen. Mit den Teilungen Polens im 18. Jahrhundert hatte sich Preußen Gebiete angeeignet, in denen Polen lebten: In Westpreußen lebten sie vermischt mit deutscher Bevölkerung. In der Provinz Posen hatten sie eigene Siedlungsgebiete. Nach der Reichsgründung versuchte die Reichsregierung, die Polen zu assimilieren, d.h. den Deutschen anzugleichen. Dazu wurde 1873 verfügt, dass in allen Volksschulen der Provinzen Posen und Westpreußen Deutsch die allgemeine Unterrichtssprache sei. 1876 und 1877 wurde bestimmt, bei Behörden und Gerichten nur noch die deutsche Sprache zuzulassen. Damit begann ein Dauerkonflikt, der den polnischen Widerstand stärkte. Der deutsche Staat antwortete mit Einschüchterungsmaßnahmen, die Mitte der Achtzigerjahre eine neue Stufe erreichten: 1885 bis 1887 wurden mehrere zehntausend Polen mit ungeklärter Staatsangehörigkeit ausgewiesen. Viele gehörten zu Familien aus Russisch-Polen, die seit Generationen in Preußen lebten. Mit dem preußischen Ansiedlungsgesetz von 1886 sollten mit Staatsgeldern polnische Güter aufgekauft und das Land an deutsche Bauern gegeben werden. Diese Politik war nicht erfolgreich, da die Polen einen eigenen Unterstützungsfonds gründeten. Deshalb wurde 1908 ein Enteignungsgesetz erlassen, das gegen den Gleichheitsgrundsatz der preußischen Verfassung verstieß. Obwohl es nur einmal angewandt wurde, erregte es die Polen aufs Äußerste.

Die dänische Minderheit: repressive Sprachenpolitik

1864 hatte Dänemark die beiden Herzogtümer Schleswig und Holstein verloren. Sie kamen 1871 zum Deutschen Reich. Der starke dänische Bevölkerungsanteil im Herzogtum Schleswig bzw. eine deutliche Mehrheit im nördlichen Teil empfanden weiterhin ein starkes Zugehörigkeitsgefühl zu Dänemark. Mit zunehmender Härte setzte der deutsche Staat über die Sprachenfrage sein Ziel einer „Eindeutschung“ der Dänen durch: Im Gerichtswesen und bei Behörden wurde die dänische Sprache verboten.

M1 **Ausweisung polnischer Landarbeiter aus Preußen 1886,** Gemälde von Wojciech Kossak, 1909

M2

Achtung vor anderen Völkern?

Aus der Erklärung der polnischen Fraktion im Reichstag vom 1. April 1871:

Meine Herren, in der Thronrede sind folgende Worte ausdrücklich aufgenommen: Die Achtung, welche Deutschland für seine eigene Selbstständigkeit in Anspruch nimmt, zollt es bereitwillig der Unabhängigkeit aller anderen Staaten und Völker, der schwachen wie der starken.

In diesem erhabenen Wort erblicken wir nun, meine Herren, eine sichere Bürgschaft dafür, dass gleichzeitig mit der Neugestaltung des Deutschen Reiches auf nationalem Gebiete auch unsere gerechten nationalen Forderungen, namentlich die uns Deutschland gegenüber durch die Wiener Kongressakte feierlich gewährleistete nationale Sonderstellung, wieder zur Geltung gelangen werden ... Wir können uns daher unmöglich mit einem Verfassungsentwurf zufrieden erklären, welcher das Werk der nationalen Konstituierung Deutschlands damit beginnt, dass er den Polen die ihnen aufgrund internationaler Verträge unbestritten zustehenden Rechte verkennt.

Hans Fenske (Hg.), Im Bismarckschen Reich 1871–1890, Darmstadt (Wiss. Buchgesellschaft) 1978, S. 44 f.

M3 **Polnische Sprachgebiete im Deutschen Reich um 1900**

M4

Dänisch für Dänen?

Mit einer Regierungsverfügung von 1878 wurde Deutsch für einige Unterrichtsstunden als alleinige Sprache vorgeschrieben, ausgenommen war der Religionsunterricht. In dem Bestreben, Nordschleswig völlig einzudeutschen, ordnete die preußische Regierung am 18. Dezember 1888 an, das Dänische als Unterrichtssprache aus den Schulen zu beseitigen. Theodor Kaftan, ein hoher deutscher Kirchenbeamter, äußerte im Rückblick zu der Verfügung:

Das, dadurch diese Verfügung verletzend und erbitternd wirkte, war in erster Linie dies, dass jetzt zum Teil deutscher Religionsunterricht erteilt und damit die frühere Zurückhaltung gegenüber den religiösen und kirchlichen Interessen, die so wohltuend gewirkt hatte, aufgegeben war ... Das zweite, was erbitterte, war die Beseitigung jeglichen dänischen Sprachunterrichts. Das schädigte ... den in dänischer Sprache erteilten Religionsunterricht ... Aber nicht nur religiöse, auch humane und wirtschaftliche Interessen wurden ... schwer verletzt. Es ist fast grausam, die Dinge so zu gestalten, dass das die Heimat verlassende Kind nicht in den Stand gesetzt wurde, einen Brief zu schreiben, den seine Mutter ohne fremde Hilfe lesen konnte ... Wundert man sich wirklich, dass hier Erbitterung Platz griff? ... Eine Staatsgrenze ist nicht eine chinesische Mauer, und erst recht nicht dann, wenn sie da gezogen ist, wo jahrhundertelang freier Verkehr stattgefunden hat. Fäden nicht nur verwandtschaftlicher, auch wirtschaftlicher Interessen verbanden das Hüben und Drüben ... „Früher", sagte ein nordschleswigscher Bauer einem Freunde von mir, „sandten wir unsere Kinder nach Angeln, damit sie Deutsch lernten, jetzt sind wir gezwungen, sie nach Dänemark zu schicken, damit sie Dänisch lernen."

Zit. nach Reinhard Wittram, Die Nationalitätenkämpfe in Europa und die Erschütterung des Europäischen Staatensystems 1848–1917, Stuttgart (Klett) 1969, S. 38.

1 Erarbeite anhand des Darstellungstextes und M3 die Situation der Polen und Dänen im Deutschen Reich und vergleiche. Ziehe M1, S. 12, mit heran.

2 Untersuche, wie die polnische Reichstagsfraktion die Ausgangslage der Polen 1871 sah (M2).

3 Stelle anhand von M4 fest, wie der deutsche Kirchenbeamte die Sprachenpolitik der Regierung beurteilte.

4 a) Schildere deinen Eindruck von der Situation in M1.
b) Erörtere, inwiefern sich hier beispielhaft der Umgang von Politik und Verwaltung des Reiches mit seinen Minderheiten zeigen könnte.

Wandel in Stadt und Land

Verstädterung im Kaiserreich

Die Verstädterung (Urbanisierung) setzte in Deutschland in der zweiten Hälfte des 19. Jahrhunderts ein. Innerhalb weniger Jahrzehnte veränderte sich nicht nur das Gesicht vieler Städte, sondern auch ihr „Innenleben". Mit ihrer Industrie lockten die Großstädte viele Arbeitskräfte mit ihren Familien an. Hatten 1871 etwa 36 Prozent der deutschen Bevölkerung in Städten mit über 2000 Einwohnern gelebt, so waren es 1910 schon 60 Prozent.

Die Stadtverwaltungen standen vor neuen Herausforderungen: Sie mussten eine Wasser-, Gas- und Stromversorgung aufbauen und für Müllabfuhr, Kanalisation und Feuerwehr sorgen. Außerdem wurden Krankenhäuser, Schulen und Markthallen benötigt. Mit der Einführung des öffentlichen Nahverkehrs wurden die Städter mobil*: Wer es sich leisten konnte, baute sich sein Häuschen oder seine Villa im Grünen. In den Vorstädten dagegen entstanden große Mietskasernen. Hier wohnten viele Menschen auf engstem Raum – oft in der Nähe von Fabriken oder Industriegebieten. Das vielseitige Angebot an Waren und neuen Kommunikationsmöglichkeiten, wie Telefon und Kino, an Unterhaltung jeder Art schufen einen bisher unbekannten Lebensstil. Die Stadt war nicht nur als Wirtschaftsraum attraktiv, sondern auch als Kultur- und Vergnügungsraum.

M1

Dienstmädchen warten in der Stellenvermittlung, Foto, 1913. Dienstmädchen kamen meist aus ländlichen und ärmlichen Verhältnissen. Sie hatten geringere Rechte als z. B. Fabrikarbeiterinnen (Ausgangs- und Kleidervorschriften, körperliche Züchtigung). Viele sahen ihren Beruf als Übergangsstation bis zur Heirat. Bei Handwerkern und Kaufleuten galten sie wegen ihrer hauswirtschaftlichen Kenntnisse als „gute Partie".

Wandel auf dem Land

In der Stadt entschied vor allem der Beruf über den Platz, den man in der Gesellschaft einnahm. In ländlichen Gebieten jedoch blieb noch relativ lange der Landbesitz das wesentliche Kriterium für das soziale Ansehen. Dabei gab es regionale Unterschiede: Besonders deutlich waren die sozialen Gegensätze in den Teilen des Kaiserreichs, die östlich der Elbe lagen. Die dort ansässigen adligen Gutsbesitzer waren in ihren Bezirken oft die alleinigen Arbeitgeber. Sie setzten die Pfarrer und Lehrer ein und übten die örtliche Polizeigewalt aus. Doch auch auf dem Land machte sich der wirtschaftliche Wandel bemerkbar: Immer mehr Bürgerliche erwarben seit Beginn des 19. Jahrhunderts Landgüter. Als Ende der 1870er-Jahre unter dem Druck der amerikanischen Konkurrenz die Getreidepreise sanken, ersetzten die Gutsherren ihr Personal durch preiswertere Dresch- und Mähmaschinen. Viele Landarbeiter mussten sich daher in den Städten nach neuen Verdienstmöglichkeiten umschauen. In den Spitzenmonaten der Erntezeit mangelte es jedoch nun auf den Gütern an Arbeitskräften. Deshalb holten die ostelbischen Gutsbesitzer und die Bauern aus Nord- und Westdeutschland Saisonarbeiter aus Pommern, Ostpreußen und Polen.

M2

„Die Gesellschaft" wird mobil

Der Historiker Hermann Glaser schilderte 1994 die Einführung neuer Verkehrsmittel im Kaiserreich:

Die Veränderungen des Straßenbildes erfolgten zunächst in der Großstadt; zum Gewimmel der Kutschen, Fuhrwerke, Pferdeomnibusse kam als Erstes die elektrische Straßenbahn; bald tauchten Fahrräder auf und schließlich die ersten Autos ... Ursprünglich hatten die Fahrräder nur dem Sport gedient; man organisierte sich dazu in exklusiven Bicycle-Clubs. Als die „Knochenschüttler" durch Massenfabrikation [um 1895] billiger geworden waren, wurden sie ein ... Beförderungsmittel für Arbeit und Freizeit ... Das Auto, soweit es nicht gewerblich genutzt wurde, gehörte zum Statussymbol der Oberklassen [„Herrenfahrer"]; doch leistete sich auch mancher Angehörige des Mittelstandes ein Auto zum Privatvergnügen. Um 1914 gab es in Deutschland rund 55 000 Personenkraftwagen, 9000 Lastkraftwagen und 20 600 Krafträder.

Hermann Glaser, Industriekultur und Alltagsleben, Frankfurt a. M. (Fischer) 1994, S. 189, 193.

Eine Gesellschaft der Unterschiede

Die Industrialisierung beschleunigte den Übergang zu einer Gesellschaft, in der Leistung und Können an Bedeutung gewannen, gegenüber Herkunft, Rang und Adelsprivilegien. Dennoch blieb der Adel die führende Schicht im Kaiserreich wegen seiner traditionellen Machtposition. Doch immer häufiger wurden hohe Stellen in Politik, Verwaltung und beim Militär mit Bürgerlichen besetzt.

– Zur bürgerlichen Oberschicht zählten die Besitzbürger, die leitende Positionen in der Wirtschaft einnahmen, und die Bildungsbürger. Sie besaßen eine akademische Bildung.

– Die Mittelschicht bestand aus dem „alten" und dem „neuen" Mittelstand. Zum „alten" Mittelstand gehörten selbstständige Handwerker und kleine Kaufleute, die unter der Konkurrenz der Fabriken und Warenhäuser litten. Den „neuen" Mittelstand bildete eine stark wachsende Schicht von Angestellten.

– Kennzeichnend für die arbeitende Unterschicht waren die Unsicherheit des Arbeitsplatzes und Lohnabhängigkeit. Innerhalb der Arbeiterschaft bestanden Unterschiede zwischen gelernten und ungelernten Beschäftigten. Die am besten qualifizierten Arbeiter orientierten sich am Lebensstil des Bürgertums. Sogenannte Deklassierte, wie Obdachlose, Arbeitslose und finanziell schlecht gestellte, alleinstehende Mütter mit unehelichen Kindern, waren von Almosen abhängig.

M3 Das Wachstum deutscher Großstädte

	Bevölkerung im Jahr		Wachstum
	1875	1910	in %
Kiel	37 246	211 627	468,2
Essen	54 790	294 653	437,8
Leipzig	127 387	589 850	363,0
Düsseldorf	80 695	358 728	344,5
Frankfurt/M.	103 136	414 576	302,0
Köln	135 371	516 527	281,6
Dortmund	57 742	214 226	271,0
Chemnitz	78 209	287 807	268,0
Nürnberg	91 018	333 142	266,0
Hamburg	264 675	931 035	251,8
München	193 024	596 467	209,0
Berlin	966 859	2 071 257	114,2

Zusammengestellt nach Gerd Hohorst/Jürgen Kocka/Gerhard A. Ritter (Hg.), Sozialgeschichtliches Arbeitsbuch, München (C. H. Beck) S. 45.

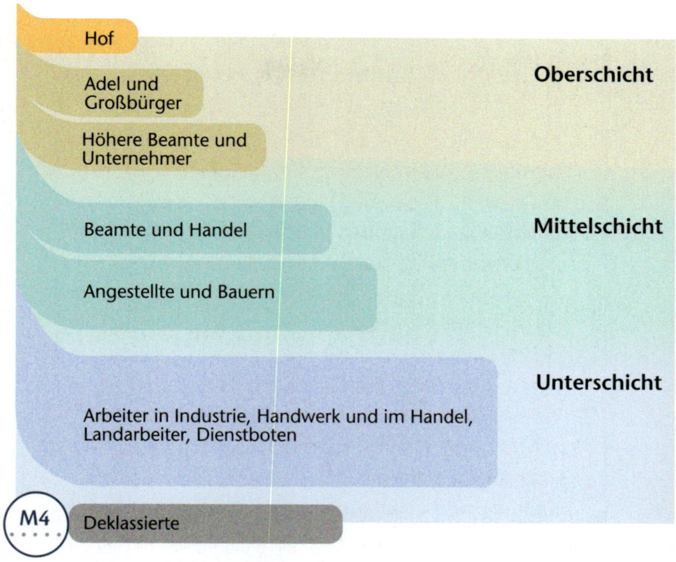

M4

Die Gesellschaft im Kaiserreich (vereinfachtes Modell). 1910 machte der Adel etwa 0,3 bis 0,5 Prozent der Reichsbevölkerung von etwa 65 Millionen Menschen aus, das gesamte Bürgertum wohl nicht mehr als 15 Prozent.

M5

Schilder an Hauseingängen, Foto, undatiert

1 Beschreibe mithilfe der Darstellungstexte den Wandel in Stadt und Land.

2 a) Erläutere anhand des Darstellungstextes: Eine Gesellschaft der Unterschiede. Ziehe M1, M4 und M5 mit heran.
b) Vergleiche mit unserer Gegenwart.

3 Schildere anhand von M2, wie „Mobilität" dargestellt wird.

4 a) Setze M3 in einen Bezug zu deinen Ergebnissen aus Aufgabe 1.
b) Erörtere Folgen des Wandels für die Menschen.

Eine Großstadt im Kaiserreich – das Beispiel Hannover

M1

„... reichlich Sommerfeste, Feuerwerke usw."

Die Historikerin Bettina Greffrath schrieb 1988:

Das Stichwort „Freizeit" sucht man noch im Brockhaus von 1908 vergeblich. Bei mindestens 10 Stunden täglicher Arbeit und 6-Tage-Woche war eine längere Flucht aus „den grauen Häuserreihn" für die Masse der Bevölkerung nur am Sonntag möglich ... Schon 1896 war der Besucherstrom in der Eilenriede so groß gewesen, dass der Magistrat die Benutzung durch Gebote und Hinweise zu regeln versuchte ... Ziel der sonntäglichen Massenbewegung waren vor allem die Waldlokale ... Die Stadtverwaltung ließ schon um die Jahrhundertwende die alten einfachen Lokale durch Neubauten ersetzen ... In einigen von ihnen wurden, wie auch im Zoo und im Tivoli, den besser situierten Hannoveranern außerdem künstlerische Genüsse geboten: So lud man 1913 „den geehrten Besucher des Listerturms" zu „Abonnements"-Konzerten ein, bestritten durch stadtbeliebte Militärkapellen, und versprach für den Sommer „reichlich Sommerfeste, Feuerwerke usw." Der Hannoversche Courier berichtete ausführlich über Sommerfeste in Hannover und Linden, die von den Gewerkschaften, Männergesangvereinen oder Bürgerstiftungen durchgeführt wurden. So veranstalteten die freien Gewerkschaften im August 1913 einen Riesenfestzug, an dem 18 000 Teilnehmer, u. a. ein Massenchor des Arbeiter-Sängerbundes und 27 Musikkapellen, teilnahmen ... Geht man von der Vielzahl der hannoverschen Sportvereine und dem großen Ausbau an Sportstätten aus, so könnte man Stefan Zweigs [1881 bis 1942, Schriftsteller] euphorische Beschreibung europäischen Großstadtlebens auch auf das Hannover des Jahres 1913 beziehen: „Niemand außer den Allerärmsten blieb sonntags mehr zu Hause, die ganze Jugend wanderte, kletterte und kämpfte, in allen Sportarten geschult ..." ... Besonders das noch zehn Jahre zuvor in bürgerlichen Kreisen als „roh" verschriene Fußballspiel hatte ... eine ungeheure Entwicklung genommen ... Auch in Hannover hatte sich der Sport zu einer „Massenbewegung" entwickelt, wenngleich die Vereine wohl nicht nur nach Sportarten, sondern auch sozial stark differenziert waren ... [In der Berichterstattung der Presse] wird ... immer häufiger deutlich, dass sportliche Schauveranstaltungen den früheren Jahrmarktbelustigungen den Rang abgelaufen hatten.

Bettina Greffrath, Kleine und große Aufbrüche. In: Hannover 1913. Beiträge zur Ausstellung, Hannover (Historisches Museum) 1988, S. 81, 83–86, 89.

M2 **Blick von der Georgstraße in die Karmarschstraße,** links das „Contihaus", Foto, um 1910

M3 **Damen vom Schwimmverein Vineta in der Badeanstalt Goseriede,** Foto, 1911

M4 **Start zum Großen Straßenpreis von Hannover am 27. April 1913,** Foto

M5 **Fußballsport-Vereine 1903 und 1913 in Hannover**

Jahr	Anzahl der Vereine	Mitgliederzahl	Kassenumsatz M.	in Sportplätzen angelegte Kapitalien	Nordd. Fußball-Verband Vereine	Nordd. Fußball-Verband Mitglieder	Deutscher Fußball-Bund Vereine	Deutscher Fußball-Bund Mitglieder
1903	7	ca. 300	ca. 4000	—!	29	1406	194	9317
1913	38*)	ca. 3500	ca. 80000	ca. M. 30000!	258	25208	1936	161,613!

*) Außer diesen 38 Bezirksvereinen bestehen noch etwa 15 „wilde" Vereine mit rund 600–800 Mitgliedern.

1 a) Untersuche M2, M3 und M4 mithilfe der Methode „Fotos analysieren".
b) Prüfe, ob sich ein Zusammenhang zwischen ihnen herstellen lässt.
c) Stelle einen Bezug zur „Organisierung" von Interessen (S. 20 f.) her.

2 Formuliere Aussagen über die Entwicklung des Fußballsports nach 1900 (M5).

3 Erarbeite anhand von M1, wie sich das Freizeit- und Vereinsleben in Hannover um 1913 darstellt und überlege, worin sich das für uns „Moderne" in dieser Zeit zeigt.

4 **Partnerarbeit:** Notiert nach euren bisherigen Kenntnissen Unterschiede zum Leben der Menschen in der vorindustriellen Gesellschaft des 18. und 19. Jahrhunderts. Berichtet.

Herrschaft und Gesellschaft im Kaiserreich

M1

Hermann Wislicenus (1825–1899) „Die Wiedererstehung des Reiches 1871", 1880–1882, Caseinfarben auf Putz, 720 x 710 cm, Goslar, Kaisersaal in der Kaiserpfalz. Symbolische Darstellung der Gründung des Deutschen Reiches: Kaiser Wilhelm I. und sein Sohn, der spätere Kaiser Friedrich III., Reichskanzler Bismarck als Schmied des Reiches sowie Germania und „Vater Rhein".

M2

„Kommt es unter einen Hut? Ich glaube, 's kommt eher unter eine Pickelhaube!" Österreichische Karikatur, 1870. Die Pickelhaube gilt als Symbol für das preußische Militär im 19. Jahrhundert.

Überprüfe, was du kannst

Sachkompetenz

1 Prüft in Partnerarbeit gegenseitig, ob ihr die Begriffe „Deutsch-Französischer Krieg" (S. 11), „Reichsgründung" (S. 13), „Reichstag" (S. 17), „Parteien" (S. 21), „Kulturkampf" (S. 23), „Sozialistengesetz" (S. 25) und „Sozialgesetzgebung" (S. 25) erläutern könnt.

2 Beschreibe: Ziele der Bündnispolitik Bismarcks.

3 Stelle an einem der Beispiele „Kampf gegen politische Gegner der Monarchie", „Frauen fordern Rechte", „nationale Minderheiten" die Politik des monarchischen Staates dar.

Methodenkompetenz

4 Analysiere M1 mithilfe der Methode „Historiengemälde deuten" (S. 14 f.).

5 Analysiere M2 mithilfe der Methode „Karikaturen entschlüsseln" im Anhang.

6 Vergleiche M1 mit M2 unter der Fragestellung nach den „Bildern", die beide Darstellungen vom Kaiserreich entwerfen. Beachte die Quellenangaben.

Urteilskompetenz

7 Beurteile die These: Das Kaiserreich hatte zwei Gesichter.

8 In historischen Darstellungen wird das Deutsche Reich zuweilen als „Obrigkeitsstaat" bezeichnet. Erörtere, ob diese Aussage zutrifft. Ziehe die Verfassung des Deutschen Reiches (S. 16) heran.

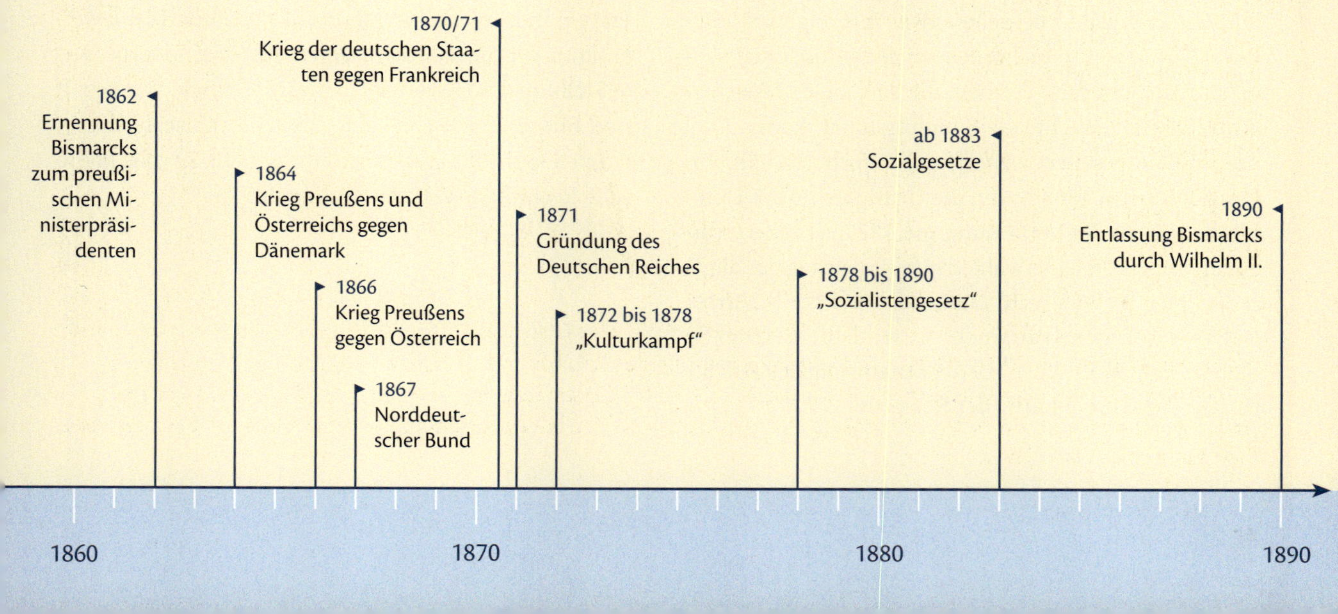

Das Deutsche Kaiserreich 1871 bis 1918

Der Weg zum Nationalstaat

„Am Anfang war Bismarck." So beginnt der Historiker Thomas Nipperdey sein Werk über die „Deutsche Geschichte 1866–1918" von 1992. Darin vertritt er die Meinung, dass der preußische Ministerpräsident Otto von Bismarck die Gründung des Deutschen Reiches 1871 wesentlich herbeigeführt habe. Die politische Einigung Deutschlands war auch nach der gescheiterten Revolution von 1848/49 das Hauptziel der politischen Bewegung des Bürgertums. An der Einigung von 1871 hingegen waren die bürgerlichen Kräfte nicht beteiligt. Sie war vielmehr das Ergebnis dreier Kriege, die die Machtverhältnisse in Deutschland und in Europa stark verschoben hatten. Zu den Faktoren, die die Einheit begünstigten, ist auch die Vorarbeit des Deutschen Zollvereins zu zählen, der 1834 gegründet wurde. Die Einigung Deutschlands war aber zugleich auch eine Teilung, denn sie schloss die deutschsprachigen Bewohner Österreichs aus. Die Alternative wäre eine „großdeutsche" Lösung gewesen. Sie hätte jedoch die Auflösung oder Zerschlagung der österreich-ungarischen Doppelmonarchie vorausgesetzt.

Während des Krieges gegen Frankreich 1870/71 verloren die Unterschiede zwischen den deutschen Staaten an Bedeutung. So stieß die Ausrufung des protestantischen preußischen Königs, Wilhelms I., zum Kaiser auf keinen größeren Widerstand. Damit war die Reichsgründung unter preußischer Führung und ohne Österreich besiegelt. Die Verfassung des Deutschen Reiches von 1871 war ein Kompromiss zwischen der mächtigen Monarchie Preußen und den anderen deutschen Staaten. Die Teilstaaten behielten zwar ihre Eigenständigkeit, aber sie waren nicht mehr in allen Bereichen souverän. Die politische Freiheit, die sich viele Menschen erhofft hatten, brachte die Einigung nicht. König, Adel und Militär besaßen weiterhin die Vorherrschaft. Im Unterschied zu 1848 waren die Grundrechte der Deutschen nicht in der Verfassung von 1871 verankert worden. Zwar galt bei den Wahlen zum Reichstag das allgemeine gleiche Wahlrecht (zumindest für die Männer). Doch fehlten dem Parlament wesentliche Rechte: So hatte es keinen Einfluss auf die Ernennung des Reichskanzlers und die Bildung der Regierung.

Parteien

Die Parteien spiegelten die großen politischen Differenzen in der Gesellschaft wider und waren vor allem „Weltanschauungsparteien": Sie orientierten sich nicht nur an praktischen, alltäglichen Zielen, sondern gründeten ihre Vorstellungen auf „politische Glaubensbekenntnisse". Das führte zu Abgrenzungen zwischen den Parteianhängern und es bildeten sich feste Milieus. Durch das allgemeine Wahlrecht wurde zumindest der männliche Teil der Bevölkerung in die Politik einbezogen. Damit war Politik nicht mehr nur eine Angelegenheit kleiner elitärer Gruppen oder Einzelpersönlichkeiten (Honoratioren). Zu den wichtigsten Parteien gehörten:

- die Nationalliberalen,
- die Linksliberalen,
- das Zentrum,
- die Konservativen (Freikonservative und Deutsch-Konservative)
- und die Sozialistische Arbeiterpartei Deutschlands, die spätere SPD.

Verbände

Wirtschaftliche und gesellschaftliche Interessengruppen organisierten sich in Verbänden. Dazu gehörten vor allem:

- der Centralverband Deutscher Industrieller,
- der Bund der Landwirte,
- die Freien Gewerkschaften
- sowie christliche und liberale Arbeitervereinigungen.

Seit Mitte des 19. Jahrhunderts organisierten sich die Frauen in bürgerlichen und proletarischen Frauenvereinigungen. Sie kämpften allgemein für eine verbesserte Stellung der Frauen in Staat, Gesellschaft, Wirtschaft und Bildung. Erst nach dem Ende des Kaiserreichs erlangten sie im Zuge der Revolution 1918/19 volle politische Rechte, wie z. B. das Wahlrecht.

Wandel im Kaiserreich

Gesellschaft und Wirtschaft im Deutschen Kaiserreich waren von einem starken Wandel geprägt: Millionen Arbeitskräfte zogen innerhalb weniger Jahrzehnte seit der Mitte des 19. Jahrhunderts in die attraktiveren Städte (Verstädterung). Sie boten Arbeitsplätze in den entstehenden Großbetrieben und Verwaltungen und lockten mit vielfältigen neuen Unterhaltungsmöglichkeiten. Auch auf dem Land machte sich der wirtschaftliche Wandel bemerkbar: Seit dem Beginn des 19. Jahrhunderts interessierten sich auch Bürgerliche für Landbesitz und erwarben Güter. Der Arbeitskräftemangel, der durch Abwanderung in die Städte entstand, wurde in den Erntezeiten ausgeglichen durch angeworbene Landarbeiterinnen und Landarbeiter aus Pommern, Ostpreußen und Polen (Binnenwanderung).

Der wirtschaftliche Wandel veränderte jedoch das Sozialgefüge im Kaiserreich wenig. Noch immer dominierten die alten Werte wie Herkunft, Rang und Adelsprivilegien. Auch wenn Einzelnen der „Aufstieg durch Bildung" gelang, blieben die sozialen Unterschiede groß.

Politik gegen Opposition und Minderheiten

Das Deutsche Reich war kein in sich geschlossener, einheitlicher Nationalstaat, sondern ein spannungsreiches Gefüge: Es gab polnische und dänische Minderheiten im Reichsgebiet, und es gab die Elsass-Lothringer, die sich überwiegend als Franzosen fühlten.

Auch konfessionelle Spannungen und soziale Probleme stellten den Staat vor große Herausforderungen. Bismarck nutzte das Nationalgefühl, um sogenannte Reichsfeinde auszugrenzen. Doch sein Kampf gegen die katholische Kirche („Kulturkampf") und die Zentrumspartei als Vertreterin der Katholiken scheiterte letztendlich. Der Reichskanzler Bismarck konnte die enge Verbindung zwischen katholischer Kirche, Zentrumspartei und katholischer Bevölkerung nicht zerstören.

Auch sein Kampf gegen die sozialdemokratische Partei (Sozialistengesetz) blieb erfolglos trotz Zugeständnissen gegenüber der Arbeiterschaft (Sozialgesetzgebung). Nationalistische Einstellungen in der Gesellschaft, die Bismarck für eigene Zwecke genutzt hatte, führten zu Fremdenhass und einem verschärften Antisemitismus. Diese Haltungen organisierten sich zunehmend in Parteien und Verbänden und gefährdeten den sozialen Zusammenhalt im Staat.

Herrschaft und Gesellschaft im Deutschen Kaiserreich

Herrschaft

- durch Krieg (1870/71) zur Einheit
- Einigung „von oben" (1871)
- Dominanz des preußischen Staates im Reich
- Bismarck als treibende Kraft der Einigung
- Einheit vor Freiheit und Demokratie
- Verfassung von 1871: stärkste Stellung: Kaiser und Reichskanzler; nicht demokratisch legitimiert
- Reichstag als gewählte Volksvertretung mit geringen Rechten
- Bundesrat als Vertretung der Landesregierungen
- Staatsform: konstitutionelle Monarchie

Gesellschaft – Parteiengründungen seit den 1860er-Jahren

- Hauptströmungen: Nationalliberale, Zentrum, Freikonservative, Deutsch-Konservative, Sozialdemokraten
- Organisierung von Interessengruppen in Verbänden, z. B. Gewerkschaften, Arbeitgeberverbände, Bund der Landwirte
- politisch-gesellschaftliche Konflikte mit demokratischen und liberalen Oppositionsbewegungen, der Arbeiterbewegung, der katholischen Kirche und nationalen Minderheiten
- Strategie der Regierung zur Konfliktbewältigung: Repressionen und Zugeständnisse

2. Imperialismus, Erster Weltkrieg und die Folgen in Europa

Die Zentrumspartei warnte auf der Rückseite der hier abgebildeten Postkarte: „Verzichtet Deutschland auf die Erweiterung seines Wirtschaftsgebietes, so heißt dies: Deutschland kann nicht nur als politisch maßgebendes Land abdanken, sondern es geht auch wirtschaftlich zurück."
Die USA wie die europäischen Industriestaaten setzten sich jeweils zum Ziel, ein Weltreich (lat. imperium) zu errichten. Sie brachten deshalb Gebiete in Asien und Afrika unter ihre Herrschaft. Der Wettkampf um ein möglichst großes Stück vom „Kuchen" verschärfte sich seit dem letzten Viertel des 19. Jahrhunderts. Dass dieser Wettlauf um die Vorherrschaft in den Ersten Weltkrieg (1914–1918) münden würde, war vorher nicht erkennbar und auch nicht zwangsläufig. Rivalitäten und Misstrauen zwischen den großen Mächten wuchsen jedoch bis 1914 so stark an, dass ein Funke das „Pulverfass" zur Explosion bringen konnte. Genau das geschah im Sommer 1914.

Werbepostkarte der Zentrumspartei zur Reichstagswahl 1912. Die SPD-Politiker Liebknecht und Ledebour hindern Deutschland daran, an der „Aufteilung der Erde" teilzunehmen.

Folgende Fragen leiten dich durch das Kapitel:

- ***Welche Motive und Ziele waren mit dem Imperialismus verbunden?***
- ***Welche Ursachen und Folgen hatte der Erste Weltkrieg?***

1 Beschreibe die Abbildungen und nenne mögliche Zusammenhänge.

Erster Weltkrieg, Schlacht um Verdun, Foto, 1916

„Unter der Führung des großen Stalin vorwärts zum Kommunismus", Lithografie von Boris F. Berezovskij und Michail Solovjov, 1951

Der Imperialismus

Wissen • Urteilen • Kommunizieren/Handeln • Methoden anwenden

Am Ende dieses Unterkapitels kannst du

- Ziele, Motive und Methoden imperialistischer Politik an Beispielen darstellen und vergleichen
- Folgen des Kolonialismus beispielhaft erklären und bewerten
- Theorien zum Imperialismus erläutern
- **Methode** Sachtexte exzerpieren

Die Kolonialmächte der Welt um 1914

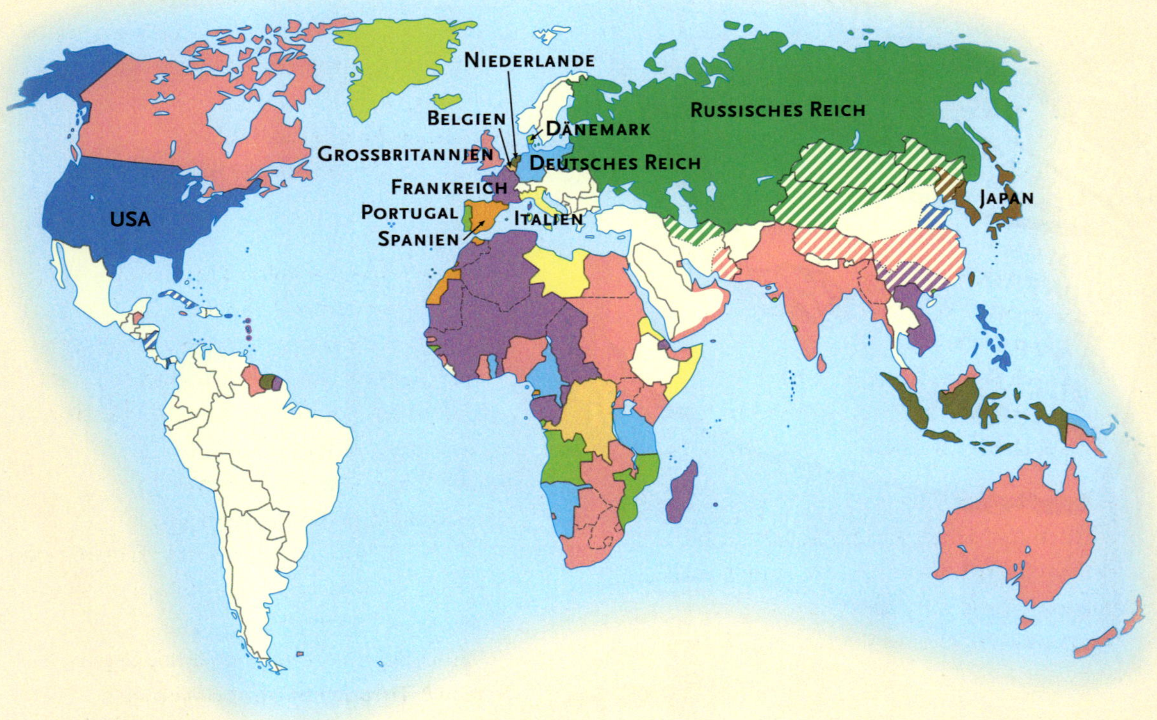

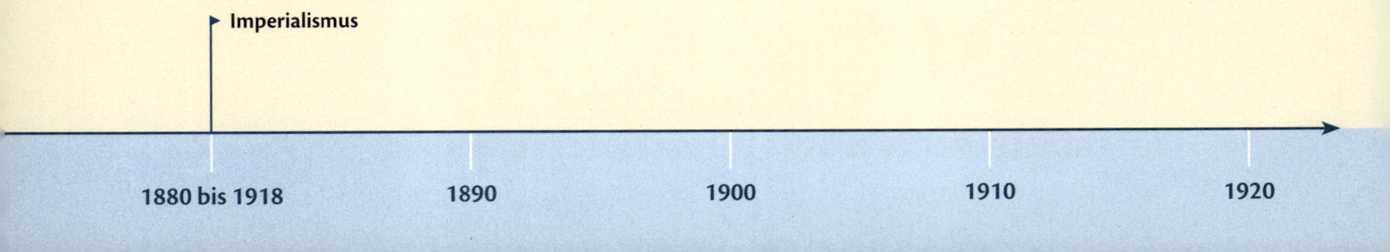

Der Imperialismus – Lernen an Stationen

Vom Kolonialismus zum Imperialismus

Seit Ende des 15. Jahrhunderts hatten Spanien, Portugal, Holland, Frankreich und England Kolonien in Übersee erworben. Bis in die 1870er-Jahre hinein beschränkten sich diese Besitznahmen in Asien und Afrika allerdings auf die Küstenregionen. Das änderte sich zu Beginn der 1880er-Jahre: Die europäischen Staaten erklärten es zum offiziellen politischen Ziel, ihre Kolonialgebiete auszudehnen. Mit allen Mitteln konkurrierten sie um die noch „unverteilten" Gebiete der Welt. Die bisherigen Kolonialmächte nutzten ihre Handelsstützpunkte und Kolonien als Ausgangspunkte für weiterreichende territoriale Eroberungen. Im Vergleich zum alten Kolonialismus* hatte der Imperialismus eine wesentliche Antriebskraft in der Industrialisierung. Sie legte den Grund für eine dynamisch steigende Wirtschaftskraft sowie eine technische und militärische Überlegenheit der europäischen Staaten gegenüber den nicht industrialisierten Ländern. Das Deutsche Reich versuchte, unter Kaiser Wilhelm II. den „kolonialen Rückstand" aufzuholen, ohne jedoch die Bedeutung der „alten" Kolonialmächte zu erlangen.

Lernen an Stationen

1. Schritt: Vorbereitung und Planung
- Überblick über das Thema, Problemstellung
- Entscheidung über die Arbeitsform (z. B. Einzel-, Partner-, Gruppenarbeit)
- Aufbau der Stationen, evtl. von Zusatzstationen
- Vorbereiten der „Laufzettel"

2. Schritt: Durchführung
- selbstständige Arbeit an den Stationen
- eventuell Zwischenberichte oder -auswertungen
- Festhalten der Arbeitsergebnisse und Erfahrungen mit eigenen Worten (paraphrasieren)

3. Schritt: Auswertung
- Ergebnisse zusammentragen, vergleichen, bewerten
- Erfahrungen vortragen, Probleme klären
- Erkenntnisse für die Weiterarbeit austauschen

„Laufzettel" mit Arbeitsaufträgen

Station 1: Was ist imperialistische Politik?
- Erkläre: „Imperialismus" und „Sozialdarwinismus".
- Erarbeite, mit welchen Argumenten der Imperialismus kritisiert wurde.

Station 2: Britische Kolonialherrschaft
- Nenne Ziele und Methoden britischer Kolonialherrschaft.
- Bewerte das Vorgehen der britischen Regierung.

Station 3: Französische Kolonialherrschaft
- Nenne die Ziele, die die Regierung mit der Kolonialpolitik verfolgte.
- Erkläre, welche Rolle das „Konkurrenzprinzip" spielte.

Station 4: Russische Kolonialherrschaft
- Beschreibe die zeitliche und räumliche Ausdehnung der russischen Kolonialherrschaft.
- Nenne die Gründe, die die russische Regierung für ihr Auftreten in Kleinasien angab.
- Erläutere, welche Motive die Regierung leiteten.

Station 5: Kolonialherrschaft der USA
- Erkläre das „Prinzip der offenen Tür".
- Nenne mögliche Probleme, die sich aus dieser Politik ergeben konnten.

Station 6: Folgen der Kolonialherrschaft in Afrika – das Beispiel Ruanda
- Beantworte die Frage nach der Bedeutung der Kolonialzeit als Ursache des Völkermordes in Ruanda.
- Erkläre den Ausdruck „Gegenwart des Vergangenen" am Beispiel Ruanda.

Station 7: Konflikte in Kolonien – das Beispiel China (Wahlstation)
- Erkläre, inwiefern der „Boxer"-Aufstand den Grundkonflikt zwischen Kolonie und Kolonialmacht widerspiegelt.
- Formuliere zur Rede Wilhelms II. eine Gegenrede.

Station 8: Theorien zum Imperialismus (Wahlstation)
- Nenne Merkmale der Imperialismustheorien.
- Analysiere M3.
- Erörtere: Welche der drei Theorien überzeugt dich am besten?

Sachtexte exzerpieren

Texte erfassen: Lesen – Markieren – Exzerpieren

Wer ein Referat oder eine ähnliche Arbeit anfertigen will, muss Fachbücher lesen und auswerten. Texte in Fachbüchern und -zeitschriften nennt man Sachtexte. Wie arbeitet man mit einem Sachtext?

1. Zuerst solltest du dir einen Überblick über das Buch verschaffen und z. B. das Inhaltsverzeichnis ansehen, um herauszufinden:

- Mit welchem Thema beschäftigt sich das Buch?
- Welcher Fragestellung (Leitfrage) geht der Autor/die Autorin nach?
- Zu welchem Ergebnis kommt er/sie?

2. Wenn du dann beim Lesen Begriffe, Zitate, Beispiele, Argumente und Gedankengänge herausschreibst, dann bist du dabei zu „exzerpieren". Mit dem Exzerpieren solltest du erst nach dem Lesen eines Absatzes oder eines Kapitels beginnen. Dafür sind Karteikarten (im Format A5 oder A6) besonders gut geeignet. Mit ihnen kannst du für jeden neuen Gedanken oder Begriff eine neue Karte anlegen. Diese Karten ordnest du an geeigneter Stelle ein oder sortierst sie bei Bedarf wieder neu. Längere Abschriften (Exzerpte) geben den Gedankengang eines Textes geschlossen wieder, haben aber den Nachteil, dass du sie nicht umgruppieren kannst. Fotokopien leisten gute Dienste, wenn du Leihbücher durcharbeiten musst.

3. Vorschläge für Randzeichen und Markierungen

wichtig: !
zentraler Gedanke: |
unverständlich: ?
unklarer Gedanke: ≷
nachschlagen: Lex.
Literaturangabe: Lit.
Verweis: S. xx

Definitionen (Def), Argumente (Arg) und Thesen (T) kannst du durch Unterstreichungen wie Linie, Schlangenlinie, doppelte Unterstreichung im Text hervorheben, am Rand markieren und dann herausschreiben.

1 Arbeite die zu M1 angebotenen Elemente eines Exzerpts, das unter der Frage nach Anfängen und Motiven eines deutschen Imperialismus angelegt ist, durch.

2 Fertige mithilfe der Arbeitsschritte ein Exzerpt vom Darstellungstext „Der Weg zum Nationalstaat", S. 36, linke Spalte, an.

Arbeitsschritte

1. Schritt: Überblick gewinnen

- Bibliografische Angaben des Textes (Buches) festhalten: Autor/Herausgeber, Titel, Erscheinungsort, Erscheinungsjahr, ggf. Auflage, Fundort (Bibliothek und Signatur). Angaben auch auf Kopien notieren!
- In einem ersten Leseschritt klären, ob der Text für die eigenen Zwecke geeignet ist.
- Das Thema des Textes (Absatzes) feststellen – gegebenenfalls den Text ein zweites Mal lesen.

2. Schritt: Textstellen markieren

- Zentrale Begriffe
- Gedanken und Ideen
- Zusammenhänge
- Widersprüche
- Sprachliche Auffälligkeiten, z. B. Schlagwörter, Metaphern, Ironie
- Verweise auf andere Texte (Textstellen)

3. Schritt: Exzerpieren

- Die markierten Textstellen und Notizen am Textrand oder auf einem Extrablatt festhalten. Unterscheide dabei:
- a) wörtliches Zitat (auf wörtlich genaue Übernahme achten, da später das Original oft nicht mehr zur Verfügung steht),
- b) sinngemäßer Auszug (Paraphrase), bei dem du den Inhalt (Gedanken) in knapper Form festhältst.

M1

Deutscher Imperialismus?

Der folgende Sachtext ist ein Auszug aus dem Buch „Über alles in der Welt. Deutscher Imperialismus im 19. und 20. Jahrhundert“ des Historikers Dirk van Laak, erschienen 2005:

Das „größere Deutschland“

Schon in der Mitte des 19. Jahrhunderts waren die Elemente des deutschen Imperialismus fast vollständig vorgezeichnet. Manches spricht dafür, dass eine 1848/49 vollzogene Reichseinigung auch bereits eine begleitende deutsche „Weltpolitik“ in Gang gesetzt hätte. Die in der Nationalversammlung vorgebrachten Argumentationen stimmten mit der Kolonialpropaganda der 1870er-/80er-Jahre weitgehend überein. Auch die Argumente für den Aufbau der deutschen Flotte waren schon präsent. Möglicherweise hätte eine deutsche Kolonialpolitik also schon ein Menschenalter früher begonnen. Nach dem Scheitern der bürgerlichen Revolution war die Reichseinigung jedoch vorerst noch einmal vertagt … Der Zusammenhang von weltpolitischem und sozialimperialistischem* Denken war in diesen Debatten stets mit Händen zu greifen. Meist übertrug man die in der Heimat gemachten Erfahrungen recht schematisch auf die Fremde. So bildete etwa der Deutsche Zollverein das Muster für Versuche, darüber hinausgehende, „großdeutsche“ Kooperationseinheiten zu etablieren. Preußen und Österreich als die am stärksten industrialisierten Länder sollten dabei in einem Zollverband die Hegemonie über ein Gebiet übernehmen, das in seiner weitesten Ausdehnung von der Nordsee bis zum Schwarzen Meer oder, wie es gelegentlich hieß, von der Elbe bis zum Euphrat reichte. Den Ländern Ost- und Südosteuropas wurde der Status von Agrar- und Rohstoffproduzenten zugeschrieben. Gleichzeitig sollten sie als deutsche Absatzmärkte und als Handelsbrücken in den Nahen Osten dienen. Als Grundlage der wirtschaftlichen Durchdringung weiter Teile Ost- und Südosteuropas galt – neben der Kontrolle der Donau – der Bau von Eisenbahnlinien, den preußische und österreichische Kapitalgeber in dieser Periode bereits vorantrieben … Solche Konstruktionen eines „Großraums“ bzw. „Großwirtschaftsraums“, in denen sich eine gleichsam natürliche Arbeitsteilung zwischen „führenden“ und „rückständigen“, industriellen und agrarischen Ökonomien herausbilden sollten, wurden zu einer der prägenden Zukunftsvisionen für eine künftige Weltordnung.

Dirk van Laak, Über alles in der Welt. Deutscher Imperialismus im 19. und 20. Jahrhundert, München (C. H. Beck) 2005, S. 53–55.

Markierungen/ Randnotizen

These (T)

Begriff klären

T

Vermutung

Lex.

Lex.

Beispiele für das Vorgehen

zentraler Gedanke der imperialen Ansätze

Elemente eines Exzerpts

Wörtliches Zitat: „Schon in der Mitte des 19. Jahrhunderts waren die Elemente des deutschen Imperialismus fast vollständig vorgezeichnet.“ (van Laak, S. 53)

Paraphrase I (ausführliche Umschreibung):
Der Autor vertritt die Auffassung, dass bereits in der Mitte des 19. Jh. die Elemente eines deutschen Imperialismus und Argumente für den Aufbau einer Flotte (gemeint: Kriegsflotte) vorhanden waren. Verantwortlich für die Verzögerung sei das Scheitern der deutschen Einheit 1848/49.
Nach dem Muster des Deutschen Zollvereins sollten Preußen und Österreich die Hegemonie über Gebiete in Ost- und Südosteuropa übernehmen, denen lediglich der Status von Agrar- und Rohstoffproduzenten zugedacht war und die zugleich als deutsche Absatzmärkte und Handelsbrücken (Naher Osten) dienen sollten. Grundmodell in der Vorstellung war ein „Großwirtschaftsraum“ (Z. 36 f.) mit einer als natürlich angesehenen Arbeitsteilung zwischen „führenden“ und „rückständigen“ Ökonomien (Volkswirtschaften).

Paraphrase II (Stichworte):
- deutscher Imperialismus und Kriegsflotte bereits Mitte des 19. Jh. möglich gewesen
- verhindert durch gescheiterte Einheit 1848/49
- Zusammenhang imperialistisches und sozialimperialistisches* Denken
- gemeinsame Hegemonie Preußens u. Österreichs in Ost- u. Südosteuropa (Großwirtschaftsraum nach Dt. Zollverein)
- „natürliche“ Arbeitsteilung: industrielle agrarische Volkwirtschaften als künftiges Modell einer Weltordnung

Eigene Anmerkungen zum Text:
- Autor spielt den Gedanken „Was wäre gewesen, wenn …“ durch. Belegt seine Darstellung mit Beispielen.
- Die Darstellung bleibt im Bereich der Hypothesen (begründete Vermutungen).
- Einsichtig ist, dass es offensichtlich Vorstellungen und Pläne für eine frühere Weltmachtrolle Preußens/Österreichs gegeben hat.

Station 1: Ziele und Methoden imperialistischer Politik

Das „Imperium“ als globales Ziel

Der Imperialismus im ausgehenden 19. und beginnenden 20. Jahrhundert unterschied sich vom „alten“ Kolonialismus vor allem durch das Tempo seiner Ausdehnung und das aggressive Vorgehen. Der unerbittliche Konkurrenzkampf um die „Aufteilung der Welt“ wurde bald auf der ganzen Erde ausgetragen. Das „nationale Ansehen“ zu steigern, war ein vorrangiges Ziel dieser Politik. Die Weltwirtschaft wurde als ein System gesehen, in dem es galt, die eigene nationale Wirtschaft gegenüber den anderen zu schützen und notfalls abzuschotten. Rohstoffquellen und Absatzmärkte spielten eine bedeutende Rolle.

Ein weiterer Antrieb imperialistischer Politik war das Argument, Siedlungsräume für die Ansiedlung eines angeblichen Bevölkerungsüberschusses zu schaffen. Gegen diese imperialistische Politik gab es schon früh zeitgenössische Kritik.

Begriffe und Daten

Imperialismus

Die Epoche des Imperialismus umfasst den Zeitraum zwischen 1880 und 1918. Während dieser Zeit betrieben die Großmächte eine Politik des aggressiven Nationalismus und der Expansion. Als Imperialismus wird die Herrschaft eines weiterentwickelten, industrialisierten Staates über weniger entwickelte Länder bezeichnet. Imperiale Herrschaft wurde „direkt“ (Besetzung und Einrichtung einer Kolonialregierung) oder „indirekt“ (Kontrolle über die eingesetzte einheimische Regierung) ausgeübt.

Sozialdarwinismus

Der britische Naturforscher Charles Darwin (1809 bis 1882) lehrte, dass die natürliche Auslese im „Kampf um das Dasein“ die Entstehung und Entwicklung der Arten verursacht (Evolutionstheorie). Die vereinfachte Übertragung dieser Theorie auf die menschliche Gesellschaft nennt man Sozialdarwinismus. Er wird dazu benutzt, um soziale Ungleichheit und Rassismus* zu rechtfertigen. Aus dieser Theorie wird auch abgeleitet, dass ein Volk untergehen müsse, wenn es nicht in der Lage sei, erfolgreich Kriege zu führen.

M1

Standpunkt eines Zeitgenossen

August Bebel, Führer der Sozialdemokraten im Kaiserreich, sagte am 28. Januar 1889 im Reichstag:

Im Grunde genommen ist das Wesen aller Kolonialpolitik die Ausbeutung einer fremden Bevölkerung in der höchsten Potenz. Wo immer wir die Geschichte der Kolonialpolitik in den letzten drei Jahrhunderten aufschlagen, überall begegnen wir Gewalttätigkeiten und der Unterdrückung der betreffenden Völkerschaften, die nicht selten schließlich mit deren vollständiger Ausrottung endet. Und das treibende Motiv ist immer, Gold, Gold und wieder nur Gold zu erwerben. Und um die Ausbeutung der afrikanischen Bevölkerung im vollen Umfange und möglichst ungestört betreiben zu können, sollen aus den Taschen des Reichs, aus den Taschen der Steuerzahler Millionen verwendet werden... Dass wir von unserm Standpunkt aus als Gegner jeder Unterdrückung nicht die Hand dazu bieten, werden Sie begreifen.

Zit. nach Horst Gründer, Der moderne Imperialismus, 5. A., Düsseldorf (Cornelsen/Schwann-Girardet) 1990, S. 98.

M2

Triebkräfte der imperialistischen Expansion

Station 2: Großbritannien – Handel und indirekte Herrschaft

M1

Gründe für eine Kolonialpolitik Großbritanniens

Der konservative Politiker Benjamin Disraeli (britischer Premierminister 1874–1880) in einer Rede in London (1872):

1A Wenn ich „konservativ" sage, so gebrauche ich das Wort in seinem reinsten und erhabensten Sinn. Ich will damit sagen, dass das englische Volk und besonders die arbeitenden Schichten Englands stolz ... sind, zu einem Imperium zu gehören, und entschlossen sind, ihr Imperium, wenn sie können, aufrechtzuerhalten – dass sie überhaupt glauben, dass die Größe und das Weltreich Englands den altehrwürdigen Institutionen des Landes zuzuschreiben sind.

Wenn es das erste Ziel ist, die Institutionen des Landes aufrechtzuerhalten, so ist es meiner Meinung nach das zweite, das englische Empire zu stützen. Wenn Sie auf die Geschichte dieses Landes seit dem Aufstieg des Liberalismus – vor vierzig Jahren – blicken, so werden Sie finden, dass keine Bemühung ... von so viel Energie unterstützt und mit so viel Fähigkeit und Scharfsinn vorangetrieben worden ist, wie die Versuche des Liberalismus, die Desintegration [Auflösung] des englischen Empire zu erreichen ...

Nun, was war das Ergebnis dieses Versuchs ...? Er ist gänzlich gescheitert. Aber warum ist er gescheitert? Dank der Sympathien der Kolonien mit dem Mutterland. Sie haben entschieden, dass das Empire nicht zerstört werden soll, und meiner Meinung nach wird kein Minister in diesem Land seine Pflicht tun, der eine Gelegenheit versäumt, so weit wie möglich unser koloniales Weltreich wieder aufzubauen und jenen Sympathiebekundungen aus der Ferne zu entsprechen, die die Quelle unschätzbarer Stärke und Beglückung für dieses Land werden können.

Der britische Außenminister Lord Robert Salisbury wies den Generalkonsul von Ägypten folgendermaßen an (1879):

1B Das Hauptziel unserer ägyptischen Politik ist die Erhaltung der Neutralität dieses Landes, d. h. die Erhaltung einer Situation, in der dort keine Großmacht mächtiger sein kann als Großbritannien ... Wir haben ... keinen Anlass, eine formelle Änderung des Status und der politischen Institutionen Ägyptens zu wünschen ... Unsere Repräsentanten in Ägypten sollen deshalb alles in ihrer Macht Stehende tun, um die einheimische Regierung ... zu unterstützen ... Es hat sich bereits zur Genüge gezeigt, dass die Muselmanen nicht bereit sind, einer Regierung zu gehorchen, die nominell europäisch ist bzw. deren maßgebende und herausragende Elemente europäisch sind ... Es ist deshalb von besonderer Bedeutung, der einheimischen Regierung zum Erfolg zu verhelfen. Aus diesem Grund sollte sie in ihrem eigenen Interesse weitgehend Europäer beschäftigen bzw. dazu gezwungen werden, wenn sie in dieser Beziehung ihre eigenen Interessen verkennt. Allerdings sollten die Europäer so weit wie möglich im Hintergrund bleiben ... Um die Stellungen, die den größten Einfluss ausüben und den geringsten Neid erwecken, sollten sich die Europäer bemühen.

M1A und M1B zit. nach Wolfgang Mommsen, Imperialismus, Hamburg (Hoffmann und Campe) 1977, S. 47 ff.

M2

„So kolonisiert der Engländer", Karikatur von Th. Th. Heine in der deutschen satirischen Zeitschrift „Simplicissimus", 1905

Station 3: Frankreich – Kolonialismus als „Zivilisierung"

M1

Die Bedeutung von Kolonien für Frankreich

Jules Ferry (Ministerpräsident Frankreichs 1883–1885) äußerte sich 1882 folgendermaßen:

1A Wenn die Republik nicht darauf verzichten kann, in Europa, im Orient und im Mittelmeerraum politisch wirksam zu werden, dann bedarf sie auch ... einer Kolonialpolitik: Das bedeutet, dass man in dieser Hinsicht weder vergesslich noch unaufmerksam sein darf, sei es aus Geringschätzung oder aus Trägheit; man muss wachsam, aktiv und dazu bereit sein, alle notwendigen Opfer für die Bewahrung alter und neuer Besitzungen zu bringen, welche in unterschiedlichem Maße und in den verschiedenen Teilen der Erde dazu beitragen, den Namen Frankreichs in der Welt zu verbreiten ... Die Konkurrenz zwischen den europäischen Nationen wird immer heftiger im Streit um diese weit entfernten Absatzmärkte, diese Niederlassungen an den Toren zur Barbarei, welche ein sicherer Instinkt dem alten Europa als Brückenköpfe der Zivilisation und als Wege in die Zukunft anweist. Die Bedürfnisse einer ständig wachsenden industriellen Produktion, ... die Suche nach unerschlossenen Märkten, ... die durch das moderne Leben so rasch entwickelten Tendenzen, die einzelne Völker veranlassen, ihren Blick über die Heimat hinauszurichten; die Wissenschaft, welche die äußersten Enden der Erde in wenige Stunden Entfernung von London, Berlin oder Paris rückt; die sichtbaren Fortschritte der europäischen Gesellschaft und der Friedensidee; all dies drängt die zivilisierten Nationen dazu, ihre alten Rivalitäten auf das ausgedehntere und fruchtbare Feld weit entfernter Unternehmungen zu verlagern.

Eugène Etienne, Vorsitzender der französischen „Kolonialpartei", auf einem Empfang der „Vereinigung französischer Industrieller in Indochina" in Rouen (1889):

1B Frankreich kann stolz darauf sein, dass es in der Vergangenheit seine Tore weit geöffnet hat, ... dass es den Reichtum seiner Nachbarn geschaffen hat. Heute aber darf es nicht ignorieren, was in seinem Umkreis geschieht ... Amerika, das seine Industrie hinter sorgsam verschlossenen Toren aufgebaut hat, plant nunmehr die Errichtung eines „Zollvereins", der allein für amerikanische Erzeugnisse geöffnet ist. Heute also muss Frankreich darum besorgt sein, sich seinen eigenen Markt zu bewahren ... Es gibt ein Land, das wir als Erste erforscht und kolonisiert haben, nämlich Afrika. Alle europäischen Nationen stürzen sich auf dieses Land, sogar diejenigen, die sich noch vor kurzer Zeit verachtungsvoll gegen koloniale Unternehmungen aussprachen ... Frankreich muss nach Afrika und nach Indien gehen ... Wir müssen von dort aus nach China vorstoßen und verhindern, dass uns ein Volk zuvorkommt, das niemals zögert und niemals pausiert, nämlich die Engländer, welche mit Siam und Burma über zwei Zugänge nach China verfügen.

M1A und M1B zit. nach Wolfgang Mommsen, Imperialismus, Hamburg (Hoffmann und Campe) 1977, S. 84 ff.

M2

Frankreich wird Marokko Kultur, Wohlstand und Frieden bringen können, Titelseite der französischen Zeitschrift „Le Petit Journal", 19. November 1911

Station 4: Russland – Kolonialismus als kontinentale Expansion

M1

Russlands Rolle in Zentralasien

Der Außenminister Russlands, A. M. Gortschakow (1798–1883), schrieb über die Motive russischer Expansionspolitik am 3. Dezember 1864 an die europäischen Großmächte:

1A Die Situation Russlands in Zentralasien ist die aller zivilisierten Staaten, welche sich in Kontakt mit nomadisierenden, halbwilden Völkerschaften ohne feste Organisation befinden. Die Sicherheit der Grenzen und des Handels verlangt in solchem Falle, dass der zivilisierte Staat ein gewisses Übergewicht über seine Nachbarn ausübe. Zunächst sind ihre Einfälle und Plünderungen zurückzuweisen. Um denselben ein Ende zu machen, ist man genötigt, die Grenzbevölkerung zu einer mehr oder minder direkten Unterwerfung zu zwingen. Ist dies Resultat erreicht, so nehmen die Grenzbewohner ruhigere und sesshaftere Gewohnheiten an, dafür werden sie nunmehr von ferner lebenden Stämmen beunruhigt. Der Staat ist verpflichtet, jene zu schützen, diese zu züchtigen.

M1A und M1B zit. nach Peter Alter, Der Imperialismus, Stuttgart (Klett) 1989, S. 40 ff.

Motive russischer imperialer Politik

Der russische Politiker Sergej Witte (1849–1915), Finanzminister und Initiator der transsibirischen Eisenbahn, schrieb 1893 an Zar Alexander III. (1845 bis 1894):

1B Wenn Russland im Besitz der Länder zwischen den Ufern des Pazifik und des Himalaja ist, wird es nicht nur die Geschichte Asiens, sondern auch die Europas bestimmen. Russland steht am Rande dieser beiden so verschiedenen Welten und verkörpert deshalb eine Welt für sich … Diese Entwicklung ist das Ergebnis der lebendigen gegenseitigen Beeinflussung und der harmonischen Verbindung von drei Elementen, die ihre volle schöpferische Kraft nur in Russland entfaltet haben. Diese Elemente sind: erstens, die Rechtgläubigkeit, die den wahren Geist des Christentums rein erhält und die Grundlage aller Erziehung ist; zweitens, die Autokratie[1] als die Grundlage des staatlichen Lebens; drittens, das russische Nationalgefühl als Grundlage für den inneren Zusammenhalt des Staates.

[1] Alleinherrschaft

M2

Das russische Imperium

Station 5: USA – Kolonialismus als Prinzip der „offenen Tür"

M1

Welthandelsmacht USA?

Der amerikanische Politikwissenschaftler Albert J. Beveridge (1899–1911 US-Senator) sprach im April 1889 bei einer politischen Veranstaltung in Boston über die Zukunft der USA:

1A Amerikanische Fabriken stellen mehr her, als für die Versorgung des amerikanischen Volkes notwendig ist. Die amerikanische Erde erzeugt mehr, als es verzehren kann. Das Schicksal hat uns unsere Politik vorgeschrieben: Der Handel der Welt muss und wird unser sein. Und wir werden ihn bekommen, da unser Mutterland England uns den Weg dazu gewiesen hat. Wir werden in der ganzen Welt Handelsniederlassungen als Umschlagplätze für amerikanische Waren gründen. Unsere Handelsflotte wird bald über den ganzen Ozean fahren. Wir werden eine Kriegsmarine aufbauen, die unserer Größe entspricht. Aus unseren Handelsniederlassungen werden Kolonien erwachsen, die sich selbst regieren, unsere Flagge führen und mit uns Handel treiben ... Und das amerikanische Recht, die amerikanische Ordnung, die amerikanische Zivilisation und die amerikanische Flagge werden an bis dahin blutigen und unkultivierten Ufern Fuß fassen, Ufern, die ... von nun an schöner und zivilisierter werden ... Im Pazifik liegt das eigentliche Feld unserer nächsten Aufgaben.

Nach der Eroberung Kubas, Puerto Ricos und der Philippinen im spanisch-amerikanischen Krieg schrieb der amerikanische Präsident Wilhelm McKinley 1898 den Gesandten, die die USA bei den Friedensverhandlungen in Paris vertreten sollten:

1B Der Verzicht Spaniens auf die westliche Hemisphäre war eine unerlässliche Notwendigkeit. Indem wir diese Forderung aufstellten, erfüllten wir nur eine allgemein anerkannte Pflicht ... Mit den Philippinen verhält es sich jedoch anders ... Wenn wir uns auch nach wie vor zu den Zielsetzungen bekennen, die unsere Bemühungen geleitet haben, ... so dürfen wir dennoch nicht vergessen, dass der Krieg uns gegen unseren Wunsch und unsere Absichten neue Pflichten und Verantwortlichkeiten auferlegt hat, denen wir uns stellen müssen, wie es einer großen Nation geziemt ... Zudem eröffnet der Besitz der Philippinen uns neue wirtschaftliche Möglichkeiten ... Es ist nur billig, jedes legitime Mittel zur Erweiterung des amerikanischen Handels zu ergreifen; jedoch suchen wir im Fernen Osten keine Vorteile, die nicht allen Nationen gleichermaßen zugänglich sein sollen. Da wir für uns nur eine Politik der „offenen Tür" verlangen, sind wir auch bereit, diese anderen ebenfalls zuzugestehen.

M1A und M1B zit. nach Wolfgang Mommsen, Imperialismus, Hamburg (Hoffmann und Campe) 1977, S. 211 f.

M2

„Der Schutzmann der Welt", amerikanische Karikatur auf Theodor Roosevelts imperialistische Außenpolitik („Big-Stick-Policy"), 1905

Station 6: Folgen der Kolonialherrschaft in Afrika – das Beispiel Ruanda

Die Gegenwart des Vergangenen

Ruanda (Rwanda), ein Binnenstaat in Ostafrika, stand von 1885 bis 1919 unter deutscher und belgischer Kolonialherrschaft und danach unter belgischem Völkerbundmandat. 1962 wurde es unabhängig. Nach dreijährigem Bürgerkrieg zwischen den Bevölkerungsgruppen der Hutu und der Tutsi verübten Hutu-Milizen 1994 unvorstellbare Massaker an den Tutsi. In der Folge kamen mehr als 800 000 Menschen auf beiden Seiten ums Leben. Die Hälfte der Bevölkerung war auf der Flucht. Heute verbietet ein Parlamentsgesetz, die Worte Tutsis und Hutus zu verwenden. Verstöße werden bestraft. Umstritten ist bis heute, welche Rolle die Kolonialzeit als „Wurzel“ des Völkermordes spielt.

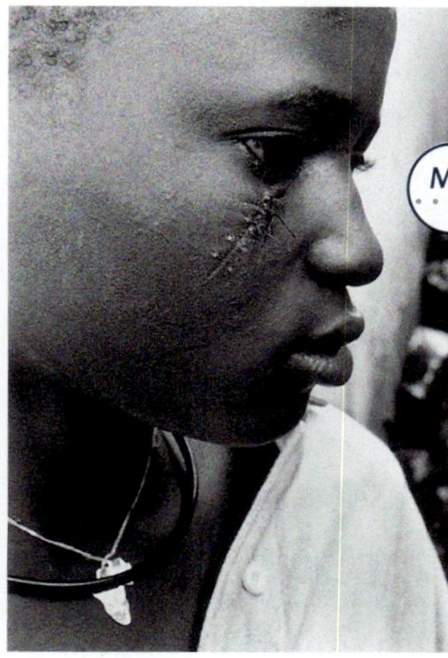

M2 **Narben prägen die Menschen nach dem Krieg.** Matias Costas Foto von einem etwa zehnjährigen Kriegswaisen in Kigali, der Hauptstadt Ruandas, wurde zum Unicef-Kinderfoto 2000 gewählt.

M1 **War der Völkermord eine Folge der Kolonialzeit?**

Der ruandische Historiker Célestin Muyombano (1995):

1A Vor der Kolonisation gab es keine ethnischen Konflikte in Ruanda. Die drei Volksgruppen – Hutu, Tutsi, Twa (Pygmäen) – verwalteten das Land gemeinsam, jede in dem wirtschaftlich-sozialen Bereich, in dem sie vorwiegend tätig war: in der Landwirtschaft, der Viehzucht, der Metallverarbeitung oder der Töpferei.

Die Keime des ruandischen Konflikts sind schon lange vor der Unabhängigkeit gesät worden. Maßgebend war der Einfluss des belgischen Kolonialherrn auf die politische Entwicklung des Landes. Die Deutschen hatten die vorgefundenen sozial-politischen Einrichtungen nicht angetastet. Um ihre Autorität zu behaupten, beeilten sich aber ihre Nachfolger, die Belgier, die dreifache Verwaltung aufzulösen, indem sie die ethnischen Gruppen gegeneinander ausspielten.

Die belgische Kolonialverwaltung betrachtete die Tutsi als Menschen mit großem Organisationstalent. Sie wurden als Instrument der belgischen Machthaber verwendet und dienten als Treibriemen zwischen dem Volk und den Kolonialherren, indem sie deren Befehle ausführten, Strafen verteilten etc.

Später trennte sich der belgische Kolonialherr von seinem „befehlsausführenden“ Organisationstalent – den Tutsi – und erhob das „ausgebeutete Kind“ – die Hutu – auf den Thron.

Célestin Muyombano, Ruanda. Die historischen Ursachen des Bürgerkriegs, Stuttgart (S. Naglschmid) 1995, S. 75 ff.

Die deutsche Völkerkundlerin Anna Kreuzer (1997):

1B Das Gemisch aus vermeintlich wissenschaftlichen Erkenntnissen, der ruandischen höfischen Geschichtsschreibung und der (gegen Ende des 19. Jahrhunderts) am Königshof herrschenden Machtverhältnisse führte dazu, den unterschiedlichen Gruppen auch unterschiedliche ... Eigenschaften zuzuschreiben. Dementsprechend galten die Tutsi als die „intelligentesten“, Hutus galten als „arbeitswillig“ und „mäßig intelligent“. Auf unterster Stufe wurden die Twa, „eine alte, müde Menschenrasse, die dem baldigen Untergang entgegengeht ...“ angesiedelt ...

In der Folgezeit wurden die angeblichen Unterschiede der Bevölkerungsgruppen durch den eingeschränkten Zugang zu Schulen, Verwaltungs- und Regierungsposten usw. verfestigt. Das in den ruandischen Schulen vermittelte Geschichtsbild entsprach der Betrachtungsweise der europäischen Kolonialmächte.

Dementsprechend fanden und finden sich von Ruandern geäußerte ethnische Vorurteile vor allem in Bevölkerungsschichten, die während der belgischen Kolonialzeit westliche Schulbildung erhalten haben ... Die Bezeichnungen „Hutu“, „Tutsi“ und „Twa“ waren in vorkolonialer Zeit eher soziale denn ethnische Zuordnungen. So konnten Hutu durch Heirat, Viehbesitz usw. Tutsi werden und umgekehrt Tutsi zu Hutu. Die Twa waren am ehesten eine in sich geschlossene Gruppe.

Anna Kreuzer, Landwirtschaft und Sozialstruktur in Ruanda, Pfaffenweiler (Centaurus) 1997, S. 27 f. Bearb. d. Verf.

Station 7: Konflikte in Kolonien – das Beispiel China (Wahlstation)

Der „Boxer"-Aufstand

Seit Mitte des 19. Jahrhunderts hatte das chinesische Kaiserreich aufgrund seines Bevölkerungsreichtums, seiner Größe und seiner unsicheren politischen Lage das Interesse der europäischen Großmächte auf sich gezogen und Gebiete an sie verloren. Die Forderung der USA (1899), alle Mächte sollten das Recht haben, China wirtschaftlich zu nutzen (Politik der „offenen Tür"), führte zu heftigen Rivalitäten zwischen den Kolonialmächten. Dadurch wurde China – in einem Netz von Verträgen gefangen – auch politisch abhängig. Gegen Ende des Jahrhunderts versuchten politische Kräfte in China, durch eine Modernisierung einen höheren Wirtschaftsstandard zu erreichen. Ziel war, den Ansprüchen der Kolonialmächte Europas besser widerstehen zu können. In den politischen Wirren gewann der chinesische Geheimbund der „Boxer" an Einfluss. Er forderte die Rückkehr zu alten Traditionen und wandte sich gegen die europäisch orientierte Modernisierung. Im Sommer 1900 kam es zu Mordanschlägen auf Europäer und auch zu Militäraktionen des Kaiserhofs. Die Großmächte schlugen gemeinsam – unter der selbsternannten Führung Wilhelms II. – den Aufstand nieder und forderten von China hohe Entschädigungszahlungen.

M2

Die Haltung Kaiser Wilhelms II.

Im Juni wurde der deutsche Gesandte von Ketteler vom Geheimbund der „Boxer" ermordet. Das Gesandtschaftsviertel in Peking wurde anschließend 55 Tage lang durch chinesische Aufständische belagert. Eine internationale Truppe sollte Peking befreien und „die Ordnung" wiederherstellen. Kaiser Wilhelm II. verabschiedete am 27. Juli 1900 die Truppen, die nach China geschickt wurden:

Das Deutsche Reich hat seinem Charakter nach die Verpflichtung, seinen Bürgern, wofern diese im Ausland bedrängt werden, beizustehen … Das Mittel, das ihm dies ermöglicht, ist unser Heer … Eine große Aufgabe harrt eurer: Ihr sollt das schwere Unrecht, das geschehen ist, sühnen … Pardon wird nicht gegeben, Gefangene werden nicht gemacht … Wahrt die Manneszucht, der Segen Gottes sei mit euch, die Gebete eines ganzen Volkes, meine Wünsche begleiten euch, jeden Einzelnen: Öffnet der Kultur den Weg ein für alle Mal!

Zit. nach Michael Balfour, Kaiser Wilhelm II. und seine Zeit, Berlin (Ullstein) 1973, S. 240.

M1

China und Japan von der Mitte des 17. Jahrhunderts bis 1912

Station 8: Theorien zum Imperialismus (Wahlstation)

M1

Eine ökonomische Theorie

Der englische Ökonom und Publizist John A. Hobson (1858–1940) formulierte seine Thesen 1902:

Der neue Imperialismus ist für die Nation ein schlechtes Geschäft; er ist aber ein gutes Geschäft für bestimmte Klassen und Gewerbe innerhalb der Nation. Die riesigen Rüstungsausgaben, die kostspieligen Kriege, die schweren Risiken und Störungen für unsere Außenpolitik, die Behinderung sozialer Reformen in Großbritannien selbst sind von großem Schaden für die Gesamtheit ... Die ökonomische Sachlage bildet die Hauptwurzel des Imperialismus. Doch wenn das konsumierende Publikum in unserem Lande seinen Konsumtionsstandard derartig steigern würde, dass er mit jeder Steigerung der Produktivkräfte Schritt hielte, dann könnte es gar keinen Überschuss an Waren, könnte es gar kein Kapital geben, das laut nach dem Imperialismus ruft, damit er ihm Absatzgebiete verschaffe ... Imperialismus ist das Bestreben der großen Industriekapitäne, ... für Waren und Kapitalien, die sie zu Hause nicht absetzen oder anlegen können, Märkte und Anlagemöglichkeiten im Ausland [zu] suchen.

John A. Hobson, Imperialism; dt.: Der Imperialismus, hg. v. Hans-Christian Schröder, Köln/Berlin, 1968, S. 67 ff.

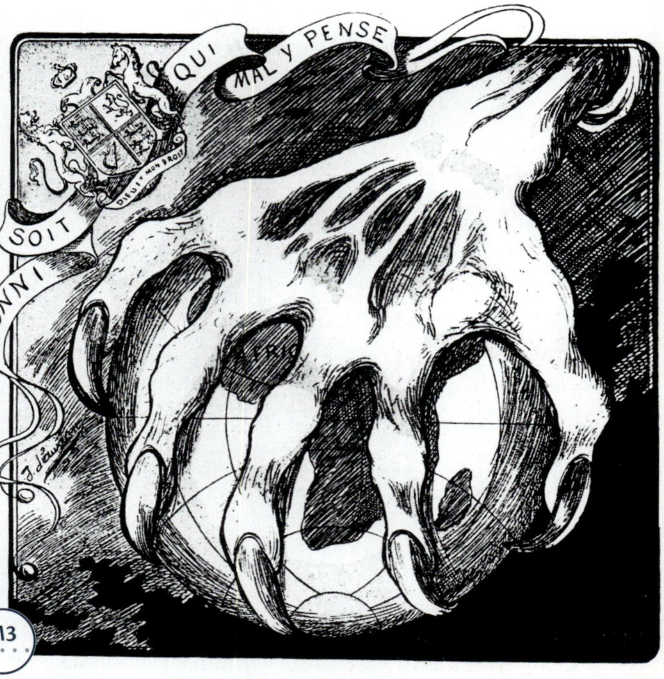

M3

Französische Karikatur von Laurian, 1899. Auf dem Spruchband die französische Inschrift des englischen Hosenbandordens: „Ein Schuft, wer Böses dabei denkt."

M2

Eine politische Theorie

Der Historiker Wolfgang J. Mommsen (1930–2004) schrieb 1969:

Schon in den diplomatischen Krisensituationen der Achtzigerjahre [des 19. Jh.] trat die explosive Kraft dieses Nationalismus deutlich zutage. Entscheidend für die geschichtliche Entwicklung Europas aber wurde es, dass sich dieser Nationalismus binnen weniger Jahre zum Imperialismus steigerte. Nationale Geltung nur im Rahmen des europäischen Staatensystems war den Völkern nun nicht mehr genug; man wollte auch in Übersee eine Macht werden ... Die politische und wirtschaftliche Durchdringung der noch unentwickelten Gebiete des Erdballs galt als die große nationale Aufgabe des Zeitalters.

Wolfgang J. Mommsen, Das Zeitalter des Imperialismus, Frankfurt a. M., 1969, S. 15ff.

M4

Eine pluralistische[1] Theorie

Der englische Historiker James Joll (1918–1994) vertrat 1973 die folgende Auffassung:

Keine einzige der bekannten Imperialismustheorien vermag alle Fälle imperialistischer Expansion erklären, und allein mit wirtschaftlichen Faktoren lässt sich kein Beispiel ausreichend verständlich machen ... In der imperialistischen Expansion lassen sich neben den ökonomischen Motiven eine ganze Reihe anderer Motive nachweisen. Der Drang nach wissenschaftlichen Entdeckungen und der Erforschung unbekannter Länder trug zur Erschließung Afrikas bei. Der Wunsch christlicher Missionare, die Heiden zu bekehren, führte zur Errichtung von Stützpunkten ... Alle diese Motive vermischen sich miteinander und auch mit weniger ehrenwerten Motiven ... Handel, missionarische Tätigkeit und wissenschaftliche Erforschung waren untrennbar miteinander verquickt.

Zit. nach Peter Alter, Der Imperialismus, Stuttgart (Klett) 1989, S. 102f.

[1] (lat. plures = mehrere), vielfältig

Der Imperialismus

M1 Karikatur zu den Folgen des Imperialismus, anonym, 1975

M2 Europäische Kolonien und antikoloniale Aufstände in Afrika vor 1914

M3 Widerstand – ein Akt der Selbsterhaltung

Der afrikanische Historiker Joseph Ki-Zerbo (geboren 1922 in Obervolta) schrieb über die Kolonisierung, 1979:

Abgesehen von einigen blutgierigen … (kleinen Fürsten), die die Afrikaner unterdrückten, haben diese die europäischen Eroberer mit offenen Armen oder zumindest fast ohne Widerstand empfangen. Seitdem aber die ersten Versuche unternommen wurden, ins Landesinnere vorzudringen, kam der afrikanische Nationalismus bis zur endgültigen Wiedererlangung der Freiheit immer wieder zum Ausbruch …

Unter der Asche des Kolonialismus schwelte eine Glut, die von Zeit zu Zeit hell aufloderte. Das Verhalten der Afrikaner war sehr unterschiedlich, als im 19. Jahrhundert die Europäer auf ihrem Kontinent eintrafen. Sicherlich waren seit Jahrhunderten Gerüchte bis in den letzten Winkel des Kontinents vorgedrungen, die davon erzählten, dass weiße Menschen … hin und wieder über das große Wasser kämen ….

Doch sehr schnell, schon Ende des 19. Jahrhunderts, wurde den Afrikanern bewusst, dass diese neuen weißen Fremden nicht wie die anderen waren. Das Bewusstwerden einer tödlichen Gefahr für die afrikanischen Gemeinschaften war der Ursprung des Widerstandes. Er entwickelte sich zunächst aus der Reaktion der Häuptlinge oder von Minderheiten, die in dem europäischen Eindringen eine Bedrohung ihrer Privilegien sahen. Es war gleichsam ein Akt der Selbsterhaltung. Später entstand angesichts des installierten Kolonialsystems mit seinen Schikanen und gelegentlichen Verbrechen ein allgemeiner Widerstand, der mehr aus dem Volk kam. Er … reichte von Flucht bis zum bewaffneten Aufstand. … Dieser Widerstand war überlegt, während der erste eher ein Reflex war. Überall verteidigten die Afrikaner ihr Land, nicht selten Meter für Meter. Sie kämpften Tausende von Schlachten, zu Tausenden brachten sie sich lieber mit ihren eigenen Händen um, als in Unfreiheit zu überleben. Die Zahl der Opfer stieg auf mehrere Hunderttausend. In der Regel nannten die Schwarzen die Kolonialzeit „die Zeit der Gewalt". Denn dieses System etablierte sich tatsächlich mit Gewaltakten, Zwängen und Macht.

Joseph Ki-Zerbo, Die Geschichte Schwarz-Afrikas, Wuppertal, 1979, S. 453 f., S. 466. Zit. nach Peter Alter, Der Imperialismus, Stuttgart (Klett) 1985, S. 65 f.

Überprüfe, was du kannst

Sachkompetenz

1 Kläre die folgenden Begriffe: Imperialismus (S. 44), Sozialdarwinismus (S. 44), Triebkräfte des Imperialismus (S. 44).

2 Unterscheide beispielhaft verschiedene Ziele und Methoden imperialistischer Politik (S. 44–51).

Methodenkompetenz

3 Untersuche M2 anhand der Methode „Mit Geschichtskarten arbeiten" im Anhang.

4 a) Erarbeite M3 mithilfe der Methode „Sachtexte exzerpieren" (S. 42/43).
b) Überprüfe die Stichhaltigkeit der Darstellung in M3 an Kapitel 2.

Urteilskompetenz

5 Erschließe die Aussage von M1 und beurteile sie auf der Grundlage deiner Kenntnisse aus dem Kapitel 2.

Kommunikations- und Handlungskompetenz

6 a) Zeichne – ausgehend von M1 – eine eigene Karikatur zum Thema „Folgen des Imperialismus".
b) Organisiert eine kleine Ausstellung eurer Entwürfe.

- 1880 bis 1918 Imperialismus
- 1884/85 bis 1890 Das Deutsche Reich erwirbt Kolonien.
- 1890 Beginn des Wettrüstens zwischen dem Deutschen Reich, Großbritannien und anderen europäischen Großmächten
- 1900 „Boxer"-Aufstand in China

1880 | 1890 | 1900 | 1910

Der Erste Weltkrieg

Wissen • Urteilen • Kommunizieren/Handeln • Methoden anwenden

Am Ende dieses Unterkapitels kannst du

- Anlass und Ursachen für den Ausbruch des Ersten Weltkriegs nennen
- Auswirkungen des Krieges auf die Menschen an der Front und in der Heimat beschreiben und bewerten
- Gründe für das Ende des Ersten Weltkriegs erläutern
- den Ersten Weltkrieg als „Urkatastrophe" des 20. Jahrhunderts beurteilen
- **Methode** Kriegerdenkmäler erkunden

Das europäische Bündnissystem vor dem Ersten Weltkrieg

Erster Weltkrieg

1914 bis 1918

Europa – noch im Gleichgewicht?

Militärische Aufrüstung und politische Krise

Die Machtkämpfe der imperialistischen Staaten um Gebiete in Afrika und Asien belasteten das politische Klima in Europa. Die Finanzhaushalte der Staaten litten erheblich unter dem Wettrüsten. Vor allem zwischen dem Deutschen Reich und Großbritannien entwickelte sich ein erbitterter Rüstungswettlauf um die Vorherrschaft auf den Weltmeeren. 1913 hatte die deutsche Kriegsmarine das angestrebte Verhältnis von zwei Schiffen seiner Flotte zu drei Schiffen der britischen Flotte fast erreicht.

Großbritannien empfand den Aufbau der deutschen Seestreitmacht als direkte Bedrohung und Beweis für den Versuch, die britische Überlegenheit zur See infrage zu stellen. Tiefes Misstrauen gegenüber der deutschen Politik war die Folge. Auch die Stärke der Landstreitkräfte wurde im Wettrüsten zwischen den Ländern hochgeschraubt. Rüstungsprogramme und -ausgaben stießen in den Parlamenten auf keinen nennenswerten Widerstand. Allerdings gab es kritische Zeitgenossen, die den Rüstungswettlauf als gefährlich und sinnlos anprangerten. Als 1889 das Buch „Die Waffen nieder!" der Österreicherin Bertha von Suttner erschien, verbreitete sich der Titel weltweit wie ein Lauffeuer. Offenbar fühlten viele Menschen, dass das Wettrüsten den Frieden gefährden könnte. Die Mehrheit der Politiker blieb jedoch dem von Nationalismus und Imperialismus bestimmten Denken verhaftet.

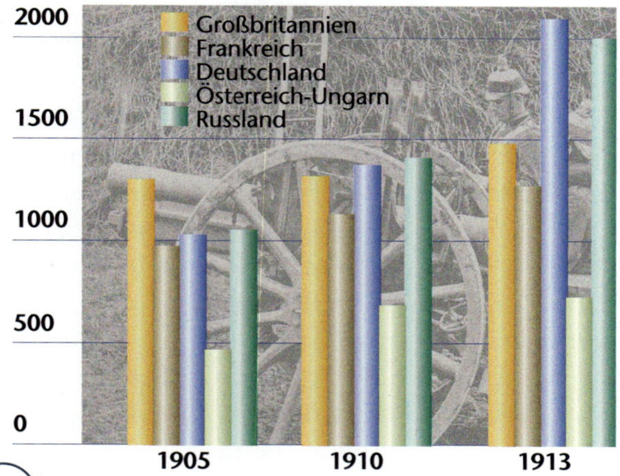

M1 **Rüstungsausgaben der Großmächte 1905 bis 1913**

1 a) Benenne anhand der Karte S. 54 die Bündnispartner Deutschlands und Großbritanniens um 1914 und weise sie den einzelnen Verträgen zu.
b) Lege eine Liste an.

2 Formuliere Schlüsse, die sich aus der Analyse von M1 ergeben könnten.

3 Prüfe, welche Informationen der Darstellungstext zusätzlich zu den Materialien S. 54 f. enthält.

4 a) Bestimme die Quellenart von M2.
b) Beurteile den Aussagewert der Abbildung.

M2 **„Deutschland im europäischen Gleichgewicht".** Die Postkarte von 1914 zeigt Personen, die jeweils ein Land vertreten: auf der linken Waagschale Österreich und Deutschland, auf der rechten Frankreich, England, Russland und Belgien, Japan und China (hängend), auf dem Balken Serbien, in der Mitte Türkei, USA und Italien.

Der Weg in den Weltkrieg

Der Balkan als „Pulverfass“

Nationalismus und Imperialismus in Europa führten auf dem Balkan zu großen Problemen: Erstens war in dieser Region eine einzigartige Vielzahl von Völkern und Sprachen anzutreffen. Zweitens herrschten hier drei Großmächte: Österreich-Ungarn, Russland und das Osmanische Reich. Als „Schutzpatrone“ kleinerer Völker verfolgten sie ihre Machtinteressen. Außerdem waren Österreich und Russland in verschiedene Bündnissysteme eingebunden.
Die Lage spitzte sich zu mit der Nationalbewegung Serbiens, die seit dem 19. Jahrhundert unter dem Schlagwort „Großserbien“ auftrat. Sie richtete sich auf der einen Seite gegen Österreich-Ungarn und das Osmanische Reich und wurde auf der anderen Seite von Russland unterstützt. Zwei Balkankriege, 1912/13 und 1913, zeigten deutlich die Gefahren in diesem Spannungsfeld.

Der Anlass des Ersten Weltkrieges

Als am 28. Juni 1914 das österreichische Thronfolgerpaar, Erzherzog Ferdinand und seine Frau, Sarajewo besuchten, wurden sie bei einem Anschlag ermordet. Österreich verdächtigte sofort serbische Nationalisten als Täter, da Sarajewo die Hauptstadt von Bosnien-Herzegowina war, das sich die Österreicher 1908 gewaltsam angeeignet hatten. Der deutsche Kaiser Wilhelm II. schrieb an den Rand des ersten offiziellen Berichts aus Wien vom 30. Juni 1914: „Mit den Serben muss aufgeräumt werden, und zwar bald.“
Deutschland sicherte Österreich-Ungarn bedingungslose Unterstützung zu, Russland dagegen stellte sich hinter Serbien, und Frankreich stand zu seinem Bündnispartner Russland. Zwar erfüllte Serbien weitgehend die Forderungen Österreichs, sodass in Europa viele überzeugt waren, der Kriegsgrund sei damit entfallen. Doch Österreich hielt an seiner kriegerischen Absicht fest und erklärte Serbien am 28. Juli 1914 den Krieg. Als Russland seine Truppen mobil machte, griffen die Bündnisverpflichtungen und es gab kein Halten mehr: Am 1. August erklärte Deutschland Russland den Krieg, am 3. August Frankreich. Großbritannien folgte am 4. August mit Kriegserklärungen an Deutschland und Österreich. Aus der „Balkankrise“ wurde ein „europäischer Krieg“.

M1

Attentat auf den österreichischen Erzherzog Franz Ferdinand, Lithografie vom Juni 1914, Collage mit Zeitungsschlagzeilen. Täter waren serbische Nationalisten; die serbische Regierung wusste von den Plänen.

M2

Die Haltung Deutschlands

Graf von Szögyényi, 1892 bis 1914 österreichisch-ungarischer Gesandter in Berlin, telegrafierte am 5. Juli 1914 an seinen Außenminister über eine Unterredung mit Wilhelm II.:

Als ich nochmals den Ernst der Situation mit großem Nachdruck betonte, ermächtigte mich Seine Majestät, unserem Allergnädigsten Herrn zu melden, dass wir … auf die volle Unterstützung Deutschlands rechnen können … Russlands Haltung werde jedenfalls feindselig sein, doch sei er hierauf schon seit Jahren vorbereitet, und sollte es sogar zu einem Krieg zwischen Österreich-Ungarn und Russland kommen, so könnten wir davon überzeugt sein, dass Deutschland in gewohnter Bündnistreue an unserer Seite stehen werde. Russland sei übrigens … noch keineswegs kriegsbereit und werde sich noch sehr überlegen, an die Waffen zu appellieren. Doch werde es bei den anderen Mächten der Tripelentente[1] gegen uns hetzen … Er begreife sehr gut, dass es Seiner Majestät bei seiner bekannten Friedensliebe schwerfallen würde, in Serbien einzumarschieren; wenn wir aber die Notwendigkeit einer kriegerischen Aktion gegen Serbien erkannt hätten, so würde er es bedauern, wenn wir den jetzigen, für uns so günstigen Moment unbenützt ließen.

Zit. nach Asmut Brückmann, Die europäische Expansion, Stuttgart (Klett) 1993, S. 143.

[1] Großbritannien, Frankreich, Russland

M3

Mächtegruppen im Ersten Weltkrieg

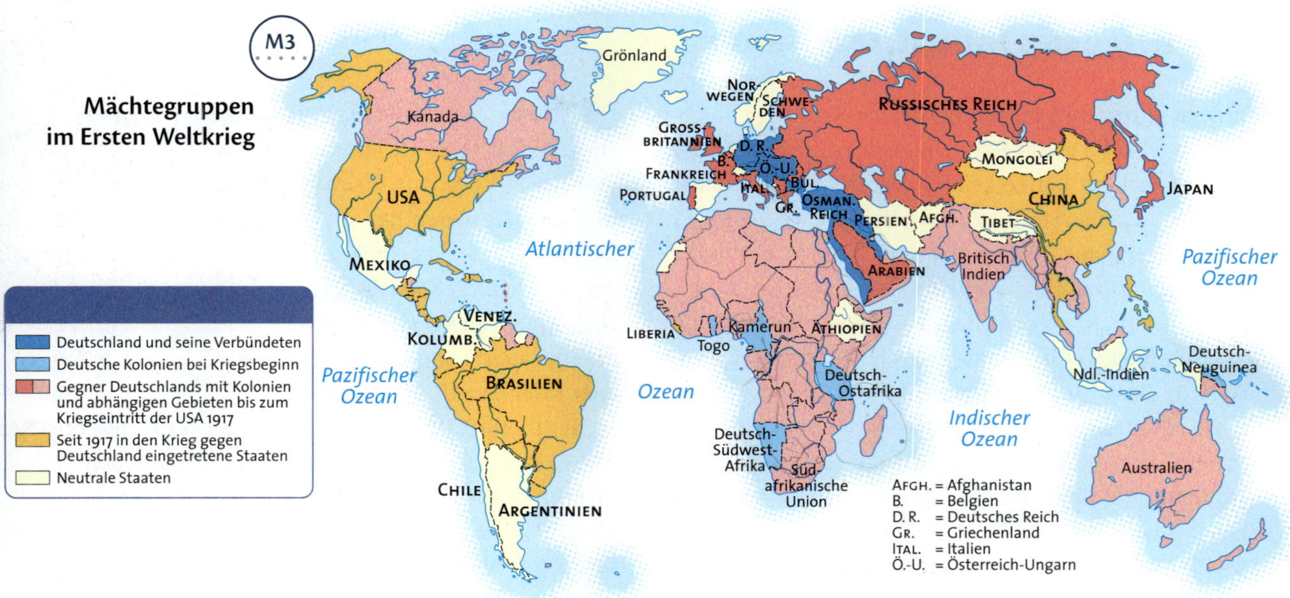

M4

Die Haltung Großbritanniens

Der britische Staatssekretär im Außenministerium, E. A. Crowe, schrieb im Juli 1914:

Worauf es ankommt, ist, ob Deutschland zu diesem Krieg jetzt absolut entschlossen ist oder nicht ... Wenn Seiner Majestät Regierung in dem Augenblick, wo entweder Österreich oder Russland zu mobilisieren beginnen, Befehl erteilt, unsere ganze Flotte unverzüglich auf Kriegsfuß zu setzen, so mag dies ... Deutschland die Augen über den Ernst der Gefahr öffnen, der es ausgesetzt wäre, wenn England am Kriege teilnähme ... Sollte der Krieg ausbrechen und England unbeteiligt bleiben, dann muss sich Folgendes ergeben:
a.) Entweder siegen Deutschland und Österreich, sie erdrücken Frankreich und demütigen Russland.
b.) Oder Frankreich und Russland siegen. Wie werden sie sich dann gegen England verhalten? ... In diesem Kampf, der nicht um den Besitz Serbiens geht, sondern bei dem es sich um das Ziel Deutschlands, seine politische Vorherrschaft in Europa zu errichten, und um den Wunsch der Mächte handelt, ihre individuelle Freiheit zu erhalten – in diesem Kampf sind unsere Interessen mit denen Frankreichs und Russlands verknüpft. Wenn wir dazu beitragen können, den Konflikt zu verhüten, ... dann wäre es falsch, diesen Versuch nicht zu machen.

Zit. nach Asmut Brückmann, Die europäische Expansion, Stuttgart (Klett) 1993, S. 147.

Begriffe und Daten

Kriegsziele (September 1914)

Deutschland
- Sicherung des Reiches nach Ost und West
- Schwächung Frankreichs durch Gebietsabtretungen
- Belgien wird „Vasallenstaat" (d. h.: abhängig); militärische Nutzung von Hafenplätzen

Frankreich und Verbündete
- Herrschaft Deutschlands brechen
- territoriale Veränderungen nach Nationalitäten
- Gebietsabtretungen Polens an Russland, Entschädigung Polens mit deutschen Gebieten
- Elsass-Lothringen und eventuell weitere Teile des Reiches an Frankreich, Gebietszuwachs für Belgien
- Kriegsentschädigung von Deutschland und Österreich

1 Erarbeitet in Partnerarbeit anhand der Informationen auf dieser Doppelseite:
a) Ursachen, Anlass und Folgen des Attentats von Sarajewo,
b) die deutsche und die britische Position zur Krise,
c) die Mächtegruppen und deren Kriegsziele am Beispiel Deutschlands und Großbritanniens.

Der Krieg des Industriezeitalters

Eintracht und Begeisterung für den Krieg?

Als am 1. August 1914 Kaiser Wilhelm mit der Aussage zitiert wurde, er kenne keine Parteien mehr, er kenne nur noch Deutsche, löste das in Berlin eine Welle der Begeisterung aus. Nationale Lieder wurden gesungen und hunderttausende Freiwilliger meldeten sich, um für Deutschland in den Krieg zu ziehen. Nationalflaggen schmückten die Straßen – sogar in den Arbeitervierteln. Am 4. August stimmte die SPD, die noch kurz zuvor in vielen Städten Antikriegsdemonstrationen organisiert hatte, im Reichstag fast geschlossen der Bewilligung von Kriegskrediten zu.

Deutschland erschien in jenen Augusttagen national geeint und die Idee der Nation verwirklicht – am Beginn eines Krieges, der nach den Aufmarschplänen innerhalb weniger Wochen erst gegen Frankreich und dann gegen Russland zum Sieg führen sollte. Bei näherem Hinsehen zeigt sich jedoch, dass der Jubel keineswegs so ungeteilt war, wie die Propaganda für den Krieg und die nachträglichen Lobgesänge auf das „Augusterlebnis“ glauben machen wollten. Schlagworte wie „Serbien muss sterbien“ erwiesen sich als wirksamer als alle Appelle an Vernunft und Gewissen.

Die Front – Materialschlachten prägen den Krieg

„Ein merkwürdiger Krieg: ... Flieger, Autos spielen eine ungeahnte Rolle, wie überhaupt die Technik, Brücken und Tunnels, deren Bau sonst Jahre gedauert hat, werden in vierzehn Tagen hergestellt.“ Diese Beobachtungen schrieb Großadmiral von Tirpitz am 11. Oktober 1914 in sein Tagebuch. Der Krieg, der erst gut zwei Monate gedauert hatte, war ein ganz neuer, so nicht erwarteter Krieg. Im 19. Jahrhundert hatten selten Heere von mehr als 500 000 Mann gegeneinander gekämpft, nun waren es mehrere Millionen. Mit modernen Waffen, Maschinengewehren, Hand- und Giftgasgranaten, Flammenwerfern, Minen, Panzern und Flugzeugen setzte eine beispiellose Materialschlacht ein. Sie wurde möglich durch die Industrie, die nahezu ununterbrochen Waffen produzierte.

Die „Hölle von Verdun“ wurde zum Inbegriff dieses Materialkrieges. Bei der französischen Festung Verdun sollte nach den Plänen der deutschen Obersten Heeresleitung die Hauptmacht des französischen Heeres vernichtet werden. Die Schlacht wurde mit gewaltigen Opfern bezahlt: 275 000 Franzosen und 240 000 Deutsche sind vom Februar bis Juni 1916 hier gefallen, wurden verwundet oder blieben vermisst. Der Krieg wurde mit dieser Schlacht nicht entschieden.

M1 **Aufbruch zur Front,**
Foto, August 1914

M2

Schweigend in den Krieg

Tagebucheintrag einer Augenzeugin vom 6. August 1914 in Freiburg:

Es war nach 6 Uhr, ein feiner Regen rieselte herunter, hinter dem Münster stand ein fahles Morgenrot – war da wohl einer in dem langen Zuge, der nicht gedacht hätte: „Morgenrot, Morgenrot, leuchtest mir zum frühen Tod?" Alle Soldaten waren mit Blumen geschmückt, aber sie zogen schweigend, ohne zu singen, dahin und die Offiziere ritten stumm und ernst vor ihnen her ... Dann war alles wie ein Traum verschwunden, und schweren Herzens fragte sich wohl jeder ...: „Wer von diesen allen kommt einst wieder zurück?"

Zit. nach Christian Geinitz, Kriegsfurcht und Kampfbereitschaft, Essen (Klartext) 1998, S. 151.

M3

Das Maschinengewehr, Gemälde von Christopher R. W. Nevison, Öl auf Leinwand, 1915

1 a) Analysiere M1, indem du besonders auf die erkennbaren Einstellungen der Soldaten und ihre Stimmungslage eingehst. b) Prüfe, ob der Darstellungstext linke Spalte weitere Informationen anbietet. c) Setze M2 und M4 in einen Bezug zu Foto (M1) und Darstellungstext.

2 Prüfe anhand des Darstellungstextes rechte Spalte und M3 die These vom „Krieg des Industriezeitalters".

3 Zeige mithilfe von M4 und M5 das „nichttechnische" Gesicht des Krieges.

4 Erörtert in einer Gesprächsrunde die folgende These: Über Sieg und Niederlage entschieden nicht mehr die Generäle, sondern allein moderne Waffentechnik und neue Produktionsmethoden.

M4

Kriegsverletzte des Ersten Weltkrieges, Foto, um 1918. Zur erschütternden Bilanz des Krieges gehören Millionen von Verwundeten und Kriegskrüppeln, deren Verletzungen meist durch Granatsplitter verursacht wurden.

M5

„Wettlauf der Ingenieure"

Der Journalist Christian Habbe schrieb 2004:

Fliegereinheiten ... wuchsen binnen Monaten zu straff organisierten Luftstreitkräften. Neu entwickelte Torpedoboote und Zerstörer brachten auf See die Aufmärsche von Linienschiffen und Panzerkreuzern durcheinander, an Land sprengte ein Ferngeschütz von Krupp mit 120 Kilometer Reichweite die gegnerischen Linien. Dazu etablierte sich ein Horror völlig neuer Art – der Panzerkrieg ... Nun waberte auch das berüchtigte Senfgas („Gelbkreuz") über die Schützengräben. Beide Seiten benutzten es mit schrecklichem Resultat. Zahllose Soldaten wurden schwer geschädigt, 90 000 starben im Gas – davon allein 56 000 Russen. ... Der Krieg der Ingenieure ... brachte völlig neue Industriezweige hervor.

Christian Habbe, Wettlauf der Ingenieure. In: Die Ur-Katastrophe des 20. Jahrhunderts, Spiegel special, Nr. 1, 2004, S. 52 f.

Geschichte der Gefühle I: Soldatische Angst im Krieg

Angst als Gegenstand der Geschichtsforschung

Die tatsächlichen Erfahrungen mit den Grauen des „neuen“ Krieges spiegeln sich in vielfältigen Überlieferungen wider: Fotos, Feldpostkarten, Feldpostbriefe, Tagebücher und Romane beschreiben die „Gesichter“ des Krieges. Sie alle sind Teil einer „Geschichte der Gefühle“ von Menschen, die den Ersten Weltkrieg erlebt haben. Die Geschichtsforschung untersucht zum Beispiel, wie Menschen Angst empfunden haben und wie sie und andere damit umgegangen sind.

M2 **Feldpostkarte, 1915**

1 Beschreibe anhand von M2 und M4, wie die Abbildungen auf dich wirken.

2 Untersuche, wie Dominik Richert den Krieg erlebte (M1).

3 Vergleiche die Darstellungen des Krieges in M3A und B.

4 Erarbeite anhand von M5, wie mit „Angst im Krieg“ von den Kriegspsychiatern umgegangen wurde.

M1

Der Tod des besten Kameraden

Aus den Erinnerungen des Soldaten Dominik Richert (1893–1977), die er in den ersten Jahren nach dem Krieg verfasste:

Nur noch zahlreiche Schrapnells [Artilleriegeschosse] kleiner Kaliber kamen hier und da angeflogen. Da sagte der Student: „Ich muss mal austreten“ und ging hinter einen in der Nähe stehenden Busch. Da kam ein Schrapnell, platzte über ihm. Eine Kugel drang ihm an der Schläfe in den Kopf. Er war sofort tot. Ich holte ihn mithilfe meiner Kameraden und legte ihn in das Granatloch, das die große Granate geschlagen hatte. … Nun hatte ich den letzten meiner besten Kameraden verloren. Es war mir so verleidet, dass ich mir bald nicht mehr zu helfen wusste. … „Den Heldentod fürs Vaterland gefallen!“ Heldentod! Welche Lüge ist doch dieses Wort. Ich habe so viel erlebt und durchgemacht. Aber ich habe unter 1000 kaum einen Helden entdecken können.

Dominik Richert, Beste Gelegenheit zum Sterben. Meine Erlebnisse im Kriege 1914–1918. Hg. v. Angelika Tramitz u. Bernd Ulrich, München, 1989, S. 175 f. Zit. nach Meint Agena, „Habe unter Tausend kaum einen Helden entdecken können“. In: Geschichte lernen, H. 108, 2005, S. 31.

M3

Literarische Verarbeitung des Krieges

3A Aus dem Tagebuch eines Stoßtruppführers (1920):

Mein erstes Opfer war ein Engländer, den ich auf 150 Meter zwischen zwei Deutschen herausschoss. Er klappte wie ein Messer zusammen und blieb liegen. … Der Erfolg hatte Angriffsgeist und Draufgängertum jedes Einzelnen zur Weißglut entfacht. Von der Führung einheitlicher Verbände war keine Rede mehr. Trotzdem kannte jeder nur noch die Parole: „Vor!“ Jeder rannte geradeaus los … Der Kämpfer, dem während des Anlaufs ein blutiger Schleier vor den Augen wallte, kann seine Gefühle nicht mehr umstellen. Er will nicht gefangennehmen; er will töten. Er hat jedes Ziel aus den Augen verloren und steht im Banne gewaltiger Urtriebe. Erst, wenn Blut geflossen ist, weichen die Nebel aus seinem Hirn; er sieht sich um wie aus schwerem Traum erwachend. Erst dann ist er wieder moderner Soldat, imstande, eine neue taktische Aufgabe zu lösen.

Ernst Jünger, In Stahlgewittern, Berlin, 1922, S. 200 ff. Abdruck mit freundlicher Genehmigung des Verlages Klett-Cotta, Stuttgart.

M4

Schwerstverwundeter des Ersten Weltkriegs, zeitgenössisches Foto

M3

3B In dem Roman „Im Westen nichts Neues" schilderte der Schriftsteller und Kriegsfreiwillige Erich Maria Remarque 1929 die Situation in den Schützengräben:

Unsere Gesichter sind verkrustet, unser Denken ist verwüstet, wir sind todmüde: Wenn der Angriff kommt, müssen manche mit den Fäusten geschlagen werden, damit sie erwachen und mitgehen: Die Augen sind entzündet, die Hände zerrissen, die Knie bluten, die Ellbogen sind zerschlagen. Vergehen Wochen – Monate – Jahre? Es sind nur Tage …

Haie Westhus wird mit abgerissenem Rücken fortgeschleppt; bei jedem Atemzug pulst die Lunge durch die Wunde. Ich kann ihm noch die Hand drücken: „Is alle, Paul", stöhnt er und beißt sich vor Schmerz in die Arme. Wir sehen Menschen leben, denen der Schädel fehlt; wir sehen Soldaten laufen, denen beide Füße weggefetzt sind; sie stolpern auf den splitternden Stümpfen bis zum nächsten Loch.

Erich Maria Remarque, Im Westen nichts Neues, Berlin (Ullstein) 1972, S. 98 ff.

M5

Angst im Krieg

Die Historikerin Susanne Michl und der Historiker Jan Plamper schrieben 2009:

Der Erste Weltkrieg versehrte [verletzte] nicht nur die Körper der Soldaten, sondern auch jene Dimension des Selbst, die damals mit Begriffen wie „Seele", „Psyche", „Nerven" und „Geist" umschrieben wurden. Bereits kurz nach Kriegsbeginn wurden in die Lazarette Soldaten eingeliefert, die permanent zitterten, stotterten oder weinten, die (taub)stumm geworden waren und die Essensaufnahme verweigerten, deren Gliedmaßen gelähmt waren, die Selbstgespräche führten oder unter Halluzinationen litten … Insgesamt kann von 800.000 bis zu mehr als einer Million Soldaten in den kriegführenden Nationen ausgegangen werden, bei denen eine Trauma-Diagnose gestellt wurde. Diese psychisch Versehrten wurden von Militärpsychiatern behandelt sowie von Psychiatern, die für den Kriegseinsatz mobilisiert worden waren … Für deutsche Kriegspsychiater waren Angst und männliche Tapferkeit nicht miteinander vereinbar. Im Gegenteil: Soldaten mit Angststörungen wurden als Schwächlinge, Feiglinge und moralisch verwerfliche Individuen stigmatisiert. Außerdem wurden sie verdächtigt, dem Krieg ablehnend gegenüber zu stehen und unpatriotisch zu sein. Angst galt gemeinhin als unehrenhaft, als Kampfgeist, Kameradschaft und Disziplin zersetzend. … In Frankreich hingegen wurden mit der „Kriegsangst" und den „Kriegsemotionen" Konzepte geschaffen, die es ermöglichten, Gefühle von Angst und Feigheit in das Männlichkeitsbild zu integrieren. Männliche Tapferkeit, so die Argumentation, habe ihre Grenzen. Die „Invaliden der Tapferkeit" seien bis an die Grenzen ihres Muts gegangen, sodass ihnen, wie den körperlich Versehrten, Respekt gebühre.

Susanne Michl/Jan Plamper, Soldatische Angst im Ersten Weltkrieg. In: Geschichte und Gesellschaft, 35. Jg., 2009, H. 2, S. 209, 213 u. 241 f.

Medientipp

Erich-Maria Remarque, Im Westen nichts Neues, Taschenbuch, Berlin (KiWi) 2008. Der Autor erzählt aus der Perspektive eines Soldaten, der von der Schule direkt auf das Schlachtfeld geschickt wird.

DVD, Oscar-Edition, 1930, Regie: Lewis Milestone, Universal, 2006.

Die „Heimatfront“

Der Krieg bestimmt den Alltag

Während die deutsche Regierung noch die nationale Kriegsbegeisterung schürte, war ihr längst klar, dass in einem langen Krieg die Ernährung der Bevölkerung nicht gesichert war. Als die deutschen Truppen nach ersten Siegen in Belgien und Frankreich von der französischen und englischen Armee gestoppt wurden, kam es zu einem Stellungskrieg. Damit traten Versorgungsprobleme in zweifacher Hinsicht auf: Zum einen musste der Nachschub für die Truppen an den Fronten bewerkstelligt werden, zum anderen verschärfte die „Hungerblockade“ (Blockade der Nordsee durch Großbritannien) die Notsituation der Zivilbevölkerung. Mit der propagandistischen Formel vom Aufbau einer „Heimatfront“ konnte man dieses Problem nicht lösen. Seit 1915 beschränkte die Regierung den freien Lebensmittelverkauf und regelte vor allem die Brot- und Getreideversorgung über Lebensmittelkarten. Da die Mengenzuweisungen nicht ausreichten, versuchten die Menschen, sich selbst zu versorgen: Viele Städter legten sich Kleingärten oder „Fensterplantagen“ zu, hielten Hühner, Kaninchen oder Schweine – sogar in Wohnungen!

Auch die Versorgung der Truppen mit Waffen bereitete zunehmend Schwierigkeiten, da in den Rüstungsbetrieben Arbeitskräfte fehlten. Um dieses Problem zu lösen, wurden Arbeiterinnen eingestellt. Viele Frauen waren auf solche Verdienstmöglichkeiten angewiesen. Sie mussten ihre Familien allein ernähren, da ihre Männer an der Front kämpften. Klagen über die Doppelbelastung von Beruf und Familie trafen auf wenig Verständnis: Für die Reichsregierung zählte nur der Rüstungsnachschub und für die Industriellen der finanzielle Gewinn.

Auch die Frauenverbände orientierten ihr Engagement stärker am Wohl „des Vaterlandes“ als an dem der einzelnen Frau. Es kam zwar immer wieder zu Protestaktionen, aber ohne politische Wirkung, da Frauen noch kein Wahlrecht besaßen. Die Versorgungsprobleme sollten mit nationalen Durchhalteparolen überdeckt werden. Seit 1915 verschlechterte sich die Versorgungslage stetig: Im „Kohlrübenwinter“ 1916/17 verhungerten in Deutschland Hunderttausende. 1917 betrug die Getreideernte nur noch 50 Prozent der Vorkriegsjahre. Dennoch hielten alle kriegführenden Staaten an ihren Kriegszielen fest.

M1 **Schlange stehen vor einer Verteilungsstelle für Lebensmittel,** Foto, um 1917

M2 **Frauen müssen ihren Lebensunterhalt verdienen,** Postkarte, 1917

M3

Männerarbeit – Frauenarbeit

Nach dem „Notgesetz“ vom August 1914 konnten z. B. Arbeitsschutzbestimmungen den jeweiligen Bedürfnissen der Kriegswirtschaft angepasst werden. Für die in Rüstungsbetrieben tätigen Frauen legte deshalb die Militärführung in Hannover im Dezember 1916 fest:

Durch übertriebene Vorsicht dürfen die dringenden Aufgaben der Kriegswirtschaft nicht gefährdet werden. Wo jeweils die richtige Grenze liegt zwischen den Bedürfnissen der Industrie einerseits und guter Sitte andererseits, ist im Einzelfalle von der zuständigen Gewerbeaufsichtsbehörde zu prüfen … In besonderen Notfällen kann die Frauenarbeit, deren Verwendung möglichst zu fördern ist – auch vor dem Dampfkessel, im Fuhrbetrieb, bei der Montage und Installation –, vorübergehend noch weiter [über elf Stunden hinaus] ausgedehnt werden. Ausreichende Sitzgelegenheit ist für Frauen besonders wichtig. Arbeit in Arbeitshose ist zu gestatten.

Richtlinien des stellvertretenden Generalkommandos des X. Armeekorps, Hannover, für die Arbeit in Rüstungsbetrieben, Dezember 1916. Zit. nach Amrei Stupperich, „Arbeit in Arbeitshose ist zu gestatten“. In: Praxis Geschichte, H. 3, 1995, S. 40.

M4

„Die Not wird schlimmer …“

Obwohl Militär- und Zivilbehörden den „nationalen Geist“ beschworen, konnten sie Briefe wie diesen, den eine Frau aus Sachsen am 5. 3. 1917 ihrem kriegsgefangenen Mann schickte, nicht verhindern:

Die Not wird immer schlimmer, weil es hier bei uns nichts mehr gibt … Schlecht stehts mit uns, da wir nichts mehr zu essen haben … Seit 14 Tagen habe ich das Mittagessen von der Volksküche[1] und zwar zwei Portionen und da essen fünf Mann davon. Bei mir ist gerade wie wenn mir in Hals geschissen ist so hungert mich den ganzen Tag. Sollte nun der Mist nicht bald ein Ende nehmen oder muss man selbst noch Waffe in der Hand nehmen, damit die Kinder wenigstens aus der Welt kommen, denn das Elend kann ich nicht mehr ertragen. Mich dauern blos die armen Kinder, die sehen mich nur egal an und kann ihnen nicht helfen.

Zit. nach Ute Daniel, Arbeiterfrauen in der Kriegsgesellschaft, Göttingen (Vandenhoeck & Ruprecht) 1989, S. 149 f.

[1] zentrale Essenausgabe, die der Gemeindeverwaltung unterstand

1 Überlege, welche gesellschaftlichen Gruppen unter den Auswirkungen des Krieges besonders schwer litten (Darstellungstext, M1, M4).

2 Erster Weltkrieg – „Schrittmacher der Frauenemanzipation“? Setze dich kritisch mit dieser These auseinander. Ziehe dafür M2, M3 und M4 heran.

3 a) Erarbeite, welche Bedingungen die „Siegpropaganda“ von 1914 in den folgenden Kriegsjahren infrage stellten.
b) Stelle Vermutungen über die Folgen für die Lage Deutschlands an.

Das Ende des Ersten Weltkrieges

Kriegseintritt der USA

Die Vereinigten Staaten von Amerika hatten sich bei Kriegsbeginn für militärisch neutral erklärt. Sie lieferten jedoch kriegswichtige Güter an die Alliierten Großbritannien und Frankreich. Um den amerikanischen Nachschub zu unterbinden, setzte die deutsche Militärführung eine neuartige Waffe ein: U-Boote. Nach scharfem Protest der USA wurden die U-Boot-Angriffe 1916 aber beendet. Als der Landkrieg stagnierte und die Skagerrak-Schlacht fehlschlug, wurde am 1. Februar 1917 – durch Entscheidung der Obersten Heeresleitung (OHL) – der „uneingeschränkte" U-Boot-Krieg wieder aufgenommen. Die USA brachen daraufhin am 3. Februar ihre diplomatischen Beziehungen zum Reich ab und erklärten am 6. April Deutschland den Krieg. Als Motive für das Verhalten der US-Regierung sieht die Geschichtsforschung:

- die Verletzung des Völkerrechts und der militärischen Neutralität der USA durch Deutschland,
- die Gefahr einer deutschen Hegemonie in Europa,
- die Vermeidung einer Niederlage der Alliierten, um die Kriegskredite später wiederzubekommen, und
- die Durchsetzung der amerikanischen Grundüberzeugung, für Freiheit und Demokratie zu kämpfen.

M1

Allegorie* auf den gemeinsamen Kampf der Alliierten gegen Deutschland, Zeichnung, 1917

Alliierte Überlegenheit und Waffenstillstand

Der Kriegseintritt der USA und die Panzer („Tanks"), die die Briten einsetzten, verschoben die Gewichte eindeutig zugunsten der Alliierten. Die neue weltpolitische Rolle der USA zeigte sich, als der amerikanische Präsident Wilson im Januar 1918 ein 14-Punkte-Programm verkündete, das künftig den Weltfrieden sichern sollte. Gefordert wurden u. a.: Demokratie, Achtung des Selbstbestimmungsrechtes der Völker und ein Völkerbund, der zugleich Schlichter in Konflikten zwischen den Nationen sein sollte.

Angesichts des bevorstehenden militärischen Zusammenbruchs forderte die OHL am 29. September 1918 sofortige Waffenstillstandsverhandlungen. Die deutsche Regierung setzte große Hoffnungen in die Initiative Wilsons, der einen gegenseitigen Verzicht auf Gebietsabtretungen und Kriegskostenentschädigungen vorgeschlagen hatte. Wilson wollte damit für die Zukunft gewaltsame, durch Rache motivierte Auseinandersetzungen verhindern.

Misserfolge an der Front und Forderungen des US-Präsidenten führten im Oktober 1918 im Deutschen Reich zur Änderung der Verfassung. Auch die OHL befürwortete eine Regierung, die nicht dem Kaiser, sondern dem Parlament verantwortlich sein sollte. Der Regierung gehörten der neue Reichskanzler Max von Baden und Vertreter mehrerer Parteien an.

Als am 11. November 1918 die Vertreter der deutschen Übergangsregierung in Nordfrankreich das Waffenstillstandsabkommen unterschrieben, wurden die harten Bedingungen der Alliierten bereits erkennbar: sofortige Räumung der besetzten Gebiete, Abgabe des größten Teils der Kriegswaffen und der gesamten Hochseeflotte. Dass man den Waffenstillstand als Atempause nutzen könnte, um die Kämpfe wieder aufzunehmen, erwies sich schnell als Illusion. Enttäuschung und Selbstzweifel bestimmten das Klima in Deutschland. Im Herbst 1918 war klar: Deutschland und seine Verbündeten hatten den Krieg verloren. Das Kaiserreich war am Ende.

M2

Die Beweggründe der USA

Aus der Rede des US-Präsidenten Wilson vor dem Kongress am 2. April 1917:

Der gegenwärtige deutsche Unterseebootkrieg gegen den Handelsverkehr ist ein Krieg gegen die Menschheit. Er ist ein Krieg gegen alle Nationen ... Unser Beweggrund soll nicht Rachsucht ... sein, sondern allein die Vertretung des Menschenrechtes, für das wir nur ein einzelner Streiter sind ... Unser Ziel ist, die Grundsätze des Friedens und der Gerechtigkeit im Leben der Welt gegen selbstsüchtige und autokratische Macht zu verteidigen ... Wir haben keinen Streit mit dem deutschen Volke. Wir haben gegen dieses nur ein Gefühl der Sympathie und der Freundschaft. Seine Regierung hat nicht auf sein Betreiben gehandelt, als sie in den Krieg eintrat ... [Wir werden kämpfen] ... für Demokratie, für das Recht derer, die einer Obrigkeit untertan sind, ... für die Rechte und Freiheiten der kleinen Nationen.

Zit. nach Geschichte in Quellen, Bd. 6, bearb. v. Günter Schönbrunn, München (bsv) 1961, S. 57 f.

M3

Die sogenannte Friedensresolution

Am 19. Juli 1917 verabschiedete der Reichstag mit 212 gegen 126 Stimmen bei 17 Enthaltungen die sogenannte Friedensresolution. Dafür stimmten Zentrum, Mehrheitssozialdemokratie, Fortschrittliche Volkspartei, dagegen waren Konservative, Nationalliberale, Unabhängige Sozialdemokratie.

Wie am 4. August 1914 gilt für das deutsche Volk auch an der Schwelle des vierten Kriegsjahres das Wort der Thronrede: „Uns treibt nicht Eroberungssucht." Zur Verteidigung seiner Freiheit und Selbstständigkeit, für die Unversehrtheit seines territorialen Besitzstandes hat Deutschland die Waffen ergriffen. Der Reichstag erstrebt einen Frieden der Verständigung und der dauernden Versöhnung der Völker. Mit einem solchen Frieden sind erzwungene Gebietserwerbungen und politische, wirtschaftliche oder finanzielle Vergewaltigungen unvereinbar ... Der Reichstag wird die Schaffung internationaler Rechtsorganisationen tatkräftig fördern ... Solange jedoch die feindlichen Regierungen auf einen solchen Frieden nicht eingehen, solange sie Deutschland und seine Verbündeten mit Eroberung und Vergewaltigung bedrohen, wird das deutsche Volk wie ein Mann zusammenstehen.

Zit. nach Geschichte in Quellen, Bd. 5, bearb. v. Günter Schönbrunn, München (bsv) 1961, S. 93 f.

M4

Der Moloch spuckt Kriegsmaterial aus,
Karikatur aus dem „Simplicissimus", 1917

Begriffe und Daten

Erster Weltkrieg 1914 bis 1918

Der Erste Weltkrieg unterschied sich grundlegend von bisherigen Kriegen durch: die Zahl seiner Opfer (etwa 10 Millionen Tote, 20 Millionen Verwundete und Invaliden), das Ausmaß der Zerstörung, die militärisch-territoriale Ausdehnung, den Einsatz von Millionenheeren und einer gewaltigen Militärmaschinerie. Unmittelbarer Kriegsanlass war das Attentat von Sarajewo. Ursachen des Krieges liegen in machtpolitischen Gegensätzen und Interessenkonflikten im europäischen Staatensystem und Rivalitäten, die sich aus der imperialistischen Politik jener Zeit ergaben. Der Eintritt der USA in den Krieg (1917) veränderte die Kräfteverhältnisse zuungunsten Deutschlands.

1 Erarbeite die Bildaussage von M1.

2 Skizziere anhand des Darstellungstextes stichwortartig den Eintritt der USA in den Krieg.

3 Nimm zu den Motiven der USA für den Kriegseintritt Stellung. Ziehe M2 und M4 mit heran.

4 Bewerte die Aussage von M4. Berücksichtige deine bisherigen Ergebnisse zur Rolle der USA in der Zeit des Imperialismus (siehe S. 48).

5 a) Untersuche M3.
b) Beurteile die Ziele und die Argumentation der Resolution.

Kriegerdenkmäler in Niedersachsen erkunden

An Opfer erinnern

Ausdruck des ungeheuren Schocks, den der Erste Weltkrieg für alle Beteiligten bedeutete, ist die große Zahl der Denkmäler, die in allen Ländern nach Kriegsende errichtet wurden. Allein in Frankreich entstanden 30000 Kriegerdenkmäler. Neben großen Gedenkstätten, wie z. B. in Verdun, sind es vor allem kleinere dörfliche Erinnerungsstätten, die zumeist auf Initiative der Gemeindevertretungen errichtet wurden.

1 Beschreibt in Gruppen arbeitsteilig M1 bis M4 und formuliert, welche Gesamtaussage mit dem Kriegerdenkmal verbunden sein könnte. Zieht die Arbeitsschritte heran.

2 Finde heraus, ob es in deiner Heimatstadt oder in der Nähe ein Kriegerdenkmal gibt und untersuche es mithilfe der Arbeitsschritte. Präsentiere deine Ergebnisse in der Klasse.

M1 **Kriegerdenkmal in Barskamp, Kreis Lüneburg,** Foto, 2009

Arbeitsschritte

1. Schritt: Die Bedeutung klären und Einzelheiten beschreiben

- Stellt fest, warum das Denkmal errichtet wurde: zur Mahnung, als Aufforderung zur Nachahmung, zur Verherrlichung der „Kriegshelden"?
- Schreibt dazu die Inschriften auf dem Denkmal ab oder fotografiert sie. Beachtet, aus welchem Material das Denkmal ist und welche Symbole verwendet wurden (Adler, Stahlhelme, Waffen, Ölzweig, Taube etc.).
- Beachtet ferner, wie die Figuren dargestellt wurden: sterbend, in aufrechter Haltung usw.
- Klärt, ob das Denkmal nach seiner Aufstellung verändert wurde (Restaurierung, Umsetzung, Verunstaltung usw.).
- In welchem Zustand befindet sich das Denkmal? Wird die unmittelbare Umgebung gepflegt oder bepflanzt? Wenn ja, durch wen?

2. Schritt: Details festhalten

Häufig findet sich auf diesen Denkmälern auch ein Verzeichnis aller Gefallenen dieses Ortes. Dann könnt ihr zusätzlich noch folgende Fragen beantworten:

- Wie viele Männer dieses Ortes starben als Soldaten im Krieg?
- Wie alt war der Jüngste, wie alt der Älteste?
- Wenn auf dem Denkmal angegeben ist, wo die Soldaten gefallen sind, fertigt eine Karte an und tragt die Orte ein.

M2 **Kriegerdenkmal in Hildesheim.** Erbaut 1936–1939, Foto

M3 **Kriegerdenkmal in Diepholz.** Erbaut 1922, Foto

M4 **Kriegerdenkmal in Beverstedt bei Cuxhaven mit Ausschnitten.** Erbaut um 1920, Fotos, 2010

Der Erste Weltkrieg

M1

„Die vier Kreuze“, Ansichtskarte aus dem Ersten Weltkrieg

M3

In Gedenken an den 4. August 1914

1917 fand im Reichstag eine Gedenkveranstaltung statt, bei der Reichskanzler Georg Michaelis eine Rede hielt:

Wir stehen unter dem Eindruck der Größe des Tages, an dem vor drei Jahren das Volk aufstand, um in begeisterter Einmütigkeit den Riesenkampf aufzunehmen, der uns aufgezwungen worden war. Der 4. August wird in der Geschichte des deutschen Volkes zu allen Zeiten sein der Tag höchster vaterländischer, todesmutiger und siegesgewisser, entschlussfreudiger Bereitwilligkeit gegenüber der größten Gefahr, die je auf ein Volk hereinbrach … Heute kommt es darauf an, die Leuchtfeuer hell auflodern zu lassen, ein Ziel, ein Wille, ein Vaterland! Und dieses Vaterland ist größer und wichtiger als unser Einzelleben! Je größer die Opfer, desto herrlicher der Lohn. Wir geloben dem Kaiser und dem Reiche die Treue und was uns das Herz frei macht, das rufen wir aus: Vaterland, Kaiser und Reich hurra, hurra, hurra!

Zit. nach Jeffrey Verhey, Der „Geist von 1914“, Hamburg (Hamburger Edition HIS) 2000, S. 287. Übers. v. J. Bauer / E. Nerke.

M2

Pressemeldungen über die Stimmung zu Kriegsbeginn

Die „Norddeutsche Allgemeine Zeitung“, das „Sprachrohr“ der Reichsregierung, schilderte die Vorgänge in der ersten Augustwoche 1914 folgendermaßen:

2A Was sich vom 30. Juli bis heute in Berlin abspielte, ist eine Offenbarung des starken nationalen Empfindens, das in unserm Volke lebt … Man war brüderlich: der Arbeiter, der in der Bluse barhäuptig die Fahne trug, der Akademiker, der neben ihm schritt, Kaufleute, Wandervogelscharen[1], Studenten mit Verbindungsband auf der Brust, Soldaten, die, zum Teil schon in der grauen Felduniform, sich singend in die Reihen der Marschierenden eingegliedert hatten. Oft ging man Arm in Arm, in Reihen zu 30 und 40 Menschen.[2]

Zit. nach Jeffrey Verhey, Der „Geist von 1914“, Hamburg (Hamburger Edition HIS) 2000, S. 121. Übers. v. J. Bauer/ E. Nerke.

[1] Um 1895 gegründete Jugendbewegung, deren Begeisterung für ein ursprüngliches, naturnahes Leben 1914 teilweise in Kriegsbegeisterung umschlug.

[2] Anm. Verheys: Die Bemerkung, die Arbeiter seien vom 1. bis 8. brüderlich mitmarschiert, findet sich nur in der NAZ.

Der sozialdemokratische „Volksfreund Braunschweig“ stellte am 3. August 1914 fest:

2B Ernste Stimmung trifft man überall nur in den Straßen, nichts von Fröhlichkeit, nichts von Abend-Bierbegeisterung der Halbstarken. Wer die Stimmung des Volkes kennenlernen will, der gehe dahin, wo das Volk sich bewegt. Wer die Szenen gestern Nachmittag auf dem kleinen Exerzierplatz[1], dem Sammelpunkt der Einberufenen, und vor der Kaserne wie auf dem Bahnhof beobachtet hat, dem krampfte sich das Herz zusammen vor Weh.

Zit. nach Wolfgang Kruse, Krieg und nationale Integration, Essen (Klartext) 1993, S. 58.

[1] Truppenübungsplatz

M4

Der Krieg als Subjekt – „Der Roboter“, Federzeichnung von L. J. Jordan, 1917

M5

Wilhelm II. auf einer Postkarte des Jahres 1914

Überprüfe, was du kannst

Sachkompetenz

1 Kläre die folgenden Begriffe: Erster Weltkrieg 1914 bis 1918 (S. 56), Kriegsziele, (S. 57), Verdun (S. 58).

2 Notiere in Stichworten: Anlass/Ursachen/Verlauf/Ende des Ersten Weltkrieges/Folgen für die Menschen.

3 a) Stelle fest, wie sich in 2A und 2B die Stimmung bei Kriegsbeginn widerspiegelt.
b) Ziehe Schlüsse daraus.

Methodenkompetenz

4 Analysiere M1 mithilfe der Methode „Ein Bild als Quelle“ im Anhang. Nimm zur Art der Bild-Text-Komposition Stellung.

Urteilskompetenz

5 Setze dich kritisch mit M3 auseinander. Belege deine Bewertungen am Text.

6 Analysiere und beurteile M5 auf der Grundlage deiner Kenntnisse aus dem Kapitel.

7 Beurteile die Formulierung, den Ersten Weltkrieg als „Urkatastrophe des 20. Jahrhunderts“ zu bezeichnen.

Kommunikations- und Handlungskompetenz

8 a) Entschlüssele M4.
b) Zeichne – ausgehend von M4 – eine eigene Karikatur zum Thema „Erster Weltkrieg“.
c) Gestaltet eine kleine Ausstellung eurer Entwürfe.

1914 bis 1918
Erster Weltkrieg

1914
Attentat auf das österreichische Thronfolgerpaar in Sarajewo

1916
Schlacht von Verdun

1917
Kriegseintritt der USA

1900 — 1910 — 1920 — 1930

Die Neuordnung Europas nach dem Ersten Weltkrieg

Wissen • Urteilen • Kommunizieren/Handeln • Methoden anwenden

Am Ende dieses Unterkapitels kannst du

- die Krise der Zarenherrschaft in Russland um 1900 beschreiben
- Verlauf und Ergebnis der Russischen Revolution 1917 darstellen
- die Differenz zwischen Revolutionsanspruch und Wirklichkeit bewerten
- den Weg in den Stalinismus erläutern und beurteilen
- Versailler Vertrag und Völkerbund als Instrumente zur Friedenssicherung bewerten
- das Aufkommen des Faschismus in Europa am Beispiel Italiens erklären
- **Methode** Fotos analysieren

Europa 1918 bis 1938

1917	1922 bis 1991	1922 bis 1943
Russische Revolution	Sowjetunion (UdSSR)	Faschistische Diktatur in Italien (Mussolini)

Europa zwischen Demokratie und Diktatur

Die USA und Europa

Bis 1918 waren die USA zum größten Agrar- und Industriestaat der Erde aufgestiegen. Aus dem Ersten Weltkrieg gingen sie als stärkste Wirtschaftsmacht hervor. Die europäischen Staaten waren mit mehr als 10 Milliarden Dollar bei den USA verschuldet. Ungeachtet der weltweiten Vorherrschaft gab es bei den Amerikanern eine deutliche Tendenz, sich nach dem Ende des Krieges aus Europa zurückzuziehen. Die Ziele des amerikanischen Präsidenten Woodrow Wilson (1913 bis 1921), Frieden, Gerechtigkeit und nationale Selbstbestimmung der Völker weltweit zu unterstützen, fanden in Europa stärkeren Widerhall als in den USA. Dort fand sich dafür keine politische Mehrheit. Die USA blieben Europa zwar wirtschaftlich und finanziell eng verbunden. Doch reduzierten sie ihr Engagement für die Friedenspläne Wilsons und richteten ihre Interessen stärker auf den asiatisch-pazifischen Raum aus.

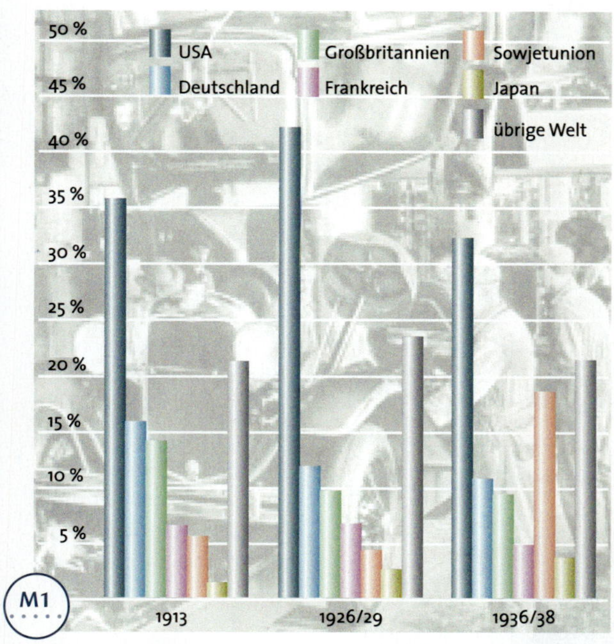

Die Entwicklung der Industrieproduktion 1913 bis 1938
(Anteil an der Weltproduktion in Prozent)

Großbritannien

Obwohl das britische Königreich zu den Siegermächten gehörte, war das Land geschwächt aus dem Weltkrieg hervorgegangen. Geschrumpfte Märkte, gesunkene Kaufkraft und eine jahrelange Arbeitslosigkeit von etwa 10 Prozent belasteten Staat, Gesellschaft und Wirtschaft. Begünstigt durch eine „Politik des knappen Geldes" (u. a. Minderung der Staatsausgaben, sinkende Löhne), kam es zu heftigen sozialen Konflikten bis hin zum Generalstreik. Eine entstehende „neue Rechte", die sich an autoritären bzw. faschistischen Vorbildern in Europa orientierte, hatte jedoch politisch keine Chancen. Mit ihrer langen demokratischen Tradition gelang es den Briten, die wirtschaftliche und soziale Krise mit den Mitteln des demokratisch-parlamentarischen Systems zu bewältigen. Dazu half, dass das Land seine Handelsbeziehungen wegen der Schutzzollpolitik der europäischen Staaten verstärkt auf seine ehemaligen Kolonien wie Kanada, Australien und Südafrika ausrichtete (1926 Gründung des Commonwealth of Nations mit den „weißen Dominions").

Frankreich

Die Krise nach dem Ersten Weltkrieg traf Frankreich weniger hart als andere Industriestaaten: Die Regierung hatte besonders den Aufbau zukunftsweisender Industrien wie der chemischen Industrie gefördert. Eine niedrige Bewertung des Franc begünstigte die Exportwirtschaft. Eine kräftige Produktivitätssteigerung führte zu Lohnerhöhungen und damit zu höherer Kaufkraft. Politisch bemerkenswert ist die Entstehung einer starken kommunistischen Partei (KPF). Sie erhielt in der Weltwirtschaftskrise um 1930 weiteren Zulauf und lieferte sich mit nationalistischen und rechtsextremistischen Gruppierungen blutige Auseinandersetzungen. Die Anhänger der französischen Demokratie konnten sich jedoch in den unruhigen 30er-Jahren gegenüber radikalen antiparlamentarischen Kräften behaupten.

1 Beschreibe mithilfe der Karte auf der gegenüberliegenden Seite die Entwicklung der Staatsformen in Europa nach dem Ersten Weltkrieg. Notiere Vermutungen über einen Zusammenhang zwischen Weltkriegsfolgen und Staatsformen.

2 Erarbeite anhand des Darstellungstextes und M1 die Krisenbewältigung in Großbritannien und Frankreich nach 1918.

Russland vor der Revolution

Russland in der Krise

Die Krise der Landwirtschaft hatte zwei Ursachen:

– Zum einen waren 1861 die Bauern (etwa 80 Prozent der Bevölkerung) von der Leibeigenschaft befreit worden. Ausgestattet mit Freiheitsrechten, aber ohne Besitz, zogen viele in die neuen Industriezentren Petrograd und Moskau. Folglich fehlten diese Arbeitskräfte der Landwirtschaft.

– Zum anderen blieb die Zahl konkurrierender bäuerlicher Betriebe gering, da trotz Reformen die Mehrzahl der Ländereien in den Händen adliger Großgrundbesitzer blieb.

Auch in der sich entwickelnden Industrie zeigten sich Probleme: Die Schwerindustrie dominierte alle anderen Industriezweige. Das Kapital vieler Betriebe stammte überwiegend von ausländischen Investoren – in manchen Branchen bis zu 80 Prozent. Außerdem fehlte ein finanzkräftiges Bürgertum, um Betriebe zu gründen und gewinnorientiert auszubauen.

Wesentlichen Anteil an diesen Zuständen hatte der „Zarismus“. Der Zar herrschte mit absoluter Macht, unterstützt von Geheimpolizei und orthodoxer Kirche. Für liberal oder demokratisch orientierte Gruppen gab es in diesem Machtgefüge keinen Freiraum. Trotzdem protestierten vor allem Intellektuelle (unter ihnen Studenten, Professoren, Schriftsteller) gegen die rückständige Politik des Zaren.

Aus den Reihen der radikalen Oppositionellen bildeten sich die ersten Parteien Russlands: 1898 die Sozialdemokratische Arbeiterpartei und 1901 die Partei der Sozialrevolutionäre, die sich für die Bauern einsetzten. Nach den nur teilweise erfolgreichen Revolutionen von 1905 und 1907 wurden zwar Reformen in Landwirtschaft und Industrie eingeleitet, doch blieben sie wegen der fehlenden Modernisierung des politischen Systems ohne größere Wirkung.

Vorschlag für eine Gruppenarbeit

Die Seiten 72 bis 77 lassen sich in Gruppen erarbeiten. Jede Gruppe bearbeitet eine Seite und stellt ihre Ergebnisse in der Klasse vor. Nutzt die Arbeitsaufträge.

1 Beschreibe M1 und ziehe aus den Tätigkeiten der Bauern Rückschlüsse auf ihre Lebensverhältnisse.

2 Erarbeite anhand des Darstellungstextes, worin die Krise in Staat und Gesellschaft Russlands bestand.

3 Erörtere den Zusammenhang zwischen den Lebensbedingungen in Russland und der Gründung von Parteien.

M1

Beim Korbflechten, Foto, um 1900. Die russische Landbevölkerung stellte zusätzlich zur Feldarbeit Waren her, die sie auf den örtlichen Märkten verkaufte. Das Foto wurde im Auftrag der Regierung aufgenommen.

Der Zar muss abdanken – erste Machtkämpfe

Das Ende der Zarenherrschaft

Im Ersten Weltkrieg verschärften sich die wirtschaftlichen Probleme Russlands: Kleine Unternehmen machten Bankrott und wurden von Großbetrieben „geschluckt“. Die Produktion in Landwirtschaft und Industrie brach schon in den ersten Kriegsjahren zusammen. 1916/17 konnten die Städte nicht mehr ausreichend mit Lebensmitteln versorgt werden. Die Preise stiegen und die Löhne sanken infolge der kriegsbedingten Geldentwertung.

Anfang 1917 gingen tausende Bewohner der Hauptstadt Petrograd (bis 1914: St. Petersburg; 1924–1991: Leningrad) für Brot, höhere Löhne und Frieden auf die Straße. Sie forderten auch eine neue Regierung. Als Zar Nikolaus II. den Truppen den Befehl gab, auf die Demonstranten zu schießen, weigerten sich die Soldaten. Die Massen stürmten die Waffenarsenale, das Staatsgefängnis und den Sitz der Geheimpolizei. Kurz darauf dankte Nikolaus ab und die Zarenherrschaft war beseitigt.

Sowjets und Provisorische Regierung kämpfen um die Macht

Die Abdankung des Zaren warf Fragen über die künftige Staatsordnung und Regierung Russlands auf. Schon während der Unruhen hatten sich Arbeiter-, Bauern- und Soldatenräte, die Sowjets*, gebildet. Ihr Ziel war es, ausgehend von den Arbeiterinnen und Arbeitern, breitere Schichten der Bevölkerung an politischen Entscheidungen direkt zu beteiligen. Die Sowjets berieten und beschlossen neue Gesetze und übernahmen Regierungsfunktionen.

Neben ihnen gab es eine zweite – von der Duma eingesetzte – Regierungsmacht: die „Provisorische Regierung“. Ihr gehörten nur bürgerlich-liberale Politiker an mit Ausnahme des Sozialrevolutionärs Alexander Kerenski (Justizminister, seit Juli 1917 Ministerpräsident). Die Provisorische Regierung lehnte das Rätesystem ab, da sie befürchtete, es würde Russland wirtschaftlich und militärisch schwächen. Die Februarrevolution hatte also zu einer „Doppelherrschaft“ geführt.

M1

Das gestürzte Denkmal Zar Alexanders III. in Moskau, Foto, Februar 1917

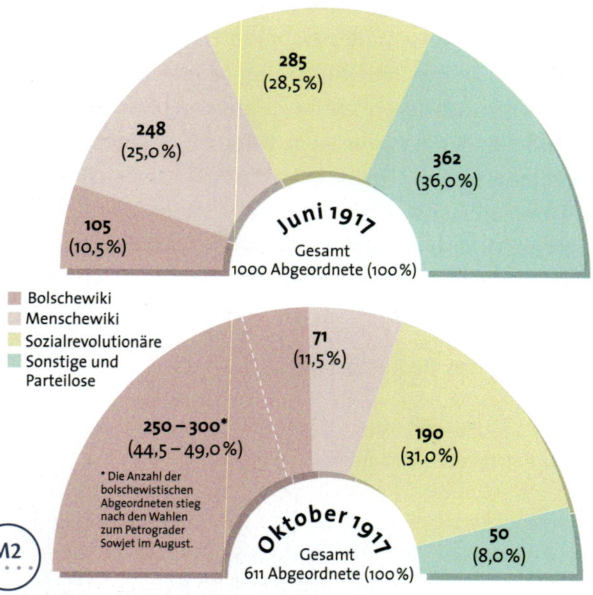

M2

Sitzverteilung im 1. und 2. Allrussischen Sowjetkongress. Die Deputierten wurden aus den Räten der Fabriken und Garnisonen entsandt. Die Bolschewiki erlangten im August und September die Mehrheit im Petrograder und im Moskauer Sowjet.

1 Schildere anhand der Darstellungstexte, wie sich nach dem Sturz des Zaren die Auseinandersetzung um die Macht entwickelte. Ziehe M2 heran.

2 Zeige an M1 die symbolische Bedeutung des Endes der Zarenherrschaft.

3 **Recherche:** Informiere dich über den Sturz von politischen Denkmälern in neuerer Zeit. Nutze das Internet. Beachte M2, S. 77.

Die Sowjets setzen sich durch

Die Bolschewiki ergreifen die Macht

Bolschewiki*, Menschewiki* und Sozialrevolutionäre, die stärkste Partei, stritten über die politische Zukunft. Die Menschewiki und die Sozialrevolutionäre stimmten für soziale Reformen. Sie verwiesen auf die Theorie von Karl Marx, nach der ein rückständiges Land wie Russland zu einer sozialistischen Revolution nicht reif sei. Dagegen bestanden die Bolschewiki auf einer radikalen Umgestaltung. Unter der Führung Lenins und Trotzkis gewannen sie eine wachsende Anhängerschaft bei den städtischen Arbeitern. So nahm die Macht der Arbeiter- und Soldatenräte zu, während die Provisorische Regierung im Herbst 1917 angesichts der anhaltenden Wirtschaftskrise und militärischer Misserfolge im Ersten Weltkrieg alle Unterstützung verloren hatte und schließlich gewaltsam abgesetzt wurde (25./26. Oktober 1917). Die neue Regierung, an der zunächst Bolschewiki und linke Sozialrevolutionäre beteiligt waren, stand vor der Aufgabe, den Krieg zu beenden. Lenin vereinbarte mit Deutschland und Österreich einen Waffenstillstand. 1918 folgte ein Friedensabkommen, das für Russland sehr verlustreich war (Frieden von Brest-Litowsk, 3. März 1918).

M1

Sieg des Proletariats?

Georgi W. Plechanow (1856–1918), Führer der Menschewiki, richtete sich am 28. Oktober an die Petrograder Arbeiter:

Von der Bevölkerung unseres Staates bildet das Proletariat … die Minderheit … Die Arbeiterklasse kann zwar damit rechnen, dass sie von den Bauern, die heute in Russland die Mehrheit der Bevölkerung ausmachen, unterstützt wird. Doch die Bauernschaft braucht Land … Die wirtschaftliche Tätigkeit der Bauern, in deren Hände Gutsbesitzerland übergeht, wird nicht auf den Sozialismus, sondern auf den Kapitalismus* gerichtet sein … Die Bauern sind also für den Arbeiter beim Aufbau der sozialistischen Produktionsweise ein sehr unzuverlässiger Bündnispartner … Hieraus folgt unvermeidlich: Würde unser Proletariat nach der Eroberung der politischen Macht dazu übergehen wollen, die „soziale Revolution" durchzuführen, so würde es durch die Wirtschaft unseres Landes selbst zu einer vernichtenden Niederlage verurteilt werden.

Zit. nach Wladislaw Hedeler u. a. (Hg.), Die Russische Revolution 1917, Berlin (Dietz) 1996, S. 403.

M2

W. I. Lenin ruft die Sowjetmacht aus (25. Oktober 1917, Zweiter Allrussischer Sowjetkongress), Gemälde von Wladimir Serow, 1947

M3

Lenins Aprilthesen

Nach seiner Rückkehr aus dem Exil trug Wladimir I. Lenin (1870–1924) seinen Genossen zehn Thesen zur Politik der Bolschewiki vor:

2. Die Eigenart der gegenwärtigen Lage in Russland besteht im Übergang von der ersten Etappe der Revolution, die infolge des ungenügend entwickelten Klassenbewusstseins und der ungenügenden Organisiertheit des Proletariats* der Bourgeoisie die Macht gab, zur zweiten Etappe der Revolution, die die Macht in die Hände des Proletariats und der ärmsten Schichten der Bauernschaft legen muss …

3. Keinerlei Unterstützung der Provisorischen Regierung …

4. Anerkennung der Tatsache, dass unsere Partei in den meisten Sowjets der Arbeiterdeputierten in der Minderheit … ist gegenüber dem Block aller kleinbürgerlichen … Elemente …

5. Keine parlamentarische Republik …, sondern eine Republik der Sowjets der Arbeiter-, Landarbeiter- und Bauerndeputierten im ganzen Lande, von unten bis oben.

Zit. nach Wladislaw Hedeler u. a. (Hg.), Die Russische Revolution 1917, Berlin (Dietz) 1996, S. 231 f.

1 Stelle anhand des Darstellungstextes fest, wie innen- und außenpolitische Entwicklungen zusammenhingen.

2 Vergleiche die Vorstellungen über Macht und Machtverteilung in Russland 1917 (M1, M3).

3 Formuliere eine Bildaussage zu M2.

Die sozialistische Idee wird sowjetische Wirklichkeit

Bürgerkrieg und Kriegskommunismus

Gegen die Machtübernahme der Bolschewiki bildete sich eine breite politische Opposition. Ihr schlossen sich enteignete Großgrundbesitzer und ausländische Investoren an. Der Konflikt entwickelte sich schnell zu einer militärischen Auseinandersetzung. Nicht russische Völker nutzten die Situation, um ihre Unabhängigkeit von Russland zu erkämpfen. Die westeuropäischen Verbündeten des Zaren, die USA und Japan unterstützten die von zaristischen Militärs geführten Truppen („die Weißen"). Gegen sie bauten die Bolschewiki die „Rote Armee" auf, verstaatlichten alle Betriebe und zwangen die Bauern, fast die ganze Ernte abzuliefern. Die Verteilung der knapp werdenden Lebensmittel und Brennstoffe übertrugen sie staatlichen Stellen. Dieser sogenannte Kriegskommunismus hatte katastrophale Folgen: Viele Menschen flohen ins Ausland, Millionen verhungerten.

M2

Bewaffnete Arbeiter werden aufs Land geschickt, um die staatlich festgesetzten Getreidemengen einzuziehen, Foto, 1919

M1

Verraten die Bolschewiki die Revolution?

Am 28. Februar 1921 revoltierten die Kronstädter Matrosen, die wesentlich zum Sieg der Oktoberrevolution beigetragen hatten. In ihrem Programm erklärten sie die Gründe ihres Aufstands, der von den Bolschewiki blutig niedergeschlagen wurde:

Als die Arbeiterklasse die Oktoberrevolution machte, hoffte sie, ihre Befreiung zu erlangen. Das Resultat war aber eine noch größere Versklavung der menschlichen Persönlichkeit … Nach langen Jahren des Kampfes und der Leiden erhielten die Arbeiter Sowjetrusslands nur freche Befehle, Bajonettstiche und Kugeln der Tscheka-Kosaken[1] … Es … wird jetzt offensichtlich, dass die Kommunistische Partei nicht, wie sie vorgab, die Werktätigen verteidigt. Die Interessen der Arbeiterklasse sind ihr fremd. Nachdem sie die Macht ergriffen hat, kennt sie nur eine Sorge: sie wieder zu verlieren …

Hier in Kronstadt wurde der Grundstein zur dritten Revolution gelegt, die die letzten Ketten des Arbeiters zerbrechen und ihm den neuen und breiten Weg des sozialistischen Aufbaus eröffnen wird.

Zit. nach Hans-Joachim Lieber / Karl-Heinz Ruffmann (Hg.), Der Sowjetkommunismus. Dokumente, Bd. 1, Köln (Kiepenheuer & Witsch) 1963, S. 160 ff.

[1] Im Dezember 1917 gegründete bolschewistische Geheimpolizei zur Bekämpfung der Konterrevolution

M3

Energie der Zukunft

Lenin sagte am 22. Dezember 1920 vor dem VIII. Sowjetkongress, auf dem der erste langfristige Gesamtwirtschaftsplan vorgelegt wurde:

Kommunismus – das ist Sowjetmacht plus Elektrifizierung des ganzen Landes. Sonst wird das Land ein kleinbäuerliches Land bleiben … Erst dann, wenn das Land elektrifiziert ist, wenn die Industrie, die Landwirtschaft und das Verkehrswesen eine moderne großindustrielle technische Grundlage erhalten, erst dann werden wir endgültig gesiegt haben … Man muss jedoch wissen und darf nicht vergessen, dass die Elektrifizierung nicht mit Analphabeten durchzuführen ist … Wir brauchen Menschen, die nicht nur des Lesens und Schreibens kundig sind, sondern kulturell hochstehende, politisch bewusste, gebildete Werktätige …

Wenn Russland sich mit einem dichten Netz von elektrischen Kraftwerken und mächtigen technischen Anlagen bedeckt haben wird, dann wird unser kommunistischer Wirtschaftsaufbau zum Vorbild für das kommende sozialistische Europa und Asien werden.

Wladimir I. Lenin, Werke, Bd. 31, Berlin (Dietz) 1979, S. 513 ff.

1 a) Stelle in einer Tabelle die Ziele Lenins und der Bolschewiki der tatsächlichen Entwicklung im Land gegenüber. b) Vergleiche und formuliere einen Ergebnissatz.

Der Weg in die Diktatur

Sozialismus durch Zwang?

Der Bürgerkrieg in Russland hinterließ ein wirtschaftlich ruiniertes Land und eine durch Gewaltaktionen der „Weißen“ und „Roten“ traumatisierte Bevölkerung. Bauernaufstände und Arbeiterstreiks waren die Folge. Auch in der Kommunistischen Partei der Sowjetunion (KPdSU) – so nannten sich die Bolschewiki seit 1918 – wurde Kritik laut. Darauf reagierte die Regierung mit äußerster Härte: Kritiker wurden von der Ende 1917 gegründeten Geheimpolizei (Tscheka) verfolgt und oppositionelle Gruppierungen wie die Menschewiki und die Sozialrevolutionäre verboten.

Nach dem Tod Lenins 1924 baute Josef W. Stalin (1878 bis 1953) systematisch seine Stellung als Generalsekretär der Partei zur Alleinherrschaft aus. Bis 1928/29 hatte er erreicht, dass in den Entscheidungsgremien von Partei, Wirtschaft und Staat nur Personen saßen, die ihm ergeben waren. Millionen Menschen wurden seit Mitte der 1930er-Jahre durch die Geheimpolizei verhaftet, in Arbeitslager verschleppt oder ermordet. Soziale Gruppen wie die Kulaken (Mittel- und Großbauern), die in Stalins Aufbauprogramm „störten“, wurden als „konterrevolutionäre Klassenfeinde“ angeprangert, viele von ihnen nach Sibirien deportiert oder hingerichtet.

Fortschritt durch zentrale Planung?

Um die wirtschaftliche Rückständigkeit des Landes zu beseitigen, beschloss die KPdSU tiefgreifende Reformen: Seit dem Parteitag von 1927 wurden landwirtschaftliche Betriebe gezwungen, den Besitz in Kollektive zu überführen: entweder in große landwirtschaftliche Spezialbetriebe, die Sowchosen*, oder in Kolchosen*, bei denen Boden, Vieh und Geräte Gemeineigentum waren und der einzelne Bauer nur ein kleines Stück Land und wenig Vieh zur eigenen Bewirtschaftung behielt. In der Industrie wurde unter dem Motto „Maschinisierung, Motorisierung, Elektrifizierung“ 1928 der erste Fünfjahresplan umgesetzt. Das ehrgeizige Ziel, die Industrieproduktion innerhalb weniger Jahre um ein Vielfaches zu steigern, erforderte hohe Investitionen und Arbeitsleistungen. Zu diesem Zweck wurde ein System von Gewalt (z. B. Zwangsarbeit von Gefangenen), Druck und Anreizen (Auszeichnungen wie z. B. „Held der Arbeit“) entwickelt und propagandistisch umgesetzt. Trotz dieser Anstrengungen wurden die Ziele der Fünfjahrespläne bereits unter Stalin nicht erreicht.

M1

„Der Morgen unseres Vaterlandes“,
Gemälde von Fjodor S. Schurpin, 1946 bis 1948

M2

„Vater, Lehrer und Führer!“

Aus der sowjetischen Zeitschrift „Bolschewik“ (1941):

Stalin ist unser Vater, Lehrer und Führer! Denn er hat zusammen mit Lenin den gequälten Völkern des alten Russlands den Weg in eine neue, nie geschaute Welt – die Welt der Freiheit und des Glücks – gewiesen. Stalin führte die Regimenter der Roten Garde zum Sturm auf die alte, verfaulte Ordnung … So zu sein wie Stalin – das ist das brennendste und leidenschaftlichste Streben des Sowjetmenschen. Heimat und Volk so zu lieben wie Stalin. Keine Schwierigkeiten zu fürchten, sie zu überwinden, fest und unerschütterlich, weise und kühn zu sein wie Stalin!

Zit. nach Erwin Oberländer, Sowjetpatriotismus und Geschichte, Köln (Verlag Wissenschaft und Politik) 1967, S. 71.

1 Erstelle eine Zeitleiste mit den Maßnahmen und Methoden Stalins auf dem Weg in die Diktatur (Darstellungstext).

2 a) Erarbeite M1 und M2 mit den entsprechenden Methoden „Bildanalyse“ bzw. „Textquellenanalyse“ im Anhang. Achte auf die Datierungen. b) Nimm begründet zur Realisierung des Sozialismus Stellung.

Stalinismuskritik

M1

Gewalt als politisches Instrument?

Auf dem XX. Parteitag der KPdSU in Moskau (1956) leitete Nikita Chruschtschow, der aus dem Kampf um die Nachfolge Stalins als Sieger hervorgegangen war, mit der folgenden Rede die sogenannte Entstalinisierung ein:

Zu Lenins Lebzeiten war das Zentralkomitee der Partei der echte Ausdruck der kollektiven Führung der Partei und der Nation. Als aktivistischer, revolutionärer Marxist, der in Prinzipienfragen allzeit unbeugsam blieb, drängte Lenin seinen Mitarbeitern doch niemals gewaltsam seine Ansichten auf. Er versuchte vielmehr, sie zu überzeugen ... Stalin hielt sich nicht damit auf, die Menschen zu überzeugen, aufzuklären und geduldig mit ihnen zusammenzuarbeiten, sondern er zwang anderen seine Ansichten auf und verlangte absolute Unterwerfung unter seine Meinung ... Er stützte sich bei seinen Aktionen in zunehmendem Maße und mit wachsendem Starrsinn auf die Straforgane und verletzte dabei häufig alle bestehenden Normen der Moral und des sowjetischen Rechts ... Unsere Partei kämpfte für die Verwirklichung der Pläne Lenins, für den Aufbau des Sozialismus. Das war ein ideologischer Kampf ... Außergewöhnliche Maßnahmen hätte man dann nur gegen jene ergriffen, die wirklich verbrecherische Handlungen gegen das Sowjetsystem begangen hatten ... Stalin dagegen griff zu radikalen Methoden und zu Massenunterdrückung in einer Zeit, als die Revolution schon siegreich und der Sowjetstaat gefestigt war ... Es ist klar, dass Stalin sich hier in einer ganzen Anzahl von Fällen als intolerant und brutal erwies und dass er seine Macht missbrauchte ... Es hat sich erwiesen, dass viele Aktivisten der Partei, der Sowjets und der Wirtschaft, die in den Jahren 1937 bis 1938 zu „Volksfeinden" gestempelt worden waren, in Wirklichkeit niemals Feinde, Spione, Schädlinge und so weiter waren, sondern immer nur aufrechte Kommunisten ... Sie wurden nur als Feinde gebrandmarkt und bezichtigten sich oft selbst, weil sie die barbarischen Folterungen nicht mehr länger ertragen konnten ..., aller möglichen Verbrechen.

Zit. nach Reden, die die Welt bewegten, 10. Aufl., Stuttgart (Mundus) 1989, S. 510 ff.

M2

Demontage eines Stalin-Denkmals, Foto, um 1990

Begriffe und Daten

Russische Revolution 1917

Die Russische Revolution stellt einen bedeutenden Einschnitt in der Geschichte des 20. Jahrhunderts dar. Sie führte zum Sturz des Zaren, zu einer radikalen Umwälzung der Machtverhältnisse und – nach einem Bürgerkrieg (1918–1921) – zur bolschewistischen Einparteienherrschaft mit der Gründung der Sowjetunion (Dezember 1922).

Stalin/Stalinismus

Das von Stalin nach dem Tod Lenins (1924) geprägte Herrschaftssystem der Sowjetunion war eine Alleinherrschaft Stalins, gestützt auf den Partei-, Staats- und geheimdienstlichen und militärischen Apparat, abgesichert durch Personenkult und Terror.

1 Liste die Vorwürfe Chruschtschows gegen Stalin auf (M1).

2 Nimm zu Chruschtschows Behauptungen kritisch Stellung. Achte darauf, wie er insgesamt zum „Sowjetsystem" stand (siehe Anhang „Historische Sachverhalte beschreiben").

3 a) Informiere dich über die Biografien von Lenin, Stalin und Trotzki (Lexika, Internet).
b) Erkunde, in welcher Phase der UdSSR das Foto (M2) entstand, und stelle einen Zusammenhang mit M1 her.

Fotos analysieren

Original, Fälschung, Bearbeitung? – Wenn Bilder lügen

Sind Fotos objektiv? Zeigen sie uns genau das, was zum Zeitpunkt der Aufnahme wirklich zu sehen war? Wer eine Fotografie als historische Quelle nutzen will, muss sich vorher einige Fragen stellen: Wie ist etwas aufgenommen worden und unter welchen Umständen? Mit welcher Absicht ist das Foto gemacht worden? Hat man die Fotografie manipuliert, also nachträglich bearbeitet?

Schon vor der digitalen Bildbearbeitung gab es Techniken wie Retuschieren und Montieren, um Fotos zu verändern. Aus der Geschichte totalitärer Staaten wie der Sowjetunion unter Stalin sind viele ideologisch begründete Fälschungen bekannt: Personen, die politisch in Ungnade gefallen waren, „verschwanden" von öffentlich verbreiteten Bildern. Oft wurden Szenen retuschiert oder dadurch umgestaltet, dass man verschiedene Fotos zu einem neuen Foto montierte für einen bestimmten politischen Zweck.

Stalin pflegte bis in die frühen 1930er-Jahre einen Personenkult um Lenin, den er dann durch seinen eigenen Personenkult ersetzte. Deshalb mussten bekannte Persönlichkeiten, wie zum Beispiel Trotzki, die diese Legendenbildung störten, von den Fotos und damit aus dem „öffentlichen Gedächtnis" verschwinden.

M1

Originalaufnahme und Fälschung, Fotos, 1920. Die Aufnahme entstand am 5. Mai 1920 in Moskau, als Lew Trotzki, Lew Kamenew (beide auf der Holztreppe) und Lenin Soldaten der Roten Armee verabschiedeten, die in den Bürgerkrieg zogen (oben das unbearbeitete Original). Der Fotograf ist nicht dokumentiert; wahrscheinlich hat G. P. Goldstein die Aufnahme gemacht. Das Foto erschien nach 1927 nur noch in der retuschierten Fassung (unten).

Arbeitsschritte

1. Schritt: Fragen zum Fotografen klären
- Lässt sich der Entstehungszeitpunkt bzw. der Entstehungszusammenhang des Fotos feststellen?
- Wer hat das Foto angefertigt?
- Lässt sich ein bestimmter Anlass, ein Motiv für die Aufnahme feststellen?
- In wessen Auftrag wurde fotografiert?

2. Schritt: Fragen zum Foto
- Was ist auf dem Bild dargestellt?
- Welche Details (Lupe!) könnten wichtig sein?
- Lässt sich ein bestimmtes „Thema" erkennen?
- Gibt die Bildunterschrift Hilfen?
- Welche Bildtechnik ist zu erkennen (Figuren, Gegenstände, Perspektive, Brennweite, Komposition, Entfernung, Ausschnitt)?
- Wurde das Bild bearbeitet (Montage, Beschnitt, Retusche)?
- Welche zusätzlichen Informationen sind zur weiteren Analyse notwendig?

3. Schritt: Aussage und Deutung
- Wie ist der erste Eindruck?
- Welche Gesamtaussage (Deutung) lässt sich formulieren?
- Welche Fragen bleiben offen?

M2

„In Stalins Armen", Foto, 1936. Das berühmt gewordene Foto zeigt Stalin mit der Tochter eines burjatisch-mongolischen Kommunisten, eines leitenden Parteifunktionärs, auf dem Arm. Es wurde noch verbreitet, nachdem Stalin den Vater des Mädchens als „Volksfeind" hatte erschießen lassen. Von der Propaganda wurde das Foto begeistert aufgegriffen – als Unterstützung des Mythos vom „guten Väterchen Stalin". Es fand sich millionenfach verbreitet in Geschäften, Krankenhäusern und Büros.

1 Untersuche M1 mithilfe der Arbeitsschritte.
2 Vergleiche jeweils Original und Fälschung hinsichtlich ihrer Aussage.
3 Analysiere M2 mithilfe der Arbeitsschritte und erörtere, ob hier die Bezeichnung „Wenn Bilder lügen" passt.
4 Diskutiert, ob Wirkungen wie die des Fotos M2 in unserer Gegenwart auch noch erzielt werden könnten.

Der Vertrag von Versailles 1919

Ein unbewältigter Friede?

Am 28. Juni 1919 unterzeichnete eine deutsche Delegation im Spiegelsaal des Schlosses von Versailles den Friedensvertrag. Seit Januar 1919 hatten die Siegermächte des Ersten Weltkriegs Friedenskonferenzen durchgeführt, um eine neue politische Ordnung für Mittel- und Osteuropa zu schaffen. Die unterlegenen Mächte waren an den Verhandlungen nicht direkt beteiligt. Die Friedensbedingungen lösten in Deutschland Entsetzen aus: Neben seiner Großmachtstellung verlor es seine Kolonien und seine Flotte sowie ein Siebtel seines Staatsgebiets und damit ein Zehntel seiner Bevölkerung. Vor allem sorgte der Artikel 231 des Friedensvertrages für allgemeine Empörung: Deutschland und seine Verbündeten sollten akzeptieren, dass sie „als Urheber für alle Verluste und Schäden verantwortlich“ seien. Zur Wiedergutmachung sollten Reparationen gezahlt werden.

Die Monarchie – mitverantwortlich für den Krieg – war zusammengebrochen und die Verantwortung fiel jetzt den demokratischen Politikern zu. Für den Fall der Ablehnung des Friedensvertrags drohten die Siegermächte in einem Ultimatum mit der Wiederaufnahme des Krieges und der Besetzung Deutschlands.

M2

Unterschreiben wir!

Reichskanzler Gustav Bauer (1870–1944), SPD, sagte am 23. Juni 1919 vor der Nationalversammlung:

Die Entente[1] ... will uns das Schuldbekenntnis auf die Zungen zwingen, sie will uns zu Häschern unserer angeschuldigten Landsleute machen; es soll uns nichts, gar nichts erspart bleiben ...
Jetzt ... kann und muss die ganze Welt sehen: Hier wird ein besiegtes Volk an Leib und Seele vergewaltigt wie kein Volk zuvor ... Unterschreiben wir! Das ist der Vorschlag, den ich Ihnen im Namen des gesamten Kabinetts machen muss. Bedingungslos unterzeichnen! Ich will nichts beschönigen. Die Gründe, die uns zu diesem Vorschlag zwingen, sind dieselben wie gestern. Nur trennt uns jetzt eine Frist von knapp vier Stunden von der Wiederaufnahme der Feindseligkeiten. Einen neuen Krieg können wir nicht verantworten, selbst wenn wir Waffen hätten. Wir sind wehrlos. Wehrlos ist aber nicht ehrlos!

Verhandlungen der Verfassunggebenden Nationalversammlung. Stenographische Berichte, Berlin, 1919/20, Bd. 327, S. 1140 ff.

[1] (frz.) Einverständnis, Bündnis; hier: Siegermächte

M1

Deutschland nach dem Versailler Vertrag von 1919

M3

„Die letzte Schmach"

Folgender Leserbrief in Form eines Gedichtes erschien in den „Düsseldorfer Nachrichten" vom 14. Februar 1920:

Die letzte Schmach

Das war ein Hieb, der saß! Fühlst du's, mein Junge?
Ahnst du den Hass, die ganze Niedertracht,
Mit der uns hier die welsche[1] Lästerzunge
Vor aller Welt verhöhnt und ehrlos macht?
[...]
Wohl sind wir wund und arm und ohne Waffen
Und nur auf uns gestellt; doch ehrlos? Nein!
Das ganze Volk wird sich zusammenraffen:
Wir lassen uns nicht frech ins Antlitz spei'n.

Und sollte dennoch sich ein Judas[2] melden
Um Silberlinge für den Feindesbund
Und seine Hand ausstrecken nach den Helden,
Dann schlagt ihn tot wie einen räudigen Hund!

Denn unsre Ehre soll uns niemand rauben,
Es ist das Letzte, was uns blieb im Leid:
Des Volkes Ehre und der Väter Glauben
Und unsre Sprache – bis in Ewigkeit!

Düsseldorfer Nachrichten vom 14. 2. 1920. Morgenausgabe. In: Dokumentation zur Geschichte der Stadt Düsseldorf, Bd. 6, Düsseldorf (Pädagogisches Institut der Stadt Düsseldorf) 1985, S. 15.

[1] urspr. keltisch, später für romanisch, französisch
[2] Verrätergestalt aus dem Neuen Testament

1 a) Erarbeite mithilfe von M1 den territorialen Zustand Deutschlands 1919.
b) Erläutere mögliche Folgen für die Bevölkerung.

2 Untersuche anhand von M3 und M4, wie der Versailler Vertrag bewertet wurde und welche Absicht der Autor bzw. der Zeichner wohl verfolgte.

3 a) Beschreibe, in welcher Situation sich die Reichsregierung vor der Unterzeichnung des Vertrages von Versailles befand.
b) Erörtere ihren Handlungsspielraum (Darstellungstext, M2, Kasten).

4 a) Untersuche die Auffassung, die Marschall Foch vertrat (M5). b) Prüfe, ob sich seine Position in M1 wiederfinden lässt.

5 Begründe, inwiefern sich die demokratisch gewählte Regierung mit dem Vertrag von Versailles in einer „Zwickmühle" befand.

Begriffe und Daten

Reparationen

Geldzahlungen oder Warenlieferungen, die der Besiegte an den (die) Sieger als Entschädigung für Kriegsaufwendungen und Kriegsschäden zahlen muss. Nach dem Ersten Weltkrieg wurden zwischen 1920 und 1929 unterschiedliche Beträge für den Verlierer Deutschland festgelegt, so nach dem Young-Plan (1929) 65 Milliarden Goldmark, zahlbar in 59 Jahresraten bis 1988. Angesichts der Weltwirtschaftskrise seit 1929 wurde 1932 in Lausanne eine einmalige Zahlung von 3 Milliarden Goldmark festgesetzt, die aber nicht mehr gezahlt wurde.

M4

Plakat von NSDAP und DNVP, 1929. Anlass war das Volksbegehren gegen den Youngplan.

M5

Deutschland aus französischer Sicht

Der französische Marschall Foch schrieb am 10. Januar 1919 an die verbündeten Alliierten:

Deutschland bleibt noch für lange Zeit, bis zu einer völligen Wandlung seiner Politik und seiner Weltanschauung, eine furchtbare Drohung für die Zivilisation. Unter solchen Umständen gebietet die elementarste Vorsicht den alliierten Nationen, die den ersten Ansatz zu einem Völkerbunde bilden, Deutschland gegenüber eine Gesamtheit von reinen Abwehrmaßnahmen und von grundlegenden Vorbereitungsmaßregeln zu ergreifen ... Wollen wir den Unternehmungen Deutschlands gegen den Westen Einhalt tun ..., so müssen wir, um die Entscheidung durch die Waffen mindestens aufzuschieben, von vornherein zu allen von der Natur gebotenen Mitteln greifen. Die Natur hat nur eine Schranke über den Weg des einbrechenden Feindes gezogen: den Rhein.

Die französischen Dokumente zur Sicherheitsfrage 1919 bis 1923. Amtliches Gelbbuch des Französischen Ministeriums der Auswärtigen Angelegenheiten, Berlin, 1924, S. 1 ff.

Versailles – Symbol der deutsch-französischen Geschichte

M1

La Liberté, Gemälde von Nanine Vallain, 1793/94. Weibliche Verkörperung der Freiheit mit Lanze, Freiheitsmütze, Erklärung der Menschen- und Bürgerrechte von 1789

M2

Germania auf der Wacht am Rhein, Gemälde von Lorenz Clasen, 1860. Die Inschrift auf dem Schild lautet: „Das deutsche Schwert beschützt den deutschen Rhein."

Versailles 1789 – 1871 – 1918/19

Versailles – Symbol der Freundschaft in der Gegenwart
Am 22. Januar 2003 trafen sich in Paris und Versailles die Regierungsmitglieder Frankreichs und Deutschlands sowie 900 deutsche und französische Parlamentsabgeordnete. Das ungewöhnliche Treffen fand aus Anlass des 40. Jahrestages des deutsch-französischen Freundschaftsvertrages von 1963 statt. Mit ihm hatten sich beide Länder – an der Spitze der deutsche Bundeskanzler Adenauer und der französische Staatspräsident de Gaulle – zu enger Zusammenarbeit verpflichtet. Der Vertrag gilt als Höhepunkt der Versöhnungspolitik in der Zeit nach dem Zweiten Weltkrieg (1939–1945). Er ist auch ein wichtiger Baustein für ein vereintes Europa, dessen Entwicklung in den vergangenen Jahrzehnten stark von den deutsch-französischen Beziehungen abhängig war.

Versailles – Symbol der Menschen- und Bürgerrechte
Dass das feierliche Treffen von 2003 nicht nur in Paris, sondern auch im nahen Schloss Versailles stattfand, hatte wichtige geschichtliche Gründe: Der Name Versailles steht sowohl für den Hof des sogenannten Sonnenkönigs Ludwigs XIV., als Ausdruck unbegrenzter absolutistischer Macht. Er steht aber auch für bedeutende politische Ereignisse, in denen sich die wechselvollen Beziehungen Deutschlands und Frankreichs widerspiegeln. 1789, im Jahr des Ausbruchs der Französischen Revolution, gingen von Versailles Anstöße aus, die auch die deutsche Geschichte beeinflussten: Der Zusammentritt der Ständevertreter, die Konstituierung der Nationalversammlung und die Erklärung der Menschen- und Bürgerrechte wirkten auch auf die politische Entwicklung in Deutschland.

Versailles – Symbol der Feindschaft
1871, mit dem Sieg der deutschen über die französischen Armeen, wurde im Spiegelsaal von Versailles König Wilhelm I. von Preußen zum deutschen Kaiser ausgerufen. Damit entstand der erste deutsche Nationalstaat. Die Ausrufung des Deutschen Reiches wurde von der deutschen Führung bewusst als Demütigung Frankreichs inszeniert. Nicht anders war es 1918/19 – mit umgekehrtem Vorzeichen: Im November 1918 sah sich die deutsche Regierung angesichts der Niederlage gezwungen, das Waffenstillstandsabkommen zu unterzeichnen. Die im Januar 1919 eröffnete Friedenskonferenz fand ohne die Verlierer in Versailles statt. Mit dem Versailler Vertrag vom 28. Juni 1919 mussten die Deutschen harte Friedensbedingungen akzeptieren, die viele als „Diktat" empfanden.

M3

Vom europäischen „Gleichgewicht“, Karikatur aus dem „Süddeutschen Postillon“, 1897. Die Nationalfiguren Deutschlands und Frankreichs: Germania mit Pickelhaube (auf einer Kanonenkugel), Marianne mit Hahnenkamm. Daneben ein Mädchen mit Freiheitsmütze und ein Arbeiter.

M4

Marianne und Germania. Geschichte einer Mütze und eines Helms, Titelbild einer französischen Satirezeitschrift, 1918

M5

„Es sieht nach Anklagebank aus...“

Der Journalist Friedrich Stampfer durfte bei der Unterzeichnung des Versailler Vertrags am 28. Juni 1919 dabei sein. Er berichtete in seinen Erinnerungen:

An hufeisenförmiger Tafel sitzen die Vertreter von siebenundzwanzig Nationen, die im Kriege unsere Feinde gewesen sind, und die sich vereinigt haben, uns ihre Gesetze des Friedens aufzuerlegen ... Es ist wahrhaftig die Welt, die hier vertreten ist ... Die Deutschen nehmen an zwei Tischen Platz, die quer zum Ende des Hufeisens, von den anderen getrennt, aufgestellt sind. Es sieht nach Anklagebank aus. Und nun erhebt sich der Mann, der in dieser Stunde die triumphale Genugtuung seines Lebens erfährt, Clemenceau. Er führt den Vorsitz dieser weltgeschichtlichen Versammlung, neben ihm sitzen Wilson und Lloyd George, die Vereinigten Staaten und das britische Weltreich ... Frankreich aber ist Präsident dieses Kongresses der Sieger, und ihm gegenüber sitzt geschlagen, blass und fiebernd – Deutschland. Als Jüngling hatte Clemenceau das erste Versailles erlebt, ein gütiges Schicksal hat ihm gewährt, dass er als Greis das zweite erleben und in seinem Mittelpunkt stehen darf ... Clemenceau hatte stehend gesprochen. Brockdorff [der deutsche Außenminister], der viel jüngere, bleibt sitzen ... Der Graf hatte es später rein technisch erklärt. Er hatte ein umfängliches Dokument zu verlesen, das konnte er besser im Sitzen.

Zit. nach Georg Kotowski (Hg.), Historisches Lesebuch 3, Frankfurt a. M. (Fischer) 1968, S. 171 f.

Partnerarbeit:

1 Analysiert M1 bis M4 mithilfe der Methodenseiten „Karikaturen entschlüsseln“ und „Entschlüsselung eines Bildes“ im Anhang. Informiert euch dazu über die beiden Nationalfiguren Marianne und Germania (Lexikon).

2 Fasst zusammen, was sich an beiden Figuren über die deutsch-französische Geschichte erkennen lässt. Tragt eure Ergebnisse vor.

Vorschlag für eine Gruppenarbeit

„Versailles als Symbol der deutsch-französischen Geschichte“ könnt ihr – ausgehend von den Darstellungstexten und Materialien auf dieser Doppelseite – in Gruppen erarbeiten. Jede Gruppe übernimmt eine der drei Jahreszahlen. Zieht die entsprechenden Kapitel im Schulbuch heran. Nutzt andere Schulbücher, Fachbücher und das Internet. Präsentiert eure Ergebnisse in einer kleinen Ausstellung.

Der Völkerbund

Der Völkerbund – Instrument für den Frieden?

Die Gewaltanwendung zwischen den Staaten hatte zu Beginn des 20. Jahrhunderts zugenommen. Deshalb schlug der amerikanische Präsident Wilson vor, künftig die Staaten in einem Völkerbund zusammenarbeiten und Konflikte am Verhandlungstisch regeln zu lassen. Druckmittel gegen Friedensstörer sollten gewaltfreie Mittel, wie Wirtschaftssanktionen, sein. Der 1919 beschlossene Völkerbund trat 1920 in Genf erstmalig zusammen. Von Anfang an litt er jedoch unter der Schwäche, dass ihm wichtige Staaten nicht angehörten. Zu diesen Staaten zählten auch die USA. Das überrascht insofern, als Präsident Wilson der Initiator der Organisation gewesen war. Im amerikanischen Senat, der Vertretung der Einzelstaaten, herrschte inzwischen die Meinung, eine starke Einflussnahme auf Europa könne für die USA nicht von Vorteil sein. Deshalb plädierte man für einen Rückzug aus Europa (Isolationismus). Wilsons Friedensinstrument war damit gescheitert. Weil die Verlierer des Krieges ausgeschlossen waren, konnten sie den Völkerbund leicht als Instrument der Siegermächte bezeichnen.

M2

„Wir sind Brüder"

Präsident Wilson (1856–1924), der den Völkerbund unbedingt im Vertragswerk des Versailler Friedens verankert haben wollte, sagte auf der Friedenskonferenz am 14. 2. 1919:

Wir erkennen in feierlichster Weise an, dass wir gegenüber den hilflosen und unterentwickelten Völkern der Welt, gerade weil sie sich in diesem Zustand befinden, die Verpflichtung haben, in erster Linie ihre Interessen zu wahren, ehe wir sie unseren Interessen dienstbar machen, und dass von nun an in allen derartigen Fällen es die Pflicht des Bundes ist, darüber zu wachen, dass die als Vormünder und Ratgeber und Leiter dieser Menschen bestellten Nationen die Interessen und die Entwicklung der Schützlinge berücksichtigen, ehe die eigenen Interessen und materiellen Wünsche der beauftragten Nationen berücksichtigt werden … Die großen Nationen … sind übereingekommen, dass sie sich nun vereinigen in dem Bemühen, ihre gemeinsame Kraft und ihre gemeinsame Überlegung und Einsicht diesem großen und menschlichen Vorhaben zu leihen.

Zit. nach Reden, die die Welt bewegten, 10. Aufl., Stuttgart (Mundus) 1989, S. 252 ff.

Der Völkerbund 1920 bis 1939 M1

M3

Völkerbund – ein Machtinstrument der Großmächte?

Senator Borah (1865–1940), ein führender Vertreter der Isolationisten, äußerte sich zum Völkerbund am 19. November 1919 im Senat:

Sehen Sie sich die Situation an, wie sie sich jetzt darbietet. Schauen Sie sich die Aufgaben an, die wir übernehmen sollen, und dann betrachten Sie die Methode, mit der wir an sie herangehen sollen ... Wenn dieser Bund, diese Vereinigung geschlossen wird, werden vier Großmächte, die die maßgebenden Völker repräsentieren, über die Hälfte der Bewohner der Welt wie über unterworfene Völker herrschen – mit Gewalt herrschen, und wir werden an der Gewaltherrschaft teilhaben. Es gibt keinen anderen Weg, auf dem Sie Völker in Untertänigkeit halten können. Sie müssen ihnen entweder Unabhängigkeit gewähren, ihr Recht anerkennen, als Nationen ihr eigenes Leben zu leben und ihre eigene Regierungsform einzurichten, oder Sie müssen ihnen diese Dinge mit Gewalt verweigern ... Der Grundsatz der Freiheit wird bald der Herrschaft von Blut und Eisen weichen ... Man sagt uns, dieser Vertrag bedeute Frieden. Selbst wenn dem so wäre, würde ich den Preis nicht zahlen ... Frieden auf irgendeiner anderen Basis als nationaler Unabhängigkeit, Frieden, der um den Preis irgendeines Teils unserer nationalen Integrität erkauft wird, taugt allein für Sklaven, und selbst wenn er um solchen Preis erkauft wird, ist er Selbstbetrug, denn er kann nicht dauern.

Zit. nach Erich Angermann, Die Vereinigten Staaten von Amerika als Weltmacht, Stuttgart (Klett) 1987, S. 21 f.

M4

Der Friedenskuss, Karikatur von Thomas Theodor Heine, Titelbild des „Simplicissimus" vom 8. Juli 1919

Begriffe und Daten

Völkerbund

Staatenvereinigung von 1920 bis 1946 (Auflösung nach Gründung der UNO) zur Sicherung des Weltfriedens und zur wirtschaftlichen und kulturellen Zusammenarbeit. Erste Mitglieder: die Siegermächte des Ersten Weltkrieges (ohne USA) und 13 neutrale Staaten. Die Wirksamkeit des Völkerbundes wird allgemein als gering beurteilt.

Biografie

Thomas Woodrow Wilson (1856–1924)

Von 1913 bis 1921 Präsident der USA (Demokrat); Jurist und Volkswirt; Vertreter einer liberalen Wirtschafts- und Sozialpolitik. Außenpolitisch verfolgte er eine „Politik der offenen Tür". Bei Ausbruch des Ersten Weltkrieges vertrat er eine neutrale US-Politik, erklärte Deutschland jedoch den Krieg (16. 4. 1917), als das Kaiserreich einen uneingeschränkten U-Bootkrieg begann. Sein Friedensprogramm konnte er im Versailler Vertrag nur z. T., in den USA nicht durchsetzen.

1 Untersuche anhand des Darstellungstextes, woran Wilsons Europapolitik scheiterte.

2 Prüfe die These, der Völkerbund habe seine friedenstiftende Aufgabe nur bedingt wahrgenommen, weil wichtige Staaten als Mitglieder fehlten (M1).

3 Vergleiche M2 und M3 im Hinblick auf Argumentation und Wertung.

4 Erarbeite die Bildaussage von M4. Nimm die Methode „Karikaturen entschlüsseln" im Anhang zu Hilfe.

5 **Recherche:** Führt in Partnerarbeit eine Internet-Recherche zur UNO durch: Welche Konflikte hat sie zurzeit zu bewältigen? Stellt einige Beispiele vor.

Faschismus in Europa – das Beispiel Italien

„Wir sind gegen das bequeme Leben!“

Mit diesem Satz beschrieb Benito Mussolini (1883 bis 1945) seine Auffassung des Faschismus. Bis 1914 war Benito Mussolini („Duce“ = ital. Führer) Sozialist und Redakteur des sozialistischen „Avanti“. Schon während des Ersten Weltkriegs hatte er politische Gesinnungsgenossen um sich geschart. Nach Kriegsende schlossen sich junge Offiziere und Soldaten an, denen es schwerfiel, ins Zivilleben zurückzukehren. Diese rechtsradikalen „fascidi combattimento“ (Kampfbünde) organisierten sich militärisch und gaben sich mit ihren schwarzen Hemden den Anschein einer Militärtruppe. Sie erhielten Zulauf von Schülern und Studenten, vor allem aber von Handwerkern, Bauern, Angestellten und Beamten, von Angehörigen der Mittelschicht also, die sich vor einer sozialistischen Revolution fürchteten.

Krise in Staat und Gesellschaft

Italien befand sich in der Nachkriegszeit in einer tiefen Krise. Angehörige des Bürgertums und des Adels waren mit dem Kriegsausgang unzufrieden. Gesellschaftliche Konflikte um Lohnerhöhungen und eine Landreform nahmen zu. Justiz, Polizei, Militär ließen die Stoßtrupps der militanten Faschisten gewähren, Industrielle und Großgrundbesitzer unterstützten sie finanziell. Bald gewannen die „Schwarzhemden“ bei den bürgerkriegsähnlichen Auseinandersetzungen in ganz Italien die Oberhand.

„Marsch auf Rom“ und Machtübernahme

Im Herbst 1922 inszenierte Mussolini mit 40 000 Faschisten den „Marsch auf Rom“. Damit wollte er dem Regierungsanspruch seiner 1921 gegründeten Faschistischen Nationalpartei (PNF) Nachdruck verleihen. Sein Plan ging auf: Der regierende Ministerpräsident trat zurück, und der italienische König ernannte Mussolini Ende Oktober zum Nachfolger. In den folgenden drei Jahren bauten die Faschisten ihre Position aus: mit Propaganda, Terror und mit gesetzlichen Maßnahmen. Die Pressefreiheit wurde aufgehoben, politische Vereine verboten. 1929 fanden erstmals Wahlen mit Einheitslisten statt, das heißt, die Wähler konnten nur für oder gegen die gesamte Kandidatenliste stimmen. Gewerkschaften und Unternehmerverbände wurden seit 1926 schrittweise unter staatliche Aufsicht gestellt.

M1 **Mussolini vor dem Kolosseum in Rom,** Plakat, 1936

Faschismus in Europa

Während sich in den USA die Demokratie behauptete und in Russland die Kommunisten die Macht übernahmen, formierten sich in vielen europäischen Ländern faschistische Bewegungen, die sich an Mussolinis Beispiel in Italien orientierten. Nicht alle erreichten ihr Ziel, die Regierungsmacht zu übernehmen. In Deutschland jedoch kamen 1933 die Nationalsozialisten unter Adolf Hitler an die Regierung. In Spanien gelang 1936 unter Führung des Generals Francisco Franco ein Putsch gegen die linksrepublikanische Regierung. Gemeinsam war den faschistischen Bewegungen in den verschiedenen Ländern:

– Sie waren antidemokratisch, antikommunistisch, nationalistisch und militaristisch orientiert.
– Sie strebten nach autoritären, diktatorischen Herrschaftsformen und zögerten nicht, Gewalt und Terror anzuwenden.

Geschichtswissenschaftler sehen im Ersten Weltkrieg und seinen Folgen eine wesentliche Ursache für den Aufstieg des Faschismus: Brutalisierung und Gewalt setzten sich im politischen Leben durch, vor allem in Süd-Ost-Europa.

M2

„Tatsachen" des Faschismus

Am 20. September 1922 hielt Mussolini in Udine eine Rede, die später als „Jungfernrede des Faschismus" galt:

Ich bin für straffeste Disziplin, und zwar müssen wir in erster Linie und in aller Strenge uns selbst disziplinieren, sonst haben wir kein Recht, die Nation in Zucht und Ordnung zu halten. Nur Manneszucht in der Nation verschafft Italien Gehör bei den Regierungen anderer Länder … Wir verwerfen die demokratische Lehre, wonach man immer nur mit Predigten und Unterweisungen in mehr oder minder milder Weise vorgehen soll. Zu gegebener Zeit muss Disziplin in Form eines Befehls oder eines Gewaltaktes an den Tag treten … Das Recht zu befehlen kann einzig und allein durch Gehorsam erworben werden, durch den demütigen und geheiligten Stolz auf den eigenen Gehorsam … Gewalt ist nicht unmoralisch, sie ist im Gegenteil manchmal moralisch … Ende Juli und im August haben wir nach systematischer Anwendung von Gewalt binnen achtundvierzig Stunden erreicht, was wir mit Predigten und Unterweisungen nicht in achtundvierzig Jahren erreicht hätten … Ihr wisst, ich bin kein Verehrer dieser neuen Gottheit, der Masse. Sie ist eine Schöpfung der Demokraten und der Sozialisten. Nur weil sie zahlreich sind, sollen sie Recht haben. Das ist falsch … Jedenfalls haben wir geschichtliche Beweise dafür, dass tief eindringende Veränderungen in der menschlichen Gesellschaft stets zuerst von Minderheiten, einer Handvoll Menschen, herbeigeführt worden sind.

Reden, die die Welt bewegten, 10. Aufl., Stuttgart (Mundus) 1989, S. 287 ff.

M3

Plakat zum Treffen der faschistischen Studenten in Rom, 1929

M4

Gemeinsam für die richtige Verteilung des Reichtums sorgen

Am 6. Oktober 1934 sagte Mussolini zu Industrie- und Landarbeitern in Mailand:

Der Faschismus erklärt die wahrhaftige und grundlegende Gleichheit aller Individuen gegenüber der Arbeit und gegenüber der Nation. Der Unterschied liegt nur in der Höhe und dem Umfang der einzelnen Verantwortlichkeiten …
Was bedeutet diese höhere soziale Gerechtigkeit? Sie bedeutet gesicherte Arbeit, gerechten Lohn, würdige Wohnung, sie bedeutet die Möglichkeit, sich unaufhörlich zu entwickeln und zu verbessern …
Wenn das vergangene Jahrhundert das Jahrhundert der Macht des Kapitals war, so ist dieses 20. Jahrhundert das der Macht und des Ruhmes der Arbeit. Ich sage euch, dass es der modernen Wissenschaft gelungen ist, die Möglichkeiten des Reichtums zu vervielfachen; die Wissenschaft muss, vom Willen des Staates überwacht und angestachelt, das andere Problem lösen: das Problem der Verteilung des Reichtums, sodass die unlogische, paradoxe und gleichzeitig grausame Erscheinung des Elends mitten im Überfluss nicht mehr vorkomme. Für dieses große Werk ist alle Energie und aller Wille notwendig.

Zit. nach Benito Mussolini, Reden und Gesetze, hg. von Erwin von Beckenrath u. a., Stuttgart (Deutsche Verlags-Anstalt) 1936, S. 153 ff.

1 Erstelle anhand des Darstellungstextes (linke Spalte) einen Überblick über den Aufstieg des Faschismus in Italien.

2 Erarbeite M2 nach der Methode „Politische Reden analysieren" S. 186 f.

3 Versetze dich in die Situation einer Zuhörerin/eines Zuhörers Mussolinis. Welche Botschaften teilt er in M4 offen mit, welche versteckt?

4 a) Erläutere die im Darstellungstext (rechte Spalte) genannten Gemeinsamkeiten der faschistischen Bewegungen in Europa.
b) Stelle fest, welche Rolle der Erste Weltkrieg dabei spielte.

5 a) Analysiere M1 und M3 mithilfe der Methode „Politische Plakate untersuchen" (S. 98 f.).
b) Erörtere, ob sich Merkmale des Faschismus in diesen Darstellungen erkennen lassen.

Die Neuordnung Europas nach dem Ersten Weltkrieg

Biografie

Wladimir Iljitsch Lenin

Geboren am 22. April 1870 in Simbirsk als Kind eines Beamten; eigentlich: W. I. Uljanow. Lenin begeisterte sich früh für Karl Marx' Ideen und war politisch aktiv. Nach seinem Studium arbeitete er als Anwalt in St. Petersburg; dort war er Mitbegründer des „Kampfbundes zur Befreiung der Arbeiterklasse" und wurde 1896 nach Sibirien verbannt. 1899 trat Lenin der Sozialdemokratischen Partei Russlands bei. 1900–1917 lebte er überwiegend im Ausland; er gewann die Überzeugung, dass nur eine Partei von Berufsrevolutionären den Sieg des Proletariats herbeiführen kann. 1917 kehrte er mit Hilfe der deutschen Regierung nach Russland zurück, stellte sich an die Spitze der Bolschewiki und der Oktoberrevolution: Als Vorsitzender des „Rats der Volkskommissare" und der 1918 in „Kommunistische Partei" umbenannten Bolschewiki bestimmte er die Regierungspolitik bis 1922. Als Lenin aus gesundheitlichen Gründen seine Ämter abgeben musste, wurde gegen seinen Willen Josef W. Stalin der Aufstieg zur Parteispitze ermöglicht. Am 21. Januar 1924 starb Lenin in der Nähe von Moskau.

M2

Mussolini bei einer Versammlung der faschistischen Schwarzhemden in Rom, Foto, 1935

M1

Repression von Familien

Das NKWD (Volkskommissariat für Innere Angelegenheiten) verhaftete und verurteilte im Rahmen der politischen „Säuberungen" Mitte der 1930er-Jahre zahllose (angebliche) Regimegegner. Darunter waren viele deutsche Kommunisten, denen Kritik an der Kommunistischen Partei vorgeworfen wurde. Für deren Familien erließ das NKWD am 15. August 1935 die folgende Anordnung:

1. Jede zur Repressierung vorgesehene Familie wird sorgfältig überprüft, es werden zusätzliche Orientierungsdaten und kompromittierende Materialien gesammelt …
4. Es sind diejenigen Frauen zu verhaften, die zum Zeitpunkt der Verhaftung des Verurteilten mit ihm verheiratet waren …, bereits geschieden sind, die aber:
a) an der konterrevolutionären Tätigkeit des Verurteilten beteiligt waren;
b) den Verurteilten begünstigten;
c) von der konterrevolutionären Tätigkeit des Verurteilten wussten, entsprechende Machtorgane aber davon nicht in Kenntnis setzten …
11. Die Sonderberatung verhandelt die Fälle der Frauen verurteilter Landesverräter und ihrer Kinder im Alter von über 15 Jahren, die sozial gefährlich und zu antisowjetischen Haltungen fähig sind. 12. Die Frauen … müssen je nach dem Grad ihrer sozialen Gefährlichkeit für die Dauer von nicht unter 5–8 Jahren in Lagern inhaftiert werden.
13. Die … Kinder der Verurteilten sind je nach ihrem Alter, dem Grad ihrer Gefährlichkeit und den Möglichkeiten der Besserung in die Lager und Besserungskolonien des NKWDs einzusperren oder in Sonderkinderheimen der Volkskommissariate für Volksbildung unterzubringen.

Operativer Befehl des Volkskommissars für Innere Angelegenheiten Nr. 00486, veröff. Moskau 1993. Zit. nach Reinhard Müller, Menschenfalle Moskau, Hamburg (Hamburger Edition) 2001, S. 448 ff.

M3 Eine politische Union Europas?

Im Jahre 1929 hatten sich der deutsche Außenminister Stresemann (1878–1929) und sein französischer Amtskollege Aristide Briand (1862–1932) vor dem Völkerbund über eine wirtschaftliche und politische Union Europas geäußert. Briand legte 1930 einen Plan zur europäischen Einigung vor, der angesichts der Weltwirtschaftskrise und des anwachsenden Nationalismus in Europa zwar ohne Erfolg blieb, in der Diskussion um ein vereinigtes Europa nach 1945 aber von Bedeutung war. Darin hieß es:

Niemand zweifelt heutzutage daran, dass der Mangel an Zusammenhalt in der Gruppierung der materiellen und moralischen Kräfte Europas praktisch das ernsteste Hindernis für die Fortentwicklung und die Wirksamkeit aller politischen und rechtlichen Institutionen darstellt ... Diese Zersplitterung der Kräfte beschränkt in Europa nicht minder bedenklich die Möglichkeiten für eine Erweiterung des Wirtschaftsmarktes, die Intensivierungs- und Verbesserungsversuche auf dem Gebiet der industriellen Produktion und dadurch auch alle Garantien gegen die Krisen auf dem Arbeitsmarkt ...
Die Gefahr einer solchen Zerstückelung wird noch vermehrt durch die große Ausdehnung der neuen Grenzen (mehr als 20 000 km Zollschranken), die durch die Friedensverträge geschaffen werden mussten, damit den nationalen Bestrebungen in Europa Genüge getan wurde ... Es handelt sich keineswegs darum, eine europäische Gruppe außerhalb des Völkerbundes zu schaffen, sondern im Gegenteil darum, die europäischen Interessen unter der Aufsicht und im Geiste des Völkerbundes miteinander in Einklang zu bringen ...
Die Verständigung zwischen europäischen Staaten muss auf dem Boden unbedingter Souveränität und völliger politischer Unabhängigkeit erfolgen.

Europäische Geschichte, hg. von Hagen Schulze und Ina Ulrike Paul, München (bsv) 1994, S. 381 ff.

Überprüfe, was du kannst

Sachkompetenz

1 Kläre die folgenden Begriffe: Rätesystem (S. 73), Sozialismus (S. 74), Bolschewismus (S. 75), Stalinismus (S. 77), Versailler Vertrag (S. 80/81), Völkerbund (S. 84/85).

2 Prüfe mithilfe der Biografie Lenins, an welchen seiner Lebensdaten sich seine Opposition zur Zarenherrschaft erkennen lässt (Kasten).

3 Stelle den Widerspruch zwischen dem Anspruch der kommunistischen Revolutionäre und der Wirklichkeit der Sowjetherrschaft dar (M1 und S. 74–77).

4 Erkläre den Aufstieg des Faschismus in Europa (S. 86–87).

Methodenkompetenz

5 a) Analysiere M2 mithilfe der Methode „Fotos analysieren“ (S. 78 f.).
b) Vergleiche die Bildaussage mit der von M1 (S. 86).

Urteilskompetenz

6 Erörtere, ob Versailler Vertrag und Völkerbund als Instrumente der Friedenssicherung bezeichnet werden können.

7 a) Analysiere anhand von M3, wie der Autor den politischen Zustand Europas 1930 beurteilte.
b) Stelle einen Bezug zum Stand der Einigung Europas heute her.

Kommunikations- und Handlungskompetenz

8 **Recherche:** Nach dem Ende des Osmanischen Reiches 1918 wurde 1923 die Republik Türkei gegründet. Informiert euch in Partnerarbeit über a) den „Gründungsvater“ der modernen Türkei, b) die Ziele der Staatsgründung und c) die durchgeführten Modernisierungsmaßnahmen. Berichtet über eure Ergebnisse in der Klasse. Nutzt Lexika und Internet.

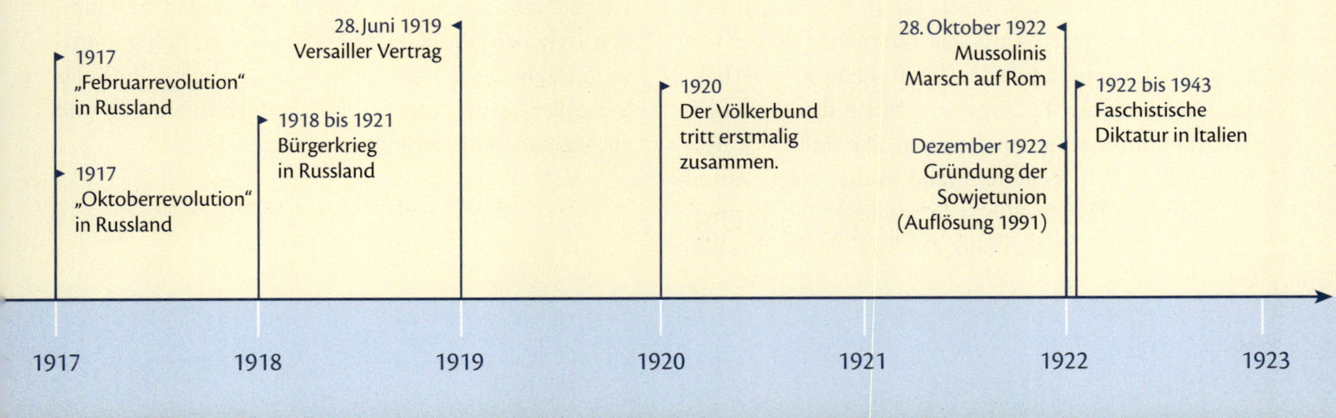

Imperialismus, Erster Weltkrieg und die Folgen in Europa

Triebkräfte des Imperialismus

Als „Antrieb“ des Imperialismus gelten folgende Faktoren: 1. Industrieunternehmen suchten nach Rohstoffen und Absatzmärkten. 2. Die Kolonien boten Siedlungsraum für die schnell wachsende Bevölkerung in Europa. 3. Militärische Interessen und Sicherheitsbedürfnisse verstärkten den Eroberungsdrang. 4. Innenpolitische Spannungen wurden als nationalistische und imperiale Ziele „nach außen“ abgeleitet.

Herrschaft in den Kolonien

Die Ideologie von der Überlegenheit der „weißen Rasse“ verstärkte die Einstellung der Europäer, die „armen Wilden“ religiös missionieren und von der Höherwertigkeit“ der europäischen Kultur überzeugen zu müssen. Staatliche, militärische und wirtschaftliche Schwächen der außereuropäischen Länder bzw. Völker verstärkten die Herrschaftsansprüche der Europäer.
Die Grenzen der eroberten Gebiete wurden in Verhandlungen der Kolonialmächte untereinander festgelegt und selten mit den Einheimischen abgestimmt. Traditionelle Rechte, Besitz von Volksgruppen und Großfamilien sowie kulturelle Bindungen blieben unberücksichtigt. Aufstände, z. B. der Hereros, wurden mit militärischer Gewalt niedergeschlagen. Die Herrschaft zielte auf eine „effektive Nutzung“ der Kolonien und ihrer Bewohner ab.
Die massiven Eingriffe in Gesellschaft, Kultur, Wirtschaft, Lebens- und Naturräume prägen die ehemaligen Kolonien noch heute: Viele Bürgerkriege zum Beispiel entbrannten infolge künstlicher Grenzziehungen.

Konflikt- und Schlachtfeld Europa

Die Rivalitäten der imperialistischen Staaten um Gebiete in Afrika und Asien verstärkten die Spannungen in Europa. Die Rüstungsausgaben stiegen. Großbritannien und das Deutsche Reich sahen sich als direkte Konkurrenten. Dazu kam das durch den Krieg von 1870/71 schwer belastete deutsch-französische Verhältnis. Unter solchen Bedingungen brach das Bismarcksche Bündnissystem zusammen. Die Politik Kaiser Wilhelms II. führte Deutschland in die Isolation und die anderen Großmächte – in wechselnden Partnerschaften – enger zusammen. Die Lage in Europa verschärfte sich durch die Nationalitätenkonflikte auf dem Balkan. Machtpolitische Gegensätze und Interessenkonflikte im europäischen Staatensystem führten im August 1914 zum Ersten Weltkrieg.

Der Krieg verändert die Welt

Bald zeichnete sich ab, dass der Krieg zu einer langwierigen, mörderischen Materialschlacht werden würde, die keiner schnell gewinnen konnte. An der „Heimatfront“ forderte die katastrophale Versorgungslage große Opfer.
Der Kriegseintritt der USA und die Oktoberrevolution in Russland veränderten die Kräfteverhältnisse in Europa und der Welt grundlegend. Die USA, durch deren wirtschaftliche und militärische Überlegenheit der Krieg entschieden wurde, beanspruchten nun, bei politischen Entscheidungen in Europa mitzubestimmen. In Russland ergriffen die Kommunisten (Bolschewiki) unter Lenins Führung die Macht. Im März 1918 unterzeichneten sie unter dem militärischen Druck Deutschlands den für Russland verlustreichen Friedensvertrag von Brest-Litowsk.

Ein „unbewältigter“ Friede?

Im November 1918 musste Deutschland, das der militärischen Übermacht der Kriegsgegner im Westen nicht mehr widerstehen konnte, die Kapitulationsurkunde unterschreiben.
Bereits im Januar 1918 hatte der amerikanische Präsident Wilson ein 14-Punkte-Programm verkündet: Es sollte nach Kriegsende verwirklicht werden, um einen Verständigungsfrieden auf der Basis des Selbstbestimmungsrechts der Völker zu ermöglichen. Ein „Völkerbund“ sollte zur Befriedung der Staatenbeziehungen beitragen. Tatsächlich jedoch waren an der Konferenz der Sieger in Versailles die Verlierer nicht beteiligt. Deutschland und seine Verbündeten wurden zu alleinigen Urhebern des Krieges erklärt und zu hohen Reparationszahlungen verurteilt. In Deutschland stieß der Versailler Vertrag von 1919 auf heftige Ablehnung und stärkte nationalistische Revanchegelüste.

Kommunismus und Faschismus

Die jahrhundertelange Zarenherrschaft in Russland wurde im März 1917 beendet, die Provisorische Regierung durch die „Oktoberrevolution" der Bolschewiken beseitigt. Zu den wichtigsten Ursachen der revolutionären Bewegungen im Jahre 1917 gehörten 1. die ungelöste Kriegsfrage, 2. die gewaltigen Versorgungsprobleme und 3. die ungleichen Eigentumsverhältnisse. Die Bolschewiki, an ihrer Spitze Lenin, gewannen mit ihren Losungen „Alle Macht den Räten!" und „Frieden, Land und Brot" viele Menschen für sich. Kritik und Widerstand ließen die Bolschewiki nicht zu. Stalin forcierte als Nachfolger Lenins die wirtschaftliche Entwicklung des Landes durch Kollektivierung der Landwirtschaft und eine zentral geplante Industrialisierung. Drastischer als Lenin ging Stalin gegen Kritiker vor: Unzählige wurden in Arbeits- und Straflager geschickt, verbannt, hingerichtet oder ermordet. Millionen Menschen kamen durch die stalinistische Terrorpolitik zu Tode.

In Italien und anderen europäischen Staaten schlossen sich viele Menschen den Faschisten an. Waren ihre Motive auch unterschiedlich, so stimmten sie doch in grundsätzlichen Ideen überein: Beseitigung von Demokratie und Wirtschaftsliberalismus, Abwehr des Kommunismus, diktatorische Herrschaft, Verherrlichung von Militarismus und Nationalismus. Für ihre Ziele setzten sie Gewalt und Terror ein.

Wandel in Europa und der Welt vom 19. zum 20. Jahrhundert

Imperialismus

Triebkräfte
- Ideologische, politische, militärische und wirtschaftliche Motive und Interessen der Großmächte „treiben" den Imperialismus an.

Methoden der Kolonialherrschaft
- Formen direkter und indirekter Herrschaft
- europäische Verwaltungs- und Leitungsstrukturen in den Kolonialgebieten
- folgenreiche Eingriffe der Europäer in die Lebensbedingungen und Lebensräume der einheimischen Völker

Folgen des Imperialismus
- Bürgerkriege bis in die Gegenwart hinein, u.a. wegen künstlicher Grenzziehungen der ehemaligen Kolonialmächte
- Eingriffe in kulturelle Traditionen der Kolonisierten
- Dominanz über die politischen und wirtschaftlichen Lebensbedingungen der einheimischen Völker
- Verhinderung eigenständiger Entwicklungen in den Kolonien

Erster Weltkrieg

Ursachen
- äußerer Anlass: Attentat auf den österreichisch-ungarischen Thronfolger (Juni 1914)
- globale Rivalitäten der imperialistischen Großmächte
- verschärfte Spannungen in Europa (z. B. Nationalitätenkonflikte)
- Rüstungswettlauf

Verlauf
- erster „industrieller" Krieg
- Materialschlacht ohne schnelle militärische Entscheidung
- negative Auswirkungen auf die „Heimatfront"
- Auswirkungen auf den Kriegsverlauf und das Ende des Krieges durch den Kriegseintritt der USA und die Oktoberrevolution in Russland (1917)

Ergebnisse und Folgen
- große Menschenverluste und hohe Kriegskosten für alle Beteiligten
- Niederlage Deutschlands und seiner Verbündeten (November 1918)
- Versailler Vertrag (1919) mit harten Bedingungen für Deutschland (Gebietsabtretungen, Reparationen)
- Gründung des Völkerbundes

Neuordnung Europas

Russische Revolution

Ursachen
- Krise der Zarenherrschaft
- Folgen des Ersten Weltkrieges
- Schwäche der demokratischen Kräfte
- Grundkonflikt zwischen Demokraten und Kommunisten

Folgen
- Polarisierung und militärische Auseinandersetzungen zwischen „Roten" und „Weißen" (Bürgerkrieg)
- „Kriegskommunismus": Verstaatlichungen und staatliche Lenkung
- Aufbau der „Sowjetmacht"
- zentrale Industrialisierung
- Kollektivierung der Landwirtschaft
- Ausschaltung der Regimegegner
- kommunistische Herrschaft bis 1991

Faschismus in Europa
- 1922 Machtübernahme der Faschisten in Italien (Mussolini)
- Entstehung faschistischer Bewegungen in Europa
- Merkmale des Faschismus: Ablehnung der Demokratie, des Wirtschaftsliberalismus und des Kommunismus; für nationalistische und militaristische Ziele

3. Die Weimarer Republik 1918 bis 1933

Als die „Urkatastrophe" des 20. Jahrhunderts bezeichnen Geschichtsforscher den Ersten Weltkrieg. Er war im Herbst 1918 für Deutschland und seine Verbündeten verloren. Damit war auch das Kaiserreich am Ende. Nicht nur in Berlin kam es zu Demonstrationen (siehe Foto). Auch an anderen Orten in Deutschland machte sich Unzufriedenheit breit: Vor allem heimkehrende Frontsoldaten gingen auf die Straße. Von der Obersten Heeresleitung waren sie trotz aussichtsloser militärischer Lage noch mit Durchhalteparolen „gefüttert" worden, obwohl sie bereits den Sinn einer Fortsetzung des Krieges bezweifelten, bei dem so viele ihrer Kameraden ihr Leben lassen mussten.
Auch auf die Zivilbevölkerung in der Heimat wirkte die Niederlage wie ein Schock. Für eine ihr versprochene bessere Zukunft hatte sie ebenfalls große Opfer gebracht. Der monarchische Obrigkeits- und Militärstaat bröckelte. Er hatte mit der Kriegsniederlage in weiten Teilen der Bevölkerung seine Autorität verloren.

Folgende Fragen leiten dich durch das Kapitel:

- ***Wie entstand die Weimarer Republik?***
- ***Welche politischen Belastungen und welche Leistungen kennzeichneten die junge Demokratie?***
- ***Welche Faktoren führten zum Scheitern der Weimarer Republik?***

1 Beschreibt die Abbildungen und setzt sie in einen Bezug zur Kapitelüberschrift.

2 Stellt anhand der Aussage von Kurt Tucholsky und des Darstellungstextes Thesen auf über die Bedeutung des Ersten Weltkriegs für die Weimarer Republik. Überprüft diese während der Arbeit mit diesem Kapitel. Zieht eure Kenntnisse über das Deutsche Kaiserreich heran.

Bild links: Revolutionäre Demonstranten vor dem Brandenburger Tor in Berlin, Foto, 9. November 1918.

Bild oben: Wahlplakat der DNVP zu den Reichstagswahlen 1932, „Mehr Macht dem Reichspräsidenten!" Die große Figur stellt Paul von Hindenburg (1847 bis 1934) dar, der sich nach der ersten Wahl 1925 zur Wiederwahl stellt. Hindenburg hatte seit August 1916 als Chef des Generalstabs des Feldheeres die Machtstellung des Oberbefehlshabers des deutschen Heeres, zusammen mit General Erich Ludendorff (1865–1937) als 1. Generalquartiermeister. Beide übten mit der Übernahme der Obersten Heeresleitung (OHL) auch militär- und innenpolitisch starken Einfluss aus. Beide waren durch militärische Erfolge (Sieg bei Tannenberg 1914) in der Bevölkerung populär geworden.

Kurt Tucholsky, Der Graben, 1926 (Auszug):
Seid nicht stolz auf Orden und Geklunker!
Seid nicht stolz auf Narben und die Zeit!
In die Gräben schickten euch die Junker,
Staatswahn und der Fabrikantenneid.
Ihr wart gut genug zum Fraß für Raben,
Für das Grab, Kam'raden, für den Graben!

Gründung und Zerstörung einer Demokratie

Wissen • Urteilen • Kommunizieren/Handeln • Methoden anwenden

Am Ende dieses Unterkapitels kannst du

- erklären, wie es 1918/19 zur Gründung der Weimarer Republik kam
- die wesentlichen Elemente der Weimarer Verfassung darstellen
- die politischen und wirtschaftlichen Belastungen und ihre Folgen für die Menschen beschreiben
- die Leistungen der ersten deutschen Demokratie darstellen und bewerten
- Grundzüge der Außenpolitik der Weimarer Republik erläutern
- die Weltwirtschaftskrise und die antidemokratischen Kräfte als Faktoren für die Zerstörung der Demokratie unterscheiden
- **Methode** Politische Plakate untersuchen
- **Methode** Im Archiv recherchieren

Deutschland zur Zeit der Weimarer Republik

Weimarer Republik

1918 bis 1933

Die Revolution 1918/19

Revolution und demokratische Staatsgründung

Der Erste Weltkrieg drohte für Deutschland im Sommer 1918 mit einer Niederlage zu enden. Die Autorität der Monarchie verfiel unter Kaiser Wilhelm II. (1859 bis 1941) zusehends. Die reformorientierten Bürgerlichen und die Sozialdemokraten erhöhten im Reichstag den Druck auf die Regierung: Diese sollte nicht mehr dem Kaiser, sondern dem Parlament verantwortlich sein. Angesichts der aussichtslosen militärischen und politischen Lage gab die Oberste Heeresleitung (OHL) Ende September 1918 einen ersten Anstoß zur Reform des monarchischen Systems. Damit wollte die OHL vor allem die politische Verantwortung für die Folgen einer Niederlage auf eine zivile Regierung und das Parlament abschieben. Am 2. Oktober 1918 ernannte Kaiser Wilhelm II. mit Max von Baden den ersten Reichskanzler, der dem Parlament verantwortlich war. Die Einführung der parlamentarischen Monarchie wurde am 28. Oktober 1918 im Nachhinein durch eine Verfassungsänderung legalisiert.

Mit den politischen Reformen verstärkten sich im Herbst 1918 in der Bevölkerung die Forderungen, den Krieg zu beenden. Als sich am 28. Oktober 1918 in Wilhelmshaven Soldaten der deutschen Kriegsflotte weigerten, zu weiteren Einsätzen auszulaufen, gaben sie damit das Signal für Matrosenaufstände und Streiks. Die Proteste breiteten sich in kürzester Zeit in ganz Deutschland aus und führten zur spontanen Bildung von Arbeiter- und Soldatenräten*. Sie forderten einen deutlichen Bruch mit der „alten Ordnung“. Ein Teil dieser Massenbewegung wollte eine Räterepublik errichten: eine direkte Demokratie, in der die Räte über Regierung und Gesetzgebung bestimmen sollten. Auf der Reichsebene übertrug am 9. November 1918 Max von Baden das Amt des Reichskanzlers auf Friedrich Ebert, den Vorsitzenden der Sozialdemokraten. Ebert bildete als Übergangsregierung den „Rat der Volksbeauftragten“. Er bestand aus je drei Politikern der (Mehrheits-) SPD und der USPD*, die sich Anfang 1917 von der SPD abgespalten hatte. Am selben Tag floh Kaiser Wilhelm II. in die neutralen Niederlande.

M1

Die Ausrufung der Republik vor dem Reichstag durch den Reichstagsabgeordneten Philipp Scheidemann (SPD), Foto, 9. November 1918

Begriffe und Daten

9. November 1918 Ausrufung der Republik

Der Sturz der Monarchie begann mit der Ausrufung der „deutschen Republik“ durch den sozialdemokratischen Politiker Philipp Scheidemann, der Abdankung des Kaisers und der Bildung einer Übergangsregierung aus SPD und USPD („Rat der Volksbeauftragten“). Am selben Tag rief der Führer des Spartakusbundes, Karl Liebknecht, die „sozialistische Republik“ aus. In der Frage der künftigen Verfassung setzten sich die Vertreter der parlamentarischen Demokratie gegen die Anhänger der Arbeiter- und Soldatenräte durch.

1 a) Beschreibe deinen Eindruck von der Situation vor dem Reichstag am 9. November 1918 (M1).
b) Formuliere Fragen zu diesem Ereignis.

2 a) Liste mithilfe des Darstellungstextes stichwortartig die wesentlichen Ereignisse vom Sommer 1918 bis zum 9. November 1918 auf.
b) Fasse den Wandel in der Machtverschiebung zusammen.

2. Extraausgabe Sonnabend, den 9. November 1918.

Vorwärts

Berliner Volksblatt.

Zentralorgan der sozialdemokratischen Partei Deutschlands.

Der Kaiser hat abgedankt!

Der Reichskanzler hat folgenden Erlaß herausgegeben:

Seine Majestät der Kaiser und König haben sich entschlossen, dem Throne zu entsagen.

Der Reichskanzler bleibt noch so lange im Amte, bis die mit der Abdankung Seiner Majestät, dem Thronverzichte Seiner Kaiserlichen und Königlichen Hoheit des Kronprinzen des Deutschen Reichs und von Preußen und der Einsetzung der Regentschaft verbundenen Fragen geregelt sind. Er beabsichtigt, dem Regenten die Ernennung des Abgeordneten Ebert zum Reichskanzler und die Vorlage eines Gesetzentwurfs wegen der Ausschreibung allgemeiner Wahlen für eine verfassungsgebende deutsche Nationalversammlung vorzuschlagen, der es obliegen würde, die künftige Staatsform des deutschen Volk, einschließlich der Volksteile, die ihren Eintritt in die Reichsgrenzen wünschen sollten, endgültig festzustellen.

Berlin, den 9. November 1918. **Der Reichskanzler.**
Prinz Max von Baden.

Es wird nicht geschossen!

Der Reichskanzler hat angeordnet, daß seitens des Militärs von der Waffe kein Gebrauch gemacht werde.

Parteigenossen! Arbeiter! Soldaten!

Soeben sind das Alexanderregiment und die vierten Jäger geschlossen zum Volke übergegangen. Der sozialdemokratische Reichstagsabgeordnete Wels u. a. haben zu den Truppen gesprochen. Offiziere haben sich den Soldaten angeschlossen.

Der sozialdemokratische Arbeiter- und Soldatenrat.

M2

Aus dem Extrablatt der SPD vom 9. November 1918

Biografie

Friedrich Ebert (1871–1925)

Stammte aus einer Schneidermeisterfamilie. Nach seiner Sattlerausbildung begann er, sich in der SPD zu engagieren, wurde Redakteur der Bremer Bürgerzeitung und war seit 1912 Reichstagsabgeordneter, ab 1913 Parteivorsitzender. Am 9. November 1918 übernahm er das Amt des Reichskanzlers. Von Februar 1919 bis zu seinem Tode (28. Februar 1925) war er Reichspräsident der Weimarer Republik. Ebert trat für die Gründung einer parlamentarischen Demokratie ein. Seine Leistung lag vor allem darin, einen Ausgleich zwischen dem gemäßigten Teil der Arbeiterbewegung und bürgerlichen Kräften herbeigeführt zu haben. Kritiker werfen Ebert und seiner Partei vor, die „alte" Heeresführung, die kaiserliche Bürokratie und den Adel im Osten des Reiches nicht entmachtet zu haben.

M3

Die Ausrufung der Republik

Am 9. November 1918 gegen 14.00 Uhr sprach der sozialdemokratische Politiker Philipp Scheidemann (1865–1939), Reichstagsabgeordneter und Staatssekretär in der Regierung von Baden, zu einer Menschenmenge vor dem Reichstag:

3A Arbeiter und Soldaten! Furchtbar waren die vier Kriegsjahre, grauenhaft waren die Opfer, die das Volk an Gut und Blut hat bringen müssen. Der unglückselige Krieg ist zu Ende. Das Morden ist vorbei … Der Kaiser hat abgedankt. Er und seine Freunde sind verschwunden. Über sie alle hat das Volk auf der ganzen Linie gesiegt! Der Prinz Max von Baden hat sein Reichskanzleramt dem Abgeordneten Ebert übergeben. Unser Freund wird eine Arbeiterregierung bilden, der alle sozialistischen Parteien angehören werden. Die neue Regierung darf nicht gestört werden in ihrer Arbeit für den Frieden, in der Sorge um Brot und Arbeit … Arbeiter und Soldaten! Seid euch der geschichtlichen Bedeutung dieses Tages bewusst … Seid einig und pflichtbewusst! Das Alte und Morsche, die Monarchie, ist zusammengebrochen. Es lebe das Neue! Es lebe die deutsche Republik!

Am 9. November 1918 gegen 16.00 Uhr hielt Karl Liebknecht, der Führer des Spartakusbundes, bei einer Massenversammlung vor dem Berliner Schloss eine Rede:

3B Der Tag der Revolution ist gekommen. Wir haben den Frieden erzwungen. Der Friede ist in diesem Augenblick geschlossen. Das Alte ist nicht mehr. Die Herrschaft der Hohenzollern, die in diesem Schloss jahrhundertelang gewohnt haben, ist vorüber … Parteigenossen, ich proklamiere die freie sozialistische Republik Deutschland, die alle Stämme umfassen soll, in der es keine Knechte mehr geben wird, in der jeder ehrliche Arbeiter den ehrlichen Lohn seiner Arbeit finden wird … Wir müssen alle Kräfte anspannen, um die Regierung der Arbeiter und Soldaten aufzubauen und eine neue staatliche Ordnung des Proletariats zu schaffen, eine Ordnung des Friedens, des Glücks und der Freiheit unserer deutschen Brüder und unserer Brüder in der ganzen Welt. Wir reichen ihnen die Hände und rufen sie zur Vollendung der Weltrevolution auf.

M3A und M3B zit. nach Geschichte in Quellen, Bd. 6, bearb. v. Günter Schönbrunn, 3. Aufl., München (bsv) 1979, S. 114 f.

Biografie

Rosa Luxemburg

Rosa Luxemburg (1871–1919) wurde als Tochter einer jüdischen Kaufmannsfamilie in Polen geboren. Sie studierte Nationalökonomie und engagierte sich schon früh in der Arbeiterbewegung Polens. 1897 ging sie nach Deutschland, wo sie als Theoretikerin des linken SPD-Flügels 1917 mit Karl Liebknecht den Spartakusbund gründete und eine radikal-sozialistische Politik vertrat. Am 15. Januar 1919 wurden Luxemburg und Liebknecht von rechtsradikalen Freikorpsoffizieren ermordet.

M4

Eine „gebremste" Revolution?

Aus der Rede Rosa Luxemburgs auf dem Gründungsparteitag der KPD am 31. Dezember 1918:

Was kann charakteristischer sein für die innere Schwäche des 9. November als ihr erstes Ergebnis, dass an die Spitze der Bewegung Elemente getreten sind, die zwei Stunden vor Ausbruch der Revolution ihr Amt darin erblickt haben, gegen sie zu hetzen, ... sie unmöglich zu machen: die Regierung Ebert-Scheidemann mit Haase! Die Idee der Vereinigung der verschiedenen sozialistischen Strömungen unter dem allgemeinen Jubel der Einigkeit, das war das Motto der Revolution vom 9. November – eine Illusion ...

Nur dadurch kann man den Sieg der proletarischen Revolution herbeiführen, dass man ... anfängt, die Regierung Ebert-Scheidemann zu unterminieren durch einen sozialen, revolutionären Massenkampf des Proletariats ... Ich habe Ihnen darzulegen versucht, dass die Revolution des 9. November vor allem eine politische Revolution war, während sie doch in der Hauptsache noch eine ökonomische werden muss. Sie war aber auch nur eine städtische Revolution, das flache Land ist bis jetzt so gut wie unberührt geblieben. Es wäre ein Wahn, den Sozialismus ohne Landwirtschaft zu verwirklichen.

Rosa Luxemburg, Schriften zur Theorie der Spontaneität, hg. v. Susanne Hillmann, Reinbek (Rowohlt) 1970, S. 195 ff.

Begriffe und Daten

Die revolutionären Ereignisse 1918/19

24. bis 28. 10. Änderung der Reichsverfassung: Der Reichskanzler ist nicht mehr vom Vertrauen des Kaisers, sondern von einer Mehrheit des Parlaments abhängig (Parlamentarisierung).

28. 10. Beginn des Aufstandes von Matrosen der deutschen Kriegsflotte.

9. 11. Zweimalige Ausrufung der Republik; Bildung des Rates der Volksbeauftragten (SPD/USPD).

15. 11. Gewerkschaften als Vertreter der Arbeitnehmer offiziell anerkannt.

16. bis 20. 12. Versammlung der Arbeiter- und Soldatenräte auf dem Reichsrätekongress: Der Kongress entscheidet sich mit großer Mehrheit für die Wahl einer Verfassunggebenden Nationalversammlung.

29. 12. USPD-Mitglieder scheiden aus dem Rat der Volksbeauftragten aus.

30. 12. Gründung der Kommunistischen Partei (KPD) in der Nachfolge des Spartakusbundes.

5. bis 16. 1. Von der Reichsregierung unter Befehl genommene Freikorpstruppen schlagen einen bewaffneten Aufstand von KPD- und USPD-Anhängern in Berlin nieder. Die KPD-Führer Rosa Luxemburg und Karl Liebknecht werden von Freikorpsmitgliedern ermordet (15. 1.).

19. 1. Wahlen zur Nationalversammlung mit erstmaligem Wahlrecht für Frauen.

3 a) Stelle fest, wie im Extrablatt der SPD (M2) die künftige staatliche Ordnung Deutschlands gesehen wird.
b) Vergleiche mit der tatsächlichen Entwicklung (Darstellungstext S. 95 und Kasten).

4 Schreibe auf der Grundlage von M3A und M3B einen Dialog zwischen Philipp Scheidemann und Karl Liebknecht zu ihren Vorstellungen von einer künftigen Republik.

5 Erarbeite, welche Grundauffassungen einer künftigen politischen Ordnung zwischen November 1918 und Januar 1919 sich gegenüberstanden (M3, M4, Biografie-Kästen). Verwende die Begriffe „parlamentarische Republik", „sozialistische Republik" und „Räterepublik".

6 **Recherche:** Bei den Reichstagswahlen am 19.1.1919 wurden 41 Frauen gewählt. Das waren etwa 9 Prozent der Abgeordneten. Ermittle den Frauenanteil im gegenwärtigen Bundestag.

Politische Plakate untersuchen

Plakate – Mittel politischer Werbung

Ein Plakat ist ein Anschlag mit werbender Absicht. Die Gestaltung von Bild und Text ist so angelegt, dass die Botschaft ins Auge springt, schnell zu verstehen ist und möglichst lange in Erinnerung bleibt.
Mit der Verbreitung des Buchdrucks seit dem 16. Jahrhundert wurden öffentliche Anschläge als Mitteilungen üblich. Neue Druck- und Gestaltungstechniken ermöglichten im 19. Jahrhundert eine vielfältige Verwendung. Die politische Plakatwerbung unterlag jedoch – anders als die kommerzielle – bis zum Ende des Ersten Weltkrieges Einschränkungen und Verboten (politische Zensur). Die große Zeit der politischen Plakate begann in Deutschland in der Weimarer Republik, ermöglicht vor allem durch das Grundrecht auf Meinungsfreiheit und freie künstlerische Entfaltungsmöglichkeiten.

M1

Wahlplakat der Regierung, Januar 1919

Die Wahlen zur Nationalversammlung 1919

Im Januar 1919 schien der Machtkampf um das politische System in Deutschland zugunsten einer parlamentarischen Demokratie entschieden. Die Wahl zur Konstituierenden (Verfassunggebenden) Versammlung wurde auf den 19. Januar 1919 festgesetzt. Mit der Herabsetzung des Wahlalters von 25 auf 20 Jahre und der Einführung des Frauenwahlrechts erhöhte sich die Zahl der Wahlberechtigten von 13,8 Millionen (1912) auf 36,8 Millionen Deutsche (1919). Die Plakate auf dieser Doppelseite stammen aus diesem Wahlkampf.

Arbeitsschritte

1. Schritt: Erste Eindrücke und Informationen festhalten
Was fällt unmittelbar auf? Wer ist der „Autor“ (Zeichner), wer der Auftraggeber?

2. Schritt: Einzelne Elemente analysieren
Welche Details sind zu erkennen? Welche besonderen Merkmale enthält die Darstellung (Farben, Größe, Proportionen, Statik, Dynamik)? Lassen sich Symbole, Stereotypen, bildhafte Vergleiche finden? In welchem Verhältnis stehen Bild und Text? Welcher Texttyp liegt vor, welche Schriftarten? Wie sind die Beziehungen der Elemente zueinander (z. B. Fotomontage, Collage)?

3. Schritt: Eine Gesamtaussage formulieren und bewerten
Welcher Gesamteindruck ergibt sich? Wie lässt sich die Analyse zusammenfassen? Welche Wirkung soll erzielt werden (z. B. informierend, argumentierend, appellierend)? Wie lässt sich das Plakat in den historischen Zusammenhang einordnen?

M2 **Wahlplakat,** Januar 1919

M3 **Wahlplakat,** Januar 1919

M4 **Wahlplakat,** Januar 1919

M5 **Wahlplakat,** Januar 1919

1 a) Erarbeitet in Partnerarbeit M1 bis M5 mithilfe der Arbeitsschritte. b) Stellt eure Ergebnisse der Klasse vor.

2 Übe das Untersuchen von Plakaten an einem Beispiel aus unserer Gegenwart. Bitte die Ortsverbände der Parteien bei der Suche um Hilfe.

Die Revolution von 1918/19 in Norddeutschland

Fragen an die Revolution

Die Revolution 1918/19 ging vom Aufstand der Matrosen in den Marineverbänden an der Küste aus und verbreitete sich im übrigen Reichsgebiet. Wie verlief die revolutionäre Bewegung im norddeutschen Raum? Handelte es sich um eine „einheitliche“ Revolution? Von welchen politischen und gesellschaftlichen Gruppen wurde sie getragen oder abgelehnt? Antworten zu den Fragen könnt ihr auf dieser Doppelseite erarbeiten.

M3

Der revolutionäre Matrose, Titelbild, 1928

M1

Erste Forderungen der Matrosen in Kiel

Matrosen der I. Torpedo-Division forderten am 4. November 1918:

1. Abdankung des Hohenzollernhauses.
2. Aufhebung des Belagerungszustandes.
3. Freilassung unserer gemaßregelten Kameraden vom 3. Geschwader.
4. Freilassung aller im Zuchthaus zu Celle sitzenden Kameraden von der Matrosenerhebung ... 1917.
5. Freilassung sämtlicher politischer Gefangenen.
6. Einführung des allgemeinen gleichen und geheimen Wahlrechts für beide Geschlechter.

Zit. nach Dirk Dähnhardt, Der erste Soldatenrat in Kiel. In: Praxis Geschichte, H. 6, 1988, S. 16.

M2

Eine Revolution in Südniedersachsen?

Der Historiker Horst Kuss schrieb 1989:

Die Revolution in Göttingen und im südlichen Niedersachsen war eine von den Vorgängen in Kiel und Berlin abgeleitete, auch wenn die Bildung eines Soldatenrates am 7. November, dann des Soldaten- und Volksrates am 9. November 1918 aus der Mitte der Göttinger Garnison und Bürgerschaft erfolgt war. Als revolutionär wird man ... die Ziele und Vorgehensweisen der neuen Machthaber kaum bezeichnen können, bezogen sie sich doch im Wesentlichen auf die Beherrschung der drängendsten aktuellen Probleme wie Lebensmittelversorgung, Arbeitsbeschaffung, Demobilisierung der Soldaten und auf die Erhaltung von Ruhe und Ordnung.

Horst Kuss, Die Revolution von 1918/19 in Südhannover. In: Mitteilungsblätter des Museumsverbandes für Niedersachsen und Bremen, Nr. 36, S. 37.

M4

Revolution in Braunschweig und Hannover

Der Historiker Joachim F. Tornau schrieb 2001:

Hauptträger des Umsturzes war ... [in Braunschweig] die radikale Arbeiterschaft, die sich auch im November 1918 nicht dem Kurs der Mehrheitssozialdemokratie anschloss, sondern die räterevolutionäre Linie von USPD und Spartakus verfolgte ... Der Umsturz ... fand ohne jede Beteiligung dieser Mehrheitsparteien [MSPD, Zentrum, Fortschrittspartei, Welfen] statt ... Die Ausrufung der „Sozialistischen Republik Braunschweig“ ... besiegelte das Ende der Monarchie und den Sieg der so schnellen wie friedlichen und unblutigen Revolution ... [Das Ende der Revolution in Braunschweig brachte] die Reichs-Exekution und den Einmarsch der Freikorpstruppen ... In Braunschweig stand bei der Frage der bürgerlichen Sammlung immer die Auseinandersetzung mit dem Gegner im Mittelpunkt. Es ging eher um die Abwehr realer oder vermeintlicher Gefahren, die den bürgerlichen Schichten durch die neue Macht der sozialistischen Arbeiterschaft drohten, als um die Formulierung eines eigenständigen positiven Programms ...

Im Unterschied zu Braunschweig fand der Umsturz ... in Hannover fast ganz ohne die Beteiligung der Arbeiterschaft statt ... Der Umsturz vollzog sich ... nicht auf der Straße ..., sondern fast ausschließlich in Verhandlungen ... Der Arbeiter- und Soldatenrat stand immer sicher unter sozialdemokratischer Kontrolle und stellte sich dem ... Kurs der SPD nicht entgegen.

Joachim F. Tornau, Gegenrevolution von unten, Bielefeld (Verlag für Regionalgeschichte) 2001, S. 69 ff.

M5

Ausrufung der Räterepublik in Bremen, Aufruf vom 10. Januar 1919. Nach der Absetzung von Senat (Regierung) und Bürgerschaft (Parlament) in Bremen übernahmen MSPD, USPD und Linksradikale/Spartakus (später: KPD) am 14./15. November 1918 die Macht. Am 21. November trat die MSPD aus den Revolutionsorganen aus. Die am 10. Januar 1919 ausgerufene Bremer Räterepublik, gestützt von KPD und USPD, geriet in Gegensatz zur Reichsregierung, die einen demokratisch-parlamentarischen Weg vertrat. Ein für den 18. Januar 1919 von der KPD ausgerufener Generalstreik scheiterte am 22. Januar. Am 30. Januar kündigte die Reichsregierung die Entsendung von Truppen an, um „geordnete Verhältnisse" wiederherzustellen. Eine von den Revolutionären gegründete „Volkswehr" unterlag am 4. Februar 1919 nach blutigen Kämpfen (75 Tote, 175 Verwundete) der von der Reichsregierung entsandten Division Gerstenberg. Die Reichsregierung setzte eine provisorische Regierung ein.

M6

Die Revolution in Hamburg

Aus einer Darstellung der Sozialdemokratischen Partei Hamburg-Altona vom 1. Januar 2007:

Nach einer gut besuchten Volksversammlung im „Kaiserhof" am 3. November warnte der Altonaer Polizeipräsident: „Nach Verlauf gestriger sozialdemokratischer Volksversammlung im Kaiserhof, auf der Spartakusleute mit beurlaubten Soldaten sich verbrüderten, halte ich Unruhen zwecks Umsturz und Tötung wohlhabender Personen sehr wohl möglich. Jedenfalls empfiehlt es sich, dass das Militär sich in größeren Abteilungen auf den Hauptstraßen zeigt." Am nächsten Tag berichteten die Zeitungen über den Aufstand der revolutionären Matrosen in Kiel, es kam zu spontanen Solidaritätsaktionen, und eine von der USPD einberufene Massenversammlung beschloss einen Streikaufruf zur Unterstützung der Kieler. Am Morgen des 6. November dann griff der Aufstand auf Hamburg und Altona über: die im Hafen liegenden Kriegsschiffe wurden von Matrosen übernommen, und unter dem Vorsitz von Heinrich Laufenberg nahm im Gewerkschaftshaus am Besenbinderhof der Arbeiter- und Soldatenrat Groß-Hamburg seine Arbeit auf.
Mittags erschienen die Revolutionäre vor dem Gebäude des Generalkommandos in der Palmaille, wo der preußische General von Falk mit seinem Stab residierte. Der hatte sich jedoch bereits abgesetzt, nachdem er vergeblich versucht hatte, seine Truppen gegen die Aufständischen einzusetzen … Schon am 18. November nahmen auf Druck der Wirtschaft Senat und Bürgerschaft ihre Tätigkeit wieder auf, Ende Dezember übernahm der spätere Altonaer Senator Walter Lampl den Vorsitz des Soldatenrats, und spätestens mit den Wahlen im März 1919 war die Revolution beendet.

www2.spd-hamburg.de/Distrikte/Altona-Nord/geschichte/1918.php

Vorschlag für eine Partnerarbeit:

1 Untersucht anhand von M1, M2 und M4 bis M6 die Revolution 1918/19 in Städten bzw. Regionen Norddeutschlands unter folgenden Gesichtspunkten: a) Ausbruch und Verlauf der Revolution, b) Träger der revolutionären Bewegungen, c) Ansätze einer Gegenbewegung bzw. Gegenrevolution.

2 Vergleicht die revolutionäre Bewegung in Norddeutschland mit den Vorgängen und Entscheidungen auf Reichsebene (S. 95–97).

3 Fertigt zu M3 eine Bildanalyse an (Methode s. Anhang) und setzt sie in einen Bezug zur Revolution 1918/19.

Im Archiv recherchieren

An sicherem Ort aufbewahren

Archiv ist von dem griechischen Wort „archeion" (= Regierungsgebäude in der griechischen Polis) abgeleitet, wo wichtige Schriftstücke aufbewahrt wurden. Auch in heutigen Archiven werden viele Dokumente verwahrt, die für die Geschichtsforscher interessant sein können. Sie lagern sicher in sogenannten Magazinräumen. Wer mit ihnen arbeiten will, muss sie bestellen und kann sie im Lesesaal des Archivs lesen, aber nicht nach Hause entleihen.

Es wird grundsätzlich zwischen privaten (z. B. Familienarchive) und öffentlichen Archiven (z. B. Staatsarchive, Kommunalarchive, kirchliche Archive, Wirtschaftsarchive, Literaturarchive, Medienarchive, Universitätsarchive) unterschieden. Während bei privaten Archiven eine besondere Erlaubnis für die Benutzung notwendig ist, hat bei öffentlichen Archiven jeder Zutritt.

Ein Archiv-Dokument ist generell als historische Quelle zu betrachten und kann mit den entsprechenden methodischen Arbeitsschritten analysiert und interpretiert werden.

Bei M2 handelt es sich um eine Bekanntmachung aus der HAZ (Hannoverscher Anzeiger) aus der Zeit der Revolution 1918/19. In den Stadtarchiven sind meistens auch die Ausgaben der lokalen Zeitungen zu finden. Sie eignen sich besonders dazu, den Umgang mit Archivalien einzuüben.

M1

Schülerinnen bei der Archivarbeit, Foto, 2011

1 Stelle mithilfe des Arbeitsschrittes 4 die Quelle M2 vor. Ziehe die Seiten 95 bis 101 heran.

2 Führt unter Beachtung der Arbeitsschritte eine Recherche im Stadtarchiv eures Wohn- oder Schulortes zum Thema „Die Revolution 1918/19" durch. Grenzt eure Fragestellung weiter ein.

Arbeitsschritte

1. Schritt: Genaue Eingrenzung des Themas

Vor dem Archivbesuch solltet ihr das Thema der Recherche inhaltlich und zeitlich genau eingrenzen, damit ihr im Archiv gezielt suchen könnt.

2. Schritt: Archivbesuch vorbereiten

Erkundigt euch nach den Öffnungszeiten des Archivs und fragt vor einem Besuch nach, ob dort Material zu eurem Thema zu finden ist. Vielleicht legt euch der Archivar oder die Archivarin die gesuchten Dokumente (Archivalien) zu einem bestimmten Thema heraus. Ansonsten könnt ihr im Archiv mithilfe von Findbüchern, in denen alle Akten aufgelistet sind, die Schriftstücke in den Lesesaal bestellen.

3. Schritt: Archivalien sichten und auswählen

Bei den Archivalien handelt es sich meistens um einmalige Originale, die ihr in den Händen haltet. Geht entsprechend sorgsam damit um. Fragt nach, ob ihr die für euch interessanten Schriftstücke kopieren dürft oder einen Kopierauftrag erteilen könnt (evtl. Kosten!). Bei neueren Quellen aus dem 20. Jahrhundert ist das zum Teil möglich. Ansonsten notiert interessante Sachverhalte und Daten bzw. schreibt das Schriftstück wortwörtlich ab. Nutzt dazu die Methode „Sachtexte exzerpieren" (S. 42 f.). Notiert immer die vollständige Quellenangabe und den Fundort. Dabei sind euch die Archivmitarbeiter behilflich.

4. Schritt: Ergebnisse auswerten und präsentieren

Tragt die Ergebnisse eurer Archivrecherche zusammen und stellt die gefundenen Quellen der Klasse vor. Geht dabei ein auf:

- Fundort, Quellenart (z. B. Brief, Urkunde), Autor, Adressat, Entstehungszeit, Inhalt, Besonderheiten wie Unterstreichungen usw.
- Aussagewert der Quelle, bezogen auf euer Thema bzw. eure Untersuchungsfragen; bei einer Zeitung z. B. Parteizeitung oder überparteilich?

Berichtet auch, was bei der Suche ergiebig war und wo Probleme lagen (z. B. Lesbarkeit von Quellen). Entscheidet über die Form der Präsentation, z. B. Wandzeitung, Ausstellungstafeln, Computerpräsentation.

Die neue militärische Ordnungsgewalt in Hildesheim.

Hildesheim, den 9. November 1918.

Zwischen dem Garnison-Kommandanten Major v. Waldow und den Vertretern des Arbeiter- und Soldatenrates

Arbeitersekretär Braun
Gewerkschaftsbeamter Behrens
Malermeister Stephan
Schmied Schaare
Ersatz-Reservist Buchholz, 4. Komp. 79
Unteroffizier Janke, 2. Komp. 79
Unteroffizier Besser, 3. Komp. 77
Wehrmann Riehaus, Ers.-Batl. 77

ist folgendes vereinbart worden:

1. Die Militärische Gewalt in Hildesheim wird zur Aufrechterhaltung der Ordnung von jetzt an ausgeübt durch den Major von Waldow und die obengenannten Mitglieder des Soldatenrates.
2. Waffen und Munition werden von einer Kommission in gemeinschaftliche Verwahrung genommen.
3. Die politischen Militärgefangenen sind zu entlassen.
4. Die Verpflegung der Militärpersonen unterliegt der gemeinschaftlichen Kontrolle des Garnisondienstältesten und des Soldatenrats.
5. Der Soldatenrat verpflichtet sich, für Ruhe, Ordnung und Sicherheit zu sorgen.
6. Die Mitglieder des Soldatenrats tragen am linken Oberarm eine mit der Aufschrift: Arbeiter- und Soldatenrat versehene weiße Binde.
7. Den mit weißen Armbinden und der Aufschrift: Arbeiter- und Soldatenrat versehenen Personen ist unbedingt Folge zu leisten.
8. Die Offiziere behalten Degen und Achselstücke.
9. Plünderungen werden gerichtlich geahndet.
10. Die Ronde-Offiziere bleiben im Dienst.
11. Vorgesetzte im Dienst sind als solche zu beachten.
12. Den Anordnungen des Arbeiter- und Soldatenrates ist auch von den Zivilpersonen Folge zu leisten.
13. Der öffentliche Verkehr einschließlich Post und Telegraph wird aufrechterhalten.
14. Mannschaften, die hier nicht in Garnison sind, finden Verpflegung und Quartier in den Kasernen ihrer Truppengattung und Formation und müssen sich dort einfinden und eintragen. Die Kasernen haben Anweisung zur Verpflegung.
15. Mannschaften, die weiterreisen müssen, erhalten Urlaubsscheine in der Bahnhofskommandantur.
16. Die Geschäfte der Stadtverwaltung sowie sämtlicher Behörden und Dienststellen werden in der jetzigen Weise weitergeführt. Die Lebensmittelversorgung ist nicht geändert. Es darf ohne Marken weder an Zivil noch an Militär etwas abgegeben werden, weil sonst die Ernährung der Zivilbevölkerung nicht mehr möglich ist.
17. Zivil und Militär wird aufgefordert, sich nicht unnützerweise auf den Straßen und Plätzen aufzuhalten.
18. Die Arbeit in den Betrieben darf nicht eingestellt werden.
19. Jeder muß Ruhe und Disziplin halten.

Major **von Waldow**, als Garnisonkommandant,

Oberbürgermeister **Dr. Ehrlicher**, als Vertreter des Magistrats,

Bürgervorsteher-Wortführer **Kattentidt**, als Vertreter des Bürgervorsteher-Kollegiums,

Die Vertreter des Arbeiter- und Soldatenrats:

Arbeitersekretär Braun
Gewerkschaftsbeamter Behrens
Malermeister Stephan
Schmied Schaare
Ersatz-Reservist Buchholz, 4. Komp. 79
Unteroffizier Janke, 2. Komp. 79
Unteroffizier Besser, 3. Komp. 77
Wehrmann Riehaus, Ers.-Bat. 77.

M2

Machtübernahme durch den Arbeiter- und Soldatenrat, Abdruck aus dem „Hannoverschen Anzeiger" vom 10. November 1918

Die politische Ordnung der jungen Demokratie

Eine neue Verfassung

Im November 1918 hatte Reichskanzler Friedrich Ebert den liberalen Staatsrechtler Hugo Preuß beauftragt, eine Reichsverfassung zu entwerfen. Nach ausführlichen Beratungen nahm die Nationalversammlung am 31. Juli 1919 das Verfassungswerk an, und zwar mit 262 gegen 75 Stimmen aus USPD, DVP* und DNVP*. Mit der Unterschrift des Reichspräsidenten wurde Deutschland am 11. August 1919 zu einer parlamentarischen Republik. Sie wird Weimarer Republik* genannt.

Weil der Reichstag ein getreues Abbild des Volkswillens sein sollte, gab es keine Sperrklausel gegenüber den kleinen Parteien. So konnten auch Splittergruppen ins Parlament einziehen. Die Verfassungsgeber nahmen das bewusst in Kauf, denn dieser Wahlmodus galt als besonders gerecht und demokratisch.

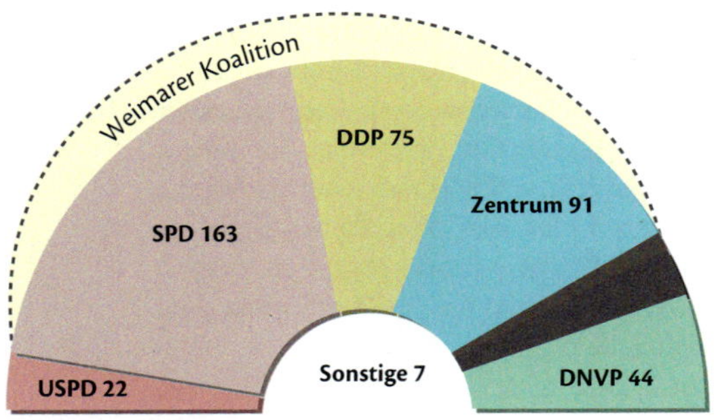

M1 **Sitzverteilung der Parteien nach der Wahl zur Nationalversammlung am 19. Januar 1919**

M2

Das deutsche Volk ist frei

Aus der Eröffnungsrede Friedrich Eberts am 6. Februar 1919 vor der Nationalversammlung, die wegen der unsicheren politischen Lage in Berlin in der thüringischen Stadt Weimar („Weimarer Republik") zum ersten Mal zusammentrat:

Die Reichsregierung* begrüßt durch mich die Verfassunggebende Versammlung der deutschen Nation. Besonders herzlich begrüße ich die Frauen, die zum ersten Mal gleichberechtigt im Reichsparlament erscheinen. Die provisorische Regierung verdankt ihr Mandat* der Revolution; sie wird es in die Hände der Nationalversammlung zurücklegen. (Bravo!)
In der Revolution erhob sich das deutsche Volk gegen eine veraltete zusammenbrechende Gewaltherrschaft. (Zustimmung links. – Lebhafter Widerspruch rechts). Sobald das Selbstbestimmungsrecht des deutschen Volkes gesichert ist, kehrt es zurück auf den Weg der Gesetzmäßigkeit. Nur auf der breiten Heerstraße der parlamentarischen Beratung und Beschlussfassung lassen sich die unaufschiebbaren Veränderungen auch auf wirtschaftlichem und sozialem Gebiete vorwärtsbringen ... Deshalb begrüßt die Reichsregierung in dieser Nationalversammlung den höchsten und einzigen Souverän in Deutschland.
Mit den alten Königen und Fürsten von Gottes Gnaden ist es für immer vorbei ... Das deutsche Volk ist frei, bleibt frei und regiert in alle Zukunft sich selbst.

Verhandlungen der Verfassunggebenden Nationalversammlung. Stenographische Berichte, Berlin, 1919/20, Bd. 326, S. 1 ff.

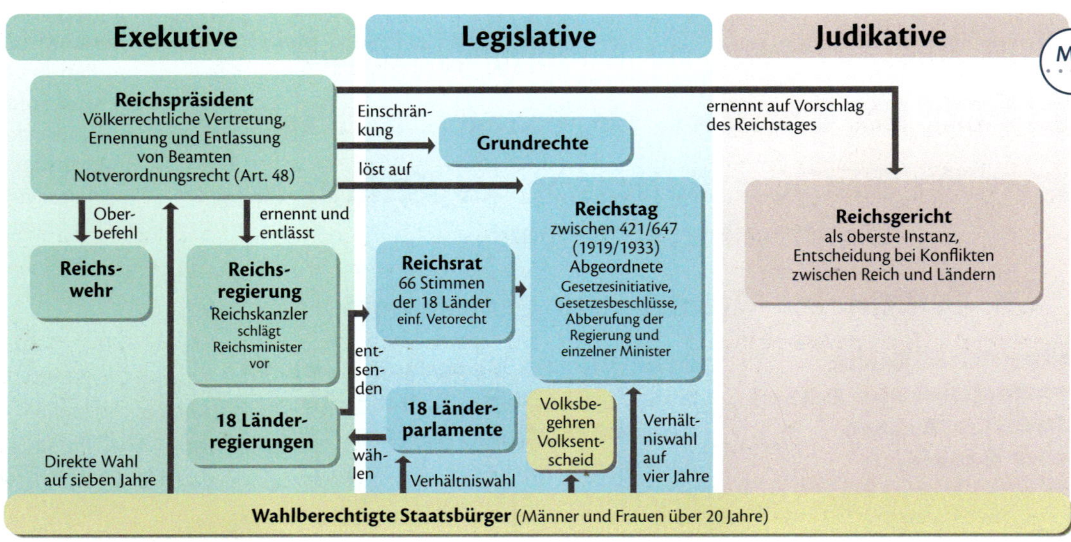

M3 **Die Weimarer Verfassung von 1919**

Begriffe und Daten

Die Parteien in der Weimarer Republik

Kernaussagen der Parteiprogramme:

Sozialdemokratische Partei Deutschlands (SPD)
- Bekenntnis zur parlamentarischen Demokratie
- gegen den Einfluss monarchistischer und militaristischer Kreise
- Räte nur im wirtschaftlichen Bereich (Betriebsräte)
- Verstaatlichung von Grund und Boden
- für Schulen unter Staatsaufsicht

Unabhängige Sozialdemokratische Partei Deutschlands (USPD)
- 1917 als Abspaltung von der SPD entstanden. 1920 trat die Mehrheit der USPD der KPD bei, der Rest 1922 der SPD
- Spaltung in Befürworter einer Rätedemokratie und Befürworter einer parlamentarischen Demokratie

Kommunistische Partei Deutschlands (KPD)
- Ablehnung der parlamentarischen Demokratie
- für ein Rätesystem*
- Sturz der „Kapitalisten" und Großgrundbesitzer
- Aufbau des Sozialismus, Bündnis mit Sowjetunion

Zentrum
- Bekenntnis zur parlamentarischen Demokratie
- für eine starke Exekutive
- Schutz des Privateigentums
- für nach Konfessionen getrennte Schulen
- für die internationale Gleichberechtigung Deutschlands

Deutsche Demokratische Partei (DDP)
- Bekenntnis zur parlamentarischen Demokratie
- für Privatwirtschaft (gegen Verstaatlichung)
- für das Selbstbestimmungsrecht Deutschlands

Deutsche Volkspartei (DVP)
- Ablehnung der parlamentarischen Demokratie, aber verantwortliche Mitarbeit im Parlament
- für eine gesetzmäßig einzurichtende Monarchie

Deutschnationale Volkspartei (DNVP)
- Ablehnung der parlamentarischen Demokratie
- für eine Monarchie mit starker Exekutive
- für ein „starkes deutsches Volkstum"

Nationalsozialistische Deutsche Arbeiterpartei (NSDAP)
- gegen Demokratie; Aufbau eines „Führerstaates"
- Großbetriebe und -warenhäuser in Gemeineigentum überführen
- Juden sollen keine Staatsbürgerschaft erhalten

M4

Die Weimarer Verfassung 1919

Auszüge aus dem Verfassungstext:

Art. 1 Das Deutsche Reich ist eine Republik. Die Staatsgewalt geht vom Volke aus …

Art. 20 Der Reichstag besteht aus den Abgeordneten des deutschen Volkes.

Art. 21 Die Abgeordneten sind Vertreter des ganzen Volkes. Sie sind nur ihrem Gewissen unterworfen und an Aufträge nicht gebunden.

Art. 22 Die Abgeordneten werden in allgemeiner, gleicher, unmittelbarer und geheimer Wahl von den über zwanzig Jahre alten Männern und Frauen nach den Grundsätzen der Verhältniswahl gewählt …

Art. 25 Der Reichspräsident kann den Reichstag auflösen, jedoch nur einmal aus dem gleichen Anlass. Die Neuwahl findet spätestens am sechzigsten Tag nach der Auflösung statt …

Art. 41 Der Reichspräsident wird vom ganzen deutschen Volke gewählt …

Art. 48 Der Reichspräsident kann, wenn … die öffentliche Sicherheit und Ordnung erheblich gestört oder gefährdet wird, … Maßnahmen treffen, erforderlichenfalls mithilfe der bewaffneten Macht einschreiten. Zu diesem Zwecke darf er vorübergehend die … Grundrechte … außer Kraft setzen …

Art. 109 Alle Deutschen sind vor dem Gesetze gleich. Männer und Frauen haben grundsätzlich dieselben staatsbürgerlichen Rechte und Pflichten …

[Weitere Artikel sichern u. a. die Freizügigkeit und Berufsfreiheit (111), die Freiheit der Person (114), die Unverletzlichkeit der Wohnung (115), das Briefgeheimnis (117) und die Meinungsfreiheit (118) zu.]

Zit. nach Dieter Kakis (Hg.), Deutsche Verfassungen, München (Goldmann) 1965, S. 77 ff.

1 Zeige, wie die Macht zwischen Exekutive, Legislative und Judikative verteilt war (M3, M4).

2 Erarbeite anhand von M2 die Demokratie-Auffassung Friedrich Eberts. Welche seiner Aussagen finden sich in M3 und M4 wieder?

3 Erörtere die These, die Politik Eberts sei zugleich eine „Politik der Kontinuität" und der „Revolution" gewesen.

4 a) Prüfe die Einstellungen der Parteien zur Weimarer Demokratie.
b) Nenne Möglichkeiten einer Zusammenarbeit/Koalitionsbildung (Kasten).

Politische Belastungen

Politische Krisen

Auf die Revolutionsphase 1918/19 folgten weitere vier Krisenjahre. Am 13. März 1920 besetzte die Marinebrigade Ehrhardt das Regierungsviertel in Berlin auf Befehl des Generals von Lüttwitz. Ein hoher Beamter und Politiker der äußersten Rechten, Wolfgang Kapp, ernannte sich selbst zum Reichskanzler und General von Lüttwitz zum Reichswehrminister. Daraufhin verließen die meisten Mitglieder der Regierung Berlin. Die Reichswehrführung unter General von Seeckt befürchtete eine Spaltung der Truppe und lehnte ein militärisches Vorgehen ab. Damit hatte die Führung der Reichswehr der verfassungsgemäßen Regierung den Schutz verweigert. Der Putsch scheiterte nach einem von den Gewerkschaften ausgerufenen Generalstreik* und wegen der passiven Haltung der Ministerialbürokratie. In Sachsen und Thüringen wurde ein kommunistischer Putschversuch im Oktober 1923 durch Reichswehrtruppen niedergeschlagen. In München misslang am 8./9. November 1923 ein von dem NSDAP-Führer Adolf Hitler und dem General Ludendorff angeführter Putsch, der das Ziel einer diktatorischen Machtübernahme in Berlin hatte.

Die Besetzung des Ruhrgebiets

Zu blutigen Zusammenstößen kam es, als im Januar 1923 französische und belgische Truppen wegen ausstehender Reparationszahlungen das Ruhrgebiet besetzten. Der Widerstand gegen die Besetzung wurde wegen der katastrophalen Wirtschaftslage im September 1923 abgebrochen.

M2

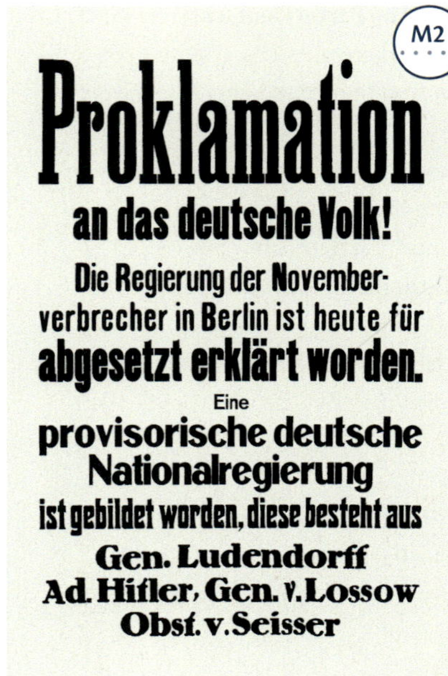
Proklamation
an das deutsche Volk!
Die Regierung der Novemberverbrecher in Berlin ist heute für abgesetzt erklärt worden.
Eine provisorische deutsche Nationalregierung ist gebildet worden, diese besteht aus
Gen. Ludendorff
Ad. Hitler, Gen. v. Lossow
Obst. v. Seisser

Die Proklamation der Putschisten vom 8./9. November 1923 in München. „Novemberverbrecher" war ein diffamierendes Schlagwort für die demokratischen Politiker der Weimarer Republik. Der Begriff wurde seit September 1922 von Hitler verwendet.

M3

„Generalstreik auf der ganzen Linie"

Aufruf der SPD am 13. März 1920:

Der Militärputsch ist da. Die Marinedivision Ehrhardt marschiert auf Berlin, um eine Umgestaltung der Reichsregierung zu erzwingen … Wir weigern uns, uns diesem militärischen Zwange zu beugen. Wir haben die Revolution nicht gemacht, um das blutige Landsknechtsregiment heute wieder anzuerkennen … Arbeiter, Genossen! Wir müssten uns vor euch schämen, wenn wir anders handeln würden. Wir sagen: Nein und noch einmal nein! Ihr müsst uns bestätigen, dass wir in eurem Sinne gehandelt haben. Wendet jedes Mittel an, um diese Wiederkehr der blutigen Reaktion zu vernichten.

Streikt, legt die Arbeit nieder und schneidet dieser Militärdiktatur die Luft ab. Kämpft mit jedem Mittel um die Erhaltung der Republik. Lasst alle Spaltung beiseite. Es gibt nur ein Mittel gegen die Wiederkehr Wilhelms II.: … Generalstreik auf der ganzen Linie.

Wolfgang Michalka/Gottfried Niedhart, Die ungeliebte Republik, 3. Aufl., München (dtv dokumente) 1984, S. 79.

M1

Kundgebung!

Die bisherige Reichsregierung hat aufgehört zu sein. Die gesamte Staatsgewalt ist auf den mitunterzeichnenden Generallandschaftsdirektor Kapp-Königsberg i. Pr. übergegangen. Zum militärischen Oberbefehlshaber und gleichzeitig als Reichswehrminister wird vom Reichskanzler der General der Infanterie Freiherr von Lüttwitz berufen. Eine neue Regierung der Ordnung, der Freiheit und der Tat wird gebildet.

Freiherr von Lüttwitz
General der Infanterie

Kapp
Generallandschaftsdirektor

Verkündung des Militärputsches, 13. März 1920. Zur Frakturschrift siehe Hinweise im Buchumschlag.

M4

„... eine bewaffnete Horde"

Aus dem Aufruf der Reichsregierung vom 9. November 1923:

An das deutsche Volk!
In der Zeit größter außen- und innenpolitischer Bedrängnis haben sich Verblendete ans Werk gemacht, um das Deutsche Reich zu zerschlagen. In München hat eine bewaffnete Horde die bayerische Regierung gestürzt ... und sich angemaßt, eine Reichsregierung zu bilden ... Es bedarf keines Hinweises darauf, dass diese Putschbeschlüsse null und nichtig sind. Wer diese Bewegung unterstützt, macht sich zum Hoch- und Landesverräter. Statt unseren Brüdern im Rheinlande und an der Ruhr zu helfen, die für Deutschland kämpfen, stürzt man Deutschland ins Unglück, gefährdet die Ernährung, bringt uns die Gefahr eines feindlichen Einmarsches und zerrüttet alle Aussichten auf die Anbahnung wirtschaftlicher Gesundung ... In der Schicksalsstunde des deutschen Volkes und Deutschen Reiches fordern wir alle Freunde des Vaterlandes auf, sich einzusetzen für die Bewahrung der Reichseinheit, deutscher Ordnung und Freiheit.

Zit. nach Wolfgang Michalka/Gottfried Niedhart, Die ungeliebte Republik, 3. Aufl., München (dtv) 1984, S. 93 f.

M5

„Die Tat ... ist nicht misslungen"

Aus der Schlussrede Hitlers am 27. März 1924 vor dem Münchner Volksgericht:

Deutschlands Schicksal liegt nicht in der Republik oder in der Monarchie. Was ich bekämpfe, ist nicht die Staatsform als solche, sondern der schmähliche Inhalt. Wir wollen in Deutschland die Voraussetzungen dafür schaffen, die allein es möglich machen, dass die eiserne Faust unserer Feinde von uns genommen wird ... Und da frage ich Sie: Ist das, was wir gewollt haben, Hochverrat? Endlich: Wir wollten, dass unser Volk zum Aufbäumen gebracht werde gegen die drohende Versklavung ... Wir sind der Strafe verfallen, weil das Unternehmen misslungen ist. Die Tat des 8. November ist nicht misslungen. Sie wäre misslungen dann, wenn eine Mutter gekommen wäre und gesagt hätte: Herr Hitler, Sie haben auch mein Kind am Gewissen. Aber das darf ich versichern, es ist keine Mutter gekommen. Im Gegenteil. Tausende anderer sind gekommen und haben sich in unsere Reihen gestellt.

Zit. nach Fridolin Wimmer, Der Hitler-Ludendorff-Putsch. In: Geschichte lernen, H. 77, 2000, S. 42.

M6

„... von rein vaterländischem Geiste ..."

Aus der Urteilsbegründung des Gerichts vom 1. April 1924:

Auch das Gericht ist zu der Überzeugung gelangt, dass die Angeklagten bei ihrem Tun von rein vaterländischem Geiste und dem edelsten Willen geleitet waren. Alle Angeklagten, die in die Verhältnisse genauen Einblick hatten – und die übrigen ließen sich von den Mitangeklagten als ihren Führern und völkischen Vertrauensmännern leiten –, glaubten nach bestem Wissen und Gewissen, dass sie zur Rettung des Vaterlandes handeln müssten und dass sie dasselbe täten, was kurz zuvor noch die Absicht der leitenden bayerischen Männer gewesen war. Das rechtfertigt ihr Vorhaben nicht, aber es gibt den Schlüssel zum Verständnis ihres Tuns.

O. Gritschneder, Bewährungsfrist für den Terroristen Adolf H. Der Hitler-Putsch und die bayerische Justiz, München, 1990, S. 92. Zit. nach Praxis Geschichte, H. 2, 1992, S. 46.

Begriffe und Daten

1923 Hitlerputsch

Der Hitlerputsch vom 8./9. November 1923 stellte eine starke Gefährdung der Weimarer Demokratie dar. Der Putsch scheiterte am Widerstand der bayerischen Landespolizei. Das milde Urteil (für Kahr, Lossow und Ludendorff gab es keine strafrechtlichen Konsequenzen, Hitler saß von fünf Jahren Festungshaft nicht einmal ein Jahr ab) zeugt von klarer Parteinahme des Gerichts zugunsten der Angeklagten. Immerhin waren vier Polizisten erschossen, Banknoten geraubt und Geiseln genommen worden.

1. Erarbeite mithilfe der Informationen auf dieser Doppelseite: Begründung, Verlauf und Ergebnis a) des Kapp-Lüttwitz-Putsches 1920 und b) des Hitlerputsches 1923. Lege eine Tabelle an.
2. Beurteile die Putschversuche von 1920 und 1923 aus verfassungsrechtlicher Sicht (S. 106 f.).
3. Erarbeite anhand von M5 die Argumentation Hitlers und formuliere eine Gegenrede.
4. In der Geschichtsforschung über die Weimarer Republik wird von „politischer Justiz" gesprochen. Kläre diesen Ausdruck und prüfe die Aussage an M6. Ziehe den Kasten heran.

Wirtschaftliche Belastungen

Folgen des Weltkrieges

Die junge Republik stand auch finanziell und wirtschaftlich vor größten Schwierigkeiten: Die Finanzierung des Krieges hatte das Kaiserreich 164 Milliarden Mark gekostet. Diese Summe war vorwiegend durch Kriegsanleihen aufgebracht worden, die nach Kriegsende den Bürgern verzinst wieder zurückgezahlt werden sollten. Die Steuereinnahmen deckten aber nur 14 Prozent der Reichsausgaben. Auf dem Arbeitsmarkt mussten innerhalb weniger Monate etwa sieben Millionen Männer – ehemalige Soldaten – wieder in den Wirtschaftsprozess eingegliedert werden. Die Situation in den Jahren 1920 bis 1922 verschärfte sich dramatisch durch Schäden in der Infrastruktur, den Verlust von Industrie- und Rohstoffgebieten, mangelnde Finanzen für die Umstellung von der Kriegs- auf die Friedensproduktion und die Reparationszahlungen. 1923 verfiel der Kurs der Mark rapide. Diese hyperinflationäre Entwicklung wurde erst gestoppt, als am 15. November 1923 die Rentenmark einführt wurde, ein Jahr später die goldgedeckte Reichsmark.

M2

Unser tägliches Brot, Zeichnung von Erich Schilling aus dem „Simplicissimus", 1923. „Wird das Brot nicht endlich billiger?" – „Dann müsst' ich's schlechter machen – und das ist nicht möglich."

M1

Not und Elend überall

Aus einem Leserbrief der „Braunschweigischen Landeszeitung" (1923):

Aber nachgerade erstirbt auch hier das Großstadtleben ... Schon zwischen 8 und 9 sieht man, wie das Licht eins nach dem anderen in den Häusern erlischt. Die Treppenhäuser der großen Mietskasernen und die besseren Wohnhäuser sind unbeleuchtet, und in vielen Straßen kommt man schon in den frühesten Abendstunden vor verschlossene Haustüren, weil man sein Eigentum gegen Diebstahl auf jede mögliche Art und Weise schützen muss ... Not und Elend überall ... Die Konzertsäle sind leer, die Kunst geht betteln und mit ihr der Mittelstand ... In den letzten Wochen sind schon wieder über 20 Selbstmorde vorgekommen, die ihre Ursache in Hunger, Kummer, Not, Elend, Unzufriedenheit und Verzweiflung haben!

Braunschweigische Landeszeitung vom 27.10.1923. Zit. nach Praxis Geschichte, H. 2, 1992, S. 29.

M3

Die Wirtschaft nach „Versailles"

Der Wirtschaftswissenschaftler John Maynard Keynes (1883–1938) schrieb 1919:

Der Friedensvertrag enthält keine Bestimmungen zur wirtschaftlichen Wiederherstellung Europas, nichts, um die geschlagenen Mittelmächte wieder zu guten Nachbarn zu machen, nichts, um die neuen Staaten Europas zu festigen ... Wiedergutmachung war ihr [der Siegermächte] Hauptinteresse auf wirtschaftlichem Gebiet und sie behandelten sie als eine Frage der Theologie, der Politik, der Wahltaktik, kurz, von jedem anderen Gesichtspunkt als dem der wirtschaftlichen Zukunft der Staaten, deren Schicksal in ihrer Hand lag ... Die bezeichnenden Züge der gegenwärtigen Lage lassen sich in drei Gruppen zusammenfassen: 1. das vollständige Nachlassen der inneren Produktivität Europas, 2. der Zusammenbruch des Verkehrswesens und des Austausches ..., 3. Europas Mangel an Kaufkraft zur Beschaffung der gewohnten Waren von Übersee.

John Maynard Keynes, Die wirtschaftlichen Folgen des Friedensvertrages, München/Leipzig (Duncker & Humblot) 1920, S. 184 ff.

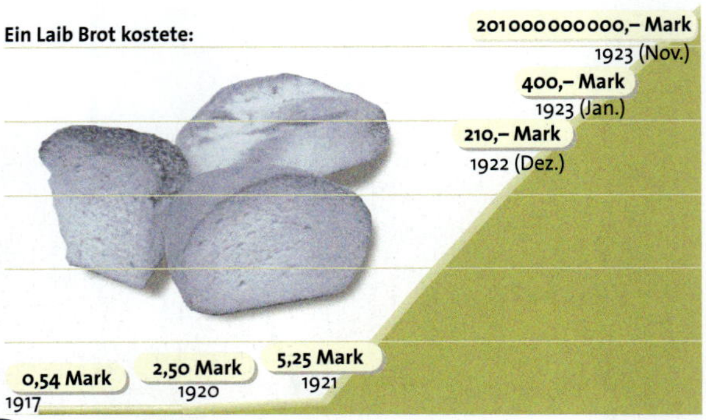

M4 **Die Entwicklung des Brotpreises**

Begriffe und Daten

Die Krisenjahre 1920 bis 1923

1. Kapp-Lüttwitz-Putsch 1920

– Besetzung des Regierungsviertels in Berlin durch eine Marinebrigade unter dem Befehl des Generals von Lüttwitz und des Politikers Wolfgang Kapp (DNVP); Putsch scheitert

2. Besetzung des Ruhrgebiets 1923

– Einmarsch französischer und belgischer Truppen wegen ausstehender Reparationszahlungen*

– Abbruch des passiven Widerstands im September

3. Kommunistischer Putschversuch 1923

– in Sachsen und Thüringen; Putsch scheitert

4. Hitlerputsch in München 1923

– unter Führung Adolf Hitlers und des Generals Ludendorff; Putsch scheitert

5. Hyperinflation 1923

– durch Kriegsfolgen: Staatsverschuldung, Reparationszahlungen, Produktionsumstellungen, Verlust von Industrie- und Rohstoffgebieten

Inflation

Inflation, lat. „Aufblähung", ist eine anhaltende Geldentwertung, die durch eine starke Vermehrung der umlaufenden Geldmenge gegenüber dem Güterumlauf entsteht. Als Folge steigen die Preise, es setzt eine Flucht in Sachwerte ein, wie z. B. in Gold und Immobilien. Die Inflation wird am Anstieg des allgemeinen Preisniveaus gemessen. Bei über 50 Prozent Preisanstieg in einem Jahr wird von „Hyperinflation" gesprochen. Mit der Stabilisierung der Währung ab November 1923 war eine Billion Papiermark nur noch eine Goldmark wert.

M5

Gewinner und Verlierer in der Inflation

Der Historiker Heinrich August Winkler schrieb 1993:

Die eigentlichen Opfer der Inflation waren ... die Sparer ... Hart betroffen waren auch jene Akademikerfamilien, die das Studium ihrer Kinder traditionell aus Ersparnissen zu finanzieren pflegten ... Haus- und Grundbesitzer wurden schuldenfrei ... Unter den Hausbesitzern befanden sich zahlreiche selbstständige Handwerker, die Kerngruppe des gewerblichen Mittelstandes* ... Zu den Inflationsgewinnern gehörten die meist hoch verschuldeten Großgrundbesitzer ... Dasselbe galt von den Besitzern großer industrieller Vermögen ... Ein anderer Gewinner der Inflation war der Staat ... Für die Arbeiter begann die Stabilisierung im Zeichen eines niedrigen Lohnniveaus und hoher Arbeitslosigkeit. Zwar stiegen die durchschnittlichen Realwochenlöhne von November bis Dezember 1923 von 53 % auf knapp 70 % des Vorkriegsstandes, aber das war noch immer erheblich weniger, als die Arbeiter im März 1923 verdient hatten – nämlich rund 79 % des Standes von 1913.

Heinrich August Winkler, Weimar 1918–1933, München (C. H. Beck) 1993, S. 244 f.

1 a) Zeige an M1, M2 und M4 wirtschaftliche Krisensymptome der Republik.
b) Formuliere mögliche Folgen für die Menschen.

2 a) Fasse die Aussagen des Autors von M3 zusammen.
b) Stelle fest und begründe am Text, inwiefern Keynes bereits 1919 den Versailler Vertrag kritisiert.

3 Prüfe, welche Überlegungen in M3 den Darstellungstext ergänzen.

4 a) Kläre anhand des Darstellungstextes und des Kastens den Begriff „Inflation".
b) Notiere eine kurze Definition mit deinen eigenen Worten.

5 Liste anhand von M5 Gewinner und Verlierer der Inflation von 1923 auf.

6 Erörtert in einer Gesprächsrunde die folgende These: Das Krisenjahr 1923 wäre durch eine andere Politik vermeidbar gewesen.

7 **Recherche:** Informiere dich über den augenblicklichen Wert des Euros und beurteile, ob von einer inflationären Entwicklung gesprochen werden kann.

Gegner der Demokratie

Die gespaltene Gesellschaft

Der überraschende Tod des Reichspräsidenten Friedrich Ebert machte eine vorzeitige Neuwahl notwendig. Zum zweiten Reichspräsidenten der Weimarer Republik wurde am 26. April 1925 der kaiserliche Feldmarschall Paul von Hindenburg gewählt. Nominiert hatte ihn der „Reichsblock" aus DVP, DNVP und Bayerischer Volkspartei. Misstrauisch betrachteten die demokratische Mitte und die Linke die nationalkonservative Einstellung Hindenburgs und seine Nähe zur Kaiserfamilie der Hohenzollern. Schließlich hatte Hindenburg zu denen gehört, die die sogenannte „Dolchstoßlegende" verbreiteten. Dabei ging es um die Behauptung, das angeblich bis zuletzt siegreiche Heer sei im Ersten Weltkrieg durch die Revolution in der Heimat „von hinten erdolcht" worden. Zu Sündenböcken wurden die sogenannten „Erfüllungspolitiker", die demokratischen Politiker, gemacht. Sie mussten nach der Niederlage des Kaiserreichs die politische Verantwortung übernehmen und den Versailler Vertrag unter dem Druck der Siegermächte unterzeichnen. Antidemokratische, nationalistische und antisemitische Kräfte und Strömungen machten sich zunehmend stärker bemerkbar.

M2

„Stützen der Gesellschaft",
Gemälde von George Grosz, 1926

M1

Synagogenschändungen

Aus einer Erhebung des Centralvereins deutscher Staatsbürger jüdischen Glaubens von 1932:

Zwischen 1923 und 1932 (1. Halbjahr) gab es in Deutschland 125 Schändungen (Beschmutzungen, Verwüstungen) von Synagogen. 1930:

– Spandau bei Berlin: Mit ätzender Flüssigkeit eingebrannt: „Schlagt die Juden, wo ihr sie trefft!" und mehrere große Hakenkreuze.

– Berlin: In der Nacht vom 16. zum 17. Februar wurde die Synagoge Kottbuser Tor in einer Weise besudelt, wie dies bisher weder in Berlin noch im Reich der Fall war. 20 Hakenkreuze in Höhe von je einem Meter bedeckten die ganze Front des Gotteshauses und seine Türen. Über die ganze Breite der Fassade erstreckten sich die Worte „Juda, verrecke, Judas den Tod, die Rache naht."

Zit. nach Harry Pross (Hg.), Die Zerstörung der deutschen Politik, Frankfurt a. M. (Fischer) 1963, S. 261 f.

M3

Völkische Demokratiekritik

Der Schriftsteller Karl Nüse schrieb 1924:

Das Parteiwesen und der daraus resultierende Parlamentarismus sind durch und durch undeutsch und widervölkisch, weil sie nicht naturgesetzlich von unten heraufgewachsen sind, sondern gewaltsam nach fremden Vorbildern geschaffen wurden. Die Parteien zerreißen die Einigkeit der Volksgemeinschaft und lassen die Einheit von Volk und Staat nicht zu, weil jede nach Vorherrschaft und nach Besetzung von Ämtern strebt. Der auf dem Parteiwesen beruhende Parlamentarismus ist der verkörperte Volksbetrug, denn dem Volke wird vorgegaukelt, er verbürge die Volksherrschaft, während das Wesen des Parlamentarismus … Parteiherrschaft übelster Art ist.

Karl Nüse, Der völkische Neuaufbau Deutschlands, Leipzig (Weicher) 1924, S. 71.

M4

Neuer Nationalismus

Der Schriftsteller Arthur Moeller van den Bruck (1876–1925) schrieb 1923 in seinem Buch „Das Dritte Reich":

Der deutsche Nationalismus ist Streiter für das Endreich ... Und es ist die besondere Verheißung des deutschen Volkes, die ihm alle anderen Völker streitig machen. Sie haben im Weltkrieg das Reich um des Reiches willen bekämpft, um der Weltherrschaft willen, an der wir unseren materiellen Anteil haben wollten ... Es gibt nur Ein Reich, wie es nur Eine Kirche gibt. Was sonst diesen Namen beansprucht, das ist Staat, oder das ist Gemeinde oder Sekte ... Der deutsche Nationalismus kämpft für das mögliche Reich ... Der deutsche Nationalist ... hat erfahren, dass im Umkreis der Zivilisation dieser Völker, die sich mit Selbstgefälligkeit die westliche nennt, ... der Mensch nicht stieg, sondern sank. In dieser sinkenden Welt, die heute die siegreiche ist, sucht der Nationalist das Deutsche zu retten.

Zit. nach Harry Pross (Hg.), Die Zerstörung der deutschen Politik, Frankfurt a. M. (Fischer) 1963, S. 354 f.

M5

Kommunistische Demokratiekritik

Ernst Thälmann (1886–1944), Vorsitzender der KPD, 1933 verhaftet und 1944 im Konzentrationslager Buchenwald ermordet, schrieb 1925:

Arbeiter! Ausgebeutete!

Nicht mit der Bourgeoisie – nur im Kampf gegen ihre schwarz-rot-goldenen Agenten könnt ihr die stärkste Ausbeutung und Unterdrückung, die Auslieferung als Kanonenfutter für neue Imperialistenkriege verhindern.

Nur das revolutionäre Proletariat, das die Monarchie im November 1918 zerschlagen, das den Kampf für die sozialistische Republik geführt hat und von Ebert und Hindenburg blutig niedergeschlagen wurde, ... kann die Schlacht gegen die reaktionäre Bourgeoisie schlagen. Diese Schlacht wird nicht mit dem Stimmzettel geschlagen ...

Heraus zur Massendemonstration gegen die monarchistische Reaktion, gegen ihre Schrittmacher, die schwarz-rot-goldenen Reaktionäre! Für die rote Klassenfront des Proletariats!

Die Rote Fahne, 12. April 1925. Zit. nach Udo Margedant/Friedhelm Meyer zu Natrup (Hg.), Die Weimarer Republik, Frankfurt a. M. (Cornelsen Hirschgraben) 1988, S. 44 f.

M6

Das „Dritte Reich" – ein Mythos

Der Historiker und Politikwissenschaftler Kurt Sontheimer stellte 1962 fest:

Das Buch Moellers hat in zwei verschiedenen Richtungen gewirkt. Der Titel des Werkes kam durch die Verwendung der Parole vom Dritten Reich* seitens der Nationalsozialisten zu einer besonderen Wirkung ... Die andere bleibende und nachhaltige Wirkung des Buches lag in der Verachtung der demokratischen und liberalen Institutionen ... Diese war mit der Wirksamkeit eines geschickt gehandhabten Propagandaslogans zwar nicht zu vergleichen, aber sie war von außerordentlicher Bedeutung für die politische Meinungsbildung eines großen Teiles der national eingestellten deutschen Intellektuellen[1], denn Moellers Drittes Reich war gleichsam die Bibel des jungen Nationalismus. Die Reichsidee ... gewann als Idee vom Dritten Reich eine mythische[2] Kraft ...; sie wurde zum Banner einer immer mächtiger anschwellenden nationalen Bewegung.

Kurt Sontheimer, Antidemokratisches Denken in der Weimarer Republik, München (dtv) 1978, S. 239 ff.

[1] an geistigen Dingen interessierte Person, meist mit Universitätsausbildung

[2] (griech.) Mythos = Wort, Sage; eine nicht beweisbare Vorstellung mit dem Anspruch auf Wahrheit, z. B. Ursprungsgeschichten über Völker

1 a) Erkläre, was in der Überschrift des Darstellungstextes mit „gespaltene Gesellschaft" gemeint ist.
b) Bewerte die propagandistische Wirkung von Begriffen wie „Dolchstoßlegende" und „Erfüllungspolitiker".

2 a) Erarbeite an M3 bis M5 die Kritik an der Weimarer Demokratie. Liste wesentliche Kritikpunkte auf.
b) Prüfe, wie der Autor von M6 die Kritik an der Demokratie beurteilt. Achte auf die Datierung des Textes.

3 Stelle fest, wie sich in der Weimarer Republik Antisemitismus zeigte (M1).

4 a) Notiere die in M2 zu erkennenden Gegenstände.
b) Formuliere Sprechblasen zu den abgebildeten Figuren.
c) Stelle einen Zusammenhang zwischen M2 und der Überschrift dieser Doppelseite her.

5 Diskutiert gemeinsam einen möglichen Zusammenhang zwischen Kriegsniederlage, Vorstellungen vom „Dritten Reich" und „deutschem Nationalismus".

Deutsche Außenpolitik in den 1920er-Jahren

Rückkehr in die Völkergemeinschaft

Nach dem verlorenen Ersten Weltkrieg wurde die deutsche Außenpolitik vor allem von den Folgen des Versailler Vertrages bestimmt. Dabei ging es um Fragen zu den Friedensbedingungen, die in Deutschland als zu hart empfunden wurden: Wie ließen sich Heeresbeschränkungen, Reparationslasten und erhebliche Gebietsverluste mildern oder rückgängig machen? Begriffe wie Ausgleich, Verständigung und Revision (siehe Revisionismus*) spielten dabei eine wichtige Rolle.

Entscheidend geprägt hat Außenminister Gustav Stresemann (1878–1929) die Außenpolitik der Weimarer Republik: Ihm gelang es, einige für Deutschland wichtige internationale Verträge zu schließen und die junge Weimarer Demokratie in die Gemeinschaft des Völkerbundes zu führen. Stresemann war Mitglied der Deutschen Volkspartei und übte das Amt des Außenministers von 1923 bis zu seinem Tod 1929 aus.

M1

Der deutsche Außenminister Gustav Stresemann während seiner ersten Rede vor dem Völkerbund in Genf, Foto, 10. September 1926. Zusammen mit dem französischen Außenminister Aristide Briand (1862–1932) erhielt Stresemann 1926 den Friedensnobelpreis.

M2

Außenpolitische Ziele 1925

Aus der Reichstagsdebatte über den Vertrag von Locarno, 24. November 1925, die mit einer klaren Zustimmung zu den Verträgen endete:

Otto Wels (SPD): Die west- und mitteleuropäischen Staaten sind wirtschaftlich und politisch heute so eng miteinander verbunden, dass jede politische, jede wirtschaftliche Erschütterung in einem derselben in ihren Folgewirkungen allgemein schwer empfunden wird ... Was ... in Europa fehlte, das Bedürfnis nach europäischer Solidarität, das ist heute ein sichtbares Bedürfnis aller europäischen Völker geworden.

Kuno Graf von Westarp (DNVP): Die Grundgedanken unseres Widerspruchs gegen ... Locarno: Jeder Verzicht auf deutsches Land, jede erneute freiwillige Anerkenntnis des Versailler Diktats sollte durch ... Verträge ausgeschlossen sein ... Wir müssen uns die Handlungsfreiheit nach Osten freihalten, auch im Hinblick auf die östlichen Grenzen Deutschlands.

Verhandlungen des Reichstags. Stenographische Berichte, Bd. 368, Berlin, 1925, S. 4485 ff.

Begriffe und Daten

Deutsche Außenpolitik 1922 bis 1929

16. April 1922 Vertrag von Rapallo zwischen Deutschland und Sowjetrussland: außenpolitische und wirtschaftliche Annäherung; gegenseitiger Verzicht auf Ersatz von Kriegsschäden.

29. August 1924 Dawesplan (nach dem amerikanischen Bankier Dawes): Festlegung von Höhe und Laufzeit der deutschen Reparationen nach dem Ersten Weltkrieg.

5. bis 16. Oktober 1925 Konferenz von Locarno: Anerkennung der Grenzen zu Frankreich und Belgien durch Deutschland, wie in Versailles festgelegt; Verzicht auf Gewalt; keine außenpolitische Isolierung.

8. September 1926 Aufnahme Deutschlands in den Völkerbund.

21. August 1929 Youngplan (nach dem amerikanischen Unternehmer Young): Neuregelung der Reparationen; durch das Moratorium des US-Präsidenten Hoover (1931) und das Lausanner Abkommen (1932) werden die Zahlungen ausgesetzt.

M3

Die Aufgaben der deutschen Außenpolitik

Gustav Stresemann (1878–1929) schrieb im September 1925 dem ehemaligen deutschen Kronprinzen:

3A Die deutsche Außenpolitik hat nach meiner Auffassung für die nächste absehbare Zeit drei große Aufgaben:

Einmal die Lösung der Reparationsfrage in einem für Deutschland erträglichen Sinne und die Sicherung des Friedens, die die Voraussetzung für eine Wiedererstarkung Deutschlands ist.

Zweitens rechne ich dazu den Schutz der Auslandsdeutschen, jener 10 bis 12 Millionen Stammesgenossen, die jetzt unter fremdem Joch in fremden Ländern leben.

Die dritte Aufgabe ist die Korrektur der Ostgrenzen: die Wiedergewinnung Danzigs, des polnischen Korridors und eine Korrektur der Grenze Oberschlesiens.

Im Hintergrund steht der Anschluss von Deutsch-Österreich, obwohl ich mir sehr klar darüber bin, dass dieser Anschluss nicht nur Vorteile für Deutschland bringt.

Aus der letzten Rede Stresemanns vor dem Völkerbund am 9. September 1929:

3B Was erscheint denn an Europa, an seiner Konstruktion vom wirtschaftlichen Gesichtpunkte aus so außerordentlich grotesk? Es erscheint mir grotesk, dass die Entwicklung Europas nicht vorwärts-, sondern rückwärtsgegangen zu sein scheint … Ist es nicht grotesk, dass Sie aufgrund neuer praktischer Errungenschaften die Entfernung von Süddeutschland nach Tokio um 20 Tage verkürzt haben, sich aber in Europa selbst stundenlang mit der Lokomotive irgendwo aufhalten lassen müssen, weil eine neue Grenze kommt … Wo bleibt in Europa die europäische Münze, die europäische Briefmarke? … Wir … haben die nüchterne Aufgabe, die Völker einander näherzubringen, ihre Gegensätze zu überbrücken. Zweifeln wir nicht daran: … Es gibt Gegensätze. Es handelt sich um harte Arbeit: vorwärtszukommen, diese Gegensätze zu vermindern und uns jenem Zustand zu nähern, den wir alle erhoffen.

M3A und M3B zit. nach Geschichte in Quellen, Bd. 5, München (bsv) 1961, S. 216, 225 f.

M4

Polen – Kern des Ostproblems?

General von Seeckt, Chef der Heeresleitung von 1920 bis 1926, äußerte am 11. 9. 1922 über die deutsche Ostpolitik:

Eine Verbindung Deutschlands mit Russland ist der erste und bisher fast einzige Machtzuwachs, den wir seit dem Friedensschluss erreichten … Mit Polen kommen wir nun zum Kern des Ostproblems. Polens Existenz ist unerträglich … Es muss verschwinden … Polen ist für Russland noch unerträglicher als für uns … Mit Polen fällt eine der stärksten Stützen des Versailler Friedens, die Vormachtstellung Frankreichs.

Der Monat, Nr. 2, 1948/49, S. 44 ff. Zit. nach Geschichte in Quellen, Bd. 5, München (bsv) 1961, S. 180 f.

M5

Friedensfördernde Wirkungen?

Der Historiker Heinrich August Winkler urteilte 1993:

Die Westmächte hatten Deutschland Zugeständnisse gemacht, weil sie sich von seiner vertraglichen Einbindung mäßigende und friedensfördernde Wirkungen versprachen. Die Mitgliedschaft im Völkerbund erschien ihnen als ein besonders geeignetes Mittel, um den deutschen Revisionismus zu zügeln … Auch aus Stresemanns Sicht trug Locarno dazu bei, den Frieden sicherer zu machen. Aber zugleich waren die Verträge für ihn doch nur eine Etappe auf dem Weg zu einer umfassenden Abkehr von der Nachkriegsordnung. Das Vertragswerk vom Oktober 1925 bedeutete für Stresemann die Erreichung eines Nahziels: den Handlungsspielraum Deutschlands durch Verständigung mit dem Westen so zu erweitern, dass es, trotz verbleibender Beschränkungen seiner Souveränität, wieder die Politik einer Großmacht betreiben konnte. Dazu gehörte auch eine härtere Gangart gegenüber Polen, das seine Forderung nach einem „Ost-Locarno“ nicht durchsetzen konnte.

Heinrich August Winkler, Weimar 1918–1933, München (C. H. Beck) 1993, S. 308.

1 a) Vergleiche die Positionen in M2.
b) Stelle fest, welche Haltungen zum Thema „Ostpolitik“ in M2 und M4 deutlich werden.

2 Erarbeite die Aussagen von M3A/M3B und vergleiche. Wodurch unterscheiden sich die Äußerungen?

3 Erläutere, wie der Autor von M5 den Vertrag von Locarno für die deutsche Außenpolitik beurteilt.

4 Fasse zusammen: Ziele der deutschen Außenpolitik in der Weimarer Republik.

Soziale Reformen

Vorschlag für eine Gruppenarbeit

1 Erarbeitet die Informationen auf den Seiten 114 bis 117 als Gruppenpuzzle (vier arbeitsteilige Erarbeitungsgruppen – Wechsel in die Austauschgruppe mit den Teilthemen – Bericht des Einzelnen über sein Teilthema).

2 Bereitet eine Diskussion zu folgenden Fragestellungen vor und führt sie durch:
a) Welche Gründe lassen sich dafür finden, dass die Jahre von 1924 bis 1929 die „Goldenen Zwanziger" genannt werden.
b) Was erscheint euch heute an der „Moderne" der Weimarer Zeit noch „modern", was nicht?
c) Was hat sich inzwischen weiter verändert in den erarbeiteten Teilthemen?

M1

Sozialpolitik und Wirtschaft

Der Wirtschafts- und Sozialhistoriker Volker Hentschel schrieb 1988:

Die Erweiterung und Verdichtung des Netzes der sozialen Sicherung war wohltuend, aber auch teuer gewesen. Die Beiträge zu den drei überlieferten Sozialversicherungen stiegen von acht Prozent des Bruttolohns in den letzten Vorkriegsjahren auf 12,5 Prozent im Jahr 1929. Dazu kamen drei Prozent Arbeitslosenversicherungsbeitrag. Überdies nahmen die Staatszuschüsse kräftig zu … Die gesamte soziale Sicherung kostete die Volkswirtschaft … über neun Milliarden Reichsmark. Das war real fünfmal so viel wie 1913 und entsprach knapp 13 statt gut zwei Prozent des Volkseinkommens. Dieser außerordentliche Anstieg hatte sich in einer Volkswirtschaft vollzogen, die unterdessen nicht gewachsen war, sondern kaum das Volkseinkommensniveau des letzten Vorkriegsjahres wiedererlangt hatte … [Als erste Folge] brachte es die Unternehmer gegen die soziale Sicherung, das Tarif- und Schlichtungswesen und das gesamte politische System auf. Und zweitens schwächte es die Erholungs- und Wachstumskräfte der erschütterten Wirtschaft.

Volker Hentschel, Die Sozialpolitik in der Weimarer Republik. In: Karl Dietrich Bracher u. a. (Hg.), Die Weimarer Republik, 2. Aufl., Bonn (Bundeszentrale für politische Bildung) 1988, S. 214 f.

M2

Die Hufeisensiedlung Berlin-Britz (erbaut 1925–1931), Foto, 1976. Die Wohnsiedlung Britz, entworfen von den Architekten Bruno Taut und Martin Wagner, galt als wegweisende Form des sozialen Wohnungsbaus.

M3

Wohnbedingungen 1923

Aus der Zeitschrift „Soziale Praxis", Berlin, 1923:

Familie M.: 2 Dachzimmer und Küche, 10 Personen. Die Wohnung ist eng und feucht, doch sauber gehalten. Ein Mädchen von 15 Jahren und ein Knabe von 11 Jahren teilen ein Bett. Je zwei Mädchen und zwei Buben gleichfalls. Säugling und Kleinkind haben eigene Schlafgelegenheit. Mehrere Kinder sind wegen Tuberkulose in Behandlung bzw. vom Schulbesuch ausgeschlossen.

Zit. nach Torsten Palmér/Hendrik Neubauer, Die Weimarer Zeit in Pressefotos und Fotoreportagen, Köln (Könemann) 2000, S. 167.

Begriffe und Daten

Sozialpolitische Reformen 1918 bis 1927

1918 Acht-Stunden-Arbeitstag wird eingeführt.

1919 Gewerkschaften werden als gleichberechtigte Tarifpartner der Arbeitgeberverbände anerkannt.

1920 Das Betriebsrätegesetz regelt die Mitsprache der Beschäftigten in Betrieben mit mehr als 20 Beschäftigten; das Grundschulgesetz führt die gemeinsame Schule in den Klassen 1 bis 4 ein.

1923 Ein Mieterschutzgesetz schützt vor ungerechtfertigten Kündigungen durch die Vermieter.

1924 Die staatliche Fürsorge ersetzt die Armenpflege der Städte und Gemeinden.

1927 Arbeits- und Kündigungsschutz für werdende und stillende Mütter wird eingeführt; gesetzliche Arbeitslosenversicherung wird eingerichtet.

Eine „Neue Frau"

M1 Erwerbstätige Frauen und ihre Tätigkeiten

	1882	1907	1925	1933
Anteil der erwerbstätigen Frauen an der Gesamtzahl der Frauen	33,8	31,2	35,6	34,2
davon tätig als:				
mithelfende Familienangehörige	40,7	35,2	36,0	36,1
Dienstmädchen/Hausangestellte	17,9	16,1	11,4	10,5
Arbeiterinnen in Industrie und Handel	11,8	18,3	23,0	22,9
in der Landwirtschaft	15,5	14,5	9,2	7,5
Angestellte und Beamtinnen	1,7	6,5	12,6	14,8
Selbstständige	12,3	9,2	7,7	8,0

Zusammengestellt nach Ute Frevert, Frauen-Geschichte zwischen bürgerlicher Verbesserung und neuer Weiblichkeit, Frankfurt a. M. (Suhrkamp) 1986, S. 290.

M2 Ein Mädchen im Knabengymnasium?

Erika Fuchs, die deutsche Übersetzerin von „Donald Duck", erinnerte sich an ihre Schulzeit in Belgard (Hinterpommern; im heutigen Polen), wo sie 1927 Abitur machte:

Für Mädchen gab es nur die Töchterschule, die ein schlichtes Bildungsniveau hatte … Eines Tages bekamen wir eine richtige Studienrätin, bei der wir Geschichte hatten. Dieser Unterricht war für uns eine Offenbarung. Wirklich. Wir haben diese Lehrerin geliebt.

Und mir wurde zum ersten Mal klar, dass Frauen auch etwas werden können. Da beschloss ich, die Töchterschule nicht länger zu besuchen, sondern aufs Knabengymnasium zu gehen, das gleich nebenan lag. Mein Bruder war dort, obwohl er zum Lernen keine Lust hatte. Mein Wunsch nach Schulwechsel wurde dann ein richtiges Politikum [Vorgang von politischer Bedeutung]. Zwar waren meine Eltern auf meiner Seite, doch musste der Stadtrat zu dieser unerhörten Sache seine Einwilligung geben. Es war ein städtisches Gymnasium. Die deutschnationalen [Anhänger der DNVP] Freunde meines Vaters waren ganz dagegen. Sie malten sich die schlimmsten Situationen aus. Ein Mädchen unter lauter Jungen. Die Sozialdemokraten, die in der Mehrheit waren, dachten fortschrittlicher. Sie erlaubten mir, obwohl ich die Tochter eines Bürgerlichen war, den Übertritt in das Knabengymnasium.

Zit. nach A. Scheib, Die Dolmetscherin des schrägen Vogels. In: Süddeutsche Zeitung, 13./14. Dezember 1986.

M3 Emanzipation der Frauen?

Die Historikerin Karen Hagemann schrieb 1990 über Arbeiterfrauen in der Weimarer Republik:

Teil des noch heute vorherrschenden Bildes von der Weimarer Republik ist die „Neue Frau" als Prototyp[1] der … Emanzipation* des weiblichen Geschlechts in der damaligen Zeit … Die Analyse des Frauenalltags … in dieser Zeit zeigt, dass dieses Bild nur einen kleinen Ausschnitt der Realität trifft. Der Handlungsspielraum der Masse der Mädchen und Frauen aus der Arbeiterschaft blieb in der Weimarer Republik trotz aller rechtlichen und sozialen Reformen außerordentlich beschränkt … Insgesamt scheinen [aber] die Handlungsspielräume der jüngeren Frauengenerationen, die seit der Jahrhundertwende geboren worden waren, größer gewesen zu sein als die der älteren Frauengenerationen … [Ältere] Frauen stellten … unverändert die größte Gruppe der Armen, die auf die öffentliche Fürsorge angewiesen waren.

Karen Hagemann, Frauenalltag und Männerpolitik, Bonn (Dietz) 1990, S. 639 ff.

[1] Muster, Inbegriff

M4 **Straßenszene in Berlin, Kurfürstendamm,** Foto, um 1926. Fotos wie diese galten als Beleg für die „Neue Frau" in der Gesellschaft der Zwanzigerjahre.

Eine „Neue Architektur“

M1

Doppelwohnhaus der Bauhaus-Meistersiedlung Dessau, Postkarte der Fotografin Lucia Moholy, 1926

M2

Die Moderne am Beispiel des „Bauhauses“

Wolfgang Thöner, wissenschaftlicher Mitarbeiter der heutigen Stiftung Bauhaus Dessau, schrieb 2002 über die Architektur der jetzt unter Denkmalschutz stehenden Meisterhäuser (= Wohnhäuser mit Ateliers der damaligen Lehrer – „Meister“ – der Bauhaus-Schule):

Die Meisterhäuser waren ein Bekenntnis zu Typisierung und Normierung eines industrialisierten Bauens … So kamen z. B. sogenannte „Jurko-Steine“ zum Einsatz, aus Zement, Schlacke und Sand gepresste Bauelemente von solcher Größe und Gewicht, dass sie noch von Hand versetzt werden konnten. Typisierung und Normierung waren eher am Grundriss und an Teilen der Inneneinrichtung auszumachen, zu der Heizungsradiatoren von Junkers, Türgriffe von Walter Gropius, Möbel von Marcel Breuer und Lampen von Marianne Brandt gehörten … Die Meisterhäuser [sind] das Ergebnis eines Suchprozesses nach dem zeitgemäßen einzelstehenden Wohnhaus zwischen Landhaus und Villa.

Wolfgang Thöner, Das Bauhaus wohnt, Dessau/Leipzig (Stadt Dessau/E. A. Seemann Verlag) 2002, S. 9.

Begriffe und Daten

Das Bauhaus – Symbol der Moderne

1919 gründete der Architekt Walter Gropius (1883 bis 1969) in Weimar das Staatliche Bauhaus – eine Schule für Architekten, Künstler und Designer. 1925 wurde die Schule wegen Querelen mit der neuen konservativen Regierung in Thüringen nach Dessau verlegt. Vom Bauhaus gingen nachhaltige Wirkungen auf die moderne Architektur, Wohnraumgestaltung, Industrieformen und Kunstpädagogik aus. Hier konnten Künstler mit ihren Zukunftsvisionen experimentieren. Die Architektur ist geprägt von Klarheit, Helligkeit und Funktionalität. 1933 wurde das Bauhaus von den Nationalsozialisten zerschlagen.

M3

Die „Frankfurter Küche“, Foto, 1926. Die Modellküche wurde 1926 von ihrer Schöpferin, Grete Schütte-Lihotzky (1900–2000), auf einer Ausstellung des Hausfrauenbundes in Frankfurt vorgestellt. Sie sollte die alte Wohnküche, die teilweise auch als Schlafstätte genutzt wurde, ablösen und nur als „Arbeitsküche“ dienen. In ähnlichen Formen setzte sie sich erst nach dem Zweiten Weltkrieg durch, als in kurzer Zeit viel Wohnraum geschaffen werden musste und der Küchenteil auf etwa acht Quadratmeter beschränkt wurde.

Neue Wege in Kunst und Literatur

M1

„Das ist jetzt Modefarbe"

Aus dem Roman „Das kunstseidene Mädchen" (1932) der damals 22-jährigen Schriftstellerin Irmgard Keun:

Ich hatte einen angenehmen Tag, weil der Letzte ist und Geldkriegen einem mit am meisten guttut, trotzdem ich von 120 ... 70 abgeben muss, was mein Vater doch nur versäuft, weil er jetzt arbeitslos ist und nichts anders zu tun hat. Aber von meinen 50 Mark hatte ich mir gleich einen Hut mit Feder gekauft – dunkelgrün – das ist jetzt Modefarbe und steht mir herrlich zu meinem erstklassigen rosa Teint. Und ist schief auf der Seite zu tragen – kolossal fesch – und ich hatte mir bereits einen dunkelgrünen Mantel machen lassen – streng auf Taille und mit Fuchsbesatz – ein Geschenk von Käsemann, der mich durchaus beinahe heiraten wollte. Aber ich nicht. Weil ich doch auf die Dauer zu schade bin für kleine Dicke, die noch dazu Käsemann heißen. Und nach dem Fuchs hab ich Schluss gemacht ... Und nu sitz ich hier in einem Kaffee – Tasse Kaffee kann ich mir heute auf eigne Faust leisten. Die Musik spielt, was ich gern höre: Zigeunerbaron oder Aida – kommt ja nich so drauf an.

Irmgard Keun, Das kunstseidene Mädchen, Bergisch Gladbach (Lübbe) 1980, S. 101 f.

M3

Ohne Titel, Gemälde von George Grosz, 1920

M2

„Rumm rumm haut die Dampframme ..."

Der Schriftsteller Alfred Döblin schrieb in seinem Roman „Berlin Alexanderplatz" 1929:

Rumm rumm wuchtet vor Aschinger[1] auf dem Alex die Dampframme. Sie ist ein Stock hoch und die Schienen haut sie wie nichts in den Boden.

Eisige Luft, Februar. Die Menschen gehen in Mänteln. Wer einen Pelz trägt, trägt ihn, wer keinen hat, trägt keinen. Die Weiber haben dünne Strümpfe und müssen frieren, aber es sieht hübsch aus. Die Penner haben sich vor der Kälte verkrochen. Wenn es warm ist, stecken sie wieder ihre Nasen raus. Inzwischen süffeln sie doppelte Ration Schnaps, aber was für welchen, man möchte nicht als Leiche drin schwimmen.

Rumm rumm haut die Dampframme auf dem Alexanderplatz. Viele Menschen haben Zeit und gucken sich an, wie die Ramme haut. Ein Mann oben zieht immer eine Kette, dann pafft es oben und ratz hat die Stange eins auf den Kopf ... Wie die Bienen sind sie über den Boden her. Die basteln und murksen zu Hunderten rum den ganzen Tag und die Nacht. Ruller ruller fahren die Elektrischen. Gelbe mit Anhängern, über den holzbelegten Alexanderplatz, Abspringen ist gefährlich. Der Bahnhof ist breit freigelegt, Einbahnstraße nach der Königstraße an Wertheim vorbei ... Über den Damm, sie legen alles hin, die ganzen Häuser an der Stadtbahn legen sie hin, woher sie das Geld haben, die Stadt Berlin ist reich, und wir bezahlen die Steuern ... Frühmorgens kommen die Arbeiter angegondelt, von Reinickendorf, Neukölln, Weißensee. Kalt oder nicht kalt, Wind oder nicht Wind, Kaffeekanne her, pack die Stullen ein, wir müssen schuften, oben sitzen die Drohnen, die schlafen in ihren Federbetten und saugen uns aus.

Alfred Döblin, Berlin Alexanderplatz, 24. Aufl., München (dtv, © Walter-Verlag, Olten) 1980, S. 144 f.

[1] Café und Restaurant auf dem Alexanderplatz

Die Weltwirtschaftskrise und ihre sozialen Folgen

Die „Große Depression“ in Deutschland 1929 bis 1933

Die wirtschaftliche Stabilisierung, die seit Mitte der 1920er-Jahre in Europa eingetreten war, erwies sich bald als brüchig. Schon 1928 gab es deutliche Krisenanzeichen: Der Massenkonsum ging zurück und die Überproduktion in vielen Gewerbebereichen führte zu Entlassungen. Der „Börsenkrach“ in New York mit einem Sturz der Aktienkurse ins Bodenlose am „Schwarzen Freitag“ (25. Oktober 1929) war der sichtbare Beginn einer tiefen Krise. Sie hatte ihren Ursprung in den USA und erschütterte die gesamte Weltwirtschaft. Diese Krise drohte auch für die deutsche Wirtschaft gefährlich zu werden: Seit Mitte des Jahres 1927 hatte sich die Industrieproduktion nicht mehr erhöht. Die privaten und öffentlichen Investitionen lagen unter dem Niveau von 1913, die Staatsausgaben hatten dagegen stark zugenommen. Wegen der angestiegenen Lohnstückkosten waren die Wettbewerbsvorteile im Export geschwunden. Die Arbeitslosigkeit lag zwischen 1926 und 1929 im Jahresdurchschnitt bei über 1,3 Millionen Menschen. Die Kosten dafür konnten von der Arbeitslosenversicherung allein nicht mehr getragen werden. Bereits 1932 überstieg die Zahl der Arbeitslosen die Sechs-Millionen-Grenze. Die sinkenden Einkommen von Arbeitern, Angestellten und Beamten führten zu einem drastischen Rückgang des privaten Verbrauchs. Betroffen waren zahlreiche Gewerbezweige, vor allem der gewerbliche Mittelstand, wie Möbelhändler, Bauunternehmer, Zeitungsverleger und Landwirte. Sie mussten einen starken Preisverfall ihrer Produkte hinnehmen und sich oft verschulden. So kam es zwischen 1930 und 1932 allein in der Landwirtschaft zur Versteigerung von 4700 Betrieben. Die Wirtschaftskrise verschärfte die sozialen Konflikte zwischen Unternehmen und Arbeitnehmerorganisationen. Die Bankenzusammenbrüche von 1931 vernichteten die Einlagen vieler Sparer und verschlechterten die wirtschaftliche Lage der Bevölkerung weiter.

Am schärfsten traf die Arbeitsmarktkrise die achtzehn- bis dreißigjährigen Erwerbstätigen. Wenn sie noch, wie viele, in ihren Familien lebten, erhielten sie keine Arbeitslosenunterstützung. Allenfalls bekamen sie für kurze Zeit Arbeitslosenhilfe bzw. eine verminderte „Krisenhilfe“. Die entwürdigende Überprüfung und das degradierende Verfahren hinterließen bei vielen Antragstellern einen tiefen Groll und führten zu einem weiteren Ansehensverlust der Weimarer Demokratie. Die Krisenzeit um 1930 prägte sich als negative Generationserfahrung tief ein.

M1

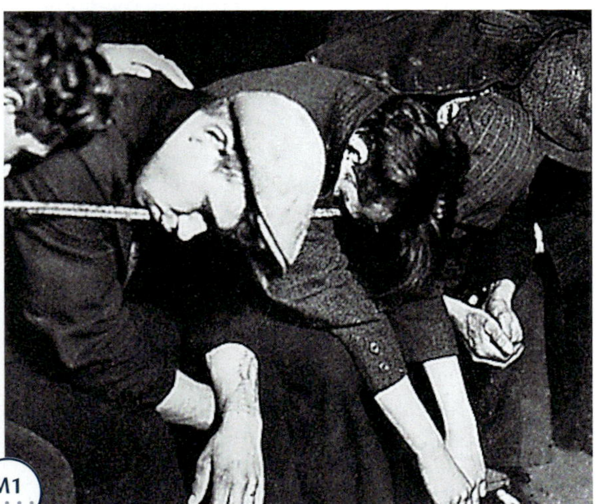

Arbeitslose Jugendliche in Hamburg. Gegen Bezahlung haben sie einen Schlafplatz an der Leine erhalten, Foto, 1931

M2 Welthandel 1930 bis 1932

(in Mrd. Reichsmark)

	Einfuhr		Ausfuhr	
	1930	**1932**	**1930**	**1932**
Deutsches Reich	10,4	4,7	12,0	5,7
Frankreich	8,6	4,9	7,0	3,3
Großbritannien	21,3	10,4	11,6	5,4
USA	12,8	5,6	16,1	6,8
Welthandel insg.	120,0	57,8	108,7	52,0

M3 Arbeitslose und Kurzarbeiter 1928 bis 1932

(in Prozent der erfassten Mitglieder; Freie, Christliche und Hirsch-Dunckersche Gewerkschaften)

Jahresdurchschnitt	1928	1929	1930	1931	1932
Arbeitslose	8,4	13,1	22,2	33,7	43,7
Kurzarbeiter	5,6	7,5	13,4	19,7	22,6

M2 und M3 zusammengestellt nach Statistisches Jahrbuch für das Deutsche Reich, Bd. 52, Berlin, 1933, S. 107 ff.

M4

Not durch Arbeitslosigkeit

In dem Gedicht „Das Riesenspielzeug" von 1932 thematisierte der Schriftsteller Erich Kästner (1899–1974) die Jugendarbeitslosigkeit:

Eins habt ihr leider nicht bedacht:
dass Kinderhaben auch verpflichtet.
Ihr wart auf uns nicht eingerichtet,
ihr habt uns nur zur Welt gebracht.

Ihr habt uns mancherlei gelehrt,
Latein und Griechisch bestenfalles,
nun sind wir groß, doch das ist alles.
Und was ihr lehrtet, ist nichts wert.

Ihr habt uns in die Welt gesetzt.
Wer hatte euch dazu ermächtigt?
Wir sind nicht existenzberechtigt
und fragen euch: Und was wird jetzt?

Schon sind wir eine Million!
Wir waren fleißig und gelehrig.
Und ihr? Ihr schickt uns, minderjährig
fürs ganze Leben in Pension.

Wir leben wie im Krankenhaus
und lassen uns von euch verwalten.
Und werden von euch ausgehalten
und halten das nicht länger aus!

Sind wir denn da, um nichts zu tun?
Wir, die geborenen Arbeitslosen,
verlangen Arbeit statt Almosen.
Und fragen euch: Und was wird nun?

Die Weltbühne, 27. Jg., 1932, S. 791.

M5

Die „Tragödie" einer Lokomotivfabrik

Aus einem Artikel des „Süddeutschen Sonntagsanzeigers" vom 6. Dezember 1930 über die 1838 gegründete Münchner Lokomotivfabrik Maffei:

Es ist eine schlimme Sache, wenn die weltberühmte alte Firma eines Tages ihre Tore schließen muss … Eine Fabrik, die mit der bayerischen Industrie verwurzelt war wie ein alter starker Baum mit der Erde … Leider sind derartige Entwicklungen bei den derzeitigen wirtschaftlichen Verhältnissen keine allzu große Seltenheit. Aber es geht hier nicht nur um eine Fabrik, nicht nur um einen ehrwürdigen Namen – es geht um viel mehr: Es handelt sich um die Existenz von zweieinhalbtausend Menschen, denen dieses Ende ihre Stellung kostet. Wenn man die Dinge von diesem Standpunkt aus betrachtet, so kann man die Umstellung der Firma Maffei wohl als eine Katastrophe bezeichnen, wie sie München noch nicht erlebt hat. Wo einmal 3600 Menschen an Maschinen standen und in Werkstätten arbeiteten, da sind heute noch ein paar hundert, und auch diese erwarten alle Tage den schicksalsschweren blauen Brief, der ihnen mitteilt, dass man sie nicht mehr braucht … Werkmeister Ziegler hat sich umgebracht. Sich und seine Familie. Vor Monaten. Das war der Anfang. Einer der ersten blauen Briefe. Wir haben über die grausige Familientragödie an dieser Stelle damals ausführlich berichtet. Ein Mann, der ein halbes Menschenleben bei Maffei war … „Wo ich mich vorstelle", erzählt ein Werkmeister, „dieselbe Antwort: Sie sind zu alt! Es ist trostlos, wenn wir uns morgens auf dem Arbeitsamt treffen. Das ganze Leben ist sinnlos geworden."

Süddeutscher Sonntagsanzeiger vom 6. Dezember 1930.

Begriffe und Daten

1929 Beginn der Weltwirtschaftskrise

Am „Schwarzen Freitag" (Börsenkrach am 25. Oktober 1929 in New York) wurde offenkundig, dass sich die Weltwirtschaft in einer tiefen Krise befand. In einer Art Spekulationsrausch wollten viele mit Aktien das große Geld machen, obwohl sich der konjunkturelle Einbruch durch Überproduktion und Absatzschwierigkeiten abgezeichnet hatte. Die Folgen waren Konkurse und ein ungeahnter Anstieg der Arbeitslosigkeit, der viele Staaten in eine soziale und politische Krise stürzte.

1 a) Formuliere Aussagen zu M2 und M3. Welche Entwicklungen werden deutlich?
b) Stelle einen Bezug zu M1 her.

2 Vergleiche die Haltungen, die in M4 und M5 zum Ausdruck gebracht werden. Arbeite Gemeinsamkeiten und Unterschiede heraus. Beachte die Textarten.

3 Erarbeite anhand des Darstellungstextes Wirkungen der Weltwirtschaftskrise in Europa.

4 Diskutiert in einer Gesprächsrunde, inwiefern Arbeitslosigkeit für den Einzelnen unerträglich und für den Staat zu einer massiven Gefährdung werden kann.

Die Zerstörung der Demokratie

Die politische Krise

Auf die Wirtschaftskrise folgte eine politische Krise. Da die Sozialversicherung nicht mehr über ausreichende Geldmittel verfügte, konnte die stetig steigende Zahl der Arbeitslosen nicht mehr versorgt werden. Unter den demokratischen Parteien entbrannte ein Streit: Die SPD lehnte eine Erhöhung der Beiträge zur Arbeitslosenversicherung um 0,5 Prozent auf 4,0 Prozent ab, wovon Arbeitgeber und Arbeitnehmer jeweils die Hälfte hätten aufbringen müssen. Das Zentrum und andere bürgerliche Parteien wollten eine Kürzung des Arbeitslosengeldes durchsetzen. Dieser Konflikt führte zum Bruch der Koalition der Mitte von SPD, Zentrum, BVP, DDP und DVP. Reichskanzler Müller (SPD) prognostizierte bei seinem Rücktritt 1930: „Wir gehen schweren Zeiten entgegen!" Damit brachte er zum Ausdruck, dass das gesamte parlamentarische System eine Niederlage erlitten hatte.

Der Weg in den autoritären Staat

Gewinner der Reichstagswahlen vom September 1930 waren die extremistischen Kräfte. Sie verhinderten demokratische Mehrheiten im Reichstag. Die folgenden Regierungen waren deshalb von der Unterstützung des Reichspräsidenten Hindenburg abhängig. Er berief sich auf Artikel 48 der Verfassung, wonach er mit Notverordnungen ohne die Beteiligung des Parlaments regieren konnte, und auf Artikel 25: Dieser enthielt das Recht zur Auflösung des Reichstags durch den Präsidenten. Eine Regierung, die das Vertrauen des Reichspräsidenten verspielte, hatte keine Zukunft.

Biografie

Paul von Hindenburg (1847–1934)

Zuletzt Generalfeldmarschall im Ersten Weltkrieg; 1925 als Kandidat der Rechtsparteien zum Reichspräsidenten gewählt (Wiederwahl 1932 mit Unterstützung von SPD und Zentrum gegen Hitler). Als Anhänger der Monarchie stand er dem parlamentarisch-demokratischen System misstrauisch gegenüber. Nach dem Ende der Großen Koalition 1930 vollzog er den Übergang zu den „Präsidialkabinetten". Ernannte nach anfänglichem Zögern Hitler zum Reichskanzler (30. 1. 1933).

„Politik auf der Straße" – die Kampfverbände

Zu einem großen Gefahrenherd waren die Kampfverbände der Nationalsozialisten geworden: die SA und die SS. Diese rechtsradikalen Organisationen wandten sich gleichermaßen gegen die Republik wie gegen die monarchischen Kräfte.

Im Oktober 1931 schlossen sich die nationalen Kampfverbände der DNVP, der NSDAP und der Bund Stahlhelm bei einem Treffen in Bad Harzburg zur „Harzburger Front" zusammen. Den Führungsanspruch dieser Vereinigung erhoben die Nationalsozialisten. Einig war sich diese „Front" nur in dem einen Ziel, die Politik der Regierung gewaltsam zu bekämpfen.

Diesen rechtsradikalen Wehrverbänden stellten sich das republikanische Reichsbanner und der kommunistische Rotfrontkämpferbund entgegen. In blutigen Straßenkämpfen verloren nicht nur zahlreiche Mitglieder dieser Kampfverbände ihr Leben, sondern auch zahlreiche Polizisten und unbeteiligte Passanten. Eine Folge der Straßenkämpfe war die Verunsicherung der Bevölkerung und deren schwindendes Vertrauen in die Autorität und Gestaltungskraft des Staates. Dies entsprach der Strategie der Radikalen, die sich von einem allgemeinen politischen Chaos Erfolge für die eigenen Ziele erhofften.

M1 **Ein neuer Rütlischwur der Parteien,** Karikatur von E. Schilling aus der Zeitschrift „Simplicissimus" vom 16. Oktober 1932. Die Bildunterschrift lautet: „Wir wollen einig kämpfen gegen Papen – doch trotzdem treu uns hassen allezeit!"

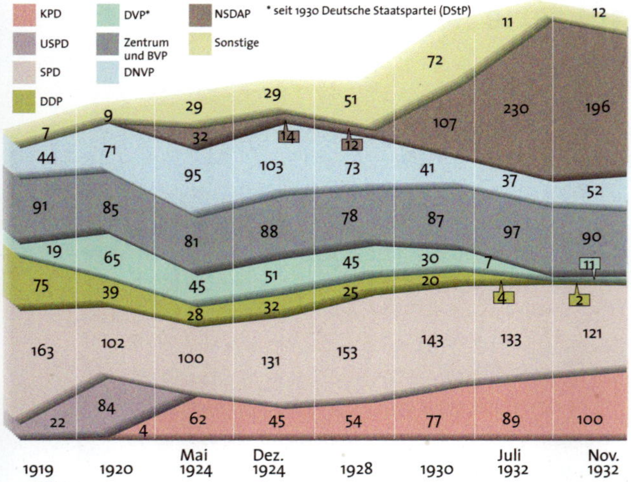

M2 **Sitzverteilung in der Nationalversammlung 1919 und im Deutschen Reichstag 1920 bis 1932**

Begriffe und Daten

Die Politik der Präsidialkabinette

Reichskanzler Heinrich Brüning (Zentrum), April 1930 bis Mai 1932:
Vom Reichspräsidenten eingesetzte Regierung mit einer Parlamentsmehrheit nur bei Tolerierung durch die SPD. Sparmaßnahmen in den öffentlichen Haushalten, Senkung der Beamtengehälter, Erhöhung von Steuern; Hinnahme einer Verschärfung der Wirtschaftskrise. Sturz durch Hindenburg nach politischen Intrigen von Interessenverbänden.

Reichskanzler Franz von Papen (Zentrum), Juni bis November 1932:
„Kabinett der Barone" (so genannt wegen zahlreicher adliger Minister); Aufhebung des SA-Verbots; dadurch Zunahme blutiger Straßenkämpfe; 20. Juli 1932: Sturz der von der SPD geführten Koalitionsregierung in Preußen, einer starken Stütze der parlamentarischen Demokratie, durch Verordnung des Reichspräsidenten; Ernennung von Papens zum Reichskommissar für Preußen; Scheitern der Politik mit Notverordnungen; Entlassung Papens durch Hindenburg.

Reichskanzler General Kurt von Schleicher (parteilos), Dezember 1932 bis Januar 1933:
Ziel: Spaltung der NSDAP und Herstellung einer parlamentarischen Mehrheit durch die bürgerlichen Parteien und die SPD. Rücktritt nach Scheitern seiner Pläne. Hindenburg ernennt am 30. Januar 1933 Adolf Hitler zum Reichskanzler.

M3 Am „Zangengriff" gescheitert?

Der Historiker Hans-Ulrich Wehler schrieb 2003:

Die Zerfallsgeschichte der Weimarer Republik ist bisher geschildert worden, ohne dass die aggressivsten Zerstörungskräfte angemessen analysiert worden wären. Sie wurden durch den linkstotalitären[1] Kommunismus und den rechtstotalitären Nationalsozialismus verkörpert. Blickt man auf die strukturelle Kräftekonstellation, ist das Experiment der ersten deutschen Republik letztlich an ihrem Zangengriff gescheitert, wobei sich auf der Seite der Hitler-Bewegung die ungleich größere Destruktionsmacht[2] zusammenballte …
Ohne Hitler wäre der Nationalsozialismus aller Wahrscheinlichkeit nach eine ordinäre[3] autoritär-nationalistische Partei … geblieben … Hatte sich die NSDAP bisher an erster Stelle darauf konzentriert, die städtischen Arbeiter den Linksparteien abspenstig zu machen, verlegte sie sich jetzt zielstrebig auf den Stimmengewinn in den städtischen Mittel- und bäuerlichen Besitzklassen; sie öffnete sich aber überhaupt ohne jede Berührungsangst … neuen Sympathisanten, gleich welcher sozialen Herkunft … Ausschlaggebend blieb freilich, dass Hitler auf einen allgemeineren gesellschaftlichen Konsens traf, der nach einem „starken Führertum" … verlangte.

Hans-Ulrich Wehler, Deutsche Gesellschaftsgeschichte 1914 bis 1949, München (C. H. Beck) 2003, S. 534, 551, 567.

[1] totalitär: Herrschaftsanspruch, z. B. einer Partei, in allen Bereichen des privaten und öffentlichen Lebens
[2] Zerstörungskraft
[3] gewöhnlich, niedrig

1 Erkläre den Unterschied zwischen einer parlamentarischen Demokratie und einem Präsidialsystem (Darstellungstext, Kasten).
2 a) Analysiere die Wahlergebnisse zwischen 1930 und 1932 (M2).
b) Fasse zusammen, welche parteipolitischen Verschiebungen sich im Laufe der Weimarer Republik ergeben haben.
3 Erarbeite die wesentlichen Ursachen für das Scheitern der Weimarer Republik (M3).
4 Analysiere M1 mithilfe der Methode „Karikaturen entschlüsseln" im Anhang.
5 Informiert euch in Kurzvorträgen gegenseitig über die Ursachen für das Scheitern der Weimarer Republik.

Gründung und Zerstörung einer Demokratie

M1

Ein Blick auf Deutschland im Jahre 1923

Der britische Botschafter Lord d'Abernon in einer Tagebuchaufzeichnung vom 31. Dezember 1923:

Nun geht das Krisenjahr zu Ende. Die inneren und äußeren Gefahren waren so groß, dass sie Deutschlands ganze Zukunft bedrohten. Eine bloße Aufzählung der Prüfungen, die das Land zu bestehen hatte, wird einen Begriff davon geben, wie schwer die Gefahr, wie ernst der Sturm war. Obwohl ich diesen ganzen Zeitraum miterlebte und mich an manchen Ereignissen aktiv beteiligte, habe ich nicht immer im Augenblick erfasst, wie schicksalsschwer die Lage war. Wenn man zurückblickt, sieht man klarer, wie nah dieses Land am Abgrund stand.

In den zwölf Monaten vom Januar bis heute hat Deutschland die folgenden Gefahren überstanden:
- die Ruhrinvasion;
- den kommunistischen Aufstand in Sachsen und Thüringen[1];
- den Hitlerputsch in Bayern;
- eine Wirtschaftskrise ohnegleichen;
- die separatistische Bewegung im Rheinlande[2].

Jeder einzelne dieser Faktoren, falls er sich ausgewirkt hätte, würde eine grundlegende Veränderung entweder in der inneren Struktur des Landes oder in seinen Beziehungen nach außen herbeigeführt haben. Jeder dieser Gefahrenmomente, falls er nicht abgewendet worden wäre, hätte jede Hoffnung auf eine allgemeine Befriedung vernichtet. Politische Führer in Deutschland sind nicht gewohnt, dass ihnen die Öffentlichkeit Lorbeeren spendet, und doch haben diejenigen, die das Land durch diese Gefahren hindurchgesteuert haben, mehr Anerkennung verdient, als ihnen zuteil werden wird.

Zit. nach Wolfgang Michalka und Gottfried Niedhart, Die ungeliebte Republik, 3. Aufl., München (dtv) 1984, S. 95.

[1] Konflikt der sächsischen und thüringischen KPD-Minister mit der Reichsregierung, die die SPD-KPD-Landesregierung am 29. Oktober 1923 absetzte.

[2] Die Ausrufung einer von Frankreich unterstützten „Rheinischen Republik" am 21. Oktober 1923 scheiterte am Widerstand der Reichsregierung.

M2

Zeitgenössische Karte über die Folgen des Versailler Vertrages. Diese Karte wurde in Schulbüchern der Weimarer Republik abgedruckt.

M3 **Karikatur von Thomas Theodor Heine aus der Zeitschrift „Simplicissimus" von 1927.** Die Bildunterschrift lautet: „Sie tragen die Buchstaben der Firma – aber wer trägt den Geist?"

M4 **Plakat der Deutschnationalen Volkspartei (DNVP) zur Reichstagswahl, 1928**

Überprüfe, was du kannst

Sachkompetenz

1 Nenne die Kernaussagen von SPD, Zentrum, KPD, DDP, DNVP und NSDAP und ihre jeweilige Einstellung zur parlamentarischen Demokratie (S. 105).

2 Notiere stichwortartig a) die politischen und b) die wirtschaftlichen Belastungen der Weimarer Republik (S. 106 ff.).

3 Stelle die Vorstellungen der antidemokratischen Kräfte dar (S. 110 f.).

4 a) Fasse zusammen, wie der britische Botschafter (M1) Ende 1923 die Lage in Deutschland sieht.
b) Erläutere den letzten Satz in M1.
c) Suche Beispiele aus dem Kapitel, die die Aussage d'Abernons stützen.

Methodenkompetenz

5 Analysiere M4 mithilfe der Arbeitsschritte S. 98 f.

6 a) Interpretiere M3 anhand der Methode „Karikaturen entschlüsseln" im Anhang.
b) Prüfe, ob sich die Aussage der Karikatur im Kapitel wiederfinden lässt.

7 a) Erschließe M2 mithilfe der Methode „Historische Karten lesen und vergleichen" im Anhang.
b) Formuliere zusammenfassend, welche Absicht mit der Karte verbunden war.

Urteilskompetenz

8 Beurteile die folgende These: Die Weimarer Republik war eine Demokratie ohne Demokraten.

Kommunikations- und Handlungskompetenz

9 Erörtert in einer Diskussionsrunde, was euch heute an der Weimarer Demokratie positiv bzw. negativ erscheint.

- 1918 Ausrufung der Republik
- 1918 bis 1933 Weimarer Republik
- 1919 Ebert Reichspräsident
- 1919 Weimarer Reichsverfassung
- 1922 Rapallovertrag
- 1923 Hitlerputsch
- 1923 Inflation
- 1925 Hindenburg Reichspräsident
- 1925 Konferenz von Locarno
- 1926 Aufnahme Deutschlands in den Völkerbund
- 1929 Weltwirtschaftskrise und Youngplan
- 1930 bis 33 Präsidialkabinette
- Januar 1933 Hitler wird Reichskanzler

1915 1920 1925 1930 1935

Die Weimarer Republik 1918 bis 1933

Novemberrevolution und Gründung der Republik

Die Weimarer Republik „begann“ im Bewusstsein der Öffentlichkeit am 9. November 1918, dem Tag der „Novemberrevolution“. An diesem Tag wurde in Berlin die Republik zweimal ausgerufen und Kaiser Wilhelm II. floh ins Ausland. Der 9. November hat jedoch eine bedeutende Vor- und Nachgeschichte, woran deutlich wird, dass die Weimarer Republik nicht an einem Tag „entstand“:

- Im Oktober 1918 war aus der konstitutionellen Monarchie eine parlamentarische geworden: Der Reichskanzler war nun nicht mehr dem Kaiser verantwortlich, sondern dem Parlament (Reichstag).
- Ausgelöst durch Proteste der Matrosen gegen die Fortführung des offensichtlich verlorenen Krieges, kam es Ende Oktober 1918 zu Aufständen, die sich innerhalb weniger Tage über ganz Deutschland ausbreiteten.
- Als „Gründungsdaten“ der Republik könnten auch die Wahlen zur Verfassunggebenden Nationalversammlung am 19. Januar 1919 gesehen werden oder der 14. August 1919, an dem die Weimarer Verfassung in Kraft trat.

Seit dem 9. November 1918, dem Tag der Novemberrevolution, stellte die SPD mit Friedrich Ebert den Reichskanzler einer aus SPD und USPD gebildeten Übergangsregierung. Ihr gelang die „Eindämmung“ der Revolution im November 1918 mithilfe von regulären Heeresverbänden und Freikorps. Das Wahlergebnis zur Nationalversammlung bestätigte, dass politisch gemäßigte Kräfte die Mehrheit hatten und die Regierung stellten: die sogenannte Weimarer Koalition aus SPD, DDP und Zentrum. Mit ihren Stimmen wurde die Verfassung angenommen, die Deutschland zu einer parlamentarischen Republik machte – mit einem Reichspräsidenten als Staatsoberhaupt.

Revolution in Norddeutschland

Die revolutionäre Bewegung nahm ihren Anfang bei Matrosen in den Marineverbänden an der Küste. Sie verlief nach ähnlichem Muster wie im Reich. Getragen wurde sie sowohl von demokratisch-parlamentarischen Kräften, denen es vor allem um die Bewältigung aktueller Probleme ging, als auch von Sozialrevolutionären. Sie riefen „sozialistische Republiken“ oder „Räterepubliken“ aus wie in Braunschweig und Bremen, die auf Anordnungen der Reichsregierung militärisch beendet wurden.

Innenpolitische Belastungen und Gefahren

Politische und wirtschaftliche Krisen belasteten die Weimarer Demokratie. Der Versailler Vertrag wurde in Deutschland von vielen als „Diktatfrieden“ empfunden, für den man fälschlicherweise die junge Demokratie und ihre Politiker verantwortlich machte („Novemberverbrecher“ und „Erfüllungspolitiker“).

Im März 1920 kam es zum sogenannten Kapp-Lüttwitz-Putsch. Er scheiterte am Generalstreik und am passiven Verhalten der Ministerialbürokratie. Das Krisenjahr 1923 zeigte die instabile Lage in voller Schärfe:

- Im Januar 1923 besetzten französische und belgische Truppen wegen ausstehender Reparationszahlungen das Ruhrgebiet.
- In Sachsen und Thüringen kam es zum Aufstand kommunistischer Kräfte. Er wurde von Reichswehrtruppen niedergeschlagen.
- In München misslang im November 1923 der sogenannte Hitlerputsch.
- Die Inflation führte 1923 zum völligen Verfall der Währung und verschärfte die soziale Krise.
- Eine fortwährende Gefahr für die Republik stellten ihre Gegner dar: die antiparlamentarischen Gruppen der radikalen Rechten und Linken, nationalistische, monarchistische, antisemitische und kommunistische Kräfte.

Wandel in der Gesellschaft

Die Gesellschaft der 1920er-Jahre befand sich im Spannungsfeld von Tradition und Moderne. Das wird erkennbar vor allem am Wandel der Frauenrolle, an den bedeutenden sozialpolitischen Reformen und an Neuerungen in Architektur, Kunst und Literatur.

Deutsche Außenpolitik

Der verlorene Krieg und der als zu hart empfundene Versailler Vertrag bestimmten die deutsche Außenpolitik. Sie bewegte sich zwischen Verständigung einerseits und Revision andererseits. Außenminister Gustav Stresemann gelang es in seiner Amtszeit von 1923 bis 1929,

- eine Verständigung mit Frankreich herbeizuführen,
- einige wichtige internationale Verträge abzuschließen
- und die Weimarer Republik in den Völkerbund zu führen.

Die neuen Grenzen im Westen wurden akzeptiert, während auch Stresemann eine Anerkennung der Grenzen im Osten offenließ. Damit behielt sich Deutschland eine Korrektur der Grenzen vor. Dies bedeutete für Polen außenpolitische Unsicherheit, da es seine Forderungen nach gesicherten Grenzen nicht durchsetzen konnte.

Krise und Zerstörung der Weimarer Republik

Die Weltwirtschaftskrise ab 1929 offenbarte schlagartig die Schwäche der Weimarer Demokratie: Mit der Wirtschafts- und Sozialkrise radikalisierten sich weite Teile der Bevölkerung: KPD und NSDAP erhielten starken Zulauf, die Koalition der demokratischen Parteien zerbrach 1930 und es begann die Phase der „Präsidialkabinette" – gestützt auf die Macht des Reichspräsidenten. Die parlamentarische Verfassung war damit in wichtigen Teilen außer Kraft gesetzt. Gewaltanwendung auf der Straße galt zunehmend als Mittel zur Lösung der Probleme. Mit der Übertragung der Macht auf Adolf Hitler am 30. Januar 1933 war die bereits eingeschränkte Weimarer Demokratie am Ende.

Die Weimarer Republik

Demokratiegründung
- drohende Kriegsniederlage seit Sommer/Herbst 1918
- Schwächung der Monarchie
- Oktober 1918: von der konstitutionellen zur parlamentarischen Monarchie
- Proteste, Aufstände von Matrosen gegen die sinnlose Fortsetzung des Krieges
- „Novemberrevolution": Sturz der Monarchie, Ausrufung der Republik im Herbst 1918
- Weimarer Verfassung (1919): parlamentarisch-demokratische Staatsordnung mit Bürger- und Menschenrechten
- Ausschaltung der rätedemokratischen Tendenzen
- mit starken Rechten ausgestattetes Amt des Reichspräsidenten

Belastungen und Chancen
- Versailler Vertrag: Kriegsschuldbestimmung, Gebietsabtretungen, hohe Reparationsforderungen
- politische und soziale Krisen in den 1920er-Jahren: Kapp-Putsch, Ruhrkampf, Hitlerputsch, Inflation 1923
- links- und rechtsradikale Gegner der Republik bekämpfen die parlamentarische Demokratie
- antisemitische Tendenzen
- starke Ungleichheiten in der Gesellschaft
- Verständigung mit den ehemaligen Kriegsgegnern
- internationale Verträge
- Aufnahme in den Völkerbund

Scheitern der Demokratie
- zunehmende Radikalisierung und soziale Probleme durch die Weltwirtschaftskrise ab 1929
- Erstarken der extremistischen antidemokratischen und antiparlamentarischen Parteien NSDAP und KPD
- 1930 bis Anfang 1933: Präsidialkabinette als autoritäre Regierungen ohne Legitimation durch das Parlament
- (Selbst-)Entmachtung des Reichstags
- faktisches Ende der Republik 1933 mit der Ernennung Hitlers zum Reichskanzler

Zerstörung der Republik durch antidemokratische Kräfte bei fehlender republikanischer Mehrheit seit 1930

4. Der Nationalsozialismus – Ideologie und Herrschaftspraxis

Auch mehr als sechzig Jahre nach der Herrschaft der Nationalsozialisten ist das Thema „Hitler und das Dritte Reich" in der Öffentlichkeit, in der Politik und den Medien präsent. Kino- und Fernsehfilme, Dokumentationen, veröffentlichte Erinnerungen und neue Forschungsergebnisse zu Hitler und dem Dritten Reich stoßen auf reges Interesse. Ganz besonders dann, wenn bislang verschwiegene Verstrickungen von bekannten Personen oder Unternehmen in der Nazizeit enthüllt werden.
Rechtsextremisten, die sich auf den Nationalsozialismus berufen, geben Anlass zu Schlagzeilen und Diskussionen darüber, warum der „Schatten" Hitlers eher länger als kürzer zu werden scheint. Häufig verwendete Formulierungen wie „Die Gegenwart der Vergangenheit" oder „Vergangenheit, die nicht vergehen will" zeigen, wie tief der Einschnitt der NS-Herrschaft in der deutschen Geschichte ist. Historiker bezeichnen die NS-Zeit als „Zivilisationsbruch".

Folgende Fragen leiten dich durch das Kapitel:

- ***Wie erlangten und sicherten die Nationalsozialisten die Macht?***
- ***Welche Folgen hatte die nationalsozialistische Herrschaft für die Menschen in Deutschland und Europa?***
- ***War der Zweite Weltkrieg eine Konsequenz der NS-Herrschaft?***

1. Beschreibt die Abbildungen und setzt sie in Beziehung zu dem Redeausschnitt.
2. Stellt Überlegungen an, welche Rolle der Einzelne in einer Demokratie und in einer Diktatur spielt.
3. Überlegt, was Hitler unter „Einzelpersönlichkeit" verstanden haben könnte. Zieht eure Überlegungen zu Aufgabe 2 heran.
4. Klärt die Formulierungen : „Die Gegenwart der Vergangenheit" und „Vergangenheit, die nicht vergehen will".

„Hitler führt alle in den Abgrund", französische Karikatur, 1938

Abfahrt Hitlers nach einer Jugendkundgebung im Berliner Lustgarten, Foto, 1. Mai 1934

Adolf Hitler, Reichskanzler seit dem 30. Januar 1933, sagte in einer Rede am 6. Juli 1933:

Die politischen Parteien sind jetzt endgültig beseitigt. Dies ist ein geschichtlicher Vorgang, dessen Bedeutung und Tragweite man sich vielfach noch gar nicht bewusst ist. Wir müssen jetzt die letzten Überreste der Demokratie beseitigen, insbesondere auch die Methoden der Abstimmung und der Mehrheitsbeschlüsse, ... und die Verantwortung der Einzelpersönlichkeit überall zur Geltung bringen ... Die Partei ist jetzt der Staat geworden. Alle Macht liegt bei der Reichsgewalt.

Das nationalsozialistische Herrschaftssystem

Wissen • Urteilen • Kommunizieren/Handeln • Methoden anwenden

Am Ende dieses Unterkapitels kannst du

- Stationen der Machterlangung und -sicherung der Nationalsozialisten im Reich nennen
- die Machterlangung aus der Sicht der demokratischen Verfassungsgrundsätze beurteilen
- die Machtübernahme an einem regionalen Beispiel darstellen und mit den Reichsvorgängen vergleichen
- Merkmale der Weltanschauung der Nationalsozialisten beschreiben und bewerten
- Inhalte, Methoden und Funktion der NS-Propaganda beispielhaft darlegen
- die Machtstruktur des NS-Staates problematisieren und beurteilen
- **Methode** In einer Bibliothek recherchieren
- **Methode** Propaganda-Medien analysieren

Die Machtstruktur des NS-Staates 1933 bis 1945

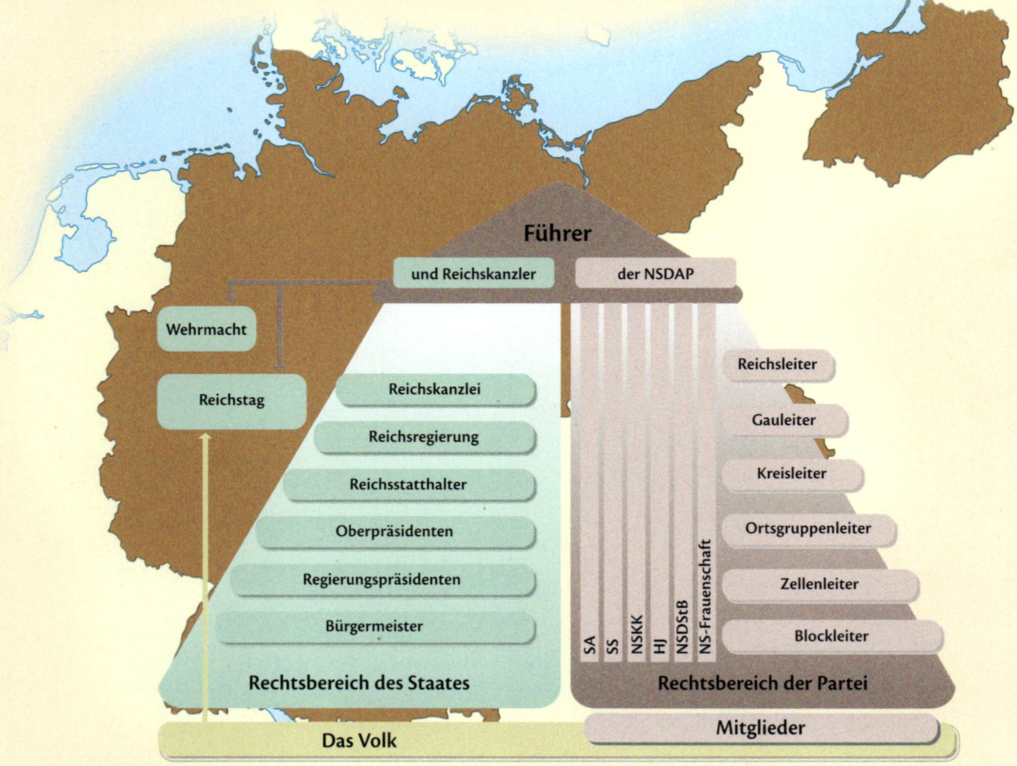

Nationalsozialistische Diktatur

1933 bis 1945

Die „Machtergreifung" im „Reich"

M1 **Der Fackelzug der Nationalsozialisten am Abend des 30. Januar 1933 in Berlin,** Foto, 1936. Der Fackelzug wurde für einen Propagandafilm nachgestellt, da es keine brauchbaren authentischen Fotos gab. Mehr als fünf Stunden lang paradierten am 30. Januar 15 000 SA- und SS-Angehörige durch die Berliner Innenstadt bis zur Wilhelmstraße, dem Regierungssitz. Auch in anderen Städten gab es Feiern. Gegendemonstrationen waren verboten worden.

Adolf Hitler wird Reichskanzler

Bevor Reichspräsident Hindenburg Adolf Hitler (1889 bis 1945) zum Reichskanzler ernannte, hatte es Beratungen der Reichsspitze mit führenden konservativen Politikern, aber auch Industriellen, Bankiers und Angehörigen der Reichswehr gegeben. Sie alle wollten mit Macht den Staat stärken, nicht jedoch die parlamentarische Demokratie. Als Hindenburg am 30. Januar 1933 Adolf Hitler, dem Führer der stärksten Partei im Reichstag, der Nationalsozialistischen Deutschen Arbeiterpartei (NSDAP), die Macht übertrug, bedeutete das eine Schwächung des Parlaments. Die konservativen und rechtsgerichteten Kräfte hofften, dass die Regierung nun Maßnahmen ergreifen würde, um künftig nicht mehr von den Mehrheitsverhältnissen im Parlament, insbesondere dem Verhalten der SPD, abhängig zu sein.

In der Regierung Hitler saßen Deutschnationale und Nationalsozialisten. Die Nationalsozialisten befanden sich in der Minderheit: Außer Hitler gehörten nur Wilhelm Frick (1877–1946) als Reichsinnenminister der Regierung an und Hermann Göring (1893–1946) als Reichsminister ohne Geschäftsbereich. Joseph Goebbels (1897–1945) wurde erst im März 1933 zum Reichsminister für Volksaufklärung und Propaganda ernannt. Am 31. Januar 1933 beschloss das Kabinett Neuwahlen zum Reichstag für den März.

Stationen der Machterlangung 1933

Als das Reichstagsgebäude am 27. Februar brannte, benutzten dies Hitler und Göring als Vorwand, um Hindenburg davon zu überzeugen, eine Verordnung „zum Schutze von Volk und Staat" zu erlassen (sogenannte Reichstagsbrandverordnung). Damit wurden wichtige Grundrechte wie Meinungsfreiheit, Versammlungsfreiheit und Postgeheimnis außer Kraft gesetzt. In einer Atmosphäre von Willkür und Terror fanden am 5. März die Reichstagswahlen statt, bei denen die NSDAP 43,9 Prozent der Stimmen erhielt. Die Ausschaltung des Reichstags als Gesetzgeber gelang schon am 23. März mit dem sogenannten Ermächtigungsgesetz. Es wurde mit Zustimmung der bürgerlichen Fraktionen beschlossen, gegen die Stimmen der SPD. Damit konnte die Hitler-Regierung ohne Zustimmung des Reichstags Gesetze erlassen. Weitere Stationen zur Machtsicherung waren im selben Jahr:

- Gesetze zur Gleichschaltung der Länder mit dem Reich (31. März/7. April),
- die Auflösung der Gewerkschaften (2. Mai),
- Verbot der SPD und die Selbstauflösung der Parteien mit Ausnahme der NSDAP (Juni/Juli).

1 Zeige anhand des Darstellungstextes das taktische Vorgehen der Hitler-Regierung im Februar und März 1933.

2 Analysiere M1 unter dem Gesichtspunkt der beabsichtigten Wirkung auf die Bevölkerung.

M2

Das Ermächtigungsgesetz im Deutschen Reichstag

Aus der Regierungserklärung Hitlers vom 23. März 1933, die er anlässlich der Abstimmung über das „Gesetz zur Behebung der Not von Volk und Reich" abgab:

2A Männer und Frauen des Deutschen Reichstags! ... Im November 1918 rissen marxistische Organisationen durch eine Revolution die vollziehende Gewalt an sich. Die „Errungenschaften der Revolution" waren im Gesamten genommen nur für kleinste Teile unseres Volkes angenehm ... Die nationalsozialistische Bewegung ... hat im Verein mit den anderen nationalen Verbänden nunmehr innerhalb weniger Wochen die seit dem November 1918 herrschenden Mächte beseitigt ... Ihr [Reichsregierung] Ziel muss die Konstruktion einer Verfassung sein, die den Willen des Volkes mit der Autorität einer wirklichen Führung verbindet ... [Die Regierung] bietet den Parteien des Reichstags die Möglichkeit einer ruhigen deutschen Entwicklung und einer sich daraus in der Zukunft anbahnenden Verständigung; sie ist aber ebenso entschlossen und bereit, die Bekundung der Ablehnung und damit die Ansage des Widerstands entgegenzunehmen. Mögen Sie, meine Herren, nunmehr selbst die Entscheidung treffen über Frieden oder Krieg.

M2A: Verhandlungen des Reichstags. VIII. Wahlperiode. Berlin, 1934, S. 25 ff. Zit. nach Erhard Klöss (Hg.), Reden des Führers, München (dtv) 1967, S. 93 ff. M2B: Zit. nach Wolfgang Michalka (Hg.), Das Dritte Reich, Bd. 1, München (dtv) 1985, S. 33 ff.

Aus der Reichstagsrede des Abgeordneten Otto Wels (SPD) zum Ermächtigungsgesetz, 23. März 1933:

2B Nach den Verfolgungen, die die Sozialdemokratische Partei in der letzten Zeit erfahren hat, wird billigerweise niemand von ihr verlangen oder erwarten können, dass sie für das hier eingebrachte Ermächtigungsgesetz stimmt ... Noch niemals, seit es einen Deutschen Reichstag gibt, ist die Kontrolle der öffentlichen Angelegenheiten durch die gewählten Vertreter des Volkes in solchem Maße ausgeschaltet worden, wie es jetzt geschieht ... Wir haben gleiches Recht für alle und ein soziales Arbeitsrecht geschaffen. Wir haben geholfen, ein Deutschland zu schaffen, in dem nicht nur Fürsten und Barone, sondern auch Männern aus der Arbeiterklasse der Weg zur Führung des Staates offensteht ... Wir stehen zu den Grundsätzen des Rechtsstaates, der Gleichberechtigung, des sozialen Rechts ... Wir deutschen Sozialdemokraten bekennen uns ... zu den Grundsätzen der Menschlichkeit und der Gerechtigkeit, der Freiheit und des Sozialismus. Kein Ermächtigungsgesetz gibt Ihnen die Macht, Ideen, die ewig und unzerstörbar sind, zu vernichten. Wir grüßen die Verfolgten und Bedrängten. Wir grüßen unsere Freunde im Reich. Ihre Standhaftigkeit und Treue verdienen Bewunderung.

M3

Sozialdemokraten und Kommunisten werden nach ihrer Festnahme durch die SA in der SA-Kaserne Friedrichstraße in Berlin zusammengetrieben, Foto, März 1933

M4

„Neuaufbau des Reiches"

Aus dem Gesetz über den „Neuaufbau des Reiches" vom 30. Januar 1934:

Der Reichstag[1] hat ... einstimmig das folgende Gesetz beschlossen ...:

Artikel 1 Die Volksvertretungen der Länder werden aufgehoben.

Artikel 2 (1) Die Hoheitsrechte der Länder gehen auf das Reich über. (2) Die Landesregierungen unterstehen der Reichsregierung.

Artikel 3 Die Reichsstatthalter unterstehen der Dienstaufsicht des Reichsministers des Innern.

Artikel 4 Die Reichsregierung kann neues Verfassungsrecht setzen.

Zit. nach Reinhard Kühl, Der deutsche Faschismus in Quellen und Dokumenten, Köln (Papyrossa Verlag) 2000, S. 219 f.

[1] Bestand nur noch aus NSDAP-Abgeordneten, die durch eine „Einheitsliste" („Liste des Führers") in einer Volksabstimmung am 12. November 1933 gewählt worden waren.

M5

„Wo gehobelt wird, fallen Späne"

Hermann Göring, 1933 Reichsminister und kommissarischer preußischer Innenminister, in einer Rede am 11. März 1933:

Ich habe erst angefangen zu säubern, es ist noch längst nicht fertig. Für uns gibt es zwei Teile des Volkes: der sich zum Volk bekennt, ein anderer Teil, der zersetzen und zerstören will. Ich danke meinem Schöpfer, dass ich nicht weiß, was objektiv ist. Ich bin subjektiv. Ich stehe einzig und allein zu meinem Volke, alles andere lehne ich ab. Wenn sie [Gegner der NS-Politik] sagen, die Bevölkerung ist in furchtbarer Erregung, weil jüdische Warenhäuser vorübergehend geschlossen waren, so frage ich: Ist es nicht natürlich, wenn wir Deutschen endlich erklären: Kauft nicht bei Juden, sondern beim deutschen Volk ... Wenn sie sagen, da und dort sei einer abgeholt worden, so kann man nur erwidern: Wo gehobelt wird, fallen Späne. Wir haben jahrelang die Abrechnung mit den Verrätern angekündigt ... Man klagt über die Unterdrückung von Zeitungen. Wundert euch das? Mich wundert, dass sie noch existieren. Ich würde pflichtwidrig handeln, wenn ich länger dieses Gift ins Volk hineinträufeln ließe. Wenn wir auch vieles falsch machen, wir werden jedenfalls handeln ... Lieber schieße ich ein paarmal zu kurz oder zu weit, aber ich schieße wenigstens.

Zit. nach Wolfgang Michalka (Hg.), Das Dritte Reich, Bd. 1, München (dtv) 1985, S. 29 f.

M6

Reichskanzler Hitler und Reichspräsident von Hindenburg, Foto, 21. März 1933. Am „Tag von Potsdam" trat der neu gewählte Reichstag in der Potsdamer Garnisonskirche zusammen, in der sich die Gräber preußischer Könige befinden und Kaiser Wilhelm I. 1871 den ersten Deutschen Reichstag eröffnet hatte.

Begriffe und Daten

Nationalsozialismus

Rechtsradikale politische Bewegung und Ideologie, die 1933 zum Aufbau einer Diktatur und zum Verlust der demokratischen Freiheiten in Deutschland führte. Grundlegende Elemente sind ein extremer Nationalismus, Rassismus, Antisemitismus und Expansionismus.

„Drittes Reich"

Selbstbezeichnung des NS-Staats. Mit diesem Begriff wurde eine Beziehung zum Heiligen Römischen Reich Deutscher Nation (962–1806) und zum Deutschen Kaiserreich (1871–1918) hergestellt und damit eine Vollendung der deutschen Geschichte durch den Nationalsozialismus behauptet.

3 a) Analysiere M2A und M2B mithilfe der Methode „Politische Reden analysieren" S. 186 f.
b) Vergleiche und beurteile die politischen Grundeinstellungen der Redner.

4 Zeige anhand von M3 und M6 die „Gesichter" der nationalsozialistischen Politik 1933.

5 Setze dich kritisch mit den Aussagen von M5 auseinander. Achte besonders auf Formulierungen, in denen Wertungen des Autors deutlich werden.

6 **Partnerarbeit:** Analysiert M4 anhand folgender Fragen:
a) Welche Funktion hat der Reichstag Anfang 1934?
b) Worin liegen Veränderungen zum Reichstag der Weimarer Demokratie?
c) Wer hat künftig die Macht im Reich?
d) Welcher Artikel enthält aus deiner Sicht die schwerwiegendste Veränderung?
e) Wie beurteilst du den offiziellen Titel des Gesetzes vom 30. Januar 1934?
f) Siehst du zwischen dem Tag des Inkrafttretens des Gesetzes und dem Tag der Machtergreifung einen (symbolischen) Zusammenhang? Begründe.

Machtsicherung und „Gleichschaltung"

Zerstörung von Demokratie und Freiheit

Innerhalb sehr kurzer Zeit vom Machtantritt am 30. Januar 1933 bis 1934 setzte die Regierung Hitler grundlegende Bestimmungen der Weimarer Verfassung außer Kraft. Dennoch wird heute für diese Periode die Bezeichnung „Machtübertragung" verwendet anstelle des zeitgenössischen Schlagworts „Machtergreifung". Damit soll deutlich werden, dass der Regierungsantritt Hitlers nach damaligem Recht legal war. Ein anderes Schlagwort aus dieser Zeit heißt „Gleichschaltung". Mit der „Gleichschaltung" beabsichtigte die Hitler-Regierung, die Bevölkerung auf die Ziele der NSDAP einzuschwören und alle Lebensbereiche zu vereinheitlichen. Die Vielfalt in Staat und Gesellschaft sollte zugunsten einer einheitlichen „Volksgemeinschaft" beseitigt werden. Deshalb wurden andere Parteien und Gewerkschaften verboten oder in bestehende oder neu gegründete NS-Organisationen eingegliedert.

M2

Besetzung des Leipziger Gewerkschaftshauses am 2. Mai 1933 durch die SA, Foto

M1

„Wie lange werde ich noch im Amt sein?"

Victor Klemperer (1881–1960), Professor für Romanistik an der Technischen Hochschule Dresden, wurde 1935 wegen seiner jüdischen Herkunft entlassen. Er notierte am 10. März 1933 in sein Tagebuch:

30. Januar: Hitler Kanzler. Was ich bis zum Wahlsonntag, 5. 3., Terror nannte, war mildes Prélude[1] … Acht Tage vor der Wahl die plumpe Sache des Reichstagsbrandes – ich kann mir nicht denken, dass irgendjemand *wirklich* an kommunistische Täter glaubt statt an bezahlte 卐-Arbeit. Dann die wilden Verbote und Gewaltsamkeiten. Und dazu durch Straße, Radio etc. die grenzenlose Propaganda. Am Sonnabend, 4., hörte ich ein Stück der Hitlerrede aus Königsberg. Eine Hotelfront am Bahnhof, erleuchtet, Fackelzug davor, Fackelträger und Hakenkreuz-Fahnenträger auf den Balkons und Lautsprecher. Ich verstand nur einzelne Worte. Aber der Ton! Das salbungsvolle Gebrüll … Dann der ungeheure Wahlsieg der Nationalsozialisten … Und alle Gegenkräfte wie vom Erdboden verschwunden … Wie lange werde ich noch im Amt sein?

Victor Klemperer, Tagebücher 1933–1934, hg. von Walter Nowojski, Berlin (Aufbau TB) 1999, S. 8 f.

[1] Vorspiel

M3

SA und SS: Kampfinstrumente der NSDAP

Aus dem „Almanach der nationalsozialistischen Revolution", einer Informationsschrift der NSDAP (1934):

SA: bedeutet Sturmabteilung …: Sturmtrupp der nationalsozialistischen Bewegung zu sein, jeden sich ihr in den Weg stellenden Widerstand zu brechen, in rücksichtslosem Vorwärtsdrang der Idee den Weg zu bahnen – immer die Nächsten am Feind bis zum endgültigen Sieg!

SS: heißt Schutzstaffel. Im kleinen, engen Sinne gesehen zum Schutz der politischen Propaganda bestimmt. Weiter greifend: die Vertrauenstruppe des Führers für besondere Aufgaben – Hüter und Wächter des nationalsozialistischen Ideengutes und der Geschlossenheit der Bewegung. Einzelkämpfer, von denen der Führer besonders stark ausgeprägtes Verantwortungsgefühl und blinden Gehorsam fordert … Ohne diese edelste, härteste Waffe des politischen Kampfes in Deutschland gäbe es keine nationale Erhebung und erst recht keine nationalsozialistische Revolution. Die aus dem Weltkrieg geborene nationalsozialistische Idee ist soldatisch durch und durch.

Zit. nach Wilhelm Kube, Almanach der nationalsozialistischen Revolution, Berlin (Brunnen) 1934.

Begriffe und Daten

30. Januar 1933: Hitler wird Reichskanzler

Aus den Wahlen des Jahres 1932 ging die NSDAP als stärkste Partei hervor. Da die bisherigen Präsidialkabinette gescheitert waren, wollten der Reichspräsident und seine Berater Adolf Hitler für ihre politischen Ziele einspannen. Deshalb wurde er zum Reichskanzler ernannt. In Hitlers Regierung waren die NSDAP-Mitglieder zwar in der Minderheit, doch hatte Hitler jetzt auf scheinbar legalem Weg eine Position erreicht, die es ihm ermöglichte, seine Ziele zu verfolgen.

„Machtergreifung"

Der Begriff beschreibt die politischen Veränderungen seit 1933. Erste Stationen der „Machtergreifung" waren die Ernennung Hitlers zum Reichskanzler (30. Januar 1933), die Reichstagsbrandverordnung (28. Februar 1933), das „Ermächtigungsgesetz" (23. März 1933) und die Gleichschaltungsgesetze (Frühjahr 1933). Sie setzten grundlegende Bestimmungen der Weimarer Verfassung außer Kraft.
In der Geschichtswissenschaft werden anstelle „Machtergreifung" auch die Begriffe „Machtübertragung" und „Machtübergabe" verwendet.

1933: „Ermächtigungsgesetz"

Das „Gesetz zur Behebung der Not von Volk und Reich" (Ermächtigungsgesetz) vom 23. März 1933 hob die Gewaltenteilung auf. Der Regierung wurde damit unumschränkte Gesetzgebungsvollmacht eingeräumt. Eine Bindung der Regierung an Parlamentsbeschlüsse gab es jetzt nicht mehr, was ein willkürliches Handeln des Staatsapparats ermöglichte.

„Gleichschaltung"

Politisches Schlagwort aus der Zeit der nationalsozialistischen „Machtergreifung". Ziel der Nationalsozialisten war es, die gesamte Bevölkerung in ihrem Denken und Handeln auf die Ziele der NSDAP einzuschwören. Um eine Vereinheitlichung des politischen, wirtschaftlichen, sozialen und kulturellen Lebens zu erreichen, wurden 1933/34 zahlreiche Institutionen und Organisationen verboten (z. B. andere Parteien, Gewerkschaften) oder in bestehende oder neu gegründete NS-Organisationen eingegliedert. Grundlegendes Ziel: die Aufhebung des Pluralismus in Staat und Gesellschaft zugunsten des Bewusstseins einer einheitlichen „Volksgemeinschaft".

Begriffe und Daten

Die Machtsicherung der NSDAP 1933

28. Februar Reichstagsbrandverordnung
März Errichtung des ersten Konzentrationslagers in Dachau (unter Polizeikommandeur Heinrich Himmler)
24. März Das „Ermächtigungsgesetz" tritt in Kraft, u. a. Übertragung des Gesetzgebungsrechts des Parlaments auf die Reichsregierung; nach mehrmaliger Verlängerung in Kraft bis 1945.
31. März/7. April Gesetze zur Gleichschaltung der Länder mit dem Reich
7. April „Gesetz zur Wiederherstellung des Berufsbeamtentums": „Nichtarier" und politisch andersdenkende Beamte werden entlassen.
2. Mai Auflösung der Gewerkschaften; Gründung der „Deutschen Arbeitsfront" (DAF) als Zwangsorganisation aller Arbeitnehmer und Arbeitgeber
Juni/Juli Verbot der SPD, Selbstauflösung der „bürgerlichen" Parteien
14. Juli „Gesetz gegen die Neubildung von Parteien". Die NSDAP wird einzige zugelassene Partei.

1. Stelle fest, wie sich die politische Lage im März 1933 in M1 widerspiegelt.
2. Analysiere M3 mithilfe folgender Fragen:
   a) Welche Eigenschaften werden SA und SS zugesprochen?
   b) Worin liegt der Ursprung dieser Organisationen?
   c) Wie werden SA und SS in der Schrift beurteilt?
   d) Wie beurteilst du die Ziele und Methoden der beiden Organisationen?
3. Erläutere anhand des Kastens „Die Machtsicherung …", welche politischen und gesellschaftlichen Gruppen bzw. Organisationen von der „Machtsicherung" der NSDAP betroffen waren.
4. Setzt euch in einer Gesprächsrunde mit den Begriffen „Machtergreifung", „Ermächtigungsgesetz" und „Gleichschaltung" auseinander. Zieht dazu auch die Kästen heran.
5. Beurteile: 1934 waren Demokratie und Rechtsstaat durch die Nationalsozialisten zertrümmert.
6. **Partnerarbeit:** Vergleicht die Regierungspolitik Hitlers mit den Vorgängen in Braunschweig (S. 134–36).

Die „Machtergreifung“ im Freistaat Braunschweig

Machtbeteiligung in Braunschweig: „Probelauf für das Reich“

Nach der Landtagswahl im Freistaat Braunschweig im September 1930 bildete die NSDAP eine Koalition mit der Bürgerlichen Einheitsliste. Damit war die NSDAP an der Regierung beteiligt. Für Hitler war das ein bedeutsamer Schritt auf dem Weg zur Machterlangung im Reich. Wie verlief dieser „Probelauf“? Und was lässt sich daran erkennen?

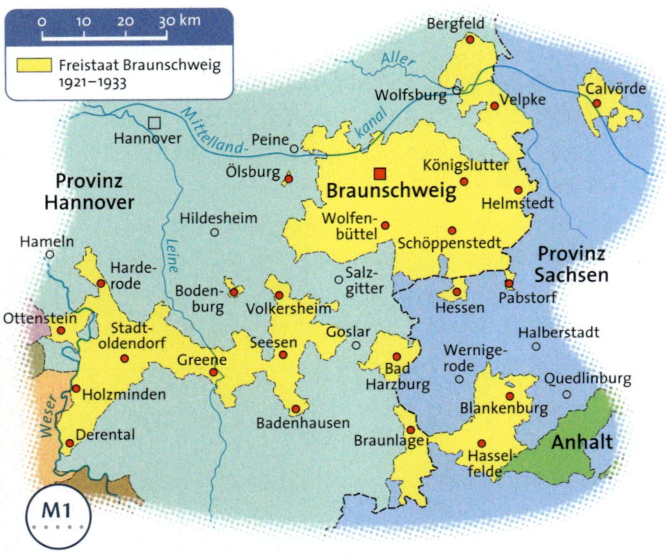

M1

Der Freistaat Braunschweig 1921 bis 1933

M2

Blick in den braunschweigischen Landtag, Foto, 1932

M3

„Radau machen und mitregieren“

Der Politikwissenschaftler und Historiker E.-A. Roloff schrieb 2003 über die Doppelstrategie der NSDAP ab 1930:

Obwohl wegen der Reichstagswahl [am 14.9.1930] außer Goebbels und Göring fast nur die regionale NS-Führung in Versammlungen auftrat, gewann ... [die NSDAP] über die eigene Erwartung hinaus neun der insgesamt 40 Landtagssitze, die nach vielen internen Querelen doch noch zustande gekommene Bürgerliche Einheitsliste (BEL) elf, die SPD 17, die KPD zwei und eine ... Stimme gewann eine Nachfolgegruppe der früheren DDP (Staatspartei/Jungdeutscher Orden). Da die Bürgerliche Einheitsliste unter allen Umständen eine sozialdemokratische Regierung verhindern wollte, bildete sie nach zähen und harten Verhandlungen mit den Nationalsozialisten eine Koalitionsregierung, von der sie hoffte, dass der eine Staatsparteiler diese tolerieren würde. [Entgegen parlamentarischem Brauch, der stärksten Fraktion, der SPD, das Amt des Landtagspräsidenten zu übertragen, beanspruchte die NSDAP dieses Amt für sich und setzte sich gegenüber der BEL durch.] ... Es zeigte sich bald die Absicht: Der NS-Landtagspräsident Zörner führte die Verhandlungen derart provozierend parteiisch, dass oft keine geordnete Sitzung möglich war und der Öffentlichkeit die Unfähigkeit des Parlaments vorgeführt werden konnte.

Für die Regierung schaffte es die NSDAP, den bürgerlichen Partner auf die für die Landespolitik unwichtigen Ministerien für Finanzen und Justiz zu verweisen und selbst das Innen- und das Kultusministerium zu besetzen, um sofort sowohl in der Polizei als auch im Schulwesen missliebige Sozialdemokraten durch Nationalsozialisten zu ersetzen. Unter diesem Aspekt wurde die Regierungsbeteiligung der NSDAP in Braunschweig für Hitler von zentraler Bedeutung, denn er hatte erkannt, dass es sehr wohl möglich sei, die Macht mithilfe von Wahlen zu gewinnen, wenn sich der Kampf auf die Gewinnung von bürgerlichen Stimmen, ansonsten auf die militante Bekämpfung der SPD konzentrieren ließ ... Im Freistaat Braunschweig bot sich jetzt die Möglichkeit, im Parlament alles zu dessen Diskriminierung zu tun.

Ernst-August Roloff, Wie braun war Braunschweig?, Braunschweiger Zeitung Spezial, Nr. 3, 2003, S. 15.

Aufmarsch und Machtdemonstration: Bedrohung der Demokratie

M4

Methoden der NSDAP in Braunschweig

1. Aufmärsche

Mit Umzügen und Aufmärschen stellte sich die NSDAP als kraftvolle, disziplinierte politische Bewegung dar. Dazu diente vor allem der Aufmarsch in Braunschweig am 18. Oktober 1931.

2. Einschüchterung

Am Abend des 17. Oktober 1931 zogen SA-Leute nach einem Fackelzug krakeelend und singend in Straßen, wo angeblich bevorzugt kommunistisch gewählt wurde, zerstörten Haustüren, schlugen und traten Menschen, die ihnen begegneten. Es gab zwei Tote und 60 Schwerverletzte.

3. Parteinahme

NSDAP-Innenminister Klagges (siehe S. 137) nahm offen Einfluss auf Polizei und Presse: Nationalsozialistische Straftaten wurden, wenn es ging, übersehen, Polizeianwärter zum Eintritt in die NSDAP gedrängt, „linke" und kritische Zeitungen zeitweise verboten, sodass sie finanziell in Bedrängnis gerieten.

4. Blockadepolitik

Die NS-Politik zielte darauf ab, eine wirtschaftliche Erholung zu verhindern: Notstandsarbeiten und Arbeitsbeschaffungsprogramme wurden abgelehnt, in Not geratene Betriebe nicht finanziell unterstützt, Unterkünfte des freiwilligen Arbeitsdienstes überfallen und zerstört.

5. Diskreditierung des Parlaments

Das Parlament, in dem Meinungsbildung und Debatten stattfinden sollten, wurde als „Quasselbude" hingestellt, mit Tumulten und Auszügen überzogen.

6. Gefälligkeiten

Für die Kandidatur bei der Wahl des Reichspräsidenten 1932 benötigte Hitler, der bis 1925 österreichischer Staatsbürger war, die deutsche Staatsangehörigkeit. Hitler wurde das Amt eines Regierungsrats bei der braunschweigischen Gesandtschaft in Berlin übertragen. Damit konnte ihm die deutsche Staatsbürgerschaft erteilt werden. Sein Amt hat er allerdings nie ausgeübt.

Zusammengestellt nach Reinhard Bein, Zeitzeichen: Stadt und Freistaat Braunschweig 1930–1945, Braunschweig (Döring) 2000, S. 10–15.

M5 **Hitler am 18. Oktober 1931 beim „Aufmarsch der 100 000" vor dem Braunschweiger Schloss,** Foto

M6 **Der „Aufmarsch der 100 000" am 18. Oktober 1931 vor dem Braunschweiger Schloss,** Foto

Vorschlag für eine Gruppenarbeit

Die Seiten 134 bis 137 könnt ihr in Gruppen unter folgenden Gesichtspunkten erarbeiten:

Gruppe 1: Die Doppelstrategie der NSDAP (S. 134)
Gruppe 2: Die Bedrohung der Demokratie (S.135)
Gruppe 3: Die Zerstörung der Demokratie (S. 136)
Gruppe 4: Opposition und Widerstand (S. 137)

Staatsterror und Gleichschaltung: Zerstörung von Demokratie und Grundrechten

M7

Die AOK Braunschweig, in der sich im März 1933 Stahlhelm und Reichsbanner vereinigen wollten, was von der NSDAP-Führung als Putsch betrachtet wurde, Foto. SA-, SS- und reguläre Polizeieinheiten umstellten das Gebäude und nahmen etwa 1400 Menschen fest. Als Kommunisten, Sozialdemokraten oder Gewerkschafter Identifizierte wurden brutal misshandelt. Das Gebäude wurde von den Nazis in eine Haftanstalt und Folterstätte umgewandelt.

M8

Misshandlung und Folter

Aus dem Gerichtsurteil im Dietrich-Klagges-Prozess 1950 (siehe Kasten, S. 137), in dem über die Verhältnisse in der AOK (siehe M7) festgestellt wurde:

[Die Inhaftierten] waren fast ausnahmslos in großen Räumen eng zusammengepfercht. Diese Räume lagen vielfach im Kellergeschoss und erhielten keinerlei Tageslicht. Als Lagerstätten dienten Strohsäcke, die häufig von mehreren Häftlingen geteilt werden mussten und die teilweise mit Blut besudelt oder durch Einwirkung von Feuchtigkeit in Fäulnis übergegangen waren ... Für eine regelmäßige Verpflegung war nicht gesorgt ... Die Brauseräume standen ... den Häftlingen nicht zu Säuberungszwecken zur Verfügung, sondern sie wurden zu Strafmaßnahmen in der Weise verwandt, dass die Häftlinge ... eine längere Zeit hindurch, zum Teil in voller Kleidung, unter die mit voller Wucht niedergehenden Wasserstrahlen gestellt wurden ... Heftige Schläge mit Gummiknüppeln und anderen Schlagwerkzeugen bei Verhören waren durchaus üblich.

Zit. nach Reinhard Bein, Zeitzeichen: Stadt und Freistaat Braunschweig 1930–1945, Braunschweig (Döring) 2000, S. 53 f.

Begriffe und Daten

Daten zur nationalsozialistischen Herrschaft im Freistaat Braunschweig 1930 bis 1934

1930 Landtagswahl am 14. September bringt eine Mehrheit für Bürgerliche Einheitsliste und NSDAP, die in der Koalitionsregierung einen Minister stellt

1931 Ministerwechsel bei der NSDAP; Dietrich Klagges (siehe S. 137) tritt in die Regierung ein

10./11. Oktober Harzburger Front: nur äußerlich gemeinsames Bündnis von Nationalsozialisten und Deutschnationalen bei einer Kundgebung in Bad Harzburg

17./18. Oktober SA-Massenaufmarsch „der 100 000" vor dem Braunschweiger Schloss

1932 25. Februar Hitler wird braunschweigischer Regierungsrat und damit deutscher Staatsbürger

1933 9. März Sturm auf das Volksfreund-Haus, Terror gegen SPD-Mitglieder

11. März Schaufenstersturm auf jüdische Geschäfte

12./13. März Oberbürgermeister Ernst Böhme (SPD) wird aus dem Amt entfernt, gefoltert und eingesperrt.

April Gleichschaltung; der DNVP-Landesverband tritt zur NSDAP über, die DVP löst sich auf

29. April Erster rein nationalsozialistischer Landtag tritt zusammen, nachdem Klagges alle politischen Gegner unter Druck oder Misshandlungen gezwungen hat, auf ihr Landtagsmandat zu verzichten

6. Mai Klagges lässt sich von dem ihm vorgesetzten Reichsstatthalter Loeper zum Ministerpräsidenten des Landes Braunschweig ernennen

4. Juli Neue Terrorwelle zur Ausmerzung politischen Widerstands: Ermordung von elf Arbeitern in Rieseberg

20. September Massenverhaftung von 140 Kommunisten im Landkreis Blankenburg, Massenprozesse gegen politische Gegner

1934 30. Januar Der Freistaat Braunschweig verliert wie alle Länder der Republik seine politische Eigenständigkeit.

Zusammengestellt nach Ernst-August Roloff, Wie braun war Braunschweig?, Braunschweiger Zeitung Spezial, Nr. 3, 2003, S. 58.

Opposition und Widerstand: Kapitulation vor der Gewalt der Nationalsozialisten?

An die Werktätigen Braunschweigs
Erneuter Mord durch die SS-Bande
Sonnabend, den 24. Juni 1933, wurde der ehemalige Jungreichsbannermann Otto Rose von der viehischen SS Hilfspolizei im „Volksfreund" erschlagen.
Theißen wurde ermordet. Reinhold stürzte sich nach brutaler Mißhandlung aus dem „Volksfreund" auf den Hof. Jeder der dort eingeliefert wurde, ist mißhandelt worden.
Arbeiter, Angestellte, Mittelständler!
Wie lange wollt Ihr diesen Terror noch dulden?
Weil die Nazis ihre Versprechungen nicht halten können und wollen, deshalb will die Mordbande jede Kritik durch Terror und Mord niederhalten.
Diese Mordbanden sind eine vom Monopolkapital gedungene und bezahlte Armee zur Niederhaltung der Werktätigen.
Arbeiter nehmt in Betriebsversammlungen Stellung gegen jeden Terror. Verlangt Entwaffnung und Auflösung dieser Verbrecherbanden. Beschließt Proteststreiks.
Beteiligt Euch restlos an der Beerdigung des Genossen Rose!

M9

Flugblatt der KPD vom 26. Juni 1933. Der Arbeiter Otto Rose, der im kommunistischen Sinne aktiv war, wurde am 22. Juni 1933 festgenommen und verstarb infolge schwerer Misshandlungen am 25. Juni 1933. Seiner Verlobten wurde durch eine SS-Wache vor dem Leichenhaus verweigert, den Verstorbenen noch einmal zu sehen. Opposition und Widerstand wurden unmittelbar nach der Machtergreifung unterdrückt. Geheime Staatspolizei und Spitzel (V-Männer), oft aus der Nachbarschaft, überwachten politische Gegner. Durch willkürliche Wohnungsdurchsuchungen, Verhaftungen, Misshandlungen und Einlieferung in das Gefängnis Rennelberg wurde ein Gefühl von Angst und Ausgeliefertsein erzeugt, das den Eindruck verstärkte, gegen einen solchen „allmächtigen" Gegner sei kein erfolgreicher Widerstand möglich. So blieb es, neben Flugblattaktionen, zumeist bei passivem Widerstand: heimliche Treffen, solidarische Hilfe für Eingekerkerte und vom Berufsverbot Betroffene, Nichtflaggen an NS-Feiertagen, Verweigern des Hitlergrußes.

Täter und Opfer: zwei Lebensläufe

Biografie

Dietrich Klagges (1891–1971)

Volks- und Mittelschullehrer; ab 1925 in der NSDAP aktiv; wegen seiner Parteizugehörigkeit 1930 ohne Pensionsansprüche aus dem preußischen Schuldienst entlassen, danach Propagandaredner der NSDAP. Verfasser völkischer, antidemokratischer und antisemitischer Schriften. Im September 1931 wurde er Staatsminister für Inneres und Volksbildung in Braunschweig. Verantwortlich für die schweren Terroraktionen gegen Andersdenkende, ebenso für die Deportation von Braunschweiger Juden in die Konzentrationslager und den Einsatz von 91 000 Zwangsarbeitern im Braunschweiger Land. 1950/1952 Verurteilung zu 15 Jahren Freiheitsstrafe wegen Planung und Beteiligung an Morden und Folterungen, jedoch vorzeitig entlassen. 1970 bekam er vom Bundesverwaltungsgericht die Nachzahlung seiner Ministerpräsidentenpension in Höhe von 100 000 DM zugesprochen. Bis zu seinem Tod Verfasser rechtsradikaler Schriften und Kontakte zu Neonazi-Gruppen.

Biografie

Heinrich Jasper (1875–1945)

Rechtsanwalt und seit 1902 Mitglied der SPD in Braunschweig, Mitglied der Stadtverordnetenversammlung, lehnte die Räterepublik ab; Anhänger der parlamentarischen Demokratie, Mitglied der Nationalversammlung und Abgeordneter des braunschweigischen Landtages und mehrfach (zuletzt 1927–1930) Ministerpräsident des Freistaates Braunschweig, ab 1930 Fraktionsvorsitzender der SPD im Landtag. Nach der Machtergreifung im Reich begann seine Verfolgung durch die Nationalsozialisten: Verhaftung und schwere Misshandlungen (März 1933), Verschleppung ins KZ Dachau (bis 1939); danach unter ständiger Überwachung der Gestapo; erneute Verhaftung im August 1944; Einlieferung des physisch und psychisch stark Geschwächten in das KZ Sachsenhausen, dann in das KZ Bergen-Belsen, wo er im Februar 1945, wahrscheinlich an Flecktyphus, verstarb.

In einer Bibliothek recherchieren

Nach Fachliteratur suchen

Nicht zu jedem Thema wird eure Schulbibliothek ausreichende Literatur bieten, sodass eine Buchausleihe aus anderen Bibliotheken notwendig werden kann.
Wer sich über ein spezielles Thema eingehend informieren möchte, muss recherchieren (nachforschen, ermitteln), welche Literatur es überhaupt zu einem bestimmten Thema gibt. Da nicht jede Bibliothek jedes Buch in ihrem Bestand hat, haben sich Bibliotheken zu einem Verbund zusammengeschlossen, z. B. zum Gemeinsamen Bibliotheksverbund (GBV) der Länder Bremen, Hamburg, Mecklenburg-Vorpommern, Niedersachsen, Sachsen-Anhalt, Schleswig-Holstein, Thüringen und der Stiftung Preußischer Kulturbesitz. Mit der sogenannten Fernleihe und GBV direkt/subito gibt es die Möglichkeit, über die „Heimatbibliothek“ Bücher von einer dieser Bibliotheken auszuleihen. Allerdings entstehen dabei längere Wartezeiten (zum Teil zwei bis drei Wochen), die bei der Arbeit eingeplant werden müssen.

Arbeitsschritte

1. Schritt: Thema festlegen (Fragestellung)

Vor der Recherche muss klar sein, welches Thema behandelt werden soll und um welche zentralen Begriffe es geht.

2. Schritt: Bibliothek finden

Informiert euch (z. B. in eurer Schulbibliothek) über weitere erreichbare Bibliotheken, über deren Öffnungszeiten und Nutzungsbedingungen (z. B. Notwendigkeit eines Ausweises). Fragt nach, welche Bibliothek an den Gemeinsamen Bibliotheksverbund angeschlossen ist.

3. Schritt: Das Ordnungssystem der Bibliothek erkunden

Ansatzpunkt kann zunächst die Schulbibliothek sein. Das jeweilige Datensystem bestimmt das weitere Vorgehen: Ist ein alphabetischer Schlagwort- oder Verfasserkatalog vorhanden, so beginnt die Arbeit an den Karteikartenkästen. Ist der Bestand bereits elektronisch erfasst, beginnt die Suche am Bildschirm. Am Anfang wird die Arbeit mit Stichwörtern eure Recherche bestimmen.
Zu unterscheiden ist zudem, ob die gewünschten Bücher nur in der Bibliothek eingesehen werden können (im Lesesaal), oder ob sie von der jeweiligen Bibliothek direkt ausgeliehen oder über die Fernleihe von einer anderen Bibliothek bestellt werden müssen.

4. Schritt: „Treffer“ sichten und auswählen

Die Angaben zu den Titeln, die unter einem bestimmten Schlagwort erscheinen, sind nach verschiedenen Gesichtspunkten zu bewerten. Dazu kann bei einer Recherche über GBV eine Vollanzeige aufgerufen werden. Zu überprüfen ist dabei:
In welchem Zusammenhang steht der Titel mit meinem Interesse an dem Thema? Handelt es sich um ein umfangreiches Werk oder um einen Zeitschriftenartikel? Aus welcher Zeit stammt das Werk? Ist es als Dokument einer Epoche oder als aktuelle Abhandlung über ein geschichtliches Thema zu bewerten?

5. Schritt: Literatur bestellen

Nach den jeweiligen Bestimmungen der Bibliothek können nun die Bücher bestellt werden. Sicher sind euch dabei die Fachleute vor Ort behilflich.

M1 **Die Bibliotheksrotunde der Herzog-August-Bibliothek in Wolfenbüttel,** erbaut 1705 bis 1713, abgerissen 1887, Ölbild von Louis Tacke, 1888

Eine professionelle Recherche über den Gemeinsamen Bibliotheksverbund zum Thema „Machtergreifung“

1 Führt in Partnerarbeit oder in Gruppen eine Recherche durch und berichtet in der Klasse darüber.

Themenvorschlag:

– Die Machtergreifung der Nationalsozialisten in …

Sichtet die Treffer nach Titeln, die sich auf niedersächsische Städte beziehen, und stellt eine Literaturliste zusammen. Tauscht eure Erkenntnisse aus. Weitet ggf. die Suche auf Nord-Westdeutschland aus.

Hilfen zur Durchführung

– In der Heimatbibliothek nach dem Zugang zum Gemeinsamen Bibliotheksverbund fragen (Zugangskennwort, Passwort o. Ä.)

– GBV aufrufen: www.gbv.de

– Schlagwort eingeben (z. B. Machtergreifung) und Suche starten

– Durchsicht der Treffer

– Eventuell Suche verfeinern oder variieren (z. B. Kombination mit Gleichschaltung oder einem bestimmten Ort)

– Vollansicht der interessant erscheinenden Titel aufrufen

– Information über die Bestellung (Ortsleihe oder Fernleihe) entnehmen

2 Erörtert die Bedeutung, die Bibliothek und Buch in unserer „Computerwelt“ haben. Beachtet M1.

Ihre Aktion suchen [und] (Alle Wörter [ALL]) Machtergreifung und Drittes Reich

51. Wie kamen die Nationalsozialisten an die Macht : eine empirische Analyse von Deutungen im Unterricht
/ Hopf, Christel. - Frankfurt/Main [u.a.] : Campus Verl., 1985
52. "The enemy within" - Max Liebermann as president of the Prussian Academy of Arts
/ Paret, Peter. - New York, NY : Leo Baeck Inst., 1984
53. Deutsche Geschichte der ... ; [16] ; Die Machtergreifung : der Aufstieg der NSDAP und die Zerstörung der Weimarer Republik
/ Broszat, Martin. - Orig.-Ausg. - 1984
54. Der Nationalsozialismus an der Macht : Aspekte nationalsozialistischer Politik und Herrschaft
/ Malettke, Klaus. - Göttingen : Vandenhoeck & Ruprecht, 1984
55. Zwischen Demokratie und Diktatur : nationalsozialistische Machtaneignung in Hamburg ; Tendenzen und Reaktionen in Europa
/ Büttner, Ursula. - Hamburg : Christians, 1984
56. Der nationalsozialistische Zugriff auf Preußen : preußischer Staat - und nationalsozialistische Machteroberungsstrategie ; 1928 - 1934
/ Höner, Sabine. - Bochum : Studienverl. Brockmeyer, 1984
57. Heimat, Heide, Hakenkreuz : Lüneburgs Weg ins Dritte Reich
/ Hugk, Beate. - Hamburg : VSA-Verl., 1984
58. Heimat, Heide, Hakenkreuz : Lüneburgs Weg ins Dritte Reich
/ Asmussen, Peter. - Hamburg : VSA-Verlag, 1984
59. Deutschland 1933 : Machtzerfall der Demokratie und nationalsozialistische "Machtergreifung" ; eine Vortragsreihe
/ Treue, Wolfgang. - Berlin : Colloquium-Verlag, 1984
60. Germany 1933: fifty years later
/ Stern, Fritz Richard. - New York, NY : Leo Baeck Inst., [c1984]

51 - 60 von 108

◄ ►

M1

Trefferauswahl zum Schlagwort Machtergreifung und Drittes Reich

Titel:	Heimat, Heide, Hakenkreuz : Lüneburgs Weg ins Dritte **Reich** / hrsg. vom Lüneburger Arbeitskreis "**Machtergreifung**"
Sonst. Personen:	Hugk, Beate [Red.]
Körperschaft:	Lüneburger Arbeitskreis **Machtergreifung**
Erschienen:	Hamburg : VSA-Verl., 1984
Umfang:	224 S. : Ill. + 1 Beil
ISBN:	3-87975-286-9
Schlagwörter:	*Lüneburg / Nationalsozialismus

57 von 108

◄ ►

M2

Vollanzeige des Treffers Nr. 58

Die Weltanschauung der Nationalsozialisten

Ideen und Ziele des Nationalsozialismus

Nach 1945 wurde immer wieder gefragt: Warum waren die Nationalsozialisten in Deutschland so erfolgreich? Warum konnten sie nur durch das Eingreifen anderer Staaten niedergekämpft werden? Mit welchen Ideen und Handlungen überzeugten die Nationalsozialisten die Mehrheit der Deutschen?

Die neueren Forschungen zeigen uns ein deutlicheres Bild von der nationalsozialistischen Bewegung. Dabei wird erkennbar, dass die Grundelemente ihrer Ideologie nicht nur in Deutschland weit verbreitet waren, sondern auch in Europa. Das „nationalsozialistische Ideengut“ orientierte sich an Vorstellungen, die in der österreichischen und deutschen Geschichte wurzelten.

Adolf Hitler hatte seine politischen Anschauungen bereits zwischen 1919 und 1924 niedergeschrieben. Ein stärkeres politisches Gewicht erhielten sie aber erst mit dem Aufbau der NSDAP seit Mitte der 1920er-Jahre. Im Zentrum der nationalsozialistischen Ideologie standen

- die Rassenideologie,
- der Antisemitismus
- die Lebensraumideologie
- und das Führerprinzip.

M1

Die Weltanschauung Hitlers

In seinem 1925 erschienenen Buch „Mein Kampf“ schrieb Adolf Hitler:

1A „Volk und Rasse“

Demgegenüber erkennt die völkische Weltanschauung die Bedeutung der Menschheit in deren rassischen Urelementen … Sie glaubt somit keineswegs an eine Gleichheit der Rassen, sondern erkennt mit ihrer Verschiedenheit auch ihren höheren oder minderen Wert und fühlt sich durch diese Erkenntnis verpflichtet, … den Sieg des Besseren, Stärkeren zu fördern, die Unterordnung des Schlechteren und Schwächeren zu verlangen … Sie sieht nicht nur den verschiedenen Wert der Rassen, sondern auch den verschiedenen Wert der Einzelmenschen … Menschliche Kultur und Zivilisation sind auf diesem Erdteil unzertrennlich gebunden an das Vorhandensein des Ariers[1]. Sein Aussterben oder Untergehen wird auf diesen Erdball wieder die dunklen Schleier einer kulturlosen Zeit senken.

1B „Der Jude“

Wo immer wir in der Welt Angriffe gegen Deutschland lesen, sind Juden ihre Fabrikanten, gleich wie ja auch im Frieden und während des Krieges die jüdische Börsen- und Marxistenpresse den Hass gegen Deutschland planmäßig schürte … Die Gedankengänge des Judentums dabei sind klar. Die Bolschewisierung Deutschlands, d. h. die Ausrottung der nationalen völkischen Intelligenz und die dadurch ermöglichte Auspressung der deutschen Arbeitskraft im Joch der jüdischen Weltfinanz, ist nur als Vorspiel gedacht für die Weiterverbreitung dieser jüdischen Welteroberungstendenz.

1C „Lebensraum im Osten“

Nur ein genügend großer Raum auf dieser Erde sichert einem Volk die Freiheit des Daseins … Damit ziehen wir Nationalsozialisten bewusst einen Strich unter die außenpolitische Richtung unserer Vorkriegszeit. Wir setzen dort an, wo man vor sechs Jahrhunderten endete. Wir stoppen den ewigen Germanenzug nach dem Süden und Westen Europas und weisen den Blick nach dem Land im Osten. Wir schließen endlich ab die Kolonial- und Handelspolitik der Vorkriegszeit und gehen über zur Bodenpolitik der Zukunft. Wenn wir aber heute in Europa von Grund und Boden reden, können wir in erster Linie nur an Russland und die ihm untertanen Randstaaten denken.

1D „Führerprinzip“

Die junge Bewegung ist ihrem Wesen und ihrer inneren Organisation nach antiparlamentarisch, d. h., sie lehnt im Allgemeinen wie in ihrem eigenen inneren Aufbau ein Prinzip der Majoritätsbestimmung[2] ab, in dem der Führer nur zum Vollstrecker des Willens und der Meinung anderer degradiert wird. Die Bewegung vertritt im Kleinsten wie im Größten den Grundsatz der unbedingten Führerautorität, gepaart mit höchster Verantwortung … Der völkische Staat hat … keinen Vertretungskörper …, sondern nur Beratungskörper, die dem jeweilig gewählten Führer zur Seite stehen.

M1A und M1C: Zit. nach Walther Hofer (Hg.), Der Nationalsozialismus, Frankfurt a. M. (Fischer) 1957, S. 31 ff.
M1B und M1D: Zit. nach Adolf Hitler, Mein Kampf, 11. Aufl., München (Franz Eher Nachfolger) 1932, 378 ff.

[1] Nach NS-Vorstellungen Völker der indoeuropäischen Sprachfamilie
[2] Mehrheitsprinzip

anti pluralistisch
anti sozialistisch
anti Darwinismus

Biografie

Adolf Hitler

Hitler wurde am 20. April 1889 als Kind einer Zollbeamtenfamilie in Braunau/Inn (Österreich) geboren. Er verließ die Realschule ohne Abschluss und führte zwischen 1905 und 1914 in Linz und Wien ein ungeregeltes Leben. Nachdem er nicht in die Kunstakademie aufgenommen worden war, hielt er sich mit Gelegenheitsarbeiten als Kunstmaler über Wasser. 1914 meldete er sich als Kriegsfreiwilliger, wurde als Meldegänger eingesetzt und erhielt einen Tapferkeitsorden. 1919 trat er in München in die Deutsche Arbeiterpartei (DAP) ein, die auf seinen Vorschlag 1920 in „Nationalsozialistische Deutsche Arbeiterpartei" (NSDAP) umbenannt wurde. Nach dem Putsch 1923 und einem kurzen Gefängnisaufenthalt baute er ab 1925 die NSDAP auf. Sie erreichte den politischen Durchbruch in den Reichstagswahlen 1930 mit einer Steigerung von 3 auf 18 Prozent. 1933 wurde Hitler zum Reichskanzler ernannt. Unter seiner Führung wurde ein beispielloses Terrorsystem aufgebaut. Kurz vor der Kapitulation Deutschlands im Mai 1945 beging Hitler Selbstmord (30. April).

M2 **„Ein Volk, ein Reich, ein Führer",** Plakat für deutsche Behörden- und Schulräume seit 1938/39

M3 **„Der ewige Jude",** Plakat von H. Stalüter zur gleichnamigen Ausstellung, 1937

M4 **„Warum ich Nationalsozialist bin"**

Anhänger der Nationalsozialisten schilderten Anfang der 1930er-Jahre die Gründe ihrer politischen Orientierung:

4A Eine Hamburger Lehrerin (1932): Wie viele sehen zu ihm [Hitler] auf in ergreifender Gläubigkeit als dem Helfer, Erretter, als dem Erlöser aus übergroßer Not. – Zu ihm, der den preußischen Prinzen, den Gelehrten, den Geistlichen, den Bauern, den Arbeiter, den Erwerbslosen aus der Partei rettet ins Volk hinein.

4B Ein SA-Scharführer (1934): Unsere Gegner irrten sich daher grundsätzlich, wenn sie uns als Partei der Wirtschaftspartei, den Demokraten oder den marxistischen Parteien gleichsetzten. Alle diese Parteien waren nur Interessenverbände, ihnen fehlte die Seele, das geistige Band. Adolf Hitler kam mit einer neuen politischen Religion. Diese Religion ist geboren aus der Erhebung des deutschen Volkes am 4. August 1914 und dem großen Ringen unsres Volkes von 1914 bis 1918.

Zit. nach Michael Burleigh, Die Zeit des Nationalsozialismus, Frankfurt a. M. (Fischer) 2000, S. 143 f.

1 a) Beschreibe die Merkmale von Hitlers Weltanschauung (M1 und M3).
b) Ordne die am Ende des Darstellungstextes genannten Begriffe der NS-Ideologie den Abschnitten in M1 zu.
c) Beurteile seine Denkweise.

2 Erarbeite die Aussage von M2 mithilfe der Methode „Politische Plakate untersuchen" (siehe S. 98 f.).

3 Untersuche, wie sich Hitlers Ideologie in den Äußerungen seiner Zeitgenossen (M4) widerspiegelte.

Herrschaft durch Propaganda – Feier- und Festkultur

Massenverführung und Überwältigung

Obwohl die Nationalsozialisten ihr System auf Unterdrückung, Verfolgung und Terror gegründet hatten, verbanden viele Menschen nach 1945 auch positive Erinnerungen mit der NS-Zeit. Während Minderheiten wie die jüdischen Bürgerinnen und Bürger aus der „Volksgemeinschaft" ausgeschlossen und verfolgt wurden, warb die NS-Führung unablässig um die Mehrheit der Bevölkerung. Die wichtigsten Instrumente dafür waren Veranstaltungen und Erlebnisangebote, mit denen die Massen dauerhaft mobilisiert werden sollten. Eine wichtige Rolle spielte die Freizeitorganisation der NSDAP „Kraft durch Freude" (KdF). Sie ermöglichte dem „kleinen Mann" und seiner Familie bisher nicht bekannte organisierte Pauschalurlaube in Deutschland und im Ausland.

Daneben gab es den Propagandaapparat, zu dessen schärfster Waffe sich in den 1930er- und 1940er-Jahren die Radiorede entwickelte. Mit der Massenproduktion eines billigen Radiotyps, dem „Volksempfänger", konnte fast jeder Haushalt die Stimme Adolf Hitlers hören. Massenmedien wie die Wochenschau und Kinofilme wurden gezielt gefördert, das Hören ausländischer Sender dagegen hart bestraft. Die „Macht des Wortes" zeigte sich besonders bei den alljährlich wiederkehrenden Feiern der Nationalsozialisten: am 30. Januar, dem „Tag der Machtergreifung", am 20. April, Hitlers Geburtstag, am 1. Mai, dem „Tag der nationalen Arbeit" – ursprünglich ein Feiertag der Arbeiterbewegung – oder bei den Reichsparteitagen im September.

Die Bauern spielten in der NS-Politik eine wichtige Rolle. Sie sollten eine vom Ausland unabhängige Ernährung der Bevölkerung sicherstellen. Wie andere Unternehmer auch waren die Bauern in der Weltwirtschaftskrise in eine schwierige Situation geraten. Mit der Machtübernahme der Regierung Hitler verbesserte sich zunächst ihre rechtliche und wirtschaftliche Position. So sollte das Reichserbhofgesetz vom 29. September 1933 die Höfe vor Überschuldung und Zersplitterung bei der Vererbung bewahren. Die Bauern, der sogenannte Reichsnährstand, wurden im Rahmen der „Blut-und-Boden-Ideologie" von den Nationalsozialisten propagandistisch stark umworben. Ein Beispiel inszenierter Feier-Propaganda waren die Reichserntedankfeste auf dem Bückeberg bei Hameln an der Weser. Zum ersten Mal wurde das Fest am 1. Oktober 1933 mit etwa 500 000 Menschen veranstaltet. Das deutsche Bauerntum – so die offizielle Losung – sollte an diesem Tag ein Bekenntnis zum neuen Reich ablegen und seine Bedeutung als „Volksernährer" demonstrieren.

M1

Gefechtsübungen während des Reichserntedankfestes,
Foto, 1935 oder später.
Ein „Kulissendorf" diente als Angriffsziel. Die Kreuze auf dem „Dorffriedhof" trugen u. a. Namen wie Rosa Luxemburg und Ernst Thälmann.

M2

Zwischen Volkstanz und Führerrede

Aus dem Programm für den Staatsakt des Reichserntedankfestes auf dem Bückeberg am 6. Oktober 1935:

7 Uhr: Beginn des Aufmarsches der Teilnehmer.
Ab 8 Uhr: Darbietungen durch Volkstanzgruppen, Sing- und Spielgruppen, Massenchöre und Musik; 8000 bäuerliche Trachtenträger, Träger von Feldzeichen und Fahnen rücken zur Spalierbildung vor.
Gegen 12 Uhr: Eintreffen des Führers auf dem Kundgebungsgelände; Abfeuern von 21 Schuss Salut.
12.19 Uhr: 3 Knallbomben als Zeichen zur Eröffnung der Kundgebung; Überreichung einer Erntekrone an den Führer. Chor „Segnung".
12.25 Uhr: Eröffnungsansprache Reichsminister Dr. Goebbels. Begrüßungsflug von 7 Staffeln der Luftwaffe; Beginn der Gefechtsübung der Wehrmacht.
13.25 Uhr: Rede des Führers; danach Deutschland-Lied, Horst-Wessel-Lied; Abfahrt des Führers; Abschuss von 200 Fallschirmbomben (mit Hakenkreuzfähnchen); Beginn des Abmarsches der Teilnehmer.
19 Uhr bis 7. Okt., 7 Uhr: Abfahrt der Sonderzüge.
20 Uhr: Empfang der Bauernabordnungen durch den Führer in der Kaiserpfalz Goslar.
21.15 bis 21.25 Uhr: Großes Feuerwerk.

Zit. nach Bernhard Gelderblom, Die Reichserntedankfeste auf dem Bückeberg, Hameln (Niemeyer) 1998, S. 16 f.

M3

„Ist Deutschland nicht schön?"

Aus der Rede Hitlers auf dem Bückeberg von 1937:

Glauben Sie: Wir stehen schwereren Aufgaben gegenüber als andere Staaten ...: zu viele Menschen auf einem zu kleinen Lebensraum, es mangelt an Rohstoffen, mangelt an Anbaufläche, und trotzdem: Ist Deutschland nicht schön? Ist Deutschland nicht trotzdem wunderbar? Lebt unser Volk nicht trotzdem so anständig? Mögen Sie alle mit irgendetwas anderem tauschen? (Stürmische „Niemals"-Rufe der Massen) ... Wir haben keine Lust, mit irgendjemandem Händel anzufangen. Aber es soll auch jeder wissen: Den Garten, den wir uns bestellt haben, den ernten wir auch allein ab, und niemand soll sich einbilden, jemals in diesen Garten einbrechen zu können! Das können sich die internationalen jüdischen Bolschewistenverbrecher gesagt sein lassen: Wo immer sie auch hingehen – an der deutschen Grenze stoßen sie auf ein eisernes Stopp! (Lang anhaltende begeisterte Zustimmung.)

Völkischer Beobachter vom 4. Oktober 1937.

M4

Hitler betritt nach Abschluss der Gefechtsübungen die Rednertribüne, Foto, 1936. Bei seiner Ankunft ging Hitler auf dem Mittelweg zunächst zur (oberen) Ehrentribüne („Aufstieg durch das Volk" – 45 Minuten für 500 Meter), zur Rede dann zur (unteren) Tribüne – „unter dem Volk". Das Fest erfreute sich bei der bäuerlichen Bevölkerung offensichtlich zunehmender Beliebtheit, u. a. erkennbar an den steigenden Teilnehmerzahlen.

1 Versetze dich in die Lage eines Zuschauers (M1 und M2). Schreibe einen Brief an einen Freund, in dem du von deinen Erlebnissen beim Reichserntedankfest berichtest.

2 Erörtere, inwiefern die Begriffe „Massenverführung" und „Überwältigung" für die Reichserntedankfeste zutreffen.

3 Informiere dich über die Ursprünge des „Erntedankfests" (Lexikon, Internet) und seine Instrumentalisierung durch die Nationalsozialisten.

4 Untersuche die Rede M3. Notiere, welche Mittel (siehe Anhang „Historische Sachverhalte beschreiben") Hitler einsetzte, um die Zustimmung seiner Zuhörer zu erreichen. Nimm die Methode „ Politische Reden analysieren" (siehe S. 186 f.) zu Hilfe.

5 **Recherche:** Untersucht die Geschichte des Begriffs „Propaganda" und findet heraus, ob es einen Bedeutungswandel gegeben hat.

Propaganda-Medien analysieren

Herrschaft durch Propaganda

Ein wesentliches Mittel zur Verblendung und Verführung war die nationalsozialistische Propaganda. Die Nationalsozialisten nutzten von Anfang an die neuen medialen Möglichkeiten, die mit Rundfunk und Film gegeben waren. Bereits für ihren Aufstieg hatten sie neue Medien genutzt, um die Bevölkerung zu mobilisieren: Der Einsatz von Flugzeugen, großen Lautsprecheranlagen, Parteizeitungen und Plakaten zeigte Wirkung. Der Volksempfänger, ein einfaches Rundfunkgerät, wurde in Großserie hergestellt, um den Kauf für jedermann erschwinglich zu machen. So konnte der Führer „täglich ins Haus" kommen.

Allen Kinobesitzern wurde 1934 vorgeschrieben, im Vorprogramm wenigstens einen Kulturfilm und die „Wochenschau" zu zeigen. Die Filmberichterstattung, die dabei geboten wurde, sollte der Volksbildung dienen, sie musste aber gleichzeitig den Vorgaben der Reichskulturkammer entsprechen. Sie war eine Zwangsvereinigung, in der Kulturbereiche, wie Rundfunk, Theater, Presse, Musik, bildende Künste, zusammengeschlossen waren.

Das Medium Film gehörte wohl zum wirksamsten Teil der Propaganda. In Kriegszeiten wurden Propagandafilme unter dem Deckmantel von „Dokumentationen" besonders gefördert: Filme über die Reichsparteitage oder der von Leni Riefenstahl gedrehte Film über die Olympiade 1936. Hetzfilme wie „Jud Süß" oder „Der ewige Jude" sollten einen aggressiven Antisemitismus vermitteln. Joseph Goebbels, Reichspropagandaminister und Führer der Reichskulturkammer, setzte vor allem im Krieg auf die Unterhaltungsfunktion des Films, um so von den Problemen der Gegenwart abzulenken. Besonders erfolgreich waren die Filme „Schwarze Rosen" (1936), „Mutterliebe" (1938), „Wunschkonzert" (1941) und „Der weiße Traum" (1944).

M1 **Propaganda für den Volksempfänger,** Plakat zur Rundfunkausstellung in Berlin 1936

Arbeitsschritte

1. Schritt: Historischen Kontext klären

- In welcher Zeit ist das Dokument entstanden?
- Nimmt es Bezug auf ein ganz konkretes historisches Ereignis oder behandelt es ein allgemeines Thema?
- In welchem Zusammenhang stehen die Entstehungszeit des Dokuments und das dargestellte Geschehen?

2. Schritt: Gattung festlegen und Funktion klären

- Handelt es sich z. B. um eine Rundfunkansprache, einen Nachrichtenbeitrag, Dokumentarfilm, Propaganda- bzw. Werbefilm?
- Welche Adressaten sollen erreicht werden?
- Welche Wirkung wird mit der Gattung generell angestrebt?

3. Schritt: Propagandistische Mittel untersuchen

Textanalyse:

- Wortwahl (z. B. Leerformeln, Schlagwörter, Superlative)
- Rhetorische Figuren (einschließlich Wirkung)
- Argumentationsstruktur (Behauptungen, Beweise/Begründungen)

Bildanalyse:

- Personendarstellungen (z. B. Auftreten, Gestus)
- Filmtechnische Mittel (Farbgebung, Kameraführung, Ton)

4. Schritt: Folgen von Propaganda bewerten

- Positive Selbstdarstellung (Überbewertung der eigenen Leistung)
- Abwertung anderer (Feindbilder)
- Mobilisierung von Massen

M2 Hitler spricht im Sportpalast

Bei der ersten öffentlichen Kundgebung der NSDAP nach der Machtübernahme hielt Adolf Hitler am 10. Februar 1933 im „Sportpalast", der größten Veranstaltungshalle in Berlin, die folgende Rede (Auszüge):

Deutsche Volksgenossen und -genossinnen!

Am 30. Januar dieses Jahres wurde die neue Regierung der nationalen Konzentration gebildet. Ich und damit die nationalsozialistische Bewegung traten in sie ein …

Und da erheben sich nun eine Anzahl von großen Aufgaben vor uns. Die erste und damit der erste Programmpunkt: Wir wollen nicht lügen und wollen nicht schwindeln! Ich habe deshalb es abgelehnt, jemals vor dieses Volk hinzutreten und billige Versprechungen zu geben … Immer und immer wieder predige ich, der Wiederaufstieg der deutschen Nation ist die Frage der Wiedergewinnung der inneren Kraft und Gesundheit des deutschen Volkes …

Und so komme ich zum zweiten Punkt dieses Programms. Ich will Ihnen nicht versprechen, dass diese Wiederauferstehung unseres Volkes von selbst kommt … Alles wurzelt nur im eigenen Willen, in der eigenen Arbeit.

Und drittens wollen wir unsere ganze Arbeit leiten lassen von einer Erkenntnis, von einer Überzeugung: Glaube niemals an fremde Hilfe, die außerhalb unserer eigenen Nation, unseres eigenen Volkes liegt! In uns selbst allein liegt die Zukunft des deutschen Volkes …

14 Jahre lang haben die Parteien des Verfalls, des Novembers, der Revolution das deutsche Volk geführt und misshandelt, 14 Jahre lang zerstört, zersetzt und aufgelöst. Es ist nicht vermessen, wenn ich heute vor die Nation hintrete und sie beschwöre: Deutsches Volk, gib uns vier Jahre Zeit, dann richte und urteile über uns! … Denn ich kann mich nicht lossagen von dem Glauben an mein Volk, kann mich nicht lossagen von der Überzeugung, dass diese Nation wieder einst aufstehen wird, kann mich nicht entfernen von der Liebe zu diesem, meinem Volk und hege felsenfest die Überzeugung, dass eben doch dann einmal die Stunde kommt, in der die Millionen, die uns heute verfluchen, hinter uns stehen und mit uns begrüßen werden das gemeinsam geschaffene, mühsam erkämpfte, bitter erworbene neue Deutsche Reich der Größe und der Ehre und der Kraft und der Herrlichkeit und der Gerechtigkeit. – Amen.

Mitschrift einer Rundfunkaufnahme vom 10. 2. 1933 (DRA). In: CD Forum Geschichte kompakt 2, Handreichung für den Unterricht (Cornelsen) 2008.

Alles herhören!

Reichskanzler

Adolf Hitler

spricht über das

Programm der Reichsregierung

in großangelegter Rede

Freitag, den 10. Februar, abends

über alle deutschen Sender

im Rundfunk.

Versäumen Sie nicht, den Retter Deutschlands zu hören. Wenn Sie keinen Apparat besitzen, dann gehen Sie zu Ihren Bekannten, Verwandten oder ins Gasthaus.

Nationalsozialistische Deutsche Arbeiter-Partei (Hitlerbewegung).

M3 **Flugblatt zur Rede Adolf Hitlers im Sportpalast am 10. Februar 1933**

M4 Propaganda

Adolf Hitler schrieb 1924 in „Mein Kampf" zum Begriff Propaganda:

Die Aufnahmefähigkeit der großen Masse ist nur sehr beschränkt, das Verständnis klein, dafür jedoch die Vergesslichkeit groß. Aus diesen Tatsachen heraus hat sich jede wirkungsvolle Propaganda auf nur sehr wenige Punkte zu beschränken und diese schlagwortartig so lange zu verwerten, bis auch bestimmt der Letzte unter einem solchen Worte das Gewollte sich vorzustellen vermag.

Adolf Hitler, Mein Kampf, Volksausgabe, o. O., o. J., S. 198.

Vorschlag für eine Gruppenarbeit

1 a) Lest die Hitler-Rede M2 und das Flugblatt M3.
b) Beschafft das Tondokument zu M2 und hört es euch an.
c) Untersucht das Tondokument nach den Arbeitsschritten 1 bis 4.

2 Beschafft euch weitere Ton- oder Filmdokumente aus der NS-Zeit (z. B. Ausschnitte aus der Wochenschau oder einem Spielfilm) und untersucht sie.

Das nationalsozialistische Herrschaftssystem

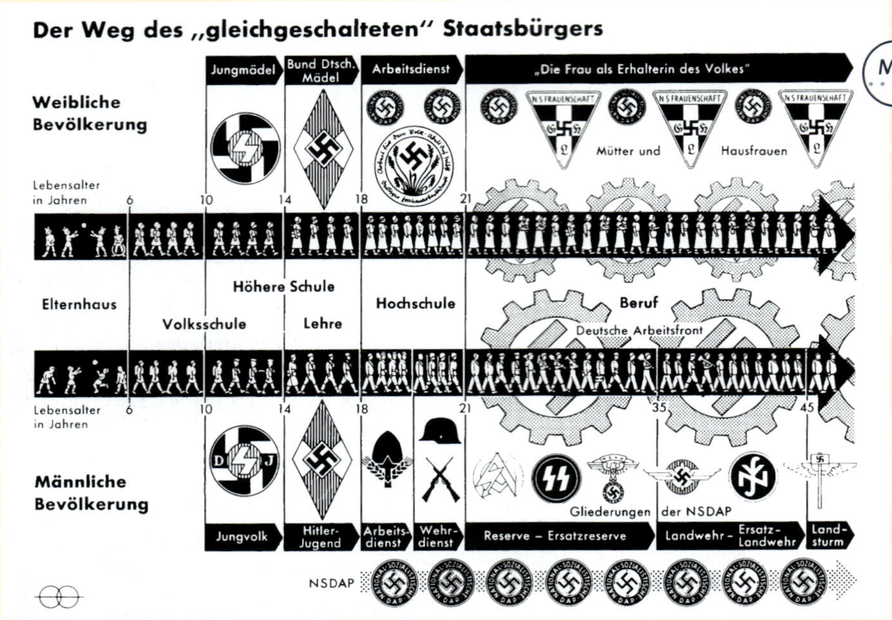

M1 Der Weg des „gleichgeschalteten" Staatsbürgers

M2

„Die Partei ist jetzt der Staat geworden"

Aus der Rede Adolf Hitlers vor den Reichsstatthaltern (Vertreter der NS-Reichsregierung zur „Gleichschaltung" in den Ländern) am 6. Juli 1933:

Die politischen Parteien sind jetzt endgültig beseitigt. Dies ist ein geschichtlicher Vorgang, dessen Bedeutung und Tragweite man sich vielfach noch gar nicht bewusst ist. Wir müssen jetzt die letzten Überreste der Demokratie beseitigen, insbesondere auch die Methoden der Abstimmung und der Mehrheitsbeschlüsse, wie sie heute noch vielfach bei den Kommunen, in wirtschaftlichen Organisationen und Arbeitsausschüssen vorkommen, und die Verantwortung der Einzelpersönlichkeiten überall zur Geltung bringen. Der Erringung der äußeren Macht muss die innere Erziehung der Menschen folgen ... Die Revolution ist kein permanenter Zustand, sie darf sich nicht zu einem Dauerzustand ausbilden. Man muss den frei gewordenen Strom der Revolution in das sichere Bett der Evolution hinüberleiten. Die Erziehung der Menschen ist dabei das Wichtigste. Der heutige Zustand muss verbessert und die Menschen, die ihn verkörpern, müssen zur nationalsozialistischen Staatsauffassung erzogen werden ... Die Partei ist jetzt der Staat geworden. Alle Macht liegt bei der Reichsgewalt.

Zit. nach Jürgen Stillig / Wolfgang Wippermann, Der Nationalsozialismus, Berlin (Cornelsen) 2000, S. 28 f.

M3

„Das Dritte Reich", Holzschnitt von Gerd Arntz, 1934/35

Überprüfe, was du kannst

Sachkompetenz

1 Erläutere die Begriffe: Nationalsozialismus (S. 131), „Drittes Reich" (S.131) und „Ermächtigungsgesetz" (S. 133).

2 a) Stelle dar, wie Hitler die Macht erlangt hat und mit welchen Methoden er sie sicherte (S. 129–131).
b) Vergleiche das politische Vorgehen der NSDAP mit den Grundsätzen der Weimarer Verfassung (S. 104–105).

3 Notiere Merkmale zu den Grundelementen der Weltanschauung Hitlers und der NS-Bewegung: Antisemitismus, Rassenideologie, Lebensraumideologie, Führerprinzip (S. 140–141).

4 a) Erläutere M1.
b) Ziehe daraus Schlüsse für das alltägliche Leben der Menschen.

5 a) Beschreibe M3. Achte auf Einzelheiten der Darstellung.
b) Formuliere die mögliche Aussageabsicht des Künstlers.

Methodenkompetenz

6 Erschließe die Aussage der Karikatur M4, indem du zunächst zu den Biografien der abgebildeten Personen recherchierst. Berichte in der Klasse.

Urteilskompetenz

7 Beantworte die folgenden Fragen zu M2:
a) Worin zeigt sich die antidemokratische Auffassung Hitlers?
b) Welche Bedeutung sieht Hitler in der Erziehung?
c) In welchen Beziehungen sieht er Partei – Staat – Macht – Reichsgewalt?
d) Beurteile die Aussage Zeile 10 f.: „die Verantwortung der Einzelpersönlichkeiten überall zur Geltung bringen".

Kommunikations- und Handlungskompetenz

8 Recherchiert, wie politische Propaganda bzw. Werbung heute betrieben wird, z. B. in Wahlkämpfen oder bei umstrittenen Fragen der aktuellen Politik. Geht dabei von der Methode „Propaganda-Medien analysieren" (S. 144 f.) aus.

M4

Amerikanische Karikatur aus der Zeitschrift „The Nation", Februar 1936. Auf der Tribüne sind Werner von Blomberg, Joseph Goebbels, Hermann Göring, Heinrich Himmler, Adolf Hitler, Robert Ley, Viktor Lutze und Hjalmar Schacht abgebildet.

1933 bis 1945
Nationalsozialistische Diktatur

30. Januar 1933
Hitler wird Reichskanzler

27. Februar 1933
„Reichstagsbrand-verordnung"

seit März 1933
Gleichschaltung der Länder und Verwaltungen Einsatz von Propaganda-Medien

23. März 1933
„Ermächtigungsgesetz"

Januar 1933 — Februar 1933 — März 1933

Leben in der nationalsozialistischen Diktatur

Wissen • Urteilen • Kommunizieren/Handeln • Methoden anwenden

Am Ende dieses Unterkapitels kannst du

- Ideal und Realität der „Volksgemeinschaft" unterscheiden
- die ideologisch und politisch bedingte Rollenverteilung von Männern, Frauen und Jugendlichen erklären
- die staatlich organisierte Freizeit und Erholung in ihrer Funktion und Bedeutung bewerten
- erkennen, dass der NS-Staat unangepasste Jugendliche verfolgte und bestrafte
- die systematische Ausgrenzung, Verfolgung und Entrechtung der Juden darlegen und beurteilen
- erkennen, dass die Euthanasie-Maßnahmen des Staates ein Teil der NS-Ideologie waren und Menschenrechte verletzten
- die Sprache der Verschleierung und Aggression der Nationalsozialisten analysieren

Leben in der NS-Diktatur 1933 bis 1945

Nationalsozialistische Diktatur

1933 bis 1945

Das Ideal der „Volksgemeinschaft"

„Starker Mann" und „schwache Frau"?

Im Zentrum der NS-Ideologie stand der Gedanke der „Volksgemeinschaft", in der alle gesellschaftlichen Gruppen verschmelzen sollten. Nicht in die „Volksgemeinschaft" gehörten diejenigen, die zum politischen Gegner erklärt oder aus rassistischen Gründen ausgegrenzt wurden.

Die Beziehung zwischen den Geschlechtern wurde als eine Rangordnung verstanden, die durch unterschiedliche Aufgaben in Staat und Gesellschaft festgelegt war. Der heroisch kämpfende, starke Mann sollte das Leitbild in jeder deutschen Familie sein. Die Frau wurde auf die Mutterrolle reduziert, also auf die „Erhalterin" des deutschen Volkes.

In NS-Frauenorganisationen boten sich durchaus Aufstiegsmöglichkeiten. Frauen durften jedoch keine politischen Ämter übernehmen. Die „Nationalsozialistische Frauenschaft" (NSF) verstand sich als Eliteorganisation, die die Frauen für den Nationalsozialismus gewinnen wollte. Sie organisierte z. B. Gesprächsgruppen und Seminare, in denen sich Frauen über hauswirtschaftliche Fragen austauschen sollten, aber auch über die „Rassen- und Bevölkerungspolitik". Jüdische, andere „nichtarische", körperlich oder geistig behinderte und „sozial nicht angepasste" Frauen waren ausgeschlossen.

M1 **„Hilf auch Du mit!",** Plakat, 1943

M2 **Verleihung des Mutterkreuzes,** Foto, 1943

Begriffe und Daten

„Volksgemeinschaft"

Die Nationalsozialisten verstanden unter diesem Begriff eine „Bluts- und Schicksalsgemeinschaft", in der Standesgegensätze, Klassen, Parteien und Einzelinteressen aufgehoben werden sollten und sich die Gemeinschaft dem Willen eines Führers unterordnete. In ihrer Struktur war die Idee der „Volksgemeinschaft" antipluralistisch und antidemokratisch.

1 Beschreibe M1 und M2 und erkläre, wie die Frauenrolle dargestellt wird.

2 Überprüfe deine Ergebnisse aus Aufgabe 1 am Darstellungstext.

Vorschlag für eine Gruppenarbeit

Die Seiten 149 bis 159 könnt ihr auch in Gruppen erarbeiten. Jede Gruppe übernimmt ein Thema. Nutzt die Aufgaben zur Erschließung der Teilthemen. Stellt eure Ergebnisse in der Klasse vor und erörtert gemeinsam: Die „Volksgemeinschaft" – zwei Gesichter?

Frauen in der „Volksgemeinschaft“

Opfer oder Täterinnen?

In der Diskussion um die Rolle der Frauen im Nationalsozialismus gab es in den vergangenen Jahrzehnten im Wesentlichen zwei Positionen: Entweder waren die Frauen „Opfer“ der Männerherrschaft im Nationalsozialismus oder sie waren „Täterinnen“, weil sie die NS-Ideologie mit getragen und verbreitet haben.

M1

Vollgermane sucht Minne

Heiratsanzeigen in der Parteizeitung „Völkischer Beobachter“, 12. August 1934:

1A SA-Scharführer, Anfang 30, Blutordensträger, blonder Vollgermane, kernig und erbgesund, sucht auf diesem Weg die Mutter seiner kommenden Kinder und Wahrerin seines Hortes. Selbe muss Garantin rassischer Vollwertigkeit kommender Geschlechter sein. Stattliche Blondine bevorzugt, nachgedunkelte Schrumpfgermanin unerwünscht. Eigenes Heim vorhanden.

1B Deutsche Minne, blondes BDM-Mädel, gottgläubig, aus bäuerlicher Sippe, artbewusst, kinderlieb, mit starken Hüften, möchte einem deutschen Jungmann Frohwalterin seines Stammes sein (niedere Absätze – kein Lippenstift). Nur Neigungsehe mit zackigem Uniformträger.

Zit. nach Wochenschau I, Nr. 2: Der NS-Staat, März/April 1995, S. 74.

M2

Adolf Hitler zur Rolle der Frau

Auf einer Tagung der NS-Frauenschaft sagte Adolf Hitler am 8. September 1934:

Die deutsche Frau braucht sich in den wirklich guten Zeiten des deutschen Lebens nie zu emanzipieren ... Wenn man sagt, die Welt des Mannes ist der Staat, die Welt des Mannes ist sein Ringen, die Einsatzbereitschaft für die Gemeinschaft, so könnte man vielleicht sagen, dass die Welt der Frau eine kleinere sei. Denn ihre Welt sind der Mann, ihre Familie, ihre Kinder und ihr Haus ... Was der Mann einsetzt an Heldenmut auf dem Schlachtfeld, setzt die Frau ein in ewig geduldiger Hingabe, in ewig geduldigem Leid und Ertragen.

Völkischer Beobachter Nr. 253 vom 10. September 1934. Zit. nach Max Domarus, Hitler. Reden und Proklamationen, Bd. 1, Wiesbaden (Löwit) 1973, S. 450 f.

M3

Frauenarbeit – Anspruch und Realität

Der Historiker Wolfgang Wippermann schrieb 1998:

Ein ... [rigider] Numerus clausus wurde an den Universitäten eingeführt. Nur zehn Prozent der Studierenden sollten Frauen sein [wurde schon 1935 aufgehoben]. Dass ... [1943] fast die Hälfte aller deutschen Studierenden an Universitäten Frauen waren, ... zeigt aber doch, dass die Nationalsozialisten bereit waren, einige ihrer ursprünglichen ideologischen Ziele den ökonomischen Zwängen unterzuordnen ... Von einer „gezielten Ausschaltung [der Frauen] aus dem Arbeitsprozess“ wird man ... kaum sprechen können. Dass nicht mehr Frauen in den Wirtschaftsprozess eingegliedert wurden, hatte [als wichtigsten Grund] die rücksichtslose Ausbeutung von „Fremdarbeitern“.

Wolfgang Wippermann, Umstrittene Vergangenheit, Berlin (Elefanten Press) 1998, S. 183 ff.

Biografie

Gertrud Scholtz-Klink (1902–1999)

Tochter eines Beamten. Sie verließ während des Ersten Weltkriegs vorzeitig das Gymnasium und arbeitete im Bahnhofsdienst und im Haushalt von Offizieren. Sie sympathisierte früh mit der NS-Bewegung, arbeitete ab 1930 aktiv in der NSDAP und wurde 1934 „Reichsfrauenführerin“ – das war ein symbolischer Titel, denn alle Frauenorganisationen unterstanden in finanzieller Hinsicht männlicher Kontrolle. Ihre Hauptaufgabe bestand darin, die Frauenrolle auf den „Dienst für den Mann“ auszurichten und junge Frauen vom Studium fernzuhalten. Die Gleichwertigkeit von Frauen und Männern lehnte sie ab. Unter dem Eindruck des Arbeitskräftebedarfs in der Kriegszeit änderte sie ihre ablehnende Meinung über Frauenarbeit in Rüstungsbetrieben. Am Kriegsende 1945 tauchte sie unter, ließ sich unter falschem Namen entnazifizieren und wurde später zu einer Haftstrafe von 18 Monaten verurteilt. Sie blieb überzeugte Nationalsozialistin.

M4

Veranstaltung der NS-Frauenschaft für Mitarbeiterinnen eines Berliner Verlages, Foto, 15. Dezember 1937

M5

„Wir Frauen haben nicht abseits gestanden“

Marion Gräfin York von Wartenburg, geboren 1904 in Berlin, Jurastudium und Promotion, 1930 Heirat mit Peter Graf York von Wartenburg, einem führenden Mitglied der Widerstandsgruppe Kreisauer Kreis*, war seit 1952 Direktorin eines Landgerichts. Sie erinnerte sich nach 1945:

„Mein Kampf“ habe ich damals nicht gelesen. Auch später nicht. Ich wusste aber sehr bald, dass viele Menschen eingesperrt wurden … Man hat schon sehr bald nach der Machtergreifung Lager errichtet. Ich entsinne mich auch noch an unseren Schrecken über eine Zeitungsnachricht viele Jahre später, in der von einem Telegramm des Gauleiters Koch aus Ostpreußen die Rede war, der seinem Führer meldete, dass Ostpreußen nun „frei von Juden“ sei. Damals haben wir noch lange im größeren Kreis über dieses entsetzliche organisierte Töten durch Deutsche gesprochen. Die Wehrlosigkeit gegenüber den Verbrechen im Dritten Reich quälte Peter am meisten. Deshalb beteiligte er sich eigentlich auch am 20. Juli … Wir Frauen haben bei alledem [dem Widerstand des „Kreisauer Kreises“] nicht abseits gestanden. Peter hat nie etwas vor mir verheimlicht. Ich wusste immer, wann er weg war, bei wem er war, wie und wann er nach Hause kommen wollte. Er sagte mir eigentlich alles. Und auch an diesen Beratungen habe ich immer, wenn ich in Berlin war, teilgenommen. Ich habe den Männern oft gekocht und gehörte dazu. Ich musste auch Nachrichten überbringen.

Brigitte Löhr (Hg.), Frauen in der Geschichte, Bd. 2, Tübingen (Dt. Inst. f. Fernstudien a. d. Univ. Tübingen/© Hanser) 1994, S. 256 f.

1 Untersuche M1 und M2 a) nach den politischen Zielen und b) nach den ideologischen Grundlagen der Nationalsozialisten. Lies auf S. 140 f. nach.

2 Zeige anhand von M3 den Konflikt der nationalsozialistischen Führung zwischen ihrem Anspruch an die Rolle der Frauen und der tatsächlichen Entwicklung während der NS-Herrschaft.

3 Diskutiert in der Klasse über Person und Karriere der Gertrud Scholtz-Klink. Zieht auch M4 mit heran.

4 Setze M5 in einen Zusammenhang mit den Erwartungen der Nationalsozialisten an Frauen.

5 Beantworte die Frage in der Überschrift des Darstellungstextes.

6 Untersuche, inwieweit an den Materialien auf den Seiten 150 bis 151 die Rolle der Männer deutlich wird.

Freizeit im NS-Staat

„Kraft durch Freude“

Nach der Zwangsauflösung der Gewerkschaften im Mai 1933 wurde im Zuge der nationalsozialistischen Gleichschaltungspolitik die Deutsche Arbeitsfront (DAF) gebildet. Als Verband der NSDAP war die DAF ein politisches und wirtschaftliches Instrument der Partei. Damit konnte die Arbeitnehmerschaft ihre sozialpolitischen Interessen nicht mehr unabhängig vom Staat vertreten.

Ziel der NS-Führung war, die Leistungsbereitschaft der Arbeiterinnen und Arbeiter zu fördern. Dies sollte mit Verbesserungen der Arbeitsbedingungen, einem gesetzlichen Urlaubsanspruch und Freizeiteinrichtungen erreicht werden. Eine Sonderorganisation der DAF war die im November 1933 gegründete Gemeinschaft „Kraft durch Freude“ (KdF). Sie wurde durch ihre Freizeitangebote und Großprojekte wie „KdF-Flotte“, „KdF-Seebad“ und „KdF-Wagen“, dem Volkswagen, zur populärsten Organisation der DAF.

Das „KdF-Seebad der Zwanzigtausend“

„Wir verloren den Krieg [gemeint ist der Erste Weltkrieg], weil wir die Nerven verloren haben ... Deshalb will der Führer, dass die Nerven des Volkes gesund und stark bleiben.“ So begründete Robert Ley, Chef der DAF, den Bauplan für das „Projekt Prora“. Vier Kilometer von Binz entfernt, sollte auf Rügen unmittelbar am Ostseestrand eine gigantische Badestadt gebaut werden. Geplant waren ein kasernenähnlicher Bau mit Meeresterrassen, Theater, Kinos, Kuranlagen, Läden, zwei Schwimmhallen, Schule, Krankenhaus, Parkhaus und ein Festplatz von 40 000 Quadratmetern. Dieses gigantische Projekt sollte bis zu 20 000 Menschen und 2000 Beschäftigte beherbergen.

Der 1936 begonnene Großbau konnte jedoch bis Kriegsbeginn nur in Teilen fertiggestellt werden und blieb überwiegend im Rohbau. Als Seebad wurde Prora nie genutzt. Vielmehr diente es im Krieg als Ausbildungs- und Arbeitsstätte für Zwangsarbeiter und Kriegsgefangene, als Notunterkunft für Ausgebombte und Flüchtlinge sowie als Lazarett.

M1 Die Deutsche Arbeitsfront

Verordnung zur Errichtung der Deutschen Arbeitsfront (DAF) vom 24. Oktober 1934:

§ 1. Die Deutsche Arbeitsfront ist die Organisation der schaffenden Deutschen der Stirn und der Faust. In ihr sind insbesondere die Angehörigen der ehemaligen Gewerkschaften, der ehemaligen Angestelltenverbände und der ehemaligen Unternehmer-Vereinigungen als gleichberechtigte Mitglieder zusammengeschlossen ...

§ 2. Das Ziel der Deutschen Arbeitsfront ist die Bildung einer wirklichen Volks- und Leistungsgemeinschaft aller Deutschen. Sie hat dafür zu sorgen, dass jeder Einzelne seinen Platz im wirtschaftlichen Leben der Nation in der geistigen und körperlichen Verfassung einnehmen kann, die ihn zur höchsten Leistung befähigt und damit den größten Nutzen für die Volksgemeinschaft gewährleistet.

§ 3. Die Deutsche Arbeitsfront ist eine Gliederung der NSDAP im Sinne des Gesetzes zur Sicherung der Einheit von Partei und Staat vom 1. Dezember 1933.

Zit. nach Der Nationalsozialismus, Bd. 1 (1933–35), Machtergreifung und Machtsicherung, München (Bayerische Landeszentrale für politische Bildungsarbeit) 1944, S. 161.

M2 „Kraft durch Freude“

Aus einem Bericht der Sopade, einer von der SPD organisierten Widerstandsgruppe, 1936:

Der Gau München-Oberbayern ... hat im Mai 1936 neben Urlaubs- und Wanderfahrten folgende Veranstaltungen durchgeführt: Theateraufführungen, Frauennachmittage, Kinderfeste, fröhliche Samstagnachmittage, Gymnastikkurse, Leichtathletik (Sportabz.), Sportspiele (auch Tennis), Schwimmkurse, Reitunterricht, Segelsportfahrten an d. Ostsee, Führungen d. Museen usw., Bildungs- und Arbeitsgemeinschaften, Fachkurse (Stenografie, Deutsch, Rechnen, Musik usw.), Kochkurse ... Die KdF wird bei fast allen Volksgenossen als eine anerkennenswerte Leistung des Nationalsozialismus gewertet ... So nehmen z. B. viele unserer Genossen, die früher bei den Naturfreunden waren, heute die Gelegenheit wahr, die Reisen mit KdF zu machen ... Kraft durch Freude hat viel Zuspruch. Man kann doch für billiges Geld allerhand haben.

Deutschlandberichte der Sozialdemokratischen Partei Deutschlands 3/1936, Frankfurt a. M. (Verlag 2001) 1980, S. 880 ff.

M3

„Auch Du kannst jetzt reisen!", Plakat der NS-Organisation „Kraft durch Freude", 1937

M4 **Prora,** Foto des Modells, 1936

M5 **Wohn-Schlafeinheit des KdF-Bades,** Entwurf des Architekten Clemens Klotz. Alle Zimmer waren 2,50 × 5,00 Meter groß und enthielten einen kleinen Vorraum mit Waschbecken (fließend warmes und kaltes Wasser) und Zentralheizung. Die Skelettbauweise ließ auch die Verbindung zweier Zimmer für Familien zu.

M6

Prora, Foto, 2001

1. Erschließe das Menschenbild, das M1 zugrunde liegt.
2. Formuliere einen möglichen Auftrag der DAF-Leitung an die Werbeagentur, die das Plakat M3 entworfen haben könnte (Darstellungstext, M4 bis M6).
3. Untersuche, wie die Verfasser von M2 die KdF-Maßnahmen bewerten. Begründe dein Ergebnis.
4. Erläutere mithilfe der Informationen auf dieser Seite die Bezeichnung „gefährliche Faszination".
5. **Recherche:**
   a) Was wurde aus Prora nach dem Zweiten Weltkrieg?
   b) Wie wird die Anlage heute genutzt? Welche Pläne (Probleme) gibt es?
   Tipp: www.dokumentationszentrum-prora.de

Jugend im Nationalsozialismus

Organisiert, ideologisiert und ausgegrenzt

Bereits seit den 1920er-Jahren versuchten die Nationalsozialisten, Jugendliche an sich zu binden und im Sinn der Partei zu organisieren. Ende 1934 waren rund 3,5 Millionen Jugendliche im Alter von zehn bis achtzehn Jahren in der HitlerJugend (HJ) organisiert. Die Mädchen gehörten dem „Bund deutscher Mädel“ (BDM) an. Da 1936 alle anderen Jugendorganisationen verboten worden waren und viele Eltern, Lehrer und Arbeitgeber zu dem Eintritt in HJ und BDM drängten, wuchsen beide Organisationen schnell.

Nach dem Gesetz über die Hitler-Jugend vom 1. Dezember 1936 wurde die Hitler-Jugend zur Staatsjugend. Alle Jugendlichen mussten mit zehn Jahren in das „Jungvolk“ bzw. in den „Jungmädelbund“ eintreten. Mit 14 wurde man Mitglied der HJ oder des BDM. Während in den NS-Jugendorganisationen eine massive Ideologisierung betrieben wurde, gelang es der Partei nicht, das Schulwesen total zu erfassen: So gab es durchaus Konflikte zwischen HJ-Führern und Schulleitern. Auch Industrie und Wirtschaft legten Wert darauf, nicht nur ideologisch, sondern auch fachlich gut ausgebildete Jugendliche zu bekommen.

Die Schule wurde jedoch ebenso „arisiert“ wie andere Gesellschaftsbereiche auch: Jüdische Lehrkräfte, jüdische Schülerinnen und Schüler sowie Kinder deutscher Roma und Sinti wurden zunehmend und 1938 schließlich ganz vom Unterricht an öffentlichen Schulen ausgeschlossen. Der Sportunterricht wurde ausgeweitet und die „Rassenkunde“ zu einem fächerübergreifenden Unterrichtsprinzip erhoben. Trotz heftiger Proteste von evangelischen und katholischen Kirchenvertretern waren Ende 1939 alle kirchlich getragenen Schulen geschlossen worden.

M1 **Umgang mit Schusswaffen,** Foto, 1936

M2 **BDM-Plakat,** 1936

M3 **„Jugend dient dem Führer“,** Plakat, um 1936

M4

Vom „Jungvolk" ausgeschlossen

Hans-Jürgen Massaquoi erinnerte sich 1999 an die Anwerbung für die Hitler-Jugend in seiner Hamburger Schule:

Unser neuer Klassenlehrer, Herr Schürmann, ... versuchte ununterbrochen, uns zum Beitritt ins Jungvolk zu bewegen. Kernstück seiner Rekrutierungsbemühungen war eine große Grafik, die er mit weißer Kreide auf die Tafel gemalt hatte: ein Rechteck, das in ebenso viele Quadrate unterteilt war, wie es Jungen in unserer Klasse gab. Jeden Morgen erkundigte sich Herr Schürmann als Erstes, wer der HJ beigetreten war, und trug dann die entsprechenden Namen in die Grafik ein ... Allmählich gab einer nach dem anderen Schürmanns unerbittlichem Drängen nach und trat in die Hitler-Jugend ein. Eines Morgens nahm Herr Schürmann sich die letzten Zögerer zur Brust und wollte wissen, warum sie „nicht genug Liebe für Führer und Vaterland" empfanden ... Als ich an die Reihe kam, öffnete ich den Mund, um etwas zu sagen, doch Herr Schürmann schnitt mir das Wort ab: „Schon gut, du bist ja sowieso vom Jungvolk ausgeschlossen." Ich war wie vom Donner gerührt ... Herr Schürmann bemerkte meine Verwirrung und sagte mir, ich solle in der Pause zu ihm kommen ... „Ich dachte, du wüsstest, dass du nicht ins Jungvolk darfst, weil du Nichtarier bist", fing er an. „Du weißt doch, dass dein Vater Afrikaner ist und dass Afrikaner und andere nichteuropäische Menschen als Nichtarier gelten. Nichtariern ist es untersagt, der Hitler-Jugend beizutreten." – „Aber ich bin doch Deutscher", schluchzte ich unter Tränen. „Meine Mutter sagt, dass ich Deutscher bin, so wie alle anderen."

Hans-Jürgen Massaquoi, „Neger, Neger, Schornsteinfeger!". Meine Kindheit in Deutschland, München (Scherz) 1999, S. 129 f.

M6

Erinnerungen an die Hitler-Jugend

Ein Abiturient erinnerte sich um 1948:

Diese Kameradschaft, das war es auch, was ich an der Hitler-Jugend liebte ... Denn welcher Junge ist nicht entflammt, wenn ihm Ideale, hohe Ideale wie Kameradschaft, Treue und Ehre, entgegengehalten werden ... Und dann die Fahrten! Gibt es etwas Schöneres, als im Kreis von Kameraden die Herrlichkeiten der Heimat zu genießen? Oft zogen wir am Wochenende in die nächste Umgebung von K. hinaus, um den Sonntag dort zu verleben. Welche Freude empfanden wir, wenn wir an irgendeinem blauen See Holz sammelten, Feuer machten und darauf dann eine Erbsensuppe kochten ... Die Stunden waren wohl die schönsten, die uns die Hitler-Jugend geboten hat. Hier saßen dann Lehrlinge und Schüler, Arbeitersöhne und Beamtensöhne zusammen und lernten sich gegenseitig verstehen und schätzen.

Kurt Haß (Hg.), Jugend unterm Schicksal, Hamburg, 1950, S. 61 ff.

1 Stelle zusammen, welche Erwartungen die Nationalsozialisten an die Jugendlichen richteten (M1 bis M3).

2 Zeige, welche Erinnerung an die Hitler-Jugend in M6 erkennbar ist, und stelle einen Bezug zu den Zielen der Nationalsozialisten her.

3 Beurteile die Situation von Hans-Jürgen Massaquoi (M4, M5), indem du den Begriff „Volksgemeinschaft" kritisch verwendest.

4 Prüfe mithilfe von M1 bis M3 und M6, ob sich hier der Begriff „Verführung" verwenden lässt.

5 In einem Jugendbuch von 1936 sind die „7 Schwertworte" Härte, Tapferkeit, Treue, Haltung, Wahrheit, Kameradschaft, Ehre aufgeführt. Nenne mögliche Absichten, die die Nationalsozialisten damit verbanden.

6 Diskutiert in der Klasse: NSDAP – Partei der Jugend?

M5

Hans-Jürgen Massaquoi mit Klassenkameraden, Foto, 1933. Hans-Jürgen Massaquoi wurde 1926 in Hamburg als Sohn einer weißen Mutter und eines schwarzen Vaters geboren. Sein Großvater war liberianischer Generalkonsul in Deutschland. Hans-Jürgen Massaquoi überlebte den Nationalsozialismus, ging 1948 zunächst nach Liberia und 1950 in die USA. Dort wurde er Leitender Redakteur einer großen afroamerikanischen Zeitschrift.

Das Jugend-KZ Moringen

M1 **Hamburger Swing-Jugendliche,** Foto, 1940

„Asoziale“ und „Kriminelle“

Wer versuchte, sich der organisierten Jugend der Nationalsozialisten zu entziehen und nicht bereit war, sich ihrer Ideologie zu unterwerfen, der wurde als „unerziehbar“, „asozial“ und „kriminell“ diffamiert. Diese Jugendlichen wurden aus der „Volksgemeinschaft entfernt“ – so der Sprachgebrauch der Nationalsozialisten. Das hieß: Sie wurden in „polizeiliche Jugendschutzlager“, in spezielle Konzentrationslager verschleppt, die 1940 in Moringen in Südniedersachsen und 1942 als Jugend-KZ „Uckermark“ in Brandenburg eingerichtet wurden.

M2

Haftgründe für eine Einweisung

Aus Akten des Konzentrationslagers Moringen:

- Verweigerung des HJ- oder BDM-Dienstes bzw. Ausschluss aus der Hitler-Jugend
- „Arbeitsverweigerung“, „Arbeitsbummelei“ „Unerziehbarkeit“, „Renitenz“, Kriminalität
- „Sippenhaft“, z. B. bei politischen Aktivitäten der Eltern (Opposition und Widerstand)
- Zugehörigkeit zur „Swing-Jugend“
- Homosexualität / „Strichjungen“
- Behinderte, psychisch Kranke, Zwangssterilisierte
- aus religiösen Gründen (z. B. Zeugen Jehovas)
- aus rassischen Gründen (Juden, Sinti und Roma)
- sogenannte „Rassenschande“ (siehe S. 159, M5).

Katalog zur Ausstellung „Wir hatten noch gar nicht angefangen zu leben“, hg. von M. Guse / Lagergemeinschaft und Gedenkstätte KZ Moringen e. V., 3. Aufl., Moringen/ Liebenau 1997, S. 26. Bearb. d. Verf.

M3

Als Swing-Anhänger verhaftet

Günter Discher, geboren am 20. März 1925 in Hamburg, wurde wegen illegalen Plattenhandels als 17-Jähriger verhaftet und in das KZ Moringen gebracht. Er erinnert sich:

Aufgrund meiner Musikleidenschaft bin ich … langsam in Opposition gegen die Jugenderziehung der Nazis geraten. Bereits als 13-Jähriger hörte ich in der Volksschule von Mitschülern, die damals in der Hitler-Jugend waren, wie sie in den Wehrertüchtigungslagern behandelt worden sind. Die Jugendlichen wurden dort in scharfer Form gedrillt …, um sie auf die Angriffskriege der Nazis vorzubereiten. Mir persönlich war dies zuwider, auch deswegen, weil die Jugendlichen von Gleichaltrigen herumkommandiert wurden … Wir jugendlichen Swinger lehnten diese Marschmusik ab. Wir wollten – genau wie viele junge Leute heutzutage – eine andere Musik spielen und hören. Und zwar das, was populär war: Swing-Musik! Diese leichtere und heitere Musik, die von englischen und amerikanischen Orchestern gespielt wurde. Also zum Beispiel: Jack Hilton, Harry Roy, Louis Armstrong oder Duke Ellington mit ihren Bands … In den folgenden Jahren wurde zunehmend gegen die Swing-Musik polemisiert und gehetzt … Deshalb mussten wir uns auf Hausfeste zurückziehen und drinnen feiern, weil wir mit unseren Grammofonen nicht mehr in die Öffentlichkeit gehen durften … So wurden wir mehr und mehr überwacht.

Zit. nach Katalog zur Ausstellung „Wir hatten noch gar nicht angefangen zu leben“, hg. von M. Guse / Lagergemeinschaft und Gedenkstätte KZ Moringen e. V., 3. Aufl., Moringen/Liebenau 1997, S. 24.

M4

Das Vorgehen gegen die Swing-Jugend

Anweisung Heinrich Himmlers, dem Reichsführer-SS und Chef der Deutschen Polizei, an Reinhard Heydrich, den Leiter der Sicherheitspolizei (26. Januar 1942):

Anliegend übersende ich Ihnen einen Bericht, den mir der Reichsjugendführer Axmann über die „Swing-Jugend" Hamburg zugesandt hat.

... Meines Erachtens muss jetzt ... das ganze Übel radikal ausgerottet werden ... Alle Rädelsführer, und zwar die Rädelsführer männlicher und weiblicher Art, unter den Lehrern diejenigen, die feindlich eingestellt sind und die Swing-Jugend unterstützen, sind in ein Konzentrationslager einzuweisen. Dort muss die Jugend zunächst einmal Prügel bekommen und dann in schärfster Form exerziert und zur Arbeit angehalten werden. Irgendein Arbeitslager oder Jugendlager halte ich bei diesen Burschen und diesen nichtsnutzigen Mädchen für verfehlt ...

Der Aufenthalt im Konzentrationslager für diese Jugend muss ein längerer, 2–3 Jahre sein. Es muss klar sein, dass sie nie wieder studieren dürfen. Bei den Eltern ist nachzuforschen, wie weit sie das unterstützt haben. Haben sie es unterstützt, sind sie ebenfalls in ein KL zu verbringen und das Vermögen ist einzuziehen.

Nur, wenn wir brutal durchgreifen, werden wir ein gefährliches Umsichgreifen dieser anglophilen Tendenz in einer Zeit, in der Deutschland um seine Existenz kämpft, vermeiden können.

Zit. nach „Du bist nichts, dein Volk ist alles". Beilage zu Geschichte lernen, H. 24, 1991, S. 13.

Biografie

Otto Gruber, Lagerhäftling

Otto Gruber wurde am 20. Mai 1923 in Fulpmes/Tirol geboren. Aus familiären Gründen wurde er ab dem zweiten Lebensjahr im Heim erzogen. Seine Eltern lernte er erst mit 15 Jahren kennen. Er verließ aber das Elternhaus und schloss sich jugendlichen Sinti an, die sich als Erntehelfer oder mit Betteln durchschlugen und wurde wegen „Landstreicherei" und „Entziehung von der Wehrpflicht" verurteilt. Nach 1½ Jahren Gefängnis wurde er in das KZ Moringen gebracht.
Otto Gruber berichtet 1992 über seinen Selbstmordversuch im KZ: „Ich habe keine Lust mehr gehabt. Da habe ich aufhören wollen. Für mich war es so schwer. Von der Jugendzeit habe ich nichts gehabt. Umhergerannt von einem ins andere. Aus – Feierabend! Da habe ich mir dann die Pulsadern aufgeschnitten. Dabei haben sie mich erwischt, weil das Blut vom Bett runtergelaufen ist ... Auf einmal rennst du davon. Weil du Schläge kriegst, und rennst davon, weil es wehtut. Und wie sie den draußen beim Eisenbahnbau erschossen haben, das habe ich ja selbst gesehen. Das bleibt im Menschen drin hängen. Da habe ich mir gesagt: Lieber hier weg!"

Biografie

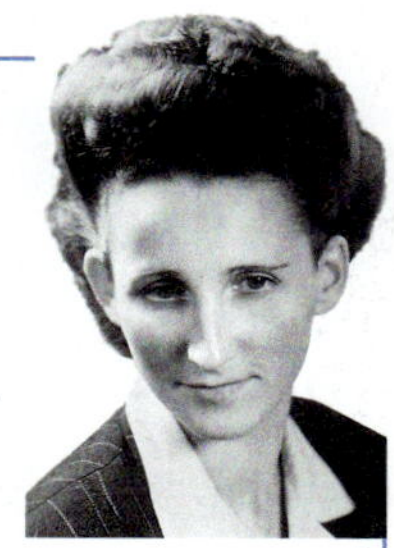

Erna Brehm, Lagerhäftling

Erna Brehm wurde am 20. Juni 1924 in Calw geboren. 1941 arbeitete sie als Haushaltshilfe in einer Konditorei. Dort lernte sie den polnischen Staatsangehörigen Marian kennen, in den sie sich verliebte. Der Arbeitgeber untersagte jeden weiteren Kontakt und informierte die Eltern des Mädchens. Um einer Anzeige des Konditors zu entgehen, meldete sich Erna selbst bei der Polizei. Sie war in dem naiven Glauben, das Verhältnis durch eine persönliche Vorsprache und Rechtfertigung aufrechterhalten zu können. Die Polizei nahm Erna sofort fest und inhaftierte auch den Freund. Auf dem Calwer Marktplatz wurde Erna kahl geschoren, anschließend in Stuttgart zu einer 8-monatigen Gefängnisstrafe verurteilt wegen „Geschlechtsverkehrs mit einem Ausländer". Nach verbüßter Haft brachte man sie im Herbst 1942 in das Jugend-KZ Uckermark. Erna Brehm starb am 19. August 1951 an den Folgen der KZ-Haft. Das Schicksal von Marian ist unbekannt.

1 Erkläre mithilfe von M1 bis M3, warum die Swing-Jugend von den Nationalsozialisten verfolgt wurde.

2 a) Bewerte anhand von M4 und der Häftlingsporträts, wie die Nationalsozialisten mit Oppositionellen und „unerwünschten Personen" umgingen.
b) Vergleiche mit deiner Situation in der heutigen Gesellschaft.

Propaganda und Politik gegen Juden

Diskriminiert, ausgegrenzt, entrechtet

Zu Beginn des Regierungsantritts Hitlers bekannte sich von den etwa 66 Millionen Einwohnern eine halbe Million zum Judentum, das waren 0,76 Prozent der Gesamtbevölkerung.

Wer die antisemitischen Äußerungen Hitlers und seiner Parteigenossen schon vor 1933 kannte, der musste sich große Sorgen machen um das Schicksal der jüdischen Bevölkerung nach der Machtübernahme.

In den Jahren der Weimarer Republik hatte die jüdische Bevölkerung unter dem Schutz der demokratisch-liberalen Verfassung vergleichsweise sicher gelebt trotz der teils verdeckten, teils offen gezeigten Judenfeindschaft. Immer wieder wurden jüdische Bürgerinnen und Bürger von antisemitischer Propaganda und Aktionen nationalistischer und völkischer Gruppen herabgewürdigt. Dennoch konnten sich Anfang 1933 selbst jüdische Organisationen nicht vorstellen, dass das antisemitische Parteiprogramm der NSDAP zur staatlichen Politik erhoben würde.

M1 **Öffentliche Diskriminierung eines Paares in Cuxhaven,** Foto, 1933

M2 **Ausschreitungen gegen Juden**

Frieda Friedmann beklagte sich in einem Brief vom 23. Februar 1933 beim Reichspräsidenten über Ausschreitungen gegen Juden. Hindenburg ließ mitteilen, dass er die Ausschreitungen missbillige und bedauere. Der Brief wurde Hitler zur Kenntnis gebracht. Dieser schrieb an den Rand: „Die Behauptungen dieser Dame sind ein Schwindel! Es ist selbstverständlich nicht eine Aufforderung zum Pogrom [sic!] erfolgt."

Aus dem Brief:

Ich war 1914 verlobt, mein Verlobter fiel 1914. Zwei meiner Brüder, Max und Julius Cohn, fielen im Jahre 1916 und 1918. Mein letzter Bruder Willy kam erblindet durch Verschüttung aus dem Felde zurück … Ich habe 1920 einen Kriegsbeschädigten geheiratet, mit dem ich aufgrund seiner Beschädigung sehr unglücklich lebe, sodass ich daran mein ganzes Leben lang trage. Alle haben das Eiserne Kreuz für Verdienst am Vaterland. Jetzt jedoch ist es in unserem Vaterlande so gekommen, dass auf der Straße öffentlich Broschüren gehandelt werden „Juden raus!", öffentliche Aufforderung zu Pogromen und Gewalttaten gegen die Juden. Wir sind Juden und haben unsere vollste Pflicht für das Vaterland erfüllt. Sollte Ew. Exzellenz da nicht Abhilfe schaffen können und dessen eingedenk sein, was auch die Juden dem Vaterland geleistet haben? Ist Judenhetze Tapferkeit oder Feigheit, wenn es im deutschen Staat bei 60 Millionen 1 Prozent Juden gibt?

Zit. nach Wolfgang Benz (Hg.), Die Juden in Deutschland 1933–1945, 4. Aufl., München (C. H. Beck) 1996, S. 18.

Begriffe und Daten

Antisemitismus

Antijüdische Bewegung seit der zweiten Hälfte des 19. Jahrhunderts. Der Antisemitismus knüpfte an die religiös begründete antike und mittelalterliche Judenfeindschaft an, bekam aber durch die völkisch-rassische Komponente eine neue „Qualität". Nach diesem rassisch begründeten Antisemitismus, der Bestandteil der NS-Ideologie war, galten die Juden als „minderwertig".

M3

Schulerfahrungen unter dem Hakenkreuz

Marta Appel, deren Kinder in den 1930er-Jahren in Dortmund die Schule besuchten, schilderte in ihren Memoiren:

3A Fast jede Unterrichtsstunde wurde für die jüdischen Kinder zu einer Quälerei. Es gab eigentlich kein Thema mehr, bei dem der Lehrer nicht über die „Judenfrage" gesprochen hätte ... Zum Muttertag hatten die Schüler im Chor Lieder eingeübt ... Am Tag vor dem Fest mussten meine Töchter zur Musiklehrerin kommen. „Ihr müsst am Schulfest teilnehmen, aber mitsingen dürft ihr natürlich nicht, da ihr nicht arisch seid." ... „Wieso können wir nicht mitsingen? Wir wollen doch auch für unsere Mutter singen!" ... „Ich weiß, dass ihr auch eine Mutter habt, aber sie ist ja nur eine jüdische Mutter."

Ruth Wertheim berichtete über ihre Schulzeit bis 1934:

3B Ich hatte immer gute Freundinnen, nahm bis zuletzt an Wandertagen teil, obwohl ich mich erinnere, dass ich mich bei einem der letzten Ausflüge zur Ludwigsburg sehr schlecht fühlte, weil ich wusste, dass ich als Jüdin dort unerwünscht war ... Rassenkunde wurde bei uns noch nicht so unterrichtet, dass es mir unangenehm war. Es war mehr biologisch aufgebaut. Auch im Deutschunterricht gab die Lehrerin uns immer auch ein allgemeines Thema, über das auch ich schreiben konnte. Mein Klassenlehrer war voller Verständnis ... Meine Klasse war anständig bis zuletzt ... Ich verließ die Schule ohne Druck, aber weil ich wusste, dass man mich doch nicht zum Abitur zulassen würde.

Zit. nach Wolfgang Benz (Hg.), Die Juden in Deutschland 1933–1945, 4. Aufl., München (C. H. Beck) 1996, S. 334 f.

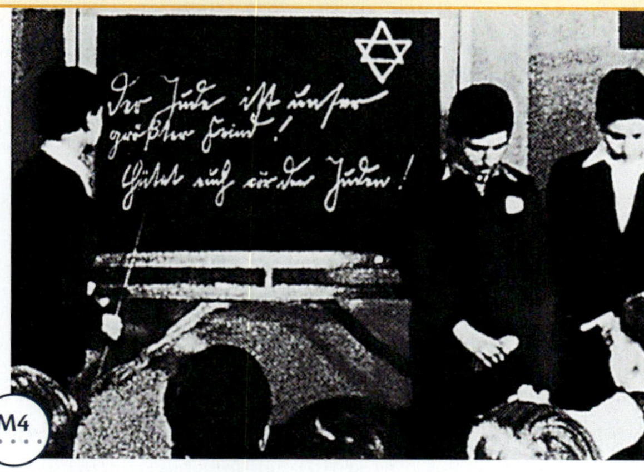

M4

Unterrichtsszene, Foto, um 1937. Auf der Tafel steht: „Der Jude ist unser größter Feind! Hütet euch vor den Juden!" Stärker als die berufstätige jüdische Bevölkerung traf die Diskriminierung die jüdischen Jugendlichen. Ihnen wurden bereits ab Frühjahr 1933 viele schulische und berufliche Ausbildungsmöglichkeiten genommen – vor allem den Schülerinnen und Schülern höherer Schulen.

M5

Die Nürnberger Gesetze (1935)

Im September 1935 wurde neben dem „Reichsbürgergesetz", das die Juden zu Bürgern zweiter Klasse machte, das „Gesetz zum Schutz des deutschen Blutes und der deutschen Ehre" erlassen:

Durchdrungen von der Erkenntnis, dass die Reinheit des deutschen Blutes die Voraussetzung für den Fortbestand des deutschen Volkes ist, und beseelt von dem unbeugsamen Willen, die deutsche Nation für alle Zukunft zu sichern, hat der Reichstag einstimmig das folgende Gesetz beschlossen, das hiermit verkündet wird.

§ 1 Eheschließungen zwischen Juden und Staatsangehörigen deutschen und artverwandten Blutes sind verboten. Trotzdem geschlossene Ehen sind nichtig, auch wenn sie zur Umgehung dieses Gesetzes im Ausland geschlossen sind ...

§ 2 Außerehelicher Geschlechtsverkehr zwischen Juden und Staatsangehörigen deutschen oder artverwandten Blutes ist verboten.

§ 3 Juden dürfen weibliche Staatsangehörige deutschen oder artverwandten Blutes unter 45 Jahren nicht in ihrem Haushalt beschäftigen ...

§ 5 1. Wer dem Verbot des § 1 zuwiderhandelt, wird mit Zuchthaus bestraft.

2. Der Mann, der dem Verbot des § 2 zuwiderhandelt, wird mit Gefängnis oder Zuchthaus bestraft.

Zit. nach Der Nationalsozialismus, Bd. 2, Friedenspropaganda und Kriegsvorbereitung, hg. von der Bayerischen Landeszentrale für politische Bildungsarbeit, München, 1993, S. 165.

1 a) Zeige an M1 und M2 die Situation der jüdischen Bevölkerung.
b) Stelle einen Zusammenhang mit den Grund- und Menschenrechten her.

2 a) Erläutere anhand von M3 und M4 die Situation der jüdischen Schülerinnen und Schüler.
b) Erörtere, inwiefern sich in M3 und M4 die NS-Gesellschaft widerspiegelt.

3 Erläutere und bewerte die einzelnen Bestimmungen in M5.

4 Zeige auf, wie sich in den „Nürnberger Gesetzen" (M5) Rassenideologie und Unterdrückungsstaat ergänzten.

Der Novemberpogrom 1938

Staatliche Inszenierung des „Volkszorns“

Am 7. November 1938 schoss der 17-jährige Jude Herschel Grynszpan, dessen Eltern während der „Polenaktion“ 1938 aus Deutschland ausgewiesen wurden, auf einen Angehörigen der deutschen Botschaft in Paris und verletzte ihn lebensgefährlich. Nach diesem Attentat eines Einzelnen sahen die Nationalsozialisten eine Gelegenheit, einen antijüdischen Pogrom im ganzen Reich zu inszenieren. Am Abend des 9. November war die NS-Führung wegen der Gedenkfeier zum Hitlerputsch von 1923 in München versammelt. Als die Nachricht vom Tod des Botschaftsangehörigen in München eintraf, gaben die Parteispitzen nach kurzen Beratungen an ihre Unterführer im ganzen Land die Weisung, jetzt gegen die Juden loszuschlagen. Dabei durften die Mitglieder der Kampfverbände von SA und SS nicht in ihren Uniformen auftreten, denn es sollte der Eindruck erweckt werden, es handle sich um einen Ausbruch des Volkszorns. In der Nacht vom 9./10. November wurden unzählige jüdische Geschäfts- und Wohnhäuser geplündert oder zerstört, zahlreiche Synagogen gingen in Flammen auf. Etwa 100 jüdische Bürger wurden ermordet und über 26 000 männliche Juden in Konzentrationslager verschleppt. Die Schäden mussten die Juden selber bezahlen sowie eine „ Sühneleistung“ von einer Milliarde Reichsmark. Der Ausschluss aus dem Wirtschaftsleben, die sogenannte Arisierung, wie Geschäftsboykott, das Verbot, öffentliche Aufträge anzunehmen, wurde Ende 1938 noch verschärft: Nun wurden Juden gezwungen, Gewerbebetriebe, Grundvermögen, Wertpapiere, Schmuck und Kunstgegenstände zu verkaufen.

M1

Die brennende Synagoge in Essen am Morgen des 10. November, Foto, 1938

M2

Erinnerungen der Betroffenen

Eine amerikanische Historikerin, selbst Tochter jüdischer Emigranten, schrieb 2001 über ihre Auswertung von Erinnerungen an die Pogromnacht:

Ein eindringliches Bild, das häufig in den Memoiren von Frauen vorkommt, ist das Bild fliegender Federn – Federn, die das Innere der Wohnungen, Flure, Vorgärten und Innenhöfe bedeckten ... Man nahm den Juden ihre Betten und damit das körperliche und psychische Wohlbefinden, für das diese standen. Zerbrochenes Glas im Freien und verstreute Federn im Privaten zeigten überdeutlich, dass Juden in Deutschland nicht mehr sicher waren ... Dies war wohl das erste, prägende Erlebnis, das der Novemberpogrom für Frauen mit sich brachte. Männer wurden verprügelt, misshandelt und verhaftet. Zwar wurden auch einige Frauen öffentlich gedemütigt, blutig geschlagen, verprügelt und ermordet, doch die meisten wurden gezwungen dabeizustehen und zuzusehen, wie ihre Wohnungen verwüstet und ihre Männer misshandelt wurden.

Marion Kaplan, Der Mut zum Überleben, Berlin (Aufbau) 2001, S. 182.

M3

Auswanderung oder Flucht?

Die Historikerin Juliane Wetzel schrieb 1996:

Die antisemitische Politik des NS-Staates wandte sich zuallererst gegen die jüdische Intelligenz. Bücherverbrennung, Schreib- und Lehrverbot führten schon bald nach der Ernennung Hitlers zum Reichskanzler zu einem Exodus aus Deutschland, dem sich ... bedeutende Wissenschaftler ... anschlossen ... „Es war nie Auswanderung, immer nur Flucht.“ So beurteilte die jüdische Schriftstellerin Adrienne Thomas ... die Reaktion der deutschen Juden auf die NS-Verfolgung. Die jüdischen Emigranten aus Deutschland können nicht mit den freiwilligen Auswanderern früherer Zeiten verglichen werden ... Die Regierung eines Landes, das sie als Heimat betrachtet und geliebt haben, schob sie mit Schimpf und Schande ab ... Die besondere Tragik für die deutschen Juden lag darin, dass die nationalsozialistische Machtübernahme gerade in eine Zeit fiel, in der die Auswanderungsmöglichkeiten wegen der Weltwirtschaftskrise so gering waren wie niemals zuvor.

Juliane Wetzel, Auswanderung aus Deutschland. In: Wolfgang Benz (Hg.), Die Juden in Deutschland 1933–1945, 4. Aufl., München (C. H. Beck) 1996, S. 413 ff.

Begriffe und Daten

Judenfeindliche Maßnahmen (Auswahl)

1933

1. April Aufruf zum Boykott jüdischer Geschäfte.

7. April Gesetz zur „Wiederherstellung des Berufsbeamtentums" (Entlassung jüdischer Beamter)

22. September Reichskulturkammergesetz: Berufsverbot für jüdische Schriftsteller und Künstler

4. Oktober Schriftleitergesetz: Ausschaltung jüdischer Redakteure und Schriftleiter.

1935

Ab Sommer An Ortseingängen, Geschäften und Restaurants häufen sich Schilder mit der Aufschrift „Juden unerwünscht!".

15. September „Nürnberger Gesetze"

14. November Verordnung zum „Reichsbürgergesetz": Aberkennung des Wahlrechts und der öffentlichen Ämter für Juden; Entlassung aller jüdischen Beamten (einschl. ehemaliger Frontkämpfer)

1938

17. August Einführung der Zwangsvornamen „Israel" und „Sara" für jüdische Bürger

9./10. November Pogromnacht

15. November Jüdische Kinder und Jugendliche dürfen keine öffentlichen Schulen mehr besuchen.

M4

Ein Wendepunkt der Geschichte?

Der Historiker Wolfgang Benz schrieb 1988:

Der Novemberpogrom, als „Reichskristallnacht" im Umgangston verniedlicht, bedeutete den Rückfall in die Barbarei; in einer Nacht wurden die Errungenschaften der Aufklärung, der Emanzipation, der Gedanke des Rechtsstaats und die Idee von der Freiheit des Individuums zuschanden. Seit dem 15. Jahrhundert hatte es in Mitteleuropa solche Judenverfolgung nicht mehr gegeben, aber nicht nur dies, denn die mittelalterlichen Pogrome fanden statt als unkontrollierte Aggressionen zusammengelaufener Volkshaufen, in denen sich soziale und wirtschaftliche Spannungen auf dem Hintergrund religiös motivierter Judenfeindschaft entluden. Regelrecht programmiert und in Szene gesetzt von staatlichen Instanzen war vor dem 9. November 1938 kein einziger solcher antisemitischer Aufruhr gewesen.

Wolfgang Benz (Hg.), Die Juden in Deutschland 1933 bis 1945, 4. Aufl., München (C. H. Beck) 1996, S. 499.

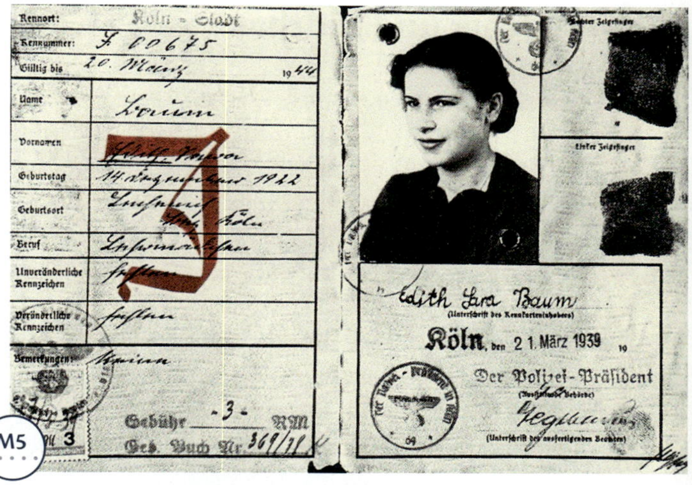

M5

Ausweis einer jüdischen Bürgerin, 1938. Seit Oktober 1938 wurden die Pässe deutscher Juden mit einem roten Stempelaufdruck „J" für „Jude" versehen.

Begriffe und Daten

Arisierung

Allgemein die Verdrängung der Juden aus dem Berufs- und Wirtschaftsleben durch nationalsozialistische Gesetze und der Ausschluss aus Vereinen und Verbänden. Praktisch wurde durch die Arisierungsverordnungen vom 26. 4. 1938 und 12. 11. 1938 jüdisches Eigentum in „arische Hände" überführt – durch Zwangsverkauf zu Niedrigpreisen oder entschädigungslose Enteignung. Profiteure der Arisierung waren die Staatskasse oder Nichtjuden.

1 Beschreibe mithilfe von M1, M2 und des Darstellungstextes den Pogrom vom 9./10. November 1938 und dessen Folgen.

2 Erläutere anhand der Abfolge judenfeindlicher Maßnahmen (Darstellungstext, M5, Kasten) die persönlichen und wirtschaftlichen Folgen für die Betroffenen.

3 a) Begründe, warum der NS-Staat sich zuerst vor allem gegen die „jüdische Intelligenz" wandte.
b) Untersuche, worin deutsche Juden die Tragik ihrer Situation sahen (M3).

4 Nimm Stellung zu der These, der Pogrom von 1938 sei ein Wendepunkt in der Judenverfolgung gewesen.

5 **Recherche:** Informiere dich über Herschel Grynszpan.

Eugenik und „Euthanasie“

Behinderte werden ermordet

Bereits Jahrzehnte vor der Zeit des Nationalsozialismus hatten sich Wissenschaftler in vielen Ländern mit der Frage beschäftigt, wie sich die industrielle Gesellschaft fortentwickeln würde. Ihre Aufmerksamkeit richteten sie besonders auf die „Volksgesundheit“ und auf die Vererbungs- und Rassenlehre (Eugenik). Die Erkenntnisse der Eugeniker benutzten die Nationalsozialisten für ihre bevölkerungspolitischen Maßnahmen. Diese hatten mit Wissenschaft nichts mehr zu tun, sondern zielten auf die Tötung von „lebensunwertem“ Leben („Euthanasie“).

Begriffe und Daten

Eugenik

(griech.: Lehre von der guten Erbveranlagung) Die Bezeichnung wurde Ende des 19. Jahrhunderts bedeutungsgleich mit dem Begriff „Rassenhygiene“ verwendet. Ziel war es, die Fortpflanzung „Erbgesunder“ zu fördern (positive E.), die Fortpflanzung „Erbkranker“ einzudämmen (negative E.).

„Euthanasie“

(griech.: leichter, schöner Tod; Sterbehilfe) Bei den Nationalsozialisten in neuer Verwendung: bewusste Herbeiführung des Todes; Vernichtung „lebensunwerten“ Lebens. Etwa 60 000 bis 80 000 Menschen wurden ermordet, bevor die Tötung 1941 nach Kirchenprotesten gestoppt wurde. Fortgesetzt wurden Einzeltötungen, Kindereuthanasie und Ermordung kranker KZ-Häftlinge bis zum Kriegsende.

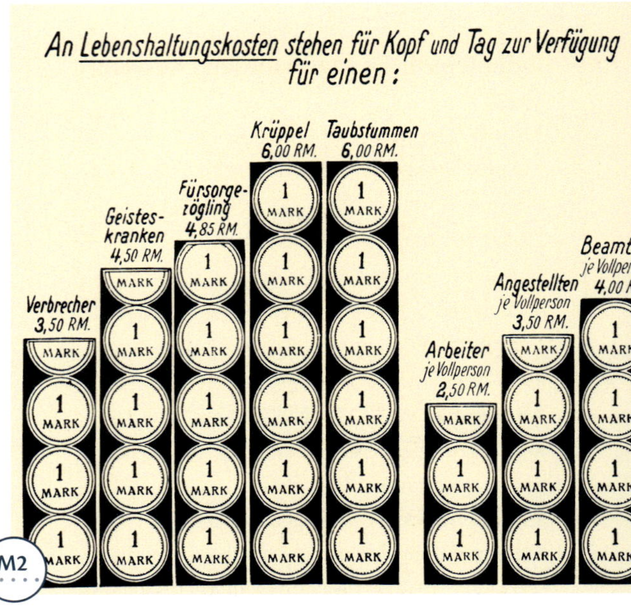

M2 **NS-Tabelle zu den Lebenshaltungskosten,** um 1938, verwendet im Rahmen einer Kampagne gegen „lebensunwertes Leben“

M3 **Vorstellungen zur Eugenik**

Alfred Ploetz (1860–1940), Vertreter der „Rassenhygiene“ in Deutschland, schrieb 1895:

Nach Beendigung der Erziehung … wird eine Prüfung der einzelnen Jünglinge und Mädchen vorgenommen, die sich besonders auf die intellectuellen und moralischen Qualitäten bezieht … Die Censuren dieser Prüfung lauten nicht bloß gut, genügend, ungenügend etc., sondern auch: darf keine, eins, zwei, drei oder mehr Kinder zeugen in der Ehe, die eventuell eingegangen wird … Stellt es sich … heraus, dass das Neugeborene ein schwächliches oder missgestaltetes Kind ist, so wird ihm von dem Ärzte-Collegium, das über den Bürgerbrief der Gesellschaft entscheidet, ein sanfter Tod bereitet, sagen wir durch eine kleine Dosis Morphium … „[H]umane Gefühlsduseleien“, wie Pflege der Kranken, der Blinden, Taubstummen, überhaupt aller Schwachen, hindern oder verzögern nur die Wirksamkeit der natürlichen Zuchtwahl.

Zit. nach Jürgen Reyer, Alte Eugenik und Wohlfahrtspflege, Freiburg i. B. (Lambertus) 1991, S. 52 f.

M1 **Rassenideologische Vermessung,** Foto, 1940

M4

Täter

Hitler beauftragte Reichsleiter Philipp Bouhler und den Arzt Dr. Brandt mit der Leitung des „Euthanasie"-Programms. Der Erlass wurde auf einem privaten Briefbogen Hitlers Oktober 1939 geschrieben, von Hitler zurückdatiert auf den 1. September 1939:

Reichsleiter Bouhler und Dr. med. Brandt sind unter Verantwortung beauftragt, die Befugnisse namentlich zu bestimmender Ärzte so zu erweitern, dass nach menschlichem Ermessen unheilbar Kranken bei kritischster Beurteilung ihres Krankheitszustandes der Gnadentod gewährt werden kann.

Zit. nach Wolfgang Michalka (Hg.), Das Dritte Reich, Bd. 2, München (dtv) 1985, S. 232.

M5

Protest

Aus dem Schreiben des Bischofs von Limburg, Dr. Hilfrich, an den Reichsminister der Justiz vom 13. August 1941:

Etwa 8 km von Limburg entfernt ist in dem Städtchen Hadamar ... eine Anstalt, in der nach allgemeiner Überzeugung oben genannte Euthanasie seit Monaten ... planmäßig vollzogen wird ... Öfter in der Woche kommen Autobusse mit einer größeren Anzahl Opfer ... an ... Nach der Ankunft solcher Wagen beobachten dann die Hadamarer Bürger den aus dem Schlot aufsteigenden Rauch ... Alle gottesfürchtigen Wesen empfinden diese Vernichtung hilfloser Wesen als himmelschreiendes Unrecht ... Es ist in der Bevölkerung unfasslich, dass planmäßige Handlungen vollzogen werden, die nach § 211 StGB mit dem Tode zu bestrafen sind!

Zit. nach Wolfgang Michalka (Hg.), Das Dritte Reich, Bd. 2, München (dtv) 1985, S. 236 f.

M6

Opfer

Aus dem Brief eines Körperbehinderten aus der Anstalt Stetten/Waiblingen (1940):

In diesem jammervollen Gefühl völliger Wehrlosigkeit klagte immer wieder R. W., der mit seinen lahmen Beinen im Selbstfahrerstuhl saß: „Wohin soll ich fliehen und wer will mich verstecken, wer kann für mich Einsprache einlegen? Bei mir sieht man ja schon von Weitem, dass ich ein unnützer Brotesser bin und zu nichts tauge ..."

Zit. nach L. Schlaich, Lebenswert? Kirche und Innere Mission Württembergs im Kampfe gegen die „Vernichtung lebensunwerten Lebens", Stuttgart, 1947, S. 76.

M7

Angehörige

Brief eines Vaters an die Anstaltsleitung in Haar-Eglfing (1940), sprachlich unverändert:

Wir möchten Sie bitten, uns zu berichten, warum unser Sohn Alois R. so schnell gestorben [ist] ... und was fehlte ihm? Sie schreiben uns, dass er Nierenentzündung und Harnvergiftung hatte und warum ist er verbrannt worden und wie war er zuletzt ... Ich lege Ihnen eine Briefmarke bei und sind Sie so gut und berichten uns das.

Gerhard Schmidt, Selektion in der Heilanstalt 1933 bis 1945, Stuttgart, 1965, S. 89.

M8

Schatten der Vergangenheit?

Der Journalist Klaus Franke schrieb 2001:

Warum regte sich im ärztlichen Kollegenkreis kein Widerstand gegen das „Euthanasie"-Programm? Kein einziger deutscher Psychiater protestierte; kaum einer zögerte, die ihm anvertrauten Patienten ... zu selektieren und an die Tötungsanstalten auszuliefern ... Wo immer derzeit zwischen Rhein und Oder über Euthanasie und Sterbehilfe debattiert wird, tauchen unweigerlich die Schatten des Dr. Brandt und seiner ... Gehilfen auf ... 23 Angeklagte, darunter 20 Mediziner, standen 1946 im Nürnberger Ärzteprozess vor Gericht. Sieben von ihnen, darunter ... Karl Brandt, wurden gehängt, neun erhielten langjährige Freiheitsstrafen, sieben wurden freigesprochen ... Nur ein Industriestaat mit seiner komplexen Infrastruktur konnte ... den reibungslosen Lauf der Mordmaschinerie gewährleisten, eine Erkenntnis, die kaum hilft, die Furcht vor einer Wiederholung des Horrors zu dämpfen – zumal die moderne Gentechnik, wie ihre Kritiker warnen, eine Rückkehr eugenischer Zuchtfantasien fördere.

Klaus Franke, Reine Rasse. In: Spiegel special, Nr. 1, 2001, S. 133 ff.

1 a) Erarbeite an M1 bis M4 Motive, Ziele und Methoden der Eugenik und NS-Euthanasie.
b) Untersuche die Auswirkungen der NS-Euthanasie auf Opfer, Angehörige und Öffentlichkeit (M5 bis M7).

2 Diskutiert anhand von M8 Bezüge zwischen Eugenik/Euthanasie in der NS-Zeit und gegenwärtigen Diskussionen, z. B. über Gentechnik oder Sterbehilfe.

Die Sprache der Verschleierung und Aggression

Die „Gleichschaltung" der Sprache

Die Nationalsozialisten wollten mit ihren Propaganda-Reden die Menschen in ihrem Sinn beeinflussen. Klar erkennbar war ihre Absicht, mit einer „gelenkten Sprache" die Akzeptanz für die eigene Politik in der Bevölkerung zu erhöhen und die Menschen für die NS-Ideologie einzunehmen und zu begeistern. Gleichzeitig sollte eine spezielle Sprachverwendung dazu dienen, gewisse Sachverhalte zu verharmlosen oder zu verschleiern.

Das Reichsministerium für Volksaufklärung und Propaganda überwachte mit seinen etwa 14 000 Beschäftigten alle Presseorgane und gab verbindliche Sprachregelungen und Weisungen heraus. Erfasst wurden vor allem Presse, Rundfunk, Film und Theater. Die rechtliche Grundlage dafür bildete das Schriftleitergesetz vom Oktober 1933: Es verpflichtete alle Redakteure zu einer Berichterstattung im Sinne der Nationalsozialisten.

Das „Vokabular des Nationalsozialismus" lässt sich einerseits an Redetexten insbesondere von Adolf Hitler und Joseph Goebbels untersuchen, andererseits an Quellen wie den Lageberichten der SS, den vertraulichen Berichten der Geheimen Staatspolizei und den Presseanweisungen des Reichspropagandaministeriums.

Die Mordanstalt Hadamar

Ein Beispiel für die öffentliche propagandistische Vorbereitung der NS-„Euthanasie"-Maßnahmen und die Durchführung der Tötungen – allerdings in geheim gehaltenen Aktionen – ist die Tötungsanstalt Hadamar in Hessen. Die propagandistische Verbreitung der „Lehre von der Rassenhygiene" und das „Gesetz zur Verhütung erbkranken Nachwuchses" legten die Grundlage für die systematischen Mordaktionen.

Spätestens 1939 gab es in der NS-Führung den Entschluss, geistig behinderte und psychisch kranke Menschen als „lebensunwertes Leben" zu vernichten. In unterschiedlichen Mordaktionen und in verschiedenen Anstalten verloren zwischen Herbst 1939 und Kriegsende 1945 etwa 300 000 Menschen ihr Leben. In der Gaskammer von Hadamar wurden von Januar bis August 1941 10 000 Patientinnen und Patienten getötet. In einer zweiten Mordaktion von August 1942 bis Kriegsende wurden mit überdosierten Medikamenten und gezielter Mangelernährung noch einmal etwa 4500 Menschen umgebracht.

M1

Plakat zum „Euthanasie"-Propagandafilm „Ich klage an", 1941. Der Film entstand in enger Zusammenarbeit mit dem NS-Propagandaministerium und sollte durch sein Plädoyer für Sterbehilfe die staatliche „Euthanasie"-Politik unterstützen. Inhalt: Die Frau des Mediziners Dr. Heyt ist unheilbar an Multipler Sklerose erkrankt. Sie ersucht zunächst ihren Hausarzt Dr. Lang, einen Freund der Familie, ihrem Leiden ein vorzeitiges Ende zu setzen. Als der ablehnt, bittet sie ihren Ehemann. Dieser entspricht ihrem Wunsch und verabreicht ihr ein tödliches Gift. Als ein Dienstmädchen ihn anzeigt und es zum Prozess kommt, steht ihm Dr. Lang zunächst als Gegner gegenüber. Doch durch einen ähnlichen Fall in seiner eigenen Praxis und durch Heyts engagierten Auftritt vor Gericht ändert Lang schließlich seinen Standpunkt. Der Film endet ohne Gerichtsurteil.

M2

Wandel oder Manipulation der Sprache?

Von den Nationalsozialisten verwendete Begriffe und ihre Bedeutung nach Ausgaben von „Meyers Konversationslexikon“ 1924 (1) und 1936 (2):

2A Umdeutung:

Abstammungsnachweis
1 → Viehzucht
2 genealogischer Nachweis deutscher oder artverwandter Abstammung

Blutvergiftung
1 Toxämie; Blutvergiftung
2 Verfallserscheinung in Völkern und Rassen

rücksichtslos
1 rücksichtslos, ohne Rücksicht
2 zielstrebig, energisch …

Hass
1 Hass
2 „Der heldische Hass der nordischen Rasse“ steht im stärksten Gegensatz zum „feigen Hass des Judentums“ …

2B Übertragung und Neuschöpfung:

Ahnenpass
Abstammungsnachweis

Aufartung
Verbesserung des rassischen Bestands

Rassenschande
Ehe oder intime Beziehungen mit Nichtariern, Schändung der eigenen Rasse

Volksempfinden
das Fühlen des Volkes

Volksschädling
jemand, der den Interessen des Volkes schadet

Zit. nach Martin Greiffenhagen (Hg.), Kampf um Wörter?, Bonn (Bundeszentrale für politische Bildung) 1980, S. 67 ff.

M3

„Gesunde Eltern – gesunde Kinder“, nationalsozialistisches Propagandaplakat, 1930er-Jahre

M4

Der Begriff „Sonderbehandlung“

Die Sprachforscherin Cornelia Schmitz-Berning schrieb im Jahre 2000:

Der Begriff erscheint zuerst am 20.9.1939 in einem Runderlass des Chefs der Sicherheitspolizei und des Sicherheitsdienstes, Heydrich. Er forderte eine „Sonderbehandlung“ für Personen, die während des Krieges die innere Sicherheit gefährdeten. Das Wort setzte sich im Sprachgebrauch der SS bald als Synonym für Einzelexekution und Massentötung durch. Die verschiedenen Dienststellen berichteten von „Sonderbehandlungen“ von Juden, Partisanen, sowjetischen Kriegsgefangenen, polnischen Zwangsarbeitern u.a. Außerhalb der mit der „Sonderbehandlung“ befassten Dienststellen scheint jedoch weiterhin die ursprüngliche (positive) Bedeutung von „besondere, bevorzugte Behandlung einer Person“ üblich gewesen zu sein.

Cornelia Schmitz-Berning, Vokabular des Nationalsozialismus, Nachdruck der Ausg. 1998, Berlin/New York (de Gruyter) 2000, S. 584 ff. Bearb. und gekürzt.

1 **Partnerarbeit:**

a) Analysiert anhand von M1 bis M4 die jeweilige Funktion der Sprache, wie z. B. Verführung, Verschleierung und Aggression. Nehmt die Methoden „Politische Plakate untersuchen“ (S. 98 f.) bzw. „Quellentexte analysieren“ zu Hilfe (S. 98 f.).

b) Analysiert Quellentexte aus diesem Kapitel, indem ihr nach „Sprachlenkung“ fragt.

2 **Projektvorschlag:** Erarbeitet in Gruppen die Rolle der NS-„Euthanasie“-Anstalt Hadamar. Beschafft euch dazu Text-, Bild-, Ton- und Filmdokumente. Themenvorschläge: 1. Geschichte der Anstaltspsychiatrie in Hadamar; 2. Phasen der Mordaktionen; 3. Opfer; 4. Täter; 5. Juristische Aufarbeitung in der Nachkriegszeit; 6. Haltung der Bevölkerung und Widerstand (www.gedenkstaette-hadamar.de).

Leben in der nationalsozialistischen Diktatur

M1

Deutscher Ortseingang, Foto, 1935

M2

„Der Führer war … richtungweisend"

Aus einer Rede von Robert Ley (1890–1945), seit 1933 Leiter der Deutschen Arbeitsfront, in der Großmaschinenhalle der AEG in Berlin am 27. November 1934:

Der Führer war es, der auch hier, wie immer, richtungweisend war. Er sagte: „Ich will, dass dem Arbeiter ein ausreichender Urlaub gewährt wird und alles geschieht, um ihm diesen Urlaub sowie seine übrige Freizeit zu einer wahren Erholung werden zu lassen. Ich wünsche das, weil ich ein nervenstarkes Volk will, denn nur allein mit einem Volk, das seine Nerven behält, kann man wehrhaft Politik machen." Dieser Wille des Führers war uns heiliger Befehl! … Die marxistischen und bürgerlichen Klassenkampfinstrumente – die alten Verbände – selbst in staatlich korporativer Verbrämung durften wir nicht weiter bestehen lassen. Deshalb bauten wir systematisch die Gemeinschaft aller Schaffenden, Unternehmer wie Arbeiter: die Arbeitsfront. Das Leben ist nicht allein eine nackte Magenfrage, ein Lohn- oder gar Dividendenproblem, sondern wir haben gelernt, und das Volk hat es begriffen: zum Leben gehört eine Summe von andern Dingen – die anständige Gesinnung, die Teilnahme an der Kultur, das Schauen der Schönheiten unseres Vaterlandes, die Gestaltung des Arbeitsplatzes, die Erhaltung der Spannkraft des Körpers, die Erweckung eines neuen Volks- und Brauchtums und vieles andere mehr …

Noch nie in der Geschichte hat sich eine große und gewaltige Umwälzung vollzogen, ohne dass das Volk materielle Forderungen stellte. Und dieses Wunder ist uns gelungen. So ist denn heute, nach noch nicht zwei Jahren, der große Wurf gelungen. Die Arbeitsfront ist der Exerzierplatz, auf dem täglich die Gemeinschaft geübt wird, und „Kraft durch Freude" ist das Reglement, nach dem wir exerzieren.

Zit. nach Werner Conze, Der Nationalsozialismus 1934–1945, Stuttgart (Klett) 1984, S. 32 f.

M3 **„60 000 RM" (= Reichsmark), nationalsozialistisches Propagandaplakat,** um 1938

Überprüfe, was du kannst

Sachkompetenz

1 Erkläre die Begriffe „Volksgemeinschaft" (S. 149), Hitler-Jugend (S. 154), Novemberpogrom 1938 (S. 160 f.), Antisemitismus (S.158), KdF (S. 152 f.), Eugenik (S. 162) und „Euthanasie" (S. 162).

Methodenkompetenz

2 a) Analysiere M2 mithilfe der Methode „Politische Reden analysieren" (S. 186 f.).
b) Prüfe, wo in den Aussagen des Redners Elemente der Verführung und Verschleierung liegen könnten.

3 a) Analysiere M3 mithilfe geeigneter Methoden.
b) Fasse die Aussageabsicht des Plakats zusammen.

Urteilskompetenz

4 a) Zeige den Zusammenhang zwischen NS-Ideologie und politischem Handeln des NS-Regimes bei den antijüdischen Maßnahmen.
b) Beurteile die Folgen für die jüdischen Deutschen.

5 Begründe, warum die Euthanasiepolitik gegen Bürger- und Menschenrechte verstieß (S. 162).

6 Viktor Klemperer sprach von den Worten der Nationalsozialisten als von „winzigen Arsendosen".
a) Erläutere die Aussage.
b) Nimm dazu Stellung.

Kommunikations- und Handlungskompetenz

7 **Recherche:**
a) Recherchiert – ausgehend von M1 –, ob an eurem Wohnort oder Schulort ähnliche Maßnahmen bzw. Aktionen ergriffen wurden. Fragt zunächst im Museum bzw. Archiv nach, ggf. auch nach Zeitzeugen.
b) Diskutiert gemeinsam, warum solche Aktionen in den Orten möglich waren.

- 1933 bis 1945: Nationalsozialistische Diktatur
- seit 1933: „Volksgemeinschaft"; Judenfeindliche Maßnahmen
- 1935: Nürnberger Gesetze
- 1936: Verbot aller Jugendorganisationen außer NS-Organisationen
- 1938: Novemberpogrom
- 1940: Einrichtung von Jugend-Konzentrationslagern

1933 – 1935 – 1937 – 1939 – 1941

Vernichtungskrieg und Völkermord

Wissen • Urteilen • Kommunizieren/Handeln • Methoden anwenden

Am Ende dieses Unterkapitels kannst du

- Merkmale der NS-Wirtschaftspolitik nennen
- Grundzüge der NS-Außenpolitik beschreiben und beurteilen
- Ursachen, Verlauf und Ergebnis des Zweiten Weltkriegs darstellen
- Methoden der deutschen Besatzungs- und Vernichtungspolitik und ihre Folgen bewerten
- die Verfolgung und Vernichtung der Juden sowie anderer Minderheiten in Europa beschreiben und beurteilen
- die Bedeutung des Widerstands gegen den Nationalsozialismus begründen und bewerten
- Verlauf und Folgen von Flucht, Vertreibung und Umsiedlung in Mitteleuropa erläutern
- **Methode** Politische Reden analysieren

Das weiteste Vordringen Deutschlands und seiner Verbündeten 1942

Zweiter Weltkrieg

1939 bis 1945

Nationalsozialistische Wirtschaftspolitik

Selbstversorgung und militärische Aufrüstung

Der nationalsozialistische Staat regierte in die wirtschaftliche Initiative und Freizügigkeit der Unternehmen hinein, die unternehmerischen Besitzverhältnisse und die Gewinnanreize der Wirtschaftsunternehmen tastete er aber nicht an. Staatliche Eingriffe gab es nach der „Machtergreifung" 1933 in der Devisenbewirtschaftung und in den Außenhandelsbeziehungen. 1936 wurde ein Vierjahresplan verkündet: Er sollte die Wirtschaft auf eine schnelle militärische Aufrüstung und eine möglichst umfassende Selbstversorgung (Autarkie*) ausrichten. Ob die Bewirtschaftung der Rohstoffe, die Lenkung des Arbeitskräfteeinsatzes und die staatlichen Eingriffe die Marktwirtschaft beseitigten, ist jedoch umstritten. Als unbestritten gilt dagegen, dass die Kriegswirtschaft ab 1942 nahezu zentral gesteuert wurde.

M2 Wahlplakat der NSDAP zur Reichstagswahl 1936

M1 Industrielle Produktion in Deutschland 1932 bis 1939

Jahr	Gesamtindex[1]	Produktionsgüter[2]	Investitionsgüter[3]	Konsumgüter
1932	59	46	35	78
1933	66	54	45	63
1934	83	77	75	85
1935	96	99	102	91
1936	107	113	117	98
1937	117	126	128	103
1938	125	136	140	107
Juni 1939	133	147	152	113

[1] Maßzahl, zur Darstellung der Veränderung einer statistischen Größe in einem bestimmten Zeitraum
[2] Rohstoffe, Maschinen, Werkzeuge usw.
[3] nur Maschinen und Werkzeuge

M3 Rüstungsausgaben und Volkseinkommen in Deutschland 1932 bis 1938
(in Mrd. Reichsmark)

Haushaltsjahr	Rüstungsausgaben	Volkseinkommen	Rüstungsausgaben in % des Volkseinkommens
1932	0,6	42,5	1,3
1933	0,7	46,5	1,5
1934	4,1	52,8	7,8
1935	5,5	59,1	9,3
1936	10,3	65,8	15,7
1937	11,0	73,8	15,0
1938	17,2[1]	82,1	21,0

[1] Die Steigerung der Rüstungsausgaben 1938 ist auch darauf zurückzuführen, dass Aufträge der Vorjahre erst 1938 erfüllt wurden, weil die Produktionskapazität der Rüstungsindustrie am Anfang der NS-Herrschaft begrenzt war.

1 Erarbeite anhand des Darstellungstextes und M1 bis M3 Merkmale der NS-Wirtschaftspolitik.

2 Suche im Kapitel nach Zusammenhängen zwischen NS-Wirtschaftspolitik, NS-Ideologie und praktischer Politik (z. B. Motive für Judenverfolgung, Aufrüstung).

Nationalsozialistische Außenpolitik 1933 bis 1938

Ziele und Methoden

Hitlers Außenpolitik hatte im Wesentlichen drei Ziele: Erstens wollte er eine radikale Revision* des bei den Nationalsozialisten besonders verhassten Versailler Vertrages herbeiführen. Das zweite Ziel waren territoriale Eroberungen im Osten, vor allem auf Kosten Russlands, und die rücksichtslose „Germanisierung" der eroberten Gebiete. Drittes Ziel war die Weltmachtstellung eines „Großdeutschlands". Zur Durchsetzung dieser Ziele kalkulierte Hitler den Einsatz militärischer Mittel bewusst ein. Der Rüstungsstand der Reichswehr im Jahre 1933 stand jedoch einer schnellen Durchsetzung seiner Pläne entgegen. Eine Chance, die Aufrüstung nach außen zu rechtfertigen, bot ihm die 2. Internationale Abrüstungskonferenz vom 2. Februar bis 14. Oktober 1933 in Genf. Als Frankreich dort nicht bereit war, die grundsätzliche militärische Gleichberechtigung Deutschlands durch Abrüstung der Siegermächte des Ersten Weltkrieges mitzutragen, verließ Deutschland die Abrüstungskonferenz und den Völkerbund.

Der Abschluss eines deutsch-polnischen Nichtangriffspaktes im Januar 1934 kam für die weltweite Öffentlichkeit überraschend. Er sollte nach außen den Friedenswillen Hitlers dokumentieren und zugleich die Spannungen mit dem Nachbarland entschärfen.

Bei der nach dem Versailler Vertrag vorgesehenen Volksabstimmung vom Januar 1935 über die Rückkehr des Saargebiets in das Deutsche Reich stimmten 91 Prozent der Wähler mit Ja. Dieses Ergebnis, das die Hitler-Regierung als großen politischen Erfolg feierte, steigerte das Ansehen der Hitler-Regierung auch innenpolitisch.

Den öffentlichen Friedensbeteuerungen Hitlers standen jedoch interne Pläne und militärische Weisungen gegenüber. Im November 1937 kündigte er der Wehrmachtsspitze an, in absehbarer Zeit Österreich und einen großen Teil der Tschechoslowakei zu annektieren. Seine Ziele setzte er im März 1938 mit dem „Anschluss" Österreichs durch. Mithilfe des Münchner Abkommens vom September 1938 gliederte Hitler das Sudetenland in das Deutsche Reich ein.

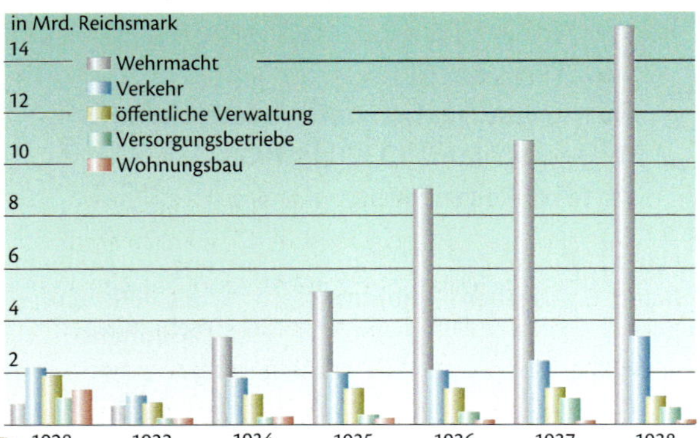

M1

Die öffentlichen Ausgaben im Deutschen Reich 1928 bis 1938. Dem Anfang 1934 veröffentlichten Reichshaushalt war zu entnehmen, dass die Rüstungsausgaben um rund 90 Prozent gesteigert werden sollten und auch Ausgaben für den verbotenen Aufbau einer Luftwaffe enthielten. Frankreich und Großbritannien kündigten angesichts der deutschen Aufrüstung eine Steigerung ihrer Rüstungsetats an. Die deutsche Regierung gab zwischen 1933 und 1938 mehr Geld für die Rüstung aus als Frankreich, Großbritannien und die USA zusammen. Nach 1934 veröffentlichte die Regierung Hitler keine Rüstungsausgaben mehr.

M2

Interne Weisung

Aus der ersten Ansprache Hitlers vor Generälen der Reichswehr nach seiner Ernennung zum Reichskanzler. Es handelt sich um handschriftliche Aufzeichnungen des Generalleutnants Liebmann vom 3. Februar 1933:

Ziel der Gesamtpolitik allein: Wiedergewinnung der pol. Macht. Hierauf muss gesamte Staatsführung eingestellt werden (alle Ressorts!).
1. Im Innern. Völlige Umkehrung der gegenwärt. innenpol. Zustände in D. Keine Duldung der Betätigung irgendeiner Gesinnung, die dem Ziel entgegensteht (Pazifismus!) …
2. Nach außen. Kampf gegen Versailles. Gleichberechtigung in Genf; aber zwecklos, wenn Volk nicht auf Wehrwillen eingestellt …
4. Aufbau der Wehrmacht wichtigste Voraussetzung für Erreichung des Ziels … Allg. Wehrpflicht muss wiederkommen … Wie soll pol. Macht, wenn sie gewonnen ist, gebraucht werden? … vielleicht … Eroberung neuen Lebensraumes im Osten u. dessen rücksichtslose Germanisierung.

Zit. nach Walther Hofer (Hg.), Der Nationalsozialismus, Frankfurt a. M. (Fischer) 1957, S. 180 f.

M3

Die Rede Hitlers am 17. Mai 1933 im Deutschen Reichstag, amerikanische Karikatur, 1933

M4

Öffentliche Rede

Aus der Regierungserklärung Hitlers vor dem Deutschen Reichstag am 23. März 1933:

Das deutsche Volk will mit der Welt in Frieden leben ... Die Begriffe von Siegernationen und von Besiegten können nicht als eine dauernde Basis freundschaftlicher Beziehungen der Völker untereinander gelten ... Die nationale Regierung ist bereit, jedem Volke die Hand zu einer aufrichtigen Verständigung zu reichen, das gewillt ist, die traurige Vergangenheit endlich einmal grundsätzlich abzuschließen ... Die Reichsregierung wird jede Bemühung unterstützen, die darauf gerichtet ist, einer allgemeinen Abrüstung wirksam zu dienen und den dabei schon längst fälligen Anspruch Deutschlands auf Gleichberechtigung sicherzustellen ... Wir sind ... der Überzeugung, dass ein solcher Ausgleich in unserem Verhältnis zu Frankreich möglich ist ... Gegenüber der Sowjetunion ist die Reichsregierung gewillt, freundschaftliche, für beide Teile nutzbringende Beziehungen zu pflegen.

Zit. nach Erhard Klöss (Hg.), Reden des Führers, München (dtv) 1967, S. 104 ff.

Begriffe und Daten

Deutsche Außenpolitik 1933 bis 1938

14. Oktober 1933: Deutschland tritt aus dem Völkerbund aus und verlässt die Abrüstungskonferenz.

26. Januar 1934: Nichtangriffspakt mit Polen.

13. Januar 1935: Volksabstimmung im Saargebiet: 91 Prozent für die Rückkehr nach Deutschland.

16. März 1935: Einführung der allgemeinen Wehrpflicht.

18. Juni 1935: Deutsch-britisches Flottenabkommen: Die deutsche Kriegsflotte darf eine Stärke bis zu 35 Prozent der britischen erreichen.

7. März 1936: Besetzung der entmilitarisierten Rheinlandzone durch deutsche Truppen.

25. Oktober 1936: Bündnis mit Italien: „Achse Berlin–Rom".

13. März 1938: „Anschluss" Österreichs an Deutschland, nachdem die Nationalsozialisten die innerösterreichischen Verhältnisse destabilisiert haben. Der Einmarsch deutscher Truppen trifft bei der Bevölkerung auf breite Zustimmung.

Münchner Abkommen/Appeasement

Der britische Premierminister Chamberlain und der französische Ministerpräsident Daladier stimmten bei einem Treffen in München am 29. September 1938 Hitler und Mussolini einer Abtretung der von Deutschen besiedelten Randgebiete der Tschechoslowakei (Sudetenland) an Deutschland zu. Ein tschechoslowakischer Vertreter war an diesem Abkommen nicht beteiligt. Großbritannien und Frankreich erhofften sich von diesem Zugeständnis, dass Deutschland nun keine weiteren Gebietsansprüche mehr erheben würde. Die von der britischen Regierung zwischen 1933 und 1939 verfolgte Politik des Appeasement (engl. Beruhigung, Beschwichtigung) mit dem nationalsozialistischen Deutschland scheiterte an der fortdauernden Aggressivität der NS-Außenpolitik.

1 Vergleiche anhand von M1, M2 und M4 die internen Entscheidungen und Weisungen sowie die öffentlichen Äußerungen Hitlers.

2 Deute M3 mithilfe der Methode „Karikaturen entschlüsseln" im Anhang

3 Erarbeite anhand der Materialien auf dieser Doppelseite einen Kurzvortrag: Hitlers Außenpolitik 1933 bis 1938.

Der Zweite Weltkrieg in Europa

Der Weg in den Weltkrieg

Am 15./16. März 1939 besetzten deutsche Truppen Teile der Tschechoslowakei. Sie wurde als „Protektorat Böhmen und Mähren" ins Deutsche Reich eingegliedert. Diese völkerrechtswidrige Annexion bewirkte in Großbritannien und Frankreich eine Wende in der Einschätzung der deutschen Politik. Bislang waren beide Länder davon ausgegangen, dass Hitler nur den Versailler Vertrag ändern wollte. Nun aber setzte sich die Auffassung durch, Hitler strebe die Herrschaft über Europa an.

Bis Anfang 1939 hatten die westeuropäischen Mächte, insbesondere England, eine Politik des Appeasement verfolgt, um den Frieden aufrechtzuerhalten. So zum Beispiel 1938 im Münchner Abkommen über die Abtretung der sudetendeutschen Gebiete an Deutschland. Ende März 1939 änderte sich dies. Die westeuropäischen Mächte gaben eine Garantieerklärung für Polen ab und verfolgten jetzt eine Politik der Eindämmung. Polen konnte dadurch die Versuche Hitlers, das Land gefügig zu machen, vorläufig abwehren.

Für Hitler gab es die Alternative „Ostpolitik mit Polen" oder „Ostpolitik nach völliger Unterwerfung Polens". Er entschied sich für den zweiten Weg. Am 3. April 1939 wies er die Wehrmacht an, bis zum 1. September einen Feldzug gegen Polen vorzubereiten. Den deutsch-polnischen Nichtangriffsvertrag kündigte er am 28. April. Am 23. August schlossen das nationalsozialistische Deutschland und die kommunistische Sowjetunion völlig überraschend ein gegenseitiges Nichtangriffsabkommen – den sogenannten Hitler-Stalin-Pakt. Die Sowjetunion sagte darin zu, wichtige Erze und Rohstoffe zu liefern, die Deutschland für die Kriegsführung benötigte. In einem geheimen Zusatzabkommen wurde eine künftige Aufteilung Polens zwischen Deutschland und der Sowjetunion geregelt.

Am 1. September griffen deutsche Truppen ohne Kriegserklärung Polen an. Damit begann der Zweite Weltkrieg. Großbritannien und Frankreich hielten sich an die gegenüber Polen abgegebenen Garantien und erklärten Deutschland den Krieg, der sich rasch zu einem Weltkrieg ausweitete.

M1 **Deutsche Soldaten greifen eine polnische Ortschaft an,** deutsches Propagandafoto, September 1939

1 Kläre mithilfe des Darstellungstextes S. 172 f.
a) die Politik Frankreichs und Großbritanniens gegenüber Deutschland und Polen,
b) die politische Taktik Hitlers bei der Kriegsvorbereitung,
c) die Gründe für das Scheitern der „Blitzkriegsstrategie".

2 Beschreibe anhand von M2 den Verlauf des Zweiten Weltkrieges.

3 Diskutiert in der Klasse die Frage der Kontinuität bzw. des Bruchs in der Außenpolitik Deutschlands vor und nach 1933. Lest auf S. 112 f. nach.

Vom „Blitzkrieg“ zum Vernichtungskrieg

Die militärische Strategie Hitlers, Staaten zu überfallen und nach schnellen „Blitzkriegen“ zu besetzen, schien bis Sommer 1941 durchaus erfolgreich: Weniger als fünf Wochen nach dem Einmarsch am 1. September 1939 war Polen besiegt. Es wurde entsprechend dem geheimen Zusatzabkommen zwischen Deutschland und der Sowjetunion aufgeteilt. Die Blitzkriegsstrategie gründete auf der Erkenntnis, dass die deutsche Rüstungswirtschaft einem länger andauernden Krieg nicht gewachsen sei. Trotz moderner Waffentechnik fehlten für eine massenhafte, umfassende Produktion die Rohstoffreserven und die Produktionskapazitäten. Um diese Nachteile auszugleichen, wurden in weiteren Feldzügen Dänemark und Norwegen besetzt (April 1940). Nun kontrollierte das Deutsche Reich die Nord- und Ostseeschifffahrt und gelangte an das schwedische Erz. Auch gegen Frankreich und auf dem Balkan führte die Blitzkriegsstrategie zum Erfolg. Dagegen schlug sie gegen England fehl: Es gelang nicht, England durch den Luftkampf im Sommer und Herbst 1940 wesentlich zu schwächen. Außerdem erhielt es von den USA zunehmend umfangreichere Rüstungslieferungen. Der von den USA wirksam unterstützte Widerstand Englands löste bei Hitler ein Umdenken aus: Am 21. Juli 1940 kündigte er den Oberbefehlshabern der drei Wehrmachtsteile die baldige Zerschlagung der Sowjetunion an. Bereits am 31. Juli beschloss er, dieses Ziel in einem für Mai 1941 geplanten „Blitzkrieg“ zu erreichen. Am 22. Juni 1941 überfielen deutsche Soldaten die Sowjetunion. Der unter dem Decknamen „Unternehmen Barbarossa“ vorbereitete Feldzug wurde ein Vernichtungskrieg gegen die Armee und die Zivilbevölkerung.

M2

Der Zweite Weltkrieg in Europa 1939 bis 1945

Besatzungspolitik und Vernichtung

Kriegsverbrechen in den besetzten Gebieten

Die Führung der Nationalsozialisten sah in dem Krieg gegen die Sowjetunion einen Weltanschauungs- und Vernichtungskrieg. Von der Geschichtsforschung werden die Aktionen während des Russlandfeldzuges als Kriegsverbrechen beurteilt. Dazu gehören die Führung eines Angriffskrieges, Mord, Grausamkeiten gegen die Zivilbevölkerung, systematischer Terror, Misshandlung und Tötung von Gefangenen, Zwangsarbeit fremder Staatsangehöriger und Völkermord.

M1 Deutsche Besatzungspolitik im Osten

Aus dem Erlass Hitlers über „Die Ausübung der Kriegsgerichtsbarkeit im Gebiet ‚Barbarossa' und besondere Maßnahmen der Truppe" (13. Mai 1941):

1A Freischärler[1] sind durch die Truppe im Kampf oder auf der Flucht schonungslos zu erledigen ... Auch alle anderen Angriffe feindlicher Zivilpersonen gegen die Wehrmacht ... sind ... auf der Stelle mit den äußersten Mitteln bis zur Vernichtung des Angreifers niederzukämpfen ... Für Handlungen, die Angehörige der Wehrmacht ... gegen feindliche Zivilpersonen begehen, besteht kein Verfolgungszwang, auch dann nicht, wenn die Tat zugleich ein militärisches Verbrechen oder Vergehen ist.

Aus den Richtlinien für die Behandlung „politischer Kommissare". Darunter fielen höherrangige Beamte der Roten Armee, die nicht als Soldaten anerkannt wurden (6. Juni 1941):

1B Im Kampf gegen den Bolschewismus ist mit einem Verhalten des Feindes nach den Grundsätzen der Menschlichkeit oder des Völkerrechts nicht zu rechnen ... Die Truppe muss sich bewusst sein:
1. In diesem Kampfe ist Schonung und völkerrechtliche Rücksichtnahme diesen Elementen gegenüber falsch. Sie sind eine Gefahr für die eigene Sicherheit und die schnelle Befriedung der eroberten Gebiete.
2. Die Urheber barbarisch asiatischer Kampfmethoden sind die politischen Kommissare ... Sie sind daher, wenn im Kampf oder Widerstand ergriffen, grundsätzlich sofort mit der Waffe zu erledigen.

M1A und M1B: Zit. nach Hamburger Institut für Sozialforschung (Hg.), Verbrechen der Wehrmacht. Dimensionen des Vernichtungskrieges 1941–1944, Hamburg (Hamburger Edition) 2002, S. 46 ff.

[1] Partisanen und Widerstandskämpfer

M2 Durchgeführte Hinrichtungen

(Aus dem Bericht der Einsatzgruppe[1] A [Baltikum] vom 15. Oktober 1941)

	Juden	Kommunisten	zusammen
Litauen	80311	860	81171
Lettland	30025	1843	31868
Estland	474	684	1158
Weißruthenien	7620	–	7620

[1] Einsatzgruppen waren Sonderkommandos der SS, die den kämpfenden deutschen Armeen folgten und die Aufgabe hatten, in den besetzten Ostgebieten die jüdische Bevölkerung, die kommunistische Führungsschicht der UdSSR, Partisanen sowie Sinti und Roma zu ermorden.

Zit. nach Wolfgang Michalka (Hg.), Das Dritte Reich, Bd. 2, München (dtv) 1985, S. 191.

M3 Aktionen der SS im besetzten Polen

Aus dem Bericht eines Wehrmachtbefehlshabers vom 23. November 1939 an den Befehlshaber des Ersatzheeres:

Die große Aufbauarbeit auf allen Gebieten wird nicht gefördert durch das Eingreifen von SS-Formationen, die mit „volkspolitischen Sonderaufträgen" eingesetzt ... sind ... Fast in allen größeren Orten fanden durch die erwähnten Organisationen öffentliche Erschießungen statt. Die Auswahl war dabei völlig verschieden und oft unverständlich, die Ausführung vielfach unwürdig ...
In mehreren Städten wurden Aktionen gegen Juden durchgeführt, die zu schwersten Übergriffen ausarteten. In Turck[1] fuhren am 30. 10. 39 drei SS-Kraftwagen unter Leitung eines höheren SS-Führers durch die Straßen, wobei die Leute auf der Straße mit ... langen Peitschen wahllos über die Köpfe geschlagen wurden ... Schließlich wurde eine Anzahl Juden in die Synagoge getrieben, musste dort singend durch die Bänke kriechen, wobei sie ständig von den SS-Leuten mit Peitschen geschlagen wurden.

gez. Petzel, General der Art.[2]

Günter Schönbrunn (Bearb.), Weltkriege und Revolutionen 1914–1945, München (bsv) 1961, S. 508 ff.

[1] polnische Stadt Turek
[2] Artillerie: mit Geschützen ausgerüstete Truppengattung

M5

Öffentliche Hinrichtung in Minsk, der heutigen Hauptstadt Weißrusslands, Foto, 26. Oktober 1941. An jenem Sonntag wurden zwölf Personen von Angehörigen der Wehrmacht öffentlich hingerichtet. Sie trugen Schilder mit der Aufschrift „Wir sind Partisanen und haben auf deutsche Soldaten geschossen". Das entsprach nicht der Wahrheit. Sie gehörten zu einer Widerstandsgruppe, die Rotarmisten unterstützte. Bisher ungeklärt ist die Identität der jungen Frau. Im Holocaust-Museum in Washington wird sie als jüdische Widerstandskämpferin Masha Bruskina verehrt; auf einem Denkmal in einem Dorf nahe Minsk wird an Alexandra Wasiljewna Linewitsch erinnert, die nach Aussagen von Verwandten die Hingerichtete sein soll.

M4

Weltanschauungs- und Beutekrieg

Der Historiker Ludolf Herbst schrieb 1996:

„Vernichtung" und „Ausrottung" wurden die Leitbegriffe für Hitlers Verständnis vom „Weltanschauungskrieg". Das sowjetische System und seine Träger sollten vernichtet und das Land mit Terror überzogen werden. Rücksicht auf die Zivilbevölkerung war nicht zu nehmen ... Die Wirtschaftsfachleute der Wehrmacht und der zuständigen Ministerien entwickelten eine explizite Hungerstrategie. Die agrarischen Überschussgebiete in Russland sollten von den Zuschussgebieten abgeschnitten werden, um auf diese Weise genügend Nahrungsmittel für die Wehrmacht bereitstellen und nach Deutschland schaffen zu können ... Zwar waren die ökonomischen Verluste der UdSSR erheblich, ... gleichwohl konnte die Rüstungsindustrie ihren Produktionsausstoß von 1940 auf 1942 insgesamt um 86 Prozent steigern ... Erreicht wurde diese Leistungssteigerung ... durch die Verlagerung von ca. 1500 Rüstungsbetrieben vom Westen in den Osten des Landes während des deutschen Angriffs im Jahre 1941, durch die Umstellung ziviler Bereiche auf die Rüstungsproduktion, durch den Neubau von Rüstungsbetrieben und durch die Steigerung der Produktion in den östlichen Landesteilen. Die Rechnung der deutschen Führung war nicht aufgegangen. Sie hatte ihr ebenso leichtfertiges wie gewagtes Spiel verloren und damit den gesamten Krieg.

Ludolf Herbst, Das nationalsozialistische Deutschland 1933 bis 1945, Frankfurt a. M. (Suhrkamp) 1996, S. 351 ff.

M6

Entscheidung eines Einzelnen

In der „Passauer Neuen Presse" erschien 1993 ein Bericht über den ehemaligen Major der Wehrmacht, Max Liedtke:

Max Liedtke war 1942 Ortskommandant der ostpolnischen Stadt Przemyśl. Als im Juli 1942 die „Judenaussiedlung" [Deportation in ein KZ] aus Przemyśl beginnen sollte, setzte sich Liedtke zur Wehr, indem er Straßen und Brücken sperren ließ, um die SS am Abtransport der jüdischen Bevölkerung zu hindern. Einige Stunden später musste er die Sperrung aufheben, konnte aber zusammen mit seinem Adjutanten Dr. Battel 80 bis 100 Juden mehrere Wochen vor dem Zugriff der SS schützen. Liedtke verstarb 1955 in sowjetischer Gefangenschaft. Seit 1993 wird er als einer der wenigen Wehrmachtsangehörigen als „Gerechter der Völker" in der Holocaust-Gedenkstätte Yad Vashem in Jerusalem geehrt.

Hamburger Institut für Sozialforschung (Hg.), Verbrechen der Wehrmacht. Dimensionen des Vernichtungskriegs 1941–1944, Hamburg (Hamburger Edition) 2002, S. 591. Bearb. d. Verf.

1 Untersuche anhand von M1 bis M5 die deutsche Besatzungspolitik im Osten.

2 Klärt in Partnerarbeit mithilfe der Seiten 170 bis 175 die Begriffe Revisions-, Lebensraum- und Appeasementpolitik.

3 Erörtere mithilfe von M6 die Frage, ob man von Kriegsverbrechen „der Wehrmacht" sprechen kann.

4 Informiere dich im Internet über die Ausstellung „Verbrechen der Wehrmacht" (www.verbrechen-der-wehrmacht.de). Berichte in der Klasse.

Die Deportation der Juden

Ghettos und Vernichtungslager

Zu Beginn des Zweiten Weltkrieges verschlechterte sich die Lage für die europäischen Juden dramatisch. Mit der deutschen Besetzung ihrer Heimatländer gerieten etwa sieben der insgesamt zehn Millionen in Europa lebenden Juden unter den Herrschaftseinfluss der Nationalsozialisten. Die Verfolgung begann mit der Besetzung Polens und zielte darauf, die Juden zunächst in größeren Städten zu konzentrieren. Ghettos* wurden eingerichtet, die als Durchgangsstationen für Deportationen* in spezielle Vernichtungslager dienten. In Deutschland hatte die Phase der Ghettoisierung 1939 mit der Einrichtung sogenannter Judenhäuser begonnen. Unter unmenschlichen Bedingungen mussten Juden zum Beispiel in Schulgebäuden oder jüdischen Gemeindehäusern wohnen. Selbst in der Leichenhalle des jüdischen Friedhofs in Hannover lebten zeitweilig 150 Juden. Nur etwa 10 000 Juden gelang es, sich in Deutschland vor dem Zugriff der Nationalsozialisten zu verstecken.

M1

„Selbstporträt im Versteck“, Gemälde von Felix Nussbaum, 1943. Nussbaum malte sich im Gebetsmantel.

M2

Juden aus Eisenach auf dem Weg zum Bahnhof, Foto, 9. Mai 1942. Von dort wurden sie mit Deportationszügen in das polnische Ghetto Belzyce bei Lublin gebracht.

M3

Das Ergebnis der Wannsee-Konferenz

Aus dem Protokoll der Besprechung in Berlin-Wannsee am 20. Januar 1942, bei der die „Endlösung der Judenfrage“ von hohen Regierungsbeamten und SS-Führern abgestimmt wurde:

Geheime Reichssache … Anstelle der Auswanderung ist nunmehr als weitere Lösungsmöglichkeit … die Evakuierung der Juden nach dem Osten getreten … [Es] werden hier bereits jene praktischen Erfahrungen gesammelt, die im Hinblick auf die kommende Endlösung der Judenfrage von wichtiger Bedeutung sind. Im Zuge dieser Endlösung der europäischen Juden kommen rund 11 Millionen Juden in Betracht …

Unter entsprechender Leitung sollen nun im Zuge der Endlösung die Juden in geeigneter Weise im Osten zum Arbeitseinsatz kommen. In großen Arbeitskolonnen, unter Trennung der Geschlechter, werden die arbeitsfähigen Juden Straßen bauend in diese Gebiete geführt, wobei zweifellos ein Großteil durch natürliche Verminderung ausfallen wird. Der … verbleibende Restbestand wird, da es sich bei diesem zweifellos um den widerstandsfähigsten Teil handelt, entsprechend behandelt werden müssen.

Zit. nach Reinhard Rürup (Hg.), Topographie des Terrors, 13. Aufl., Berlin (Stiftung Topographie des Terrors) 2001, S. 144 f.

Begriffe und Daten

Shoah (Holocaust)

Auf die Phasen der Entrechtung (z. B. Nürnberger Gesetze 1935) und Verfolgung (z. B. Reichspogromnacht 1938) folgte die Ermordung von Millionen Juden in Vernichtungslagern. Das Lager Auschwitz wurde als ein Ort des systematischen Mordens zum Inbegriff der menschenverachtenden Rassenpolitik der Nationalsozialisten. Die Deportation der Juden in die Vernichtungslager begann 1941. Den Genozid (griech.-lat: Völkermord) haben die Nationalsozialisten mit dem Begriff „Endlösung" verschleiert. In der Geschichtsschreibung wird für den Völkermord häufig der Begriff Holocaust verwendet, der aus dem Griechischen stammt und auf die totale Verbrennung von Menschen hinweist. Die überlebenden Juden sprechen meist von der Shoah. Dieses hebräische Wort bedeutet so viel wie „einzigartiges Opfer, totale Zerstörung". Unbestritten stellt der Völkermord eine konsequente Umsetzung der NS-Rassenideologie dar. Die Auseinandersetzung mit der Frage nach Schuld und Verantwortung ist eine Aufgabe, mit der sich jede Generation befassen muss.

Judenfeindliche Maßnahmen (Auswahl)

1939

30. April: Zusammenlegung jüdischer Familien in „Judenhäusern" wird angeordnet.

1. September: Ausgangssperre für Juden: im Sommer ab 21 Uhr, im Winter ab 20 Uhr.

23. September: Rundfunkgeräte in jüdischen Haushalten werden beschlagnahmt.

Ab 12. Oktober: Erste Deportationen aus Österreich und Böhmen/Mähren nach Polen.

1941

1. September: Juden müssen in der Öffentlichkeit einen gelben Stern tragen.

17. Oktober: Beginn von Deportationen deutscher Juden aus dem „Altreich" nach Osten.

23. Oktober: Auswanderungsverbot für Juden.

25. November: Jüdisches Vermögen wird vor der Deportation eingezogen.

1942

20. Januar: „Wannsee-Konferenz"; Organisation der Ermordung der europäischen Juden.

Juni: Beginn der Massenvergasungen in Auschwitz.

M4

Abschied nehmen

Edith Wolff berichtete nach 1945 vom Besuch eines älteren Ehepaars, dessen Kinder bereits ausgewandert waren:

4A Eines Tages, Ende Februar 1943, erschienen Herr und Frau Kleinberger bei uns abends zu einem kurzen Besuch, um sich zu verabschieden – wie zu einer Reise. Sie teilten uns mit, dass sie noch ein sehr gutes Abendessen zu sich nehmen wollten ... Sie hatten „die Liste" bekommen und sich schon längst mit einem Gegenmittel versorgt. Wir verstanden sofort, dass dieses „Medikament" ein Gift war ... Wir aber konnten nichts dagegen tun ... Wir konnten den beiden Menschen nur stumm die Hand drücken – und ihnen im Herzen nur noch eine gute Reise ins Jenseits wünschen ... Erst nach drei Tagen fand man in der Wohnung die Leichen.

Am 19. Juli 1942 mussten Theodor Tuch und seine Frau Clara den Zug „in ein Lager" besteigen – auch für sie eine Fahrt in den Tod. Vor ihrer Abfahrt schrieb Theodor einen Brief:

4B 4. Juli 42. Meine geliebten Kinder. Das sind wohl die letzten Grüße aus Volksdorf. Meine ganze Hoffnung ist es, euch noch mal wiederzusehen. Es ist ganz schrecklich, nun in die Verbannung zu gehen, alles aufzugeben. Wir werden wohl in ein Lager kommen ... Wann werdet ihr diesen Brief erhalten, leben wir dann noch? Ich wünsche euch alles Gute, meine geliebten Kinder, bleibt alle gesund und habt viel Freude an euren Kindern und vergesst nicht eure Mutter, die sich so unbeschreiblich nach euch sehnt.

M4A und M4B: Zit. nach Wolfgang Benz (Hg.), Die Juden in Deutschland 1933–1945, 4. Aufl., München (C. H. Beck) 1996, S. 654, 659.

1 a) Beschreibe mit je drei Adjektiven die Haltung und den Gesichtsausdruck der drei Figuren in M1.
b) Interpretiere M1 vor dem Hintergrund der Judenverfolgung. Ziehe biografische Daten über den Maler heran (Lexikon, Internet).

2 Analysiere M3 und untersuche die Sprache. Ziehe auch S. 164 f. heran.

3 Zeige anhand der Materialien auf dieser Doppelseite die Auswirkungen der NS-Todesmaschinerie auf die Lebensläufe ihrer Opfer.

Der Mord an den Juden Europas

M1

Auf der Rampe bei der Ankunft im KZ Auschwitz, Foto, 1944. An der Bahnrampe trennte ein SS-Arzt die Arbeitsfähigen von den für den Tod Bestimmten („Selektion").

M2

Häftlingskleid aus dem Frauen-KZ Ravensbrück. Nach der Ankunft im KZ erhielt jeder Häftling eine Nummer, die auf die Kleidung aufgenäht wurde und fortan seinen Namen ersetzte. Frauen erhielten ein Kleid, manchmal Jacke und Kopftuch, Männer Jacke, Hose und Mütze.

M3

„Ich hatte den Befehl"

Rudolf Höß (1900–1947) war Kommandant des Konzentrationslagers Auschwitz von 1940 bis 1943. 1947 wurde er als Kriegsverbrecher hingerichtet. 1946/47 sagte er:

Die „Endlösung" der Judenfrage bedeutete die vollständige Ausrottung aller Juden in Europa. Ich hatte den Befehl, Ausrottungserleichterungen in Auschwitz im Juni 1942 zu schaffen ... Als ich das Vernichtungsgebäude in Auschwitz errichtete, gebrauchte ich also Zyklon B, eine kristallisierte Blausäure ... Es dauerte 3 bis 15 Minuten, ... um die Menschen in der Todeskammer zu töten ... Nachdem die Leichen fortgebracht waren, nahmen unsere Sonderkommandos die Ringe ab und zogen das Gold aus den Zähnen der Körper.

Zit. nach Léon Poliakov / Josef Wulf, Das Dritte Reich und die Juden, Berlin (Arani) 1955, S. 128 f.

M4

Die Selektion überlebt

Ruth Klüger (geb. 1931) überlebte das KZ Auschwitz. Bei ihrer Ankunft gelang ihr eigentlich Unmögliches:

Neben dem amtierenden SS-Mann ... stand die Schreiberin, ein Häftling. Wie alt mag sie gewesen sein, neunzehn, zwanzig? ... Sie [verließ] ihren Posten, und fast in Hörweite des SS-Mannes ging sie schnell auf mich zu und fragte halblaut, mit einem unvergesslichen Lächeln ihrer unregelmäßigen Zähne: „Wie alt bist du"? „Dreizehn." Und sie, mich nachdrücklich mit den Augen fixierend, ganz eindringlich: „Sag, dass du fünfzehn bist." Zwei Minuten später war ich dran, schielte noch schnell zu der anderen Reihe hin, ängstlich, der zweite SS-Mann könnte zufällig hinüberschauen und mich als eine erkennen, die schon abgelehnt worden war ... Auf die Frage nach meinem Alter gab ich die entscheidende Antwort ... : „Fünfzehn bin ich." „Die ist aber noch sehr klein", bemerkte der Herr über Leben und Tod, nicht unfreundlich, eher wie man Kühe und Kälber besichtigt. Und sie, im gleichen Ton die Ware bewertend: „Aber kräftig gebaut ist sie. Die hat Muskeln in den Beinen, die kann arbeiten. Schaun Sie nur."

Das war eine, die arbeitete für diese Verwaltung und strengte sich an für mich, ohne mich überhaupt zu kennen. Dem Mann war sie vielleicht ein wenig weniger gleichgültig, als ich es ihm war, und er gab nach. Sie schrieb meine Nummer auf, ich hatte eine Lebensverlängerung gewonnen.

Ruth Klüger, weiter leben. Eine Jugend, Göttingen (Wallstein) 1992, S. 130 ff.

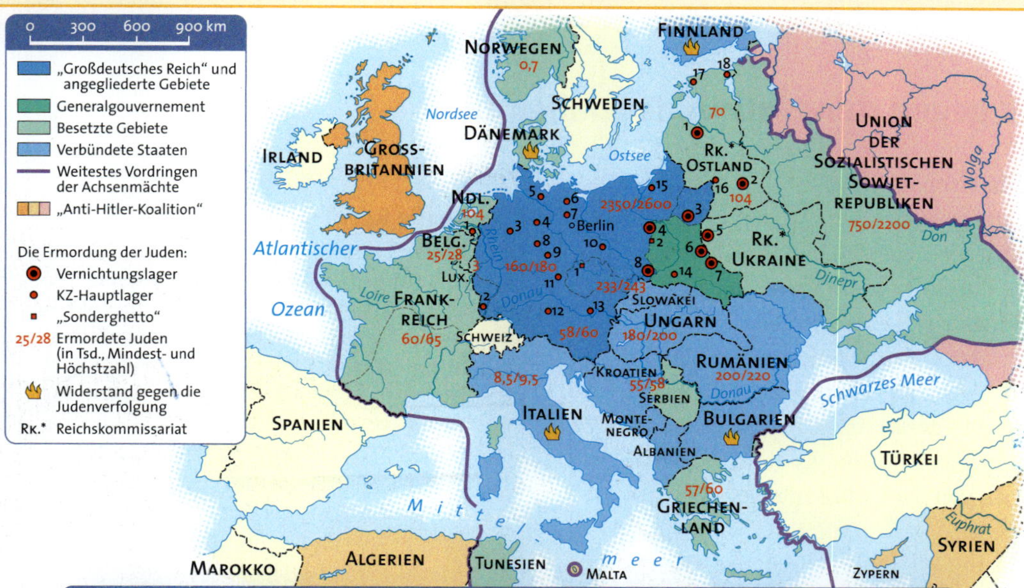

Vernichtungslager		KZ-Hauptlager			„Sonderghetto“
1 Riga-Kaiserwald	5 Sobibór	1 Herzogenbusch	7 Sachsenhausen	13 Mauthausen	1 Theresienstadt
2 Maly Trostinec	6 Majdanek	2 Natzweiler	8 Mittelbau-Dora	14 Krakau	2 Litzmannstadt (Łódź)
3 Treblinka	7 Bełżec	3 Niederhagen	9 Buchenwald	15 Stutthof	
4 Kulmhof (Chelmno)	8 Auschwitz	4 Bergen-Belsen	10 Groß-Rosen	16 Kauen	
		5 Neuengamme	11 Flossenbürg	17 Klooga	
		6 Ravensbrück	12 Dachau	18 Vaivara	

M5

Die Vernichtung der europäischen Juden durch die Nationalsozialisten 1939 bis 1945

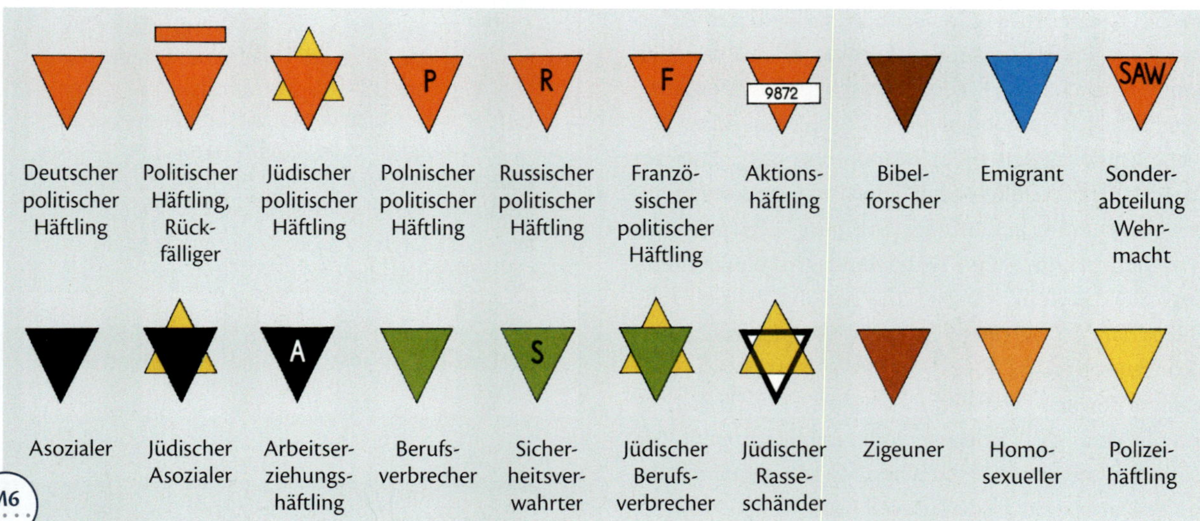

M6

Kennzeichnung der KZ-Häftlinge durch die NS-Bürokratie

Medientipp

Anja Tuckermann, „Denk nicht, wir bleiben hier!“, München (dtv-Jugendbuch) 2009.

Schindlers Liste

Spielfilm von Steven Spielberg aus dem Jahr 1993 nach dem Roman „Schindler's Ark“ von Thomas Keneally.

1 Erläutere anhand von M1, M2 und M6 den Umgang mit den Deportierten.

2 Nimm zu M3 und M4 Stellung.

3 Stelle anhand der Karte M5 fest, welche Ergebnisse daraus abgeleitet werden können und welche Fragen sich ergeben.

4 **Recherche und Präsentation:** Führt eine Internet-Recherche zum Thema „Verfolgung und Vernichtung der Sinti und Roma zwischen 1933 und 1945“ durch.

Widerstand gegen den Nationalsozialismus

Gegen die Gewaltherrschaft

Von Anfang an hatte es Widerstand gegen die Politik der Nationalsozialisten gegeben. Schon vor der Ernennung Hitlers zum Reichskanzler, aber insbesondere unmittelbar danach mussten opponierende Zeitgenossen schmerzlich erfahren, dass die neuen Machthaber mit brutaler Gewalt gegen jeglichen Widerspruch vorgingen. Auf Rückhalt in der Bevölkerung konnten sich Widerstandskämpfer nicht stützen. Es bestand immer die Gefahr, dass man von Sympathisanten des NS-Systems denunziert wurde.

Hinzu kam eine Rechtsprechung, die sich der „Gleichschaltung“ nicht entziehen konnte. Mit der Einführung von Sondergerichten konnten „politische Straftäter“ ohne förmliche juristische Verfahren verurteilt werden. 1934 wurde der „Volksgerichtshof“ geschaffen, der mit NS-Richtern besetzt war und als oberste Instanz die Gegner der Nationalsozialisten aburteilte. Wer unter diesen Bedingungen Widerstand leistete, setzte sich großen Gefahren aus. Die Gründe, auf dem der Widerstand der Andersdenkenden beruhte, waren verschieden: Patriotismus, demokratische Überzeugung, christlicher Glaube oder die Haltung, dass man Unrecht grundsätzlich nicht hinnehmen darf. Entsprechend unterschiedlich gestalteten sich die Vorstellungen, wie eine zukünftige Ordnung Deutschlands aussehen könnte. Allen Widerstandsgruppen gemeinsam war das konkrete Ziel, die nationalsozialistische Herrschaft zu beenden, so zum Beispiel auch dem „Kreisauer Kreis“.

Auch in den von Deutschland besetzten Ländern gab es seit Beginn des Krieges Widerstandsgruppen. Sie kämpften mit unterschiedlichen Mitteln gegen die Besatzer. Partisanenverbänden gelangen militärische Erfolge vor allem gegen Kriegsende in der Sowjetunion, in Jugoslawien, in Griechenland, Italien und Frankreich.

Lesetipp

Sophie Scholl/Fritz Hartnagel, Damit wir uns nicht verlieren. Briefwechsel 1937 bis 1943, Frankfurt a. M. (Fischer) 2005.

M1

Die „Weiße Rose“

Die Widerstandsgruppe „Weiße Rose“ war an der Universität München gegründet worden. Ihre Mitglieder verbreiteten vom Sommer 1942 bis Februar 1943 Flugblätter gegen das NS-Regime. Nach ihrer Verhaftung im Februar 1943 wurden sie vom Volksgerichtshof* zum Tode verurteilt und hingerichtet. Im vorletzten Flugblatt (Ende Januar 1943) hieß es:

Der Krieg geht seinem sicheren Ende entgegen … Mit mathematischer Sicherheit führt Hitler das deutsche Volk in den Abgrund. Hitler kann den Krieg nicht gewinnen, nur noch verlängern. Seine und seiner Helfer Schuld hat jedes Maß unendlich überschritten. Die gerechte Strafe rückt näher und näher!

Was aber tut das deutsche Volk? Es sieht nicht und es hört nicht. Blindlings folgt es seinen Verführern ins Verderben … Deutsche! Wollt ihr und eure Kinder dasselbe Schicksal erleiden, das den Juden widerfahren ist? Wollt ihr mit dem gleichen Maße gemessen werden wie eure Verführer? Sollen wir auf ewig das von aller Welt gehasste und ausgestoßene Volk sein? Nein! Darum trennt euch von dem nationalsozialistischen Untermenschentum! Beweist durch die Tat, dass ihr anders denkt! … Der imperialistische Machtgedanke muss … für allezeit unschädlich gemacht werden … Freiheit der Rede, Freiheit des Bekenntnisses, Schutz des einzelnen Bürgers vor der Willkür verbrecherischer Gewaltstaaten, das sind die Grundlagen des neuen Europas.

Zit. nach Walther Hofer (Hg.), Der Nationalsozialismus. Dokumente 1933–1945, Frankfurt a. M. (Fischer) 1965, S. 327 f.

M2

Die Geschwister Hans und Sophie Scholl mit Christoph Probst aus der Widerstandsgruppe „Weiße Rose“, Foto, 1942

M3

Die Arbeiterbewegung

Anders als Anhänger der Kommunistischen Partei, die nach der Machtübernahme Hitlers den offenen, auf beiden Seiten gewalttätigen Kampf suchten, lehnten die Sozialdemokraten solche Auseinandersetzungen als antidemokratisch und totalitär ab. Der Historiker Peter Steinbach schrieb 2001 über den sozialdemokratischen Widerstand:

In Deutschland bildeten sich in vielen Hochburgen der SPD Zellen aus vier und fünf Mitgliedern, die Nachrichten sammelten und dem Exilvorstand [im Ausland] übermittelten, Druckschriften der „Sopade"[1] verteilten oder regionale Verbindungen knüpften ... Sozialdemokratischer Widerstand war in den ersten Jahren ... vor allem durch den Willen charakterisiert, den Zusammenhalt der Mitglieder zu erleichtern und die sozialdemokratische Gesinnung zu pflegen, um nach dem Sturz des Regimes politische Verantwortung übernehmen zu können ... Widerstand war konspirative[2] Pflege der Gesinnung und Schulung des Bewusstseins. Aller Machtmittel und Agitationsmöglichkeiten ledig, konnte es nur darum gehen, zu überleben und sich bereitzuhalten, still zu helfen, im kleinen Kreis des Betriebs und der Nachbarschaft ein Netz der Solidarität zu knüpfen ... Viele Sozialdemokraten fanden sich in den Konzentrationslagern wieder ... – manche fanden den Weg in den Umkreis des 20. Juli 1944.

Peter Steinbach, Widerstand im Widerstreit, 2. Aufl., Paderborn (Schöningh) 2001, S. 156 ff.

[1] Exil-SPD
[2] verschwörerisch, verdeckt

M5

Das Militär

Am 20. Juli 1944 missglückte ein Bombenattentat auf Hitler, das eine Gruppe hochrangiger Wehrmachtsangehöriger geplant hatte. Graf Schenk von Stauffenberg, ein Oberst im Generalstab, konnte den Anschlag nicht erfolgreich zu Ende führen. Die Attentäter wurden verhaftet und teilweise noch am selben Tag erschossen. Im Aufruf der Widerstandskämpfer, der nach dem Anschlag auf Hitler verbreitet werden sollte, hieß es:

Deutsche!

Hitler ... hat die göttlichen Gebote verhöhnt, das Recht zerstört, den Anstand verfemt, das Glück von Millionen vernichtet. Er hat Ehre und Würde, Freiheit und Leben anderer für nichts erachtet. Zahllose Deutsche, aber auch Angehörige anderer Völker schmachten seit Jahren in Konzentrationslagern, den größten Qualen ausgesetzt und häufig schrecklichen Foltern unterworfen ... Durch grausame Massenmorde ist unser guter Name besudelt. Mit blutbefleckten Händen ist Hitler seinen Irrweg gewandelt ... Daher ist kein Soldat, kein Beamter, überhaupt kein Bürger ihm mehr durch Eid verpflichtet ... Unser Ziel ist die wahre, auf Achtung, Hilfsbereitschaft und soziale Gerechtigkeit gegründete Gemeinschaft des Volkes. Wir wollen Gottesfurcht anstelle von Selbstvergottung, Recht und Freiheit anstelle von Gewalt und Terror, Wahrheit und Sauberkeit anstelle von Lüge und Eigennutz ... Wir wollen mit besten Kräften dazu beitragen, die Wunden zu heilen, die dieser Krieg allen Völkern geschlagen hat, und das Vertrauen zwischen ihnen wieder neu beleben.

Zit. nach Bodo Scheurig (Hg.), Deutscher Widerstand 1938–1944, 2. Aufl., München (dtv) 1984, S. 278 ff.

M4

Feldmarschall Erwin von Witzleben, „Verschwörer" des 20. Juli 1944, Foto, 8. August. Zur Demütigung musste er beim Prozess vor dem Volksgerichtshof seine Hose festhalten. Witzleben wurde am selben Tag verurteilt und hingerichtet.

1 Fasse anhand der Quellen M1, M3 und M5 die Zielsetzungen von Widerstandsgruppen im NS-Staat zusammen und erschließe Gründe, warum sie Widerstand leisteten.

2 In dem Münchner Professor Kurt Huber fanden die Mitglieder der „Weißen Rose" (M1 und M2) einen Universitätslehrer, der den Widerstandsgeist der Jugendlichen durch die Vermittlung seines tieferen Verständnisses der Zusammenhänge noch verstärkte. Recherchiere, wer Kurt Huber war (Bibliothek, Internet).

3 Erörtere anhand von M4, was die dargestellte Situation über die ethische Einstellung der Nationalsozialisten aussagt.

War der Widerstand umsonst?

M1

Martin Niemöller, Henryka Dembowska, Dietrich Bonhoeffer, Alfred Delp (von links nach rechts)

M2

Die Kirchen

Dietrich Bonhoeffer (1906–1945, hingerichtet am 9. April) schrieb bereits 1933 in Abgrenzung zu den „Deutschen Christen", einer nationalsozialistisch orientierten Richtung innerhalb der Evangelischen Kirche Deutschlands:

2A Der Ausschluss der Juden-Christen aus der kirchlichen Gemeinschaft zerstört die Substanz der Kirche Christi ... In der Kirche bleibt Jude Jude, Heide Heide, Mann Mann, Kapitalist Kapitalist etc. Aber der Ruf Gottes beruft und sammelt alle zu einem Volk, zum Volk Gottes, zur Kirche, zu der sie alle in gleicher Weise und miteinander gehören ... Die Rasse, das Blut ist eine unter den Ordnungen, in die die Kirche eintritt, aber sie darf nie Kriterium für die Zugehörigkeit zur Kirche sein, dies ist allein das Wort Gottes und der Glaube ... Darum ist der Arierparagraf eine Irrlehre von der Kirche und zerstört ihre Substanz. Darum gibt es einer Kirche gegenüber, die den Arierparagrafen in dieser radikalen Form durchführt, nur noch einen Dienst der Wahrheit, nämlich den Austritt.

Die Haltung der Kirchenleitungen zum Nationalsozialismus schwankte zwischen Duldung des NS-Regimes und vereinzelten Protesten. Widerstand leisteten vor allem aktive Gemeindemitglieder, die dabei ihr Leben riskierten, wie der katholische Bischof Clemens August von Galen (1878–1946). In einer Predigt vom 13. Juli 1941 sagte er:

2B Der physischen Übermacht der Gestapo steht jeder deutsche Staatsbürger schutzlos und völlig wehrlos gegenüber! ... Keiner von uns ist sicher, und mag er sich bewusst sein, der treueste, gewissenhafteste Staatsbürger zu sein, dass er nicht eines Tages aus seiner Wohnung geholt, seiner Freiheit beraubt, in den Kellern und Konzentrationslagern der Gestapo eingesperrt wird ... Das Recht auf Leben, auf Unverletzlichkeit, auf Freiheit ist ein unentbehrlicher Teil jeder sittlichen Gemeinschaftsordnung ... Darum erhebe ich im Namen des rechtschaffenen deutschen Volkes, im Namen der Majestät der Gerechtigkeit, im Interesse des Friedens und der Geschlossenheit der inneren Front meine Stimme.

M2A: Zit. nach Georg Denzler/Volker Fabricius (Hg.), Die Kirche im Dritten Reich, Frankfurt a. M. (Fischer-TB) 1984, Bd. 2, Dokumente, S. 74 ff. M2B: Zit. nach Günther van Norden, Das Dritte Reich im Unterricht, Frankfurt a. M. (Hirschgraben) 1970, S. 49 ff.

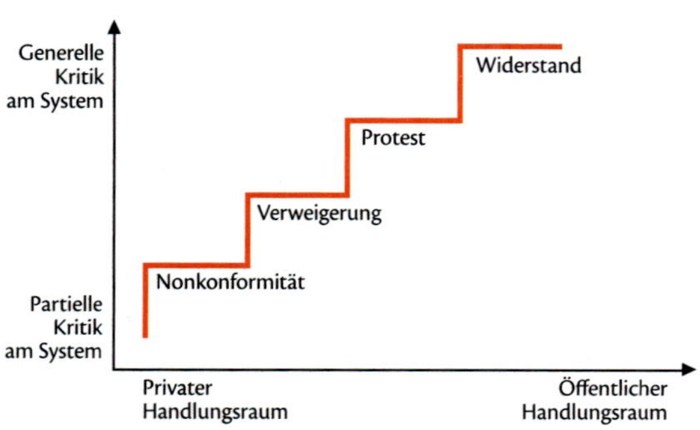

M3

Stufen abweichenden Verhaltens 1933 bis 1945 (entwickelt von dem Historiker Detlev Peukert)

M4

War der deutsche Widerstand umsonst?

Der Historiker Richard Löwenthal schrieb 1982 über die Bedeutung des Widerstands gegen das NS-Regime:

Der deutsche Widerstand ... war immer die Leistung einer Vielzahl zersplitterter ... Minderheiten – niemals eine Massenbewegung mit umwälzender Wirkung. Die totalitäre Diktatur Hitlers ... hat sich so je länger, je mehr verhärtet, bis die Niederlage im Weltkrieg ihrer Herrschaft ein Ende setzte. War der deutsche Widerstand also umsonst? Natürlich nicht. Die Entschlossenheit der Träger des Widerstandes, dass sich die unkontrollierte Herrschaft ... einer fanatisierten Bewegung niemals auf deutschem Boden wiederholen dürfe, teilte sich unter dem Eindruck der schließlichen nationalen Katastrophe und des Bekanntwerdens des vollen Umfangs der Verbrechen des Regimes der großen Mehrheit der Bevölkerung mit. Sie wurde die Grundlage für einen neuen demokratischen Konsens ... Die Menschen, die aus den Gefängnissen und Lagern kamen ..., leisteten einen entscheidenden Beitrag zum demokratischen Wiederaufbau.

Richard Löwenthal, Widerstand im totalen Staat. In: Ders./Patrik von zur Mühlen (Hg.), Widerstand und Verweigerung in Deutschland 1933 bis 1945, Bonn/Berlin (Dietz) 1982, S. 24.

Begriffe und Daten

Widerstand

Im Mittelalter richtete sich der Widerstand vorwiegend gegen die Willkür monarchischer oder kirchlicher Gewalt. In der neueren Zeit versteht man das Widerstandsrecht als Teil der Menschenrechte; es dient seit dem 20. Jahrhundert vor allem zur Rechtfertigung der Abwehr diktatorischer staatlicher Gewalt. Die Ziele und Formen des Widerstands gegen die NS-Herrschaft waren vielfältig. Neben den deutschen gab es zahlreiche Widerstandsbewegungen in den besetzten Gebieten, wie z. B. den Aufstand im Warschauer Ghetto. Dieser bewaffnete Widerstand (19. 4.–16. 5. 1943) jüdischer Kampforganisationen gegen die deutsche Besatzungsmacht richtete sich gegen die Deportation der Gefangenen in die Vernichtungslager. Fast alle der noch im Ghetto verbliebenen etwa 50 000 Juden wurden während der Kämpfe bzw. danach in den Vernichtungslagern von SS-Truppen getötet.

Biografie

Liselotte Herrmann (1909–1938)

Mitglied der KPD, 1933 vom Studium ausgeschlossen; arbeitete für den geheimen Militärapparat der KPD und gab Informationen aus der Rüstungsindustrie weiter. Von Agenten verraten, wurde sie 1935 verhaftet und am 12. Juni 1937 vom Volksgerichtshof wegen „Landesverrats und Vorbereitung zum Hochverrat" zum Tode verurteilt, obgleich im Verfahren bestätigt wurde, dass die Unterlagen nicht als geheim eingestuft gewesen sind. Am 20. Juni 1938 wurde sie in Berlin-Plötzensee hingerichtet.

Freya von Moltke (1911–2010)

Mitglied der Widerstandsgruppe „Kreisauer Kreis", einer christlich-konservativen Gruppe um Helmuth James Graf von Moltke (Ehemann Freyas, hingerichtet nach dem gescheiterten Attentat vom 20. Juli 1944). Bei den Zusammenkünften auf ihrem Gut Kreisau in Schlesien im heutigen Polen ging es um die Erneuerung Deutschlands nach Hitler.

Georg Elser (1903–1945)

Schreiner aus Bayern, der in einer Einzelaktion am 8. November 1939 mit einer selbstgebauten Bombe Adolf Hitler im Münchner Bürgerbräukeller zu töten versuchte. Nach dem Misslingen wird Elser beim Fluchtversuch in die Schweiz festgenommen und am 9. April 1945 auf Befehl Hitlers im KZ Dachau erschossen. Das Attentat war neben dem vom 20. Juli 1944 das einzige, das Hitler unmittelbar gefährdete.

1 Erarbeite die Grundhaltungen in M2A und M2B.
2 **Recherche:** Klärt in Recherchen die Rolle und Bedeutung der Personen für den Widerstand in M1, M2B und im Biografie-Kasten. Berichtet in der Klasse.
3 Ordne das Verhalten von Liselotte Herrmann, Freya von Moltke und Georg Elser einer Stufe in M3 zu.
4 Kläre und bewerte die Position des Autors von M4.
5 Die Schlagzeile im „Völkischen Beobachter" zum Tod von zehntausenden deutschen Soldaten in Stalingrad vom 4. Februar 1943 lautete: „Sie starben, damit Deutschland lebe!"
a) Diskutiert diese Aussage und nehmt Stellung.
b) Formuliert eine kurze Antwort auf die Schlagzeile aus der Sicht eines Widerstandkämpfers.

„Totaler Krieg“ und Niederlage

Die Ausweitung zum Weltkrieg

Der Angriff der deutschen Wehrmacht auf die Sowjetunion kam Ende 1941 zum Stillstand. Hitlers „Blitzkriegsstrategie“ war gescheitert. Im selben Jahr entwickelten der Präsident der USA, Franklin D. Roosevelt, und der britische Premierminister Churchill Vorstellungen von einer künftigen Weltordnung in der „Atlantik-Charta“* vom 14. August 1941. Zu dieser Weltordnung sollten gehören: der Verzicht auf Annexionen und Gewalt, die Anerkennung des Selbstbestimmungsrechts der Völker, die Freiheit des Handels und der Meere sowie eine Weltsicherheitsorganisation.
Als Japan, das nach der Vorherrschaft im pazifischen Raum strebte, am 7. Dezember 1941 den amerikanischen Militärstützpunkt Pearl Harbor angriff, erklärte die deutsche Führung vier Tage später den USA den Krieg. Ziel war, die amerikanischen Kräfte zu schwächen durch zwei Kriegsschauplätze in Asien und Europa. Das erwies sich jedoch als Fehleinschätzung, denn Roosevelt und Churchill beschlossen, ihre Anstrengungen gegen Hitler-Deutschland zu richten. Gemeinsam mit der Sowjetunion bildeten sie die „Anti-Hitler-Koalition“.

Die letzte Mobilisierung

Die Niederlage der deutschen Armee in Stalingrad Ende Januar 1943 gilt allgemein als Symbol für die Wende des Krieges: Von 250 000 deutschen Soldaten kamen etwa 90 000 um, fast ebenso viele gerieten in Kriegsgefangenschaft, aus der nur etwa 6000 zurückkehrten. Dennoch rief Reichspropagandaminister Joseph Goebbels am 18. Februar 1943 im Berliner Sportpalast unter dem Jubel der Anhänger des NS-Regimes zum „totalen Krieg“* auf.
Entgegen der NS-Ideologie wurden immer mehr Frauen dienstverpflichtet zu Verwaltungsaufgaben, als „Luftwaffenhelferinnen“ bei der Flugabwehr oder in der Rüstungsindustrie. In der Landwirtschaft, im Handwerk und in der Industrie wurden Zwangsarbeiter eingesetzt: Das waren etwa sieben Millionen Arbeiterinnen und Arbeiter, die aus den besetzten Gebieten Europas nach Deutschland verschleppt worden waren, eine halbe Million KZ-Häftlinge und die meisten Kriegsgefangenen.

M1

Die zerstörte Innenstadt Dresdens, Foto, 1945

M2 **Die Toten des Zweiten Weltkriegs**
(in Klammern der Anteil an Zivilisten)

Gesamtverluste: rund 55 Millionen Tote
(Erster Weltkrieg: rund 10 Millionen Tote)

Deutschland	5 250 000	(500 000)
Sowjetunion	20 600 000	(7 000 000)
USA	259 000	
Großbritannien	386 000	(62 000)
Frankreich	810 000	(470 000)
Polen ferner 1,5 Mio. in den von der Sowjetunion 1939 annektierten polnischen Ostgebieten	4 250 000	(4 200 000)
Italien	330 000	
Rumänien	378 000	
Ungarn	420 000	(280 000)
Jugoslawien	1 690 000	(1 200 000)
Finnland	84 000	
Norwegen	10 000	
Dänemark	1400	
Bulgarien	20 000	
Griechenland	160 000	(140 000)
Belgien	88 000	(76 000)
Niederlande	210 000	(198 000)
Japan	1 800 000	(600 000)

Ploetz, Geschichte der Weltkriege. Mächte, Ereignisse, Entwicklungen. 1900–1945, hg. von Andreas Hillgruber und Jost Dülffer, Freiburg (Ploetz) 1981, S. 151.

Bombenkrieg und Kapitulation

Mit dem Vorrücken der sowjetischen Armee nach Westen und der Invasion amerikanischer und britischer Truppen in der Normandie im Sommer 1944 zeichnete sich ein Ende des Krieges ab. Die deutsche Zivilbevölkerung litt unter den Bombenangriffen der Briten und Amerikaner: Seit 1943 wurden fast täglich Angriffe auf deutsche Städte geflogen. Zum Jahreswechsel 1944/45 standen die Truppen der drei Alliierten an den Reichsgrenzen. Im Osten begann die Flucht von Millionen Deutschen. Nach erbitterten Kämpfen erreichten amerikanische und sowjetische Truppen am 25. April 1945 die Elbe bei Torgau.

Der Krieg in Asien

Nach zahlreichen Zusammenstößen hatte Japan 1937 offiziell einen Krieg gegen China begonnen. Die Erfolge des Bündnispartners Deutschland 1939/40 ermutigten die japanischen Militärs, den Krieg weiter auszudehnen. Damit waren jedoch die Interessen der USA im Pazifik berührt. Sie nutzten die Abhängigkeit Japans vom Erdöl und anderen Rohstoffen und sperrten im Juli 1941 die Erdölausfuhr nach Japan. Gleichzeitig forderten sie einen Rückzug der Japaner aus den seit 1931 eroberten Gebieten in China. Die Antwort Japans war der Überraschungsangriff auf Pearl Harbor. In einem verlustreichen Seekrieg errang das amerikanische Militär entscheidende Siege. Am 6. und 9. August 1945 warfen amerikanische Flugzeuge über den japanischen Städten Hiroshima und Nagasaki jeweils eine Atombombe ab. In wenigen Minuten forderte die verheerende Waffe über einhunderttausend Tote und langfristig zehntausende Opfer durch Verstrahlungen und Verbrennungen. Wenige Tage später kapitulierte die japanische Regierung.

M3

Gefallene Angehörige der Hitler-Jugend, die als Soldaten in Nordfrankreich kämpften, Foto, 1944/45

M4

Ein Überlebender des KZ Buchenwald hat von seinen Befreiern, US-amerikanischen Soldaten, Essen erhalten, Foto, 1945

Begriffe und Daten

Bedingungslose Kapitulation 8./9. Mai 1945

Nach der Umklammerung Berlins durch sowjetische Truppen beging Hitler am 30. April 1945 im Bunker der Reichskanzlei Selbstmord. Die Führung der deutschen Wehrmacht unterzeichnete in der Nacht vom 8./9. Mai 1945 die bedingungslose Kapitulation.

Filmtipp

Krücke

Regie: Jörg Grünler, Literaturverfilmung nach dem gleichnamigen Jugendroman von Peter Härtling, 2001. Der zwölfjährige Thomas hat auf der Flucht seine Mutter verloren und findet in dem einbeinigen Krüppel, Krücke, einen Freund und Ersatzvater.

1 Schreibe einen Zeitungsartikel „Kriegsende 1945" mithilfe der Materialien auf dieser Doppelseite und in diesem Kapitel.

Politische Reden analysieren

M1

Blick auf die Rednertribüne bei der Rede Goebbels' im Berliner Sportpalast am 18. Februar 1943, Foto

M2

Zuhörer bei einer Goebbels-Rede, zeitgenössische Fotografie

Reden und überzeugen

Politische Reden sind mit einer bestimmten Zielsetzung verbunden: Redner suchen Applaus, Unterstützung oder auch blinde Gefolgschaft des Publikums. Die politische Rede ist immer eingebettet in einen historisch-politischen Kontext, wie zum Beispiel die Rede Goebbels' am Wendepunkt des Zweiten Weltkrieges im Jahre 1943 (siehe M3).

Historische Reden liegen uns überwiegend schriftlich vor, im 20. Jahrhundert zunehmend auch auf Tonträgern oder beispielsweise als Filme in Wochenschauen. Wenn Reden nur als schriftliche Quellen vorliegen, dann lassen sich daraus Faktoren wie die Vortragsweise des Redners, sein Auftreten, seine Stimmlage, die Atmosphäre des Raumes oder die Reaktion des Publikums nicht erschließen. Deshalb ist es sinnvoll, soweit vorhanden, Ton-, Foto- oder Filmaufnahmen als Ergänzung zum Redetext heranzuziehen.

Arbeitsschritte

1. Schritt: Den Text untersuchen

Gehe nach dem Modell zur Textquellenanalyse im Anhang vor.

2. Schritt: Inhalt und Ziele herausfinden

Notiere die zentralen Aussagen, stichwortartig verkürzt, gemäß ihrer Reihenfolge untereinander. Skizziere dann in Worten oder als Zeichnung den Gedankengang des Textes.

3. Schritt: Wirkung und Reaktion ermitteln

Schreibe alle Begriffe und Passagen auf, die du für wichtig hältst, z. B. Metaphern, Vergleiche, Wortwiederholungen, „unechte" Fragen und Appelle. Lies sie halblaut vor dich hin. Welche Bilder oder Gefühle entstehen beim Zuhören?

4. Schritt: Die Absicht erschließen

Versuche anhand der bisherigen Ergebnisse herauszufinden, wovon der Redner bzw. die Rednerin die Zuhörer überzeugen will.

M3

„Wollt ihr den totalen Krieg?"

Aus der Rede Joseph Goebbels' im Berliner Sportpalast vom 18. Februar 1943:

Ihr also, meine Zuhörer, repräsentiert in diesem Augenblick für das Ausland die Nation! Und an euch möchte ich zehn Fragen richten, die ihr mit dem deutschen Volke vor der ganzen Welt, insbesondere aber vor unseren Feinden, ... beantworten müsst! Wollt ihr das? (Stürmische Rufe „Ja"!) ... Ich frage euch: Glaubt ihr mit dem Führer und mit uns an den endgültigen, totalen Sieg der deutschen Waffen? (Stürmische Rufe: „Ja!", starker Beifall, Sprechchöre: fünf Mal „Sieg Heil!") Ich frage euch: Seid ihr entschlossen, dem Führer in der Erkämpfung des Sieges durch dick und dünn und unter Aufnahme auch der schwersten persönlichen Belastungen zu folgen? (Stürmische Rufe: „Ja!", starker Beifall, mehrfach wiederholte Sprechchöre: „Sieg Heil!", „Wir grüßen unsern Führer!"). ... Ich frage euch: Soldaten, Arbeiter und Arbeiterinnen, seid ihr und ist das deutsche Volk entschlossen, wenn der Führer es einmal in Notzeiten befehlen sollte, zehn, zwölf, wenn nötig vierzehn oder sechzehn Stunden täglich zu arbeiten und das Letzte für den Sieg herzugeben? (Stürmische Rufe: „Ja!", starker Beifall) ... Viertens: Die Engländer behaupten, das deutsche Volk wehrt sich gegen die totalen Kriegsmaßnahmen der Regierung. (Rufe: „Nein!") Es will nicht den totalen Krieg, sagen die Engländer, sondern die Kapitulation! (Stürmische Rufe: „Nein!" „Pfui!") Ich frage euch: Wollt ihr den totalen Krieg? (Stürmische Rufe: „Ja!", starker Beifall, Trampeln und Klatschen) Wollt ihr ihn (Rufe: „Wir wollen ihn!"), wenn nötig, totaler und radikaler, als wir ihn uns heute überhaupt erst vorstellen können? (Stürmische Rufe: „Ja!", Beifall)

[Die folgenden Fragen Goebbels' lauteten zusammengefasst: Vertraut ihr dem Führer? Seid ihr bereit, den Kämpfenden Waffen zur Verfügung zu stellen? Steht die Heimat hinter der Front? Wollt ihr, dass die Frauen überall einspringen? Billigt ihr Maßnahmen gegen Drückeberger? Wollt ihr die Lasten für Hoch und Niedrig, Arm und Reich gleich verteilen?]

Wir müssen nur die Entschlusskraft aufbringen, alles seinem Dienste [*gemeint ist der Sieg*] unterzuordnen ... Und darum lautet von jetzt ab die Parole: Nun Volk, steh' auf – Sturm brich los! (Stürmische Heilrufe und Beifall ...)

Iring Fetscher, Joseph Goebbels im Berliner Sportpalast 1943, Hamburg (Europäische Verlagsanstalt) 1998, S. 94 ff. Zit. nach Hans-Jürgen Pandel, „Wollt ihr den totalen Krieg?" In: Geschichte lernen, Heft 85, 2002, S. 54 f.

Arbeitsschritte

Arbeitsbogen zur Auswertung der Rede

Geschichtlicher Rahmen der Goebbels-Rede
- Wer ist der Redner?
- Wann fand die Rede statt?
- Wo wurde sie gehalten?
- Was war Anlass der Rede?
- An wen richtete sie sich?

Inhalt und Ziele der Rede
- Worum geht es?
- Welche Schlüsselwörter gibt es?
- Wie lautet die Hauptaussage?
- Reaktionen auf die Rede
- Wie verhielten sich die Zuhörer?
- Wie ist meine Reaktion?

Redeabsicht erschließen
- Welche Absicht hat die Rede?
- Wovon sollen die Zuhörer überzeugt werden?

Probleme/offene Fragen

Biografie

Joseph Goebbels (1897–1945)

Politiker; 1926 NSDAP-Gauleiter Berlin; ab 1930 Reichspropagandaleiter der NSDAP; seit 1933 Reichsminister für Volksaufklärung und Propaganda; ab 1944 Reichsbevollmächtigter für den totalen Kriegseinsatz; neben Hitler und Himmler einer der Hauptverantwortlichen für die NS-Verberchen. Beging am 1. Mai 1945 Selbstmord mit seiner Frau im Führerbunker der Reichskanzlei in Berlin, zuvor Vergiftung seiner Kinder.

1 Analysiere den Redeausschnitt M3 mithilfe der Arbeitsschritte und des Arbeitsbogens (Kasten). Nimm die Abbildungen M1 und M2 zu Hilfe.

2 Beschafft euch die Tonaufnahme der Goebbelsrede und ergänzt eure Ergebnisse der Redeanalyse um folgende Aspekte: Passagen, die der Redner besonders betont, Lautstärke, Hebung der Stimme, appellierende Wörter, Redner-Hörer-Beziehung.

3 Beschafft euch als „Gegenrede" die Rundfunkreden des im Exil lebenden Schriftstellers Thomas Mann von 1943. Analysiert und vergleicht sie mit der Goebbelsrede.

Geschichte der Gefühle II: Soldatische Angst im Zweiten Weltkrieg

M1

Kriegsversehrte Hitler-Jungen, Foto, 1943. Die Veröffentlichung des Fotos wurde vom Propagandaministerium verboten.

M2

Abschied

Der Arzt Dr. Horst Rocholl am 14. Januar 1943:

Der Soldat im Graben kann verwundet oder krank nach Hause kommen. Ich durfte nicht nach vorn, weil ich Arzt bin und unsere Soldaten wieder kampffähig machen muss. So warte ich den Tag ab, vor dem mir graut, nicht wegen des wahrscheinlichen Todes, nein, wegen dessen, was ich dabei sehen und fühlen muss. Ich bin ja doch ein Mensch, keine Bestie, habe die verwundeten Feinde versorgt, so oft ich konnte, so oft meine sonstigen Aufgaben die Möglichkeit dazu gaben. Ich habe es getan, nicht aus Mitleid, sondern weil ich in ihnen Soldaten sah, wenn auch feindliche. Gern wäre ich im Kampf gefallen. Du hättest die Nachricht der Truppe erhalten, vielleicht ein paar anerkennende Worte meines Kommandeurs. So aber wirst Du nichts von mir wissen, nur das, dass ich mit vielen Kameraden zusammen ausgekämpft habe. Ob ich lebe, ob ich starb, nichts ist Dir bekannt. Wenn ich sterbe, wird es leicht sein.

Horst Rocholl hat überlebt.

Zit. nach http://www.dradio.de/dlf/sendungen/stalingrad-feldpost/348510. Stand: 20.02.2010.

M3

„Das letzte Aufgebot"

Aus einer Darstellung über den Umgang mit kranken Soldaten im Zweiten Weltkrieg (2005):

In eigens gebildeten „Schleusenlazaretten" siebten die Militärärzte der Wehrmacht Kranke aller Art aus, darunter auch Herz- und Nierenkranke. Die Luftwaffe entschloss sich am 30. Juni 1944 sogar zur Bildung der „S-Flakbatterie 1000 (0)", ausschließlich für „Soldaten mit psychogenen [seelisch bedingten] Störungen". Die Batterie ... nahm vor allem „Zitterer, Schüttler und Stotterer" auf ... Zur großen Wut der Endsiegstrategen unter den Militärärzten vermehrten sich im letzten Kriegsjahr rapide die Fälle jener Soldaten, denen die Furcht vor einem sinnlosen Tod so in die Glieder fuhr, dass sie Arme und Beine beim besten Willen nicht mehr stillhalten konnten ... In manchen Wehrmachtsteilen wanderten diese Kranken erst in den Bunker und dann vors Kriegsgericht. Viele fanden, zum Simulanten gestempelt, im Strafbataillon den Tod.

Wolfgang Bayer, Hans Halter, Das letzte Aufgebot. In: Hitlers Krieg, Spiegel special, Nr. 2, 2005, S. 206 f.

M4

„Seelische Wunden" in der Bundeswehr

Der Bundeswehr-Psychiater Peter Zimmermann äußerte sich in einem Interview über aus Afghanistan heimkehrende Soldaten (2010):

Wir machen deutlich, dass diese einsatzbedingten psychischen Störungen ... die angemessene Reaktion eines normalen Menschen auf eine schwierige Situation sind. ... Wir machen den Soldaten sofort ein psychosoziales Gesprächsangebot. ... In der Regel kommt es in den ersten sechs Monaten zu Symptomen. Manchen Menschen wird das auch erst Jahre später bewusst.

Wolfgang Bayer, Hans Halter, Das letzte Aufgebot. In: Hitlers Krieg, Spiegel special, Nr. 2, 2005, S. 206 f.

1 Untersuche anhand der Materialien, a) wie Lebensbedrohung und Angst im Zweiten Weltkrieg erlebt wurden (M1, M2) und b) wie die Staatsführung damit umging (M3).

2 Vergleiche a) mit dem Ersten Weltkrieg (S. 60 f.) und b) mit Bundeswehr-Soldaten in kriegsähnlichen Einsätzen (M4).

Zwangsarbeit im Volkswagenwerk

Unter nationalsozialistischer Herrschaft

„Beim Anschauen der Fabrik hatte ich Herzschmerzen, und ich musste mich setzen." Diese Worte eines ehemaligen belgischen Zwangsarbeiters 1992 bei seinem ersten Besuch im Wolfsburger Volkswagenwerk könnten stellvertretend stehen für die Erinnerungen der vielen Zwangsarbeiter, die unter dem unmenschlichen System der Zwangsarbeit im Nationalsozialismus litten. Bis heute haben viele diese Folgen körperlich und psychisch nicht überwunden. Im Laufe des Krieges wurden ausländische Zivilisten nach Deutschland verschleppt, um deutsche Arbeitskräfte zu ersetzen, die durch den Kriegseinsatz fehlten. Zwangsarbeit wurde zu einem wichtigen Wirtschaftsfaktor für die Rüstungsindustrie und in der Landwirtschaft. Etwa acht Millionen ausländische Arbeitskräfte mussten während des Zweiten Weltkrieges zwangsweise im „Reich" arbeiten. Dabei wurden sie nach den „rassenideologischen" Kriterien der NS-Rassenlehre behandelt: Die „Fremdarbeiter" wurden in „Arbeitnehmer germanischer, artverwandter und fremdvölkischer Rassen" eingeteilt. Arbeitskräfte aus Polen und der Sowjetunion wurden zu „artfremden Untermenschen" degradiert. Bei Verstößen wurden sie mit den schärfsten Strafen belegt, wie Essensentzug, Strafarbeit, Arrest oder Prügelstrafe. Liebesverhältnisse mit Deutschen wurden mit dem Tod oder der Deportation ins KZ bestraft.

Vorschlag für eine Gruppenarbeit/Recherche

Zwangsarbeit im Nationalsozialismus

Recherchiert zum Thema „Zwangsarbeit im Nationalsozialismus". Präsentiert eure Ergebnisse in der Klasse. Themenvorschläge:

- Was ist „Zwangsarbeit"? – Begriff und Bedeutung
- Zwangsarbeit in unserem Schul- bzw. Wohnort?
- Zwangsarbeit im Volkswagenwerk
- Alltag der Zwangsarbeiter
- Die deutsche Bevölkerung und die Zwangsarbeiter
- Erinnerungen von Zwangsarbeitern
- Widerstand von Zwangsarbeitern
- Entschädigung für Zwangsarbeiter?
- „Olga und Piet – eine Liebe in zwei Diktaturen"
- Spielfilme zum Thema Zwangsarbeit

Biografie

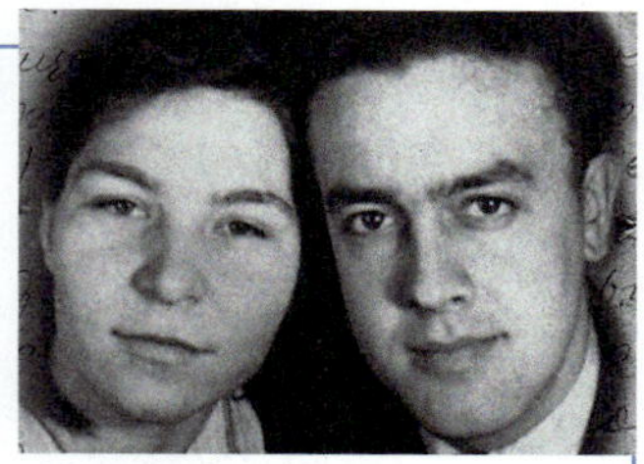

Olga und Piet

Der 22-jährige Piet Albert Wit wird als Student der Universität Amsterdam von der Gestapo verhaftet, meldet sich aus Angst vor Repressionen der deutschen Besatzungsmacht im Frühjahr 1943 zum Arbeitseinsatz. Er wird als Elektriker im Volkswagenwerk eingesetzt. Olga Popowa, geboren 1926, wird aus ihrem Dorf im Donez-Delta von den deutschen Behörden verschleppt und gelangt am 22. Oktober 1943 in das VW-Werk, wo sie als ungelernte Arbeiterin eingesetzt wird. Als „Ostarbeiterin" unterliegt sie – anders als Piet – strenger Bewachung. Sie darf ihren Verwandten nicht schreiben und keine Post erhalten. Beide lernen sich bei einem Unfall mit einem Transportkarren kennen und sehen sich bei einem Luftangriff im Bunker wieder. Es entwickelt sich bald ein inniges Liebesverhältnis.
Piets größere Bewegungsfreiheit im Werk ermöglicht es beiden, sich trotz strengster Verbote zu treffen. Die Kommunikation läuft über Briefe, die sie an geheimen Stellen am Arbeitsplatz verbergen. Bei Kriegsende bangen sie um ihre Verbindung. Nach der Befreiung durch amerikanische Truppen kehrt Piet zum Studium der Elektrotechnik in die Niederlande zurück.
Ihren Plan zu heiraten schieben sie für drei Jahre auf. Sie verabreden sich für den 15. Juli 1948 (Olgas Geburtstag) um 12.00 Uhr mittags auf dem Roten Platz in Moskau. Nach einem vergeblichen Versuch, in die Niederlande zu gelangen, wird Olga von der US-Armee dem russischen Geheimdienst übergeben. Erst Ende Dezember 1945 kommt sie im Elternhaus an.
Zum verabredeten Zeitpunkt im Juli 1948 und noch drei weitere Jahre wartet Olga, die Mathematiklehrerin wird, vergebens auf dem Roten Platz auf Piet, dem es nicht gelingt, ein Visum zu erhalten. Aus Angst vor dem sowjetischen Geheimdienst wagt es Olga nicht, Piets Briefe zu beantworten. Es gelingt ihnen nicht, ihre Verbindung wieder aufzunehmen. Beide heiraten. Olga trennt sich von ihrem ersten Mann, als er die Briefe und Fotos von Piet vernichtet. Erst 1989 sehen sie sich wieder.

Flucht und Vertreibung

Schicksale 1945

„Unterwegs", antwortete eine Zeitzeugin auf die Frage, wo sie am Ende des Zweiten Weltkriegs gewesen sei, „wie die meisten ..." Nach Schätzungen war 1945 tatsächlich die Mehrheit der Deutschen nicht zu Hause. Neben Evakuierten, Kriegsgefangenen und Kriegsheimkehrern waren vor allem Flüchtlinge und Vertriebene unterwegs. Die Städte und Gemeinden im Gebiet der heutigen Bundesrepublik bemühten sich, die Neuankömmlinge unterzubringen und zu versorgen. Dies war jedoch in den zerbombten Städten nicht einfach. Die Einheimischen, die mit der eigenen Existenzsicherung beschäftigt waren, teilten häufig nur ungern das, was sie gerettet oder auf dem Schwarzmarkt organisiert hatten. Hinzu kam, dass die Flüchtlinge und Vertriebenen aus einem ganz anderen kulturellen Umfeld stammten: Häufig gehörten sie einer anderen Konfession an, sprachen fremde Dialekte und sahen sich mit neuen gesellschaftlichen Strukturen konfrontiert, die es ihnen erschwerten, sich heimisch zu fühlen. Bis 1950 musste der Osten Deutschlands vier Millionen Flüchtlinge und Vertriebene aufnehmen, acht Millionen die drei Westzonen. Im Rückblick wird die Eingliederung als Beispiel für eine gelungene Integration der in ihrer neuen Heimat angekommenen Menschen gesehen.

M1

Plädoyer für die Vertreibung Deutscher

Der britische Premierminister Winston Churchill sprach sich am 15. Dezember 1944 vor dem Unterhaus für die Vertreibung Deutscher aus Ostpreußen und anderen osteuropäischen Gebieten aus:

Die Vertreibung ist, soweit wir in der Lage sind, es zu überschauen, das befriedigendste und dauerhafteste Mittel. Es wird keine Mischung der Bevölkerung mehr geben, wodurch endlose Unannehmlichkeiten entstehen ...

Ich sehe auch nicht ein, warum in Deutschland kein Platz für die Bevölkerung Ostpreußens und der anderen von mir erwähnten Gebiete sein sollte. Schließlich wurden bereits sechs bis sieben Millionen Deutsche in diesem schrecklichen Kriege getötet, in den sie zum zweiten Male in einer Generation Europa ohne Zaudern gestürzt haben ... Überdies ist zu erwarten, dass noch mehr Deutsche in den Kämpfen des kommenden Frühjahrs und Sommers getötet werden.

Zit. nach Claudia Kraft, Vertreibungen und Umsiedlungen in, aus und nach Polen. Geschichte lernen, H. 105, 2005, S. 35.

M2 **Zusammengetriebene Deutsche in Prag,** Foto, 1945

M3

Ankunft im Westen

Eine Frau, die aus Oberschlesien geflohen war, erinnerte sich 1996 an ihre Ankunft in Helmstedt 1946:

Ein Teil von uns, das haben wir nachher erst gehört, kam nach Oldenburg, welche nach Bayern, welche hier mehr in den Westen, ins Rheinland. Alle wurden verteilt. Wir waren überall. Das konnten wir gar nicht fassen. Wir saßen da auf einem Schulhof und haben uns immer nur angeguckt und wussten gar nicht: Wo sind die, wo sind die, wo sind die? Die haben wir gar nicht mehr wiedergesehen. Aber dann haben wir erfahren, wie das aufgeteilt worden ist ... Wir kamen nach Niedersachsen und haben da unsere Ausweise bekommen. Damit hatten wir aber nicht die Möglichkeit, sagen wir mal, jetzt nach Bayern herunterzufahren ... Ohne Zuzugsgenehmigung durften wir in kein anderes Bundesland ... Die Angehörigen waren ganz verstreut, das hat uns sehr wehgetan. Wir waren eine große Familie. Wir waren nicht alle in einem Ort gewesen, aber immer in der Nähe, und wenn was war, waren wir immer zusammen. Von Wendessen aus, wo wir dann ankamen, habe ich gleich den Suchdienst[1] in Anspruch genommen.

Franz-Josef Jakobi und Roswitha Link (Hg.), Geschichte im Gespräch: Kriegsende 1945 und Nachkriegszeit in Münster. Berichte von Zeitzeuginnen und Zeitzeugen, bearb. von Sabine Heise, Münster (Agenda) 1997, S. 334 f.

[1] Einrichtung des Roten Kreuzes, die über eine Kartei die Suche nach vermissten Familienangehörigen unterstützte.

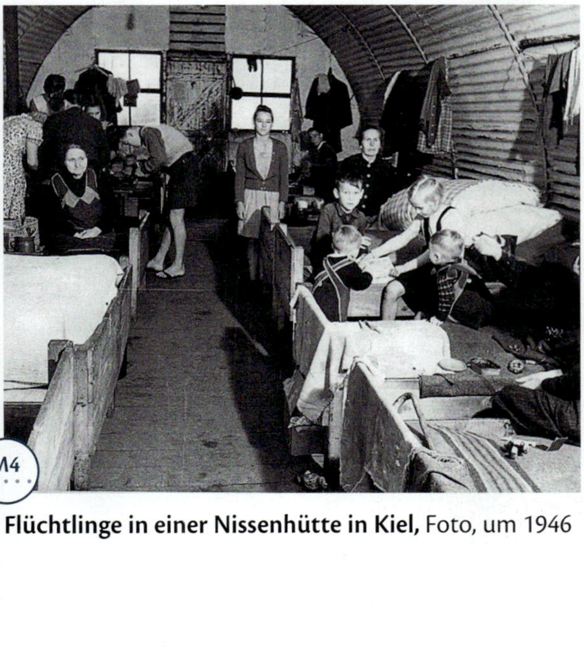

M4

Flüchtlinge in einer Nissenhütte in Kiel, Foto, um 1946

M5

Deutsche Flüchtlinge aus Polen, die in Berlin angekommen sind und auf einen Zug nach Westen warten, Foto, Dezember 1945

Begriffe und Daten

Flucht und Vertreibung

Im Herbst 1944 begann die Flucht der deutschen Bevölkerung nach Westen aus Furcht vor der Sowjetarmee und als Opfer „wilder" Vertreibungen. Die planmäßige Umsiedlung der Deutschen östlich von Oder und Neiße aus Ungarn und der Tschechoslowakei begann 1946. Dazu kam eine Fluchtwelle aus der Sowjetunion in die westlichen Zonen. Insgesamt verloren etwa 18 Millionen Deutsche ihre Heimat.

1 Berichte in der Klasse von deinen Kenntnissen über Flucht und Vertreibung nach dem Zweiten Weltkrieg.

2 Beschreibe anhand des Darstellungstextes die Probleme von Flucht und Vertreibung aus der Sicht der Vertriebenen und der Einheimischen.

3 a) Schildere deine Eindrücke von M2, M4 und M5.
b) Formuliere die zentralen Bildaussagen.

4 Zeige an M3, wie die „Ankunft im Westen" empfunden wurde.

5 Setze dich kritisch mit Churchills Argumenten (M1) zur Vertreibung auseinander.

6 **Recherche/Partnerarbeit:**
a) Klärt, welche Ziele in der „Charta der Heimatvertriebenen" von 1950 genannt sind und berichtet (www.dbv-nrw.de/Charta.htm).
b) Ermittelt den Stand der Diskussion um das „Zentrum gegen Vertreibungen", um das in jüngster Zeit politischer Streit entstanden ist. Berichtet in der Klasse.

Die Neuordnung Mitteleuropas

Ein „Völkerkarussell"

Flucht, Vertreibung, Umsiedlung – das waren die zentralen Begriffe zum Ende des Krieges und in der Nachkriegszeit. Menschenmassen kämpften um ihr Leben auf Planwagen, in überfüllten Zügen und überbesetzten Schiffen. Mit dem Ende der nationalsozialistischen Herrschaft sollen zwischen 11 und 18 Millionen Menschen vor der Roten Armee geflohen sein oder, entsprechend den Vereinbarungen zwischen der Sowjetunion und Polen sowie dem Potsdamer Abkommen 1945, aus- oder umgesiedelt. Auf den Weg – zumeist in die entgegengesetzte Richtung – machten sich aber auch viele der ehemaligen Zwangsarbeiterinnen und Zwangsarbeiter, die nun auf eine Rückkehr in ihre Heimatländer hofften. Ihre Zahl soll bei Kriegsende zwischen 9 und 11 Millionen gelegen haben: darunter 2,4 Millionen aus der Sowjetunion, 1,5 Millionen aus Polen und 1,1 Millionen aus dem Baltikum. In diesen Zahlen drückt sich eine bis dahin beispiellose Völkerverschiebung aus.

M2 Von der „Bevölkerungsverschiebung" betroffene Polen zwischen 1939 und 1947

Schätzung (in Mio.)	Jahr	Betroffene
1,5	1939/40	Polnische Bürger, die von sowjetischen Behörden deportiert wurden
0,5	1930/40	Polen, die ins Generalgouvernement vertrieben wurden
2,0	1939–1944	Polen, die zur Zwangsarbeit ins Reich deportiert wurden
1,7	1945–1947	Polen, die aus der UdSSR „reportiert" oder vertrieben wurden
1,5	1945–1948	Polnische Heimkehrer aus Deutschland und Österreich
3,5	nach 1945	Polnische Umsiedlungskampagnen

Zit. nach Spiegel special, H. 2, 2002, S. 78.

M1 Flucht, Vertreibung und Umsiedlung 1945 bis 1950

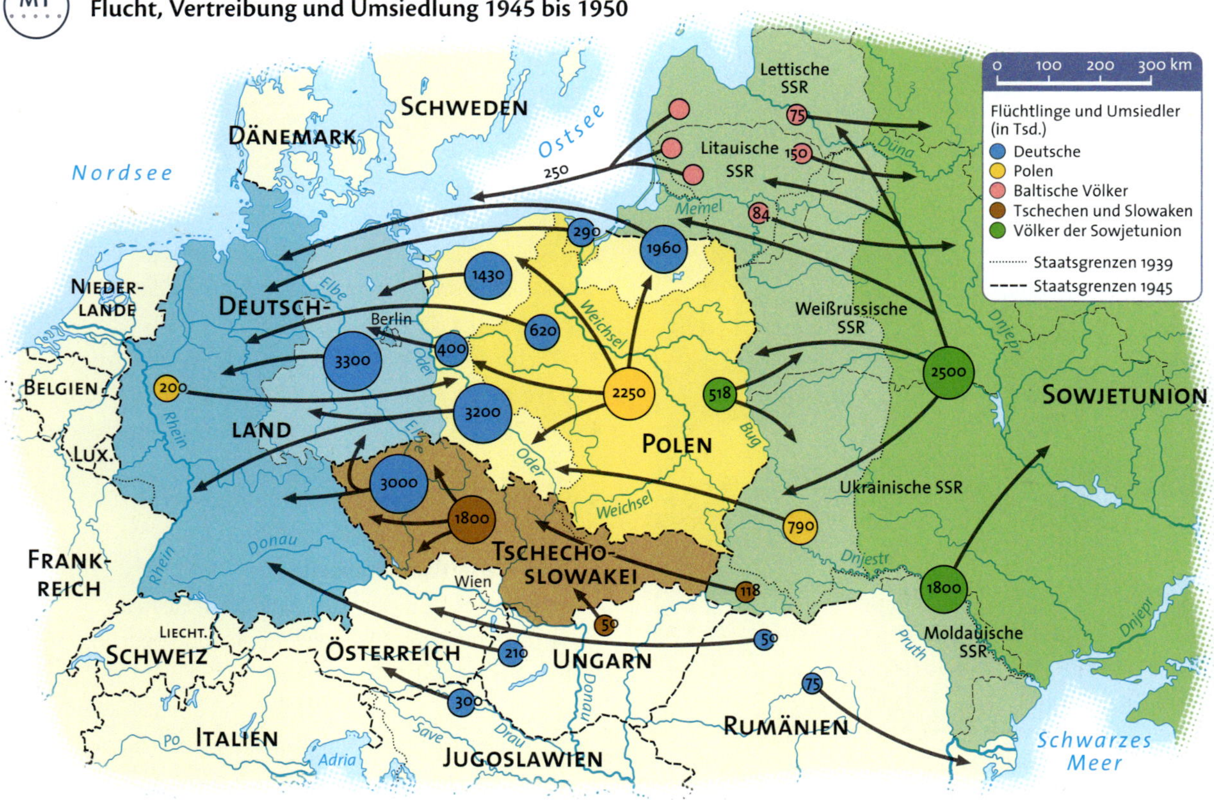

M3

Verspätete Aufarbeitung?

Der Historiker Hans-Ulrich Wehler äußerte sich in einem Interview 2002 u. a. über die Frage, warum das Thema „Vertriebene" in der Bundesrepublik erst in unserer Gegenwart wieder aufgenommen wurde:

Es gab … eine tief sitzende Scheu, die Vertreibung nach dem Zusammenbruch des Dritten Reiches gleichgewichtig mit den anderen großen Fragen der Zeit zu behandeln. Die Deutschen sollten sich erst einmal ihren eigenen Verbrechen stellen, was Völker denkbar selten tun. Das wollte man nicht relativieren durch den offenen Blick auf die Tragödie von Millionen Menschen, die ganz überwiegend weder den Zweiten Weltkrieg verursacht hatten noch an den Verbrechen der Nazis beteiligt waren …

Für die Überlebenden der Trecks war es eine jahrelang andauernde Zumutung, dass sie ihr Leid privatisieren mussten … [D]ie Botschaft der bundesdeutschen Mehrheit hieß: Ihr müsst mit eurem Leid allein fertig werden. Wenn das jetzt im Abstand von gut einem halben Jahrhundert neu aufgerollt wird, kann das nicht schaden … Im Augenblick besteht der Gewinn einer Debatte darin, dass ein abgesunkenes Stück der kollektiven Leidensgeschichte des Zweiten Weltkriegs hochtransportiert wird und ruhig besprochen werden kann …

Was bleibt, sind Erinnerungen wie die, dass der selige Immanuel Kant im fernen Königsberg die geistige Welt verändert hat. Mehr nicht. Diese Gebiete, die jahrhundertelang von Deutschen besiedelt waren, sind für uns verloren. Das ist der Preis dafür, dass ein Land zweimal einen totalen Krieg riskiert.

Hans-Ulrich Wehler, „Die Debatte wirkt befreiend". In: Spiegel special, H. 2, 2002, S. 19 ff.

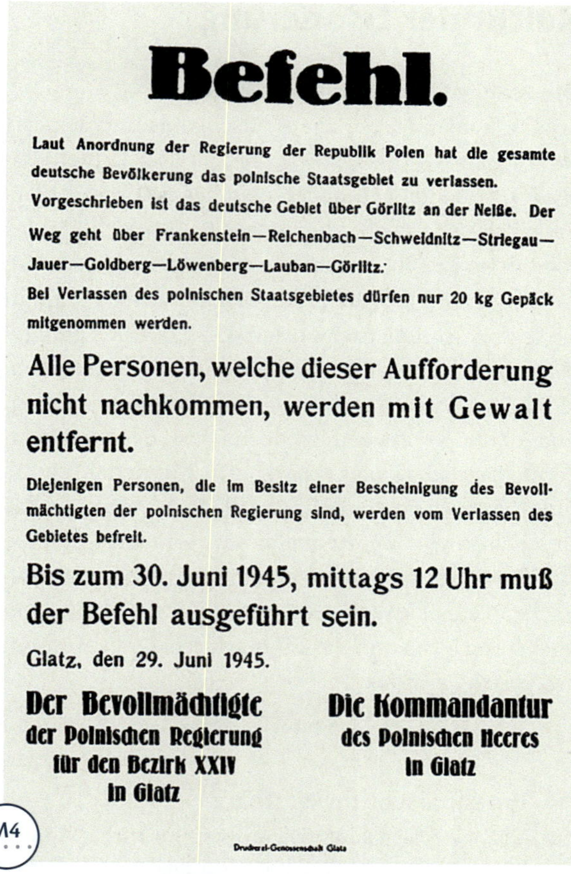

Befehl.

Laut Anordnung der Regierung der Republik Polen hat die gesamte deutsche Bevölkerung das polnische Staatsgebiet zu verlassen.

Vorgeschrieben ist das deutsche Gebiet über Görlitz an der Neiße. Der Weg geht über Frankenstein—Reichenbach—Schweidnitz—Striegau—Jauer—Goldberg—Löwenberg—Lauban—Görlitz.

Bei Verlassen des polnischen Staatsgebietes dürfen nur 20 kg Gepäck mitgenommen werden.

Alle Personen, welche dieser Aufforderung nicht nachkommen, werden mit Gewalt entfernt.

Diejenigen Personen, die im Besitz einer Bescheinigung des Bevollmächtigten der polnischen Regierung sind, werden vom Verlassen des Gebietes befreit.

Bis zum 30. Juni 1945, mittags 12 Uhr muß der Befehl ausgeführt sein.

Glatz, den 29. Juni 1945.

Der Bevollmächtigte der Polnischen Regierung für den Bezirk XXIV in Glatz

Die Kommandantur des Polnischen Heeres in Glatz

M4

Ausweisungsbefehl der polnischen Regierung, 1945

Lesetipp

Peter Härtling, Große, kleine Schwester,
München (dtv) 2000.
Die Schwestern Lea und Ruth leiden unter den Folgen ihrer Vertreibung aus Brünn in Mähren (heute Teil der Tschechischen Republik) nach 1945.

1 Beschreibe anhand von M1 die Bevölkerungsbewegungen 1945 bis 1950. Ziehe den Darstellungstext heran.

2 Erläutere mithilfe von M2, in welcher Weise und in welchem Umfang die polnische Bevölkerung von den Bevölkerungsbewegungen betroffen war.

3 a) Zeige an M4, welche Folgen der „Befehl" für die Betroffenen hatte.
b) Beurteile die Überschrift eines deutschen Zeitschriftenartikels von 2002: „Hass auf Befehl".

4 Erarbeite anhand von M3, wie der Autor die „verspätete Aufarbeitung" der Flüchtlings- und Vertriebenenfrage nach 1945 erklärt und beurteilt.

5 Beurteile die Überschrift „Völkerkarussell" Mitteleuropa.

Kultur der Erinnerung

Die „zweite Geschichte" der NS-Zeit

Mit der totalen Niederlage Deutschlands und der Zerstörung der NS-Diktatur war die Zeit des „Dritten Reiches" nicht einfach beendet. Nun begann, was die Geschichtswissenschaft die „zweite Geschichte" des Nationalsozialismus nennt, sie reicht bis in unsere Gegenwart. Zu ihr gehört die Auseinandersetzung mit der nationalsozialistischen Herrschaft und den grauenhaften Verbrechen, die in diesen Jahren verübt wurden. Je länger die Zeit des Nationalsozialismus zurückliegt und je weniger Zeitzeugen noch leben, desto dringender stellt sich die Frage, wie wir eine „Kultur der Erinnerung" entwickeln können, um die Erinnerung an das Geschehen lebendig zu halten. Zur Erinnerung an die Opfer der NS-Vergangenheit gibt es inzwischen zahlreiche Gedenkstätten, Museen und Ausstellungen, über deren Form und Gestaltung durchaus auch öffentlich gestritten wurde.

M3

Denkmal für die ermordeten Juden Europas, nach einem Entwurf von Peter D. Eisenman, Foto, 2005. Nach elfjähriger Debatte und zweijähriger Bauzeit wurde das Denkmal im Mai 2005 in Berlin in unmittelbarer Nähe des Brandenburger Tors eröffnet. Das Denkmal besteht aus 2700 Betonstelen, ergänzt durch einen Ort der Information.

M1

Todesmärsche im Westharz

Aus einer Darstellung der „Arbeitsgemeinschaft Spurensuche in der Südharzregion", 2007:

Als sich Anfang April 1945 die Truppen der US-Armee der südlichen Harzregion näherten, versuchte man, die KZ-Häftlinge, die in Rüstungsfabriken und auf Großbaustellen Zwangsarbeit verrichten mussten, in frontfernere Konzentrationslager, insbesondere Bergen-Belsen und Sachsenhausen, zu überführen. So wurden ... aus dem KZ Mittelbau-Dora und seinen zahlreichen Außenlagern zwischen Osterode und Sangerhausen über 40 000 KZ-Häftlinge ... in Marsch gesetzt. Vier Wochen später, bei Kriegsende, waren gut ein Viertel von ihnen tot: verhungert, verdurstet, erstickt, erschlagen, erschossen, bei lebendigem Leibe verbrannt oder an Krankheiten (vor allem an Typhus) gestorben ... Auf dem Gelände oberhalb des Ortsausgangs Freiheit sowie auf einer Wiese unterhalb des Ortseingangs Lerbach fand die Erschießung jeweils eines französischen Häftlings statt. Dies waren die ersten Erschießungen auf dem Todesmarsch der 3500 Dora-Häftlinge; innerhalb der Ortschaften ... wurde „Zurückhaltung" geübt. Kurz hinter Lerbach freuten sich holländische Häftlinge über das Gedröhn herannahender alliierter Flieger; zur Abschreckung führte ein SS-Mann einen Holländer an den unterhalb fließenden Lerbach und ermordete ihn beim befohlenen Wassertrinken durch Genickschuss. ...
Beiderseits des steilen Serpentinenanstiegs zwischen Lerbach und Heiligenstock fand man nach dem Krieg acht erschossene, schon skelettierte Häftlinge.

www.spurensucheharz.de

M2

Stelen zum Gedenken an die Todesmärsche vom April 1945 im Westharz, Foto. Die Stelen (Höhe ca. 90 cm, Beton) wurden von Schülerinnen und Schülern der Berufsbildenden Schulen Osterode am Harz hergestellt.

M4

„8. Mai war ein Tag der Befreiung"

Der damalige Bundespräsident Richard von Weizsäcker (geb. 1920) sagte 1985 anlässlich des 40. Jahrestages der Befreiung vom Nationalsozialismus in einer Rede:

Der 8. Mai ist für uns vor allem ein Tag der Erinnerung an das, was Menschen erleiden mussten. Er ist zugleich ein Tag des Nachdenkens über den Gang unserer Geschichte. Je ehrlicher wir ihn begehen, desto freier sind wir, uns seinen Folgen verantwortlich zu stellen. …

Die meisten Deutschen hatten geglaubt, für die gute Sache des eigenen Landes zu kämpfen und zu leiden. Und nun sollte sich herausstellen: Das alles war nicht nur vergeblich und sinnlos, sondern es hatte den unmenschlichen Zielen einer verbrecherischen Führung gedient. Erschöpfung, Ratlosigkeit und neue Sorgen kennzeichneten die Gefühle der meisten. Würde man noch eigene Angehörige finden? Hatte ein Neuaufbau in diesen Ruinen überhaupt Sinn? …

Der Blick ging zurück in einen dunklen Abgrund der Vergangenheit und nach vorn in eine ungewisse dunkle Zukunft. Und dennoch wurde von Tag zu Tag klarer, was es heute für uns alle gemeinsam zu sagen gilt: Der 8. Mai war ein Tag der Befreiung. Er hat uns alle befreit von dem menschenverachtenden System der nationalsozialistischen Gewaltherrschaft.

Niemand wird um dieser Befreiung willen vergessen, welche schweren Leiden für viele Menschen mit dem 8. Mai erst begannen und danach folgten. Aber wir dürfen nicht im Ende des Krieges die Ursache für Flucht, Vertreibung und Unfreiheit sehen. Sie liegt vielmehr in seinem Anfang und im Beginn jener Gewaltherrschaft, die zum Krieg führte. Wir dürfen den 8. Mai 1945 nicht vom 30. Januar 1933 trennen.

Wir haben wahrlich keinen Grund, uns am heutigen Tag an Siegesfesten zu beteiligen. Aber wir haben allen Grund, den 8. Mai 1945 als das Ende eines Irrweges deutscher Geschichte zu erkennen, das den Keim der Hoffnung auf eine bessere Zukunft barg.

Der 8. Mai ist ein Tag der Erinnerung. Erinnern heißt, eines Geschehens so ehrlich und rein zu gedenken, dass es zu einem Teil des eigenen Innern wird. Das stellt große Anforderungen an unsere Wahrhaftigkeit.

http://www.spiegel.de/politik/deutschland/0,1518,354568,00.html

M5

Mahnmal für die ehemaligen jüdischen Bewohner von Bösingfeld im Extertal nach einem Schülerentwurf, Foto, 2003. Die Aufschrift auf der Gedenktafel lautet: Wir vergessen nicht das Schicksal unserer jüdischen Mitbürger im Extertal, die in unsrer Mitte Opfer der nationalsozialistischen Gewaltherrschaft wurden. Ihr Schicksal ist uns Mahnung, einzutreten für eine Welt ohne Gewalt und Intoleranz. „Haben wir nicht alle denselben Vater? Hat nicht der eine Gott uns alle geschaffen?" Maleachi 2, 10

1 a) Stelle anhand von M1, M2 und M5 dar, wie Schülerinnen und Schüler sich mit der NS-Vergangenheit auseinandergesetzt haben.
b) Nimm Stellung.

2 a) Bewerte M3 als Beispiel für eine „Kultur der Erinnerung".
b) Recherchiere zur Vorgeschichte und Akzeptanz des Denkmals.

3 **Recherche/Gruppenarbeit:**
Informiert euch im Internet zu den Konzentrationslagern Mittelbau-Dora, Bergen-Belsen und Sachsenhausen. Berichtet in der Klasse.

4 a) Analyiert M4 mithilfe der Methode „Politische Reden analysieren" (S. 186 f.).
b) Vergleicht sie inhaltlich und sprachlich mit der Goebbels-Rede (S. 187).
c) Beschafft euch die gesamte Weizsäcker-Rede als Ton-Dokument und hört sie an.

Rechtsextremismus heute

Ein „Erbe" des Nationalsozialismus?

Die Zeit des Nationalsozialismus wirkt bis in unsere Gegenwart hinein: Nach wie vor gibt es Menschen, die die NS-Vergangenheit verharmlosen, rechtfertigen oder glorifizieren. Solche Einstellungen werden dem Rechtsextremismus zugeordnet. In Deutschland wurde er bisher vorwiegend als Folge der nationalsozialistischen Vergangenheit gesehen. Deshalb versuchte man, ihn durch Aufklärung über den Nationalsozialismus zu überwinden. Solche Bemühungen waren jedoch wenig erfolgreich – im Gegenteil: Seit der deutschen Einheit zeigen sich neue, vor allem gewalttätigere Formen des Rechtsextremismus, die auf andere als nur historische Ursachen hindeuten. Neuere Forschungen beschreiben, dass rechtsextreme Haltungen oft verbunden sind mit „Fremdenfeindlichkeit" in „Einwanderergesellschaften", so zum Beispiel in Europa.

M1

„Ich habe das Extreme gesucht"

Aus einem Interview mit einer Aussteigerin aus der rechtsextremen Szene (2005):

Als wir in der Schule das „Dritte Reich" durchgenommen haben, hat mein Opa mir die Zeit in den buntesten Farben geschildert. Mich hat das interessiert und fasziniert, ... andere sind besonders kritisch und gehen zu den Linken. Ich wurde auch besonders radikal, aber rechtsradikal ... Mit 13 traf ich in der Stadt auf die ersten Glatzen und hatte ersten Kontakt zu den Jungen Nationaldemokraten und der NPD ... Ich wollte Massen bewegen. Ich wollte so richtig einsteigen und habe mich an die FAP [Freiheitliche Deutsche Arbeiterpartei] gewandt ... Ich bin in der rechten Szene untergetaucht. Zunächst in Deutschland, und dann wurde ich nach Dänemark geschleust ... Bis 18 war ich in Dänemark. Danach war ich mit einem Mann aus der Führungsriege zusammen. Ich habe das Extreme gesucht. Die Abnabelung war ein schleichender Prozess. Auch habe ich die Lüge, der Holocaust habe nicht stattgefunden, irgendwann nicht mehr geglaubt. Ich habe zu viel gelesen.

„Ich habe das Extreme gesucht". Interview von Annette Rollmann mit einer Aussteigerin. In: Das Parlament, Nr. 45, 2005, S. 16.

M2

Geschändeter jüdischer Friedhof in Schwäbisch-Hall, Foto, 2000

M3

Neonazis ziehen durch die Hildesheimer Nordstadt, Foto, 2010

M4

„Befreite Zonen"

Aus der Zeitschrift des Nationaldemokratischen Hochschulbundes der rechtsextremistischen NPD (1991):

Wir müssen Freiräume schaffen, in denen WIR faktisch die Macht ausüben, ... d. h. WIR bestrafen Abweichler und Feinde, WIR unterstützen Kampfgefährtinnen und -gefährten ... Befreite Zonen sind sowohl Aufmarsch- als auch Rückzugsgebiete für die Nationalisten Deutschlands.

Zit. nach Verfassungsschutzbericht (Bund) 2000, S. 61 und 65.

M5

Anzeige der Wochenzeitung „Die Zeit", die 2001 in großen Tageszeitungen und Zeitschriften der Bundesrepublik abgedruckt wurde.

M6

„Geh Denken!", Demonstration gegen den Aufmarsch der Neonazis in Dresden, 13. Februar 2010, Foto

Internet-Tipp

www.gesicht-zeigen.de
www.step21.de
www.mi.niedersachsen.de
www.mut-gegen-rechte-gewalt.de

Begriffe und Daten

Grundeinstellungen des Rechtsextremismus

1. „Natürliche Ungleichheit"

- Die nordeuropäische („arische") Rasse sei wertvoller als andere Menschen (Rassismus).
- Auf Deutschland und das deutsche Volk könne man extrem stolz sein (Nationalismus).
- Der Stärkere habe das Recht, sich gegenüber dem Schwachen durchzusetzen (Sozialdarwinismus*).
- Die Gleichberechtigung und Gleichstellung von Männern und Frauen sei „unnatürlich".

2. „Volksgemeinschaft"

- Das – „ethnisch reine" – Volk sei von besonderem Wert und bilde die Volksgemeinschaft.
- Unterschiedliche Interessen seien zu unterdrücken, um dem Ideal der „homogenen Volksgemeinschaft" nahezukommen.

3. „Führerprinzip und Gewalt"

- Herrschaft sei am besten durch das „Führerprinzip" bzw. einen autoritären Staat auszuüben.
- Demokratische Wahlen und Parlamente seien abzulehnen, ebenso die Gewaltenteilung und -kontrolle.
- Gewaltanwendung sei die einfachste Lösung (innen- und außen-)politischer Probleme.
- Für die noch mangelhafte Verwirklichung der eigenen Ziele seien „innere und äußere Feinde" verantwortlich, wie Andersdenkende, Minderheiten, Verschwörungen in Politik, Wirtschaft, Gesellschaft.
- Die Verbrechen des NS-Staates werden relativiert oder geleugnet, bis hin zum offenen Bekenntnis zur NSDAP und ihrer „Taten".

1 Schildere deinen Eindruck von M2.
2 Erarbeite Motive und Wandel der Aussteigerin (M1).
3 Vergleiche die Bildaussagen von M3 und M6.
4 a) Formuliere die Bildaussage von M5.
b) Nimm Stellung.
5 Prüfe mithilfe des Kastens, welche Einstellungen des Rechtsextremismus sich im Nationalsozialismus wiederfinden lassen. Ziehe dieses Kapitel heran.
6 **Recherche/Partnerarbeit:**
a) Informiert euch ausgehend von M4 über „Befreite Zonen". Nehmt dazu Stellung.
b) Informiert euch über die Erkennntnisse des niedersächsischen Verfassungsschutzes über die Neonazi-Szene in Niedersachsen: www.mi.niedersachsen.de

Vernichtungskrieg und Völkermord

M1

Himmlers „Posener Rede"

Aus der Rede Heinrich Himmlers, Reichsführer SS und Chef der deutschen Polizei, vom 4. 10. 1943, gehalten vor SS-Führern in Posen:

Ich will hier vor Ihnen in aller Offenheit auch ein ganz schweres Kapitel erwähnen. Unter uns soll es einmal ganz offen ausgesprochen sein, und trotzdem werden wir in der Öffentlichkeit nie darüber reden ... Ich meine jetzt die Judenevakuierung, die Ausrottung des jüdischen Volkes. Es gehört zu den Dingen, die man leicht ausspricht. – „Das jüdische Volk wird ausgerottet", sagt ein jeder Parteigenosse, „ganz klar, steht in unserem Programm, Ausschaltung der Juden, Ausrottung, machen wir." Und dann kommen sie alle an, die braven 80 Millionen Deutschen, und jeder hat seinen anständigen Juden. Es ist ja klar, die anderen sind Schweine, aber dieser eine ist ein prima Jude. Von allen, die so reden, hat keiner zugesehen, keiner hat es durchgestanden. Von Euch werden die meisten wissen, was es heißt, wenn 100 Leichen beisammen liegen, wenn 500 daliegen oder wenn 1000 daliegen. Dies durchgehalten zu haben, und dabei ... anständig geblieben zu sein, das hat uns hart gemacht. Dies ist ein niemals geschriebenes und niemals zu schreibendes Ruhmesblatt unserer Geschichte, denn wir wissen, wie schwer wir uns täten, wenn wir heute noch in jeder Stadt ... noch die Juden als Geheimsaboteure, Agitatoren und Hetzer hätten ... Die Reichtümer, die sie hatten, haben wir ihnen abgenommen. Ich habe einen strikten Befehl gegeben, ... dass diese Reichtümer selbstverständlich restlos an das Reich abgeführt wurden. Wir haben uns nichts davon genommen. Einzelne, die sich verfehlt haben, werden gemäß einem von mir zu Anfang gegebenen Befehl bestraft, der androhte: Wer sich auch nur eine Mark davon nimmt, der ist des Todes. ... Wir hatten das moralische Recht, wir hatten die Pflicht gegenüber unserem Volk, dieses Volk, das uns umbringen wollte, umzubringen. Wir haben aber nicht das Recht, uns auch nur mit einem Pelz, mit einer Uhr, mit einer Mark oder mit einer Zigarette oder mit sonst etwas zu bereichern. Wir wollen nicht am Schluss, weil wir einen Bazillus ausrotteten, an dem Bazillus krank werden und sterben.

Der Prozess gegen die Hauptkriegsverbrecher vor dem Internationalen Militärgerichtshof, Nürnberg, 14. November 1945 bis 1. Oktober 1946, Band XXIX, Dokument 1919-PS, Nürnberg, 1948.

M2

Kälbermarsch

Der Schriftsteller Bertolt Brecht (1898–1956) schrieb 1943 den folgenden Text[1]:

Hinter der Trommel her
Trotten die Kälber
Das Fell für die Trommel
Liefern sie selber.
Der Metzger ruft. Die Augen fest geschlossen ...
Das Kalb marschiert mit ruhig festem Tritt.
Die Kälber, deren Blut im Schlachthof schon geflossen
Sie ziehn im Geist in seinen Reihen mit.
Sie heben die Hände hoch
Sie zeigen sie her
Sie sind schon blutbefleckt
Und sind noch leer.
Der Metzger ruft. Die Augen fest geschlossen ...
Sie tragen ein Kreuz voran
Auf blutroten Flaggen
Das hat für den armen Mann
Einen großen Haken
Der Metzger ruft. Die Augen fest geschlossen.

Zit. nach Bertolt Brecht, Werke in fünf Bänden, Berlin (Aufbau Verlag) 1975, Bd. 3, S. 382.

[1] Als „Vorbild" diente Brecht das SA-Lied (sog. Horst-Wessel-Lied) „Die Fahne hoch, die Reihen fest geschlossen: SA marschiert mit ruhig festem Schritt."

M3

„Das Verhängnis", Zeichnung von A. Paul Weber, 1932. Umschlagbild eines Buches mit dem Titel „Hitler – ein deutsches Verhängnis".

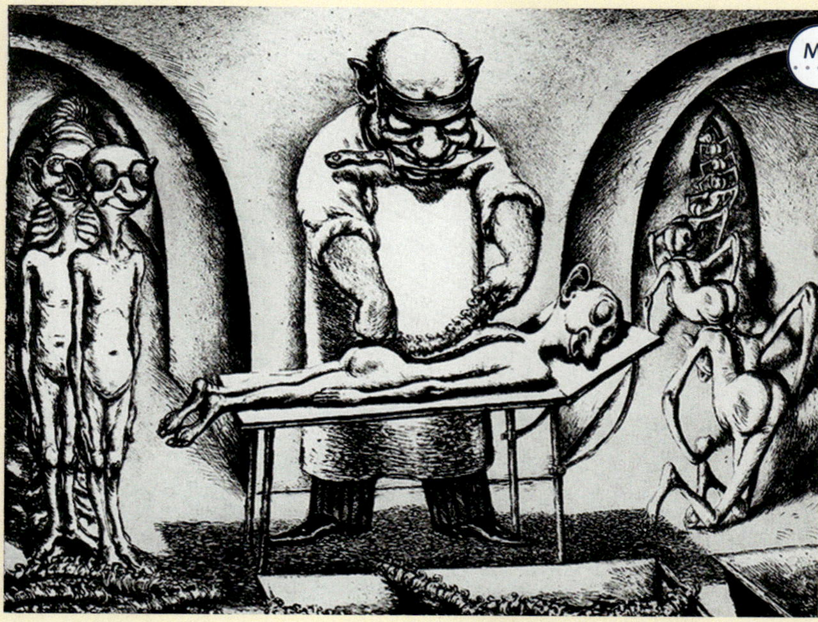

M4 **„Rückgrat raus!“,** Karikatur von A. Paul Weber, 1934

Überprüfe, was du kannst

Sachkompetenz

1 Kläre die Begriffe: Münchner Abkommen/Appeasement (S. 171), Shoah (Holocaust) (S. 177), Widerstand (S. 183), Attentat auf Hitler 1944 (S. 181) und bedingungslose Kapitulation 1945 (S. 185).

2 Beschreibe die NS-Außenpolitik 1933 bis 1939.

3 Stelle Ursachen, Verlauf und Ergebnis des Zweiten Weltkriegs dar.

Methodenkompetenz

4 a) Analysiere M3 und M4 mithilfe der Methode „Karikaturen entschlüsseln“ im Anhang.
b) Vergleiche.

5 Analysiere M1 mithilfe der Methode „Politische Reden analysieren“ (S. 186 f.).

6 Analysiere M2 mithilfe der Methode „Politische Dichtung deuten und vergleichen“ im Anhang.

Urteilskompetenz

7 a) Ordne den Massenmord an den europäischen Juden in die Ideologie und Politik der NS-Diktatur ein.
b) Erörtere, inwiefern die Vernichtung im Zusammenhang mit dem Krieg steht.

8 Beurteile, ob sich mit den Überschriften von M2 und M3 die NS-Herrschaft kennzeichnen lässt.

9 Beurteile die These, dass sich Flucht und Vertreibung als Reaktion auf Krieg und Kriegsverbrechen der deutschen Seite rechtfertigen lassen.

Kommunikations- und Handlungskompetenz

10 Organisiert eine Podiumsdiskussion mit Zeitzeugen, Vertretern der politischen Parteien und lokalen Geschichtsforschern zum Thema: Die Gegenwart der Vergangenheit – Wie zeigt sich heute Rechtsextremismus?

- 1935 Einführung der allgemeinen Wehrpflicht
- 1936 Vierjahresplan zur Wiederaufrüstung
- 1938 Annexion Österreichs und Münchner Abkommen
- März 1939 Zerschlagung der Tschechoslowakei
- 1. September 1939 Deutscher Überfall auf Polen
- 1939 bis 1945 Zweiter Weltkrieg
- ab Herbst 1941 Beginn der Deportationen von Juden aus dem „Altreich“ nach Osten
- 20. Januar 1942 Wannsee-Konferenz: Organisation der Ermordung der europäischen Juden
- 20. Juli 1944 Attentat auf Hitler
- 8./9. Mai 1945 Bedingungslose Kapitulation

1935 1936 1937 1938 1939 1940 1941 1942 1943 1944 1945

Der Nationalsozialismus – Ideologie und Herrschaftspraxis

Errichtung des NS-Herrschaftssystems

Am Ende der Weimarer Demokratie steht der Anfang der NS-Diktatur. Was für manche nur wie eine Regierungskrise aussah, erwies sich bald als eine Staatskrise. Zu erklären ist die Gewaltherrschaft der Nationalsozialisten nicht nur mit der wirtschaftlichen Krise. Manche Historiker weisen auf die Machtstrukturen hin, die sich im Deutschen Kaiserreich herausgebildet hatten und das Untertanenbewusstsein verfestigten. Außerdem fehlte der Weimarer Demokratie ein breiter demokratischer Konsens zwischen den Parteien und gesellschaftlichen Gruppen. Zu extrem waren die politischen Differenzen zwischen den Parteien der „Linken" und „Rechten". In dieser Situation stiegen die Chancen der nationalsozialistischen Bewegung, die von führenden konservativen Politikern, Industriellen, Bankiers und Reichswehrangehörigen unterstützt wurde.

Als Grundlage für die antidemokratische nationalsozialistische Machtsicherung des „Dritten Reiches" dienten die ersten einschneidenden Maßnahmen der Regierung Hitler: die „Reichstagsbrandverordnung" vom 28. Februar und das „Ermächtigungsgesetz" vom 24. März.

Die „Gleichschaltung" erstreckte sich in der Folgezeit auf alle politischen Ebenen und viele Lebensbereiche. Ziel der Nationalsozialisten war es, die Bevölkerung auf die Linie der NSDAP einzuschwören und das politische, wirtschaftliche, soziale und kulturelle Leben zu vereinheitlichen.

Rassismus und Antisemitismus waren die Kernbestandteile der nationalsozialistischen Weltanschauung. Mit scheinwissenschaftlichen Begriffen wie „Rasse", „Arier" und „Nichtarier" wurde eine Überlegenheit der sogenannten arischen Menschen behauptet. Ein ausgeprägter Führerkult überhöhte die Person Adolf Hitlers. Massenveranstaltungen dienten der Selbstinszenierung des totalitären Systems. Sie sollten das Ideal einer Volksgemeinschaft vortäuschen.

Nationalsozialistische Ideologie und Herrschaft

NS-Diktatur: Ideologie und Politik

- Errichtung der Diktatur ab 30. Januar 1933 mit der Ernennung Hitlers zum Reichskanzler
- Ausschaltung der Verfassung (Reichstagsbrandverordnung, Ermächtigungsgesetz, Gleichschaltung der Länder)
- Merkmale des Systems: extremer Nationalismus, Rassismus und Antisemitismus; aggressive Außenpolitik mit anfänglicher Friedensbeteuerung und geheimer Aufrüstung
- Volksgemeinschaft und Führerkult mit dem Ziel, Zustimmung in der Bevölkerung zu erhalten
- Entrechtung, Verfolgung, Bestrafung, Vernichtung von Einzelnen und Minderheiten aus politischen und rassistischen Gründen

Vernichtungskrieg und Völkermord

- seit 1933 zunehmend aggressives Auftreten Deutschlands in der internationalen Politik: Bruch von Verträgen, Anschluss Österreichs an das „Reich", Zerschlagung der Tschechoslowakei
- Überfall deutscher Truppen auf Polen (1. September 1939) leitet den Zweiten Weltkrieg ein
- Krieg gegen die Sowjetunion (ab 1941), geführt als Weltanschauungs- und Vernichtungskrieg der NS-Diktatur
- systematische Ermordung von Millionen Juden in Vernichtungslagern
- Kapitulation Deutschlands im Mai 1945
- Millionen Menschen sind von Flucht und Vertreibung betroffen

Die Politik der nationalsozialistischen Diktatur

Die rassistische Politik der Nationalsozialisten wurde sofort nach der Machtübernahme umgesetzt. Sie begann mit Boykottmaßnahmen und führte zu der Entrechtung und Verfolgung der deutschen Juden: die Nürnberger Gesetze von 1935, der Pogrom vom 9. November 1938. Ab 1942 mit dem Vernichtungskrieg im Osten wurden Millionen europäischer Juden in Konzentrations- und Vernichtungslagern systematisch ermordet (hebr. Shoah/engl. Holocaust). Auch mehrere hunderttausend Sinti und Roma sowie zehntausende Behinderte fielen dem Rassenwahn zum Opfer. Gleichzeitig bauten die Nationalsozialisten die Gesellschaft nach ihren Vorstellungen um: In der sogenannten Volksgemeinschaft sollten alle Gegensätze beseitigt sein. Die Beziehung zwischen den Geschlechtern wurde in einer bestimmten Rangordnung gesehen: Leitbilder waren der kämpfende, heroische Mann und die auf ihre Mutterrolle als „Erhalterin“ des Volkes festgelegte Frau. Dass diese Vorstellung eher Ideal als Realität war, zeigte sich spätestens in der Zeit des Zweiten Weltkrieges. Nun mussten Frauen nahezu alle Funktionen der Männer in Wirtschaft und Verwaltung übernehmen. Frauen, die nicht in das Vorurteil der Nationalsozialisten passten, waren aus der „Gemeinschaft“ ausgeschlossen: jüdische, andere „nichtarische“, körperlich oder geistig behinderte und „sozial nicht angepasste“ Frauen.

Nach dem Verbot aller anderen Jugendorganisationen wurde die bereits vor 1933 gegründete Hitler-Jugend zur Staatsjugend erklärt. Auch im Schulwesen wurde die „Arisierung“ vorangetrieben und durchgesetzt: Jüdische Lehrkräfte, Schülerinnen und Schüler wurden ebenso vom Unterricht an öffentlichen Schulen ausgeschlossen wie Kinder deutscher Sinti und Roma. Staatliche Eingriffe betrafen auch die christlichen Konfessionsschulen, die Ende 1939 geschlossen werden mussten.

Widerstand von Gruppen oder Einzelnen gegen das Unrechtsregime wurde mit Hinrichtungen in rechtswidrigen Schnellverfahren geahndet, wie die Flugblattaktion der „Weißen Rose“ und das Attentat vom 20. Juli 1944.

Weltkrieg und Niederlage

Die deutsche Außenpolitik hatte unter Kaiser Wilhelm II. den Anspruch einer Weltpolitik erhoben, sie wandelte sich in der Weimarer Republik zu einer „Verständigungs- und Revisionspolitik“.

Dagegen richtete sich die langfristige Politik der Nationalsozialisten auf die kriegerische Eroberung von „Lebensraum“ im Osten. Die aggressive Außenpolitik Hitlers zeigte sich im Bruch internationaler Abkommen, im Anschluss Österreichs an das „Reich“ und in der Zerschlagung der Tschechoslowakei.

Die anfängliche Appeasementpolitik der Westmächte endete mit dem Vorgehen Hitlers gegen die Tschechoslowakei im März 1939.

Nach dem Überfall deutscher Truppen auf Polen am 1. September 1939 standen die Westmächte zu ihren Bündnisverpflichtungen und traten in den Krieg gegen Deutschland ein. Während sich Frankreich bald geschlagen geben musste, leistete Großbritannien dauerhaften Widerstand.

Mit dem deutschen Angriff auf die Sowjetunion und dem Kriegseintritt der USA (1941) wurde der Krieg zu einem Weltkrieg. Durch den Krieg zwischen Japan und den USA wurde auch der asiatische Raum einbezogen. Die verlorene Schlacht um Stalingrad im Januar 1943 leitete die totale Niederlage Deutschlands ein. Sie wurde mit der bedingungslosen Kapitulation vom 8./9. Mai 1945 besiegelt.

In Asien endete der Zweite Weltkrieg nach dem Abwurf von zwei verheerenden Atombomben auf Hiroshima und Nagasaki durch US-Flugzeuge mit der Kapitulation Japans im August 1945.

Bereits während des Krieges, etwa seit Herbst 1944 im Osten Deutschlands, setzte mit dem Vorrücken der sowjetischen Truppen eine Flucht und Vertreibungswelle ein, die viele Opfer forderte. Mit dem Ende des Krieges im Frühjahr 1945 begannen gewaltige Bevölkerungsbewegungen in Mitteleuropa, die es in dem Ausmaß in der Geschichte noch nicht gegeben hatte. Millionen Menschen begaben sich auf die Flucht, wurden vertrieben oder umgesiedelt, Millionen Zwangsarbeiterinnen und Zwangsarbeiter, die während des Krieges im „Reich“ unter sklavenähnlichen Bedingungen arbeiten mussten, versuchten heimzukehren.

5. Längsschnitt: Jüdisch-christliches Zusammenleben seit der Frühen Neuzeit

Wissen • Urteilen • Kommunizieren/Handeln • Methoden anwenden

Am Ende dieses Unterkapitels kannst du

- die allmähliche Verbesserung der Situation der Juden im 16. und 17. Jahrhundert erklären
- zwischen wohlhabenden Hofjuden und ärmlich lebenden Landjuden unterscheiden
- die Bedeutung der Aufklärung für die Emanzipation der Juden im 18. und 19. Jahrhundert bewerten
- den organisierten Antisemitismus im Deutschen Kaiserreich als Gefahr für die jüdischen Deutschen erkennen
- den bedeutenden Anteil der Juden an kulturellen und wissenschaftlichen Leistungen belegen
- das zunehmende Krisenbewusstsein der jüdischen Minderheit in den 1920er-Jahren beschreiben
- den Neubeginn jüdischen Lebens nach 1945 darstellen
- Fortschritte und Rückschläge im Zusammenleben zwischen Juden und Deutschen erläutern

Jüdische Bevölkerung um 1800

Jüdisches Leben in Früher Neuzeit und Absolutismus

Der lange Weg vom Ghetto zur Duldung

Nach der Vertreibung aus den Städten im Spätmittelalter zogen viele Juden nach Osteuropa und Italien. Mit der schwächer werdenden kaiserlichen Macht im spätmittelalterlichen Reich bestimmten über die Rechte der jüdischen Bevölkerung die Landesfürsten (Territorialherren), die „Freien Reichsstädte", die Reichsstifte und -klöster sowie die Reichsritterschaft. Einfluss auf die Stellung der Juden hatten auch die Reformation im 16. Jahrhundert und die religiösen Konflikte des 17. Jahrhunderts (Dreißigjähriger Krieg 1618–1648). Mit der zunehmenden Vielfalt der staatlichen und religiösen Kräfte schwächte sich der Druck auf die Juden in der Frühen Neuzeit ab. Die gewalttätigen Verfolgungen – wie zuletzt im späten Mittelalter – gingen zurück.

Gesellschaftliche Stellung und Schichtung

Um 1600 lebten etwa 35 000 bis 40 000 Juden im Gebiet des Reichs einschließlich der Niederlande und ohne die oberitalienischen Herrschaften. Das sind circa 0,2 Prozent der auf 18 bis 20 Millionen geschätzten Gesamtbevölkerung. Von christlicher Seite als „Gottesmörder" beschuldigt, stand die jüdische Bevölkerung auch in der beginnenden Neuzeit weiterhin außerhalb der christlichen Ständegesellschaft. Die Landesherren gewährten den Juden Schutz, indem sie einerseits die Vorteile aus der Wirtschaftstätigkeit der Juden nutzten. Andererseits aber berücksichtigten sie auch die judenfeindlichen Einstellungen der christlichen Bevölkerungsmehrheit. Ihren Schutz musste die jüdische Bevölkerung teuer bezahlen: mit Sonderabgaben, Zöllen, Steuern, Bindung an ihren Wohnort, Grundbesitzverbot und umfassenden Berufsbeschränkungen. Durch Handwerks- und Gewerbeverbote waren sie gezwungen, auf Erwerbsbereiche wie Handel und Geldverleih auszuweichen. Nur eine kleine Gruppe, die Hofjuden (Hoffaktoren), kam zu Vermögen. Sie versorgten die Fürstenhöfe mit Kapital, Heereslieferungen und Luxuswaren.

Die große Mehrheit der Juden lebte auf dem Lande und musste sich mit Klein-, Trödel- und Hausierhandel durchschlagen. Um 1800 lebte etwa die Hälfte der jüdischen Bevölkerung in Deutschland an der Armutsgrenze.

M1 **Jüdischer Hausierer,** Zizenhausener Terrakottafigur von Anton Sohn, 1. Hälfte 19. Jahrhundert. Hausierer waren eine Art fliegende Händler. Mit Zwergsack, Bauchladen oder Handkarren zogen sie meist die ganze Woche von Dorf zu Dorf.

M2 **Joseph Süß Oppenheimer (1692–1738).** Er war Hoffaktor Herzog Karl Alexanders von Württemberg und dessen finanzieller Berater. Er galt als Schöngeist und Dandy.

1 Beschreibe mithilfe des Darstellungstextes, a) wie sich die Lage der Juden in der Frühen Neuzeit veränderte und b) welche Stellung sie innerhalb der christlichen Gesellschaft einnahmen.

2 Zeige anhand des Darstellungstextes, M1 und M2 die gesellschaftlichen Unterschiede in der jüdischen Bevölkerung.

3 **Recherche:** Informiert euch in Partnerarbeit über die Biografie des Joseph Süß Oppenheimer und dessen Bedeutung für die Nationalsozialisten. Berichtet.

Der Kampf um Emanzipation von der Aufklärung bis 1848/49

Jüdische Emanzipation als Teil der Aufklärung

Der allgemeine Wandel im 17. und 18. Jahrhundert und die Aufklärung veränderten auch das Leben der jüdischen Bevölkerung. Eine jüdische Aufklärungsbewegung (hebräisch „haskala") erstrebte die Gleichberechtigung in Staat und Gesellschaft. Verwirklicht wurde die Emanzipation der Juden erstmals in der Französischen Revolution mit der Verfassung von 1791, danach im Königreich Westfalen, das Napoleon 1808 eingerichtet hatte, und im Königreich Preußen, das nach der Niederlage gegen Napoleon Reformen einleitete. In der Zeit des Deutschen Bundes ab 1815 wurden die Rechte der Juden teilweise wieder zurückgenommen auf Betreiben emanzipationsfeindlicher Kreise und einer in ihren Vorurteilen aufgehetzten Landbevölkerung. Nach der Niederlage der demokratischen Revolution von 1848/49 wurden zwar nicht alle Rechte der Juden aufgehoben, doch die Hoffnung auf eine völlige Gleichberechtigung in Deutschland erfüllte sich in den folgenden Jahrzehnten nicht.

Biografie

Moses Mendelssohn

(1729–1786); geboren als Sohn jüdischer Eltern in Dessau, kam er mit 14 Jahren nach Berlin, wo er zunächst als Hauslehrer tätig war. Durch den Schriftsteller Gotthold Ephraim Lessing (1729–1781) wurde er zu schriftstellerischen Aktivitäten in der Philosophie angeregt. Beruflich war er als Buchhalter, später als Geschäftsführer einer Seidenmanufaktur tätig. Schon bald setzte er sich für die Emanzipation der Juden ein. In seinen Schriften versuchte er, den Juden die deutsche Kultur und Sprache näherzubringen. Sein Ziel war es, die Juden auch geistig-kulturell aus der „Ghetto-Situation" herauszuführen. Ohne die jüdische Tradition beiseitezuschieben, wollte er sie jedoch zur christlichen Welt hin öffnen. Auf seine Anregung hin verfasste sein Freund Christian Wilhelm von Dohm (1751–1820), Christ, Professor und Kriegsrat Friedrichs des Großen, die Abhandlung „Über die bürgerliche Verbesserung der Juden" (1781/83), die bald „Bibel der Emanzipation" genannt wurde. Mendelssohn wollte den Juden über die Bildung den Weg öffnen in eine nicht jüdische Staats- und Gesellschaftsordnung, in der die Religion Privatangelegenheit sein sollte.

M1

Gleichberechtigung der Juden

Christian Wilhelm von Dohm in seiner Schrift „Über die bürgerliche Verbesserung der Juden" (1781/83):

Die der Menschlichkeit und der Politik gleich widersprechenden Grundsätze der Ausschließung, welche das Gepräge der finsteren Jahrhunderte tragen, sind der Aufklärung unserer Zeit unwürdig und verdienen, schon längst nicht mehr befolgt zu werden. Unseren fest gegründeten Staaten müsste jeder Bürger willkommen sein, der die Gesetze beobachtet und durch seinen Fleiß den Reichtum des Staates vermehrt. Auch der Jude hat auf diesen Genuss, auf diese Liebe Anspruch. Seine Religion macht ihn ihrer nicht unwürdig, da er bei ihrer strengsten Befolgung ein sehr guter Bürger sein kann. Ich wage es, selbst die standhafte Anhänglichkeit an die nach ihrem Glauben ihren Vätern verliehene Lehre von Gott dem jüdischen Charakter als einen guten Zug anzurechnen. Was der Christ Blindheit und verstockte Hartnäckigkeit nennt, ist beim Juden standhafte Beharrlichkeit bei dem, was er einmal als göttliches Gebot glaubt.

Zit. nach Deutsch-jüdische Geschichte. Quellen zur Geschichte und Politik, hg. vom Verband der Geschichtslehrer Deutschlands, Stuttgart/Leipzig 2008, S. 51.

M2

Familie Mendelssohn beim Spaziergang

Aus den Selbstzeugnissen Moses Mendelssohns:

Ich ergehe mich zuweilen abends mit meiner Frau und meinen Kindern. Papa! fragt die Unschuld, was ruft uns jener Bursche dort nach? Warum werfen sie mit Steinen hinter uns her? Was haben wir ihnen getan? – Ja, lieber Papa, spricht ein anderes, sie verfolgen uns immer in den Straßen und schimpfen: Juden, Juden! Ist denn dieses so ein Schimpf bei den Leuten, ein Jude zu sein? Und was hindert dieses andere Leute? – Ach! Ich schlage die Augen unter, und seufze mit mir selber: Menschen! Menschen! Wohin habt ihr es endlich kommen lassen?

Zit. nach Deutsch-jüdische Geschichte. Quellen zur Geschichte und Politik, hg. vom Verband der Geschichtslehrer Deutschlands, Stuttgart/Leipzig 2008, S. 48.

M3

Von links nach rechts: Rahel Levin-Varnhagen (1771–1833), Henriette Herz (1764–1847), Heinrich Heine (1797–1856), Gabriel Riesser (1806–1863)

M4

Gleichberechtigung in Preußen

Aus dem Emanzipationsedikt für Preußen 1812:

1. Die Juden und deren Familien sind „für Inländer und preußische Staatsbürger zu achten" …

3. Der Familienname ist binnen sechs Monaten bei der Obrigkeit des Wohnorts zu erklären.

4. Die für Inländer zu achtenden Juden sollen gleiche bürgerliche Rechte und Freiheiten wie die Christen genießen.

5. Sie können sich in Städten oder auf dem platten Lande niederlassen.

6. Sie können Grundstücke erwerben und genießen Gewerbefreiheit (einschließlich des Handels).

7. Sie dürfen nicht mit besonderen Abgaben belastet werden.

8. Sie können akademische Lehr- und Schul-, auch Gemeindeämter verwalten. Über andere Staatsämter wird ein Gesetz bestimmen.

9. Sie müssen wie die Christen alle bürgerlichen Pflichten erfüllen.

Zit. nach Deutsch-jüdische Geschichte. Quellen zur Geschichte und Politik, hg. vom Verband der Geschichtslehrer Deutschlands, Stuttgart/Leipzig 2008, S. 53. Gekürzt u. sprachlich vereinfacht.

M5

Bekenntnis zu Deutschland

Gabriel Riesser, einer der herausragenden Kämpfer für eine umfassende Gleichberechtigung der jüdischen Minderheit, schrieb im Jahre 1831:

5A Ich sehe in der Frage der bürgerlichen Gleichstellung der Juden keine andere als eine Frage der religiösen Freiheit … Der Beurteiler aber will in den Juden nicht bloß Andersdenkende, er will Fremde in ihnen sehen … Uns vorzuhalten, dass unsere Väter vor Jahrhunderten oder vor Jahrtausenden eingewandert sind, ist so unmenschlich, als es unsinnig ist. Wir sind nicht eingewandert, wir sind eingeboren, und, weil wir es sind, haben wir keinen Anspruch anderswo auf eine Heimat; wir sind entweder Deutsche oder wir sind heimatlos.

5B Riesser 1848 im Frankfurter Parlament:
Ich nehme das Recht in Anspruch, vor Ihnen aufzutreten im Namen einer seit Jahrtausenden unterdrückten Klasse, der ich angehöre durch die Geburt, und der ich … ferner angehöre durch das Prinzip der Ehre, das es mich hat verschmähen lassen, durch einen Religionswechsel schnöde versagte Rechte zu erwerben … Sie haben nun durch einen feierlichen Beschluss den nicht Deutsch redenden Volksstämmen, die in Deutschland leben, Gleichheit vor dem Gesetz, Gleichheit der Rechte, Gleichheit alles dessen, was den Deutschen Deutschland teuer macht, zugesichert … Ich habe unter den Verhältnissen der tiefsten Bedrückung gelebt, und ich hätte bis vor kurzem in meiner Vaterstadt nicht das Amt eines Nachtwächters erhalten können … Die Juden werden immer begeistertere und patriotischere Anhänger Deutschlands unter einem gerechten Gesetz werden. Sie werden mit und unter den Deutschen Deutsche werden.

Zit. nach Deutsch-jüdische Geschichte. Quellen zur Geschichte und Politik, hg. vom Verband der Geschichtslehrer Deutschlands, Stuttgart/Leipzig 2008, S. 28 ff. (5A) u. S. 62 f. (5B).

1 Zeige an den Vorstellungen und Zielen von Mendelssohn und Dohm (M1, M2, Kasten), welche Rolle die Bildung bei der Emanzipation der Juden spielen sollte.

2 Bewerte das Edikt von 1812 (M4) aus der Sicht eines der Aufklärung verpflichteten Juden.

3 a) Analysiere M5 anhand der Methode „Eine Textquelle analysieren" im Anhang.
b) Formuliere die Hauptaussage Riessers.

4 Prüfe die These: Erreicht wurde im 19. Jh. die rechtliche Emanzipation und die soziale Integration der Juden.

5 **Gruppenarbeit/Recherche:** Informiert euch über die Biografien der in M3 gezeigten Personen und berichtet.

Zwischen Emanzipation und Antisemitismus im Kaiserreich

Gefährdung der Emanzipation

Unter dem Einfluss liberaler und sozialer Ideen der Revolution von 1848/49 war in den 1860er-Jahren die rechtliche Emanzipation der Juden erreicht worden. Ihre gesellschaftliche und wirtschaftliche Lage blieb jedoch sehr unterschiedlich. Viele Juden stiegen in das Bildungs- und Wirtschaftsbürgertum auf. Hatte man ihnen zu Beginn des 19. Jahrhunderts den Vorwurf der „Unbildung" gemacht, so warf man ihnen nun vor, die deutsche Kultur zu „unterwandern". Juden wurden als Fremde angesehen, obwohl sie sich selbst als Deutsche verstanden. Seit Ende der 1870er-Jahre nahm die Judenfeindschaft erneut zu:

1. Die sogenannte Rassenlehre*, die durch keinerlei wissenschaftliche Erkenntnisse begründet war, wertete Völker nach biologischen Merkmalen: Sie stufte die „semitische Rasse" niedriger ein als die „arische Rasse" und behauptete, zwischen beiden „Rassen" bahne sich ein angeblich unausweichlicher Existenzkampf an. Dazu verband sich der Antisemitismus mit einem radikalisierten Nationalismus.

2. Die Anhänger des neuen Antisemitismus begannen, sich in Parteien und Verbänden zu organisieren, um ihre Ziele durchzusetzen. Das war bisher nicht geschehen.

3. Der 1873 einsetzende wirtschaftliche Abschwung („Gründerkrise") und der rasche Wandel durch die Industrialisierung wurden von Landwirten, Handwerkern und Kaufleuten als bedrohlich empfunden. Sie suchten nach einem „Sündenbock" und glaubten, ihn in den Juden gefunden zu haben.

M1

Unsere Aussichten

Unter diesem Titel beschäftigte sich der Historiker Heinrich von Treitschke 1879 mit der aufkommenden Propaganda gegen die Juden:

Was wir von unseren israelitischen Mitbürgern zu fordern haben, ist einfach: Sie sollen Deutsche werden, sich schlicht und recht als Deutsche fühlen – unbeschadet ihres Glaubens und ihrer alten heiligen Erinnerungen, die uns allen ehrwürdig sind … Keine deutsche Handelsstadt, die nicht viele ehrenhafte, achtungswerte jüdische Firmen zählte; aber unbestreitbar hat das Semitentum an dem Lug und Trug, an der frechen Gier des Gründer-Unwesens[1] einen großen Anteil, eine schwere Mitschuld an jenem öden Materialismus unserer Tage, die jede Arbeit nur noch als Geschäft betrachtet und die alte gemütliche Arbeitsfreudigkeit unseres Volkes zu ersticken droht; in tausenden deutscher Dörfer sitzt der Jude, der seine Nachbarn wuchernd ausverkauft … Überblickt man alle diese Verhältnisse, … so erscheint die laute Agitation des Augenblicks doch nur als brutale und gehässige, aber natürliche Reaktion des germanischen Volksgefühls gegen ein fremdes Element, das in unserem Leben einen allzu breiten Raum eingenommen hat.

Heinrich von Treitschke, Unsere Aussichten. In: Preußische Jahrbücher, 44, Berlin (G. Reimer) 1879, S. 572 ff.

[1] Wirtschaftsboom der Gründerjahre 1871 bis 1873

M2 **Bildpostkarte der Nordseeinsel Borkum,** um 1910

M3

Ich habe kein anderes Blut als deutsches …

Walther Rathenau (siehe Kasten S. 208) schrieb 1916 an einen antisemitisch eingestellten Freund:

Ich habe und kenne kein anderes Blut als deutsches, keinen anderen Stamm, kein anderes Volk als deutsches. Vertreibt man mich von meinem deutschen Boden, so bleibe ich deutsch und es ändert sich nichts … Meine Vorfahren und ich haben sich von deutschem Boden und deutschem Geist genährt und unserem, dem deutschen Volk erstattet, was in unseren Kräften stand. Mein Vater und ich haben keinen Gedanken gehabt, der nicht für Deutschland und nicht deutsch war; soweit ich meinen Stammbaum verfolgen kann, war es das gleiche … Ich bin in der Kulturgemeinschaft der Juden geblieben, weil ich keinem Vorwurf und keiner Beschwernis mich entziehen wollte, und habe von beidem bis auf den heutigen Tag genug erlebt. Nie hat eine Kränkung dieser Art mich unwillig gemacht. Nie habe ich meinem, dem deutschen Volke mit einem Worte oder einem Gedanken derlei vergolten.

Zit. nach Walther Rathenau, Ein preußischer Europäer, Berlin (Vogt) 1955, S. 146.

Begriffe und Daten

Antisemitismus

Siehe S. 158.

Assimilation

(lat. das „Ähnlichmachen"); Angleichung von Einzelnen oder Gruppen an Traditionen, Einstellungen, Gefühle anderer Gruppen, z. B. „Verschmelzung" verschiedenartiger Einwanderergruppen in den USA. Der Begriff steht zumeist für das vollständige Aufgehen in einer fremden Kultur. Er kann eine positive, aber auch negative Bedeutung haben, z. B. bei freiwillig oder zwangsweise ablaufender Assimilation.

Akkulturation

Neuere Bezeichnung für die Vorgänge, die ablaufen, wenn Menschen aus unterschiedlichen Kulturen aufeinandertreffen. Sie geschieht vorwiegend durch Erziehung und Bildung. Es kann zu Formen der Anpassung oder Nichtanpassung an die Kultur der Mehrheit kommen, aber auch über Kontakte zu gegenseitiger Beeinflussung; möglich ist jedoch auch Abgrenzung und Ausschließung.

M4

Albert Ballin (1857–1918) und Kaiser Wilhelm II. während der Kieler Woche 1913, Foto. Ballin war bekennender Jude, 1899 Generaldirektor der Hamburg-Amerika-Linie (HAPAG), Vertrauter des Kaisers in wirtschaftlichen und internationalen Fragen; beging am 9. November 1918 nach dem Zusammenbruch des Kaiserreichs und der Flucht Wilhelms nach Holland Selbstmord.

1 a) Erläutere die Begriffe „Deutsche" und „Juden" nach M1.
b) Untersuche, worin sich bei Treitschke Antisemitismus zeigt. Ziehe den Kasten (Antisemitismus) heran.

2 a) Ordne M3 in die Emanzipationsbewegung der Juden im 19. Jahrhundert ein.
b) Nimm zur Sichtweise Rathenaus Stellung.

3 Nach Ergebnissen der Geschichtsforschung liefert die Lage der jüdischen Deutschen im Kaiserreich ein widersprüchliches Bild. Prüfe diese These anhand von M2, M4 und des Darstellungstextes.

4 **Gruppenarbeit/Recherche:** Informiert euch über die folgenden Biografien und berichtet: Hermann Tietz (1837–1907), Max M. Warburg (1867–1946), Leopold Ullstein (1826–1899), Heinrich Hertz (1857–1894), Fritz Haber (1868–1934), Paul Ehrlich (1854–1915), Albert Einstein (1879–1955), Edmund Husserl (1859–1938), Max Liebermann (1847–1935), Sigmund Freud (1856–1939).

5 Prüfe, ob sich die Begriffe „Assimilation" bzw. „Akkulturation" (Kasten) auf die Lage der Juden im Kaiserreich anwenden lassen.

Krisenbewusstsein und kultureller Aufbruch vor und nach 1918

Enttäuschte Vaterlandsliebe im Ersten Weltkrieg

Der Erste Weltkrieg hatte auch in weiten Teilen der jüdischen Öffentlichkeit eine Welle nationaler Begeisterung und Zustimmung ausgelöst. Führende jüdische Organisationen riefen zu verstärktem Engagement „im Dienste des Vaterlandes“ auf. Die Hoffnungen der jüdischen Bevölkerung auf gleichberechtigte Teilnahme am Kriegsgeschehen erfüllten sich jedoch nicht: Die antisemitischen Tendenzen verstärkten sich noch im Laufe des Krieges. Die Propaganda richtete sich besonders gegen prominente Juden in der Kriegswirtschaft, die z. B. die Lebensmittelversorgung organisierten. Unbewiesene Vorwürfe, wie „Drückebergerei“ vor dem Kriegsdienst und „Wucher“ bei der Erzielung von Kriegsgewinnen wurden in die Öffentlichkeit gebracht. Die Hoffnung der Juden auf eine einigende Wirkung des Krieges wurde zerstört, als im Oktober 1916 eine „Judenzählung“ im Heer angeordnet wurde. Sie sollte klären, ob eine unverhältnismäßig große Zahl jüdischer Wehrpflichtiger vom Kriegsdienst befreit sei und sich vor dem Einsatz an der Front „drücke“. Von jüdischer Seite wurde dies als „Ohrfeige“ empfunden, wie ein jüdischer Offizier nach zwei Jahren „völliger Hingabe an unsere Heimat“ formulierte.

Zwischen Antisemitismus und kultureller Blüte

Kriegsende und Gründung der Weimarer Republik verschärften den Antisemitismus: Die Organisation antisemitischer Verbände wurde vorangetrieben und herausragende jüdische Politiker fielen Mordanschlägen zum Opfer, so Rosa Luxemburg, Gustav Landauer, Kurt Eisner, Matthias Erzberger und Walter Rathenau. Gewalt, wie sie das Kaiserreich so nicht gekannt hatte, richtete sich gegen die jüdische Bevölkerung und ihre Einrichtungen. Bereits in den 1920er-Jahren stellten Zeitgenossen einen existenzbedrohenden Antisemitismus fest, der sich unmittelbar nach der Machtergreifung der Nationalsozialisten 1933 entschieden radikalisierte. Damit waren Ende der 1920er-Jahre die Erfolge eines über 100-jährigen Kampfes um die Emanzipation der Juden in Deutschland ernsthaft gefährdet. Nicht verdecken jedoch konnte der Antisemitismus die bedeutenden wissenschaftlichen und kulturellen Leistungen jüdischer Deutscher in den „Goldenen Zwanzigern“, sie fanden über Deutschland hinaus große Beachtung.

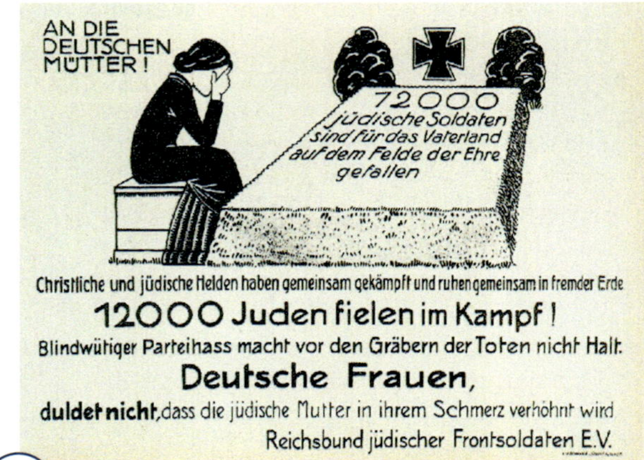

M1 **Flugblatt des Reichsbundes jüdischer Frontsoldaten,** um 1920

M2 **Reichsbanknote aus der Inflation 1923 mit antijüdischem Überdruck**

Biografie

Walther Rathenau

Walther Rathenau wurde 1867 in eine jüdische Industriellenfamilie hineingeboren, sein Vater war der Gründer der AEG. 1921 wurde er Wiederaufbauminister, 1922 deutscher Außenminister. Rathenau, der Mitglied der DDP war, verfasste auch einige Werke zur Wirtschaftspolitik und zu gesellschaftlichen Fragen. Am 24. Juni 1922 wurde er von zwei antisemitisch eingestellten ehemaligen Offizieren auf der Fahrt ins Auswärtige Amt erschossen.

M3

Von links nach rechts Portraits von wissenschaftlich und kulturell bedeutenden jüdischen Deutschen: Stefan Zweig (1881–1942), Kurt Tucholsky (1890–1935), Else Lasker-Schüler (1869–1945), Franz Kafka (1883–1924)

M4

„Keine Zeit ist weniger liberal gewesen ..."

Aus einem Artikel des jüdischen Journalisten Ludwig Holländer in der CV-Zeitung (1926):

Wer sieht, wie sich zahlreiche Unternehmungen weigern, jüdische Angestellte einzustellen, wie wir aus lautem Judenhass in eine Periode leiser, aber verbissener Judengegnerschaft im Begriffe sind hineinzugehen ... wird als betrüblichste Erscheinung unserer Zeit feststellen, dass sich zwar in der Form demokratische Gedanken durchgesetzt haben, dass wir aber tatsächlich weit, weit entfernt von jeder Demokratie sind! Gewiss ist Liberalismus und Demokratie nicht dasselbe. Es gibt eine Form der Demokratie, die keineswegs liberal ist. Aber im Großen und Ganzen muss eine wahrhafte Demokratie in ihrer Gesinnung wahrhaft liberal sein. Keine Zeit ist weniger liberal gewesen als die unsere.

Zit. nach Andreas Reinke, Geschichte der Juden 1781–1933, Darmstadt (WBG) 2007, S. 138.

M5

„Ich verliere meine Heimat"

Der bekannte Theaterregisseur Max Reinhardt (1873–1943) schrieb am 16. Juni 1933 an die „Nationalsozialistische Regierung Deutschlands":

Der Entschluss, mich endgültig vom Deutschen Theater zu lösen, fällt mir naturgemäß nicht leicht. Ich verliere mit diesem Besitz nicht nur die Frucht meiner siebenunddreißigjährigen Tätigkeit, ich verliere vielmehr den Boden, den ich ein Leben lang bebaut habe und in dem ich selbst gewachsen bin. Ich verliere meine Heimat ... Da jedoch der Wille des Staates eine Lage geschaffen hat, in der es unmöglich geworden ist, mein Lebenswerk weiter zu betreuen ... so muss ich es als eine Selbstverständlichkeit erkennen, dieses Werk in seinem ganzen Umfang dem Staat zu überlassen ... Es gehört zum Nationalvermögen Deutschlands. Die Genugtuung, dazu mit der besten Kraft meines Lebens beigetragen zu haben, mildert die Bitterkeit meines Abschieds.

Zit. nach Deutsch-jüdische Geschichte. Quellen zur Geschichte und Politik, hg. vom Verband der Geschichtslehrer Deutschlands, Stuttgart/Leipzig 2008, S. 85.

Biografie

Lise Meitner

(1878–1968) Lise Meitner wurde als Tochter von assimilierten jüdischen Eltern protestantisch getauft. Sie studierte als eine der ersten Frauen Physik, fand 1907 Aufnahme in den Kreis von Max Planck und arbeitete mit Otto Hahn auf dem Gebiet der Radioaktivität. 1926 wurde sie Professorin. 1933 wurde ihr von der Hitler-Regierung die Lehrerlaubnis entzogen, 1938 emigrierte sie nach Stockholm. Obwohl sie an der Forschung zur Kernspaltung entscheidend beteiligt war, wurde sie bei der Verleihung des Chemie-Nobelpreises an Otto Hahn 1946 nicht berücksichtigt.

1 Analysiere M1. Formuliere die Kernaussage.

2 Bewerte Absicht und mögliche Wirkung von M2.

3 Stelle fest, wie der Autor von M4 die Situation der Juden in der Weimarer Republik sieht.

4 Beschreibe, wie sich die Machtübernahme der Nationalsozialisten im persönlichen Bereich auswirkte (M5).

5 **Gruppenarbeit/Recherche:** Informiert euch über die Biografien aus M3 sowie über Fritz Lang, Alfred Kerr, Max Reinhardt, Arnold Schönberg.

6 Diskutiert, warum sich die Lage der jüdischen Deutschen in der Weimarer Demokratie nicht wesentlich besserte (Darstellungstext, Kap. 3).

Jüdisches Leben in Deutschland seit 1945

Leben „im Land der Täter"?

Was nach der Shoa kaum jemand für möglich gehalten hätte, geschah nach dem Ende des Krieges 1945 in Deutschland: Jüdinnen und Juden, die sich bis zum Zusammenbruch der NS-Herrschaft versteckt hielten, blieben in Deutschland, andere ließen sich erneut im Land nieder oder kamen bewusst aus dem Exil zurück. Im Frühjahr 1945 wurden etwa 50000 Jüdinnen und Juden aus den Konzentrationslagern befreit. Die meisten lebten weiterhin in Lagern zusammen mit anderen überlebenden Opfern der NS-Herrschaft, den sogenannten Displaced Persons. Viele von ihnen waren ehemalige Zwangsarbeiter oder Flüchtlinge. Hinzu kamen in den folgenden Jahren Jüdinnen und Juden aus Osteuropa. Auf eine Einwanderung in die USA oder in das britisch verwaltete Palästina mussten ausreisewillige Juden mehrere Jahre warten. Dies änderte sich mit der Gründung des Staates Israel 1948. Die Zahl der jüdischen Displaced Persons betrug 1947 in den Westzonen 182000, bis 1952 waren es 12000. In der 1949 gegründeten DDR ließen sich vor allem deutsche Jüdinnen und Juden nieder, die am Aufbau eines sozialistischen Staates teilnehmen wollten.

Aufbruch und Wachstum der Gemeinden

Zusammen mit einer etwa gleich großen Zahl deutscher Juden, die die Shoa überlebt hatten, bildeten die vorwiegend aus Osteuropa stammenden Displaced Persons die Keimzelle für neue jüdische Gemeinden in ganz Deutschland. 1950 entstand ihr Dachverband, der „Zentralrat der Juden in Deutschland".

In der DDR ging die Zahl der jüdischen Gemeindemitglieder kontinuierlich zurück von 3100 im Jahr 1945 auf 350 im Jahr 1990: Der Grund war Überalterung der Gemeindemitglieder. In der Bundesrepublik verteilten sich 1990 etwa 30000 Juden auf 90 Gemeinden. Seit der deutschen Einheit und dem politischen Umbruch in der ehemaligen Sowjetunion stehen die jüdischen Gemeinden vor der Aufgabe, größere Zuwanderergruppen aus Osteuropa zu integrieren. Bis 2004 sind etwa 200000 Juden nach Deutschland gekommen. Trotz gelungener Integration gibt es bis heute in Deutschland antisemitische Ausschreitungen, wie die Schändung jüdischer Friedhöfe und Gedenkstätten.

M1

1945: Bleiben oder Weggehen?

Aus einem Interview mit einem ehemaligen KZ-Häftling, der als Sohn jüdischer Eltern in Krakau geboren wurde und heute in München lebt (2001):

Die Befreiung aus dem KZ Dachau am 28. April 1945 habe ich nicht bewusst mitbekommen. Sehr krank und geschwächt lag ich danieder ... Vom Lager aus machte ich meine ersten Ausflüge in die nahe Stadt Dachau, um meine neu gewonnene Freiheit zu genießen ... Mein Schwager und ich hielten es nicht lange in der Sammelunterkunft aus, wir suchten ein Zimmer in der Gegend und fanden schließlich eines ... Das war Ende 1945. Auch bei der Arbeitssuche hatte ich Glück. 1947 fand ich bei den Amerikanern eine Arbeit als Chauffeur. Mit den Deutschen war die Verständigung einfacher als mit den Amerikanern. Meine Muttersprache war Jiddisch, das mit dem Deutschen viele Ähnlichkeiten hat ... Mit der Zeit lernte ich auch Deutsche kennen, mit einigen von ihnen freundete ich mich sogar an. Viele meiner jüdischen Schicksalsgenossen wollten von den Deutschen nichts mehr wissen und wollten nichts wie weg nach Amerika oder Palästina.

... Ich hatte keine großen Berührungsängste mit den Deutschen. Woher das kommt? Ich glaube erstens, weil es in meinem Heimatdorf in Polen keinen großen Unterschied machte, ob jemand Jude oder Christ war. Die Juden und Christen in unserem Dorf gingen z. B. gemeinsam auf eine Schule. Zweitens habe ich in den KZs bei den SS-Leuten die Erfahrung gemacht, dass nicht jeder Deutsche von Grund auf schlecht ist. Einige haben mir sogar geholfen.

Zit. nach Weggehen – Ankommen, hg. vom Schülerwettbewerb Deutsche Geschichte, Hamburg (Körber-Stiftung) 2002, S. 63.

M2 **Synagogenweihe in Bayreuth 1952,** Foto, Ausschnitt

M3

„Deutscher Jude oder jüdischer Deutscher"

Michael Wolffsohn, Geschichts- und Politikwissenschaftler, wurde 1947 als Sohn deutsch-jüdischer Emigranten in Tel Aviv geboren. Er lebt seit 1954 in der Bundesrepublik. In einem Interview im Juni 1999 sagte er:

Ich bin deutscher Jude oder jüdischer Deutscher ... Beides gehört für mich unauflöslich zusammen ... Im Vergleich zu Umfragen vor zwanzig Jahren haben sehr viel mehr Juden der dritten Generation und ein Teil der zweiten gesagt, dass sie sich auch als Deutsche fühlen. Das war früher eine ganz kleine Minderheit ... Die zweite, dritte und vierte Generation lebt nicht zwangsweise hier. Dass die Generation der unmittelbar Überlebenden den Weg nicht gefunden hat, hat viele Gründe. Für die zweite oder dritte Generation gibt es keine Ausrede. Man kann, wenn man nicht nach Israel will, in andere Länder gehen. Es ist aber fraglich, ob in anderen westlichen Demokratien – von ehemaligen kommunistischen Staaten ganz zu schweigen – die Lebensbedingungen für Juden besser sind ... Man lebt relativ gut, nicht nur materiell, auch ideell. Die große Mehrheit der Deutschen meint es ernst mit der Vokabel „neues Deutschland", „liberales Deutschland".

Zit. nach Ingrid Wiltmann, Jüdisches Leben in Deutschland, Frankfurt a. M. (Suhrkamp TB) 1999, S. 222.

M4

Eingang der neuen Münchner Hauptsynagoge, Foto, 2006

M5

In der Heimat angekommen?

Der israelische Botschafter Schimon Stein äußerte sich anlässlich der Eröffnung des Gemeindezentrums und der Neuen Synagoge in München im November 2006 gegenüber der „Süddeutschen Zeitung" (SZ):

SZ: Herr Botschafter, welche Bedeutung hat die Eröffnung des Gemeindezentrums für jüdisches Leben in Deutschland?

Stein: Als Vertreter des Staates Israel freue ich mich für die Juden, die beschlossen haben, in Deutschland zu bleiben, dass sie jetzt ein solches Zentrum haben werden. Es bietet ihnen die Möglichkeit, ihre jüdische Identität besser zu leben ...

SZ: Das Gemeindezentrum ist derzeit das größte jüdische Projekt in Europa. Beschäftigt Sie vielleicht auch persönlich, dass Sie als Botschafter in diesem Land davon ein Zeitzeuge werden?

Stein: Wissen Sie, ich vertrete einen zionistischen Staat. Dieser Staat hat das Ziel, allen Juden eine Heimat anzubieten. Deshalb kann ich mich nicht a priori freuen, dass Juden entscheiden, woanders zu leben, anstatt nach Israel zu kommen. Aber natürlich bin ich Realist und tolerant genug, um zu akzeptieren, dass es die Entscheidung des Einzelnen ist, wo er leben möchte. Und wenn ... ich vor der Wahl stehe, ob ich das distanziert betrachte oder mich für diese Menschen freue, dann freue ich mich, dass sie sich hier ein Stück mehr entfalten können.

SZ: Leistet das jüdische Leben einen Beitrag für die Aussöhnung zwischen Israel und Deutschland?

Stein: Das ist die Frage, ob die jüdischen Gemeinden eine Brückenfunktion zwischen Israel und ihren Ländern haben. Das ist ganz unterschiedlich. Im Falle der Gemeinden in den USA würde ich das bejahen. Der Verständigungsprozess zwischen Israel und Deutschland aber findet statt zwischen allen Gruppen aus Gesellschaft und Politik, die sich dafür interessieren. Dazu gehören natürlich auch die jüdischen Gemeinden, ohne dass sie jedoch aus meiner Sicht eine herausragende Rolle gespielt hätten.

Zit. nach Süddeutsche Zeitung, Beilage „Jüdisches Leben", 9. November 2006, S. 19.

1 **Partnerarbeit:** Erarbeitet anhand der Informationen auf dieser Doppelseite Motive und Erfahrungen von Juden, die in Deutschland geblieben sind bzw. nach 1945 zurückkehrten.

2 Erörtert in einer Gesprächsrunde eure Sichtweise der Beziehung zwischen Juden und Nichtjuden heute.

3 **Recherche:** Informiert euch bei einer jüdischen Gemeinde über ihre Aktivitäten (www.zentralratdjuden.de). Bereitet eine Expertenbefragung bzw. eine Exkursion vor.

Marcel Reich-Ranicki: Sprache und Literatur als Heimat

Rückkehr nach Deutschland

Warum er und seine Frau die Vernichtungsmaschinerie der Nationalsozialisten überlebten, nicht jedoch viele Mitglieder ihrer Familien, das blieb für Marcel Reich-Ranicki immer eine offene Frage: „Warum?“ Geboren wurde er 1920 als Sohn des polnisch-jüdischen Kaufmanns David Reich und der deutschen Jüdin Helene, geborene Auerbach. 1928 wurde er bei Verwandten in Berlin untergebracht, um 1938 am Fichte-Gymnasium als Jude mit polnischer Staatsbürgerschaft sein Abitur zu machen. Als er sich an der Berliner Universität einschreiben wollte, wurde er abgelehnt, wenig später als unerwünschter Ausländer verhaftet und nach Polen ausgewiesen. Nach dem Überfall der Deutschen auf Polen 1939 wurde er 1940 zwangsweise ins Warschauer Ghetto umgesiedelt, aus dem er 1943 zusammen mit seiner Frau flüchtete. 1958 ließ er sich in der Bundesrepublik Deutschland nieder. Seine Leidenschaft für die deutsche Sprache und Literatur machte ihn zu einem der bedeutendsten Literaturkritiker in Deutschland.

M1

Gerechtigkeit als oberstes Prinzip?

Aus der Autobiografie Marcel Reich-Ranickis (2001):

„Mein Sohn ist Jude und Pole. Wie wird er in Ihrer Schule behandelt werden?“ – fragte meine Mutter den Direktor des Fichte-Gymnasiums in Berlin-Wilmersdorf. Es war im Winter 1935. … Der Herr Direktor versicherte überaus höflich, ihre Befürchtungen seien ihm schlechthin unbegreiflich. Dies sei schließlich eine deutsche, eine preußische Schule, und in einer solchen sei Gerechtigkeit oberstes und selbstverständliches Prinzip. … Als ich nach den Osterferien … zum ersten Mal das Gebäude des Fichte-Gymnasiums … betrat, war jener Direktor, der meiner Mutter so gefallen hatte, nicht mehr zu sehen. … man munkelte von Zwangspensionierung. Sein Nachfolger hieß Heiniger. An nationalen Feiertagen erschien er in einer eleganten braunen Uniform mit allerlei goldenem Behang. Er war nämlich ein „Goldfasan“ – so nannte man die höheren Funktionäre der Nationalsozialistischen Deutschen Arbeiterpartei.

Marcel Reich-Ranicki, Mein Leben, 3. Aufl., München (dtv) 2001, S. 68 f.

M2

Marcel Reich-Ranicki mit seiner Frau Teofila (Tosia; sprich: Toscha), Foto, 2000

M3

Szenenfoto aus der Filmbiografie „Mein Leben“ über Marcel Reich-Ranicki. Matthias Schweighöfer als Marcel und Katharina Schüttler als Tosia.

Vorschlag für eine Gruppenarbeit

1 Erarbeitet in arbeitsteiligen Gruppen die Lebens- und Werkgeschichte von Marcel Reich-Ranicki. **Themenvorschläge:** 1. Kindheit und Jugend in Deutschland bis 1938; 2. Leidenschaft für die Literatur; 3. Leben im Warschauer Ghetto; 4. Marcel und Teofila; 5. Überleben im Ghetto; 6. Neuanfang in Deutschland; 7. Der „Literatur-Papst“ in den Medien; 8. „Mein Leben“ – Verfilmung der Autobiografie von Marcel Reich-Ranicki.

2 Erörtert auf der Grundlage eurer Arbeitsergebnisse in einer Gesprächsrunde die folgende Aussage Reich-Ranickis: „Meine Heimat ist die Literatur. Das habe ich mir nicht ausgesucht, aber so ist es geschehen.“

Jüdisch-christliches Zusammenleben seit der Frühen Neuzeit

M1

Richard Stern mit eisernem Kreuz vor seinem Geschäft, am Tag des „Juden-Boykotts" 1. April 1933, Foto

An alle Frontkameraden und Deutsche!

Unser Herr Reichskanzler **Hitler**

und die Herren Reichsminister **Frick und Göring**
haben mehrfach folgende Erklärungen abgegeben:

Wer im III. Reich einen Frontsoldaten beleidigt, wird mit Zuchthaus bestraft!

Mein Bruder meldete sich mit 25 Jahren am 4. August 1914 als Kriegsfreiwilliger und war bis Ende 1918 an der Front.
Ich selbst wurde als junger Bursche von kaum 18 Jahren zur Fahne berufen und stand dauernd **an der Front in vorderster Linie** bei der 2. Masch.-Gewehr-Komp. d. Landw.-Inf.-Regt. 31. Erhielt **für Tapferkeit vor dem Feinde das Eiserne Kreuz** und kehrte erst 1919 nach Hause zurück.

Unser verstorbener kranker Vater verrichtete mit 58 Jahren noch den Kriegshilfsdienst, während seine beiden Söhne im Felde standen.
Müssen wir uns nach dieser Vergangenheit im Nationalen Dienst als guter Deutscher, jetzt öffentlich beschimpfen lassen? Soll das heute der Dank des Vaterlandes sein, daß durch Presse und Rundfunk über **65 Millionen Deutsche aufgefordert werden** nicht bei Deutschen Juden zu kaufen, ja jeder Deutsche Jude, selbst der kleinste Geschäftsmann oder Handwerker zu boykottieren sei?

Ist der Deutsche Jude nunmehr ein **Mensch II. Klasse** geworden, den man nur noch als Gast in seinem Vaterland duldet?

Wir fassen diese Aktion gegen das gesamte Deutsche Judentum auf als eine Schändung des Andenkens von **12 000 gefallenen Deutschen Frontsoldaten jüdischen Glaubens.**

Wir sehen darüber hinaus in dieser Aufforderung eine Beleidigung für jeden anständigen Bürger. Es ist uns nicht bange darum, daß es in Köln auch heute noch die Zivilcourage gibt, die Bismarck einst forderte, und Deutsche Treue, die gerade jetzt zu uns Juden steht.

Bettwaren-Haus
Marsilstein 20

Der ehemalige Frontkämpfer
Richard Stern

M2

Flugblatt, verfasst von Richard Stern (siehe M1)

Überprüfe, was du kannst

Sachkompetenz

1 Fasse den Wandel der Situation der Juden in Deutschland a) zwischen Früher Neuzeit und 1848/49 und b) zwischen Kaiserreich und 1933 stichwortartig zusammen.

Urteilskompetenz

2 a) Ordne M1 und M2 in die geschichtliche Situation in Deutschland um 1933 ein.
b) Erörtere, inwiefern sich in M1 und M2 die Situation der Juden in Deutschland widerspiegelte.

Kommunikations- und Handlungskompetenz

3 Diskutiert in einer Gesprächsrunde, was sich an den erarbeiteten Biografien für das Zusammenleben zwischen jüdischen und deutschen Bürgern erkennen lässt.

Frühe Neuzeit und Absolutismus
- eingeschränkte Gleichberechtigung
- starke gesellschaftliche Unterschiede zwischen Hofjuden und Landjuden
- Rückgang der Gewalt gegen Juden

Aufklärung bis Kaiserreich
- Bedeutung der Bildung
- Aufstieg in das Wirtschafts- und Bildungsbürgertum
- organisierter Antisemitismus
- Gefühl der Fremdheit bleibt

Weimarer Republik
- kulturelle und wissenschaftliche Blüte auch durch jüdische Deutsche
- Krisenbewusstsein: fehlende Liberalität, aggressiver Antisemitismus
- ab 1933–1945: Ausgrenzung, Verfolgung, Vernichtung von Millionen Juden in Europa (Shoah; siehe Kap. 4)

1945 bis zur Gegenwart
- Neuanfang jüdischen Lebens in Deutschland
- aktives Gemeindeleben
- Zuwanderung von Juden aus Osteuropa
- Rechtssicherheit und Gleichberechtigung in der Demokratie

6. Die Neuordnung Europas und der Welt nach 1945

Auf den „totalen Krieg" folgte 1945 die „totale Niederlage" für Deutschland. Aber es bahnte sich ein neuer Konflikt an: Schon in der ersten Hälfte des 20. Jahrhunderts waren Spannungen zwischen den USA und der Sowjetunion deutlich geworden. Nach 1945 verstärkten sie sich so, dass vom „Kalten Krieg" gesprochen wurde. Bis zur deutschen Einheit 1990 und zur Auflösung der Sowjetunion 1991 bestimmte der Ost-West-Konflikt die Weltpolitik mit der Gegnerschaft zwischen dem westlichen Bündnissystem um die USA und dem östlichen unter Führung der Sowjetunion. Weltpolitische Bedeutung erlangten die 1945 gegründete UNO (United Nations Organization) und die europäische Einigungsbewegung, später auch eine Entwicklung, die wir als „Globalisierung" bezeichnen.

Folgende Fragen leiten dich durch das Kapitel:

- ***Was war der Kalte Krieg?***
- ***Wie verlief die Entwicklung von der Teilung Deutschlands bis zur Einheit?***
- ***Wie entwickelte sich die Welt nach dem Ost-West-Konflikt?***

1 Erläutere, welche Informationen über die Welt nach 1945 du den Abbildungen entnehmen kannst.

2 Manche Menschen behaupten, dass die Weltpolitik in der Zeit des Ost-West-Konflikts übersichtlicher gewesen sei als heute. Was könnte mit der Aussage gemeint sein? Notiert eure Vermutungen und überprüft sie in diesem Kapitel.

„Schwerter zu Pflugscharen", Skulptur des russischen Künstlers Jewgenij Wutschetitsch von 1957 vor dem Gebäude der UNO in New York

„Wir – Sie", Karikatur, 1981

„Einheit", Karikatur von Burkhard Mohr, 1995

Deutschland 1945 bis 1949

Wissen • Urteilen • Handeln • Methoden anwenden

Am Ende dieses Unterkapitels kannst du

- die Lebensbedingungen der Menschen bei Kriegsende beschreiben
- Ziele und Motive der alliierten Besatzungspolitik darstellen und bewerten
- Besatzung und staatlichen Neubeginn am Beispiel Niedersachsen darstellen
- Faktoren der Gründung der beiden deutschen Staaten nennen und vergleichen
- Merkmale sozialer Marktwirtschaft und sozialistischer Planwirtschaft vergleichen und beurteilen

Besatzungszonen 1945

1945 bis 1949
Besatzungszonen

1949 bis 1990
Deutsche Teilung

1949
doppelte Staatsgründung

1940 1950 1960 1970 1980 1990

Neubeginn in Trümmern und Not

Zusammenbruchsgesellschaft

Am Ende des Krieges standen die Deutschen im wahrsten Sinne des Wortes vor den Trümmern der NS-Diktatur: Ein großer Teil der Verkehrswege und Industrieanlagen war zerstört und etwa 25 Prozent des Wohnraums lagen in Schutt und Asche. In Groß- und Mittelstädten betrug die Zerstörungsrate sogar zwischen 50 und 90 Prozent. 7,5 Millionen Menschen waren obdachlos geworden. Der Wiederaufbau der Städte verlief schleppend, weil es an Materialien und Arbeitskräften mangelte. Die Versorgung der deutschen Bevölkerung mit Lebensmitteln lag in den Händen der Besatzungsmächte. Lebensmittel und andere Waren wurden nur auf Bezugsscheine ausgegeben. Geld war zwar vorhanden, besaß aber keinen Wert mehr. Da sich Millionen Männer in Kriegsgefangenschaft befanden, trugen die Frauen die Hauptlast: Sie standen stundenlang für Lebensmittel Schlange, machten „Hamsterfahrten“ aufs Land, leisteten Schwerstarbeit als „Trümmerfrauen“ und erzogen die Kinder. Sorgen bereiteten auch die etwa 12 Millionen Flüchtlinge und Vertriebenen aus den ehemals deutschen Gebieten Ostmitteleuropas. Sie kamen in provisorischen Quartieren unter oder lebten übergangsweise bei Verwandten. Viele ehemalige Zwangsarbeiter, KZ-Häftlinge (Displaced Persons) und Kriegsgefangene warteten auf die Rückführung in ihre Heimat. So erlebten die Menschen die „Stunde null“ als Zusammenbruch oder Absturz, aber auch als Befreiung, Aufbruch und Neuanfang.

M1

Carepaket mit Inhalt, um 1946. Die amerikanische Wohltätigkeitsorganisation CARE (Co-operative for American Remittances to Europe) verteilte bis Januar 1947 fünf Millionen Lebensmittelpakete in Deutschland.

M2

Trümmerfrauen, Foto, 1946

M3

Versorgung durch Rationierung

Aus amtlichen Bekanntmachungen der Stadt Göttingen (1947/48):

14. September 1947: Für jedes Kilogramm abgelieferter trockener Bucheckern wird ein Berechtigungsschein zum Bezug von 160 g Öl ausgegeben …

25. September 1947: Die aufgerufenen Lebensmittel mit einem Wert von täglich 1431 Kalorien sind zur Verteilung gekommen, mit Ausnahme der Ration für entrahmte Frischmilch. Infolge der sinkenden Milchablieferung wurde in der laufenden Zuteilungsperiode die Milchration von 3000 g auf 2000 g herabgesetzt, sodass sich dadurch der Kalorienwert auf etwa 1420 ermäßigte …

21. Oktober 1947: In der 107. Zuteilungsperiode (13. 10. – 9. 11.) ist an alle Versorgungsberechtigten über 18 Jahre eine Schachtel Zündhölzer abzugeben …

26. Juni 1948: Auch im August wird die Waschmittelzuteilung wie in den Monaten April bis Juni ausfallen, gibt die Wirtschaftsverwaltung bekannt.

Zusammengestellt nach Thomas Berger/Karl-Heinz Müller, Lebenssituationen 1945–1948, 2. Aufl., Frankfurt a. M. (Hirschgraben) 1984, S. 59 f.

1 Beschreibe, unter welchen Bedingungen die Menschen nach 1945 ihren Alltag organisieren mussten (Darstellungstext, M2 und M3).

2 Diskutiert, welche Wirkung die amerikanische Hilfe (M1) auf die Bevölkerung gehabt haben könnte.

Alliierte Besatzungspolitik 1945 bis 1948

Was soll aus Deutschland werden?

Nach der Kapitulation Deutschlands am **8./9.** Mai **1945** trafen sich im Sommer 1945 die Staatsführer der drei alliierten Siegermächte in Potsdam. Ziel war, sich über die europäische Nachkriegsordnung und das zukünftige Vorgehen im besetzten Deutschland zu einigen. Obwohl bei der Potsdamer Konferenz die unterschiedlichen politischen Vorstellungen der Sowjetunion und der westlichen Staaten aufeinanderprallten, einigten sich die Alliierten auf folgende vier „Ds“ als Leitlinie: „Demilitarisierung“, „Denazifizierung“, „Dezentralisierung“ und „Demokratisierung“. Außerdem vereinbarten sie, Deutschland als eine wirtschaftliche Einheit zu betrachten. Bald jedoch zeigte sich, dass die Besatzungsmächte unterschiedliche Vorstellungen hatten, abgesehen von der „Demilitarisierung“, nämlich der Auflösung des deutschen Militärs und der Zerstörung der deutschen Waffenmacht. Die alleinige Zuständigkeit in ihrer Zone ermöglichte den vier Besatzungsmächten, die Bestimmungen von Potsdam unterschiedlich umzusetzen. Schon bald entwickelten sich daher die westlichen Zonen und die Sowjetische Besatzungszone (SBZ) auseinander.

Neubeginn des politischen Lebens

Unmittelbar nach Kriegsende versuchten die Besatzungsmächte, das öffentliche Leben und die Wirtschaft in Gang zu bringen. Auf deutscher Seite bemühten sich um den Wiederaufbau spontan entstandene antifaschistische Ausschüsse sowie Betriebsräte, Gewerkschaften, Parteien und kirchliche Gruppen. In den Westzonen wurden Parteien und Verbände zunächst nur auf örtlicher Ebene zugelassen. Neben den traditionellen Arbeiterparteien KPD und SPD und der liberalen Partei FDP (Freie Demokratische Partei) entstand mit der Christlich-Demokratischen Union (CDU) eine Partei, die katholische und evangelische Christen politisch vereinigte – anders als das frühere Zentrum.

Die von den westlichen Alliierten eingesetzten Verwaltungen auf Gemeinde- und Länderebene begannen 1945/46 zu arbeiten. Dagegen waren bereits 1945 in der SBZ Zentralverwaltungen geschaffen worden, die den Aufbau des politischen Lebens bestimmten. Die KPD erhielt hier von Anfang an eine bevorzugte Stellung. Im April 1946 wurden KPD und SPD zur Sozialistischen Einheitspartei Deutschlands (SED) zwangsvereinigt.

M1 Mitteleuropa 1945 bis 1949

Begriffe und Daten

Potsdamer Konferenz

Auf der Potsdamer Konferenz (17. Juli bis 2. August 1945) hielten die Sowjetunion, die USA und Großbritannien folgende Vereinbarungen fest:

– Deutschland wird in vier Besatzungszonen geteilt, Berlin in vier Sektoren.
– Die jeweiligen Militärbefehlshaber haben in den Zonen die oberste Gewalt. Ein Alliierter Kontrollrat fällt Entscheidungen, die Deutschland als Ganzes betreffen.
– Reparationen entnimmt jede Besatzungsmacht aus ihrer Zone (Demontage*, Geldleistungen aus Guthaben oder laufender Produktion).
– Umsiedlung der deutschen Bevölkerung aus den Gebieten östlich der Oder-Neiße-Grenze* (polnische Verwaltung) und Nordostpreußen (sowjetische Verwaltung) nach Deutschland.
– In begrenztem Umfang ist ein politisches Leben erlaubt (Parteien, Gewerkschaften, Verbände). Voraussetzung ist die Entnazifizierung der Bevölkerung.

1. Hilfsprogramme und Währungsreform

Angeregt von US-Außenminister Marshall stellten die USA im Frühjahr ein Hilfsprogramm, den Marshallplan*, zur Verfügung. Dagegen protestierte die sowjetische Besatzungsmacht mit dem Vorwurf, die USA zögen sich aus der gemeinsamen Deutschlandpolitik zurück. Sie untersagte deshalb in ihrer Zone diese Wirtschaftshilfe. Der Konflikt verschärfte sich, als in den Westzonen am 21. Juni 1948 eine Währungsreform mit der Einführung der „Deutschen Mark" (DM) durchgeführt wurde. Die Sowjetunion antwortete mit einer eigenen Währungsreform in der SBZ am 24. Juni 1948. Der Versuch der UdSSR, durch eine Blockade der Westsektoren Berlins vom 24. Juni 1948 bis Mai 1949 ihren Einfluss auf die gesamtdeutsche Politik zu sichern, scheiterte: Die Amerikaner versorgten Berlin über eine Luftbrücke, die zum Freiheitssymbol wurde. Die SBZ nahm mit der Bodenreform* und der Verstaatlichung wichtiger Industriebetriebe wirtschaftliche Weichenstellungen vor. Damit schuf sie die Voraussetzung für die spätere Planwirtschaft*. Amerikaner und Briten legten am 1. Januar 1947 ihre beiden Zonen zusammen. Frankreich schloss sich 1949 an.

M2

Ankunft eines amerikanischen „Rosinenbombers" während der Berlin-Blockade, Foto, 1948

M3

Eingliederung in den Westen

Der spätere Außenminister der USA, John Foster Dulles, äußerte sich vor einem Ausschuss des amerikanischen Senats zum Marshallplan (1948):

Ich finde mich nicht notwendigerweise mit einer permanenten Teilung Deutschlands ab, sondern sage, dass der einzige Weg, Deutschland unter Bedingungen zusammenzubringen, die für uns und die westlichen Staaten akzeptabel sind, der ist, mit der Eingliederung des westlichen Deutschlands in die so gesunde und kraftvolle Wirtschaft Westeuropas zu beginnen, sodass die Bewohner des östlichen Deutschlands einfach sagen werden: „Gut, diesen Weg gehen wir nicht mehr weiter. Wir wollen ein wesentlicher Bestandteil des Westens sein."

Zit. nach Joachim Hoffmann/Werner Ripper (Hg.), Deutschland im Spannungsfeld der Siegermächte, Frankfurt a. M. (Diesterweg) 1982, S. 178.

1 **Präsentation:** Erarbeitet anhand der Informationen auf dieser Doppelseite, welche Entscheidungen die Siegermächte des Zweiten Weltkrieges über die Zukunft Deutschlands trafen. Unterscheidet nach Regelungen über das Territorium und über den politischen Aufbau. Berichtet in der Klasse.

2 Diskutiert, ab wann Anzeichen für eine künftige Teilung Deutschlands erkennbar waren.

Die Gründung des Landes Niedersachsen

Niedersachsen – ein neues Land

Nach dem Ende der nationalsozialistischen Diktatur wurden unter britischer Besatzungsherrschaft im Raum des heutigen Niedersachsen die alten Länder Braunschweig, Oldenburg und Schaumburg-Lippe wieder errichtet. Die Provinz Hannover erhielt nach der Auflösung Preußens die Stellung eines Landes. Die ersten Landesregierungen wurden von der britischen Besatzungsmacht ernannt, die Landtage ebenfalls von den Briten zusammengestellt. Beraten ließen sich die Briten von einem Zonenbeirat, dem vor allem führende Parteipolitiker, Verwaltungsbeamte und Gewerkschafter angehörten. Der Auftrag, für das jeweilige Territorium Verfassungen zu erarbeiten, blieb jedoch im Anfangsstadium stecken. Der Grund dafür war ein Vorschlag des SPD-Politikers Hinrich Wilhelm Kopf, ein neues Land „Niedersachsen“ zu gründen Er fand die Zustimmung der britischen Militärregierung, die die Gründung des Landes Niedersachsen mit Wirkung ab 1. November 1946 anordnete. Die bisherigen Ministerien und Landtage wurden aufgelöst, und der hannoversche Regierungschef Kopf wurde zum niedersächsischen Ministerpräsidenten berufen. Alle vom Landtag beschlossenen Gesetzentwürfe bedurften der Zustimmung der Briten. Nach den ersten Landtagswahlen am 20. April 1947 ergab sich folgende Sitzverteilung: SPD 65 Sitze, CDU 30, Niedersächsische Landespartei 27 (ab 1947 Deutsche Partei NLP/DP), FDP 13, Kommunistische Partei Deutschlands (KPD) 8, Zentrum (Partei der Katholiken/Z) 6 Sitze. Kopf bildete eine Allparteienregierung. Wegen unterschiedlicher Positionen wurden Koalitionsbildungen schwierig, sodass es wiederholt zu Regierungsumbildungen kam. 1951 wurde die „Vorläufige Niedersächsische Verfassung“ beschlossen. Landeswappen wurde 1952 das im roten Feld platzierte weiße Sachsenross. Die wichtigsten Aufgaben der Landespolitik waren zunächst, die 1,8 Millionen Flüchtlinge und Vertriebenen unterzubringen und einzugliedern, die Ernährung der Menschen wenigstens notdürftig zu sichern, die zerstörte Industrie aufzubauen sowie Wohnraum und Arbeitsplätze zu schaffen.

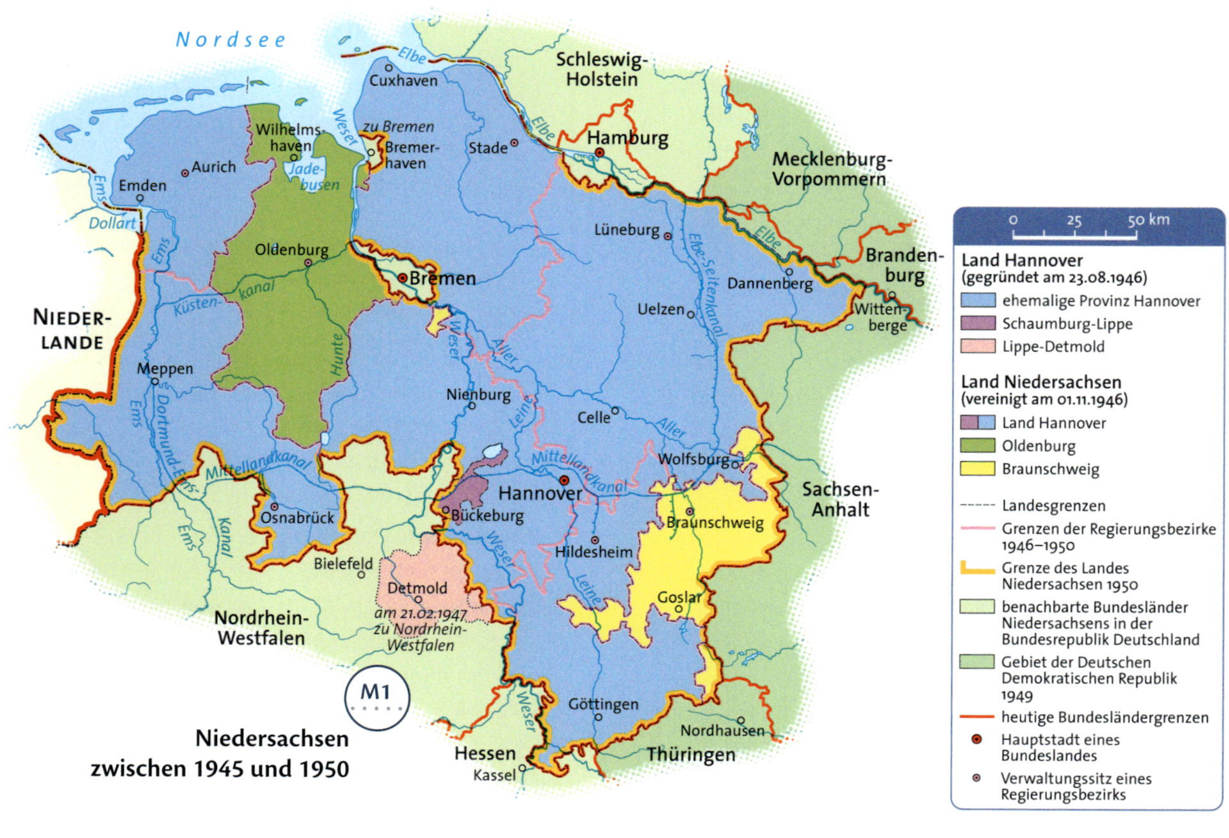

Niedersachsen zwischen 1945 und 1950

M2

Hinrich Wilhelm Kopf (1893 bis 1961), der erste Ministerpräsident Niedersachsens, zeitgenössisches Foto

M3

Ländergründungen in der Britischen Zone

Aus der Rede des stellvertretenden Militärgouverneurs, Sir Brian H. Robertson, im Zonenbeirat in Hamburg am 23. Oktober 1946:

In all Ihren Vorschlägen stellte ich eine wesentliche Übereinstimmung darüber fest, dass die Regierung in erheblichem Maße dezentralisiert werden muss. Wir stimmen im Prinzip damit überein ... Von den verschiedenen Vorschlägen, die wir über den territorialen Neuaufbau der britischen Zone erhielten, waren drei von hervorragender Bedeutung. Der erste war der Vorschlag von Ministerpräsident Kopf, der empfahl, dass die Britische Zone neben dem Lande Nordrhein-Westfalen zwei weitere Länder, nämlich Niedersachsen und Schleswig-Holstein, enthalten, während Hamburg seine selbstständige Stellung als Hansestadt behalten solle. Der zweite war der von Dr. Kurt Schumacher, der den Standpunkt vertritt, abgesehen vom Lande Nordrhein-Westfalen, den gesamten Rest der Zone in ein einziges Land zu verwandeln ... Die von Ministerpräsident Tantzen, Oldenburg, und Ministerpräsident Kubel, Braunschweig, entworfenen Pläne sehen einen nur als vorläufig anzusehenen Länderaufbau vor, sodass nach Wiederherstellung der Einheit des Reiches die größeren Länder verschwinden und nur die kleineren Unterteilungen bleiben würden ... Nach eingehenden Überlegungen sind wir zu dem Schluss gekommen, dass die von Ministerpräsident Kopf vorgebrachte Lösung die beste Basis zur Befriedung aller ... abzugeben scheint.

Zit. nach Jürgen Borchers u. a., Gründung des Landes Niedersachsen. Darstellung und Quellen, hg. von der Landeszentrale für politische Bildung, Hannover, 1986, S. 62.

M4

Erste Regierungserklärung

In seiner ersten Regierungserklärung vor dem Niedersächsischen Landtag erklärte Hinrich Wilhelm Kopf (SPD) am 9. Dezember 1946:

Die Bildung des Landes ist in weiten Kreisen begrüßt worden. Das Land ist kein künstliches Gebilde, sondern durch die Stammesart seiner Bewohner, durch seine gleichartige Struktur, Tradition und wirtschaftliche Geschlossenheit ein organisch gewachsenes zusammenhängendes Ganzes. Ein Teil der Bevölkerung bedauert zwar den Verlust alter Selbstständigkeiten. Er wird aber, davon sind wir überzeugt, bald die Richtigkeit der getroffenen Entscheidungen erkennen. Das Zusammenwachsen aller Teile unseres Landes wird reibungslos und schnell vonstatten gehen ...

Die mit der Bildung des neuen Landes zusammenhängenden Fragen organisatorischer und verwaltungstechnischer Art treten indes zu einer Zeit, in der das Leben unseres Volkes auf dem Spiele steht, zurück an Bedeutung gegenüber der alles überschattenden Sorge der Bekämpfung des Elends der Vertriebenen und Flüchtlinge, des Hungers, der Kälte, der Seuchen und der Obdachlosigkeit ... Wir erkennen die Unterstützung an, die die Militärregierung uns leiht, erneuern jedoch auch an dieser Stelle unser dringendes Verlangen nach weiterer wirksamer Hilfe, insbesondere nach Einfuhr von hochwertigen Lebensmitteln und Schaffung von Lebensmittelreserven. Nur so kann ein Ansteigen der Hungersnot verhindert werden.

Zit. nach Jürgen Borchers u. a., Gründung des Landes Niedersachsen. Darstellung und Quellen, hg. von der Landeszentrale für politische Bildung, Hannover, 1986, S. 65.

1 Beschreibe anhand des Darstellungstextes, M1 und M2 den Gründungsvorgang und die territoriale Gestaltung des neuen Landes Niedersachsen.

2 Erarbeite aus M3, von welchen Grundsätzen sich die britische Besatzungsmacht bei der Neugliederung Nordwestdeutschlands leiten ließ.

3 Formuliere den Redeausschnitt M4 thesenhaft um.

4 a) Untersuche, welche politischen Ziele Kopf (M4) für vorrangig hielt.
b) Ordne seine Aussagen in die Situation Deutschlands 1945/46 ein.

5 Recherchiert in Partnerarbeit die Wahlergebnisse und die Sitzverteilung der letzten Landtagswahl in Niedersachsen. Achtet auf „alte“ bzw. „neue“ Parteien.

Entnazifizierung und Nürnberger Prozesse

Abrechnung mit dem Nationalsozialismus

Die Beseitigung von Militarismus und Nationalismus* gehörte 1945 zu den wichtigsten Zielen der Alliierten. Als erste Maßnahme und Teil der „Umerziehung" („Reeducation") der deutschen Bevölkerung wurden die deutschen Anwohner über die Gelände der befreiten Konzentrationslager geführt und die Bevölkerung durch Dokumentarfilme über die Verbrechen der Nationalsozialisten aufgeklärt. Die Alliierten ließen die alten Schulbücher vernichten und genehmigten nur Unterrichtsmaterialien, die ihren jeweiligen politischen Vorstellungen entsprachen. Teilweise wurde gegenüber den Deutschen auch der Vorwurf einer Kollektivschuld für die NS-Verbrechen erhoben. Umstritten blieb aber, ob es eine solche Schuld gegenüber einem ganzen Volk überhaupt geben könne.

In der sowjetischen Zone wurden unter der Parole „Ausrottung der Überreste des Faschismus" bis 1948 etwa 520 000 Personen aus ihren Stellungen entfernt, in der Justiz beispielsweise etwa 85 Prozent des Personals. „Kleinere" ehemalige NSDAP-Mitglieder wurden von Bestrafungen ausgenommen, wenn sie sich zum kommunistischen System bekannten. Neuere historische Untersuchungen zeigen jedoch, dass auch in der DDR Menschen mit einer Nazi-Vergangenheit bis in hohe Funktionen aufgestiegen sind, teils unter Verschweigen ihrer Vorgeschichte, teils aber auch bewusst gedeckt von der kommunistischen Führung.

In den Westzonen wurden etwa 12 Millionen ehemalige Mitglieder der NSDAP oder ihrer Unterorganisationen mit einem umfangreichen Fragebogen überprüft. Spruchkammern stellten danach den Grad der Verantwortung fest. Tatsächlich verurteilt wurden nur etwa 10 Prozent der Angeklagten.

Nürnberger Prozesse und Ende der Entnazifizierung

Gegen die Hauptkriegsverbrecher Nazi-Deutschlands gingen die Alliierten bei den Nürnberger Prozessen* gemeinsam vor. Zwischen November 1945 und Herbst 1946 wurden hier vor einem internationalen Militärtribunal die NS-Verbrechen verhandelt von 24 NSDAP-Prominenten (z. B. Göring), knapp 700 SS-Ärzten, Juristen, hohen Offizieren, SS-Führern und SS-Mitgliedern und KZ-Wachmannschaften. Nach den Nürnberger Prozessen ging die Strafverfolgung auf deutsche Gerichte über.

Den Angeklagten wurden Verbrechen gegen den Frieden, Kriegsverbrechen und Verbrechen gegen die Menschlichkeit zur Last gelegt. Viele wurden hingerichtet oder mit hohen Freiheitsstrafen belegt. Das Tribunal war juristisch umstritten, denn Kriegsverbrechen und Verbrechen gegen die Menschlichkeit konnten auch den Siegermächten vorgeworfen werden. Doch die Siegermächte waren zugleich auch die Richter. Zum ersten Mal in der Geschichte wurden durch einen internationalen Gerichtshof Verbrechen gegen die Menschenrechte verurteilt. Das hatte Vorbildwirkung bis in unsere heutige Zeit, wie das UN-Kriegsverbrechertribunal für das ehemalige Jugoslawien zeigt.

Als sich der Ost-West-Konflikt verschärfte, regte sich in den USA und in Deutschland Widerstand gegen die Entnazifizierung. Sie wurde bis Mitte der 1950er-Jahre durch „Schlussgesetze" beendet. Viele, die in leitenden Positionen lebensvernichtende Entscheidungen getroffen, verbrecherische Urteile gefällt oder Menschen zu Tode gequält hatten, wurden damit entlastet oder wegen fehlender Nachforschungen gar nicht mehr verfolgt.

M1

Die Angeklagten im Nürnberger Prozess gegen die Hauptkriegsverbrecher des Zweiten Weltkrieges, Foto, 1946

M2

Rechtfertigung eines Beteiligten

Auszug aus einem Gerichtsverfahren gegen einen Zugführer der Reichsbahn (1945):

Ankläger: Ist es wahr, dass bei dem sechstägigen Bahntransport von Nordhausen nach Belsen ... zweiundvierzig Menschen tatsächlich an Durst gestorben sind?

Angeklagter: Wir hatten eine Portion Tote, aber mich ging es nichts an. Ich war nicht Dienstältester.

Ankläger: Es ist überhaupt nicht zu verstehen, dass Sie die Gefangenen verdursten ließen ... Sie konnten doch den Zug halten und Wasser holen lassen.

Angeklagter: Ich meine, das geht ja nicht, dass jeder über einen Zug bestimmen kann, wie er will. Es ist doch so, dass der Zugführer seinen bestimmten Plan hatte, nach dem er fahren musste ... Die Gefangenen hatten es auf dem Transport ganz gemütlich. Je hundert Stück Häftlinge auf einem Waggon.

Ankläger: Warum haben Sie auf den Bahnhöfen kein Wasser für die Gefangenen geholt?

Angeklagter: Diese Bahnhöfe, dieses Wasser ... es gibt da Bestimmungen, das ist nur für die Lokomotiven da. Auch hatte ich ja gar nicht das Kommando.

Zit. nach Eike Geisel (Hg.), Vielleicht war das alles erst der Anfang. Tagebuch aus dem KZ Bergen-Belsen 1944–1945, Berlin (Rotbuch) 1982.

M3

War die Entnazifizierung erfolgreich?

Der Historiker Konrad von Zwehl schrieb 1986 zum Spruchkammerverfahren in der US-Zone:

Insgesamt verfehlte das von den Amerikanern aufgenötigte Verfahren sein Ziel, einen Gesinnungswandel herbeizuführen. Die Spruchkammern bearbeiteten mit Vorrang die „kleinen“ Fälle, da die schwebenden Verfahren für die Betroffenen und vor allem für ihre Familien eine große Härte bedeuteten; die „großen“ Fälle kamen, wenn überhaupt, erst in einer Zeit zur Verhandlung, als die Besatzungsmacht die Zügel lockerte, um den Aufbau des Weststaates nicht zu gefährden. Die Spruchkammern wurden so zu „Mitläuferfabriken“, die am Fließband niedrige Einstufungen hervorbrachten. Außer den strafrechtlich Verurteilten kamen die meisten Angeklagten wieder in ihren alten Positionen unter.

„Angesichts des Trümmerfeldes ...“ Begleitheft zur Ausstellung anlässlich des 40. Jahrestages der Bayerischen Verfassung, hg. von Susan Boenke und Konrad v. Zwehl, München (Haus der Bayerischen Geschichte) 1986, S. 66.

M4

Filmplakat „Die Mörder sind unter uns“, 1946

Begriffe und Daten

Entnazifizierung

Entnazifizierung: Versuch der Siegermächte, die deutsche Gesellschaft vom Nationalsozialismus zu „säubern“: Maßnahmen waren u. a. gerichtliche Verfolgung von Kriegsverbrechern (Nürnberger Prozesse), Entfernung ehemaliger Nationalsozialisten aus einflussreichen Positionen, „Umerziehung“ der Bevölkerung durch Schule und Medien. Der Erfolg der Entnazifizierung ist in der Geschichtswissenschaft umstritten.

1 Erarbeite aus den Materialien der Doppelseite Ziele und Maßnahmen der Entnazifizierung nach dem Zweiten Weltkrieg.

2 Zeige, mit welchen Problemen der Entnazifizierungsvorgang verbunden war.

3 a) Diskutiert in der Klasse, ob die Beseitigung von Militarismus und Nationalismus sowie die „Umerziehung“ zur Demokratie in Deutschland nach dem Zweiten Weltkrieg langfristig erfolgreich war.
b) Recherchiert zum Begriff „Kollektivschuld“. Berichtet.

Die Gründung der Bundesrepublik Deutschland

Der Weg zum Grundgesetz

Angesichts der Bildung kommunistischer Staaten in Mittel- und Osteuropa unter sowjetischer Vormacht, beschlossen die drei westlichen Alliierten, die Gründung eines westdeutschen Staates voranzutreiben. Dazu waren drei Fragen am dringlichsten zu klären: Wie sollte die künftige Verfassung dieses neuen Staates aussehen? Sollte der Staat souverän sein, d. h. über seine innen- und außenpolitischen Angelegenheiten selbst entscheiden können? Sollte der Staat sich an die westlichen Staaten binden?

Am 1. September 1948 trat in Bonn der Parlamentarische Rat zusammen, dem 61 Männer und 4 Frauen angehörten. Diese Abgeordneten waren von den Parlamenten der westdeutschen Bundesländer gewählt worden. Die Verfassung wurde am 8. Mai 1949 mit 53 gegen 12 Stimmen verabschiedet, am 23. Mai 1949 verkündet und trat am 24. Mai 1949 in Kraft.

Bei den ersten Wahlen zum Deutschen Bundestag im August 1949 erhielten die beiden stärksten Parteien etwa gleich viele Stimmen: Die CDU/CSU als eine neue Sammlungsbewegung der konservativ-christlichen, vorwiegend bürgerlichen Wählerschaft kam auf 31 Prozent der Stimmen. Die traditionsreiche Arbeiterpartei SPD, die sich am „demokratischen Sozialismus" orientierte, erhielt 29,2 Prozent der Stimmen. Die FDP zog mit 11,9 Prozent der Stimmen in den Bundestag ein. Der erste Bundespräsident war Theodor Heuss (1884 bis 1963). Auf seinen Vorschlag hin wurde im September 1949 der CDU-Vorsitzende Konrad Adenauer vom Bundestag zum ersten Bundeskanzler einer Koalition aus CDU, CSU, FDP und Deutsche Partei (DP) gewählt.

Die neu gegründete Bundesrepublik war noch kein souveräner Staat. Die Westalliierten sicherten sich im Besatzungsstatut weit reichende Kontrollmöglichkeiten. Bundeskanzler Adenauer strebte danach, möglichst rasch die Souveränität im Inneren zu erlangen. Dies wollte er durch eine schnelle Anbindung an die Staaten Westeuropas und die USA erreichen. Eine Gegenposition vertrat Kurt Schumacher, seit 1949 Oppositionsführer der SPD im Bundestag. Er kritisierte die schnelle Weststaatsgründung, weil er die vier Besatzungsmächte nicht so schnell aus ihrer Verantwortung für die deutsche Einheit entlassen wollte.

M1

Die außenpolitischen Ziele Adenauers

In seiner ersten Regierungserklärung vor dem Bundestag sagte Bundeskanzler Konrad Adenauer 1949:

Es besteht für uns kein Zweifel, dass wir nach unserer Herkunft und nach unserer Gesinnung zur westeuropäischen Welt gehören. Wir wollen zu allen Ländern gute Beziehungen ... unterhalten ... Der deutsch-französische Gegensatz ... muss endgültig aus der Welt geschafft werden. ... Alle diese Interessen sollen in eine Ordnung und Übereinstimmung gebracht werden, die sich im Rahmen der Europäischen Union, deren Mitglied wir möglichst bald zu werden wüschen, finden lassen wird.

Verhandlungen des Deutschen Bundestages, I. Wahlperiode, 7. Sitzung, 20. 9. 1949. In: Stenographische Berichte, Bd. 1, S. 29 f.

Biografie

Konrad Adenauer

(1876–1967) 1917 Oberbürgermeister von Köln (Zentrumspartei); 1933 von den Nationalsozialisten abgesetzt. Im Mai 1945 wieder Oberbürgermeister von Köln, 1946 Vorsitzender der CDU in der britischen Zone. Von September 1948 bis Mai 1949 Präsident des Parlamentarischen Rates; 1949 Wahl zum Bundeskanzler; mehrfache Wiederwahl; Rücktritt 1963.

Kurt Schumacher

(1895–1952) Mitglied des Reichstages (1930–1933); 1933 bis 1945 mit Unterbrechung 1943 Häftling im KZ; Mitbegründer der SPD nach 1945; 1946 ihr Vorsitzender; 1948/49 Mitglied des Parlamentarischen Rates; ab 1949 Oppositionsführer im Bundestag.

Begriffe und Daten

24. Mai 1949 Grundgesetz

Ursprünglich nur als vorläufige Verfassung gedacht, ist es seit 1990 mit einigen Änderungen weiter gültig.

Westintegration

Einbindung in die westliche Staatengemeinschaft, von Bundeskanzler Adenauer vorangetrieben. 1955 staatliche Souveränität (Unabhängigkeit), außer in Fragen, die Deutschland als Ganzes betreffen; Beitritt zum westlichen Militärbündnis NATO (Pariser Verträge).

M2

Der Staatsaufbau der Bundesrepublik Deutschland von 1949 bis 1990. Die Bezeichnung „Grundgesetz" wurde gewählt, um deutlich zu machen, dass nur eine vorläufige „Verfassung" ohne Zustimmung zu einer endgültigen Teilung Deutschlands beschlossen wurde.

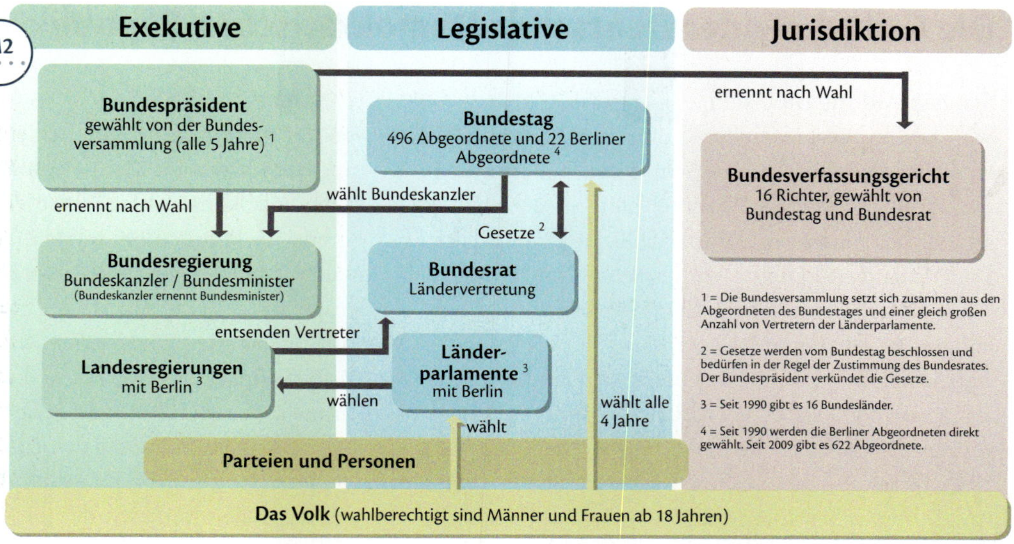

M3

Das Grundgesetz beschließen? – Eine Streitfrage

Auf der letzten Sitzung des Parlamentarischen Rates am 8. Mai 1949 sollte das von den Abgeordneten erarbeitete Grundgesetz beschlossen werden. Der kommunistische Abgeordnete Heinz Renner stellte den Antrag, auf diese Abstimmung zu verzichten und stattdessen mit dem „Deutschen Volksrat" zusammenzuarbeiten, der parallel zum Parlamentarischen Rat in der sowjetisch besetzten Zone gebildet worden war:

3A *Heinz Renner (KPD):* Heute stehen wir erneut vor der Tatsache, dass das Präsidium des Deutschen Volksrats ... noch einmal mit einer Einladung an uns herangetreten ist, in den nächsten Tagen in Braunschweig oder an irgendeinem von uns zu bestimmenden Ort zusammenzukommen ... Ich bin der Meinung, dass in diesem Augenblick jeder, der die Interessen des deutschen Volkes höher stellt als die Interessen einer Partei, ... verpflichtet ist, unserem Antrag zuzustimmen, umso mehr, als wir wissen, dass auf der Gegenseite uns deutsche Hände entgegengereckt werden, die mit uns zusammen ganz Deutschland und unserem Volke gesunde Lebensbedingungen und den Frieden schaffen wollen.

M3A und M3B zit. nach Der Parlamentarische Rat 1898–1948. Akten und Protokolle, Bd. 9, bearb. von Wolfram Werner, München (Harald Boldt) 1996, S. 505 ff.

3B *Carlo Schmid (SPD)* antwortete: Das drängendste Anliegen aller Deutschen ist heute die Wiederherstellung der Einheit ihres Vaterlandes ... Aber eine solche Einigung wäre vor der Geschichte sinnlos, wenn sie nicht die Voraussetzungen für eine Einheit Deutschlands in der Freiheit, in der Freiheit des Ganzen und in der Freiheit der Individuen, schaffte. Diese Einigung muss zum Gegenstand haben die Schaffung gleicher demokratischer Lebensbedingungen überall in Deutschland, im Westen wie im Osten ... Wir wollen nicht ein Deutschland, in dem [das ehemalige KZ] Buchenwald sich wieder mit Häftlingen füllt[1] ... Wir wollen nicht ein Deutschland, in dem die Polizei ... allmächtig ist. Und wir wollen nicht ein Deutschland, in dem es politisch nur eine Einheitsmeinung in einer Einheitspartei geben darf.

[1] In der SBZ wurden einige ehemalige Konzentrationslager als geheime Internierungslager für deutsche Kriegsgefangene, NS-Verbrecher oder aus anderen Gründen Verhaftete weitergeführt.

1 Untersuche anhand des Darstellungstextes die Voraussetzungen zur Gründung eines westdeutschen Staates.

2 Kläre in M3 die Position Renners und Schmids.

3 a) Untersuche M2 mithilfe der Methode „Ein Verfassungsschema interpretieren" im Anhang.
b) Vergleiche mit der Weimarer Verfassung S. 104. Nenne Gemeinsamkeiten und Unterschiede.

4 a) Erläutere die Position Adenauers (M1).
b) Bewerte sie aus der Sicht Kurt Schumachers und aus gegenwärtiger Sicht.

Die Gründung der Deutschen Demokratischen Republik

Staatsgründung im Osten

Während in Westdeutschland die Staatsgründung auf entstehende demokratische Strukturen in Kommunen und Ländern aufbauen konnte, hatte in der sowjetischen Besatzungszone die Sozialistische Einheitspartei Deutschlands (SED) ihre Vorherrschaft mit zentralistischen Strukturen gefestigt. Seit 1948 berief sie „Volkskongresse" ein, deren Delegierte aus Parteien und Gewerkschaften von der SED benannt wurden. Sie sollten als „gesamtdeutsches Vorparlament" einen Friedensvertrag und die deutsche Einheit vorbereiten. Seit März 1948 beriet ein „Deutscher Volksrat" einen Verfassungsentwurf der SED. Mehr als ein Jahr vor der Gründung der Bundesrepublik Deutschland war damit klar erkennbar, dass der Verfassungsentwurf eine Vorarbeit war für den Fall, dass man auf eine Weststaatsgründung reagieren musste.

Als Reaktion auf die Entstehung der „Bundesrepublik Deutschland" im Mai 1949 veranlasste die Sowjetunion in der SBZ die Gründung der „Deutschen Demokratischen Republik": Der Zweite Deutsche Volksrat setzte am 7. Oktober die Verfassung in Kraft und erklärte sich zur Provisorischen Volkskammer der DDR. In der Volkskammer war die führende politische Kraft die SED, die unter dem Einfluss der sowjetischen Kommunisten stand. Die Anteile anderer Parteien und der Massenorganisationen (z. B. Gewerkschaften) hatte man schon vor der Wahl festgelegt. Damit war das Übergewicht der SED und der von ihr abhängigen Gruppen von vornherein gesichert. In dem zur Volkskammer umgewandelten, im Mai 1949 gewählten Dritten Deutschen Volkskongress lag ihr Anteil bei 77,5 Prozent.

Bereits im Januar 1949 war die SED zu einer „Partei neuen Typs" umgewandelt worden: Als marxistisch-leninistische Partei war sie zentral-hierarchisch aufgebaut, alle Parteigliederungen waren einer absoluten Parteidisziplin unterworfen und die Parteiführung bekannte sich zur „führenden Rolle" der Sowjetunion.

Stalin verfolgte langfristig das Ziel, die amerikanischen Truppen aus Europa hinauszudrängen. Mit der Staatsgründung der DDR wurde die „Sowjetisierung" verstärkt. 1950 trat die DDR dem Rat für gegenseitige Wirtschaftshilfe (RGW*) bei, 1955 dem Militärbündnis Warschauer Pakt.

Begriffe und Daten

1949 Gründung der beiden deutschen Staaten

1949 kam es auf Initiative der Besatzungsmächte zu einer doppelten Staatsgründung auf deutschem Boden: Auf die Entstehung der Bundesrepublik Deutschland als parlamentarisch-demokratischer Staat im Mai 1949 antwortete die Sowjetunion im Oktober 1949 mit der Gründung der Deutschen Demokratischen Republik (DDR) als zentralistisch regierte Parteidiktatur der SED.

M1 **Das Präsidium des III. Parteitages der Sozialistischen Einheitspartei Deutschlands in Berlin (Ost),** Foto, 1950. In der vorderen Reihe von links nach rechts stehend Wilhelm Pieck (erster Präsident der DDR), Walter Ulbricht (der auf diesem Parteitag zum Generalsekretär gewählt wurde, später Vorsitzender des Staatsrates), Otto Grotewohl (erster Ministerpräsident der DDR) und Erich Honecker (SED-Generalsekretär 1971–1989).

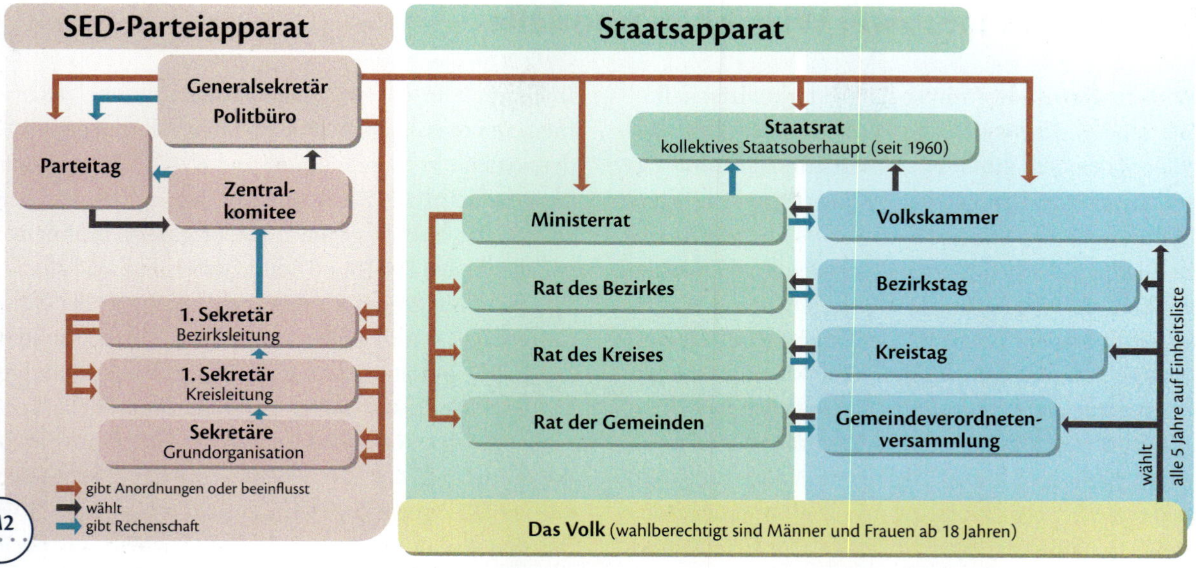

M2 **Staatsaufbau und Herrschaftsverhältnisse in der Deutschen Demokratischen Republik bis 1989**

M3

Politischer Druck und persönliche Freiheit

Aus einem anonymen Brief aus der DDR an „Kameraden":

Ich glaube, im Westen kann man sich überhaupt keine richtige Vorstellung davon machen, unter was für Umständen und unter welchem politischen Druck wir hier vegetieren, welch mehr als unverschämten Lug und Trug wir uns täglich in Rundfunk und Presse bieten lassen müssen und welcher Gefahr für die persönliche Freiheit wir stündlich ausgesetzt sind ... Die Sozialistische Einheitspartei (SED) beherrscht, von Russen gestützt und befohlen, natürlich zusammen mit den Massenorganisationen, die, wie z. B. FDGB, Demokratischer Frauenbund und Freie Deutsche Jugend, alle selbstverständlich auf dem Papier „überparteilich" sind, vollkommen das politische Leben ... Das allgemeine Spitzeltum ist eine Landplage, vor allem unter Arbeitskollegen in den Betrieben. In Geschäften und in der Bahn wird zwar viel geschimpft, aber jeder muss ständig gegenwärtig sein, dass er 1 Stunde später oder auf der nächsten Station von der schönen Volkspolizei abgeholt wird.

Zit. nach Manfred Overesch, Die Deutschen und die Deutsche Frage 1945–1955, Hannover (Niedersächsische Landeszentrale für politische Bildung) 1985, S. 130 f.

Biografie

Walter Ulbricht

(1893–1973) trat 1912 in die SPD ein, 1919 wechselte er zur KPD. 1924 Besuch der Parteischule in Moskau, wo er im Sinne der kommunistischen Weltanschauung ausgebildet wurde. 1928 bis 1933 Abgeordneter im deutschen Reichstag; 1933 emigrierte er nach Frankreich, 1938 nach Moskau. 1945 kehrte er mit einer Gruppe deutscher Kommunisten nach Deutschland zurück. 1950 bis 1971 Generalsekretär bzw. Erster Sekretär des Zentralkomitees der SED. 1960 bis 1971 Vorsitzender des Staatsrates und des Nationalen Verteidigungsrates der DDR.

1 Fasse Stationen zur Gründung der DDR und ihre außenpolitische Orientierung zusammen (Darstellungstext).

2 a) Untersuche M2 mithilfe der Methode „Ein Verfassungsschema interpretieren" im Anhang. Achte besonders auf die Beziehung von SED-Parteiapparat und Staatsapparat.
b) Vergleiche mit der Bundesrepublik.

3 Analysiere M3 und zeige an Beispielen aus dem Text, worin sich die undemokratische Struktur des entstehenden Herrschaftssystems DDR zeigte.

4 Formuliere zu der in M1 abgebildeten Szene jeweils einen Kommentar eines Befürworters und eines Kritikers der DDR-Regierung.

Markt und Plan: zwei Wirtschaftsmodelle

„Wirtschaftswunder" mit sozialer Marktwirtschaft?
„Wir sind wieder wer" – so kennzeichnete Ende der 1950er-Jahre der Bundeswirtschaftsminister und spätere Bundeskanzler Ludwig Erhard (1897–1977) die Stimmung in der Bundesrepublik. 1949 hätte eine solche Bilanz sicherlich niemand vorherzusagen gewagt: Bombenschäden, Reparationsforderungen der Alliierten, die finanzielle Belastung des Staates durch die Versorgung von Witwen, Waisen und Kriegsversehrten ließen nicht auf eine positive Wirtschaftsentwicklung hoffen. Mit der Einführung der sozialen Marktwirtschaft* kam es in der Ära Adenauer jedoch zu einem rasanten Wirtschaftsaufschwung. Die Grundidee dieses Wirtschaftssystems war folgende: Der freie Wettbewerb richtet sich an Angebot und Nachfrage aus und wird durch Gesetze überwacht. Zum Beispiel durch das Verbot von Firmenzusammenschlüssen, wenn dadurch der Wettbewerb gefährdet würde, oder durch Sozialgesetze wie Arbeitslosenhilfe und Lohnfortzahlungen bei Krankheit.

Ludwig Erhard gilt bis heute als „Vater" der sozialen Marktwirtschaft. Dennoch hing der schnelle wirtschaftliche Aufstieg der Bundesrepublik auch eng mit der Integration in das westliche Bündnissystem zusammen. Der Marshallplan und die Einbeziehung der Bundesrepublik in Montanunion und EWG führten dazu, dass die deutsche Wirtschaft ganz wesentlich von der steigenden Nachfrage nach Exportgütern profitierte, vor allem nach Kohle und Stahl, Maschinen und Autos. Ein wichtiger Grund für den Aufschwung in der Bundesrepublik waren auch die niedrigen Löhne und die hohe Arbeitsleistung. Sie machten deutsche Produkte auf dem Weltmarkt billig. Der wachsende Bedarf an Arbeitskräften konnte bis Ende der 1950er-Jahre durch die große Zahl der Vertriebenen und der Übersiedler aus der DDR gedeckt werden.

Bei den Bundesdeutschen wuchs der Wunsch nach Konsum: Haushaltsgeräte, Motorroller, Autos und Reisen gelten heute als Kennzeichen des „Wirtschaftswunders". Nicht jeder konnte sich diese Dinge leisten. Deshalb wurden gerade daran Armut und soziale Ungerechtigkeit deutlich. Der Ausbau der Bundesrepublik zum Sozialstaat erlaubte allerdings mehr Bürgern als je zuvor, an der Konsumgesellschaft teilzuhaben: So wurden 1957 die Renten an die allgemeine Lohnentwicklung angepasst, damit auch die Rentner vom wirtschaftlichen Aufschwung profitieren konnten.

M1 **Soziale Marktwirtschaft (Bundesrepublik)**

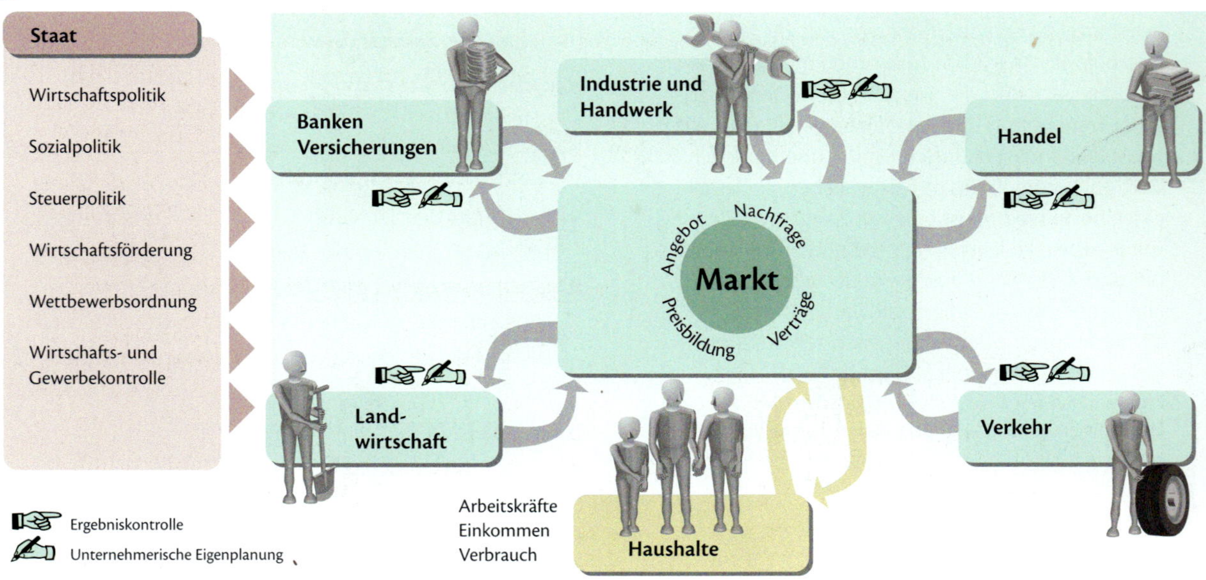

Aufbau des Sozialismus mithilfe der zentralen Planwirtschaft?

Nach der Bodenreform und der Verstaatlichung vieler Industrieanlagen in der SBZ führte die DDR-Regierung in den 1950er-Jahren die Umgestaltung der Wirtschaft konsequent weiter: Sie löste private Unternehmen und landwirtschaftliche Betriebe auf und wandelte sie in „Volkseigene Betriebe“ (VEB*) und „Landwirtschaftliche Produktionsgenossenschaften“ (LPG*) um. Nach dem Vorbild der Sowjetunion wurde die zentrale Planwirtschaft* eingeführt: Auf der Grundlage von Fünfjahresplänen bestimmten staatliche Behörden, welche Waren und Güter in welchem Betrieb hergestellt werden sollten. Vorgeschrieben war die Produktionshöhe innerhalb eines bestimmten Zeitlimits.

Die Ausgangsbedingungen waren schwieriger als in der Bundesrepublik: Zum einen hatte die sowjetische Besatzungsmacht die meisten Industriebetriebe demontiert und mehr Reparationen entnommen als die Besatzungsmächte in den westlichen Zonen. Zum anderen wanderten viele qualifizierte Arbeitskräfte in den Westen ab.

Bei der im Gebiet der DDR angesiedelten Industrie handelte es sich vorwiegend um weiterverarbeitende Industrie, die auf Zulieferungen aus der westdeutschen Schwerindustrie angewiesen war. Deshalb wurde in der DDR der Bereich der Schwerindustrie verstärkt ausgebaut – auf Kosten der Leicht- und Konsumgüterindustrie.

DDR-Unternehmen waren im internationalen Wettbewerb bald benachteiligt: So stellte die DDR zwar Mitte der 1960er-Jahre nach der Sowjetunion die zweitstärkste Wirtschaftsmacht im RGW dar, fiel aber im Weltvergleich immer weiter zurück. Da die Löhne staatlich festgelegt waren, konnten gute Arbeitskräfte kaum mit finanziellen Vorteilen rechnen. Um sinkender Arbeitsleistung zu begegnen, musste man deshalb neue Anreize schaffen, z. B. mit Prämien verbundene Auszeichnungen wie „Held der Arbeit“ oder die bevorzugte Zuteilung einer Wohnung.

1 a) Erläutere anhand von M1, M2 und der Darstellungstexte die Grundzüge der sozialen Marktwirtschaft und der zentralen Planwirtschaft.
b) Stelle in einer Liste die wichtigsten Merkmale der beiden Wirtschaftsmodelle gegenüber und halte die aus deiner Sicht entscheidenden Unterschiede fest. Berichte in der Klasse.

M2 **Zentrale Planwirtschaft (DDR)**

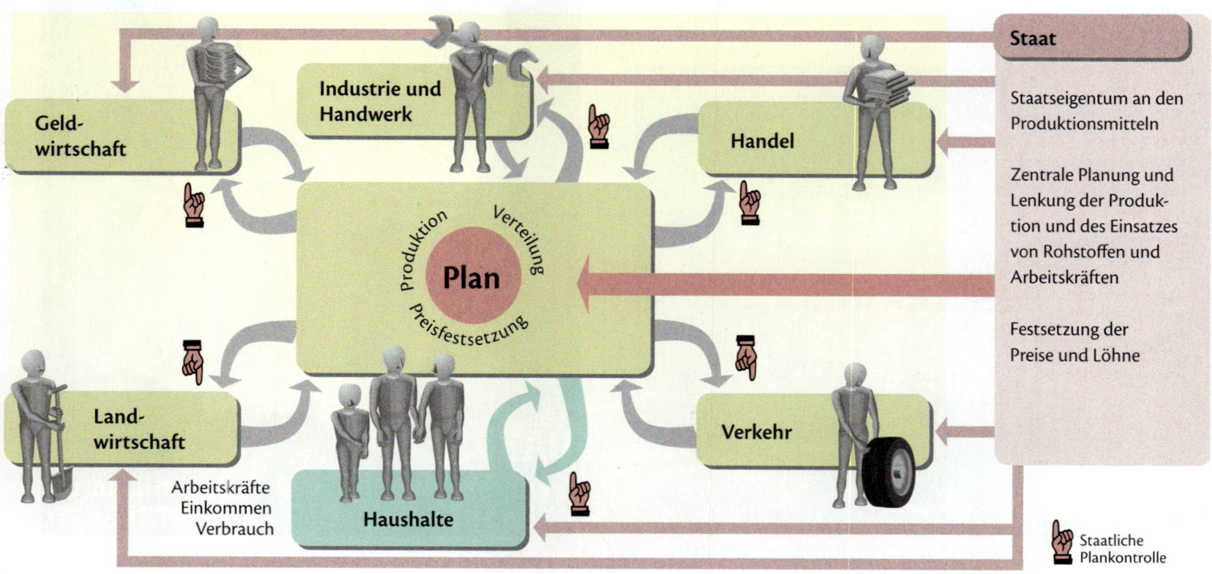

Deutschland 1945 bis 1949

M1 Eine Verfassung für Westdeutschland

Die Militärgouverneure der drei westlichen Zonen erteilten den Ministerpräsidenten in ihrem Bereich am 1. Juli 1948 in Frankfurt a. M. die folgende Weisung („Frankfurter Dokumente"):

In Übereinstimmung mit den Beschlüssen ihrer Regierungen autorisieren die Militärgouverneure der amerikanischen, britischen und französischen Besatzungszone in Deutschland die Ministerpräsidenten der Länder ihrer Zonen, eine verfassunggebende Versammlung einzuberufen, die spätestens am 1. September 1948 zusammentreten sollte ... Die verfassungsgebende Versammlung wird eine demokratische Verfassung ausarbeiten, die für die beteiligten Länder eine Regierungsform des föderalistischen Typs[1] schafft, die am besten geeignet ist, die gegenwärtig zerrissene deutsche Einheit schließlich wieder herzustellen, und die [die] Rechte der beteiligten Länder schützt, eine angemessene Zentralinstanz schafft und Garantien der individuellen Rechte und Freiheiten enthält.

Ursachen und Folgen. Eine Urkunden- und Dokumentensammlung zur Zeitgeschichte, hg. von Herbert Michaelis und Ernst Schraepler, Bd. 26, Berlin (Dokumenten-Verlag Dr. Herbert Wendler & Co) o. J., S. 148 f.

[1] Gliederung des Staates in mehrere gleichberechtigte Einheiten (z. B. Bundesländer) im Gegensatz zum zentralistischen Staat

M2 **Propaganda in der DDR,** Foto, 1959

M3 **„Zwei Volk, zwei Reich, zwei Führer",** Karikatur aus dem „Simpl", 1949

M4 **Plakat zur Bundestagswahl 1953,** veröffentlicht durch: Die Waage. Gemeinschaft zur Förderung des Sozialen Ausgleichs e. V., Köln

M5

Karikatur aus der „Baltimore Sun" (USA), 1948

Überprüfe, was du kannst

Sachkompetenz

1 Kläre die Begriffe: Zusammenbruchsgesellschaft (S. 217), Potsdamer Konferenz (S. 219), Entnazifizierung (S. 223) und Grundgesetz (S. 224).

2 Zeige – ausgehend von M2 und M4 – an den Begriffen „Markt" und „Plan" die Unterschiedlichkeit der Wirtschaftssysteme in beiden deutschen Staaten.

Methodenkompetenz

3 a) Analysiere M1 mithilfe der Methode „Eine Textquelle analysieren" im Anhang.
b) Fasse zusammen, welche Grundprinzipien eine Verfassung für die Länder der westlichen Zonen enthalten sollte.

4 Erschließe die Aussageabsicht der Karikatur M3 mithilfe der Methode „Karikaturen entschlüsseln" (S. 349).

Urteilskompetenz

5 a) Erschließe die Aussage der Darstellung in M5. Beachte die Datierung der Karikatur.
b) Bewerte die in M5 enthaltene Textinschrift: „Hoffentlich wird er nicht wie sein Bruder"

6 Erörtere, inwiefern die Gründung der beiden deutschen Staaten auf die alliierte Besatzungspolitik zurückzuführen ist (S. 224–229).

Kommunikations- und Handlungskompetenz

7 Führt – ausgehend von M3, S. 221 – eine Pro- und Kontra-Debatte durch zur Frage: War die Gründung des Landes Niedersachsen nach dem Modell von Hinrich Wilhelm Kopf die beste Lösung? Bereitet die Debatte vor: Teilt die Klasse in drei Gruppen, die sich auf ihre Argumentation vorbereiten. Die Gruppen tragen ihre Argumente vor, bis keine neuen mehr geäußert werden. Die Debatte könnte mit einer Abstimmung enden.

1945 Potsdamer Konferenz

1946 Gründung des Landes Niedersachsen

1947 Marshallplan

1948 Währungsreform

1949 Gründung der Bundesrepublik und der DDR

1945 – 1946 – 1947 – 1948 – 1949 – 1950

Kalter Krieg und Entspannung – Internationale Politik seit 1945

Wissen • Urteilen • Handeln • Methoden anwenden

Am Ende dieses Unterkapitels kannst du

- Anfänge und Ursachen des Kalten Krieges beschreiben
- die Entstehung der Militärblöcke darstellen und die weltpolitischen Folgen bewerten
- die Entstehung von NATO und Warschauer Pakt als Ausdruck des Kalten Krieges erläutern
- den Prozess der Entkolonialisierung erläutern und Folgeprobleme benennen
- das Scheitern des kommunistischen Herrschaftssystems in der UdSSR und in Osteuropa erklären
- **Methode:** Fiktionale Texte interpretieren

Militärische Blöcke im Kalten Krieg 1956

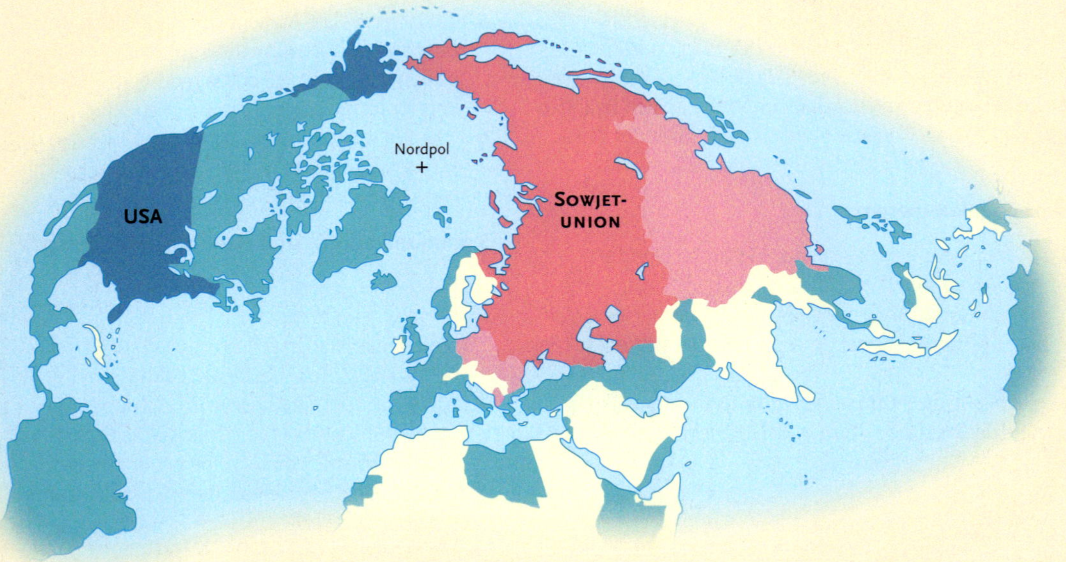

Kalter Krieg

1947 bis 1991

Die Anfänge des Kalten Krieges

Ursachen und Stationen der Konfrontation

Das Zweckbündnis zwischen den USA, Großbritannien und der UdSSR zur Niederschlagung des Hitlerregimes hatte mit der Niederlage Deutschlands seine gemeinsame Grundlage verloren. Schon seit der Russischen Revolution von 1917 hatte es politische, wirtschaftliche und gesellschaftliche Gegensätze zwischen dem „Osten" und dem „Westen" gegeben. Diese Gegensätze verschärften sich nun mit der UdSSR und den USA als Führungsmächten. Das Verhältnis zwischen den beiden Großmächten verschlechterte sich rapide, als die sowjetische Führung Gebiete in Ost- und Südosteuropa, die die Rote Armee befreit und besetzt hatte, zu einem Schutzgürtel gegen eventuelle Angriffe der USA ausbaute. Dazu wurden diese Staaten nach sowjetischem Muster umgestaltet. Als die Sowjetregierung auch auf Staaten wie die Türkei, Griechenland und den heutigen Iran Druck ausübte, werteten die USA dies als Bedrohung für die westliche Welt. Unter Präsident Harry S. Truman (1884–1972) setzten sie eine Politik der Eindämmung (engl. containment) dagegen (Truman-Doktrin). Seit etwa 1947 bestimmte der sogenannte Kalte Krieg für fast ein halbes Jahrhundert die Weltpolitik. Frühe Höhepunkte waren die Berlin-Blockade* 1948/49, der Koreakrieg* von 1950 bis 1953 und die Kuba-Krise 1962.

M1

„Kann dir die Hand nicht geben …", Karikatur, 1950

1 Beschreibe anhand des Darstellungstextes und der Karte auf S. 232 die Anfänge des Kalten Krieges.
2 Untersuche anhand von M2A und M2B, welche Vorstellungen die eine Seite von der anderen hatte.
3 Entschlüssele die Karikatur M1.

M2

Politische Konfrontation

Der amerikanische Präsident Harry S. Truman äußerte sich am 12. März 1947 in einer Botschaft an den Kongress über die Weltlage:

2A In einer Anzahl von Ländern waren den Völkern kürzlich gegen ihren Willen totalitäre Regime aufgezwungen worden. Die Regierung der USA hat mehrfach gegen Zwang und Einschüchterung bei der Verletzung des Jalta-Abkommens in Polen, Rumänien und Bulgarien protestiert … Im gegenwärtigen Abschnitt der Weltgeschichte muss fast jede Nation ihre Wahl in Bezug auf ihre Lebensweise treffen. Die eine Lebensweise gründet sich auf den Willen der Mehrheit und zeichnet sich durch freie Einrichtungen, freie Wahlen, Garantie der individuellen Freiheit, Rede- und Religionsfreiheit und Freiheit vor politischer Unterdrückung aus. Die zweite Lebensweise gründet sich auf den Willen einer Minderheit, der der Mehrheit aufgezwungen wird. Terror und Unterdrückung, kontrollierte Presse und Rundfunk, fingierte Wahlen und Unterdrückung der persönlichen Freiheit sind ihre Kennzeichen … Ich glaube, dass wir den freien Völkern helfen müssen, sich ihr eigenes Geschick nach ihrer eigenen Art zu gestalten.

Das im September 1947 auf Initiative Stalins gegründete Kommunistische Informationsbüro (Kominform) gab im selben Monat die folgende Erklärung zur internationalen Lage bekannt:

2B Infolge des Zweiten Weltkrieges und in der Nachkriegsperiode sind wesentliche Änderungen in der internationalen Lage eingetreten … So sind zwei Lager entstanden: das imperialistische, antidemokratische Lager, dessen Hauptziel darin besteht, die Weltvormachtstellung des amerikanischen Imperialismus zu erreichen und die Demokratie zu zerstören, und das antiimperialistische, demokratische Lager, dessen Hauptziel es ist, den Imperialismus zu überwinden, die Demokratie zu konsolidieren und die Überreste des Faschismus zu beseitigen. Der Kampf zwischen den beiden entgegengesetzten Lagern … vollzieht sich unter den Bedingungen einer weiteren Verschärfung der allgemeinen Krise des Kapitalismus, des Niedergangs der Kräfte des Kapitalismus und der Festigung der Kräfte des Sozialismus und der Demokratie.

M2A: Zit. nach Europa-Archiv, 1947, S. 820. M2B: Zit. nach Boris Meissner (Hg.), Das Ostpakt-System. Dokumentation, Frankfurt a. M. (Metzner) 1955, S. 97.

Blockbildung im Kalten Krieg

Machtinteressen in Ost und West

Zwei Ereignisse des Jahres 1948 leisteten der Entstehung der beiden Machtblöcke Vorschub: der gewaltsame Sturz der bürgerlich-demokratischen Regierung in der Tschechoslowakei und die sowjetische Blockade Berlins. Für die westlichen Politiker waren beide Ereignisse ein Beweis für den Expansionsdrang der Sowjetunion, vor dem sich der Westen gemeinsam militärisch absichern müsse. Die UdSSR sicherte ihren Machtbereich ab durch zweiseitige (bilaterale) „Freundschafts- und Beistandsverträge" mit allen osteuropäischen Staaten. Dagegen schmiedete der Westen das erste Verteidigungsbündnis in Europa mit dem Brüsseler Vertrag zwischen Großbritannien, Frankreich und den Beneluxstaaten im März 1948. Weitere westeuropäische Staaten drängten auf eine Verbesserung ihrer Sicherheitsbasis durch eine Anbindung an die amerikanische Atomstreitmacht.

M1

Der Kalte Krieg – Erklärungsversuche

Der deutsche Historiker Bernd Stöver schrieb 2006:

In der historischen Forschung wurden in den 45 Jahren der Auseinandersetzung drei Hauptdeutungen präsentiert:
(1) Nach der traditionellen Vorstellung, der frühesten Erklärung, war für die Entstehung und Forcierung des Kalten Krieges die marxistisch-leninistische Ideologie mit ihrem Anspruch auf die Weltrevolution verantwortlich. Diese habe die Sowjetunion prinzipiell auf einen aggressiven Kurs gegenüber dem Westen festgelegt ...
(2) Die revisionistische Erklärung betonte seit den 60er-Jahren die amerikanische Verantwortung für die Entstehung des Kalten Krieges ... Die Ursache des Konflikts müsse man ... in der politisch-wirtschaftlichen Struktur der Vereinigten Staaten sehen, die auf permanente Erschließung neuer Absatz- und Rohstoffmärkte ausgerichtet sei ...
(3) Beide Positionen haben sich seit den 70er-Jahren in der postrevisionistischen Interpretation des Kalten Krieges angenähert: Sie geht davon aus, dass die Fehlinterpretation beider Seiten für die rasante Entstehung der bedrohlichen Entwicklung der Auseinandersetzung maßgeblich war. Kontinuierlich habe die verfehlte Wahrnehmung falsche Entscheidungen produziert.

Bernd Stöver, Der Kalte Krieg, München (C. H. Beck) 2006, S. 9 ff.

M2

Die Haltung der UdSSR zum Marshallplan

Aus der Verlautbarung über die Gründung des Rates für gegenseitige Wirtschaftshilfe (RGW*), dem die UdSSR, Bulgarien, Ungarn, Polen, Rumänien und die Tschechoslowakei angehörten (25. Januar 1949):

Die Konferenz stellte bemerkenswerte Erfolge in den zwischen den erwähnten Ländern [RGW*-Staaten] herrschenden wirtschaftlichen Beziehungen fest ... Die Konferenz hat weiter festgestellt, dass die Regierungen der Vereinigten Staaten und Großbritanniens sowie die Regierungen verschiedener anderer westeuropäischer Staaten dem Sachverhalt nach einen wirtschaftlichen Boykott gegen die volksdemokratischen Länder und gegen die UdSSR verhängt haben, weil es diese Länder nicht für möglich erachten, sich dem Diktat des Marshallplans* zu unterwerfen, da dieser Plan die Souveränitätsrechte der Länder sowie die Interessen ihrer nationalen Wirtschaft verletzen würde.

Boris Meissner (Hg.), Das Ostpakt-System, Frankfurt a. M., 1955, S. 108 f., zit. nach Geschichte in Quellen, Bd. 7, bearb. von Helmut Krause und Karlheinz Reif, München (bsv) 1980, S. 463.

M3

Grundzüge der US-Außenpolitik

Der amerikanische Außenminister Dean Acheson erklärte in einer Radioansprache am 18. März 1949:

Wir haben erfahren, dass die freien Nationen eine nach der anderen einem Angriff zum Opfer fallen, wenn sie sich nicht zusammenschließen. Die Strategie des Angreifers bezweckt die Aufrechterhaltung der Spaltung zwischen seinen möglichen Opfern ... Die Regierung der Vereinigten Staaten und die freien Völker Europas sind entschlossen, eine Wiederholung dieser Erfahrungen der Weltgeschichte nicht zuzulassen ... In der heutigen Welt kann die Sicherheit der Vereinigten Staaten nicht im Rahmen ihrer Grenzen gewährleistet werden. Jede ernste Bedrohung des internationalen Friedens und der Sicherheit in der ganzen Welt interessiert unmittelbar die Vereinigten Staaten. Unsere Politik besteht nun darin, den freien Völkern zu helfen, ihre Integrität und ihre Unabhängigkeit aufrechtzuerhalten. Das bezieht sich nicht nur auf Westeuropa oder auf den amerikanischen Kontinent, sondern auf alle Staaten, wo die Hilfe der Vereinigten Staaten wirksam sein kann.

Zit. nach Geschichte in Quellen, Bd. 7, bearb. von Helmut Krause und Karlheinz Reif, München (bsv) 1980, S. 387.

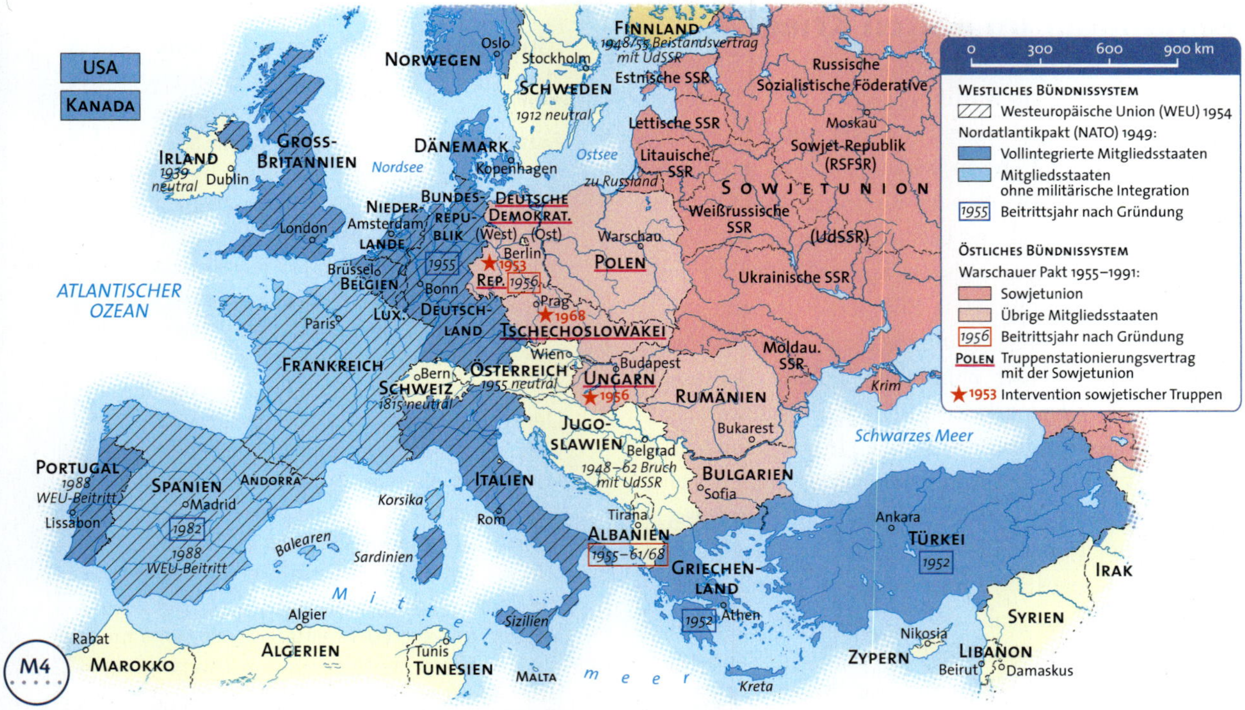

M4 **Politisch-militärische Zusammenschlüsse in Europa 1945 bis 1990**

M5

Der Kalte Krieg – unvermeidlich?

Der Historiker Wilfried Loth schrieb 2002 über die „Formation der Blöcke", wobei er neue Quellen nach der teilweisen Öffnung der Archive in Russland und anderen osteuropäischen Staaten seit 1990/91 berücksichtigte:

[Die] Auseinandersetzung zwischen Ost und West wurde [seit 1947] nicht länger als bloßes machtpolitisches Ringen um Einflusssphären und Sicherheitsansprüche verstanden, sondern immer mehr als existenzieller Kampf zwischen gegensätzlichen Gesellschaftsordnungen und Lebensformen … Die Gesamtaussage kann daher im Wesentlichen unverändert bleiben: Der Kalte Krieg war angesichts der machtpolitischen Konstellation, zu der der Zweite Weltkrieg im Ergebnis geführt hatte, durchaus wahrscheinlich, aber er war nicht unvermeidlich. Eine kooperativere Nachkriegsordnung war denkbar, sie lag im Sicherheitsinteresse der Sowjetunion ebenso wie im Interesse an der Durchsetzung westlicher Prinzipien. Dass sie nicht gelang, ist in erster Linie den Kurzsichtigkeiten westlicher Politik zu verdanken, doch hat auch die Politik Stalins … höchst aktiv zum Scheitern der Kooperation beigetragen.

Wilfried Loth, Die Teilung der Welt, 10. Aufl., München (dtv) 2002, S. 224 ff.

Begriffe und Daten

Kalter Krieg

Bezeichnung für eine Phase des Ost-West-Konflikts zwischen 1947 und 1991. Im Kern wird der Kalte Krieg als Auseinandersetzung („Nichtfrieden") zwischen zwei unvereinbar erscheinenden Weltanschauungen mit ihren politischen, gesellschaftlichen und wirtschaftlichen Systemen gesehen.

Truman-Doktrin

Außenpolitische Leitlinie der USA, „freien" Völkern bei Bedrohung wirtschaftlich und militärisch zu helfen, benannt nach Harry S. Truman, Präsident der USA von 1945 bis 1953.

1 Erarbeite, wie die Entstehung der Machtblöcke bzw. des Kalten Krieges erklärt wird (Darstellungstext, M1).

2 Fasse die Grundzüge der amerikanischen Außenpolitik mit eigenen Worten zusammen (M3).

3 Stelle fest, wie die Haltung der sowjetischen Politik zum Marshallplan begründet wurde (M2).

4 Beschreibe anhand von M4 die Bündnisstruktur in Europa zwischen 1945 und 1990.

5 Beantworte die Frage in der Überschrift zu M5. Ziehe M1 heran.

Feindbilder im Kalten Krieg

Bilder und Worte als Waffen

1985 schrieb der Schweizer Historiker und Politikwissenschaftler Daniel Frei in seinem Buch „Feindbilder und Abrüstung“: „Die meisten Kommentatoren befassen sich mit der Zahl und Leistungsfähigkeit der Waffen – ... Doch wichtiger als die Sprengköpfe sind die Köpfe der Menschen ... Das Bild, das jede Seite sich vom Gegner macht, bestimmt auch den Gang der Verhandlungen.“ Mit der politischen Teilung Deutschlands und Europas nach 1945 und der Einschränkung und Verhinderung des gegenseitigen Informationsaustausches, z. B. durch Pressemedien, verfestigten sich die „Bilder“ vom Gegenüber. Ungenaue Kenntnisse und vorschnelle Bewertungen förderten in der Phase des Kalten Krieges die Entstehung von Feindbildern. Jede Seite instrumentalisierte die jeweiligen Feindbilder, um sie für die eigenen politischen Ziele zu nutzen. Die Ursachen für die Verzerrung und Verfälschung von Wahrnehmungsmustern im historisch-politischen Bereich sind bislang unzureichend erforscht. Offensichtlich verführen politische Konfliktsituationen zu vereinfachenden und verfälschenden Wahrnehmungen und produzieren ein bestimmtes Bild vom Gegner, ein Feindbild. Im Fall des Ost-West-Konflikts muss man von tieferen Konfliktursachen ausgehen. Sie sind in den Feindbildern oft nicht mehr erkennbar oder verdeckt.

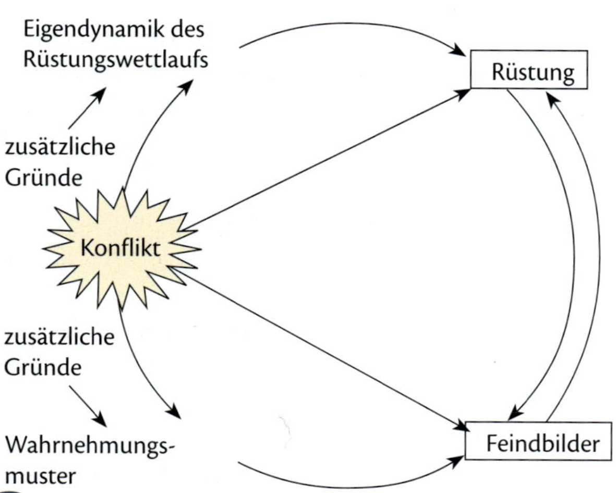

M1 **Der Zusammenhang zwischen Konflikt, Rüstung und Feindbild**

M2 **„Spiegelbildlichkeit der Argumente“**

Der Historiker Wolfgang Bickel schrieb 1991:

Hervorstechendes Merkmal des Vorgangs [der Entstehung von Feindbildern] ist die Spiegelbildlichkeit der Argumente. Schematisch erfolgt eine Zuordnung, die sich selbst Rechtschaffenheit, Friedensliebe, Reinheit, die Vorstellung, unschuldig bedroht zu sein, zuspricht, im jeweiligen anderen den Vertreter des Bösen, der Feindseligkeit, des Todes sieht. Auffallend ist das hohe Maß an Aggressivität, das sich mit der Versicherung, unschuldig zu sein, schlecht verträgt ... Die einzelnen Denkoperationen im Rahmen des Freund-Feind-Gefüges von der Konstruktion einer Rakete bis zur Kalkulation der Wirkung eines Erstschlages mögen von rationaler Klarheit sein – die Grundstruktur ist total irrational. Die Sicht ist dermaßen beschränkt, dass es nicht auffällt, in welchem Maße die Zuteilung der Attribute des Bösen „an den Gegner“ und die Vorbereitung seiner Vernichtung doch den Tatbestand der Bosheit bereits erfüllen ... Im Zentrum jenes globalen Vorgangs, des Kalten Krieges ..., stehen also psychische Prozesse. Und von entscheidender Bedeutung ist hierbei die mangelnde Fähigkeit und Bereitschaft, das Unakzeptable in sich zu erkennen und die Verantwortung dafür zu übernehmen. Akzeptabel werden Arglist und Aggressivität erst, wenn sie im Dienst einer sogenannten guten Sache als Gutes getarnt aufsteigen dürfen – und hierzu braucht man den Feind. Im Kampf für die gute Sache ist es verdienstvoll, zu töten – was ja dann auch legalisiert und im tiefsten Sinne sanktioniert ist ...
Es muss generell davon ausgegangen werden, dass, soweit menschliche Überlieferung zurückreicht, Gefühle sozialer Solidarität und gesellschaftlicher Zugehörigkeit immer auch durch Feindbilder aufgebaut werden. Dies scheint sich zudem ohne bewusste Steuerung zu vollziehen. Dabei bietet sich als Feind jemand an, der nicht zur Gruppe gehört, dessen Aussehen als fremd, dessen Verhalten als unberechenbar erscheint ... Kommt nun eine lebhafte Vorstellung hinzu, dieses Fremde bedränge die Gruppe und hindere sie in ihrem Lebensraum, dann werden ungewöhnliche Energien freigesetzt mit dem Ziel, koste es, was es wolle, sich der Bedrohung zu entledigen.

Wolfgang Bickel, „Seien wir doch ehrlich ...“. Vom Bild des Feindes im Kalten Krieg. In: Praxis Geschichte, H. 5, 1991, S. 28.

M3 **Plakat aus der Bundesrepublik Deutschland,** 1952

M5 **Plakat aus der DDR.** Die DDR beschuldigte die USA, die sozialistische Kartoffelernte vernichten zu wollen.

M4 **Plakat aus der Bundesrepublik Deutschland,** 1951. Herr „Ohne-mich" ist ein Gegner der Wiederaufrüstung in Westdeutschland.

1 Gruppenarbeit (arbeitsteilig):

a) Erarbeitet anhand von M3 bis M5 die hier dargestellten Feindbilder im Kalten Krieg. Achtet auf die einzelnen Bildelemente und deren (symbolische) Bedeutung und formuliert zu jedem Bild eine zusammenfassende Aussage.

b) Erläutert die „Spiegelbildlichkeit der Argumente" (M2) und untersucht, wie der Autor die Entstehung von Feindbildern erklärt.

c) Erarbeitet anhand von M2 die Hauptaussagen des Autors. Nehmt den Darstellungstext zu Hilfe.

d) Beschreibt anhand von M1 den Zusammenhang von Konflikt, Rüstung und Feindbild. Nennt Beispiele, an denen sich in der Gegenwart Ansätze für Feindbilder zeigen.

2 Diskutiert in der Klasse, welche Möglichkeiten ihr seht, Feindbilder in der Politik abzubauen.

Bündnisse in einer geteilten Welt

NATO und Warschauer Pakt

Verhandlungen über ein westliches Verteidigungsbündnis, die während der Berlin-Krise 1948/49 begonnenen hatten, führten am 4. April 1949 in Washington zur Gründung der NATO (North Atlantic Treaty Organization). Ihr traten die USA, Kanada und zehn westeuropäische Staaten bei. Hinzu kamen 1952 die Türkei und Griechenland, 1955 die Bundesrepublik Deutschland. Die USA sahen ihre Strategie bestätigt, als die Atombombenversuche der Sowjets erfolgreich waren und die Kommunistische Partei unter Mao Zedong in China an die Macht gekommen war.

1955 bildete die Sowjetunion mit sechs osteuropäischen Ländern und der DDR den Warschauer Pakt als Gegenstück zur NATO. Das war die sichtbare „Zementierung“ der beiden Blöcke und der Beginn eines jahrzehntelangen Wettrüstens.

Der Konflikt eskalierte 1950, als nordkoreanische Truppen Südkorea angriffen. Damit brachen die von China und der UdSSR unterstützten Nordkoreaner die amerikanisch-sowjetische Vereinbarung über die Teilung Koreas. Im Auftrag der UNO griffen US-Truppen ein und drängten die nordkoreanischen Streitkräfte hinter den 38. Breitengrad zurück. 1953 wurde schließlich der ursprüngliche Zustand der Teilung wiederhergestellt. Im Zuge des Koreakrieges gewannen die Verbündeten der USA an Bedeutung. Für die Bundesrepublik bedeutete dies eine Beschleunigung der Westintegration und ein Zugewinn an politischer Souveränität.

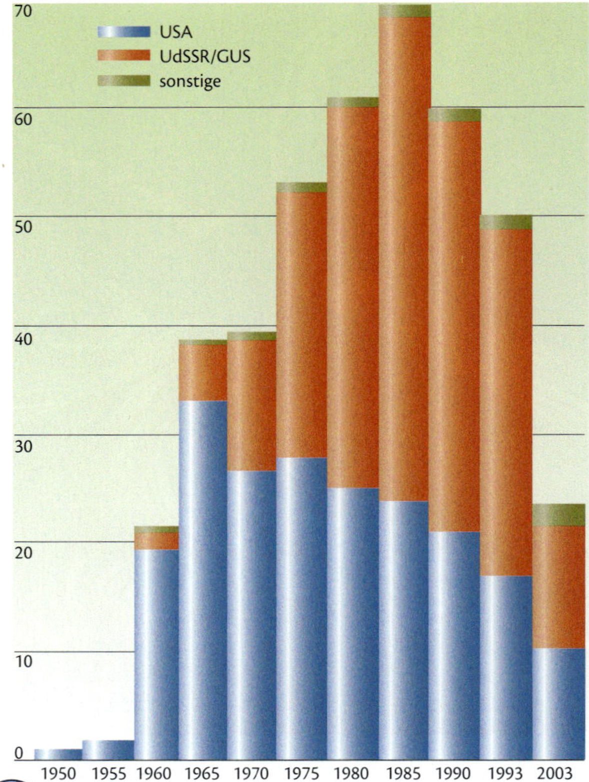

M1 **Zahl der weltweit vorhandenen nuklearen Sprengköpfe 1945 bis 2003**

M2 **„Them and us“**, Gemälde des amerikanischen Künstlers Neil Jenney, 1969

M3

NATO-Vertrag und Warschauer Pakt

Aus der Präambel (feierliche Erklärung als Einleitung) des NATO-Vertrags vom 4. April 1949:

3A Die vertragschließenden Parteien erklären von Neuem ihren Glauben an die Ziele und Grundsätze der Satzung der Vereinten Nationen und ihren Wunsch, mit allen Völkern und allen Regierungen in Frieden zu leben. Sie sind entschlossen, die Freiheit, das gemeinsame Erbe und die Zivilisation ihrer Völker zu sichern, die sich auf die Grundsätze der Demokratie, der individuellen Freiheit und der Herrschaft des Rechts begründet ...

Artikel 1. Die Parteien verpflichten sich, ... jegliche internationale Streitigkeiten, in die sie verwickelt werden könnten, durch friedliche Mittel ... beizulegen ...

Artikel 5. Die vertragschließenden Parteien sind sich darüber einig, dass ein bewaffneter Angriff auf eine oder mehrere von ihnen in Europa oder Nordamerika als ein Angriff gegen sie alle betrachtet werden soll, und demzufolge haben sie sich dahin geeinigt, dass jede von ihnen im Falle eines solchen bewaffneten Angriffs ... der Partei oder den Parteien, die derart angegriffen werden, beistehen wird.

Zit. nach Geschichte in Quellen, Bd. 7, bearb. von Helmut Krause und Karlheinz Reif, München (bsv) 1980, S. 386.

Aus dem Warschauer Vertrag vom 15. Mai 1955:

3B *Artikel 1.* Die vertragschließenden Parteien verpflichten sich in Übereinstimmung mit der Satzung der Organisation der Vereinten Nationen, sich in ihren internationalen Beziehungen der Drohung mit Gewalt oder ihrer Anwendung zu enthalten und ihre internationalen Streitfragen mit friedlichen Mitteln so zu lösen, dass der Weltfrieden und die Sicherheit nicht gefährdet werden ...

Artikel 4. Im Falle eines bewaffneten Überfalls in Europa oder auf einen oder mehrere Teilnehmerstaaten des Vertrages seitens irgendeines Staates oder einer Gruppe von Staaten wird jeder Teilnehmerstaat des Vertrages in Verwirklichung des Rechtes auf individuelle oder kollektive Selbstverteidigung ... sofortigen Beistand individuell und in Verbindung mit den anderen Teilnehmerstaaten des Vertrages mit allen Mitteln ... erweisen.

Zit. nach Geschichte in Quellen, Bd. 7, bearb. von Helmut Krause und Karlheinz Reif, München (bsv) 1980, S. 464 f.

Begriffe und Daten

NATO

Der Bündnisvertrag der NATO-Staaten wurde am 4. April 1949 geschlossen und besitzt bis heute Gültigkeit. Die Unterzeichner betonen ihren Wunsch nach weltweitem Frieden, zeigen sich aber auch entschlossen, die demokratischen Grundrechte sowie das kulturelle Erbe und den Wohlstand ihrer Länder gemeinsam zu verteidigen.

Im Vertrag verpflichten sie sich, den Frieden in der Welt nicht zu gefährden und internationale Konflikte ohne Gewaltanwendung zu lösen. Um die einzelnen Mitgliedsstaaten gegen Angriffe schützen zu können, wollen sie einzeln, aber auch gemeinsam ihre militärische Stärke so ausbauen, dass die nationale Sicherheit wie auch die der Bündnispartner gewährleistet ist. Falls einer der Staaten angegriffen werden sollte, unterstützen ihn die anderen.

Warschauer Pakt

Der „Vertrag über Freundschaft, Zusammenarbeit und gegenseitigen Beistand“ wurde am 15. Mai 1955 zwischen der Sowjetunion und den meisten osteuropäischen Staaten geschlossen und existierte bis 1991. Er wurde – im Gegensatz zur NATO – ergänzt durch bilaterale Freundschafts- und Beistandspakte der einzelnen Mitgliedsstaaten.

Die Unterzeichner versicherten, dass sie zum Weltfrieden beitragen und Streitfragen auf diplomatischem Weg klären würden. Sie erklärten sich zu internationaler Zusammenarbeit im Sinne der Friedenssicherung bereit. Wenn eines der Mitglieder angegriffen würde, so verpflichteten sich alle anderen, diesem beizustehen. Die Staaten des Warschauer Paktes beschickten aus ihren nationalen Streitkräften ein gemeinsames Kommando. Darüber hinaus wurde vereinbart, alle Maßnahmen zu unterstützen, die das Bündnis stark machten.

1 Vergleiche die Aussagen von M2 (S. 238) und M1 (S. 233). Beachte Entstehungsjahr und Quellenart.

2 Führe einen inhaltlichen und sprachlichen Vergleich von M3A und M3B durch. Notiere Gemeinsamkeiten und Unterschiede. Ziehe den Kasten heran.

3 Diskutiert gemeinsam, inwieweit sich an M1 Bedrohungspotenziale erkennen lassen.

Die UNO – Macht oder Ohnmacht?

Die Rolle der UNO in der Weltpolitik

Ob der UNO eine ähnliche Entwicklung wie dem gescheiterten Völkerbund droht, ist gegenwärtig so umstritten wie in der Zeit des Kalten Krieges. Die Hoffnungen und Erwartungen sind jedoch groß, dass sie in der Weltpolitik künftig eine bedeutendere Rolle einnehmen wird als in der Vergangenheit. Welche Funktionen hatte die UNO bislang in der Weltpolitik? Welche Probleme gab und gibt es?

M2

Jubiläums-Konzert, Karikatur von Fritz Behrendt, 1995

M1

Die Charta der UNO

Am 26. Juni 1945 unterzeichneten 51 Staaten die Gründungscharta der Vereinten Nationen:

Artikel 1 Die Vereinten Nationen setzen sich folgende Ziele:

1. Den Weltfrieden und die internationale Sicherheit zu wahren …

2. freundschaftliche, auf der Achtung vor dem Grundsatz der Gleichberechtigung und Selbstbestimmung der Völker beruhende Beziehungen zwischen den Nationen zu entwickeln …

3. eine internationale Zusammenarbeit herbeizuführen, um internationale Probleme … zu lösen und die Achtung vor den Menschenrechten und Grundfreiheiten für alle ohne Unterschied der Rasse, des Geschlechts, der Sprache oder der Religion zu fördern und zu festigen …

Artikel 2 Die Organisation und ihre Mitglieder handeln … nach folgenden Grundsätzen:

1. Die Organisation beruht auf dem Grundsatz der … Gleichheit aller ihrer Mitglieder …

3. Alle Mitglieder legen ihre internationalen Streitigkeiten durch friedliche Mittel so bei, dass der Weltfriede, die internationale Sicherheit und die Gerechtigkeit nicht gefährdet werden.

4. Alle Mitglieder unterlassen … jede gegen die territoriale Unversehrtheit oder die politische Unabhängigkeit eines Staates gerichtete … Androhung oder Anwendung von Gewalt.

5. Alle Mitglieder leisten den Vereinten Nationen jeglichen Beistand bei jeder Maßnahme, welche die Organisation im Einklang mit dieser Charta ergreift.

Zit. nach Günther Unser, Die UNO, 4. Aufl., München (Beck/dtv) 1988, S. 232.

M3

Mehrheitsbeschlüsse – ein Problem?

In der englischen Zeitschrift „The Times" hieß es über die Einrichtung von Mehrheitsbeschlüssen in der UNO am 9. Dezember 1949:

Der in der Tat revolutionäre Gedanke in den Satzungen der Vereinten Nationen ist die Anwendung des Mehrheitsbeschlusses bei der Entscheidung grundsätzlicher Fragen … Der Missbrauch des Vetorechts durch die Sowjetunion im Sicherheitsrat hat der Vollversammlung eine weit schwerere Last aufgebürdet, als dies jemals beabsichtigt war, obwohl viele der kleineren Nationen sehr dafür waren, sie diese versuchsweise tragen zu lassen … Die Gefahren einer solchen Entwicklung blieben aber den Westmächten auch aus dem Grunde verborgen, weil die Mehrheit der Vollversammlung in den meisten Fragen immer auf ihrer Seite gegen die Sowjetunion und ihre Vasallen stand. Heute wird jedoch deutlich, dass es nicht nur eine Art der Mehrheit gibt. Es steht z. B. eine Mehrheit der kleineren Nationen den Großmächten, eine Mehrheit derjenigen Länder, die über keine Kolonien verfügen, den Kolonialmächten und … eine recht beachtenswerte Mehrheit nichteuropäischer Länder den alten Nationen Europas gegenüber … Man kann wohl sagen, dass dies schließlich nur ein demokratisches Verfahren und dass es die Pflicht der Minderheit ist, sich dem Willen der Mehrheit zu fügen. Die Vollversammlung der Vereinten Nationen indessen ist kein Parlament, sondern eine Konferenz souveräner Staaten, die außerhalb ihres eigenen Hoheitsgebiets keine Verantwortlichkeit oder Befugnis besitzen.

Zit. nach Heinrich Bodensieck, Der Kalte Krieg, Stuttgart (Klett) 1981, S. 25.

M4

Zum Jubiläum: Kein Grund zum Jubeln?

1995 konnten die Vereinten Nationen auf 50 Jahre Bestehen zurückblicken. Der Journalist Axel Veiel zog am 24. Juni 1995 in der „Stuttgarter Zeitung" Bilanz:

Wenn die Geladenen am Montag in San Francisco auf die Weltorganisation anstoßen ..., wird man darüber hinwegsehen, dass die 185 Mitgliedsstaaten der UN ... die Organisation am Rande der Zahlungsunfähigkeit dahinvegetieren lassen ... Die Vereinten Nationen sind reformbedürftig. In einer gründlich veränderten Welt müssen sie noch immer mit dem Handwerkszeug auskommen, mit dem ihre Väter sie einst ausstatteten ... [In der Charta] ist etwa verankert, dass die Siegermächte des Zweiten Weltkrieges im UN-Sicherheitsrat das Privileg ständiger Mitgliedschaft und eines Vetorechts genießen, was 50 Jahre später in einem veränderten Kräftefeld nicht recht einleuchten will. Und auch die in der Praxis freilich zunehmend missachtete Selbstbeschränkung, wonach sich die Vereinten Nationen nicht in innerstaatliche Konflikte einmischen dürfen, passt schlecht in eine Zeit, da Kriege fast ausschließlich Bürgerkriege sind. Während man solchen Regelungen anmerkt, dass sie aus einer anderen Epoche stammen, trifft dies für das vornehmste Ziel der Völkergemeinschaft nicht zu: Die ... Verpflichtung, gemeinsam Maßnahmen zur Wahrung des Weltfriedens und der internationalen Sicherheit zu treffen, hat nichts von ihrer Aktualität eingebüßt.

Stuttgarter Zeitung vom 24. Juni 1995.

M5

Frieden schaffen – aber wie?

Als der damalige Generalsekretär der UNO, Kofi A. Annan, am 10. Dezember 2001 in Oslo den Friedensnobelpreis entgegennahm, sagte er:

In diesem neuen Jahrhundert müssen wir von der Erkenntnis ausgehen, dass der Friede nicht nur Staaten und Völkern, sondern jedem einzelnen Mitglied dieser Gemeinschaften gehört. Die Souveränität der Staaten darf nicht länger als Schutzschild für schwere Menschenrechtsverletzungen missbraucht werden. Der Friede muss in der täglichen Existenz jedes Menschen in Not real und greifbar werden. Um den Frieden muss man sich vor allem deshalb bemühen, weil er für jedes Mitglied der Menschheitsfamilie die Voraussetzung für ein Leben in Würde und Sicherheit ist ...
Aus dieser Vision der Rolle der Vereinten Nationen im nächsten Jahrhundert ergeben sich drei entscheidende Prioritäten für die Zukunft: die Beseitigung der Armut, die Verhinderung von Konflikten und die Förderung der Demokratie. Nur in einer Welt frei von Armut können alle Männer und Frauen das Beste aus ihren Fähigkeiten herausholen. Nur wo die Rechte des Einzelnen geachtet werden, können Meinungsverschiedenheiten politisch behandelt und friedlich beigelegt werden. Nur in einem demokratischen Umfeld, das auf der Achtung der Vielfalt und auf Dialog beruht, können individuelle Selbstverwirklichung und Selbstregierung gesichert und die Vereinigungsfreiheit garantiert werden.

Zit. nach UNIC-Bonn – Pressemitteilungen Nr. 439.

Begriffe und Daten

UNO

Der UNO gehören 192 Mitglieder an (Stand: 2008). Ihr Hauptsitz ist New York. Wichtigste Ziele sind die Erhaltung des Weltfriedens und der internationalen Sicherheit, die Schlichtung von Streitigkeiten, die freundschaftliche Zusammenarbeit ihrer Mitglieder und der Schutz der Menschenrechte und Grundfreiheiten. Die Mitgliedsstaaten bekennen sich zur Gleichheit aller Staaten, zu Gewaltverzicht, Vertragstreue und zum Selbstbestimmungsrecht der Völker.

Medientipp

SPUN: Schüler-Planspiel United Nations

Das Planspiel SPUN ist 1997 von der Friedrich-Ebert-Stiftung und der Universität Siegen als landesweites Projekt gestartet worden. Dabei können Schülerinnen und Schüler einmal im Jahr eine Sitzungswoche der Vereinten Nationen simulieren.
Aktuelle Informationen findet ihr unter www.spun.de

1 Fünfzig Jahre UNO 1995: a) Erarbeitet in Partnerarbeit arbeitsteilig, welche Bilanz in M2 und M4 jeweils gezogen wird. b) Bewertet Art und Inhalt der Darstellung.
2 Beantworte die Überschrift in M3.
3 Vergleiche die Ziele der UNO heute (M5) mit denen der UNO-Charta von 1945 (M1).

Entkolonialisierung und Nord-Süd-Konflikt

Aus Kolonien werden Staaten

Welche Ereignisse mobilisierten die Menschen in den Kolonien zur Befreiung ihres Landes? In Lateinamerika waren es die Napoleonischen Kriege zu Beginn des 19. Jahrhunderts, in Asien und Afrika der Erste und vor allem der Zweite Weltkrieg. Die Menschen hofften auch auf das 1941 in der Atlantik-Charta festgeschriebene Selbstbestimmungsrecht der Völker. Gebildete gesellschaftliche Gruppen in den Kolonien machten sich die Menschen- und Bürgerrechtsideale der „Mutterländer“ zu eigen. Beschleunigt wurde die Entkolonialisierung im Kalten Krieg, um die Kolonien nicht der Sowjetunion zu überlassen, die sich antikolonialistisch gab. Was zunächst als Befreiung und mit der UN-Mitgliedschaft als Anerkennung ihrer Selbstständigkeit erschien, brachte bald neue Probleme und enttäuschte Hoffnungen: Oft blieb die wirtschaftliche Abhängigkeit der jungen Staaten von ihren ehemaligen Kolonialmächten oder von ausländischer Hilfe erhalten, z. B. von der Entwicklungshilfe. Die willkürlichen Grenzziehungen der Kolonialzeit führen bis heute immer wieder zu ethnischen Konflikten. In vielen ehemaligen Kolonien belasten innergesellschaftliche Spannungen die Entwicklung und Stabilität.

Der Nord-Süd-Konflikt

Die spannungsreichen Unterschiede zwischen den ehemaligen Kolonien, den „Entwicklungsländern“, und den Kolonialmächten, den „Industrieländern“ werden als Nord-Süd-Konflikt bezeichnet. Der Begriff leitete sich von der Tatsache ab, dass die Industrieländer überwiegend auf der nördlichen Erdhalbkugel liegen, die Entwicklungsländer dagegen auf der südlichen Halbkugel.

Angesichts der übermächtig erscheinenden Ost-West-Mächte versuchten die Staaten der Dritten Welt zu kooperieren und sich gegenseitig zu unterstützen. Es kam zu Zusammenschlüssen wie die „Bewegung der Blockfreien Staaten“, und die „Organization of African Unity“ (OAU, gegründet 1963). Doch diese Organisationen und auch die Zusammenarbeit in der UNO erwiesen sich als zu schwach, um die eigenen Interessen zu bündeln und wirksam durchzusetzen.

Die drängendsten Probleme der Entwicklungsländer sind ihre gefährdete staatliche Einheit, die schwache Stellung auf dem Weltmarkt, Armut, unzureichende Ernährung und unwürdige soziale Lebensbedingungen. Sie dürften wohl nur mittels Anstrengungen aller Staaten, gemeinsam mit der UNO, zu lösen sein.

M1 **Entkolonialisierung 1945 bis 1990**

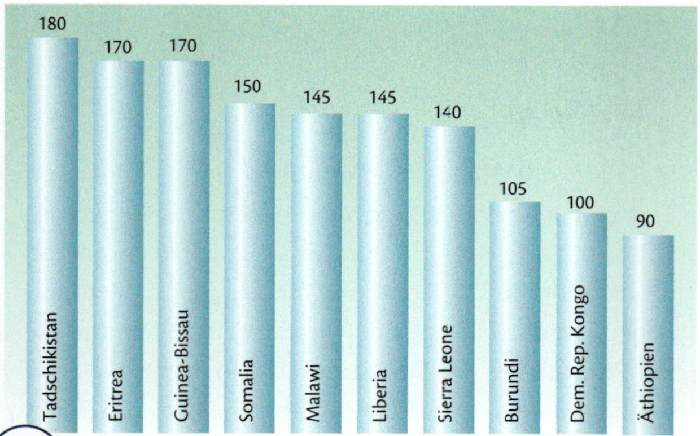

M2 **Aufstellung der zehn ärmsten Länder der Erde** (in Bruttosozialprodukt pro Kopf und Jahr, US-Dollar). Stand: 2006. Zum Vergleich: Das Bruttosozialprodukt pro Kopf beträgt in der EU etwa 25 000 US-Dollar.

M3

Wiedergeburt Asiens?

Der indische Ministerpräsident und Außenminister Jawaharlal Nehru (1889–1964) sagte in einer Rede vor der Universität von Kalifornien am 31. Oktober 1949:

Auf der Weltbühne hat sich ein äußerst wichtiger Wandel vollzogen: die Wiedergeburt Asiens ... Die Welt ist voller ungelöster Probleme. Vielleicht lassen sie sich alle als Teile eines einzigen Problems betrachten. Dieses Problem ist nicht zu lösen, wenn man sich nicht die volle Bedeutung der asiatischen Wiedergeburt vor Augen hält, denn Asien wird unvermeidlicherweise eine wachsende Rolle in der Weltpolitik spielen. Asien, in seinem Wachstum gehemmt, hat es mit zwei der wichtigsten Seiten des Weltproblems zu tun – mit der politischen und mit der wirtschaftlichen ... der Kampf um die politische Freiheit hat eine gewisse Priorität ... Aber da die politische Befreiung sich verzögert, ist das wirtschaftliche Problem genauso wichtig und dringend geworden. An erster Stelle steht also die nationale Freiheit. Die meisten asiatischen Länder haben sie bereits erkämpft, aber einige sind noch immer der kolonialen Herrschaft unterworfen ... Ebenso wichtig ist die Versorgung der breiten Masse, in ihrem eigenen Interesse und im Interesse des Weltfriedens und der Stabilität. Dazu gehört eine allmähliche Industrialisierung dieser Länder, bei der die Vereinigten Staaten eine wesentliche Rolle spielen können.

Zit. nach Geschichte in Quellen, Bd. 7, bearb. von Helmut Krause und Karlheinz Reif, München (bsv) 1980, S. 624 f.

M4

Ein „afrikanischer Weg"?

Aus der Botschaft des Präsidenten der afrikanischen Republik Senegal, Leopold Sedar Senghor, zum Unabhängigkeitstag am 5. April 1961:

Die Regierung Mamadu Dia hat sich 1957 an die Arbeit gemacht. Sie versuchte, die Nation zu bilden auf dem afrikanischen Weg zum Sozialismus. Ich sage „afrikanischer Weg". Es handelt sich darum, aus den Wolken der Ideologien zu den konkreten Realitäten des Landes herabzusteigen ... Es geht um einen Sozialismus, der sich stützt auf die afrikanischen, die senegalesischen Realitäten ... Der Mensch ist Grundlage und Ziel unserer Politik. Daher die überragende Bedeutung der kulturellen Entwicklung und der Elitenbildung. In fünf Jahren hat sich die Zahl der Schüler in Volksschulen, höheren Schulen und technischen Schulen verdoppelt; an der Universität Dakar hat sie sich verdreifacht ...

Es ist heute Mode, auf das alte Europa zu schelten, auf West und Ost. Senegal weigert sich, diese Mode mitzumachen, so sehr wir auch in der Vergangenheit zu denen gehört haben, die am leidenschaftlichsten und erfolgreichsten gegen den Kolonialismus gekämpft haben. Wir werden uns weiter aus Europa die Instrumente unserer Befreiung holen: einige seiner Werte und seiner Techniken, vor allem seine Methoden des Sozialismus ... Der Kolonialismus ist verurteilt, lassen wir ihn sterben ... Genauer: Wir haben die Bindungen umgewandelt, die uns mit dem alten Mutterland verbanden. Aus den Bindungen der Abhängigkeit haben wir Bindungen der Gleichheit in der Kooperation gemacht.

Zit. nach Geschichte in Quellen, Bd. 7, bearb. von Helmut Krause und Karlheinz Reif, München (bsv) 1980, S. 627 f.

1 Beschreibe mithilfe von M1, in welchen Phasen bzw. Regionen die Entkolonialisierung ablief.

2 a) Kläre anhand des Darstellungstextes, welche Folgen die Entkolonialisierung für die unabhängig gewordenen Staaten hatte.
b) Nenne die drängendsten Probleme der ehemaligen Kolonien. Ziehe M2 mit heran.

3 a) Stelle anhand von M3 und M4 dar, welche Perspektive die Autoren für ihre Kontinente entwerfen.
b) Vergleiche.
c) Stelle einen Bezug zur Gegenwart her.

Die Kuba-Krise

Der Atomkrieg droht

Nach einem langem Guerillakrieg* hatte der kubanische Revolutionär Fidel Castro 1959 den Diktator Batista gestürzt. Die bis dahin engen wirtschaftlichen Verbindungen Kubas zu den USA waren beendet, als Castro alle US-Besitzungen auf der Insel verstaatlichte. Nach dem gescheiterten Versuch der US-Regierung, das kommunistische Regime 1961 durch eine Invasion von Exilkubanern zu stürzen, bemühte sich Castro um eine engere Zusammenarbeit mit der Sowjetunion – vor allem im militärischen Bereich. Aus der Sicht der Sowjetführung war Kuba das Modell einer gelungenen kommunistischen Befreiung in der Dritten Welt. Zugleich war es für Moskau als strategischer Vorposten interessant: Kuba konnte für sowjetische Atomraketen als „unsinkbarer Flugzeugträger" 150 km vor der Küste Floridas dienen und damit die bisherige Unterlegenheit der Sowjets bei Interkontinentalraketen und Langstrecken-Atombombern ausgleichen. Nach wochenlangen Gerüchten brachten Mitte Oktober 1962 Fotos amerikanischer Aufklärungsflugzeuge die Gewissheit: Die Sowjetunion hatte Raketen auf Kuba stationiert. Präsident John F. Kennedy sah damit die Sicherheit der USA massiv gefährdet. Er forderte den sofortigen Abbau der militärischen Anlagen und ordnete eine Seeblockade um Kuba an. Daraufhin zog Fidel Castro Truppen zusammen und die sowjetische Regierung entsandte Kriegsschiffe. Als die Situation zu eskalieren drohte, bot die US-Regierung an, die Blockade aufzuheben. Sie garantierte, Kuba nicht anzugreifen und die US-Raketen aus der Türkei zu räumen, wenn die Sowjetunion die Raketen aus Kuba abziehen würde. Nikita Chruschtschow, der sowjetische Regierungschef, lenkte ein: Die Raketen wurden abgebaut und in die Sowjetunion zurückgebracht.

Unter dem Eindruck der Kuba-Krise entschlossen sich die Regierungen der Supermächte zu Verhandlungen: 1963 wurde zwischen Washington und Moskau eine besondere Fernsprechverbindung eingerichtet, der „heiße Draht", um in Krisenfällen die direkte Verständigung zwischen den Regierenden zu ermöglichen. Außerdem wurden in den folgenden Jahren Vereinbarungen über den Gebrauch von Atomwaffen getroffen. Zu einer direkten Konfrontation zwischen den Supermächten kam es bis zum Ende des Kalten Krieges nicht mehr.

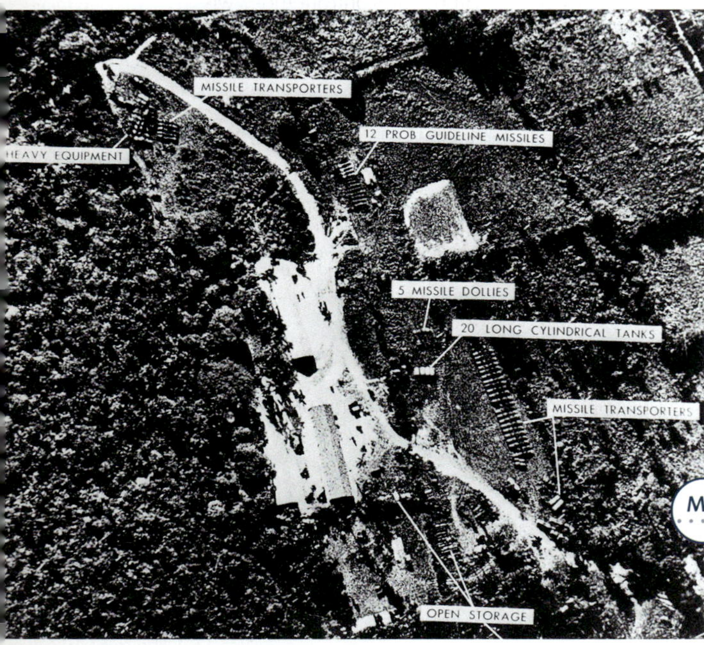

M1

Sowjetische Raketenbasis auf Kuba, amerikanische Luftaufnahme, Mitte Oktober 1962. Von der Raketenbasis aus konnte die gesamte Ostküste der USA unter atomaren Beschuss genommen werden.

M2

Steht der Atomkrieg bevor?

In seiner Fernseh- und Rundfunkansprache an die Nation am 22. Oktober 1962 sagte der amerikanische Präsident John F. Kennedy:

Im Laufe der letzten Woche haben eindeutige Beweise die Tatsache erhärtet, dass derzeit auf dieser unterdrückten Insel mehrere Anlagen für Angriffsraketen errichtet werden. Der Zweck dieser Anlagen kann nur darin bestehen, die Möglichkeit eines Atomschlags gegen die westliche Hemisphäre zu schaffen ... Wir werden das Risiko eines weltweiten Atomkrieges nicht voreilig oder ohne Not eingehen – wir werden dieses Risiko aber auch nicht scheuen.

Zit. nach Robert F. Smith, What happened in Cuba, New York (Twayne) 1963, S. 340 ff. Übers. d. Verf.

M3

Chruschtschow und Kennedy während der Kuba-Krise, Karikatur aus der „Daily Mail", London 1962. Die Bildunterschrift lautet: „Einverstanden, Herr Präsident, wir wollen verhandeln ..."

M4

„Lieber Genosse ..."

Aus einem Briefwechsel zwischen Fidel Castro und Nikita Chruschtschow von 1962. Castro ließ die Briefe Ende 1990 in der kommunistischen Parteizeitung „Granma" erstmals veröffentlichen:

4A *Castro an Chruschtschow (26. Oktober):* Meiner Einschätzung nach steht der Angriff fast unmittelbar für die nächsten 24 oder 72 Stunden bevor ... Ich glaube, dass die imperialistische Aggressivität ausgesprochen gefährlich ist. Wenn die Imperialisten das brutale Vorhaben, in Kuba einzumarschieren, entgegen internationalem Gesetz und gegen jede Moral ausführen, wäre der Zeitpunkt gekommen, durch einen Akt klarer und legitimer Verteidigung ein solches Gefahrenpotenzial für die Zukunft zu beseitigen, ganz gleich, wie hart oder schrecklich diese Lösung wäre.

4B *Chruschtschow an Castro (28. Oktober):* In diesem Moment, da die Krise an einen Wendepunkt gelangt ist, möchte ich Sie bitten, Standfestigkeit zu zeigen und sich nicht von Gefühlen leiten zu lassen. Wir dürfen uns nicht von Provokationen herausfordern lassen, denn jetzt, da eine Lösung des Konflikts in Sicht ist, versuchen hemmungslose Militaristen des Pentagons, das Abkommen zu vereiteln und Sie zu Taten zu provozieren, die gegen Sie verwendet werden könnten. Ich bitte Sie, ihnen dazu keinen Anlass zu geben.

M4A und M4B zit. nach James G. Blight/B. J. Allyn/D. A. Welch, Cuba on The Brink, New York (Pantheon Books) 1993, S. 481 ff. Übers. d. Verf.

M5

Frieden – weil Krieg sinnlos ist?

Vor Mitgliedern der American University, Washington, D. C., sagte Präsident John F. Kennedy am 10. Juni 1963:

Ich spreche vom Frieden, weil der Krieg ein neues Gesicht bekommen hat. Ein totaler Krieg ist sinnlos in einem Zeitalter, in dem Großmächte umfassende und verhältnismäßig unverwundbare Atomstreitkräfte unterhalten können und sich weigern zu kapitulieren, ohne vorher auf diese Streitkräfte zurückgegriffen zu haben ... Es ist heute, wenn der Friede gewahrt werden soll, unerlässlich, jedes Jahr Milliarden von Dollars für Waffen auszuwerfen, die lediglich zu dem Zweck geschaffen werden sicherzustellen, dass wir sie niemals einsetzen werden ...

Beide, die Vereinigten Staaten und ihre Verbündeten sowie die Sowjetunion und ihre Verbündeten, haben ein gemeinsames tiefes Interesse an einem gerechten und wirklichen Frieden und einer Einstellung des Wettrüstens. Abkommen, die zu diesem Ziel führen, sind im Interesse der Sowjets wie auch im unsrigen.

Zit. nach Ernst-Otto Czempiel/Carl-Christoph Schweitzer, Weltpolitik der USA nach 1945, Bonn (Bundeszentrale für politische Bildung) 1989, S. 277 ff.

Begriffe und Daten

1961/62 Kuba-Krise

Den Weltfrieden bedrohende Konfrontation zwischen den USA und der Sowjetunion, die durch die Stationierung sowjetischer Mittelstreckenraketen auf Kuba ausgelöst wurde. Die Lösung des Konflikts sah den Rücktransport der Raketen und den Abbau der Abschussrampen vor, im Gegenzug den (etwas späteren) Abzug der US-Raketen aus der Türkei.

1 Erläutere mithilfe von M1, M2 und M3, warum die Militäraktionen auf Kuba fast zu einem Krieg mit den USA geführt hätten.

2 Vergleiche die Argumentation der Briefschreiber (M4). Überlege, welche Interessen sie jeweils vertreten.

3 Überprüfe anhand von M5 die These, dass die Kuba-Krise das politische Klima im Ost-West-Konflikt verändert hat.

Der Vietnamkrieg 1964 bis 1973

Der Weg in den Krieg

In Vietnam hatte von 1946 bis 1954 eine Unabhängigkeitsbewegung unter dem kommunistischen Revolutionsführer Ho Chi Minh gegen die Kolonialmacht Frankreich gekämpft. Die US-Regierung hatte Frankreich in diesem Krieg finanziell unterstützt, sich aber militärisch nicht engagiert. Sie musste Rücksicht nehmen auf Kritik der amerikanischen Öffentlichkeit an ihrer Südostasien-Politik. Nach der Niederlage Frankreichs wurde Vietnam auf der Genfer Indochina-Konferenz (1954) geteilt. In Nordvietnam etablierte sich mit sowjetischer und chinesischer Hilfe ein kommunistisches System, in Südvietnam herrschte das autoritäre Regime Diem.

Die USA unterstützten den westlich orientierten Süden Vietnams finanziell und militärisch. Sie wollten verhindern, dass mit ihm ein weiteres Gebiet in Südostasien unter kommunistischen Einfluss geraten könnte. Diese Befürchtungen waren nicht unbegründet: Ho Chi Minh versuchte nämlich, den Süden mithilfe der in Südvietnam operierenden „Nationalen Befreiungsfront“ (Vietcong), einer Guerillabewegung, zu erobern. 1961 schickte Präsident Kennedy erstmals US-Truppen nach Südvietnam. 1964 nahm die US-Regierung einen – nie aufgeklärten – Angriff auf amerikanische Kriegsschiffe im Golf von Tonking zum Anlass, um das Truppenaufgebot erheblich zu vergrößern. Von 1965 an wurde Nordvietnam direkt angegriffen.

M1 Der Vietnamkrieg

Krise und Rückzug

Schon bald nach Kriegseintritt wurde der Militäreinsatz in Südostasien in den USA und der westlichen Welt kritisiert. Beständig stieg die Zahl der wehrpflichtigen Soldaten, die traumatisiert, verletzt oder in Särgen aus dem Dschungelkrieg zurückgebracht wurden. Etwa 58 000 Amerikaner verloren ihr Leben in Vietnam. Es formierte sich aus zunächst vereinzelten Demonstrationen eine große Protestbewegung: Vor allem junge Menschen lehnten sich gegen den Einsatz in Vietnam auf, gegen Atomwaffen, gegen das wirtschaftliche und politische System der USA, gegen Rassendiskriminierung und gegen die Gesellschaft insgesamt. Die USA gerieten in eine schwere innenpolitische Krise. Als bekannt wurde, dass die US-Regierung jahrelang chemische Waffen in Südostasien eingesetzt hatte, wie das stark dioxinhaltige Entlaubungsmittel „Agent Orange“, gab es auch in der UNO massive Kritik. Von 1969 an zog Präsident Nixon die 543 000 in Südvietnam stationierten Soldaten nach und nach wieder ab. 1973 schloss er einen Waffenstillstand mit Nordvietnam. Ein Jahr später griff Nordvietnam den südlichen Teil erneut an. Südvietnam kapitulierte 1975. Ganz Vietnam wurde „Sozialistische Republik“ und die Bevölkerung Südvietnams umerzogen, enteignet oder auch umgesiedelt. Tausende flohen daraufhin aus dem Land.

M2 **Pham Thai, ein spätes Opfer des Kriegs,** Foto, 1999. Der 17-Jährige, dessen Vater im Vietnamkrieg auf einem US-Luftwaffenstützpunkt arbeitete, wo „Agent Orange" abgefüllt wurde, ist mehrfach behindert, hat stark verkürzte Beine und Polydaktylie (überzählige Finger oder Zehen).

M4 **Ein verletzter Militärarzt versorgt einen anderen amerikanischen Verwundeten,** Foto, 1966

M3 Militärisches Engagement – zu welchem Preis?

Henry A. Kissinger (geb. 1923) war amerikanischer Außenminister und versuchte, im Vietnamkrieg zu schlichten. Er erhielt dafür 1973 den Friedensnobelpreis. 1994 schrieb er:

Die Vereinigten Staaten bezahlten … für ihr Abenteuer in Vietnam einen Preis, der in keinem Verhältnis zu irgendeinem vorstellbaren Gewinn stand … Die USA waren in den Indochina[1]-Krieg verwickelt worden, weil sie die Maximen ihrer erfolgreichen Europapolitik auf eine Region mit grundlegend anderen politischen, sozialen und wirtschaftlichen Strukturen übertragen hatten … Der vielleicht schwerwiegendste, aus amerikanischer Sicht zweifellos aber schmerzlichste Dominostein, der als Folge des Vietnamkriegs fiel, war der Zusammenhalt der amerikanischen Gesellschaft. Der amerikanische Idealismus hatte Regierungsbeamte ebenso wie Kritiker zu der irrigen Annahme verleitet, die vietnamesische Gesellschaft lasse sich relativ mühelos und schnell in eine Demokratie nach amerikanischem Muster umwandeln. Als dieser optimistische Plan in sich zusammenbrach und offenkundig wurde, dass Vietnam alles andere als eine Demokratie war, war die Enttäuschung unvermeidlich.

Henry A. Kissinger, Die Vernunft der Nationen, Berlin (Siedler) 1994, S. 769 ff.

[1] Name der französischen Kolonie, die aufgeteilt wurde in Laos, Kambodscha und Vietnam

Begriffe und Daten

Vietnamkrieg

Von 1946 bis 1954 herrschte ein Krieg zwischen der französischen Kolonialmacht und der kommunistischen Befreiungsbewegung. Der Niederlage Frankreichs folgte von 1964 bis 1973 ein militärischer Konflikt zwischen den USA und dem kommunistischen Nordvietnam. Der Krieg endete mit dem Rückzug der US-Armee und 1975 mit der Kapitulation Südvietnams.

1 Erarbeite anhand des Darstellungstextes und M1 den Weg in den Krieg, den Verlauf und die Ergebnisse.

2 a) Beschreibe M2 und M4.
b) Versuche auszudrücken, welche Gefühle die Fotos in dir auslösen.
c) Welche „Botschaft" vermitteln die Bilder?

3 Erarbeite aus M3, wie Kissinger den Einsatz der USA in Vietnam begründet und bewertet.

4 Erörtere, inwiefern sich im Vietnamkrieg die Zeit des Kalten Krieges widerspiegelt. Lies auf den Seiten 244 bis 247 nach.

5 **Recherche:** Informiere dich über „Vietnam heute" und berichte in der Klasse (Lexika, Internet).

Der Aufstieg Chinas

China – eine neue Weltmacht?

„China – vom Entwicklungsland zum Global Player" oder „China – von eigener Größe überzeugt" – diese Zeitungsschlagzeilen deuten das Interesse an, das die westlichen Industriestaaten seit einiger Zeit an dem Land im Fernen Osten zeigen. Sie registrieren aufmerksam, wie China sich in rasantem Tempo vom Entwicklungsland zum Industriestaat wandelt. Manche Beobachter sehen sogar voraus, dass China am Ende des 21. Jahrhunderts der wirtschaftliche Gewinner vor den USA sein wird. Schon einmal, im Mittelalter, war China das am weitesten entwickelte Land der Erde gewesen: Bereits im 14. Jahrhundert kannte man in China Porzellan, Papier, Gusseisen, Drucktechnik, Kompass, Spinnrad sowie Schießpulver und gewann und nutzte Erdgas. Zu Beginn des 15. Jahrhunderts, etwa hundert Jahre bevor Kolumbus die „neue Welt" entdeckte, segelten chinesische Schiffe bis zur Ostküste Afrikas und zum Roten Meer. China hätte seit dem 15. Jahrhundert eine Industrialisierung in Gang setzen können, wie sie später von Europa ausging und den gesamten Erdball erfasste – so lautet eine geschichtswissenschaftliche These. Die Geschichte verlief aber anders: Westliche Kolonialmächte und Japan nahmen im 19. Jahrhundert gewaltsam Einfluss auf den chinesischen Staat, eroberten Landesteile und zwangen ihm Wirtschaftsverträge auf.

Nach der demokratischen Revolution und dem Sturz des Kaiserhauses 1911 kam es zu einem Bürgerkrieg. Aus dem Kampf zwischen der republikanisch-nationalistischen Partei Guomindang unter Chiang Kaishek (1887–1975) und der kommunistischen Partei unter Mao Zedong (1893–1976) ging Mao mit seiner Armee als Sieger hervor. 1949 wurde die chinesische Volksrepublik gegründet. Chiang wich auf die Insel Taiwan aus. Sie bildet einen bis heute von der Volksrepublik China nicht anerkannten, westlich orientierten Staat. Der Nachfolger Maos, Deng Xiaoping (1904–1997), änderte nichts an der Einparteienherrschaft der Kommunistischen Partei Chinas (KPCh). Er setzte jedoch mit wirtschaftlichen Reformen einen grundlegenden Wandel der chinesischen Gesellschaft in Gang.

M1

Mao Zedong während des Bürgerkriegs gegen die Guomindang am 1. Januar 1947. Das Foto ist eine nachträglich kolorierte Aufnahme, die 1999 von der staatlichen chinesischen Nachrichtenagentur veröffentlicht wurde.

M2

Herrschaft und Gesellschaft im „neuen China"

Aus einer Rede Mao Zedongs (1949):

Alle Erfahrungen, die das chinesische Volk jahrzehntelang gesammelt hat, lehren uns, die demokratische Diktatur des Volkes oder die demokratische Alleinherrschaft des Volkes durchzusetzen – jedenfalls läuft beides auf ein und dasselbe hinaus –, das heißt, den Reaktionären das Recht auf Meinungsäußerung zu entziehen und nur dem Volk dieses Recht vorzubehalten. Wer ist das Volk? Im gegenwärtigen Stadium setzt sich das Volk in China aus der Arbeiterklasse, der Bauernschaft, dem städtischen Kleinbürgertum und der nationalen Bourgeoisie [Unternehmer, die seit dem Krieg gegen Japan die Kommunisten unterstützten; Gegner waren die „bürokratischen" Unternehmer und die „Grundherrenklasse"] zusammen. Unter der Führung der Arbeiterklasse und der Kommunistischen Partei schließen sich diese Klassen zusammen ... Wir haben noch immer den Imperialismus vor uns, der ein sehr grausamer Feind ist ... Um der Unterdrückung durch die Imperialisten zu begegnen und die rückständige Wirtschaft auf ein höheres Niveau zu heben, muss China alle Faktoren des Kapitalismus ... ausnutzen, die der Volkswirtschaft und der Lebenshaltung des Volkes Nutzen bringen und nicht Schaden zufügen, müssen wir uns mit der nationalen Bourgeoisie ... zusammenschließen.

Mao Zedong, Ausgewählte Werke, Bd. 4, Peking (Verlag für fremdsprachige Literatur) 1969, S. 444 ff.

M3

„Relativ unabhängige Wirtschafts-einheiten"

Aus dem Beschluss des Zentralkomitees der Kommunistischen Partei Chinas (KPCh) vom 20. Oktober 1984:

Daher müssen die Betriebe, unter der Voraussetzung der Unterwerfung unter die staatliche Planung und Verwaltung, das Recht haben, flexible Bewirtschaftungsformen auszuwählen, ihre Produktion, Versorgung und den Absatz selbst zu arrangieren ... Sie haben das Recht ..., ihre Mitarbeiter selbst zu ernennen, abzusetzen, anzustellen und auszuwählen ..., die Formen des Lohns ... zu entscheiden, im Rahmen der staatlichen Vorschriften die Preise für ihre Produkte festzustellen ... Die Betriebe sollen wirklich zu relativ unabhängigen Wirtschaftseinheiten, zu sozialistischen Warenproduzenten werden, die selbstständig wirtschaften und für ihren Gewinn und Verlust verantwortlich sind.

Zit. nach Dieter Gaedke, „Hauptsache, sie fängt Mäuse". In: Praxis Geschichte, H. 4 (1994), S. 36.

M4

Abschied von der Planwirtschaft?

Der amerikanische Politikwissenschaftler Richard Rosecrance schrieb 2001:

Die chinesische Wirtschaft ist eine Mischung aus staatlich kontrollierter und privater Industrie, aus florierenden Küstenprovinzen und von mit Armut geschlagenen Regionen im Landesinneren. China hat sich vom sowjetischen Modell einer vollständig staatlich gelenkten Wirtschaft verabschiedet ... China hat ... in den 1980er-Jahren die landwirtschaftlichen Produktionsgenossenschaften aufgelöst und das Land mit langfristigen Pachtverträgen den chinesischen Bauern übergeben. Das führte zu einem Anstieg der Agrarproduktion, dessen Überschüsse in die Industrie investiert werden können. Eine weitere Abweichung vom russischen Modell stellt Chinas Experiment mit den Sonderwirtschaftszonen in den Küstenregionen dar, in denen Spielräume für private Investitionen geschaffen wurden. Heute verfügt China über eine Ökonomie, die ihren Bürgern eine „eiserne" Grundversorgung bietet. Subventionierte Nahrungsmittel und Wohnungen und eine staatlich geförderte Industrie helfen dabei, die Arbeitslosigkeit in tolerierbaren Grenzen zu halten.

Richard Rosecrance, Das globale Dorf, Düsseldorf (Patmos/© Richard Rosecrance) 2001, S. 208 u. S. 212.

M5

Chinesische Dorfbewohner urteilen im Zuge der Bodenreform (Landverteilung) über einen Grundbesitzer, Foto, um 1950

M6

Anfänge privaten Einzelhandels in der Volksrepublik China, Foto, um 1990

1 Beschreibe mithife des Darstellungstextes, M1 und M2 die Entwicklung Chinas.

2 Untersuche anhand von M3, welche Stellung den Betrieben zugesprochen wird.

3 Vergleiche die Aussagen in M4 mit dem Stand der Wirtschaft 1984 (M3).

4 a) Analysiere M5. Ziehe M2 heran.
b) Formuliere eine zusammenfassende Bildaussage.

5 Stelle fest, inwiefern sich M6 von M5 unterscheidet. Beachte die Datierungen der Fotos.

USA und UdSSR: Sicherheitsdenken und Entspannung

Schritte zu neuen Sicherheitsstrukturen 1963 bis 1972

Die beiden Krisen um Berlin und Kuba hatten die Ängste vor einem allgemeinen, möglicherweise sogar atomaren Krieg verstärkt. Zugleich setzte sich aber auch die Erkenntnis durch, dass man nach Wegen suchen musste, die zu Sicherheit, Entspannung und Abrüstung führten. Noch im Jahre 1963 wurde ein Atomwaffenteststopp-Vertrag abgeschlossen: Er verbot Tests über der Erde, im Weltraum und unter Wasser. 1968 kam es zu einer Vereinbarung über die Nichtweitergabe von Atomwaffen, dem „Atomwaffensperrvertrag" zwischen den Nuklearmächten USA, UdSSR, Großbritannien (die anderen folgten nicht) und weiteren Staaten.

Die starren Fronten zwischen Ost und West gerieten in der Folgezeit zunehmend in Bewegung. 1967 schlug der nach ihrem Generalsekretär benannte Harmel-Report eine veränderte NATO-Strategie vor. Danach sollten militärische Sicherheit und eine Politik der Entspannung nicht mehr als Widerspruch gesehen werden, sondern als gegenseitige Ergänzung. Der Vietnamkrieg bremste zwar die Entspannungsbemühungen, ließ aber noch Spielraum für weitere Verhandlungen. Parallel dazu füllten die beiden Supermächte jedoch ihre Waffenarsenale weiter auf: Sie entwickelten z. B. Raketen mit mehreren Sprengköpfen und prüften Pläne für eine Raketenabwehr. 1972 übertraf die Sowjetunion die USA im Wettrüsten mit der Zahl ihrer Interkontinentalraketen. Die US-Regierung bemühte sich, die Beziehungen zu China zu normalisieren. Das war erfolgreich: Die revolutionäre Rhetorik Mao Zedongs gegenüber dem „imperialistischen und kapitalistischen Westen" schwächte sich deutlich ab. Dadurch fühlte sich die sowjetische Regierung unter Druck gesetzt, da sich jetzt ein weltpolitisches Dreieck mit USA, China und UdSSR abzeichnete. Vor diesem Hintergrund gelang es 1972, das Abkommen zur Begrenzung der strategischen Rüstung (SALT I) zu vereinbaren. Darin wurden Obergrenzen der Raketenrüstung festgelegt und der dauerhafte Verzicht auf Raketenabwehrsysteme formuliert.

M1 **„Sollten wir nicht demnächst einmal mit Abrüstungsgesprächen beginnen?"** Karikatur von Jupp Wolter, um 1975

M2

Amerikanisches Sicherheitsdenken

Der amerikanische Politiker Henry A. Kissinger (geboren 1923), ab 1969 Sicherheitsberater amerikanischer Präsidenten und Außenminister (1973–1977), schrieb 1969:

Die größte Herausforderung für uns liegt darin, die schöpferischen Kräfte einer pluralistischen Welt zu beschwören, um eine Ordnung auf politischer Multipolarität zu gründen, selbst wenn die beiden Supermächte weiterhin über eine überragende militärische Stärke verfügen … Die Stärke eines Staates konnte bis zum Zweiten Weltkrieg an der Fähigkeit gemessen werden, seine Bevölkerung vor einem Angriff schützen zu können. Das Atomzeitalter hat diesen traditionellen Maßstab zerbrochen … Kein denkbarer Rüstungsstand – nicht einmal ein umfassendes Raketenabwehrsystem – kann Schäden verhindern, die die Verwüstung während der zwei Weltkriege weit in den Schatten stellen würden … Das Widersinnige an der militärischen Stärke heute ist, dass die gewaltige Machtentfaltung in keinem Verhältnis mehr zur Politik steht … Dieses Dilemma hat das Interesse an Verhandlungen für eine Rüstungskontrolle neu belebt, besonders hinsichtlich strategischer Raketen.

Henry A. Kissinger, Amerikanische Außenpolitik, Düsseldorf/Wien 1969, S. 80 ff. Zit. nach Manfred Görtemaker/Gerhard Wettig, USA-UdSSR. Dokumente zur Sicherheitspolitik, Hannover (Nieders. Landeszentrale f. polit. Bildung) 1986, S. 44 f.

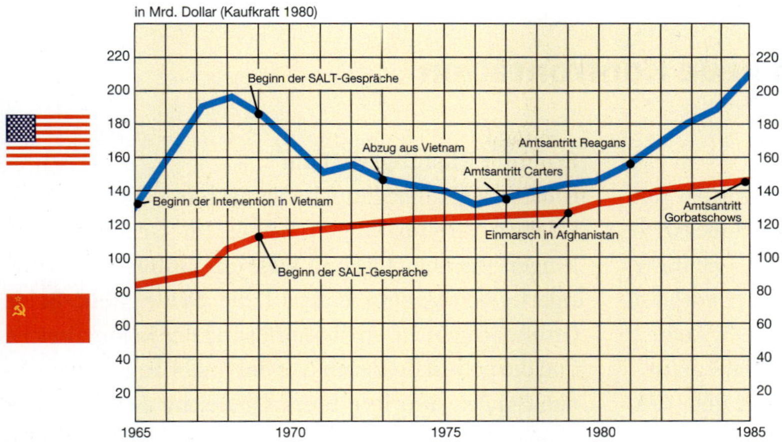

M3 **Verteidigungsausgaben der USA und der UdSSR 1965 bis 1985**

M4 Die Teilung der Welt als Bedrohung?

Der sowjetische Atomphysiker und Bürgerrechtler Andrej D. Sacharow (1921–1989) schrieb am 9. August 1968 in der Wochenzeitung „Die Zeit“:

Die Teilung der Menschheit in zwei Lager bedroht sie mit Zerstörung ... Angesichts der Gefahren ist jede Handlung, die die Teilung der Menschheit fördert, jedes Predigen der Unvereinbarkeit der Weltideologien und der Nationen Irrsinn und ein Verbrechen ...

Drei technische Aspekte der thermonuklearen Waffen haben den Atomkrieg zu einer Gefahr für das Fortbestehen der Menschheit gemacht: die enorme Zerstörungskraft einer Atomexplosion, die verhältnismäßig billige Herstellung der Atomwaffen und die Unmöglichkeit wirksamer Verteidigung gegen einen massiven thermonuklearen Angriff ...

Völlige Vernichtung von Städten und Industrie, das Ende jedes Erziehungswesens, die Vergiftung von Äckern, Wasser und Luft durch Radioaktivität, physische Zerstörung des größeren Teils der Menschheit, Armut, Barbarei und die genetische Degeneration der Überlebenden unter der Wirkung der Radioaktivität, mit einem Wort die Vernichtung der materiellen und geistigen Grundlage der Zivilisation ... das wäre das Verderben, das die Welt als Ergebnis der Entfremdung der zwei Supermächte bedroht ...

Wenn die Menschheit vom Rand des Abgrundes wegkommen will, muss sie ihre Spaltung überwinden.

Zit. nach Geschichte in Quellen, Bd. 7, bearb. von Helmut Krause und Karlheinz Reif, München (bsv) 1980, S. 708 ff.

M5 Sowjetisches Sicherheitsdenken

Der sowjetische Generalmajor und stellv. Chefredakteur der Armeezeitung „Krasnaja zvezda“, Sidelńikov, schrieb 1973:

Die vermehrte Macht der sowjetischen Streitkräfte und der Armeen der übrigen Länder der sozialistischen Gemeinschaft kann nur diejenigen beunruhigen, denen die Interessen des Friedens, des sozialen Fortschritts und der Sicherheit der Völker fremd sind und die versuchen, die Entspannung zur Schwächung der Positionen des Sozialismus zu missbrauchen. Solange es auf der Erde aggressive, reaktionäre Kräfte des Imperialismus und Abenteurer aller Art gibt, die fähig sind, einen neuen Kriegsbrand zu entfachen, wird die Festigung und Stärkung der Kampfmacht und Kampfbereitschaft der Streitkräfte der UdSSR mit allen Mitteln eine unserer wichtigsten Aufgaben sein und bleiben ...

Nach manchen Artikeln der bürgerlichen Presse zu urteilen, hoffen unsere Klassenfeinde, dass die Entspannung zur Minderung unserer Kampfbereitschaft und Wachsamkeit und zur Abschwächung unseres Augenmerks auf die weitere Vervollkommnung der Kampffähigkeit unserer Armee und Flotte führen werde. Das sind unerfüllbare Hoffnungen.

Zit. nach Manfred Görtemaker/Gerhard Wettig, USA–UdSSR, Hannover (Nieders. Landesz. f. polit. Bildung) 1986, S. 198.

1 Analysiere M1 mithilfe der Methode „Karikaturen entschlüsseln“ im Anhang.

2 Setze M3 in einen Bezug zum Darstellungstext.

3 **Partnerarbeit:** Untersucht arbeitsteilig M2 und M5 und vergleicht die beiden Positionen.

4 a) Erarbeite, wie der Autor von M4 die weltpolitische Lage 1968 sah. b) Nimm Stellung.

5 Fasse die Informationen zum amerikanischen und sowjetischen Sicherheitsdenken zusammen.

Entspannungspolitik und neue Konfrontation

Die KSZE-Konferenz

Neben den Rüstungsgesprächen in Wien wurden seit 1969 in Helsinki Verhandlungen über eine verbesserte Zusammenarbeit in Europa geführt. Ein wichtiger Schritt gelang mit der „Konferenz für Sicherheit und Zusammenarbeit in Europa" (KSZE) am 1. August 1975 in Helsinki. Teilnehmer waren alle Staaten Europas ohne Albanien sowie die Sowjetunion, die USA und Kanada. Sie unterzeichneten ein Abkommen, in dem Folgendes vereinbart wurde:

1. Regelmäßige Folgekonferenzen über eine künftige Friedensordnung in Europa.

2. Zusicherung von Freiheiten für die Menschenrechtsbewegungen in den Ostblockstaaten. Sie sollten oppositionelles Denken und Handeln ermöglichen, wie die Charta '77 in der Tschechoslowakei und die Gewerkschaft Solidarność in Polen. In Folgekonferenzen wurde die Einhaltung bzw. Durchsetzung der KSZE-Prinzipien überprüft. Seit 1994 tritt die „Organisation für Sicherheit und Zusammenarbeit in Europa" (OSZE) an die Stelle der KSZE.

Wirkungen von „Helsinki" in der DDR

Nach der Entmachtung Walter Ulbrichts übernahm im Mai 1971 dessen „Kronprinz" Erich Honecker (1912 bis 1994) die Schlüsselposition des 1. Sekretärs des Zentralkomitees der DDR. Sein Kurs eines „realen Sozialismus" verbesserte den Lebensstandard, allerdings auf Kosten einer höheren Staatsverschuldung. Außenpolitisch erreichte er die Anerkennung der DDR als souveräner Staat durch über 100 Staaten. Beide deutsche Staaten wurden 1973 Mitglieder der Vereinten Nationen. Die DDR gehörte, ebenso wie die Bundesrepublik, zu den Staaten, die 1975 die KSZE-Schlussakte von Helsinki unterzeichneten. Die DDR verpflichtete sich, größere Freizügigkeit zu gewähren, z. B. Reisemöglichkeiten, und die allgemeinen Grundrechte zu beachten. Damit bot sich oppositionellen Gruppen in der DDR ein Hebel für ihre Forderungen nach Reisefreiheit. Auch die Zahl der Ausreiseanträge stieg in den 1970er- und 1980er-Jahren kontinuierlich an. Kritiker des DDR-Systems organisierten sich verstärkt in Friedens- und Umweltgruppen, häufig unter dem Dach der evangelischen Kirche.

Erneuter Rüstungswettlauf

Die Ost-West-Beziehungen verbesserten sich trotz der Helsinki-Vereinbarungen kaum. Im Gegenteil: Das Ringen zwischen Ost und West um Einflusszonen verlagerte sich zunehmend auf die Dritte Welt. Beide Großmächte nutzten die Auflösung der Kolonialreiche und die politische Instabilität der unabhängig gewordenen Staaten, um ihre Einflussbereiche auszudehnen. Sogenannte Stellvertreterkriege verschärften den Ost-West-Konflikt, z. B. in Afrika (Äthiopien, Angola und Mosambik).

Ein neuer Höhepunkt dieser indirekten Konfrontation war Ende 1979 der Einmarsch sowjetischer Truppen in Afghanistan. Er sollte den Sturz der kommunistischen Regierung verhindern. Daraufhin stoppte die US-Regierung die Ratifizierung des SALT-II-Abkommens zur Begrenzung der strategischen Raketenrüstung. Da die Sowjetunion unter Breschnews Führung nicht bereit war, ihre auf Westeuropa gerichteten Raketen bis 1982 abzubauen, setzte die US-Regierung durch, amerikanische Mittelstreckenraketen ab 1983 in Europa zu stationieren (NATO-Doppelbeschluss). Dieses Streben nach Überlegenheit in der ersten Hälfte der 1980er-Jahre löste die Politik eines „Gleichgewichts des Schreckens" ab.

M1 **KSZE-Ergebnisse 1975**

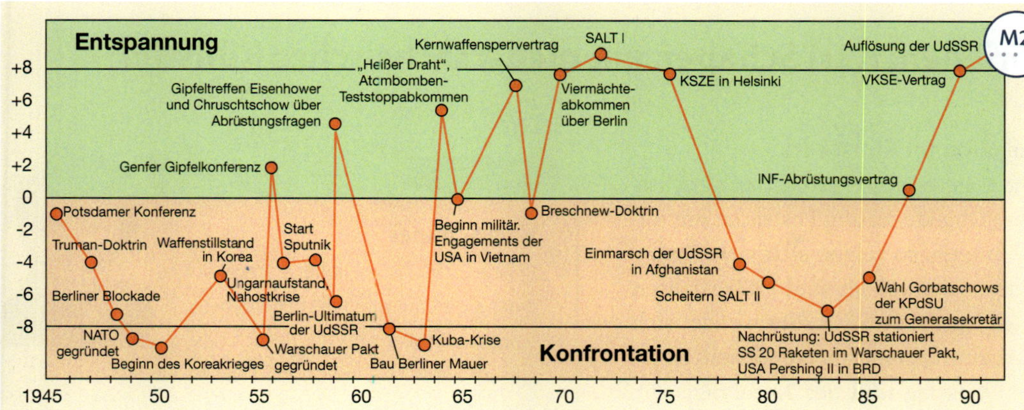

M2

Entspannung und Konfrontation 1945 bis 1990 (SALT I: Begrenzung der Raketenabwehrsysteme; SALT II: gescheitert; INF-Vertrag: Abbau der atomaren Mittelstreckenraketen; VKSE-Vertrag: starke Reduzierung aller Streitkräfte in Europa)

M3

Rüstung auf Kosten der Menschen?

Der Journalist Pierre Simonitsch schrieb in der „Frankfurter Rundschau“ vom 27. März 1982:

Mit spiegelverkehrten Argumenten drängen die amerikanischen und die sowjetischen Militärs auf höhere Rüstungsanstrengungen ... Laut UN-Studie „wurde die Rüstungsindustrie, welche jährlich 500 Milliarden Dollar verschlingt, zum hauptsächlichen Verbraucher jener wertvollen Ressourcen, die sie zu schützen vorgibt“. ... Über eine halbe Million Fachleute arbeiten an militärischen Forschungsprogrammen ... Die Streitkräfte aller Länder verbrauchen sechs Prozent der Welt-Ölproduktion und mehr Aluminium, Kupfer, Nickel und Platin als Afrika, Asien und Lateinamerika zusammen für zivile Zwecke ...

Weltweit gibt es mehr Soldaten in Uniform als Lehrer. Für militärische Forschungsprojekte wird mehr Geld aufgewendet als für die Erforschung neuer Energiequellen, Heilmittel, Landwirtschaftsmethoden und Umweltschutz zusammengenommen ...

Im Kontrast zum blühenden Militärsektor leidet die restliche Weltwirtschaft unter Auszehrung. Nach den Statistiken der Weltbank sind heute mehr Menschen denn je unterernährt ..., Analphabeten ... und ohne jede ärztliche Betreuung ...

Die Erosion der Äcker und Weideländer der Dritten Welt schreitet fort, weil viele Menschen im täglichen Kampf ums Überleben die Ertragsfähigkeit des Bodens überstrapazieren. Fast die Hälfte der Erdbevölkerung lebt in Ländern, die von Nahrungsmittelimporten abhängen. Der Fischreichtum der Ozeane wurde durch neue Fangtechniken reduziert.

Das Wettrüsten vergrößert diese Verluste, indem es notwendige Investitionen abzieht und seit 1950 jedes Jahr fast sechs Prozent der zugänglichen Ressourcen verschlingt. Die Maßlosigkeit der Rüstung geht aus einem Beispiel hervor: Die USA gaben mehr Geld für die Modernisierung einer kleinen Rakete aus, als die Weltgesundheitskonferenz in zehn Jahren zur erfolgreichen Ausrottung der Pocken benötigte (100 Millionen Dollar).

Zit. nach Heinz Jacobs, Friedenssicherung im Zeichen des Ost-West-Gegensatzes, Stuttgart (Klett) 1982, S. 44.

Begriffe und Daten

Entspannungspolitik

Nach der Phase des Kalten Krieges kam es zwischen 1963 und 1979 zu Vertragsabschlüssen in Fragen der Rüstungsbegrenzung und -kontrolle und zu Vereinbarungen in der Konferenz für Sicherheit und Zusammenarbeit in Europa (KSZE), die international zu einer Entspannung zwischen den beiden Machtblöcken führten. In der ersten Hälfte der 1980er-Jahre verschärften sich die Ost-West-Spannungen jedoch wieder.

1 Erläutere anhand des Darstellungstextes (linke Spalte), M1 und M2 Ergebnisse und Folgen der KSZE-Konferenz.

2 Erkläre mithilfe des Darstellungstextes (rechte Spalte), wie es zu einem erneuten Rüstungswettlauf kam.

3 Liste anhand von M3 auf, welche Ergebnisse und Folgen der Autor durch den Rüstungswettlauf sah.

4 Schreibe mithilfe der Informationen der Seiten 252/253 eine Stellungnahme zu folgender These: Der Rüstungswettlauf hatte eine entspannungsfördernde Wirkung.

5 **Recherche:** Informiere dich über die „Stellvertreterkriege“ in Afrika (Lexika, Internet) und berichte in der Klasse.

Krieg und Frieden: Karl Schaper, ein niedersächsischer Künstler

Fiktive Kommunikation im Kunstwerk

An vergangene und gegenwärtige Adressaten gerichtete Briefe und andere Objekte, häufig Postsäcke mit unzustellbaren Mitteilungen, so zeigen sich viele Kunstwerke Karl Schapers. In den 1970er- und 1980er-Jahren häufen sich die Holzbriefe. Der Künstler wendet sich verstärkt der Aufarbeitung seiner persönlichen Erlebnisse im Zweiten Weltkrieg und der Nachkriegszeit, aber auch der Gegenwart zu. „Fundstücke", wie Gegenstände des Alltags, Besen, Postsäcke, Fotos, Holz, werden verarbeitet. Objekt, Malerei und Text gehen eine Verbindung ein, die Aussagen zu geschichtlichen oder aktuellen Ereignissen möglich macht.

Biografie

Karl Schaper

(1920–2008) Karl Schaper stammt aus einer Kleinbauernfamilie in Berel bei Salzgitter. Er wohnte zum Besuch des Gymnasiums als „Pensionskind" bei seiner Tante in Wolfenbüttel, machte 1938 Abitur, leistete Arbeits- und Wehrdienst und musste in den Krieg ziehen – mit traumatischen Erlebnissen, die später in seine Kunstwerke eingingen. Ab 1945 Kunststudium in Düsseldorf, Paris und Kassel, von 1953 bis 1980 Kunstlehrer; viele Kunstpreise und Kunstausstellungen, u. a. 1959 auf der documenta 2 in Kassel und 1960 bei der Triennale in Mailand. Enge künstlerische Zusammenarbeit mit seiner Frau Susanne (Webmeisterin, künstlerisch beeinflusst durch die französische Gobelinweberei). Bedeutend u. a. die fiktive (imaginäre) Korrespondenz mit toten und lebenden Persönlichkeiten.

M1

„An Noah", Karl Schaper, 1974, Holzbrief, Vorder- und Rückseite, 90 x 90 x 6 cm

M2

Brief eines Erdkundelehrers an fast erwachsene Schüler, Karl Schaper, 1982, übermalte Landkarte

M3

Militärmusik, Karl Schaper, 1976, 125 x 131 x12 cm

M5

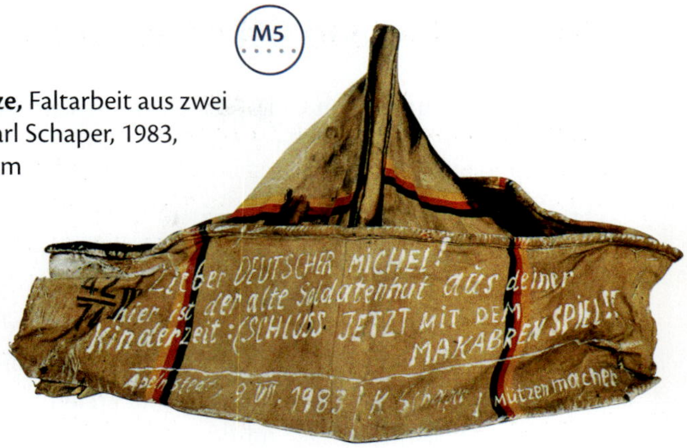

Soldatenmütze, Faltarbeit aus zwei Postsäcken, Karl Schaper, 1983, 70 x 134 x 58 cm

M4

Europäisches Segel(schiff), Karl Schaper, 1987, (dänischer) Postbeutel, Foto vom Hamlet-Felsen, FEGGE-KLIT, 2 Raketenattrappen, Spielzeugpanzer, Sockel in Schiffsform, 210 x 152 x 40 cm

M6

Holzbriefe

Der Literaturwissenschaftler Paul Raabe (geb. 1927) schrieb 1973 über Karl Schaper:

Die jüngsten Produkte ... sind seine Holzbriefe. Da schreibt ein Künstler heute an den Stellvertreter des lieben Gottes und an die Helden der Geschichte, an die Kollegen seiner Zeit, an Gremien und Ämter, an Personen und Anonyme ... Aber wie soll ein Künstler Beachtung finden angesichts der Millionen von Postsäcken ... So macht er monumentale Briefe, schnitzt die Umschläge aus Holz, imitiert alle Knicke und Ausbeulungen in mühsamer Handarbeit ... Karl Schaper korrespondiert mit seiner Umwelt, ein engagierter, Krieg und Zwang hassender, Geschichte unkonventionell verstehender, seine Zeit bitter und werbend kommentierender Künstler ... Karl Schaper, der Künstler aus Wolfenbüttel, spiegelt die weite Welt in seinen Holzbriefen.

Paul Raabe, Karl Schapers Holzbriefe; in: Brusberg Berichte 17, Hannover 1973. Zit. nach Katalog: Karl Schaper, versteckt verschlüsselt vorgezeigt, Ausstellung in der Landesvertretung Niedersachsen, Bonn 25.10. bis 5.11.1993, S. 10.

1 Gruppenarbeit (arbeitsteilig):

a) Analysiert M1 bis M5 mithilfe der Methoden zur Bild- und Kunstwerkanalyse im Anhang.

b) Ordnet die Kunstwerke in die politische Situation der 1970er- und 1980er-Jahre ein. Zieht den Biografiekasten und die Unterkapitel 1 und 2 aus Kapitel 6 mit heran.

c) Stellt eure Ergebnisse in der Klasse vor.

Reformpolitik in der Sowjetunion

Reformerwartungen von Chruschtschow bis Gorbatschow

Der Nachfolger Stalins, Nikita Chruschtschow (1894 bis 1971), hatte bei seinem Amtsantritt 1956 die Verbrechen des Stalinregimes scharf verurteilt. Damit leitete er eine Periode des „Tauwetters" in der Sowjetunion ein. Innenpolitisch strebte er gesellschaftliche und wirtschaftlichen Reformen an mit dem Ziel einer Demokratisierung. Außenpolitisch verfolgte er eine Politik der friedlichen Koexistenz, die zu einer ersten Entspannung im Kalten Krieg führte. Widerstände des Parteiapparats und der Armee gegen seinen Kurs und eine schwere Versorgungskrise zwangen Chruschtschow jedoch bereits 1963 zum Rücktritt. Unter seinem Nachfolger Leonid Breschnew (1906–1982) verschärfte sich die Situation im Land. Sogenannte Dissidenten, darunter bekannte Wissenschaftler und Intellektuelle, die bürgerliche Freiheiten und eine Demokratisierung von Staat und Gesellschaft verlangten, kamen ins Gefängnis oder wurden ausgebürgert. Ebenso wurden Autonomiebestrebungen der in der Sowjetunion lebenden nichtrussischen Völker unterdrückt.
In der Wirtschaft versuchte Breschnew, die Leistungskraft der Planwirtschaft zu erhöhen, ohne das Prinzip der Zentralverwaltungswirtschaft zu beseitigen. Betriebe erhielten z. B. das Recht, über einen Teil der Gewinne selbst zu verfügen und sie zu investieren. Nach anfänglichen Erfolgen stagnierte seit etwa 1980 die Wirtschaft. Der Lebensstandard der Bevölkerung lag weit unter dem der westlichen Industrieländer, da die Konsumgüterindustrie zugunsten einer hohen Rüstungsproduktion vernachlässigt wurde. Als im März 1985 der Reformpolitiker Michail Gorbatschow zum Generalsekretär der KPdSU gewählt wurde, waren die Erwartungen in der Bevölkerung hoch. Gorbatschow beschrieb seine Politik mit den Schlagworten „Glasnost" und „Perestroika" (Offenheit und Umbau).

Das Ende der Sowjetunion

Ende der 80er-Jahre geriet die von Gorbatschow 1985 eingeleitete Reformpolitik in eine Krise: Massenproteste und Streiks gegen den wirtschaftlichen Niedergang häuften sich vor allem in den großen Städten. Unter diesem Druck verzichtete die Kommunistische Partei im Februar 1990 auf ihr Machtmonopol. Der Zerfall der Moskauer Zentralmacht führte zu einer Erstarkung der radikalreformerischen Kräfte unter Boris N. Jelzin (1931–2007), der 1988 von Gorbatschow aus seinen politischen Spitzenämtern entlassen worden war. In den ersten freien Wahlen des Landes im Juni 1991 wurde Jelzin jedoch zum russischen Staatspräsidenten gewählt. Als im August 1991 konservative kommunistische Führungskräfte einen Putschversuch unternahmen, stellte sich Jelzin an die Spitze des Widerstands. Er verbot die Kommunistische Partei und betrieb unter der Führung Russlands die Gründung der Gemeinschaft Unabhängiger Staaten (GUS). Am 21. Dezember 1991 traten der GUS auch die anderen ehemaligen Sowjetrepubliken bei mit Ausnahme der baltischen Staaten und Georgiens, das erst 1993 Mitglied wurde. Am 25. Dezember 1991 trat Gorbatschow von seinem Amt als Staatspräsident der ehemaligen UdSSR zurück.

Biografie

Michail S. Gorbatschow

geboren 1931 im Nordkaukasus als Sohn eines Bauern. 1946 bis 1950 war Gorbatschow Arbeiter in einer Traktorenstation. Nach dem Studium der Rechts- und Agrarwissenschaften wurde er 1978 Sekretär im Zentralkomitee der KPdSU. Er machte eine steile politische Karriere. 1985 wählte ihn die Partei zu ihrem Generalsekretär. Von 1988 bis 1990 war Gorbatschow Präsident des Obersten Sowjets (Parlament), 1990/91 sowjetischer Staatspräsident. Für seine Politik, die zur Beendigung des Kalten Krieges führte, erhielt er 1990 den Friedensnobelpreis. Gleichzeitig begann seine Macht zu schwinden (Putschversuch 1991). Nach der Auflösung der Sowjetunion 1991 und der Gründung der Gemeinschaft Unabhängiger Staaten (GUS) Ende 1991 verzichtete Gorbatschow auf alle politischen Ämter.

M1 Neues Denken in der Gesellschaft

Michail Gorbatschow beschrieb 1987 sein politisches Programm in einem Buch, das in viele Sprachen übersetzt und in der ganzen Welt bekannt wurde:

Perestroika bedeutet, sich auf die schöpferische Kraft der Massen zu verlassen, Entwicklung einer umfassenden Demokratie sozialistischer Selbstverwaltung, Ermutigung eigener Initiativen und Selbstständigkeit, Stärkung von Ordnung und Disziplin, mehr Offenheit, mehr Kritik und Selbstkritik in allen Bereichen des gesellschaftlichen Lebens. Sie bedeutet ein hohes Maß an Achtung des Individuums und seiner persönlichen Würde.

Perestroika bedeutet die allseitige intensive Entwicklung der sowjetischen Wirtschaft ..., die durchgängige Einführung ökonomischer Methoden, die Abkehr von der Kommandowirtschaft und von bürokratischen Methoden, die Ermutigung zu Innovationen und sozialistischem Unternehmergeist.

Das Wesen der Perestroika besteht darin, dass sie Sozialismus und Demokratie miteinander verbindet und das leninsche Konzept des sozialistischen Aufbaus sowohl in der Theorie als auch in der Praxis wieder einführt.

... Nötig ist eine weit greifende Demokratisierung des gesamten gesellschaftlichen Lebens.

Ohne Offenheit (Glasnost) kann es keine Demokratie geben. Und ohne Demokratie kann es keinen zeitgemäßen Sozialismus geben.

Man muss den Massen die Wahrheit sagen ...

Universale Sicherheit beruht in unserer Zeit auf der Anerkennung des Rechts jeder Nation, den Weg ihrer sozialen Entwicklung selbst zu bestimmen, auf dem Verzicht der Einmischung in die inneren Angelegenheiten anderer Staaten ... Eine Nation mag sich entweder für den Kapitalismus oder für den Sozialismus entscheiden ... Nationen können und sollen ihr Leben nicht nach dem Muster der USA oder der Sowjetunion ausrichten. Politische Positionen sollen deshalb frei sein von ideologischer Intoleranz.

Es gibt heute keine Sicherheit mehr durch militärische Überlegenheit, sondern nur noch durch Partnerschaft.

Michail Gorbatschow, Perestroika und neues Denken für unser Land und die Welt, Moskau (Izd. Polit. Lit.) 1997, S. 30 ff. Übers. d. Verf.

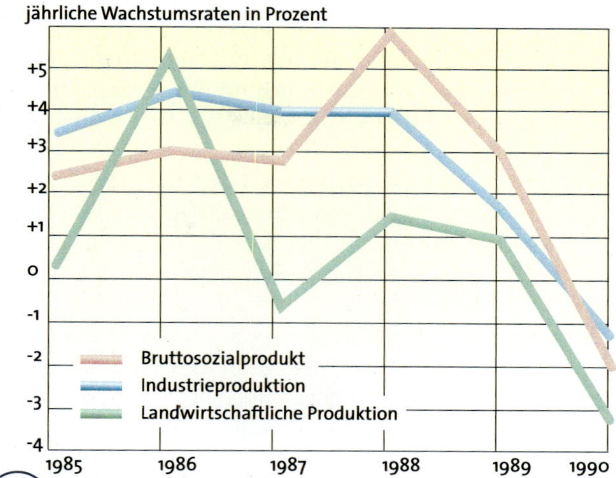

M2 Wirtschaftsentwicklung in der Sowjetunion während der ersten fünf Jahre der Reformpolitik Gorbatschows 1985 bis 1990

Begriffe und Daten

Ab 1985 Reformpolitik in der UdSSR

Massive Krisenerscheinungen in Staat, Gesellschaft und Wirtschaft führten unter Gorbatschow ab 1985 zu einem Kurswechsel. Grundlegende Reformen innerhalb des sozialistischen Systems scheiterten jedoch an den starren Herrschafts- und Wirtschaftsstrukturen. Erst die Auflösung dieses Systems schuf Voraussetzungen für Demokratie und Marktwirtschaft.

Glasnost und Perestroika

Von Gorbatschow zur Beschreibung seiner Reformpolitik verwendete zentrale Begriffe. Glasnost (Offenheit): Transparenz der Entscheidungen in den Staats- und Parteiorganen und öffentliche Diskussion der Probleme und Aufgaben. Perestroika (Umbau): Ursprünglich als Modernisierung der Führungsrolle der KPdSU gedacht, führte sie, verschärft durch Machtkämpfe, Wirtschaftsprobleme und Nationalitätenkonflikte, zum Zerfall der Sowjetunion.

1 Stelle anhand des Darstellungstextes die politische und wirtschaftliche Entwicklung der Sowjetunion bis 1990/91 dar. Ziehe M2 heran.

2 **Partnerarbeit:** Erarbeitet anhand von M1 den Reformansatz Gorbatschows: a) Listet die Merkmale von „Perestroika" und „Glasnost" auf. b) Fasst zusammen, worin die entscheidenden Unterschiede zum bisherigen Herrschaftssystem bestanden.

M3

Zwei Urteile über die sowjetische Reformpolitik unter Gorbatschow

Der russische Schriftsteller und Kritiker des kommunistischen Systems, Lew Kopelew (1912–1997), schrieb 1995:

3A Mit Michail Gorbatschow begann die Zerstörung des totalitären, partokratischen[1] Sowjetreichs; doch diese „Revolution von oben" war inkonsequent, Gorbatschow hat zwar erfolgreich vieles zerstört, aber nichts Neues aufzubauen vermocht. Sein eindeutig historisches Verdienst bleibt: die Abschaffung der Zensur und der unkontrollierbaren Macht des Geheimdienstes – alle politischen Häftlinge kamen frei, Sacharow[2] wurde Abgeordneter im Kongress der Volksdeputierten. Erstmals seit 1917 durfte man in Russland wieder frei sprechen, frei schreiben und frei publizieren. Doch die Wirtschaft und die administrativen Strukturen waren hoffnungslos ... ruiniert. Die unstillbare Machtgier des stalinschen Imperiums, die auch noch die Politik Chruschtschows und Breschnews mitbestimmte, die maßlose Aufrüstung ... und der zehnjährige Afghanistankrieg zerstörten nicht nur die Grundmauern der Volkswirtschaft, sondern auch die Moral ... der Menschen ... Mit den Militärs und mit dem militärisch-industriellen Komplex[3] konnte Gorbatschow nicht zurechtkommen. Die brutalen, mörderischen Ausschreitungen der Sondertruppen gegen friedliche Demonstranten [in verschiedenen Sowjetrepubliken] ... machten den Zerfall der Sowjetunion unvermeidlich.

Lew Kopelew, Russland – eine schwierige Heimat, 2. Aufl., Göttingen (Steidl) 1995, S. 55 ff.

1 von der Partei beherrschten, 2 Andrej Sacharow (1921–1991), Atomphysiker, Menschenrechtler, 3 Rüstungsindustrie

Ein westlicher Journalist schrieb 1992 über die Politik Gorbatschows:

3B Michail Gorbatschow ... hoffte zweifellos selbst bei seinem Amtsantritt und noch Jahre darüber hinaus, den schon von schwerer Krankheit gezeichneten Patienten Sowjetunion heilen zu können. So hielt er bis zuletzt am „guten" Lenin fest, verurteilte in erster Linie Stalin und Breschnew, glaubte weiterhin an den Endsieg der sozialistischen Idee. Doch offenbar konnte das politische und ökonomische Zwangssystem Sowjetunion nur mit Gewalt zusammengehalten werden. Als Gorbatschow mit Glasnost die Freiheit wagte, brach es zusammen. Und so wurde der Partei- und Staatschef, der ein Arzt hatte sein wollen, de facto [tatsächlich], wenn auch wider Willen, zum Totengräber der Sowjetunion.

Stuttgarter Zeitung vom 4. Januar 1992.

M4

Ein wirtschaftlicher Blick auf Russland

Der Politikwissenschaftler und Osteuropa-Forscher Hermann Clement schrieb 2003:

Das sozialistische Planwirtschaftssystem hatte abgewirtschaftet. Es war zunehmend unfähig, die Produktionsfaktoren effizient zu kombinieren. Wirtschaftlich konnten die Staaten des „Sozialistischen Wirtschaftssystems" mit den westlichen Staaten nicht mehr mithalten. Das wesentliche Fundament des politischen und militärischen Systems zeigte Risse, der Lebensstandard der Bevölkerung blieb zurück und die Produktionsbasis veraltete zusehends ... Gesamtwirtschaftlich ergab sich in den letzten Jahren eine Anpassung an marktwirtschaftliche Muster ... Allerdings sind die strukturellen Fortschritte noch viel zu gering ... Zu Recht stellt Ministerpräsident Kassjanow fest, dass ein Land mit einer solchen Wirtschaftsstruktur, „die sich ausschließlich auf Rohstoffe orientiert, nicht imstande ist, seine grundsätzlichen Entwicklungsaufgaben zu bewältigen".

Hermann Clement, Die Wirtschaftsstruktur Russlands. In: Aus Politik und Zeitgeschichte vom 14. April 2003, S. 11 u. S. 21.

3 a) Untersuche anhand von M3A und M3B, wie die Politik Gorbatschows bewertet wird.
b) Vergleiche beide Positionen.

4 Stelle anhand von M4 fest, wie der Autor die Wirtschaftsstruktur in Russland im Jahre 2003 beurteilt.

5 **Recherche/Partnerarbeit:**
a) Informiert euch über die Entwicklung der GUS nach ihrer Gründung 1991.
b) Untersucht, ob in der Gegenwart noch von einer einseitigen Rohstofforientierung Russlands gesprochen wird. Zieht ggf. eure Kenntnisse aus dem Geografieunterricht heran.
c) Sammelt Informationen über die Politik der auf Gorbatschow folgenden Regierungen Jelzin und Putin. Berichtet in der Klasse.

Umbruch in Osteuropa

Reformprozesse

Die Umwälzungen vom Herbst 1989 in Osteuropa hatten ihre Wurzeln nicht allein in der Reformpolitik Gorbatschows. Sie gründeten vor allem im „(KSZE-)Geist von Helsinki“ und in oppositionellen Bewegungen wie in Polen und Ungarn. Ohne das öffentlich zu proklamieren, tolerierte Gorbatschow die Reformbestrebungen in den sozialistischen Bündnis-Staaten. Damit distanzierte er sich von der sogenannten Breschnew-Doktrin, die von der beschränkten Souveränität der Staaten des „sozialistischen Lagers“ ausging. Gorbatschow gestand diesen Ländern vielmehr zu, ihren eigenen Weg zum Sozialismus zu gehen. Eine Einmischung in deren innere Angelegenheiten lehnte er ab.

Das Beispiel Polen

Die Ziele und Ergebnisse der Reformanstrengungen in Ostmitteleuropa lassen sich beispielhaft an der Entwicklung in Polen erkennen. Hier führten, lange vor Gorbatschow, Mängel in der Konsumversorgung zu Protesten in der Bevölkerung. Als 1980 die Preise für Fleisch drastisch erhöht wurden, kam es landesweit zu Arbeitsniederlegungen. Die Organisatoren der Streiks gründeten die unabhängige Gewerkschaft „Solidarność“ (Solidarität). Sie wurde bald ein Sammelbecken für viele Proteströmungen mit etwa 10 Millionen Mitgliedern bei 38 Millionen Einwohnern. Im Dezember 1981 wurde die „Solidarność“ mit Erklärung des Kriegszustands von der kommunistischen Regierung verboten. Als sich jedoch zeigte, dass die wirtschaftliche Stagnation in Polen ohne einen breiten gesellschaftlichen Konsens nicht zu überwinden war, begann die Regierung acht Jahre später, mit den Vertretern der weiterhin illegalen Solidarność zu verhandeln. Vereinbart wurden die Anerkennung der Gewerkschaft und ein Termin für Parlamentswahlen am 4. Juni 1989. Bei diesen Wahlen durften sich neben der kommunistischen Vereinigten Arbeiterpartei zum ersten Mal auch Kandidaten der Opposition zur Wahl stellen. Damit wurde der Weg zu einer parlamentarischen Demokratie, zu Rechtsstaat, Gewaltenteilung und einer marktwirtschaftlichen Ordnung frei. Im Dezember 1990 wurde Lech Walesa zum Staatspräsidenten der neuen Republik Polen gewählt. 1999 trat Polen der NATO bei, 2004 wurde das Land Mitglied der EU.

M1

„Protest gegen den Staat“

Aus dem Programm der polnischen Gewerkschaft „Solidarność“ (poln. Solidarität), die 1980 als unabhängiger Gewerkschaftsverband gegründet, ab Dezember 1981 jedoch verboten wurde, aber illegal weiterarbeitete (Oktober 1981):

Die ... „Solidarność“ vereint viele gesellschaftliche Strömungen, vereint Menschen mit unterschiedlichen politischen und religiösen Überzeugungen und Menschen unterschiedlicher Nationalität. Uns verbindet der Protest gegen die Ungerechtigkeit, gegen den Missbrauch der Macht und die Monopolisierung des Rechts, im Namen der gesamten Nation zu sprechen und zu handeln. Uns verbindet der Protest gegen den Staat, der die Bürger wie sein Eigentum behandelt ... Wir verurteilen, dass unbedingter politischer Gehorsam anstelle von Eigeninitiative und Selbstständigkeit belohnt wird ... Grundlage des Handelns muss die Achtung des Menschen sein. Der Staat muss dem Menschen dienen und darf nicht über ihn herrschen, die Organisierung des Staates muss der Gesellschaft dienen und darf nicht von einer einzigen politischen Partei monopolisiert werden.

Zit. nach Barbara Büscher u. a. (Hg.), „Solidarność“, Köln (Bund Verlag) 1983, S. 297.

M2

Arbeiterführer Lech Wałesa spricht in Danzig vor Anhängern der Gewerkschaft „Solidarność“, Foto, Herbst 1988. Übersetzung des Transparents: „Keine Freiheit ohne Gott und Solidarność“

M3

„Kapitän Mazowiecki begrüßt Sie zur Reise in die Marktwirtschaft“, Karikatur, 1989. Tadeusz Mazowiecki war der erste nichtkommunistische Ministerpräsident Polens.

M4

Auf dem Weg zur Demokratie?

Der polnische Regimekritiker Jacek Kuron sagte 1980 über die Streikbewegung in seinem Land:

Der Lebensstandard sinkt schon seit langem ... Allenthalben fehlt es an Waren und Gütern, und die Waren, die vorübergehend einmal vorhanden sind, werden immer teurer ... Im Bereich des Gesundheitswesens, der Versorgung mit Medikamenten, ja in allen Lebensbereichen ist durch die fortschreitende Planlosigkeit und Inkompetenz ein solches Desaster entstanden, dass dem Durchschnittspolen seine Verhältnisse unerträglich erscheinen ... Die Führung hat total versagt ... Der einzige Ausweg, den ich sehe, ist, schnellstens die Möglichkeit zu schaffen, dass sich die Arbeiter aus freiem Willen organisieren können ... Die jetzige Protestbewegung ist eben deshalb so wichtig, weil sie der Anfang einer Neuorientierung der Arbeiter ist. Deshalb sage ich, dass wir heute in Polen schon in einem anderen Land sind. Dies ist der einzige Weg zur Rettung für unser Land, ein Weg zu Demokratie und zur Überwindung der Krise zugleich: Nur eine in freien Wahlen organisierte Gesellschaft ist in der Lage, ein vernünftiges Programm anzunehmen.

Der Spiegel vom 4. August 1980, S. 98 ff.

M5

Wahlen führen die Wende herbei

Der britische Historiker Timothy G. Ash, der 1989 in Polen lebte, berichtete über die Parlamentswahlen am 4. Juni 1989:

[Die Kommunisten] hatten nicht an Macht verloren. Noch immer gehörten ihnen die Armee, die Polizei, der Parteiapparat und die Nomenklatura [offizielle Oberschicht]. Aber sie hatten die Wahl verloren. Während ... alle Solidarność-Kandidaten bereits bei der ersten Runde durchgekommen waren, mussten die Partei-Koalitions-Kandidaten [Kandidaten der Regierung] am 18. Juni durch eine Stichwahl gehen. Und am erniedrigendsten von allem war, dass nur zwei der fünfunddreißig Kandidaten ... die erforderlichen 50 Prozent der gültigen Stimmen für Sitze ohne Gegenkandidaten erhielten ... Mehr als die Hälfte der Wähler hatte auf der Liste Namen für Namen ausgekreuzt, darunter mit einem großen Strich auch den Innenminister, den Verteidigungsminister ... Nur eine Regierung mit jenem eindeutigen Auftrag, wie ihn die Solidarność bekommen hatte, konnte nach den Wahlen genug Glaubwürdigkeit aufbringen, um all die schmerzhaften Maßnahmen, die jedes ernsthafte Wirtschaftsreformprogramm begleiten mussten, einzuleiten. Die Präsidenten Bush [USA], Mitterrand [Frankreich] und Mrs. Thatcher [Großbritannien] machten eindeutig klar, dass der Westen ... dem privaten Sektor bescheidene Direkthilfe zukommen lassen würde, dass sie jedoch größere ... Weltbank-Maßnahmen nur einer ordnungsgemäß konstituierten Regierung mit einer glaubwürdigen Wirtschaftspolitik anbieten würden.

Timothy G. Ash, Ein Jahrhundert wird abgewählt, übers. von Yvonne Badal, München (Hanser) 1990, S. 354 f. u. S. 362 f.

1 **Partnerarbeit:**
   a) Ermittelt mithilfe des Darstellungstextes die Reformschritte in Polen.
   b) Beschreibt die Ziele und Aktionen der Gewerkschaft „Solidarność“ (M1, M2, M5).
   c) Beurteilt die Bedeutung dieser Gewerkschaft für den Wandel in Polen.
2 Formuliere, welche Position der Autor zur Lage in Polen 1980 bezieht (M4).
3 Entschlüssele M3 mithilfe der Methode „Karikaturen entschlüsseln“ im Anhang.

M6 **Wandel in den Staaten Ostmitteleuropas bis 1990.** Die staatliche Einheit der Tschechoslowakei zerbrach 1992: Die Tschechische Republik und die Slowakei entstanden. In Jugoslawien kam es seit 1988 zu einem Nationalitätenkonflikt, der sich in den 1990er-Jahren zu einem blutigen Bürgerkrieg entwickelte.

Begriffe und Daten

1989 Umbruch in Osteuropa

Ausgehend von a) inneren Oppositionsbewegungen, b) den KSZE-Ergebnissen und c) der Reformpolitik Gorbatschows kam es ab 1989 zur Beseitigung des sozialistischen Herrschafts- und Wirtschaftssystems in allen osteuropäischen Staaten.

4 Beschreibe und vergleiche mithilfe der Karte M6 den Wandel in den Staaten Ostmitteleuropas. Halte Gemeinsamkeiten und Unterschiede fest.

5 Erörtert in einer Diskussionsrunde, warum der Weg zur Demokratie in Polen ohne Gewaltanwendung verlief.

6 Informiere dich über das Deutsch-Polnische Jugendwerk (www.dpjw.de). Berichte in der Klasse.

Fiktionale Texte analysieren – Herta Müller: „Widerstand mit Wörtern"

Fiktionale Texte und historisches Lernen

Häufig wollen Schriftsteller und Dichter ihre Leserinnen und Leser nicht nur unterhalten, sondern mit ihren Texten auch bestimmte Botschaften vermitteln. Ein Beispiel für die literarische Verarbeitung des Lebens in Osteuropa nach dem Zweiten Weltkrieg zur Zeit der kommunistischen Herrschaft ist das Werk der Schriftstellerin Herta Müller. In ihren Erzählungen und Romanen thematisiert sie das Leben in der Diktatur. Sie erzählt von der alltäglichen Angst in der Gesellschaft, von Bespitzelung, Verfolgung und Haft, von Folter und Mord. Nach der verbrecherischen Herrschaft der Nationalsozialisten in Rumänien wurden viele der 17- bis 45-jährigen Rumäniendeutschen im Januar 1945 in sowjetische Arbeitslager verschleppt, weil die Sieger sie für die Verbrechen des NS-Systems mitverantwortlich machten. Die Texte Herta Müllers leiten an, mit den Augen der Opfer zu sehen und durch Literatur aus der Geschichte zu lernen.

Biografie

Herta Müller

Geboren wurde Herta Müller 1953 in Nitzkydorf. Ihre Familie gehörte zur deutschen Minderheit der Banater Schwaben in Rumänien. Ihr Großvater, ein wohlhabender Bauer und Kaufmann, wurde unter dem kommunistischen Regime in Rumänien enteignet, ihre Mutter nach dem Zweiten Weltkrieg zu mehrjähriger Zwangsarbeit in die Sowjetunion deportiert. Herta Müller studierte Germanistik und Rumänistik. Sie arbeitete als Übersetzerin in einer Maschinenfabrik, wurde jedoch 1979 entlassen, nachdem sie sich geweigert hatte, für den rumänischen Geheimdienst zu arbeiten. Sie schloss sich oppositionellen literarischen Gruppen an. Zeitweise war sie Lehrerin und Kindergärtnerin. 1987 konnte sie in die Bundesrepublik ausreisen, wo sie weiter vom rumänischen Geheimdienst Securitate bespitzelt wurde. Nach zahlreichen Literaturpreisen erhielt sie 2009 den Nobelpreis für Literatur.

Arbeitsschritte

1. Schritt: Text in den geschichtlichen Zusammenhang einordnen

- Welche Hinweise aus dem Lebenslauf des Schriftstellers/der Schriftstellerin könnten von Bedeutung sein?
- In welcher gesellschaftlichen Situation befand sich der Autor/die Autorin?
- Welche politischen Ereignisse oder Zustände müssen beachtet werden?

2. Schritt: Textinhalt erschließen

- Wann und wo spielt das Geschehen (Vergangenheit – Gegenwart – Zukunft)?
- In welche Abschnitte (Sinneinheiten) kann der Text gegliedert werden?
- Aus wessen Perspektive wird erzählt (neutral – personal – auktorial)?
- Welche sprachlichen Bilder werden verwendet?
- Worin weicht der Text vom allgemeinen Sprachgebrauch ab?
- Welche allgemeinen oder besonderen Umstände werden angesprochen?
- Welchen Bezug gibt es zum historischen Hintergrund?

3. Schritt: Mögliche Ziele und Absichten des Textes klären

- Welche Zielsetzung ist am Text zu erkennen?
- Welche Wirkung soll vom Text ausgehen?
- Werden Adressaten angesprochen?

4. Text aus historischer Sicht bewerten

- Enthält der Text Elemente, die etwas über die Zeit und die Lebensumstände der Menschen aussagen?
- Weist der Text über die konkrete Handlung und die Ereignisse hinaus?

M1 Die Vernehmung

In ihrem autobiografischen Essay „Der König verneigt sich und tötet" schrieb Herta Müller:

Der Vernehmer sagte mir bei jedem Verhör, wenn er mich seiner Ansicht nach schachmatt gesetzt hatte, triumphierend den Satz: „Siehst du, die Dinge verbinden sich." Er hatte ahnungslos recht, er wusste nicht, welche und wie viele Dinge sich in meinem Kopf gegen ihn verbinden. Schon dass er an einem großen polierten Schreibtisch saß und ich an einem kleinen Tisch aus schlecht gehobeltem dreckigem Holz. „Siehst du", ja, ich sah eine Tischplatte mit vielen Kerben, von den Verhören anderer Leute, von denen man nichts wusste, nicht einmal, ob sie noch leben. Der Vernehmer, da ich ihn stundenlang ansehen musste, wurde während jedes Verhörs zum König. Für seine Glatze hätte es des Kompaniefriseurs meines Großvaters bedurft. Auch für seine Waden, die zwischen dem Hosensaum und Sockenrand ohne ein Haar abstoßend weiß glänzten. Ja, die Dinge verbanden sich in seinem Kopf zu meinem Nachteil. Aber in meinem Kopf verbanden sich ganz andere Dinge: wie in den Schachfiguren ein König stand, der sich verneigte, stand im Vernehmer ein König, der tötet. Es war eines meiner letzten Verhöre und Sommer und Nachmittag, und die Hobelschatten kamen ins Spiel. Das Fensterglas schimmerte gewellt in der Sonne. Auf den Fußboden fielen weiß gekringelte Lichtstreifen und krochen dem Vernehmer an den Hosenbeinen hoch, wenn er sie durchquerte. Ich wünschte mir, dass er stolpert, dass sie ihm in die Schuhe kriechen und ihn durch die Fußsohlen töten …

Die Haare und der Friseur hatten immer mit dem König zu tun. Meine Freunde und ich verteilten Haare in der Wohnung, bevor wir das Haus verließen. Wir legten sie auf Türklinken, Schrankgriffe, in Schubladen auf Manuskripte, ins Regal auf Bücher – sie waren schlaue, weil unauffällige Zeichen, zeigten, ob Gegenstände in unserer Abwesenheit bewegt worden sind, ob der Geheimdienst da war. „Um ein Haar", „um Haaresbreite", „haarfein" und „haargenau", für uns waren das keine Redewendungen mehr, sondern Gewohnheiten.

Herta Müller, Der König verneigt sich und tötet, 5.Aufl., Frankfurt a. M. (S. Fischer) 2009, S. 67–69. Lizenzausgabe des Carl Hanser Verlags (München/Wien) 2003.

M2 Vom Hungerengel

Aus dem Roman „Atemschaukel" von Herta Müller, in dem es um das Schicksal eines jungen Mannes aus Siebenbürgen in einem russischen Arbeitslager geht:

Immer ist der Hunger da. Weil er da ist, kommt er, wann er will und wie er will. Das kausale Prinzip ist das Machwerk des Hungerengels. Wenn er kommt, dann kommt er stark. Die Klarheit ist groß: 1 Schaufelhub = 1 Gramm Brot. Ich bräuchte die Herzschaufel nicht. Aber mein Hunger ist auf sie angewiesen. Ich wünschte, die Herzschaufel wäre mein Werkzeug. Aber sie ist mein Herr. Das Werkzeug bin ich. Sie herrscht, und ich unterwerfe mich. Und doch ist sie meine liebste Schaufel. Ich hab mich gezwungen, sie zu mögen. Ich unterwürfig, weil sie ein besserer Herr zu mir ist, wenn ich gefügig bin und sie nicht hasse. Ich hab ihr zu danken, denn wenn ich fürs Brot schaufle, bin ich abgelenkt vom Hunger. Weil der Hunger nicht vergeht, sorgt sie dafür, dass sich das Schaufeln vor den Hunger schiebt. Das Schaufeln ist an erster Stelle beim Schaufeln, sonst packt der Körper die Arbeit nicht … Und der Hungerengel hängt sich ganz in meinen Mund hinein, an mein Gaumensegel. Es ist seine Waage. Er setzt meine Augen auf, und die Herzschaufel wird schwindlig, die Kohle verschwimmt. Der Hungerengel stellt meine Wangen auf sein Kinn. Er lässt meinen Atem schaukeln. … Der Hungerengel schaut auf seine Waage und sagt: Du bist mir noch immer nicht leicht genug, wieso lässt du nicht locker. Ich sage: Du betrügst mich mit meinem Fleisch. Es ist dir verfallen. Aber ich bin nicht mein Fleisch. Ich bin etwas anderes und lasse nicht locker.

Herta Müller, Atemschaukel, München (Carl Hanser) 2009, S. 86 f.

1 **Gruppenarbeit:** Bearbeitet die Texte M1 und M2 nach den Arbeitsschritten. Berichtet.

2 a) Stellt im gemeinsamen Gespräch fest, welche Schwierigkeiten bei der Analyse auftraten und wie sie gelöst werden könnten.

b) Geht der Frage nach, inwiefern die Texte über die konkrete Ebene hinaus „geschichtliche Einsichten" über politische Herrschaft vermitteln können.

c) Erörtert die Aussagekraft der Formulierung: „Widerstand mit Wörtern".

Kalter Krieg und Entspannung – Internationale Politik seit 1945

M1

„Was soll in Bezug auf Russland geschehen?"

Aus einem Telegramm des britischen Premierministers Winston Churchill (1874–1965) an den amerikanischen Präsidenten Harry S. Truman (1884–1972) vom 12. Mai 1945:

1. Die Lage in Europa beunruhigt mich zutiefst. Ich erfahre, dass die Hälfte der in Europa stehenden amerikanischen Fliegerkräfte bereits die Verlegung nach dem Fernen Osten eingeleitet hat ... Es liegt offen zutage, dass unsere bewaffnete Macht auf dem europäischen Kontinent binnen kurzem dahinschwinden wird ...

2. Was aber soll dann in Bezug auf Russland geschehen? Ich habe mich stets um die Freundschaft der Russen bemüht; aber ihre falsche Auslegung der Jalta-Beschlüsse, ihre Haltung gegen Polen, ihr überwältigender Einfluss auf dem Balkan bis hinunter nach Griechenland, ... die Verkoppelung ihrer Macht mit der Besetzung und Kontrolle so ungeheurer und weiter Gebiete, die von ihnen inspirierte kommunistische Taktik in so vielen Ländern und vor allem ihre Fähigkeit, lange Zeit große Armeen im Felde stehen zu lassen, beunruhigen mich ebenso sehr wie Sie ...

3. Ein eiserner Vorhang ist vor ihrer Front niedergegangen. Was dahinter vorgeht, wissen wir nicht. Es ist kaum zu bezweifeln, dass der gesamte Raum östlich der Linie Lübeck-Triest-Korfu schon binnen kurzem völlig in ihrer Hand sein wird. Zu alldem kommen noch die weiten Gebiete, die die amerikanischen Armeen zwischen Eisenach und der Elbe erobert haben, die aber, wie ich annehmen muss, nach der Räumung durch Ihre Truppen in ein paar Wochen gleichfalls der russischen Machtsphäre einverleibt sein werden ...

4. Die Aufmerksamkeit unserer Völker aber wird sich mit der Bestrafung Deutschlands, das ohnehin ruiniert und ohnmächtig darniederliegt, beschäftigen, sodass die Russen, falls es ihnen beliebt, innerhalb sehr kurzer Zeit bis an die Küsten der Nordsee und des Atlantik vormarschieren können.

5. ... Um zusammenzufassen: Das Problem, mit Russland zu einer Regelung zu kommen, ehe unsere Kraft geschwunden ist, scheint mir jedes andere in den Schatten zu stellen.

Zit. nach Rudolf Renz u. a., USA und UdSSR, Hannover (Schroedel) 1996, S. 162 f.

M2

Entwurf für ein Siegerdenkmal, Schweizer Illustrierte, 11. April 1945. Die Karikatur zeigt Stalin auf der einen, Roosevelt und Churchill auf der anderen Seite.

M3

Plakat zum Film „Liebesgrüße aus Moskau" mit Sean Connery alias „James Bond". Mit diesem Film kam 1963 der „Kalte Krieg" ins Kino.

M4
Ein Lenin-Denkmal in Ungarn wird demontiert, Foto, 1989

Überprüfe, was du kannst

Sachkompetenz

1 Erläutere: Truman-Doktrin (S. 235), Kalter Krieg (S. 235), NATO (S. 239), Warschauer Pakt (S. 239), UNO (S. 241), Entkolonialisierung (S. 242) und Glasnost, Perestroika (S. 257).
2 Nenne Ziele und Motive der beiden Führungsmächte USA und UdSSR in der Zeit des Kalten Krieges (S. 233–235).
3 Beschreibe die Funktion der UNO in der Weltpolitik (S. 240 f.).
4 Erläutere den Übergang von der Konfrontation zur Entspannung in den 1970er- und 1980er-Jahren (S. 250–253).

Methodenkompetenz

5 Analysiere M1 mithilfe der Methode „Eine Textquelle analysieren" im Anhang.
6 Entschlüssele M2. Nimm die Methode „Karikaturen entschlüsseln" im Anhang zu Hilfe.

Urteilskompetenz

7 Nimm zu folgender These Stellung:
Der Kalte Krieg ist auf die Gründung der NATO und des Warschauer Paktes zurückzuführen.
8 Erörtere, welche symbolische Bedeutung in dem Foto gesehen werden kann (M4).

Kommunikations- und Handlungskompetenz

9 **Gruppenarbeit:**
a) Recherchiert – ausgehend von M3 – zu den sogenannten Spionagefilmen aus der Zeit des Kalten Krieges. Nutzt (Film-)Lexika und das Internet. Zieht die Methode „Politische Plakate untersuchen" (siehe S. 98 f.) heran. Berichtet in der Klasse.
b) Erörtert , welche Feindbilder damals konstruiert wurden, welche politische Funktion sie hatten und warum diese Filme heute noch beliebt sind.

- 1945 Gründung der UNO
- 1947 bis 1991 Kalter Krieg
- 1949 Gründung der NATO
- 1950 bis 1953 Koreakrieg
- 1955 Gründung des Warschauer Pakts; Bewegung der Blockfreien Staaten
- 1962 Kuba-Krise
- 1964 bis 1973 Vietnamkrieg
- 1985 bis 1991 Reformpolitik Gorbatschows in der Sowjetunion (Glasnost und Perestroika
- 1991 Auflösung der Sowjetunion

1940 1950 1960 1970 1980 1990

Deutschland – geteilt und vereint

Wissen • Urteilen • Handeln • Methoden anwenden

Am Ende dieses Unterkapitels kannst du

- die außenpolitischen Bindungen der beiden deutschen Staaten ab 1949 darlegen
- die Krise des DDR-Regimes in den 1950er- und 1960er-Jahren beschreiben und bewerten
- den Wandel von der Politik der Konfrontation zur Kooperation seit 1970 darstellen
- Schritte zur Herstellung der staatlichen Einheit Deutschlands nennen und gewichten
- wirtschaftliche und soziale Folgen der deutschen Einheit beschreiben und beurteilen
- die Auseinandersetzung um die Wahrnehmung und Bewertung der DDR-Geschichte erläutern
- **Methode** Zeitzeugen befragen

Deutschland in der Nachkriegszeit

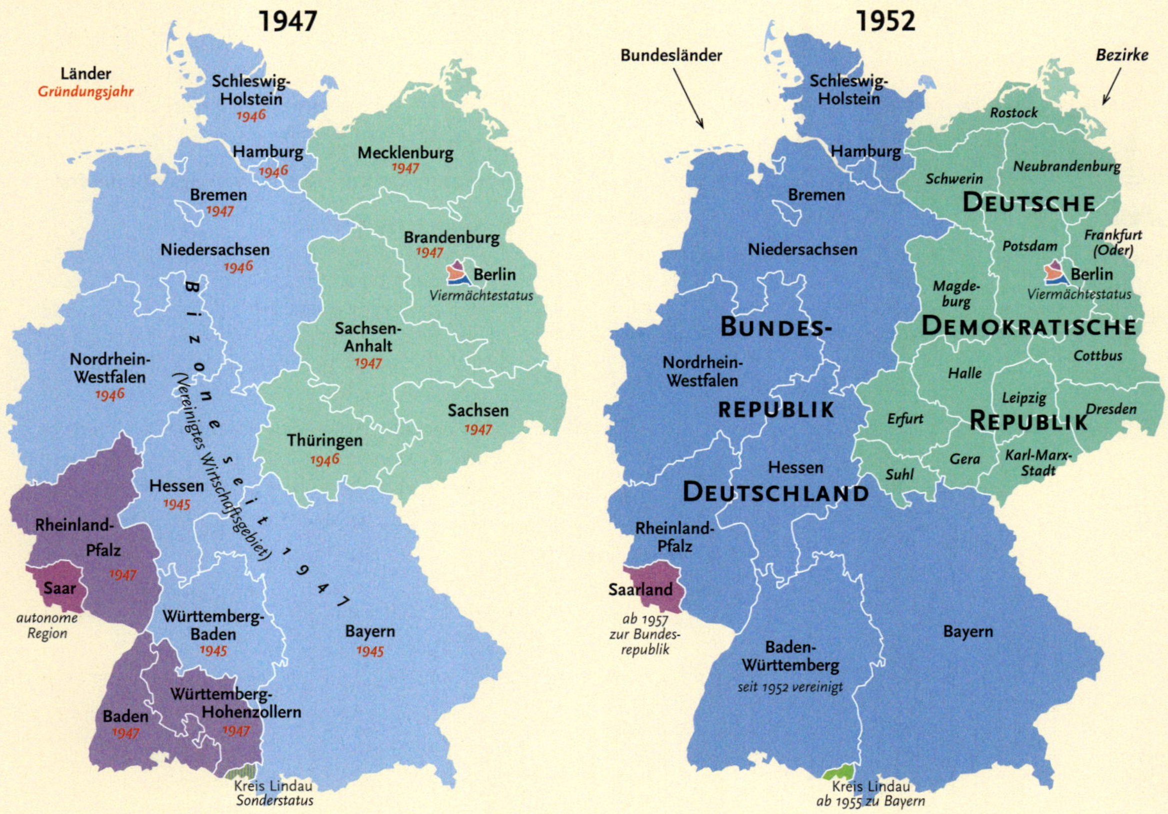

Deutsche Teilung

1949 bis 1990

Die deutsche Frage im geteilten Deutschland

Die innerdeutsche Spaltung wächst

Die Einbindung der beiden deutschen Staaten in unterschiedliche Machtblöcke war ein zentraler Bestandteil des Kalten Krieges. Mit der weltpolitischen Konfrontation der Supermächte USA und Sowjetunion vertiefte sich in den 1950er-Jahren die innerdeutsche Spaltung. Verstärkt wurde sie durch die Wiederbewaffnung der Bundesrepublik und deren NATO-Beitritt 1955. Im selben Jahr folgte der Beitritt der DDR zum sowjetisch dominierten Warschauer Pakt. Der Anspruch der Regierung Adenauer, die Bundesrepublik habe das Alleinvertretungsrecht für das untergegangene Deutsche Reich, machte sinnvolle Gespräche mit der Regierung in Ostberlin unmöglich. Ebenso deutlich war der Wille der sowjetischen Besatzungsmacht, von vornherein ein Staatsmodell durchzusetzen, das mit den Grundsätzen einer parlamentarischen Demokratie unvereinbar war.

M1 **Karikatur von Hanns Erich Köhler,** 1949

M2

Aussichten für die deutsche Einheit

Bundeskanzler Konrad Adenauer äußerte sich 1949 in einem Interview:

2A In der nächsten Zukunft können wir nichts Bestimmtes tun, da das Problem der deutschen Einheit in vieler Hinsicht von den Beziehungen zwischen den westlichen Alliierten und Russland abhängig ist. Wir müssen indessen alles tun, damit die 20 Millionen Deutschen in der Ostzone nicht den Eindruck erhalten, verlassen und vergessen zu sein. Die Bundesrepublik muss ein Anziehungspol für Ostdeutschland werden und die psychologischen Beziehungen mit dem Osten wahren und stärken. Unsere Politik darf indessen nicht zu dem Glauben verleiten, dass wir das in der Sowjetzone errichtete kommunistische Regime anerkennen.

Keesing's Archiv der Gegenwart, 1949, S. 2069.

Der SPD-Vorsitzende Kurt Schumacher sagte in einer Rede vor dem Bundestag am 20. September 1949:

2B Die deutsche Einheit ist nur möglich auf der Grundlage der persönlichen und staatsbürgerlichen Freiheit und Gleichheit und der gleichen Wertung und Würdigung der Menschenrechte in allen Besatzungszonen. Aber die deutsche Einheit ist nicht möglich in der Form einer russischen Provinz oder eines sowjetischen Satellitenstaates … Mögen nun viele Leute diesen Zustand der Spaltung Deutschlands für relativ und vorübergehend zufriedenstellend erachten, wir Sozialdemokraten können das nicht … Wir akzeptieren keine Regelung, die die Konjunktur der Spaltung des deutschen Staatswesens ausnützt.

Zit. nach Eberhard Wilms (Hrsg.), Deutschland seit 1945, 1. aktualisierte Auflage, Berlin (Cornelsen) 2002, S. 82 f.

1 Interpretiere M1 mithilfe der Methode „Karikaturen entschlüsseln“ im Anhang.

2 Untersuche M2A und M2B unter der Fragestellung nach Übereinstimmungen und Unterschieden in den Positionen zum Problem „deutsche Einheit“.

3 Stelle zwischen M1, M2 und dem Darstellungstext einen Bezug her.

4 a) Beschreibe die Karten (linke Seite).
b) Vermute Gründe für die 1952 eingerichteten Bezirke in der DDR.

Die Krise des DDR-Regimes

Der Weg in die SED-Diktatur

In der Bundesrepublik stabilisierte sich das demokratisch-parlamentarische System nach der Gründung eines Bundesstaates (1949) und ein wirtschaftlicher Aufschwung wurde erkennbar. Dagegen zeichnete sich in der sowjetisch besetzten Zone bzw. in der DDR die Entwicklung zu einer Parteidiktatur ab. Das lässt sich an grundlegenden Veränderungen seit 1945 erkennen:

1. Die politische „Führungselite" wurde aus SED-treuen Personen zusammengesetzt.
2. Die SED, die aus der Zwangsvereinigung von KPD und SPD hervorgegangen war, drängte alle alternativen politischen Kräfte zurück und setzte ihr Machtmonopol in Staat, Gesellschaft und Wirtschaft rigoros durch.
3. Die Enteignung großer Teile der Besitzbürger und der Großgrundbesitzer begünstigte die einsetzende Massenflucht nach Westen.
4. Zu heftigen Spannungen führten eine einseitig auf die Schwerindustrie setzende Wirtschaftspolitik, die Vernachlässigung der Leicht- und Konsumgüterindustrie und die Erhöhung der Produktionsnormen für die Arbeiter.

M1 **Demonstration in Ostberlin am 26. Juni 1953,** Foto

Der 17. Juni 1953 – eine gescheiterte Revolution?

Im Juli 1952 rief die SED den „planmäßigen Aufbau des Sozialismus" in der DDR aus. Bauern, Handwerker und Kaufleute wurden gewaltsam zur Aufgabe ihrer wirtschaftlichen Selbstständigkeit gezwungen. Die Versorgungslage der Bevölkerung verschlechterte sich. Am 16. Juni 1953 legten die Bauarbeiter der Berliner Stalinallee, eines Aushängeschildes der Regierung für den Wiederaufbau der DDR, die Arbeit nieder. Sie zogen zum Sitz der Regierung, um gegen die Erhöhung ihrer Arbeitsnormen um zehn Prozent zu protestieren. Am folgenden Tag kam es zu Streiks und Massendemonstrationen nicht nur in Berlin, sondern auch in über 270 anderen Orten der DDR, an denen mindestens 300 000 Menschen teilnahmen. Nur durch den Einsatz sowjetischer Panzer konnte die Protestbewegung gestoppt werden. Es gab Dutzende von Toten und tausende von Verhaftungen.

M2

Die Forderungen der Streikenden

Die Streikleitung mehrerer großer Betriebe in Bitterfeld schrieb am 16. Juni 1953 an die Regierung der DDR:

Wir Werktätigen des Kreises Bitterfeld fordern von Ihnen:

1. Rücktritt der sogenannten Deutschen Demokratischen Regierung, die sich durch Wahlmanöver an die Macht gebracht hat,
2. Bildung einer provisorischen Regierung aus den fortschrittlichen Werktätigen,
3. Zulassung sämtlicher großer demokratischer Parteien Westdeutschlands,
4. freie, geheime, direkte Wahlen in vier Monaten,
5. Freilassung sämtlicher politischer Gefangener (direkt politischer, sogenannter Wirtschaftsverbrecher und konfessionell Verfolgter),
6. sofortige Abschaffung der Zonengrenze und Zurückziehung der Vopo [Volkspolizei],
7. sofortige Normalisierung des sozialen Lebensstandards,
8. sofortige Auflösung der sogenannten Nationalarmee,
9. keine Repressalien gegen einen Streikenden.

Zit. nach Der Aufstand vom 17. Juni 1953, Bonn (Bundesministerium für innerdeutsche Beziehungen) 1983, S. 14 f.

M3

Die Sicht der SED

In einem Bericht der SED-Kreisleitung Stalinstadt (seit 1961 Eisenhüttenstadt) hieß es am 17. Juni 1953 mittags:

Die Schicht, die heute früh um 6.00 Uhr begann, brachte die Diskussion vom Streik der Bauarbeiter in Berlin mit in unser Werk ... Die Kollegen waren verärgert über die nicht termingemäße Zahlung der Löhne. ... Diese Kraftfahrer nahmen heute früh die Arbeit nicht auf. Es wurde früh ein Lkw über die Gleise geschoben, um den Ringverkehr in der Stalinstadt zu unterbrechen. Es wurden sofort Diskussionsgruppen [der SED] eingesetzt. Die Kraftfahrer haben ihre Arbeit wieder aufgenommen ... Im Raum des Hochofens V entstanden, insbesondere bei den Arbeitern der dortigen Baufirmen, beim Schichtwechsel um 14.00 Uhr Gruppenbildungen. Die Arbeiter legten die Arbeit nieder und forderten andere Arbeiter ebenfalls dazu auf ... Der Demonstrationszug zog zur Sinterei [Anlage zur Kalk- und Mineralstoffgewinnung], insgesamt ca. 150 bis 200 Arbeiter. Diese waren mit ihren Werkzeugen, Hämmern und Äxten bewaffnet. Genossen demonstrierten am Anfang der Demonstration nicht ... Bei Beginn der Demonstration waren von einzelnen Baustellen die verantwortlichen Leiter von der zentralen Bauleitung zu einer Besprechung abberufen worden. Deshalb gelang es auch teilweise den Provokateuren so leicht, die Bauarbeiter zu veranlassen, die Baustellen zu verlassen.

Zit. nach Eisenhüttenstadt, hg. von der Arbeitsgruppe Stadtgeschichte, Berlin (be.bra) 1999, S. 139 f.

M4

Auf dem Potsdamer Platz in Berlin fliehen Aufständische vor den Schüssen sowjetischer Panzer, Foto, 17. Juni 1953

M5

„Die Lösung"

Der Schriftsteller Bertolt Brecht verfasste 1953 folgendes Gedicht:

Nach dem Aufstand des 17. Juni
Ließ der Sekretär des Schriftstellerverbands
In der Stalinallee Flugblätter verteilen,
Auf denen zu lesen war, daß das Volk
Das Vertrauen der Regierung verscherzt habe
Und es nur durch verdoppelte Arbeit
Zurückerobern könne. Wäre es da
Nicht einfacher, die Regierung
Löste das Volk auf und
Wählte ein anderes?

Bertolt Brecht, Gesammelte Werke, Bd. 10, Frankfurt a. M. (Suhrkamp) 1967, S. 1009 f.

Daten und Begriffe

17. Juni 1953 Volksaufstand in der DDR

Demonstrationen gegen die SED-Führung, die den Aufstand durch sowjetische Truppen blutig niederschlagen ließ. Die SED reagierte mit einem flächendeckenden Ausbau des Spitzelwesens. In der Bundesrepublik war der 17. Juni bis 1990 Nationalfeiertag.

Internettipp

www.17juni53.de

Website mit umfangreichem Material: z. B. einer Chronik, Bild-, Text- und Tondokumenten sowie Zeitzeugenberichten.

1 Erörtere, welche Funktion die Demonstration erfüllen sollte (M1).
2 Vergleiche die Forderungen in M2 mit dem ursprünglichen Anlass des Streiks (Darstellungstext). Welche Entwicklung lässt sich erkennen?
3 Untersuche an M3, wie die SED auf das Verhalten der Arbeiter in Eisenhüttenstadt reagierte.
4 Analysiere mithilfe der Methode „Politische Dichtung deuten und vergleichen" im Anhang, welche Wertung der Ereignisse am 17. Juni 1953 in M5 deutlich wird.

Der Mauerbau 1961

„Abstimmung mit den Füßen“

Der Aufstand vom 17. Juni 1953 hatte gezeigt: Die SED-Herrschaft konnte nicht gegen den Willen der sowjetischen Führung in Moskau gestürzt werden. Walter Ulbricht verhinderte in der DDR eine öffentliche Diskussion über eine Reform des sozialistischen Systems. Anders als in der Sowjetunion, so behauptete er, sei eine „Entstalinisierung“ nicht notwendig, weil es Personenkult und Massenunterdrückung in der DDR nicht gebe.

Solange die Grenze zwischen den beiden deutschen Staaten nicht befestigt war, hatte jeder Unzufriedene die Möglichkeit, in die Bundesrepublik zu fliehen, vor allem über die offene Grenze zwischen den Westsektoren und dem Ostsektor von Berlin. Auf diese Weise verlor die DDR-Wirtschaft viele junge und qualifizierte Arbeitskräfte. Es dauerte nicht lange, bis „Republikflucht“ als schwerer Straftatbestand in das DDR-Strafrecht aufgenommen wurde.

Chruschtschow, Generalsekretär der KPdSU, plante, die Westalliierten ultimativ zum Abzug aus Westberlin zu bewegen und Berlin zu einer „freien und entmilitarisierten Stadt“ zu machen. Als dieser Plan 1958 gescheitert war, begannen in den Warschauer-Pakt-Staaten geheime Überlegungen, Ostberlin von den Westsektoren abzuriegeln. In der Nacht vom 12. auf den 13. August 1961 begannen Angehörige der Volkspolizei, Betriebskampfgruppen und Soldaten, völlig überraschend für die Bevölkerung, quer durch Berlin und entlang der DDR-Westgrenze Grenzanlagen zu errichten. Nach der Abschottung gegenüber der Bundesrepublik nahm die SED-Führung eine technologische und wirtschaftliche Modernisierung der DDR in Angriff. Tatsächlich zeigten sich um 1970 Erfolge in einer verbesserten Produktivität und einem höheren Lebensstandard. Diese Entwicklung wurde auch dadurch gefördert, dass der Anteil der erwerbstätigen Frauen stark anstieg (1960: 70 Prozent; 1980: 90 Prozent).

M1 **Mauerbau in Berlin-Neukölln/Treptow,** Foto, 1961

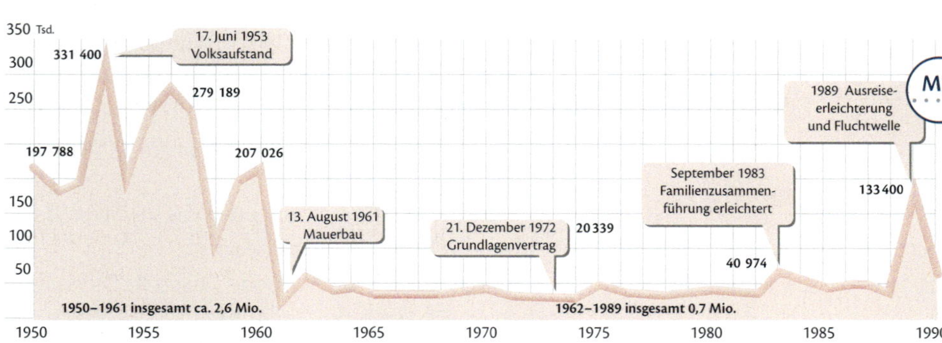

M2 **Flüchtlingszahlen** (aus der DDR in die Bundesrepublik), 1950 bis 1990

M3

Der Schießbefehl

Albert Norden, der von 1958 bis 1981 Mitglied des Politbüros der SED war, erklärte 1963 vor Grenzsoldaten in Berlin:

Ich sage, jeder Schuss aus der Maschinenpistole eines unserer Grenzsicherungsposten zur Abwehr solcher Verbrechen rettet in der Konsequenz Hunderten von Kameraden, rettet Tausenden Bürgern der DDR das Leben und sichert Millionenwerte an Volksvermögen. Ihr schießt nicht auf Bruder und Schwester, wenn ihr mit der Waffe den Grenzverletzer zum Halten bringt. Wie kann der euer Bruder sein, der die Republik verrät, der die Macht des Volkes antastet! Auch der ist nicht unser Bruder, der zum Feinde desertieren will. Mit Verrätern muss man sehr ernst sprechen. Verrätern gegenüber menschliche Gnade zu üben heißt, unmenschlich am ganzen Volk handeln.

Zit. nach Die Volksarmee, 1963, Nr. 41.

Mittwoch, 16. August 1961 · 10 Pf

Bild Zeitung

Der Osten handelt – was tut der Westen?

...denn Zigarren raucht der Mann!

Der Westen tut NICHTS!

Enttäuscht

Präsident Kennedy schweigt...

Macmillan geht auf die Jagd...

...und Adenauer schimpft auf Willy Brandt

Mehr über das Thema Berlin auf der letzten Seite

M5

Aufmacher der Bild-Zeitung, 16. August 1961

M4

Alltag im Schatten der Mauer

Klaus W., der 1961 in einem Vorort von Berlin lebte, erinnerte sich 1999:

Wir sind 1961 im September nach Glienicke gezogen, also genau nach der Zeit, als die Mauer gebaut wurde. Unser Grundstück lag genau an der Mauer ... Die Nachbarn auf der Westseite kannten wir nicht mehr. Man konnte zwar rübergucken oder auch mit Steinen schmeißen, kennengelernt haben wir sie aber erst nach dreißig Jahren ... Meine ganze Kindheit und Jugend habe ich also an der Mauer verbracht. Das war nicht immer einfach, wir durften zum Beispiel keine Kinder mit nach Hause bringen, mein eigener Kumpel, mein Klassenkamerad, konnte mich nicht besuchen, weil unser Haus im Grenzgebiet lag ... Die Verwandtschaft musste, wenn Geburtstag oder Ähnliches war, vier bis sechs Wochen vorher einen Antrag stellen ... Die Grenzer sind sogar jeden Sonnabend gekommen, um im Keller die Wände abzuklopfen, ob irgendwo ein Tunnel gegraben wurde.

Aufgezeichnet von Frank Schirrmeister, Student an der Humboldt-Universität Berlin. In: PZ: DDR intern, Nr. 97, März 1999, S. 26.

M6

Die Mauer im Kopf

Die Journalistin Margret Boveri schrieb 1962:

Ebenso schlimm wie die Mauer aus Steinen, Mörtel und Zement, die am 13. August quer durch Berlin gebaut worden ist, scheint mir die Mauer zu sein, die sich im Laufe der letzten fünfzehn Jahre fast unmerklich in der Vorstellungswelt der Deutschen auf beiden Seiten der Trennungslinie gebildet hat. Vielleicht ist sie sogar noch schlimmer, weil die Steinmauer sich einmal, wenn die politischen Voraussetzungen gegeben sein werden, ... von einem Tag auf den anderen abtragen lässt ... Dagegen die immaterielle und doch so undurchdringliche Mauer, von der hier die Rede sein soll, kann nicht aufgrund von Beschlüssen der verantwortlichen Regierenden einfach abgebaut werden. Sie hat keinen geografischen Ort und ist doch in der Landschaft des Kalten Krieges in ihrer Doppelseitigkeit allgegenwärtig ... Es wird schwer sein, sie abzutragen; denn in jeder Seele weist sie ihre eigene erlebnisbedingte Struktur auf.

Zit. nach Christoph Kleßmann, Zwei Staaten, eine Nation, Bonn (BpB) 1988, S. 502 f.

1 a) Erarbeite Ursachen und Folgen des Mauerbaus 1961.
b) Nimm Stellung (Darstellungstext, M1, M2, M4 bis M6).

2 Beurteile die Haltung der DDR-Führung in M3.

3 **Recherche:** Im Jahre 2007 gab es eine Debatte über die Existenz eines schriftlichen Schießbefehls in der DDR. Recherchiert den neuesten Diskussionsstand (Internet).

4 Versuche ausgehend von M5 das Verhalten „des Westens" zu erklären.

Neue Deutschland- und Ostpolitik

Außenpolitik unter Adenauer

Bundeskanzler Adenauer hatte in seiner Regierungszeit (1949–1963) wesentliche Hauptziele seiner Politik erreicht: 1955 war die Westintegration der Bundesrepublik mit der Erlangung der staatlichen Souveränität weitgehend abgeschlossen. Die Bundesrepublik war jetzt gleichberechtigtes Mitglied des westeuropäischen Vertragssystems und Mitglied der NATO.
Als einzige frei gewählte und damit rechtmäßige deutsche Regierung hielt die Bundesregierung ihren „Alleinvertretungsanspruch“ aufrecht, für alle Deutschen zu sprechen (sogenannte Hallstein-Doktrin). Sie drohte jedem Staat mit dem Abbruch der diplomatischen Beziehungen, wenn er die DDR anerkannte. Aufrechterhalten wurde auch der Rechtsanspruch auf die Grenzen von 1937.

Die neue Politik der sozialliberalen Koalition

Unter Bundeskanzler Kiesinger wandte sich die Regierung der Großen Koalition (1966–1969) aus CDU/CSU und SPD von der Hallstein-Doktrin ab, hielt aber an den Grundsätzen der Politik Adenauers fest. Seit 1969 regierte mit Willy Brandt erstmals ein sozialdemokratischer Bundeskanzler. Vor dem Hintergrund der Entspannungspolitik zwischen den Großmächten USA und Sowjetunion verfolgte er eine neue Politik gegenüber der DDR und den übrigen Ostblockstaaten.

Die SPD/FDP-Regierung vereinbarte in Verträgen mit Polen und der Sowjetunion, auf die gewaltsame Durchsetzung von Grenzveränderungen zu verzichten und die gegenseitigen Beziehungen zu normalisieren. Damit erkannte sie faktisch die durch den Zweiten Weltkrieg geschaffenen Grenzlinien an.
Ein weiteres Ziel der Außenpolitik Brandts war die Annäherung zwischen der DDR und der Bundesrepublik. 1971 einigten sich die vier Alliierten auf ein Berlin-Abkommen, in dessen Rahmen die Bundesrepublik und die DDR den sogenannten Grundlagenvertrag vereinbarten. Die Ostverträge waren in der Bundesrepublik hart umkämpft. Die Politik Willy Brandts und seiner Regierung wurde jedoch in den Bundestagswahlen im November 1972 klar bestätigt.
Eine Klage gegen den Grundlagenvertrag wies das Bundesverfassungsgericht ab. Die CDU/CSU-Opposition erhielt jedoch die Zusicherung, dass die Wiedervereinigung ein verfassungsrechtliches Gebot sei und die Wiederherstellung der deutschen Einheit nicht aufgegeben werden dürfe. Festgestellt wurde auch, dass der Vertrag nichts endgültig regle, sondern die Situation für künftige Verbesserungen im menschlichen und politischen Bereich offenhalte.

M1 **Demonstration anlässlich der Ostverträge,** Foto, 1972

M2 **Bundeskanzler Willy Brandt am Mahnmal im Warschauer Ghetto,** Foto, 1970. Brandt würdigt mit einem Kniefall bei seinem Besuch in Polen die Toten vom Aufstand im Warschauer Ghetto im Frühjahr 1943. Der Besuch löste eine scharfe innenpolitische Kontroverse aus.

M3

Bundeskanzler Willy Brandt am Fenster des Hotels Erfurter Hof, Foto. Bei diesem Treffen am 19. März 1970 mit dem DDR-Ministerpräsidenten Willi Stoph kam es zu „Willy, Willy"-Rufen aus der Menschenmenge. Die DDR-Führung war angesichts der weltweit berichtenden Medienvertreter offensichtlich so erschrocken, dass herbeibeorderte Jubler Stunden später nun ihrerseits „Willi" (Stoph) hochleben ließen.

Biografie

Willy Brandt (1913–1992)

Geboren 1913 in Lübeck (ursprünglicher Name Herbert Karl Frahm), Sohn einer Verkäuferin. Als Schüler schloss sich Brandt der Sozialistischen Arbeiter-Jugend an und wurde 1930 SPD-Mitglied. 1933 emigrierte er nach Norwegen. Nach seiner Ausbürgerung durch die Nationalsozialisten 1938 wurde Brandt norwegischer Staatsbürger. 1947 wurde er unter dem Schriftstellernamen Willy Brandt wieder eingebürgert.
1949 bis 1957 und seit 1969 war er Bundestagsabgeordneter, 1957 bis 1966 Regierender Bürgermeister von Berlin. Seit Anfang der 1960er-Jahre entwickelte Brandt unter dem Motto „Wandel durch Annäherung" Ideen für eine neue Ostpolitik. 1966 wurde Brandt Vizekanzler und Außenminister in einer CDU/SPD-Koalition, 1969 bis 1974 Bundeskanzler der SPD/FDP-Koalition. 1971 erhielt er den Friedensnobelpreis für seine Entspannungspolitik.

M4

Zwei gleichberechtigte Staaten – eine deutsche Nation?

Im März 1970 lud der Ministerpräsident der DDR, Willi Stoph, den Bundeskanzler Willy Brandt nach Erfurt ein.

4A *Stoph sagte in seiner Begrüßungsrede:* In Ihrem Schreiben vom 22. Januar 1970 erklärten Sie, Sie seien bereit, Verhandlungen zwischen der DDR und der Bundesrepublik auf der Grundlage der Gleichberechtigung und Nichtdiskriminierung zu führen ... Wenn Sie sich selbst auf Prinzipien des Völkerrechts beziehen, Herr Bundeskanzler, dann verlangt das, ... die souveräne Gleichheit der DDR [mit der BRD] in einem völkerrechtlich gültigen Vertrag anzuerkennen.

4B *Brandt entgegnete Stoph:* Wir können diese Teilung nicht einfach ungeschehen machen. Aber wir können uns bemühen, die Folgen dieser Teilung zu mildern und aktiv zu einer Entwicklung beizutragen, die sich anschickt, die Gräben zuzuschütten, die uns trennen in Europa und damit auch in Deutschland. Dabei gehe ich aus von der fortdauernden und lebendigen Wirklichkeit einer deutschen Nation ... Die starken Bande der gemeinsam erlebten und gemeinsam zu verantwortenden Geschichte, der keiner entfliehen kann, die Bande der Familie, der Sprache, der Kultur und all jener Unwägbarkeiten, die uns Zusammengehörigkeit fühlen lassen, sind eine Realität ... Erlauben Sie mir, noch einmal die Grundsätze zu bestätigen, von denen sich die Bundesregierung leiten lässt ...:
1. Beide Staaten haben ihre Verpflichtung zur Wahrung der Einheit der deutschen Nation. Sie sind füreinander nicht Ausland.
2. Im Übrigen müssen die allgemein anerkannten Prinzipien des zwischenstaatlichen Rechts gelten, insbesondere der Ausschluss jeglicher Diskriminierung, ... die Verpflichtung zur Lösung aller Streitfragen und zur Respektierung der beiderseitigen Grenzen.

M4A und M4B: Ingo von Münch (Hg.), Dokumente des geteilten Deutschland, Bd. 2, Stuttgart (Kröner) 1975, S. 174 ff.

1 Vergleiche anhand des Darstellungstextes die Außenpolitik Adenauers mit der von Brandt.
2 Vergleiche die Positionen in M4.
3 Untersuche an M1, M2 und M3, wie sich die neue Ostpolitik in den „Augenblicksaufnahmen" zeigt.
4 Erörtere, was Brandt ausdrücken wollte (M2).

M5

Unterzeichnung des Moskauer Vertrages am 12. August 1970 im Kreml, Foto. Von links: Bundeskanzler Brandt, der sowjetische Ministerpräsident Kossygin, der sowjetische Außenminister Gromyko; hinter Brandt: der sowjetische KP-Chef Breschnew, rechts daneben Staatssekretär Bahr.

M6

Der Moskauer Vertrag

Aus dem Vertrag zwischen der Bundesrepublik Deutschland und der Sowjetunion vom 12. August 1970:

Artikel 1: Die Bundesrepublik Deutschland und die Union der Sozialistischen Sowjetrepubliken betrachten es als wichtiges Ziel ihrer Politik, den internationalen Frieden aufrechtzuerhalten und die Entspannung zu erreichen.

Artikel 2: [Beide Staaten] werden … ihre Streitfragen ausschließlich mit friedlichen Mitteln lösen und übernehmen die Verpflichtung, sich in Fragen, die die Sicherheit in Europa und die internationale Sicherheit berühren, … der Drohung mit Gewalt oder der Anwendung von Gewalt zu enthalten.

Artikel 3: [Beide Staaten stimmen überein], dass der Friede in Europa nur erhalten werden kann, wenn niemand die gegenwärtigen Grenzen antastet. Sie verpflichten sich, die territoriale Integrität aller Staaten in Europa zu achten; sie erklären, dass sie keine Gebietsansprüche gegen irgendjemanden haben und solche in Zukunft auch nicht erheben werden.

Zit. nach Die Welt seit 1945, bearb. von Helmut Krause u. Karlheinz Reif, München (bsv) 1980, S. 539.

M7

Brief zur deutschen Einheit

Die Bundesregierung übergab am 12. August 1970 anlässlich der Unterzeichnung des Moskauer Vertrages der Regierung der UdSSR folgenden Brief:

Im Zusammenhang mit der heutigen Unterzeichnung des Vertrages … beehrt sich die Regierung der Bundesrepublik Deutschland festzustellen, dass dieser Vertrag nicht im Widerspruch zu dem politischen Ziel der Bundesrepublik Deutschland steht, auf einen Zustand des Friedens in Europa hinzuwirken, in dem das deutsche Volk in freier Selbstbestimmung seine Einheit wiedererlangt.

Zit. nach Die Welt seit 1945, bearb. von Helmut Krause u. Karlheinz Reif, München (bsv) 1980, S. 542.

M8

Der Grundlagenvertrag mit der DDR

Der Vertrag über die Grundlagen der Beziehungen zwischen der Bundesrepublik Deutschland und der DDR wurde am 21. Dezember 1972 unterzeichnet:

Artikel 1: Die Bundesrepublik Deutschland und die Deutsche Demokratische Republik entwickeln normale gutnachbarliche Beziehungen zueinander auf der Grundlage der Gleichberechtigung.

Artikel 2: [Beide Staaten] werden sich von den Zielen und Prinzipien leiten lassen, die in der Charta der Vereinten Nationen niedergelegt sind, insbesondere der souveränen Gleichheit aller Staaten, der Achtung der Unabhängigkeit, Selbstständigkeit und territorialen Integrität, dem Selbstbestimmungsrecht, der Wahrung der Menschenrechte und der Nichtdiskriminierung.

Artikel 3: Entsprechend der Charta der Vereinten Nationen werden [die beiden Staaten] … ihre Streitfragen ausschließlich mit friedlichen Mitteln lösen und sich der Drohung mit Gewalt oder der Anwendung von Gewalt enthalten. Sie bekräftigen die Unverletzlichkeit der zwischen ihnen bestehenden Grenze jetzt und in der Zukunft und verpflichten sich zur uneingeschränkten Achtung ihrer territorialen Integrität …

Artikel 7: [Beide Staaten] … erklären ihre Bereitschaft, im Zuge der Normalisierung ihrer Beziehungen praktische und humanitäre Fragen zu regeln …

Artikel 8: [Beide Staaten] … werden ständige Vertretungen austauschen.

Zit. nach Die Welt seit 1945, bearb. von Helmut Krause u. Karlheinz Reif, München (bsv) 1980, S. 556 f.

M9

„Menschliche Erleichterungen“, Karikatur, 1973

M10 Politik der Versöhnung und Entspannung?

Der Bundestagsabgeordnete Richard Stücklen (CSU) sagte zum Moskauer Vertrag im Jahre 1972 vor dem Bundestag:

Eine Politik dient nur der Versöhnung, wenn sie es den Menschen ermöglicht, zueinanderzufinden, denn es sind die Menschen und nicht die Staaten, die die Versöhnung auf Dauer begründen ... Diese Politik führt auch nicht zur Entspannung, denn sie schreibt die Ursachen der Spannungen fest. Diese Ostverträge sind auch kein Beitrag zur Versöhnung, denn sie zementieren die Trennung der Menschen durch Mauer und Stacheldraht ... Nur wenn auf beiden Seiten ... die gleichen Wertvorstellungen über die unverzichtbaren Grundrechte des Menschen und über das Zusammenleben der Völker bestehen, ist eine dauerhafte ... Ordnung in Frieden und Freiheit zu begründen. Ungeachtet [dessen] sind wir von der CDU/CSU bereit, im Interesse der Menschen nach Wegen zu suchen, um wenigstens vorläufige Regelungen zu finden. Solange aber die andere Seite ihre ideologisch untermauerte Machtpolitik beibehält, ist äußerste Vorsicht am Platze. ... Nicht dieser Vertrag gibt uns die Sicherheit, gibt uns mehr Frieden und sichert unsere Freiheit, sondern das ist das Bündnis mit der freien Welt in der NATO.

Zit. nach Geschichtliche Weltkunde, Quellenlesebuch, Bd. 3, hg. von Wilfried Danner u. Wolfgang Hug, Frankfurt a. M. (Diesterweg) 1983, S. 249 ff.

M11 Reiseverkehr zwischen Ost und West

Angaben in Mio. (ohne Ausländer). Nach einer Meinungsumfrage hatten etwa 38 Prozent der Westdeutschen Verwandte und Bekannte in der DDR.

Reisende	1971	1972	1977	1979	1986
aus der BRD in die DDR (in Mio.)	1,27	1,54	2,98	2,92	3,79
aus Westberlin nach Ostberlin und in die DDR (in Mio.)	0,09	2,0	3,4	3,1	1,8
aus der DDR nach Westberlin und in die BRD [1] (in Mio.)	1,05	1,08	1,32	1,37	1,76
davon: Reisende, die nicht im Rentenalter sind[2]	0	11 400	41 600	41 000	244 000

Zusammengestellt nach Zahlenspiegel, hg. vom Bundesministerium für innerdeutsche Beziehungen, Bonn, 1982 und 1988.

[1] Seit 1964 möglich
[2] Seit 1972 möglich

Begriffe und Daten

1972 Grundlagenvertrag (Grundvertrag)

Vertrag vom 21. Dezember 1972 über die Grundlagen der Beziehungen zwischen beiden deutschen Staaten. Er sollte den „gutnachbarlichen Beziehungen“ auf der Grundlage der Gleichberechtigung dienen, u. a. durch Gewaltverzicht, Achtung der bestehenden Grenze, Regelung praktischer und humanitärer Fragen.

Neue Ostpolitik

Die von den Bundesregierungen Brandt und Schmidt in den 1970er-Jahren vertretene „neue Ostpolitik“ führte zu Verträgen, in denen es vor allem um Gewaltverzicht und die Anerkennung der bestehenden Grenzen in Europa ging.

5 Stelle die in M6 und M8 genannten Ziele der beiden Verträge zusammen und vergleiche. Beachte M7.
6 **Partnerarbeit:** Informiert euch über die in M5 genannten Personen. Berichtet in der Klasse.
7 Erarbeite anhand von M10 die Argumentation des Redners und nimm Stellung.
8 Prüfe, welche Verbesserungen der Grundlagenvertrag brachte (M11).
9 Untersuche M9 mithilfe der Arbeitsschritte „Karikaturen entschlüsseln“ (siehe Anhang).

Der Anfang vom Ende der DDR

Glasnost und Perestroika – nicht in der DDR

Die auf „Glasnost“ (Offenheit) und „Perestroika“ (Umbau) ausgerichtete Politik des sowjetischen Generalsekretärs Michail Gorbatschow hatte seit 1985 in der Sowjetunion und einigen Ländern des Ostblocks zu umfassenden gesellschaftlichen Reformen geführt – nicht jedoch in der DDR. Die SED-Führung machte deutlich, dass sie auch kleinste Ansätze von Reformdiskussionen unterdrücken würde.

Wahlfälschung – mit Folgen

In dieser angespannten Lage fanden am 7. Mai 1989 in der DDR Kommunalwahlen statt, deren Ergebnisse – wie üblich – gefälscht wurden. Diesmal aber bildeten sich oppositionelle Gruppen, die offen dagegen protestierten und Strafanzeige erstatteten. In Leipzig und anderen Städten fanden von Woche zu Woche mehr Menschen den Mut, für die Verbesserung der Verhältnisse in der DDR auf die Straße zu gehen.

„Wir wollen raus!“ – Massenflucht

Ein zweites Ereignis, das ebenfalls im Mai stattgefunden hatte, ermutigte viele Bürgerinnen und Bürger: Ungarn, „sozialistisches Bruderland“ und Urlaubsziel der DDR-Bürger, hatte seine Grenze zu Österreich geöffnet. Immer mehr Ostdeutsche flohen nun über die „grüne Grenze“ in den Westen. Tausende, die im September die Botschaft der Bundesrepublik in Prag belagerten, durften nach Westdeutschland ausreisen.
Die SED-Führung war auf eine solche Massenbewegung offensichtlich nicht vorbereitet.

M1

Karikatur von Schoenfeld, 1988

M2

Mahnwache vor der Gethsemanekirche in Ost-Berlin, Oktober 1989, Foto

Bürgerbewegung und Massendemonstration

Die für illegal erklärten Oppositionsgruppen hatten bisher keine Organisationsstruktur. Das änderte sich im Herbst 1989: Am 12. September veröffentlichte die Bürgerbewegung „Demokratie jetzt“ einen Gründungsaufruf. Das „Neue Forum“ beantragte am 19. September offiziell die Zulassung als politische Vereinigung. Trotz Ablehnung des Antrags trugen sich tausende in die Mitgliederlisten ein. In Leipzig kam es im Anschluss an ein Friedensgebet in der Nikolaikirche zu den „Montagsdemonstrationen“, an denen immer mehr Bürger teilnahmen. Am 4. Oktober forderten Oppositionsgruppen gemeinsam erstmals freie Wahlen unter UN-Aufsicht. Die DDR-Führung reagierte weiter mit Unterdrückungsmaßnahmen.

Die Kirche – Dach für Andersdenkende

Die Kirchen in der DDR waren die einzigen Institutionen, die nicht unter direkter Kontrolle des SED-Staates standen. Trotz Überwachung und Unterwanderung durch die Staatssicherheit konnten sie die „Freiheit des Wortes“ bewahren. So boten seit Ende der 1970er-Jahre viele Pfarrer der Evangelischen Kirche in der DDR zahlreichen Friedens-, Umwelt- und anderen Oppositionsgruppen Schutz in ihren Kirchen: z. B. die Nikolaikirche in Leipzig, die Schlosskirche zu Wittenberg, die Kreuzkirche in Dresden und die Gethsemanekirche in Ost-Berlin.

M3

Ein demokratischer Dialog

Im Gründungsaufruf des „Neuen Forums", der am 9. September 1989 verabschiedet und im ganzen Land über die Schwarzen Bretter der Kirchen verbreitet wurde, hieß es:

In unserem Lande ist die Kommunikation zwischen Staat und Gesellschaft offensichtlich gestört. Belege dafür sind die weit verbreitete Verdrossenheit bis hin zum Rückzug in die private Nische oder zur massenhaften Auswanderung ... Die gestörte Beziehung zwischen Staat und Gesellschaft lähmt die schöpferischen Potenzen[1] unserer Gesellschaft und behindert die Lösung der anstehenden lokalen und globalen Aufgaben ... Auf der einen Seite wünschen wir uns eine Erweiterung des Warenangebots und bessere Versorgung, andererseits sehen wir deren soziale und ökologische Kosten und plädieren für die Abkehr von ungehemmtem Wachstum. Wir wollen Spielraum für wirtschaftliche Initiative, aber keine Entartung in eine Ellenbogengesellschaft ... Wir wollen geordnete Verhältnisse, aber keine Bevormundung ... Wir wollen ein wirksames Gesundheitswesen für jeden; aber niemand soll auf Kosten anderer krankfeiern. Wir wollen an Export und Welthandel teilhaben, aber weder zum Schuldner und Diener der führenden Industriestaaten noch zum Ausbeuter und Gläubiger der wirtschaftlich schwachen Länder werden. Um all diese Widersprüche zu erkennen, Meinungen und Argumente dazu anzuhören und zu bewerten, ... bedarf es eines demokratischen Dialogs über die Aufgaben des Rechtsstaates, der Wirtschaft und der Kultur. Über diese Fragen müssen wir in aller Öffentlichkeit, gemeinsam und im ganzen Land nachdenken und miteinander sprechen ... Wir bilden deshalb eine politische Plattform für die ganze DDR, die es den Menschen aus allen Berufen, Lebenskreisen, Parteien und Gruppen möglich macht, sich an der Diskussion und Bearbeitung lebenswichtiger Gesellschaftsprobleme in diesem Land zu beteiligen ... Allen Bestrebungen, denen das „Neue Forum" Ausdruck und Stimme verleihen will, liegt der Wunsch nach Gerechtigkeit, Frieden und Demokratie sowie Schutz und Bewahrung der Natur zu Grunde.

Zit. nach Bernd Lindner, Die demokratische Revolution in der DDR 1989/90, Bonn (Bundeszentrale für politische Bildung) 1998, S. 50.

[1] Kräfte

M4

Ausreise und „Republikflucht" – warum?

Aus einem Lagebericht des Ministeriums für Staatssicherheit (1989):

Als wesentliche Gründe [für das Verlassen der DDR] ... werden angeführt:
- Unzufriedenheit über die Versorgungslage;
- Verärgerung über unzureichende Dienstleistungen;
- Unverständnis für Mängel in der medizinischen Betreuung und Versorgung;
- eingeschränkte Reisemöglichkeiten innerhalb der DDR und nach dem Ausland;
- unbefriedigende Arbeitsbedingungen ...
- Unzulänglichkeiten/Inkonsequenz bei der Anwendung/Durchsetzung des Leistungsprinzips sowie Unzufriedenheit über die Entwicklung der Löhne ...;
- Verärgerung über bürokratisches Verhalten von Leitern und Mitarbeitern staatlicher Organe, Betriebe und Einrichtungen sowie über Herzlosigkeit im Umgang mit den Bürgern;
- Unverständnis über die Medienpolitik der DDR.

Dieter Grosser u. a. (Hg.), Deutsche Geschichte in Quellen und Darstellungen, Bd. 11, Stuttgart (Reclam) 1996, S. 320 ff.

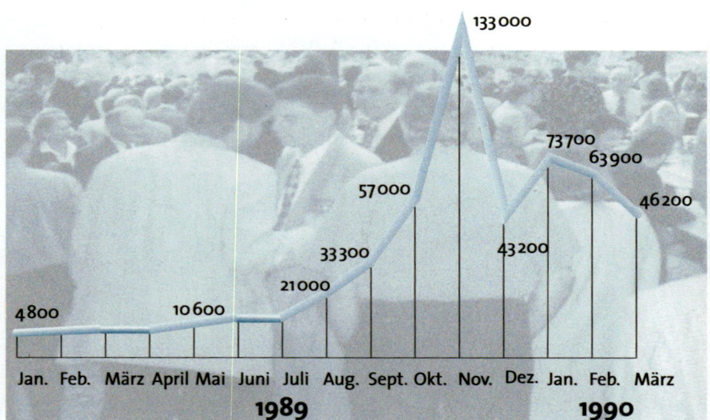

M5 **Fluchtbewegung aus der DDR,** Januar 1989 bis März 1990

1 Beschreibe M1. Überlege, was die Karikatur über die politische Lage 1988/89 aussagt.

2 **Partnerarbeit:**

a) Untersucht mithilfe des Darstellungstextes und M2 bis M5 den inneren Zustand in der DDR.

b) Formuliert mithilfe der Informationen auf dieser Doppelseite eine Stellungnahme: „Republikflucht oder demokratischer Dialog"?

Schritte zur deutschen Einheit

Weichenstellungen für einen deutschen Staat?

Nach dem Fall der Mauer am 9. November 1989 (s. Kasten) zeigte sich auf drei Ebenen die Notwendigkeit, politisch zu handeln: Auf der innenpolitischen Ebene versuchte die SED-Führung, durch angekündigte Reformen ihre Machtstellung zu halten. Dagegen stand die Bürgerbewegung in der DDR, die eine schnelle Demokratisierung des Staates forderte. Auf der deutsch-deutschen Ebene versuchte die Bundesregierung, geführt von Bundeskanzler Helmut Kohl (CDU) und Hans-Dietrich Genscher (FDP), Einfluss auf die weitere Entwicklung zu nehmen. Ein 10-Punkte-Programm sah vor, eine stufenweise Vereinigung zu einem Bundesstaat über eine Vertragsgemeinschaft herbeizuführen. Die SPD unterstützte diesen Vorschlag. Teile der Parteiführung warnten aber aus wirtschaftlichen und finanziellen Gründen vor einer zu raschen Vereinigung beider Staaten. Auf internationaler Ebene mussten nun die ehemaligen vier Siegermächte ihre Positionen zur „deutschen Frage" klären.

Im Winter 1989/90 spitzte sich die Krise in der DDR weiter zu: Täglich verließen tausende Bürgerinnen und Bürger das Land. In der Volkskammer, dem Parlament der DDR, saßen weiterhin die durch manipulierte Wahlen ins Amt gekommenen Abgeordneten. Im Ministerium für Staatssicherheit arbeiteten die Beschäftigten auf Hochtouren daran, die Akten, Spuren jahrzehntelanger Bespitzelung, zu vernichten. In dieser Situation wurde auf Initiative der Bürgerbewegung der DDR ein „Runder Tisch" eingerichtet, dem Vertreter der oppositionellen Gruppen, aber auch der alten Blockparteien angehörten. Ende Januar 1990 beschloss dieses Gremium, am 18. März 1990 die ersten freien Volkskammerwahlen stattfinden zu lassen.

M1

Montagsdemonstration in Leipzig, Foto, 4. Dezember 1989. Am 25. September 1989 formierten sich die Menschen zur ersten Montagsdemonstration. 6000 bis 8000 Menschen zogen mit dem Ruf „Keine Gewalt!" über den Leipziger Ring. Am 2. Oktober löste die Polizei den Zug mit 20 000 Menschen auf. Am 9. Oktober wurden tausende Einsatzkräfte um Leipzig zusammengezogen. Bekannte Persönlichkeiten konnten die Lage beruhigen. Die Losung der Demonstranten: „Wir sind das Volk!" Am 6. November demonstrierten 250 000 Menschen. Am 13. November tauchte auf der Montagsdemonstration zum ersten Mal ein Transparent mit dem Text „Deutschland einig Vaterland" auf.

Begriffe und Daten

Die DDR im Herbst 1989

30. September DDR-Flüchtlinge in den bundesdeutschen Botschaften in Prag und Warschau dürfen in die Bundesrepublik ausreisen.

6./7. Oktober Die DDR begeht den 40. Jahrestag ihrer Gründung. Anwesend ist der sowjetische Staats- und Parteichef Gorbatschow. Am 7. Oktober Gründung der „Sozialdemokratischen Partei in der DDR".

18. Oktober Staats- und Parteichef Honecker (SED) muss zurücktreten. Nachfolger wird Egon Krenz (SED).

7./8. November SED-Regierung und Politbüro treten zurück.

9. November Das Politbüromitglied Günter Schabowski löst durch eine Presseerklärung über Reisefreiheit die Öffnung der DDR-Grenze aus.

13. November Der als „Reformer" geltende Hans Modrow (SED) wird von der Volkskammer zum Ministerpräsidenten gewählt.

7. Dezember Der „Runde Tisch" (Vertreter der alten Blockparteien und der Oppositionsgruppen wie „Neues Forum" und „Demokratischer Aufbruch") übernimmt die Kontrolle der DDR-Regierung.

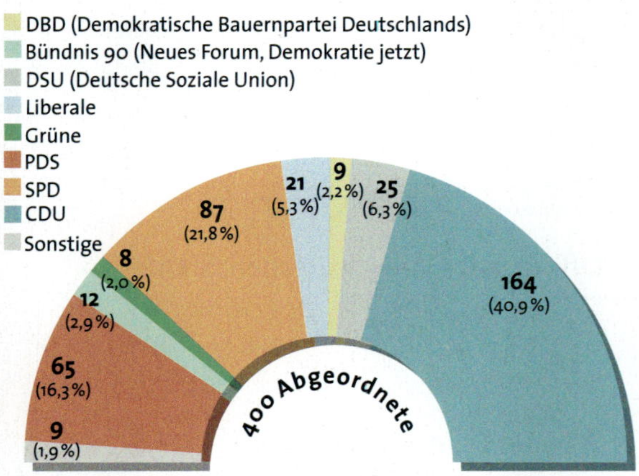

19 = Anzahl der Mandate, 5 %=Stimmenanteil in Prozent

M2 **Ergebnis der Wahlen zur Volkskammer der DDR** vom 18. März 1990. Die Wahlbeteiligung lag bei 93,2 Prozent. Die „Allianz" (CDU, Demokratischer Aufbruch und DSU), die SPD und die Liberalen einigten sich auf eine „Große Koalition" unter Lothar de Maizière als Ministerpräsident.

M3 **Der Berliner Grenzübergang Checkpoint Charlie am Morgen nach der Maueröffnung,** Foto, 10. November 1989

M4 **„Signal der Hoffnung und der Ermutigung für die Menschen in der DDR"**

Bundeskanzler Dr. Helmut Kohl gab auf einer gemeinsamen Pressekonferenz mit Ministerpräsident Dr. Hans Modrow am 13. Februar 1990 in Bonn folgende einleitende Erklärung ab:

Ich habe ... das Angebot unterbreitet, sofortige Verhandlungen zur Schaffung einer Währungsunion und Wirtschaftsgemeinschaft aufzunehmen ... Dieses Angebot besteht im Kern aus zwei Teilen: 1. Zu einem Stichtag wird die Mark der DDR ... durch die D-Mark ersetzt. 2. Zeitgleich müssen von der DDR die notwendigen rechtlichen Voraussetzungen für die Einführung einer sozialen Marktwirtschaft geschaffen sein ...

In einer solchen Situation geht es um mehr als um Ökonomie. Es muss jetzt darum gehen, ein klares, unmissverständliches Signal der Hoffnung und der Ermutigung für die Menschen in der DDR zu setzen ...

Für die Bundesrepublik Deutschland bedeutet dies, dass wir in dieses Angebot unseren stärksten wirtschaftlichen Aktivposten einbringen – die Deutsche Mark.

Presse- und Informationsamt der Bundesregierung, Bulletin, 13. Februar 1990.

1 Stelle anhand des Darstellungstextes fest, welche „Weichenstellungen" 1989/90 sichtbar wurden. Ziehe den Kasten heran.

2 a) Untersuche das Angebot Kohls (M4).
b) Bewerte seine Position.
c) Stelle einen Bezug zu M2 her.

3 a) Analysiere M2 auf S. 276, M1 und M3.
b) Vergleiche.

Staatsvertrag BR Deutschland – DDR. Die wichtigsten Vertragsinhalte

Währungsunion	Wirtschaftsunion	Sozialunion	
• DM einzige Währung • Deutsche Bundesbank alleinige Zentralbank • Mark der DDR: DM 1:1 für Löhne und Gehälter, Renten, Mieten, Pachten, Stipendien, Guthaben von natürlichen Personen (Höchstgrenze 5000 Mark) 2:1 für alle übrigen Forderungen und Verbindlichkeiten	Die DDR schafft die Voraussetzungen für die soziale Marktwirtschaft: • Privateigentum • Freie Preisbildung • Wettbewerb • Gewerbefreiheit • Freier Verkehr von Waren, Kapital und Arbeit • Ein mit der Marktwirtschaft verträgliches Steuer-, Finanz- und Haushaltswesen • Einfügung der DDR-Landwirtschaft in das EG-Agrarsystem	Die DDR schafft Einrichtungen entsprechend denen in der BR Deutschland: • Rentenversicherung • Krankenversicherung • Arbeitslosenversicherung • Unfallversicherung • Sozialhilfe	Die DDR schafft und gewährleistet nach dem Vorbild der BR Deutschland: • Tarifautonomie • Koalitionsfreiheit • Streikrecht • Mitbestimmung • Betriebsverfassung • Kündigungsschutz

Die BR Deutschland gewährt für die Anschubfinanzierung der Sozialsysteme Mittel aus dem Bundeshaushalt und für den Haushaltsausgleich der DDR Finanzzuweisungen aus dem Sonderfonds „Deutsche Einheit“ in Höhe von 115 Mrd. DM.

M5 **Staatsvertrag zur Wirtschafts-, Währungs- und Sozialunion,** 1. Juli 1990

M6

Die Sicht der ehemaligen Siegermächte

Stellungnahmen der Regierungschefs der ehemaligen Siegermächte des Zweiten Weltkrieges zur Frage der deutschen Einheit:

6A *Margaret Thatcher (Großbritannien):* Im Unterschied zu George Bush war ich von Anfang an gegen die deutsche Wiedervereinigung … Deutschland zu vereinigen hieß, es zur beherrschenden Nation in der Europäischen Gemeinschaft zu machen … Ich hielt es auch für falsch, dass Ostdeutschland, gegen das wir schließlich gekämpft hatten, sich als erstes [Land] der Europäischen Gemeinschaft anschließen sollte, während Polen und die Tschechoslowakei, für die wir in den Krieg gezogen waren, noch warten mussten …

6B *George Bush (USA):* Um ganz ehrlich zu sein: Wir hatten unsere Differenzen mit Lady Thatcher und François Mitterrand, vielleicht weil Amerika weit entfernt ist und für sich liegt. Aber ich hatte das Gefühl, die deutsche Wiedervereinigung wäre im fundamentalen Interesse des Westens … Ich war auch überzeugt, dass Helmut Kohl ein vereintes Deutschland nicht aus der NATO herausführen würde …

6C *M. Gorbatschow (Sowjetunion):* Wie Kanzler Kohl nahmen wir ursprünglich an, es werde eine Art Assoziation deutscher Staaten geben, eine Konföderation vielleicht … Wir hatten den Kalten Krieg beendet … Sollte all das aufs Spiel gesetzt werden für den Versuch, das aufzuheben, was die Deutschen selbst wollten, indem wir Truppen einmarschieren ließen? Nein!

„Die Zeit“ vom 8. März 1990.

Begriffe und Daten

Die Verträge zur deutschen Einheit

1. Juli 1990 „Staatsvertrag zur Wirtschafts-, Währungs- und Sozialunion“: Einführung der sozialen Marktwirtschaft in der DDR. Die D-Mark wird dort alleiniges Zahlungsmittel.

31. August „Einigungsvertrag“: Einführung der bundesrepublikanischen Rechtsordnung in den neu gegründeten Bundesländern.

12. September 1990 „Zwei-plus-Vier-Vertrag“: Die vier Siegermächte stimmen der Vereinigung der deutschen Staaten zu. Deutschland erkennt die Oder-Neiße-Grenze zu Polen völkerrechtlich verbindlich an.

Begriffe und Daten

Öffnung der innerdeutschen Grenze

Die Öffnung der Grenzübergänge in Berlin und in anderen Teilen der DDR am 9. November 1989 gilt vor allem als symbolischer Schritt hin zur deutschen Einheit.

„Tag der Deutschen Einheit“

Beitritt der neuen Länder (ehem. DDR) zur Bundesrepublik Deutschland. Feiertag seit dem 3. Oktober 1990.

4 a) Erläutere M5. b) Beschreibe die weiteren Schritte zur Einheit (Kasten).

5 a) Erarbeite die Positionen der Großmächte zur Einheit (M6). b) Beurteile die politischen Motive.

Zeitzeugen befragen

Geschichte aus erster Hand?

Zeugen der Vergangenheit können oft ein anschaulicheres Bild ihrer Erlebnisse zeichnen als schriftliche Quellen. Durch gezieltes Befragen von Zeitzeugen können wir Quellen „erzeugen", ein Verfahren, das Wissenschaftler „Oral History" nennen. Doch der Umgang mit Zeitzeugenberichten erfordert allgemeine historische Kenntnisse. Warum? Zeitzeugen können oder wollen sich oft nicht mehr an alles erinnern oder sie vermischen ihre Erinnerung mit dem, was sie erst später erfahren haben. Unser Erinnerungsvermögen ist also keine objektive Quelle. Deshalb können wir aus der subjektiven Erfahrung einer Einzelperson nicht schließen, dass ihr Erleben typisch für die Zeit war.

1 Führt eine Zeitzeugenbefragung mit Personen durch, die ihre Jugendzeit in den 40er- und 50er-Jahren erlebt haben. Versucht sowohl Zeitzeugen zu finden, die ihre Jugend im „Westen", als auch solche, die ihre Jugend im „Osten" verbracht haben. Nehmt die Arbeitsschritte und bei Zeitzeugen aus dem Osten M1 zu Hilfe.

M1 Motive für die Mitgliedschaft in der FDJ

Eine Untersuchung 1992 ergab folgende Ergebnisse:

1	Weil es für die schulische und berufliche Entwicklung nötig war.	76,0 %
2	Weil fast alle Mitglieder waren.	62,5 %
3	Weil ich keinen Ärger wollte.	59,9 %
4	Weil ich gern unter Gleichaltrigen war.	44,9 %
5	Weil hier eine interessante Freizeitgestaltung möglich war.	30,4 %
6	Weil die FDJ meine Interessen vertrat.	29,5 %
7	Weil interessante politische Diskussionen möglich waren.	20,6 %

Jugend 92. Jugendwerk der Deutschen Shell, Opladen, 1992, S. 63. Zit. nach Praxis Geschichte, H. 3, 2000, S. 26.

Arbeitsschritte

1. Schritt: Befragung vorbereiten

- Thema der Befragung klären und einen inhaltlichen Überblick verschaffen (Schul-/Sachbücher, Internet).
- Zeitzeugen finden (Familie, Bekannte, über die Stadtverwaltung, im Stadtarchiv, bei Kirchen).
- Ort, Zeit und Ablauf des Gesprächs klären (mehrere Zeitzeugen gleichzeitig einladen?).
- Fragen vorbereiten. Entscheiden, ob eher offene Fragen („Bitte erzählen Sie uns etwas über …") gestellt oder nach einer festen Fragenanordnung vorgegangen werden soll.

2. Schritt: Befragung durchführen

- Für eine angenehme Atmosphäre sorgen, Begrüßung; Gesprächsleitung und Dauer der Befragung absprechen. Fotos (mit Einverständnis!) machen.
- Je nach Absprache und Vereinbarung Aufnahmegeräte starten und/oder Protokoll führen.
- Die Befragung von einer Kleingruppe durchführen lassen.
- Kurze Fragen stellen, nicht mehrere hintereinander.
- Reine Entscheidungsfragen (Ja- oder Nein-Antwort) möglichst vermeiden, damit differenziertere Antworten möglich sind (teils, teils; sowohl … als auch …).
- Dank, Verabschiedung.

3. Schritt: Ergebnisse auswerten, bewerten und präsentieren

- Die Auswertung geschieht am besten in Gruppen.
- Eindrücke austauschen (Verständlichkeit, Glaubwürdigkeit der Aussagen/Erzählung).
- Informationen mit den bisherigen Kenntnissen vergleichen.
- Stimmen Antworten und Hypothesen bzw. Fakten überein?
- Welchen Erkenntnisgewinn gibt es nach der Befragung?
- Eigene Gesprächsführung (Fragen, Gesprächsführung) kritisch bewerten.
- Auf Präsentation einigen (Text- und/oder Bilddokumentation, Ausstellung, Mappe).

Staatliche Einheit – gespaltene Gesellschaft?

Wächst zusammen, was zusammengehört?

Der Jubel über die Einheit wich schnell einer Ernüchterung. Bald wurde erkennbar, wie schwierig sich das Zusammenwachsen von Ost und West gestalten würde. Das galt besonders für die Menschen in Ostdeutschland: Sie fanden sich – wenngleich mehrheitlich gewollt – „über Nacht“ in einem anderen politischen, gesellschaftlichen und wirtschaftlichen System wieder. Besonders kompliziert war der Wandel von der Plan- zur Marktwirtschaft. Wegen der noch bestehenden Probleme nehmen einige Menschen nicht mehr bewusst wahr, dass sie über gesicherte Bürgerrechte verfügen, wie umfassende Konsummöglichkeiten, freie Medien, Reisefreiheit und persönliche Entfaltungsmöglichkeiten. Die im Vergleich zum Westen Deutschlands weiterhin hohe Arbeitslosigkeit im Osten verstärkt die Diskussion um „soziale Gerechtigkeit“.

M1

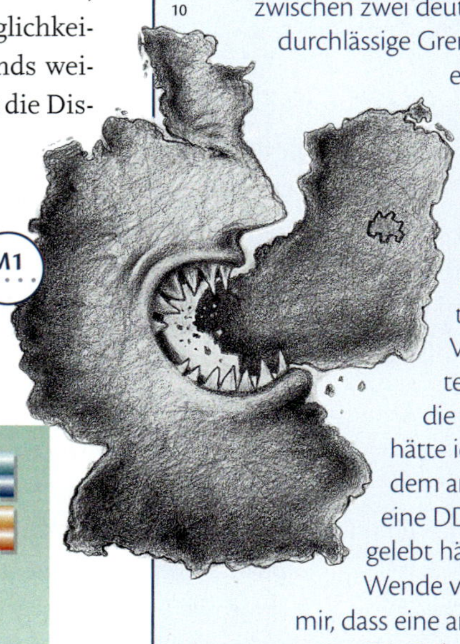

„Deutsche Einheit“, Karikatur von Dietmar Dänecke, 1997

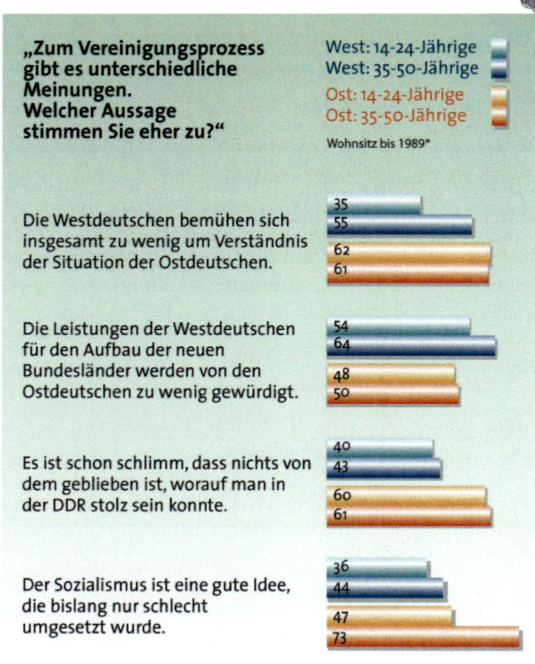

M2 **Meinungsumfrage zur deutschen Einheit,** Oktober 2007

M3

„Wir waren ziemlich schnell gespalten“

Die ostdeutsche Schülerin Maxim, 17 Jahre, 11. Klasse, erinnerte sich 1991 an den Fall der Mauer:

Die Atmosphäre in der Klasse hat sich im Herbst ’89 verändert. Wir waren ziemlich schnell gespalten. Die eine Gruppe hing am alten System, die andere war wesentlich offener … Anfangs fand ich schon toll, dass die Mauer weg war. Als aber das Einheitsgeschrei in Leipzig losging und ich merkte, dass es mit der DDR zu Ende geht, war ich schon nicht mehr so begeistert. Ich wusste natürlich auch, dass es so kommen musste. Es war ja wirklich ein Unding, dass zwischen zwei deutschen Ländern so eine undurchlässige Grenze war. Diese Erkenntnis entwickelte sich bei mir aber auch erst allmählich. Manchmal habe ich überlegt, ob wir die Chance gehabt hätten, etwas Besseres aus diesem Land zu machen, wenn die Grenze später geöffnet worden wäre. Vielleicht hätten sich die Leute dann nicht so blindlings in die Einheit gestürzt. Gewünscht hätte ich mir den dritten Weg, von dem anfangs die Rede war. Eben eine DDR, in der die Menschen gern gelebt hätten. Je mehr Zeit nach der Wende verging, desto klarer wurde mir, dass eine andere Entwicklung unlogisch gewesen wäre. Die Teilung war nur möglich durch die Diktatur und die starke Mauer.
Unter den Jugendlichen hat sich auch schnell herauskristallisiert, wofür man war. Entweder du warst für Deutschland oder du warst noch für diese DDR.

Zit. nach Christoph Kleßmann/Georg Wagner, Das gespaltene Land, München (C. H. Beck) 1993, S. 47 f.

1 a) Erarbeite, wie Maxim die Zeit nach dem Mauerfall in Erinnerung hat (M3). b) Nimm Stellung.

2 a) Erläutere M6.
b) Formuliere Hypothesen über die Entwicklung (Darstellungstext).

3 Untersuche, welche Intentionen der Autoren in M4 und M5 erkennbar werden.

4 Analysiere M1 und entwerfe eine „Gegendarstellung“.

5 Formuliere Aussagen zu M2.

M4 Ein Wechselspiel von Störungen?

Aus einem Interview mit dem ostdeutschen Psychotherapeuten Hans-Joachim Maaz (2001):

Frage: Versuchen Sie eine grobe Diagnose: In welchem Zustand ist der Patient Deutschland elf Jahre nach der Vereinigung?

Hans-Joachim Maaz: Am wichtigsten scheint mir, dass die Distanz zwischen Ost und West noch stärker gewachsen ist. Dabei lassen sich auf ostdeutscher Seite drei Phasen unterscheiden: Der anfänglichen Aufbruchstimmung und Euphorie folgten Ernüchterung und Enttäuschung. Und jetzt stellen wir fest, dass der Osten nach seinem Selbstwert sucht, getreu dem Motto: „Wir sind auch wer". Darin liegt Trotz und darin liegt zugleich die Botschaft: Wir sind anders als die Westdeutschen – und wir wollen auch nicht werden wie die ...

Mein Befund ist klar: Zwischen Ost- und Westdeutschland ist ein Wechselspiel von fast gleichwertigen Störungen zu beobachten. Im Osten existiert bis heute die Hoffnung, erlöst zu werden, in glücklichere Verhältnisse geführt zu werden. Das ist die Hoffnung des Untertanen. Dazu passt die Illusion im Westen, der Osten wäre tatsächlich zu beglücken. Man müsse nur Geld schicken, dann würden die Menschen frei, froh und dankbar.

Die Zeit vom 29. März 2001.

M5 Das Scheitern der DDR

Der Historiker Stefan Wolle schrieb 1998:

Der DDR-Sozialismus ist nicht an seinen Fehlern, sondern an seiner Vollendung gescheitert ... Zu lange hatte man den Menschen Eigeninitiative, Verantwortungsbewusstsein und Risikobereitschaft ausgetrieben und ihnen so den Willen genommen, den Sozialismus zu verteidigen ... Der Untergang der DDR war Teil eines welthistorischen Vorgangs. Die sozialistische Diktatur hatte sich als schwach und hilflos erwiesen. Keines der Probleme der modernen Gesellschaft hat der Sozialismus besser gelöst als Marktwirtschaft und Demokratie. Nach sieben Jahrzehnten Terror, Lüge und wirtschaftlicher Katastrophen stahlen sich die Protagonisten davon wie kleine Ganoven. Zurückgeblieben ist eine Landschaft seelischer, ökonomischer und ökologischer Verwüstungen sowie ein Heer greinender Mitläufer. Die seltsame Hilflosigkeit des furchteinflößenden Monstrums staatlicher Allmacht bestimmte auch den Gang der Ereignisse in der DDR. So wie die Sphinx der griechischen Sage verlor es seine Kraft, als sein Rätsel gelöst war. Müde und traurig schleppte es sich zum Abgrund und stürzte sich hinunter.

Stefan Wolle, Die heile Welt der Diktatur, 2. Aufl., Bonn (Bundeszentrale für politische Bildung) 1999, S. 342 ff.

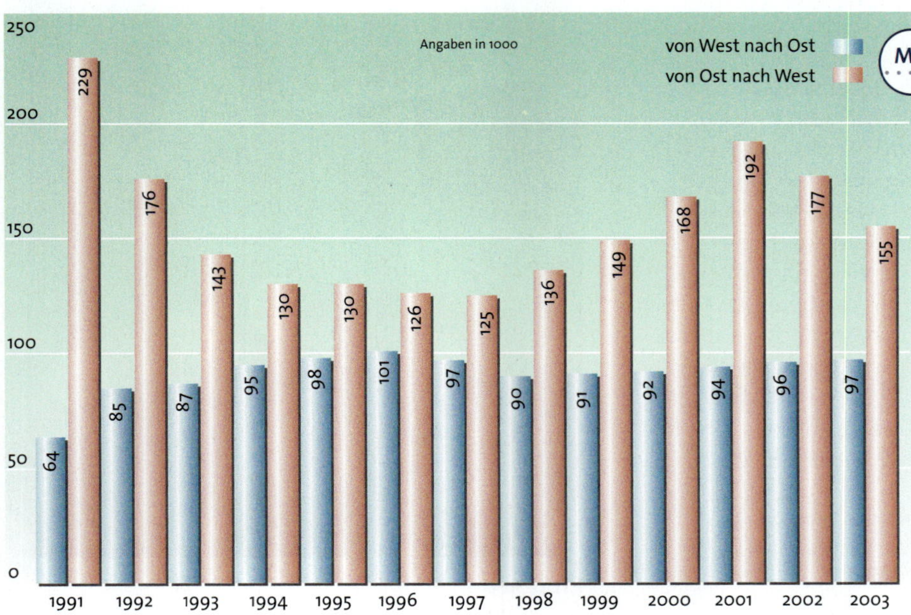

M6 Bevölkerungswanderungen in Deutschland

Wirtschaftliche und soziale Folgen der Einheit

Deutschlands Wirtschaft nach der „Wende“

Die im März 1990 gegründete Treuhandanstalt übernahm die Privatisierung der staatlichen Betriebe und Kombinate in der ehemaligen DDR. Sie suchte nach Käufern für rentable Unternehmen und legte unrentable Betriebe still. Dadurch wurde die ostdeutsche Bevölkerung schnell mit dem Problem der Arbeitslosigkeit konfrontiert, das sie in dieser Form nicht kannte. Es zeigten sich aber auch positive Wirkungen auf die Lebensqualität: die Einführung der bundesrepublikanischen Sozialversicherung, die Modernisierung von Infrastruktur, Arbeits- und Wohnbedingungen sowie Maßnahmen zum Umweltschutz. Dafür wurden finanzielle Mittel in enormer Höhe erforderlich.

M2

Sanierte Innenstadt von Rostock, Foto, 2006

M1

Der schwierige Weg in die Marktwirtschaft

Der Sozialwissenschaftler Friedrich Fürstenberg schrieb 1995:

Die Schaffung einer völlig neuen, marktwirtschaftlich orientierten Unternehmensstruktur ist allerdings von großen Schwierigkeiten begleitet, die in der mangelnden Wettbewerbsfähigkeit der umgewandelten Unternehmen ... und in zahlreichen hierdurch bedingten Betriebsschließungen offenkundig werden ... Hierfür gibt es wesentliche Gründe: Die ehemalige DDR-Wirtschaft war fest in den Ostblock integriert. Mit dessen Zerfall gingen auch wesentliche Absatzmärkte verloren ... Zum Ausgleich gab es aber kaum marktfähige Produkte, die der Konkurrenz aus dem Westen standhalten konnten ... Hinzu kam eine völlig unzureichende Betriebsorganisation, bedingt durch die technologisch veraltetete Ausrüstung sowie mangelndes Marketing- und Personalmanagement ... Verstärkt wurden diese negativen Faktoren anfangs durch eine Aufwertung der DDR-Mark um 300 %, durch noch ungeklärte Eigentumsverhältnisse sowie durch eine unzureichende Infrastruktur, insbesondere im Transport- und Kommunikationssektor. Später erfolgte durch die aus sozialpolitischen Gründen forcierte Lohnangleichung in Ostdeutschland (Mitte 1993 etwa 70 % des westdeutschen Niveaus) eine Kostenexplosion ... Diese Konstellation hat zu einer anhaltenden Beschäftigungskrise geführt.

Friedrich Fürstenberg, Deutschlands Wirtschaft nach der Wende. In: Deutschland nach der Wende, hg. von Robert Hettlage u. Karl Lenz, München (C. H. Beck) 1995, S. 100 f.

M3

Protestler in Berlin, Foto, Oktober 2004

M4

Die deutsche Einheit – 2009

Aus dem Jahresbericht der Bundesregierung zum Stand der deutschen Einheit 2009:

Heute, 20 Jahre … [nach dem Fall der Mauer] können die Menschen in Ost und West stolz sein auf das, was seit der friedlichen Revolution und der Wiedervereinigung gemeinsam erreicht wurde. Der Verfall vieler Innenstädte ist aufgehalten. Die verheerende Umweltverschmutzung wurde gestoppt, viele Altlasten beseitigt und der Weg für eine nachhaltige, wirtschaftlich dynamische und ökologisch verträgliche Entwicklung geebnet. Das Verkehrsnetz wurde in großem Umfang saniert. Der Zugang zu Bildungsgängen richtet sich nach Eignung, Leistung und Neigung … Die gesamtwirtschaftliche Entwicklung verdeutlicht zudem, dass der Abstand in der Wirtschaftsleistung zwischen Ost und West noch immer beträchtlich ist. Die Ursachen liegen dabei auch in einigen strukturellen Defiziten. Dazu zählen u. a. eine vergleichweise geringe Zahl großer kapitalkräftiger Unternehmen. Die ostdeutsche Wirtschaft ist nahezu ausschließlich durch kleine und mittlere Unternehmen und nur einige wenige größere Betriebe geprägt. Dies hat Konsequenzen z. B. im Bereich der industriellen Forschung. Weniger als 5 Prozent der industriellen FuE-Aufwendungen [FuE = Forschung und Entwicklung] in Deutschland werden in den neuen Ländern getätigt … Viele der wachstumsstärksten Unternehmen kommen aus dem Hightechbereich. So auch z. B. das Dresdner Biotechnologieunternehmen Novaled, das als wachstumsstärkstes Unternehmen auf der Liste steht. Es ist weltweit führender Anbieter von organischen LEDs (OLEDs) – extrem dünnen Lichtquellen … Das Unternehmen ist eine Ausgründung der Technischen Universität Dresden aus dem Jahr 2001. Es begann mit vier Physikern und beschäftigt heute rund 100 Mitarbeiter … Die Energie- und Umwelttechnologien entwickelten sich in den vergangenen Jahren besonders erfolgreich. Die Umwelttechnologie hat sich dabei klar zu einem Jobmotor für Ostdeutschland entwickelt. In der Solarindustrie in Ostdeutschland z. B. haben sich innerhalb weniger Jahre aufgrund günstiger Standort- und Förderbedingungen zahlreiche Akteure … angesiedelt.

Jahresbericht der Bundesregierung zum Stand der deutschen Einheit 2009, S. 1 ff.

M5

Ökonomische und ökologische Bestandsaufnahme 1990

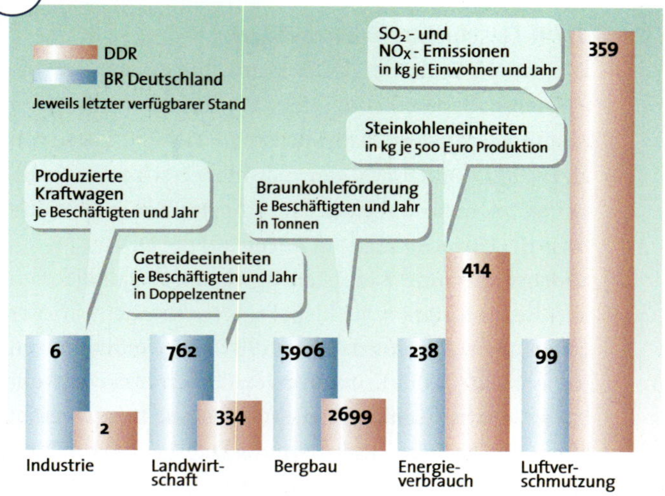

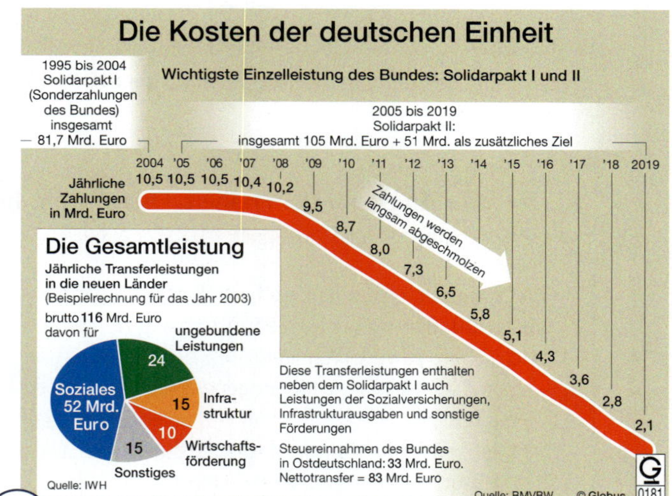

M6 **Die Kosten der deutschen Einheit**

1 Formuliere anhand von M5 Aussagen über die „Bestandsaufnahme" 1990.

2 a) Liste die Gründe für die Schwierigkeiten beim Übergang zur Marktwirtschaft auf (M1).
b) Bewerte die Folgen des Strukturwandels.

3 Fasse die zentralen Aussagen von M4 zusammen.

4 Setze M2 in einen Bezug zu M3.

5 Diskutiert, wie M6 für unterschiedliche politische Aussagen genutzt werden könnte.

6 **Partnerarbeit:** Recherchiert die gegenwärtige Entwicklung auf dem Arbeitsmarkt in den neuen und alten Bundesländern.

DDR-Geschichte zwischen „Ostalgie“ und „Aufarbeitung“

DDR-Geschichte – aber welche?

Nach dem Ende der DDR stand ihre Geschichte als „Herrschaftsgeschichte“ im Vordergrund des Forschungsinteresses. Dabei bestätigte sich die These von der „SED-Diktatur“, der „durchherrschten Gesellschaft“. Umstritten ist der in jüngster Zeit diskutierte Begriff „Unrechtsstaat“ in Bezug auf die DDR. Oppositions- und Widerstandsgruppen destabilisierten das Regime stärker als bisher angenommen – bis zur friedlichen Revolution von 1989. Die individuellen Lebensläufe und Erinnerungen lassen sich mit der „Herrschaftsgeschichte“ nicht erfassen. Das versucht die „Gesellschafts-, Kultur- und Alltagsgeschichte“. Sie kann den Blick für das „Fremdverstehen“ und den Perspektivwechsel schärfen und somit das Recht auf unterschiedliche „Geschichten“ in beiden Teilen Deutschlands stützen. Mitte der 1990er-Jahre setzte eine verklärende Erinnerung an das Leben in der DDR ein, die „Ostalgie“.

M2

Jugendliche in Berlin, Foto, 2004

M1

„Ihr habt Angst vor der Freiheit, Ossis“ – „Ihr habt Angst vor der Einheit, Wessis“

Der Journalist Michael Jürgs (geb. 1945) schrieb 2005:

1A Schon im ersten Jahr nach der Einheit begannen die Neufünfländer, unsere Republik madig zu machen und die ihre zu verklären. Vergaßen zu erwähnen, wie viel wir dem Volk ohne Vermögen von unserem Volksvermögen bereits rübergeschaufelt hatten, damit ihre Straßen befahrbar wurden, ihre Luft sauber, ihre Städte beleuchtet. … Mit vagen Vorstellungen von Freiheit habt ihr euer zweites Leben nach der Stunde null 1989 begonnen, aber dabei das erste nur verdrängt. Im Unterbewusstsein blubbert es jetzt herum, und die Blasen produzieren eine gemischte Sehnsucht: bisschen Zonenmief wie einst, bisschen Freiheitsluft wie jetzt, bisschen Arbeit wie einst, bisschen Einheit wie heute. So hättet ihr es wohl gern, Ossis. In eurem Dialekt klingt Freiheit wie Freizeit. Ihr verlangt, dass der Staat zuständig zu sein habe für das soziale Netz, das Wetter und einen sicheren Arbeitsplatz … Teil eurer provinziellen Miefmentalität ist die Angst vor der Freiheit. Im Herbst 1989 habt ihr die Freiheit zwar erstritten, aber anschließend nicht mitgenommen nach Hause. Ihr fremdelt vor der Freiheit, denn die ist eine Geisteshaltung, und die ist euch fremd.

Michael Jürgs, Ihr habt Angst vor der Freiheit, Ossis. In: Spiegel special, Nr. 4, 2005, S. 168.

Die Fernsehmoderatorin Angela Elis (geb. 1966) schrieb 2005:

1B Wir hätten ihre Milliarden verplempert, stöhnen sie. Verdrängen, dass auch wir Ossis Solidaritätszuschlag zahlen. Übersehen, dass wir ihnen nicht nur jede Menge Baumarktkram, sondern vom Auto bis zum Videorecorder alles abgekauft haben …
Langsam aber vergeht selbst den anderen Deutschen das Siegerlachen. Deshalb die neue Strategie: Der Wessi stellt sich als Opfer dar. Jetzt, da die Goldgräberstimmung bei uns im Osten vorbei ist, Herrenhäuser in bester Innenstadtlage oder am See steuerlich abgeschrieben sind und die Mieteinnahmen weniger werden, fällt euch nichts anderes ein, als über das Billionengrab Ost zu klagen und euch zu weigern, die Pflege zu verlängern …
Immer wenn's eng wird, träumt sich der Wessi die Zeit in seinem Sinne zurecht, trauert seiner alten Bundesrepublik hinterher …
Mit uns ein Volk zu werden, muss für diese Wessis furchtbar gewesen sein …
Fakt ist: Der Jammer-Wessi hat den Besser-Ossi zwar nicht verdient, aber er könnte einiges von ihm lernen. Wenn er nicht so viel Angst hätte vor der Einheit.

Angela Elis, Ihr habt Angst vor der Einheit, Wessis. In: Spiegel special, Nr. 4, 2005, S. 168.

M3 **Das Autodachzelt (ADZ),** Foto, August 2007. Das Foto entstand auf dem 1. Internationalen Trabant-Treffen in Huentwagen, Schweiz. Etwa 120 Trabantfahrer begingen dort den 50. Jahrestag der Trabi-Produktion in der DDR.

M4 „DDR-Nostalgie kann ich nicht nachvollziehen“

Tim Vogel, geboren am Tag des Mauerfalls, wohnhaft im Osten Berlins, äußerte sich am 8. November 2007:

Klar loben heute noch einige die soziale Absicherung in der DDR, aber ich glaube nicht, dass da wirklich alle auf dem gleichen Level waren. Ich kann mir allerdings vorstellen, dass das auch etwas Positives hatte. Ob das mit der Planwirtschaft so sinnvoll war, ist dann eine andere Frage. Ich kann diese DDR-Nostalgie nicht nachvollziehen, dass nach 18 Jahren noch DDR-T-Shirts gedruckt werden und Leute darin herumlaufen. Das hält eine Trennung aufrecht, die keiner mehr wünscht. Jeder spricht davon, dass wir vereint sind. Wenn dann noch jemand kommt und versucht, etwas aus der Vergangenheit in die Zukunft zu implementieren, empfinde ich das als unangemessen. Ich finde zwar, dass die Ellenbogengesellschaft da anfängt, wo sich jemand an der Kasse vordrängelt, aber ich habe nichts gegen Wettbewerb.

FAZ.NET (Frankfurter Allgemeine) 21. November 2007.

M5 Die DDR – ein „Unrechtsstaat“?

Die ehemalige Bürgerrechtlerin in der DDR und Bundesbeauftragte für die Akten der DDR-Staatssicherheit (Stasi-Unterlagen) Marianne Birthler schrieb 2009:

Die DDR war eine Diktatur – und deren Wesen besteht ja gerade darin, dass die politische Macht des Staates nicht demokratisch legitimiert ist. Der Staat war allein das Instrument der Herrschaft der führenden Partei – ihr vollständig unterworfen. Das Volk hatte weder theoretisch noch praktisch die Möglichkeit, an diesem Machtverhältnis vorbei Einfluss auf staatliches Handeln zu nehmen ... Die DDR, meinen viele, könne schon deshalb kein Unrechtsstaat gewesen sein, weil es in ihr auch viel „richtiges Leben“ gegeben habe ... Viele entwickelten eine Art von Doppelexistenz: drinnen das lebendige Leben, die eigene Meinung und Moral, die eigene Kultur – draußen die angepasste Maske, der funktionierende Staatsbürger. Zwischen der ostdeutschen Gesellschaft und dem sie beherrschenden politischen System – dem Staat – lagen also Welten.

Marianne Birthler, Liebe Ossiversteher! In: „Die Zeit“, Nr. 28 vom 2. Juli 2009, S. 11.

1 Stelle dar, wie die Geschichtsforschung seit der Einheit die Geschichte der DDR gesehen hat (Darstellungstext).

2 Erörtere mithilfe von M2 und M3, ob bzw. wie sich DDR-Nostalgie zeigt. Nenne weitere Beispiele.

3 Kläre anhand von M4, wie Tim Vogel die DDR-Nostalgie bewertet.

4 Diskutiert in einer Gesprächsrunde mögliche Motive für die DDR-Nostalgie und bewertet sie.

5 **Partnerarbeit:** Analysiert M1 arbeitsteilig. Notiert die jeweiligen Argumente und beurteilt sie. Stellt eure Ergebnisse in der Klasse vor.

6 **Recherche/Gruppenarbeit:** Informiert euch in Gruppen zum gegenwärtigen Stand der „Ostalgie-Entwicklung“. Internettipps: www.alltagskultur-ddr.de, www.osthits.de, www.zonentalk.de

7 a) Analysiere die Position der Autorin in M5.
b) Bewerte die Argumentation.

Deutschland – geteilt und vereint

M1

„Vorsicht! Unüberbrückbarer Abgrund!", Karikatur von Jupp Wolter, 1970

M2

Demonstration in Leipzig, Foto, 23. Oktober 1989

M3

Nach dem Mauerfall

Aus den Erinnerungen von Christel Dux (geboren 1948), 23. Februar 2000:

Am 10. November 1989 gingen die Kinder nicht in die Schule, sie gingen stattdessen in den Westen. Im Fernsehen konnte man sehen, wie sie mit ihren Mappen in Westberlin herumspazierten, viele Eltern gingen mit der Familie rüber, Verwandte wurden besucht, schließlich wartete man darauf 28 Jahre. Niemand dachte damals an Schule oder Unterricht. Wer weiß, wo die Lehrer hingingen?

Teresa kam am Abend und sagte zu mir. „Mutti, morgen fahre ich mit Oma und Opa auch rüber." „Ich komme mit", sagte ich gleich. Teresa war eigentlich zu einer Feier eingeladen, die schon vor längerer Zeit geplant wurde. Aber die eingeladenen Gäste kamen nicht, ein paar Kollegen, die noch kamen, waren schon drüben, einkaufen. Dann wurde erzählt, am Montag würde die Mauer wieder geschlossen werden, dann müsse ein Visum eingereicht werden. Am 11. November 1989 fuhren wir dann mit meinen Eltern nach Kreuzberg. Menschenmassen über Menschenmassen zogen durch die Warschauer Straße zum Übergang Oberbaumbrücke. Wir wurden ohne Ausweiskontrolle durchgelassen, gingen zur nächsten Sparkasse und stellten uns an.

Eigentlich wollte ich nur rüber, ich wollte nach all den Jahren nur den Boden von Westberlin betreten, wollte Freiheit genießen, es war wunderbar, mir kamen die Tränen. Da nun aber niemand wusste, was nun wirklich wird, Teresa war, wie es hieß, „Geheimnisträger" als Facharbeiter für Datenverarbeitung, durfte sie nun am Montag noch rüber oder nicht? So stellten wir uns notgedrungen in die lange Reihe der Wartenden, schließlich wollten wir uns die 100 DM Begrüßungsgeld nicht durch die Lappen gehen lassen.

Wir standen fünf Stunden an, bis wir dran waren, es war schon 14 Uhr. Mein Vater führte uns nach Neukölln, in ein Kaufhaus, dort sahen wir uns alles an … Die Ungewissheit war doch ziemlich groß, an eine Vereinigung dachte damals kein Mensch.

www.dhm.de/lemo/forum/kollektives_gedaechtnis/015/index.html, Stand: 11.04.2010.

M4 **Deutsche Bundeskanzler/ Bundeskanzlerin,** Fotos

Überprüfe, was du kannst

Sachkompetenz

1 Kläre folgende Begriffe: Volksaufstand 1953 (S. 269), Grundlagenvertrag (S. 275), Ostverträge (S. 274 f.), Montagsdemonstrationen (S. 276), Fall der Mauer 9.11.1989 (S. 279/280), Tag der Deutschen Einheit (S. 280).

2 Entschlüssele die Karikatur M1. Ziehe die Seiten 272 bis 275 heran.

3 a) Formuliere die Bildaussage (M2).
b) Ordne die Situation in den historischen Zusammenhang ein.

4 Nenne Schritte zur deutschen Einheit (S. 278–280).

Methodenkompetenz

5 Analysiere M3 mithilfe der Methode „Zeitzeugen befragen", Arbeitsschritt 3, S. 281.

Urteilskompetenz

6 Nimm zu folgender These Stellung: Die Unterschiedlichkeit der Wirtschaftssysteme hatte keinen nennenswerten Einfluss auf den Untergang der DDR.

Kommunikations- und Handlungskompetenz

7 **Recherche/Gruppenarbeit:**
a) Fertigt Kurzbiografien der in M4 abgebildeten Personen an.
b) Formuliert die wesentlichen politischen Schwierigkeiten und Leistungen aus den Regierungszeiten der Kanzler/Kanzlerin.
c) Stellt eure Ergebnisse in der Klasse vor.
d) Erörtert in einer gemeinsamen Diskussionsrunde Bezüge zwischen den Biografien und euren Kenntnissen aus dem Kapitel 6 (S. 216–231 und S. 266–289).

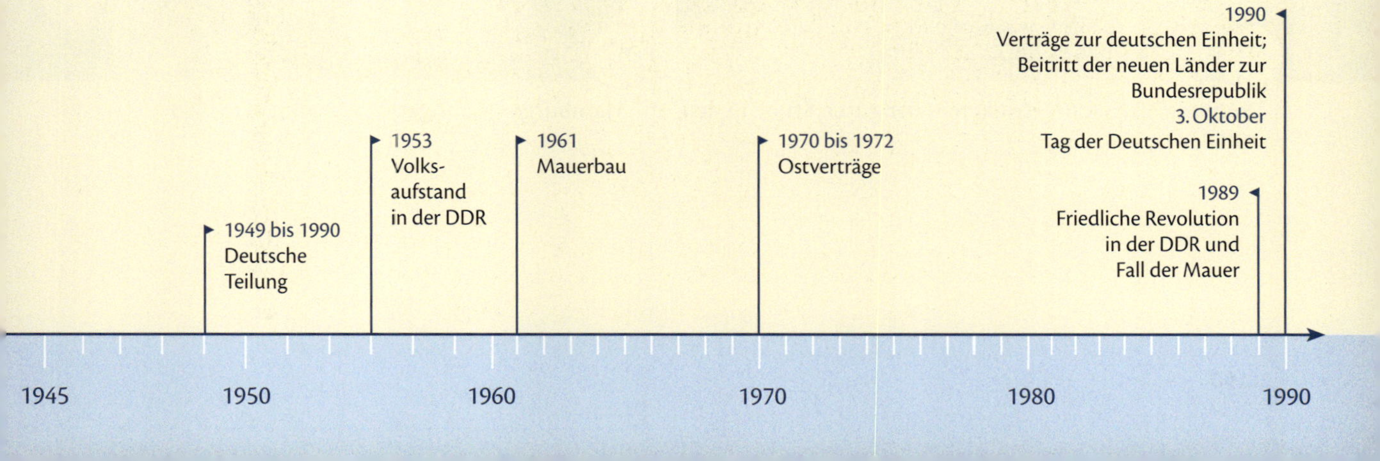

Gesellschaftliches Leben im geteilten Deutschland – Lernen an Stationen

Wissen • Urteilen • Handeln • Methoden anwenden

Am Ende dieses Unterkapitels kannst du

- Merkmale des Alltagslebens in Ost und West nennen
- die Rolle der Frauen in Ost und West beschreiben und vergleichen
- Einstellungen und Lebensgefühl von Jugendlichen in der DDR und der Bundesrepublik vergleichen
- Ziele, Methoden und Funktion der Staatssicherheit der DDR benennen und beurteilen
- die 1968er-Bewegung als politische und soziale Bewegung darstellen und bewerten
- den Terrorismus der Rote-Armee-Fraktion (RAF) geschichtlich einordnen und beurteilen

Zusammenleben in den 1960er-Jahren

M1

Sonntägliches Kaffeetrinken in der guten Stube in den 1960er-Jahren, Foto

M2

Hamburger Wohngemeinschaft, Foto, 1968

Trennendes und Verbindendes – Lernen an Stationen

Stationenlernen – Arbeitshinweise und Tipps

In diesem Unterkapitel könnt ihr ausgewählte Aspekte des gesellschaftlichen Lebens in beiden Teilen Deutschlands in den 1960er- und 1970er-Jahren erarbeiten. An fünf Stationen – ergänzt um zwei Wahlstationen – sind Materialien zusammengestellt, die ihr in Einzel- oder Partnerarbeit mithilfe der Arbeitsaufgaben des „Laufzettels“ (Kopie für alle anfertigen!) erarbeiten könnt. Wenn ihr bestimmte Themen vertiefen möchtet, dann könnt ihr weitere Materialien wie Sachbücher und Zeitschriften oder auch Informationen aus dem Internet heranziehen. Eine bestimmte Reihenfolge für die Bearbeitung der Themen gibt es nicht. Klärt vor Beginn der Arbeit, wie ihr eure Ergebnisse präsentieren wollt.

„Laufzettel“ mit Arbeitsaufträgen

Station 1: Alltagsleben in Ost und West

- Beschreibe die Entwicklung des Lebensstandards in Westdeutschland (M1, M3, M4).
- Untersuche die Konsum- und Produktionsbedingungen in Ostdeutschland (M5–M8).
- Vergleiche die Ausstattung mit Konsumgütern in beiden deutschen Staaten (M2).

Station 2: Frauenrollen in Ost und West

- Erarbeite die Auffassungen über Frauenrollen in Ost und West (Darstellungstext, M1, M3, M4).
- Vergleiche die Berufstätigkeit und die Entlohnung von Frauen in Ost und West (M2, M6).
- Prüfe an M3 und M5, ob ein Wandel in der Auffassung über Frauenrollen erkennbar ist.
- Beurteile beide Frauenbilder unter dem Gesichtspunkt: Anspruch und Wirklichkeit.

Station 3: Jugend in der DDR

- Beschreibe die in M1, M3, M5, M7 zum Ausdruck kommenden Lebenssituationen und -gefühle von Jugendlichen in der DDR.
- Untersuche, wie sich in M2, M4 und M6 Bedenken und Kritik am Herrschaftssystem der DDR zeigen.
- Bewerte die Überschrift „Begrenzte Träume“?

Station 4: Jugend in der Bundesrepublik

- Beschreibe die in M1, M2, M3, M4 und M6 zum Ausdruck kommenden Lebenssituationen und -gefühle von Jugendlichen in der Bundesrepublik.
- Untersuche anhand von M5 Verhalten und Verlauf des Jugendprotests.
- Erarbeite mithilfe des Darstellungstextes Motive und Ursachen des Protestverhaltens von Jugendlichen in den 1950er-Jahren.
- Vergleiche das Verhalten von Jugendlichen damals mit dem heutiger Jugendlicher.

Station 5: Die „Staatssicherheit“ als Machtinstrument

- Stelle anhand der Materialien auf dieser Doppelseite die Methoden der Stasi zusammen.
- Stelle dar, welche Folgen die Stasi-Aktivitäten für den Umgang der Menschen haben konnten.
- Zeige an den Beispielen aus M6, wie Sprache für bestimmte Zwecke instrumentalisiert wurde. Berücksichtige das Wort „lügen“.
- Prüfe die These vom „Machterhalt der Partei“ als oberstem Ziel der Staatssicherheit.

Station 6 (Wahlstation): Die 1968er-Bewegung in Deutschland

- Erarbeite anhand des Darstellungstextes und des Kastens Ziele und Verlauf der 1968er-Bewegung in Westdeutschland.
- Zeige an M1 und M2 Ziele und Formen des Protests.
- Erörtere, in welchem Zusammenhang M3 und M4 mit der 1968er-Bewegung stehen könnten.
- Vergleiche die Positionen in M5 und M6. Nimm Stellung.

Station 7 (Wahlstation): Terrorismus in Deutschland – die RAF

- Stelle Ziele und Methoden der RAF dar (Darstellungstext, M1, M2).
- Zeige das Verhalten des Staates an M2, M3, M4 und dem Biografie-Kasten.
- Analysiere anhand von M5, wie ein ehemaliges RAF-Mitglied seinen Weg in den Terrorismus erklärt und heute bewertet.

Station 1: Alltagsleben in Ost und West

M1

Kundgebung des Deutschen Gewerkschaftsbundes, Foto, 1. Mai 1956

M2 Ausstattung mit Konsumgütern in beiden deutschen Staaten 1969 bis 1978

Erzeugnis	Von 100 Haushalten besaßen			
	in der Bundesrepublik Deutschland		in der DDR	
	1969	1978	1969	1978
Pkws	45	62	11	34
Krafträder	6	9	36	54
Rundfunkgeräte	83	99	89	98
Fernsehgeräte	74	94	60	87
Kühlschränke	85	98	37	99
Waschmaschinen	61	82	38	79

In den amtlichen Berichten der DDR wurde bis 1989 regelmäßig erwähnt, dass Schwierigkeiten und Ausfälle im Angebot von Obst und Frischgemüse auftraten. In Wirklichkeit gab es fast alle Produkte zu kaufen, allerdings nicht zu jeder Zeit und an jedem Ort.

Zusammengestellt nach Zahlenspiegel, hg. vom Bundesministerium für innerdeutsche Beziehungen, Bonn, 1982.

M3 Eine eigene Wohnung

Der Elektriker Walter Schaefer verließ 1946 das Ruhrgebiet und wechselte zu VW. Er berichtete 1988:

Zwischen 1950 und 1960, das war für mich einmal, wie soll ich sagen, wieder zu etwas zu kommen. Das heißt, wieder Eigentum zu besitzen. Nicht große Gelder anzulegen, aber eine eigene Wohnung zu haben. Ja, sich einigermaßen kleiden zu können. Ein ruhiges und glückliches Familienleben zu führen, mit den Kindern, mit der Frau. Ich bin ja 1946 hier angekommen praktisch mit nix, mit gar nichts. Ich habe einen Anzug gehabt, das heißt eine Hose, ein Hemd und eine Jacke, die ich umgebaut hatte ... 1947 hab ich geheiratet. Dann hab ich zur Miete gewohnt in einem Zimmer. Möbel waren nicht da. Dann 1955 kam ich [in die eigene Wohnung] nach Wolfsburg ... Man ging dazu über, hat Möbel gekauft. Ja, Geld war nicht da. Also dann hieß es abzahlen, abzahlen, abzahlen ... Ich habe viele Stunden gemacht damals im Werk. Die Möglichkeit war da bei uns ab 1950, dass wir kaum einen Sonnabend/Sonntag gehabt haben. Es sind Monate gewesen, wo ich 300 und 360 Stunden gemacht habe. Einmal, weil das Geld fehlte, und zum anderen eben, weil man sich was anschaffen wollte, aber auch, weil es eben nötig war, um im Werk wieder mit aufzubauen.

Monika Uliczka, Berufsbiographie und Flüchtlingsschicksal. VW-Arbeiter in der Nachkriegszeit, Hannover (Hahnsche Buchhandlung) 1993, S. 233.

M4

Mit dem VW Käfer nach Italien. Eine westdeutsche Familie macht Urlaub am Gardasee, Foto, 1955

M5

Planwirtschaft vor Ort

Der beim Werksverkehr des Eisenhüttenkombinats (EKO) beschäftigte Lothar Ritter erinnerte sich 1994 an die Parteisitzungen:

Ich war mehrere Jahre in der Zentralen Parteileitung im EKO, und der damalige Produktionsdirektor Kurt Schröder, der musste so am 25./26. jedes Monats über den Stand der Planerfüllung berichten. Ich saß als Vorzeigearbeiter mit da drin, damals war ich Lokführer und hab von der Ökonomie nicht allzu viel verstanden. Aber ich wusste: Wenn drei, vier Tage vor Ultimo noch 10 000 Tonnen Roheisen gefehlt hatten und am 31. wurde dann Planerfüllung gemeldet, dann war da irgendwas manipuliert worden! Das hat sich dann permanent gesteigert, und nach dem Amtsantritt von Honecker, muss man sagen, noch potenziert. Da stimmte die gemachte Erfahrung nicht mehr mit dem überein, was als Ideologie verkündet wurde.

Zit. nach Eisenhüttenstädter Lesebuch, hg. von Dagmar Semmelmann u. a., Berlin (edition bodoni) 2001, S. 95.

M7

Schaufenster in Eisenhüttenstadt, Foto, 1967.
Die Pkws konnten nur bestellt werden, oft mit einer Wartezeit von 12 bis 15 Jahren.

M6

Mehrarbeit – wofür?

Hellmut Schönstädt, früher Diplomgartenbauingenieur, berichtete 1999 über das VEG* Gartenbau Eisenhüttenstadt:

Wenn im Betrieb Not am Mann war, haben in den Anfangsjahren die Frauen am Tage ihre eigentliche Arbeit gemacht und kamen nachmittags, wenn die Männer Feierabend hatten, mit ihren Männern und haben mit der Schubkarre die Erde in die Gewächshäuser reingekarrt … Sie haben mit Duldung des Betriebes Leistungen erbracht, die ihre Frauen nach dem Leistungsprinzip vergütet bekamen. Sie haben es nur gemacht, weil die Familie sich eben auch eine Waschmaschine, einen Fernseher, einen Trabbi anschaffen wollte. In unserem Betrieb wurde ja nur durch Leistungsvergütung Geld verdient, die Grundlöhne waren ja gering. Durch die spätere Möglichkeit, Jahresendprämien zu zahlen, konnten gute Arbeitsleistungen zusätzlich belohnt werden.

Zit. nach Eisenhüttenstadt, hg. von der Arbeitsgruppe Stadtgeschichte, Berlin (be.bra) 1999, S. 207.

M8

Bekanntmachung einer LPG im Kreis Meißen (Sachsen), Foto, undatiert

Station 2: Frauenrollen in Ost und West

Kinder, Küche und Karriere?

Im Grundgesetz von 1949 heißt es knapp: „Männer und Frauen sind gleichberechtigt." Auch in der DDR-Verfassung hatte die SED Vergleichbares formuliert. Die Umsetzung dieses Anspruchs führte in der Bundesrepublik allerdings zu heftigen Konflikten bei der Reform des Familienrechts. Dabei ging es vor allem um die Verteidigung des traditionellen „Frauenbildes", zu dem auch die „Hausfrauenehe" gehörte: Die Tätigkeit der Frau sollte sich auf Haushaltsführung und Kindererziehung beschränken, ohne ein Recht auf berufliche Entfaltung. Erst in den 60er- und 70er-Jahren wurde dieses Leitbild aufgegeben. Als wissenschaftliche Untersuchungen nachwiesen, dass in der Bundesrepublik zu wenig Abiturienten ausgebildet werden und auffallend wenig Mädchen weiterführende Schulen besuchten, führten diese Befunde zu Bildungsreformen.

Aber auch der bundesrepublikanische Arbeitsmarkt meldete Bedarf an: Die wachsende Wirtschaft benötigte dringend mehr Fachkräfte, insbesondere nachdem durch den Bau der Mauer 1961 die Zuwanderung aus der DDR gestoppt war. Auch angeworbene ausländische Arbeitnehmer konnten die Lücken auf dem Arbeitsmarkt nicht füllen. Eine größere Zahl von Kindern und Jugendlichen aus allen sozialen Schichten sollte deshalb eine qualifizierte Ausbildung erhalten.

In der DDR gab es dagegen keine Debatte über die Gleichberechtigung der Geschlechter. Sozialistische Parteien hatten schon seit dem Ende des 19. Jahrhunderts gleiche Rechte für Männer und Frauen gefordert. SED, Gewerkschaft und Frauenorganisationen in der DDR wirkten massiv darauf hin, dass die Frauen tatsächlich ins Berufsleben integriert wurden. Allerdings war die Gleichstellung der Frau in der DDR nicht nur ein politischer Grundsatz, sondern auch wirtschaftlich und sozial notwendig: 1. für die Gesamtwirtschaft, wegen des Arbeitskräftemangels, 2. finanziell für die Einzelfamilie und 3. zum Ausgleich der „Republikflüchtigen" zumindest bis zum Mauerbau 1961.

M1 **Werbeanzeige für Waschpulver,** Bundesrepublik, 1959

M2 **Weibliche Berufstätigkeit in Ost und West**

Die Zahlen beziehen sich auf Frauen über 15 Jahre, die Lohn und Gehalt bekommen oder ein Einkommen als Selbstständige erwirtschaften. Nicht berücksichtigt sind u. a. Arbeitslose, Studierende und Hausfrauen:

	BRD	DDR
1960	54 %	67 %
1965	54 %	75 %
1970	53 %	81 %
1975	51 %	85 %
1980	51 %	85 %
1989	56 %	90 %

Zusammengestellt nach Zahlenspiegel Bundesrepublik Deutschland/Deutsche Demokratische Republik, hg. vom Bundesministerium für innerdeutsche Beziehungen, Bonn, 1985, S. 52. Für 1989: Der Spiegel Geschichte, Nr. 2, 2009, S. 122.

M3

Der Mutterberuf

Franz-Josef Wuermeling, Bundesfamilienminister der Bundesrepublik von 1953 bis 1962, schrieb 1959:

Gesellschaft und Staat sind nicht befugt, die persönliche Entscheidung einer Frau, ob sie erwerbstätig sein will oder nicht, zu bestimmen oder gar Urteile über einen solchen Entschluss zu fällen, der ihr ja oft sehr schwerfällt. Staat und Gesellschaft haben aber die Pflicht, der Frau und Mutter den Verzicht auf familienfremde Tätigkeit so weit wie möglich zu erleichtern – einmal um der Familie willen, dann aber auch, weil das Wirken der Hausfrau und Mutter in der Familie für das Gemeinwohl von ungleich höherem Wert ist als der wirtschaftliche Nutzen aus Fabrik- oder Büroarbeit. Da wird heute so viel von der Gleichberechtigung der Frau geredet, aber so wenig von dem höchsten und schönsten Beruf der Frau und Mutter in der Familie. Dazu müssen wir klar und weithin hörbar aussprechen: Mutterberuf ist Hauptberuf wie jeder andere Beruf und hat höheren Wert als jeder Erwerbsberuf. Und niemand kann zwei Hauptberufe gleichzeitig voll ausfüllen.

Franz-Josef Wuermeling, Mutter sein in dieser Zeit (1959). Zit. nach Angela Delille/Andrea Grohn, Blick zurück aufs Glück. Frauenleben und Familienpolitik in den 50er Jahren, Berlin (Elefanten Press) 1985, S. 67 f.

M4

Gleiche Leistung – gleicher Lohn, Plakat der SED, 1954

M5

Ausbildung für Familie oder Beruf?

1969 führte die Erziehungswissenschaftlerin Helge Pross eine der ersten großen Studien zur Mädchenbildung in der Bundesrepublik durch. Sie kam u. a. zu folgenden Ergebnissen:

Mädchen und ihre Eltern ziehen den früheren [Schul-]Abschluss vor, weil der Beruf, zu dem er Zugang verschafft, lediglich als Übergang und nicht als lebenslängliche Tätigkeit angesehen wird. Diese Auffassung ist realistisch und kurzsichtig zugleich. Sie ist realistisch, weil die Hauptlast der häuslichen Pflichten auch in der absehbaren Zukunft von den Frauen getragen werden muss und der Beruf insofern tatsächlich ein Nebenberuf bleibt ... Denkbar ist freilich ... die ... Rückkehr in die Erwerbssphäre, nachdem die Kinder herangewachsen sind ... Dann widerspricht die heute so realistisch scheinende Entscheidung für eine kurze Schul- und Lehrzeit dem individuellen Interesse. Soweit kurze Ausbildung schlechtere Ausbildung ist, erschwert sie die Rückkehr in den Beruf.

Zit. nach Elke Kleinau/Christine Mayer (Hg.), Erziehung und Bildung des weiblichen Geschlechts, Bd. 2, Weinheim (Deutscher Studienverlag) 1996, S. 139 f.

M6

Einkommen von Frauen und Männern

Jahr	BRD: Durchschnittlicher Verdienst in der Industrie: Frauenverdienste in % der Männerverdienste		DDR: Nettoerwerbseinkommen: Frauen in % von Männern
	Arbeiterinnen	Angestellte	
1960	60	56	
1970	62	60	
1980	68	64	
1988	70	64	78

Bundesministerium für Frauen, Familie und Gesundheit 1989, S. 35–36; DDR: Einkommensstichprobe 1988.

Station 3: Jugend in der DDR

M1

FDJ-Aufmarsch, Foto, 1985

„Begrenzte Träume"?

Seit Beginn ihrer Herrschaft sah die SED in der Jugend einen wesentlichen Baustein zum Aufbau des Sozialismus. Die Jugendlichen waren „zu Staatsbürgern zu erziehen, die den Ideen des Sozialismus treu ergeben sind, den Sozialismus stärken und gegen alle Feinde zuverlässig schützen" – so hieß es im Jugendgesetz von 1974. 1946 war die Freie Deutsche Jugend (FDJ) gegründet worden. Als einziger zugelassener Jugendverband der DDR spielte sie eine wichtige Rolle an Schulen, Hochschulen, in Betrieben und in der Armee. Neben Ferien- und Freizeitangeboten organisierte die FDJ Treffen mit Jugendlichen aus anderen Städten und Ländern. Aufmärsche und Kampfdemonstrationen dienten der Mobilisierung und Motivierung der Jugendlichen für die Ziele des Staates. 1987 waren etwa 87 Prozent der DDR-Jugendlichen Mitglied in der FDJ. Außer der FDJ machten auch andere staatliche Organisationen Angebote für Jugendliche, wie die „Gesellschaft für Sport und Technik". Ihnen gelang es jedoch nicht, deren ganze Freizeitgestaltung zu erfassen. Es entstand eine Musikszene, die von Gruppen wie den Puhdys, Karat und Lift geprägt wurde. Zum Alltag der DDR-Jugend gehörten auch sogenannte Jugend-Subkulturen, wie Punks, die Heavy Metals, Skinheads und Grufties. Sie alle wurden von der Staatssicherheit misstrauisch überwacht. Auch die Kirche wurde zu einem „Fluchtraum" vor dem Anpassungsdruck des Staates.

M2

Als Punk in U-Haft

Gilbert Furian, der wegen seiner regierungskritischen Haltung sein Studium abbrechen musste, führte 1982 Interviews mit Mitgliedern der DDR-Punkszene. Dafür wird er später zu 2 Jahren und 2 Monaten Freiheitsentzug verurteilt. Er berichtete über eine 15-jährige Berlinerin:

Eine Woche nach Aufzeichnung des Gesprächs wird ihr von den Eltern … ein Ultimatum gestellt, das offenbar mit der Schule abgestimmt ist: entweder sie erscheint am ersten Schultag in „normalen" Klamotten, oder sie kommt ins Heim … Ihre erste Reaktion: „Dann gehe ich eben ins Heim, und wenn ich mit 18 rauskomme, mache ich weiter." … Sie möchte Schneiderin lernen und vielleicht eines Tages selbstständig arbeiten, möglicherweise eine Boutique eröffnen. Nach den Ferien geht sie erst (mit Kompromissfrisur und Kompromisskleidung) in die Schule … Gestern schließlich (16. September) berichtet Almö, sie sei in U-Haft. Niemand weiß warum.

Zit. nach Gilbert Furian/Nikolaus Becker, Auch im Osten trägt man Westen, Berlin (Archiv der Jugendkulturen/Tilsner) 2000, S. 10.

M3

Jugendweihe in der DDR, Berlin, Foto, 1979

M4

„Keiner wollte sie tragen“

Aus den „Gedächtnisprotokollen“ des Psychologen und Schriftstellers Jürgen Fuchs, 1977:

Keiner wollte sie tragen. Wir blickten weg und taten geschäftig, führten intensive Gespräche mit dem, der gerade in der Nähe stand, oder wechselten die Straßenseite. Niemand wollte den Dummen machen: Es wird sich schon einer finden. Vorneweg marschieren und dann noch allein mit diesem Ding, da wirst du gesehen und verlacht, das kennt man, ich werde wohl aus freien Stücken die Fahne schleppen.

Der Verantwortliche hat zwei Möglichkeiten: Entweder er bestimmt irgendeinen, verpflichtet ihn also bei Strafe des Meldens, oder er überlässt die Entscheidung den Anwesenden, lehnt das unerwünschte Objekt an den nächsten Gartenzaun und sagt: Wenn wir losmarschieren, muss einer sie mitnehmen.

Und wohin, wenn die Demonstration zu Ende ist? Als Fahnenträger kannst du nicht in die erste beste Seitenstraße entweichen, da musst du in Reih und Glied bleiben bis zuletzt: Wenn sich die anderen schon nach Eis und Bockwürsten anstellen, stehst du noch als Demonstrant auf der Straße, weithin sichtbar und verzweifelt eine Ablage suchend. Das habe ich immer wieder erlebt: Irgendeine Lautsprecherstimme verkündete kreischend große Erfolge, und wir standen als bestellte Demonstranten in Nebenstraßen und warteten, bis sich einer fand, der die Fahne mitnahm, die am Zaun lehnte. Und es war die rote Fahne.

Zit. nach Christoph Kleßmann/Georg Wagner, Das gespaltene Land, München (C. H. Beck) 1993, S. 465 f.

M5

Bluesmesse in der Ost-Berliner Samariterkirche, Foto, 1980

M6

„Acht-Stunden-Ideologie“

Matthias Bothe, Jahrgang 1952, wegen „staatsfeindlicher Hetze“ 1977 für ein Jahr im Gefängnis, erinnerte sich 1988 an seine Jugend in der DDR:

Ich hörte aufmerksamer den Gesprächen meiner Eltern zu, die sich keineswegs mit dem deckten, was der Lehrer in der Schule erzählte ... Dazu kam noch das Fernsehen, das buchstäblich jeden Tag den enormen Qualitätsunterschied in Information und Unterhaltung demonstrierte. So wurde ich, wie fast alle Kinder und Jugendlichen in diesem Land, zur DDR-spezifischen Schizophrenie erzogen, nämlich in der Schule so zu tun als ob und das zu sagen, was der Lehrer hören wollte, und zu Hause, unter Freunden die eigene wirkliche Meinung zu sagen ... In der DDR heißt das „Acht-Stunden-Ideologie“.

Zit. nach Von Deutschland nach Deutschland, hg. von Gerhard Finn und Lieselotte Julius, Köln (Verlag Wissenschaft und Politik) 1988.

M7

Musikveranstaltung des Oktoberklubs, Foto, um 1972. Der Oktoberklub wurde von der FDJ unterstützt und organisierte Musikveranstaltungen mit internationalen Gruppen.

Station 4: Jugend in der „alten" Bundesrepublik Deutschland

Mopeds und Rock 'n' Roll – „auffällige" Jugend?

Sie trugen schwarze Lederjacken, Nietenhosen (Jeans) oder enge schwarze Hosen, bunte Hemden in Kombination mit Schlägermützen, Parallelos (Pullover mit durchgehend verlaufenden Rippen) oder großkarierte Sakkos. In ihrer Freizeit trafen sie sich allabendlich „an der Ecke", ließen ihre Mopeds im Stand aufheulen und fuhren zuweilen „Rennen" um die Häuserblocks: „Halbstarke" wurden sie von den Erwachsenen genannt als Synonym für männliche Jugendliche. Ihr „Cliquenverhalten" hatte Wurzeln in der Arbeiterjugendkultur der Weimarer Republik, aber auch in Protest- und Widerstandsgruppen der NS-Zeit, wie den „Edelweißpiraten". Die wiedergewonnene Freiheit der Nachkriegsjahre und der Einfluss amerikanischer Lebensweise und Kultur schufen jedoch eine neue Jugendkultur. Ihre „Gründungshymne" war der Song „Rock Around the Clock" des amerikanischen Sängers Bill Haley – zuerst gesungen in dem Film „Die Saat der Gewalt" von 1955. Er versetzte Jugendliche in aller Welt „in Aufruhr" – und bot Gelegenheit, aus der als prüde und spießig empfundenen Erwachsenenwelt auszubrechen, um einmal „rund um die Uhr" Spaß zu haben. Weltanschaulich-politische Gründe spielten dabei keine Rolle. Mitte der 50er-Jahre hatte fast jede Großstadt – in Europa und Nordamerika – ihren „Halbstarken-Krawall", ausgelöst durch Rock-'n'-Roll-Konzerte, Rock-'n'-Roll-Turniere oder Filme, wie z. B. „Außer Rand und Band". Diese Entwicklung empfanden viele Erwachsene als bedrohliche „Amerikanisierung" der westdeutschen Gesellschaft. Viele Jugendliche unterschätzten die strafrechtlichen Konsequenzen und wurden wegen Aufruhrs oder Landfriedensbruchs bestraft. Zunehmende Freizeit, neue Konsummöglichkeiten und sich verbreitende Massenmedien (Zeitschriften, Rundfunk, Fernsehen) werden in der Geschichtsforschung als Rahmenbedingungen für die Spannungen und Konflikte zwischen Jugendlichen und Erwachsenen gesehen.

M1

„Halbstarke", Foto von Fritz Neuwirth, 1953

M2

Tanzveranstaltung, Foto, 1960

M3

Zuschauer bei einem Konzert von Bill Haley in der Bundesrepublik, Foto, 1958

M5

„Blinde Zerstörungswut"?

Die „Westdeutsche Allgemeine Zeitung" schrieb über die Krawalle am 1. Dezember 1956 in Dortmund:

5A Letzter Lagebericht von der „Rock-and-Roll-Front" ... Das Capitol[1] ... steht noch – vier Schaufenster zu Bruch – sechs Autos umgeworfen – zwölf Verkehrsschilder demoliert – ein Dutzend Mülltonnen vernichtet. Eine regelrechte Schlacht zwischen Polizei und „Rock-and-Rollern" wurde am Samstagabend geschlagen: mit einem Wasserwerfer und Gummiknüppeln ging eine Hundertschaft ... gegen die „außer Rand und Verstand" tobenden Jahrgänge 1938 bis 1944 vor und schlug sie in die Flucht.

Ein damals Beteiligter erinnerte sich 1989:

5B Diese Krawalle hier in Dortmund, ... das wären keine geworden, wenn die Polizei sich anders verhalten hätte ... Als die Leute ... aus dem Kino kamen, dann stand da draußen schon die Polizei mit Wasserwerfern usw. Die ließen die Leute auch nicht abziehen, wie sie das wollten. Man drängte sie: Weitergehen! Weitergehen! Weitergehen! Und dann wurden die Leute rebellisch. Und dann wurde der Wasserwerfer eingesetzt.

M5A: Zit. nach Schock und Schöpfung, hg. vom Deutschen Werkbund und Württembergischen Kunstverein Stuttgart, Darmstadt/Neuwied (Luchterhand) 1986, S. 271.
M5B: Zit. nach Nordstadtbilder, Essen, 1989, S. 245.

[1] Name eines Kinos

M4

Beatles-Fieber, Foto, 1964

M6

Straßenszene in München, Foto, 1970

Station 5: Die „Staatssicherheit“ als Machtinstrument

„VEB Horch und Greif“: das Spitzelsystem

Die SED-Regierung, die sich freien Wahlen durch die Bevölkerung nicht gestellt hatte, richtete 1950 zur Sicherung ihres Machtmonopols eine politische Geheimpolizei ein nach dem Vorbild der Sowjetunion. Das „Ministerium für Staatssicherheit“ (MfS) hieß in der Bevölkerung ironisierend „VEB (Volkseigener Betrieb) Horch und Greif“ oder Stasi*.

Es unterstand dem Generalsekretär des Zentralkomitees der SED, begann 1950 mit etwa 1000 hauptamtlichen Mitarbeitern und hatte 1989 etwa 91 000 Beschäftigte. Dazu kamen etwa 173 000 sogenannte IMs also „inoffizielle Mitarbeiter“ (Stand 1989). Sie verpflichteten sich – in aller Regel in schriftlichen Bereitschaftserklärungen –, Informationen über Personen zu liefern, die „die Sicherheit des Staates“ gefährdeten. Das Ministerium für Staatssicherheit förderte ein elitäres Bewusstsein seiner Mitarbeiter. Ihre Loyalität wollte man z. B. dadurch stärken, dass sie bei der Versorgung mit Konsumartikeln oder bei der Berufswahl bevorzugt wurden.

Folgende Aufgabenbereiche waren definiert:

- Bestrebungen gegen die sozialistische Gesellschaftsordnung der DDR aufdecken, politisch aktive Personen überprüfen, überwachen und einschätzen;
- „nicht legale“ Gruppierungen ausspionieren, „unterwandern“ und Aktivitäten in der Öffentlichkeit verhindern;
- „Straftaten gegen die Staatsgrenze“ vereiteln, den Transitverkehr, die Durchreise durch die DDR, überwachen;
- die Volkswirtschaft gegen Sabotage und Kriminalität schützen;
- Pläne und Aktivitäten anderer Staaten und ausländischer Organisationen aufklären, wissenschaftlich-technische Informationen beschaffen;
- Tätigkeiten fremder Geheimdienste unterbinden;
- „faschistische Kriegsverbrechen“ aufdecken.

Mit dem Zusammenbruch der SED-Herrschaft 1989/90 endete auch das Stasi-Spitzelsystem. Das Ministerium für Staatssicherheit wurde am 11. Januar 1990 aufgelöst. Die Akten der Staatssicherheit werden heute von einem Bundesbeauftragten an zentraler Stelle verwahrt. Stasi-Opfer, Wissenschaftler und Journalisten können auf Antrag Einsicht nehmen.

M1

Stasi-Observanten, fotografiert aus der Ständigen Vertretung der Bundesrepublik Deutschland in Ostberlin, Foto, 1982

M2

„Zersetzungsmaßnahmen“ der Stasi

Dem DDR-Schriftsteller und Psychologen Jürgen Fuchs (1950–1999) wurden Verleumdung und Herabsetzung der Staats- und Gesellschaftsordnung der DDR vorgeworfen. In einer Aktennotiz des Ministeriums für Staatssicherheit für den Zeitraum von August bis September 1982 hieß es:

F. wurde kontinuierlich, vor allem in den Nachtstunden, in seiner Wohnung angerufen, ohne dass sich der Anrufer meldete. Gleichzeitig wurde jeweils der Fernsprechanschluss zeitweilig blockiert. Im Namen von F. wurde eine Vielzahl von Bestellungen von Zeitungen, Zeitschriften, Prospekten, Offerten u. dgl. aufgegeben, darunter auch Bestellungen, die zur Kompromittierung[1] des F. geeignet sind. Mehrfach wurden Taxis und Notdienste (Schlüsselnotdienst, Abflussnotdienst, Abschleppdienst) vorwiegend nachts zur Wohnung des F. bestellt.

Zit. nach Jens Gieseke, unter Mitarbeit von Doris Hubert, Die DDR-Staatssicherheit, Bonn (Bundeszentrale für politische Bildung) 2000, S. 64.

[1] kompromittieren: bloßstellen

M3

Spitzeldienste

Aus dem Bericht eines in die Bundesrepublik desertierten Leutnants der Stasi von 1979:

Mitte 1958 wurde im Amtssitz des evangelischen Bischofs Noth in Dresden vom Staatssicherheitsdienst ein Abhörgerät eingebaut. Den Einbau leitete der Chef der Bezirksverwaltung … Die Angelegenheit ging folgendermaßen vor sich: Oberleutnant Löffler beantragte den Einbau eines Abhörgerätes mit der Begründung, „in der evangelischen Kirche gibt es nicht genügend Informationen, wir brauchen deshalb andere Quellen, um Auskunft über die Tätigkeit der Kirche zu erhalten". Man nahm Verbindung auf zu einem im Landeskirchenamt tätigen Heizer, der sich früher einmal selbst für Spitzeldienste angeboten hatte. Dieser Heizer verschaffte den Mitarbeitern der Bezirksverwaltung Zutritt zu den Räumen des Landeskirchenamtes, und zwar in den Nachtstunden. Außerdem lieferte er den Inhalt der Papierkörbe, den er verbrennen sollte, bei Leutnant Jänicke … ab. Der Heizer erhielt für seine Tätigkeit Geldbeträge in Höhe von 100,– bis 150,– DM. Er gab der Bezirksverwaltung Gelegenheit, sich Nachschlüssel für alle Räume des Landeskirchenamtes anfertigen zu lassen. So war es möglich, das kleine Abhörgerät direkt an den Telefonanschluss des Bischofs anzuschließen und mit einer Leitung zum Büro von Leutnant Jänicke zu verbinden. Dort wurden Telefongespräche auf Band aufgenommen und dann ausgewertet.

Zit. nach Christoph Kleßmann/Georg Wagner, Das gespaltene Land, München (C. H. Beck) 1993, S. 430.

M4

Tücher als „Geruchsspurenträger" in Weckgläsern, um 1985. Mit der „Geruchs-Konserven-Methode" wurde der Individualgeruch von Bürgern konserviert. Im Bedarfsfall konnten Spürhunde (sogenannte Geruchsdifferenzierungshunde) verdächtige Personen identifizieren, wenn sie an einer „Tatortgeruchskonserve" Witterung erhalten hatten.

M5

„Unendlich wichtiger sind die Opfer"

Konrad Weiß, Dokumentarfilmer, Sprecher der Bürgerbewegung „Demokratie jetzt" in der ehemaligen DDR und zeitweiliger Bundestagsabgeordneter von Bündnis 90/Die Grünen, schrieb 1993:

Alles, was Stasi-Leute erschnüffelten, und alles, was sie zu Protokoll gaben, diente dem einen Zweck: der Partei die Macht zu erhalten und sich das eigene Stück vom Kuchen zu sichern … Dem ordneten sie alles unter, alle Fakten, alle Daten, alle Befunde … Unendlich wichtiger sind die Opfer: ihre Tapferkeit und ihre Angst, ihr Schweigen, ihre Verwirrung, ihr Hass. Sie allein wissen, wie es war. Denn sie haben den Staatssicherheitsdienst erlitten: in der Einsamkeit der kalten Zellen, bei stundenlangen Verhören, in den Nächten voller Angst. Sie wurden gefoltert und geschändet, bespitzelt und observiert, wurden bis ins Intimste belauscht. Ihnen wurden Freundschaft und Liebe, Kameradschaft und Mitmenschlichkeit vorgetäuscht, sie wurden erpresst und betrogen, wurden kalt und berechnend verletzt … Ich habe mein Leben lang gewusst, dass meine Post gelesen, meine Telefonate abgehört, meine Gespräche belauscht wurden. Es gab immer Menschen, zu denen ich auf Distanz gegangen bin, weil ich hinter ihrer Freundlichkeit den Spitzel vermutet habe.

Konrad Weiß, „Wir müssen uns der Wahrheit stellen". In: Spiegel special, Nr. 1, 1993, S. 7 ff.

M6

Die Sprache der Stasi

- **„Konspiration", „konspirativ":** Merkmale dieser Begriffe sind Geheimhaltung, Tarnung und Täuschung; bei Zusammentreffen „konspirativ" vorgehen, sich z. B. in einer getarnten Wohnung treffen.
- **„herausbrechen":** eine Person wird aus einer feindlichen Gruppe „herausgebrochen", um Anknüpfungspunkte zur Auflösung der Gruppe zu schaffen.
- **„abschöpfen":** einer Person wird – ohne deren Kenntnis – Wissen abgenommen.
- **„zersetzen":** Maßnahmen gegen Einzelne oder Gruppen mit dem Ziel der Lähmung, Zersplitterung, Isolierung – bis zur Zerstörung der Persönlichkeit.
- **„lügen":** galt bei der Stasi als Tabuwort und wurde z. B. durch „konspirieren" ersetzt.

Nach: Christian Bergmann, Die Sprache der Stasi, Göttingen (V&R) 1999, S. 20–25.

Station 6 (Wahlstation): Die 1968er-Bewegung in Deutschland

Protest gegen Politik und Gesellschaft

Das Jahr 1968 wird gleichgesetzt mit Protest und Revolte junger Erwachsener, die in der westlichen Welt an den Grundfesten der politischen und gesellschaftlichen Ordnung rüttelten. In der Bundesrepublik zeigte sich der Protest vor allem in der „Außerparlamentarischen Opposition" (APO), in der sich sozialistische Studenten- und Schülergruppen zusammengeschlossen hatten, wie der Sozialistische Deutsche Studentenbund (SDS). Mit politischen Aktionen und ihrer Antihaltung, die sich in der Kleidung, im Musik- und Drogenkonsum und in der Suche nach alternativen Lebensformen ausdrückte, wandten sich die „68er" gegen die aus ihrer Sicht eingetretene Erstarrung und Verkrustung der Gesellschaft. Sie strebten Veränderungen an in der Kindererziehung und im Verhältnis der Geschlechter zueinander, sie proklamierten sexuelle Freiheiten und erprobten neue Wohnformen. Sie protestierten gegen den „Muff" in Hochschulen und Schulen und forderten Staat und Gesellschaft auf, die NS-Vergangenheit endlich konsequent aufzuarbeiten. Ein wichtiges politisches Ziel der „68er" war die Solidarität mit internationalen Befreiungsbewegungen und der Protest gegen die Machtpolitik der Supermächte, vor allem gegen die USA und ihren gegen das kommunistische Vietnam geführten Krieg.

M2

Studentenprotest anlässlich der Feier des Rektoratswechsels an der Universität Hamburg, 9. November 1967, Foto. Die Aufnahme wurde zu einem Kultbild der Studentenbewegung.

M3

Die Pille verändert das Sexualverhalten – Titelblatt der Zeitschrift „Twen", April 1967

M1

Studentendemonstration in München, mit Bildern von Marx, Che Guevara, Castro und Ho Chi Minh, Foto, 1968

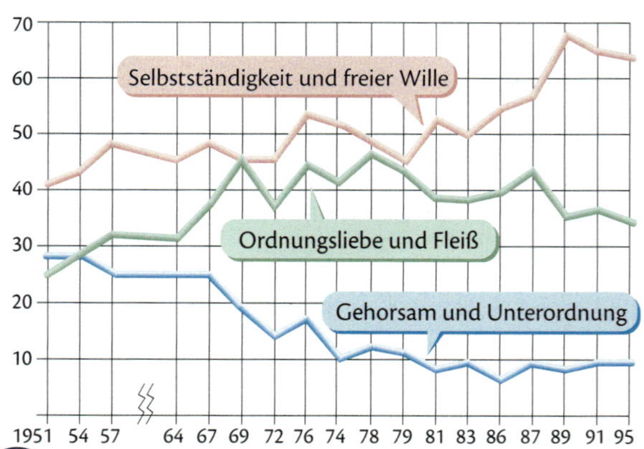

M4

Wertewandel in der Bevölkerung der Bundesrepublik Deutschland, 1951 bis 1995

M5

Ziele und Zerfall der 68er-Bewegung

Die Historikerin Ingrid Gilcher-Holtey schrieb 2003 über die 68er-Bewegung:

Die vergleichende Analyse [in Europa und den USA] zeigt, dass die 68er-Bewegung ... eine auf Ausweitung von Partizipationschancen ausgerichtete Bewegung war. ... [Die] zentralen Forderungen ... zielten auf die Erlangung und Ausweitung von Teilhabe- und Mitwirkungsrechten. Erstrebt wurde ...[ein] Abbau von Herrschaft und Hierarchien, durch Selbstbestimmung und Selbstverwaltung. ... Die „direkte" Aktion wurde Teil [des politischen Handelns] ... Die Aktionen verselbstständigten sich, und die Trägergruppen verloren die Chance, sie zu kontrollieren. Die Eskalation der Gewalt führte zum Zerfall der 68er-Bewegung. ... Einzelne Gruppen begannen sich zu radikalisieren, ... tauchten ... in den Untergrund ab und nahmen den militanten, bewaffneten Kampf auf.

Ingrid Gilcher-Holtey, Die 68er Bewegung, 2. Aufl., München (C. H. Beck) 2003, S. 113 u. S. 122.

M6

Eine These zur 68er-Bewegung

Der Historiker Hans-Ulrich Wehler schrieb 2008 über die 68er-Bewegung:

Nein, die Bundesrepublik war seit den frühen, nicht erst seit den späten 60er-Jahren „wach und in Bewegung" ... 1968 war daher alles andere als eine „Zweite Stunde null", selbst die Stilisierung zur „Großen Zäsur" in der westdeutschen Nachkriegsgeschichte wäre verfehlt. ... Auf ihrer Suggestivkraft beruhte auch der früh kultivierte Mythos vom 68er-Umbruch. ...

Politisch ist die deutsche 68er-Bewegung rundum gescheitert. ... Die politischen Errungenschaften des Westens: die repräsentative Demokratie, der Verfassungs-, Rechts- und Sozialstaat trafen auf dumpfe, höhnische Ablehnung. Stattdessen wurden kommunistische Diktaturen in Entwicklungsländern trotz ihrer mörderischen Bilanz nicht nur verklärt, sondern auch noch zum Vorbild für den revolutionären Umbau komplexer westlicher Gesellschaften und Staaten erhoben.

Hans-Ulrich Wehler, Deutsche Gesellschaftsgeschichte, Bd. 5, München (C. H. Beck) 2008, S. 311 f. u. S. 317 f.

Begriffe und Daten

Daten zur 1968er-Studentenbewegung in Deutschland

2. Juni 1967 Der Westberliner Polizeibeamte Karl-Heinz Kurras (geb. 1927) tötet während eines Polizeieinsatzes den Studenten Benno Ohnesorg. Kurras wurde vom Verdacht der fahrlässigen Tötung freigesprochen. Todesschuss und Freispruch trugen zur Radikalisierung der Studentenbewegung bei. Im Mai 2009 wurde durch Stasi-Akten bekannt, dass Kurras als IM für das MfS der DDR arbeitete. Ein Tötungsauftrag der Stasi ist bislang nicht nachweisbar.

17. Februar 1968 Der in Westberlin gegründete Sozialistische Deutsche Studentenbund (SDS) organisiert einen Internationalen Vietnam-Kongress in Berlin.

21. Februar 1968 150 000 Berliner folgen dem Aufruf des Senats zur Gegenkundgebung.

2. April 1968 Brandanschlag auf ein Kaufhaus in Frankfurt am Main durch die späteren RAF-Terroristen Andreas Baader und Gudrun Ensslin.

11. April 1968 Rudi Dutschke, ein führendes Mitglied des SDS, wird bei einem Attentat schwer verletzt; in der ganzen Bundesrepublik kommt es zu Straßenschlachten; die Auslieferung von Zeitungen des Springer-Verlags wie der „Bild"-Zeitung wird gestört.

Mai 1968 Der „Aktionsrat zur Befreiung der Frauen" wird gegründet.

30. Mai 1968 Der Bundestag verabschiedet die „Notstandsgesetze"*, die es der Regierung bei inneren Unruhen ermöglichen, das Post- und Fernmeldewesen einzuschränken und die Bundeswehr einzusetzen.

21. August 1968 In mehreren Städten der DDR protestieren Jugendliche gegen den Einmarsch von Warschauer-Pakt-Truppen in Prag.

April bis Juni 1969 Studenten stören massiv Hochschulveranstaltungen.

21. Oktober 1969 Willy Brandt wird Bundeskanzler einer sozialliberalen Koalition; er kündigt an: „Wir wollen mehr Demokratie wagen."

21. März 1970 Selbstauflösung des SDS.

Station 7 (Wahlstation): Terrorismus in Deutschland – die RAF

Krieg gegen Staat und Gesellschaft

Am 16. Mai 1974 wurde der Sozialdemokrat Helmut Schmidt von der Koalition aus SPD und FDP zum Kanzler gewählt. Er galt als kompetent in der Wirtschafts- und Finanzpolitik. In seiner Regierungserklärung sprach er von „Realismus und Nüchternheit“, von „Kontinuität und Konzentration“ auf das Wesentliche. Wie schon die Vorgängerregierung unter Brandt/Scheel sah sich auch diese Regierung schnell mit einem Problem konfrontiert, das es so bisher in der jungen Bundesrepublik nicht gegeben hatte: mit dem Terrorismus der sogenannten Rote-Armee-Fraktion (RAF). Mit Bomben, Sprengfallen und Maschinenpistolen attackierten die Terroristen der RAF die Bundesrepublik, ihre Institutionen und deren Repräsentanten. Als „Stadtguerilla“ wollten sie den „kapitalistischen Unterdrückerstaat“ stürzen, griffen den „US-Imperialismus“ an und sahen südamerikanische Revolutionäre als ihre Vorbilder an. Bombenbauen, Schießen und Handgranaten werfen übten sie in einem jordanischen Palästinenserlager. Geld beschafften sie sich mit Banküberfällen. Mehr als dreißig Menschen fielen ihren Mordanschlägen zum Opfer: z. B. der Arbeitgeberpräsident Schleyer, der Generalbundesanwalt Buback, die Bankiers Ponto und Herrhausen, aber auch Dutzende ihrer Begleiter und Polizisten. Erst 1992 kündigten die Terroristen an, den bewaffneten Kampf vorerst auszusetzen, 1998 erklärten sie ihr „Projekt“ für beendet.

M1

Bombenattentat auf den Dienstwagen des Vorstandssprechers der Deutschen Bank, Alfred Herrhausen (geb. 1930), am 30. November 1989, Foto. Die beiden letzten Mordanschläge der RAF auf Herrhausen und 1991 auf den Treuhand-Chef Detlev Karsten Rohwedder (Treuhand: Bundesanstalt zur Verwaltung und Privatisierung des „volkseigenen“ DDR-Vermögens) werden als Reaktionen der RAF auf den Mauerfall gesehen. Offenbar befürchtete sie, dass nun auch Osteuropa dem „Diktat des Kapitalismus“ unterworfen werde.

M3

Fahndungsplakat nach RAF-Mitgliedern, 1977

M2

Entführter Arbeitgeberpräsident Hanns Martin Schleyer, 5. Oktober 1977, Foto. Bei dem Überfall am 5.9.1977 wurden sein Fahrer und drei Sicherheitsbeamte getötet. Der Plan, die RAF-Gefangenen Baader, Ensslin und Raspe zusätzlich mit der Entführung der Lufthansa-Maschine „Landshut“ durch ein palästinensisches Kommando freizupressen, scheiterte am Widerstand der Bundesregierung. Die Flugzeug-Geiseln wurden befreit, die drei Inhaftierten nahmen sich das Leben.

M4

Bekämpfung des Terrorismus (1977)

Aus der Regierungserklärung Helmut Schmidts:

Jedermann hat Anspruch auf ein ordnungsgemäßes Gesetzesverfahren. Ein Sonderprozessrecht für Terroristen darf es nicht geben ... Wer einer falschen und verhängnisvollen Solidarisierung mit Desperados von großer krimineller Energie entgegenwirken will und wer die Täter von der Gemeinschaft total isolieren will, darf dabei nicht riskieren, dass die Freiheit der Person zu einem Ausstellungsstück wird, das nicht mehr berührt, sondern nur noch in der Vitrine besichtigt werden kann. Wir haben in Wahrheit zwei Aufgaben zu leisten: zum Ersten den Terrorismus ohne Wenn und ohne Aber und ohne jede sentimentale Verklärung der Tätermotive zu verfolgen, bis er aufgehört haben wird, ein Problem zu sein. Aber die andere Aufgabe muss es sein, die Meinungsfreiheit kämpferisch und entschlossen zu verteidigen und über jeden Zweifel klarzumachen, dass Kritik an den vielerlei Obrigkeiten nicht nur statthaft ist, sondern dass sie für jeden demokratischen Staat prinzipiell erwünscht ist.

Kessings Archiv der Gegenwart, 1977, S. 20968 ff.

Biografie

Helmut Schmidt

Geboren 1918 in Hamburg; Studium der Volkswirtschaft und Staatswissenschaft; Mitglied des Deutschen Bundestages 1953 bis 1962 und 1965 bis 1987, Innensenator in Hamburg; SPD-Fraktionsvorsitzender im Bundestag, stellvertretender Bundesvorsitzender der SPD, 1969 bis 1972 Bundesverteidigungsminister, 1972 bis 1974 Bundesfinanz-, 1972 auch Bundeswirtschaftsminister; 1974 bis 1982 Bundeskanzler einer sozialliberalen Koalition (SPD/FDP). Seine Kanzlerschaft war innenpolitisch gekennzeichnet vom Kampf des Staates gegen den RAF-Terrorismus, außenpolitisch von der weltweiten Wirtschaftskrise, deren Auswirkungen durch die Politik des Kanzlers als Wirtschafts- und Finanzfachmann durch staatliche Konjunkturprogramme gemildert werden konnten.

M5

Die Menschheit durch Gewalt retten?

Aus einem Interview mit dem ehemaligen RAF-Mitglied Silke Maier-Witt (geboren 1950), die bis zu ihrer Verhaftung 1990 mit Stasi-Hilfe in der DDR untergetaucht war. Zu zehn Jahren Haft wegen Beteiligung an der Ermordung von Hanns-Martin Schleyer verurteilt, wurde sie unter Berücksichtigung der Kronzeugenregelung nach fünf Jahren entlassen und arbeitet heute als Friedensfachkraft:

Frage: Wie fing bei Ihnen das Umdenken an?

Antwort: Im Knast, wo ich wieder anfing, mich mit der Frage auseinanderzusetzen, wieso bin gerade ich da reingekommen. Ich bin im Grunde aus einer Position der Schwäche in die RAF gekommen. Ich habe, als ich inhaftiert war, eine Frau kennengelernt, die war in einer Sekte, und da habe ich gemerkt: So unterschiedlich ist das gar nicht. In der RAF zu sein, hat mich immerhin der Notwendigkeit enthoben, mir immer wieder neu darüber klarzuwerden: Was mache ich? In welche Richtung geht das? Wen unterstütze ich? Es gab nur: Entweder du bist auf der richtigen Seite, oder du bist vollständig auf der falschen. Dazwischen gab es nichts.

Frage: Ihre Abkehr von der Gewalt – war das ein abrupter Schnitt oder ein langwieriger Prozess?

Antwort: Es gab schon einen konkreten Anlass: nachdem eine unschuldige Frau 1979 in der Schweiz bei einem Banküberfall der RAF erschossen wurde. Aber damals habe ich die Politik der RAF noch nicht für völlig falsch gehalten. Erst später habe ich klargekriegt, dass da ein ganz grundsätzlicher Widerspruch besteht: Die Menschheit zu retten und Gewalt anzuwenden, das geht nicht. ... Das ist es, was ich mir im Nachhinein auch am meisten übel genommen habe: Dass ich sehr wohl gesehen habe, wie entsetzlich das war, gerade bei Schleyer, wo also wirklich brutalst diese vier Leute im einem Kugelhagel ermordet wurden. Auf die wurde im Grund kein Gedanke verschwendet. ... Dass es mir gelungen ist, für eine Ideologie so weit zu gehen, alle moralischen Bedenken fortzuwerfen, das war für mich dann schon eine entscheidende Selbsterkenntnis. Da habe ich auch verstanden, wie das in der Nazi-Zeit gewesen ist, eine Ideologie und eine Gruppe zu haben, der man sich zugehörig fühlt und die einem das Denken dann ja auch abnimmt.

Silke Maier-Witt: „Die Menschheit zu retten und Gewalt anzuwenden, das geht nicht". In: fluter, Ausgabe 01, Dezember 2001, hg. von der Bundeszentrale für politische Bildung, S. 55. Interviewer: Werner Schulz

Gesellschaftliches Leben im geteilten Deutschland – Lernen an Stationen

M1

Kinderbetreuung in einem Betriebskindergarten, Foto, um 1986. In der DDR konnten Eltern ihre Kinder bereits im Säuglingsalter ganztägig in „Krippen" betreuen lassen, ab dem vierten Lebensjahr in Kindergärten.

M2

Mütter in der Nähe von München mit ihren Kindern im Sandkasten, Foto, 1981

M3

Anfänge der Frauenemanzipation?

Helke Sander, geboren 1937 in Berlin, bis 2001 Filmregisseurin und Hochschuldozentin, kam 1965 mit ihrem Sohn zum Studium nach Westberlin. Sie war SDS-Mitglied und Mitbegründerin des „Aktionsrats zur Befreiung der Frauen" und der antiautoritären Kinderläden. 2001 erinnerte sie sich:

[Wir] haben nicht etwa angefangen mit dem Ziel, „jetzt werden wir eine Frauenbewegung". Wir wollten zeigen, dass die Kinderfrage, die Mütterfrage und die Frage der Reproduktion[1] in der Gesellschaft eng zusammenstanden ... Wir dachten, es wäre schön, alle paar Straßen einen Kinderladen zu gründen, um das leidige Zeitproblem für die Frauen auf eine praktische Art anzugehen ... Als wir die ersten Kinderläden in Gang gebracht hatten, kamen einige Männer wutschnaubend an und meinten plötzlich, „das ist auch mein Kind und ihr könnt nicht einfach irgendetwas gründen!". Diese Männer nahmen uns die Sache dann relativ schnell aus der Hand und machten daraus den „Zentralrat der Kinderläden" ... Manchmal frage ich mich, was ich mit meinem Engagement erreicht habe, und muss sagen: Ich weiß es nicht. Bei Bewegungen, egal welche es sind, gibt es immer eine Aufbruchsstimmung ... und dann schüttelt sich das irgendwie ins Gebräuchliche, ... dann wird es in Paragrafen gefasst und in Verordnungen, dann gibt es Frauenbeauftragte und dies und das, was wir uns nie so vorgestellt haben.

Zit. nach Ute Kätzel, Die 68erinnen, Berlin (Rowohlt) 2002, S. 163 ff.

[1] Fortpflanzung

M4

Chancengleichheit für Jungen und Mädchen?

Die Tabelle zeigt die prozentuale Verteilung von 16-jährigen Schülerinnen und Schülern auf allgemein bildende und Berufsschulen in der Bundesrepublik 1960–1995. Die Daten 1960 bis 1980 beziehen sich auf die alten Bundesländer, 1995 auf alle 16:

	1960	1970	1980	1995
Gymnasium				
weiblich	10,9	14,7	22,8	31,6
männlich	15,1	18,0	21,0	24,2
Realschule				
weiblich	7,2	6,8	14,4	17,3
männlich	7,0	8,4	13,2	16,6
Hauptschule				
weiblich	0,5	1,2	7,0	13,1
männlich	0,6	1,8	8,3	16,0
Berufsschule				
weiblich	64,9	57,9	32,4	16,4
männlich	70,5	61,6	42,6	26,1

Zit. nach Hannelore Faulstich-Wieland/Elke Nyssen, Geschlechterverhältnisse im Bildungswesen – eine Zwischenbilanz. In: Handbuch für Schulentwicklung, Bd. 10, hg. von H.-G. Rolff u. a., Weinheim (Juventa) 1998, S. 166.

M5

Regelverstöße als Argumente?

Der spätere Schriftsteller Peter Schneider (Jahrgang 1940), aktiv an der Studentenbewegung beteiligt, begründete 1967 in einem Flugblatt, warum man der Aufforderung, ein Universitätsinstitut zu verlassen, nicht nachkommen werde:

Wir haben in aller Sachlichkeit über den Krieg in Vietnam informiert, … ohne dass die Fantasie unserer Nachbarn in Gang gekommen wäre, aber dass wir nur einen Rasen betreten zu brauchen, dessen Betreten verboten ist, um ehrliches, allgemeines und nachhaltiges Grauen zu erregen. Wir haben vollkommen demokratisch gegen die Notstandsgesetze demonstriert, … ohne irgendeine Erinnerung wachzurufen, aber dass wir nur die polizeilich vorgeschriebene Marschrichtung zu ändern brauchen, um den Oberbürgermeister und die Bevölkerung aus den Betten zu holen. … Da sind wir auf den Gedanken gekommen, dass wir erst den Rasen zerstören müssen, bevor wir die Lügen über Vietnam zerstören können, dass wir erst die Marschrichtung ändern müssen, bevor wir etwas an den Notstandsgesetzen ändern können … Da haben wir gemerkt, … dass wir gegen den ganzen alten Plunder am sachlichsten argumentieren, wenn wir aufhören zu argumentieren, und uns hier in den Hausflur auf den Fußboden setzen. Das wollen wir jetzt tun.

Zit. nach Gerhard Henke-Bockschatz, Von Regelverstößen und Provokationen zu Brandsätzen?; in: Geschichte lernen, H. 86, 2002, S. 24.

Überprüfe, was du kannst

Sachkompetenz

1 Prüfe an M1 und M2, was beide Abbildungen zum Rollenverständnis über Frauen in Deutschland Ost und West aussagen.

2 Nenne Faktoren, die das Alltagsleben in Ost und West beeinflussten (S. 292–293).

3 Formuliere anhand von M4 Aussagen zur Frage der Chancengleichheit für Jungen und Mädchen.

4 Vergleiche die Lebenssituationen von Jugendlichen in der DDR und der „alten" Bundesrepublik (S. 296–299).

Methodenkompetenz

5 a) Analysiere M3 mithilfe der Methode „Schriftliche Quellen analysieren" im Anhang.
b) Ordne die Aussage der Zeitzeugin in die 1968er-Bewegung ein.

6 Analysiert in Gruppen historische Spielfilme, z. B. „Das Leben der Anderen" (2005), „Good Bye, Lenin!" (2003), „Sonnenallee" (1999). Nehmt die Methode „Einen historischen Spielfilm untersuchen" im Anhang zu Hilfe.

Urteilskompetenz

7 Analysiere M5 mithilfe folgender Fragen:
a) Wie schildert der Autor seine Rolle in der Protestbewegung?
b) Welche Überlegungen führten schließlich zur Anwendung von Gewalt?
c) Bewerte die Aussage: „… dass wir gegen den ganzen alten Plunder am sachlichsten argumentieren, wenn wir aufhören zu argumentieren …" (Zeile 18 ff.).

8 Schreibe eine kurze Stellungnahme zur These, die 1968er-Bewegung sei vollkommen gescheitert.

Kommunikations- und Handlungskompetenz

9 **Recherche:**
a) Informiert euch bei Erwachsenen, wie sie die Jahre 1960 bis 1970 erlebt haben, welche Ereignisse ihnen in Erinnerung geblieben sind. Lasst euch Fotos, Gegenstände, Kleider usw. zeigen, die aus dieser Zeit stammen.
b) Recherchiert im Stadtarchiv nach Ereignissen an eurem Wohn- (Schulort) und Reaktionen der Behörden und der Bevölkerung darauf. Nutzt die Arbeitsschritte zur Projektarbeit, Archivrecherche (S. 102) und Zeitzeugenbefragung (S. 281).

Europa und die Welt nach dem Ost-West-Konflikt

Wissen • Urteilen • Handeln • Methoden anwenden

Am Ende dieses Unterkapitels kannst du

- Schritte zur Einigung Europas nach dem Zweiten Weltkrieg darstellen
- die Verträge von Maastricht und Lissabon in ihrer Bedeutung für die europäische Einigung bewerten
- die Organisation („Verfassung") der EU heute erläutern
- Grenzen der Erweiterung und Vertiefung der EU erörtern
- den Aufstieg Chinas zur Weltmacht darstellen
- Ursachen, Verlauf und gegenwärtigen Stand des Nahostkonflikts bewerten
- Merkmale und Formen des Terrorismus nennen
- **Methode** Ein WebQuest erstellen

Bündnisse und Konfliktregionen in der Gegenwart

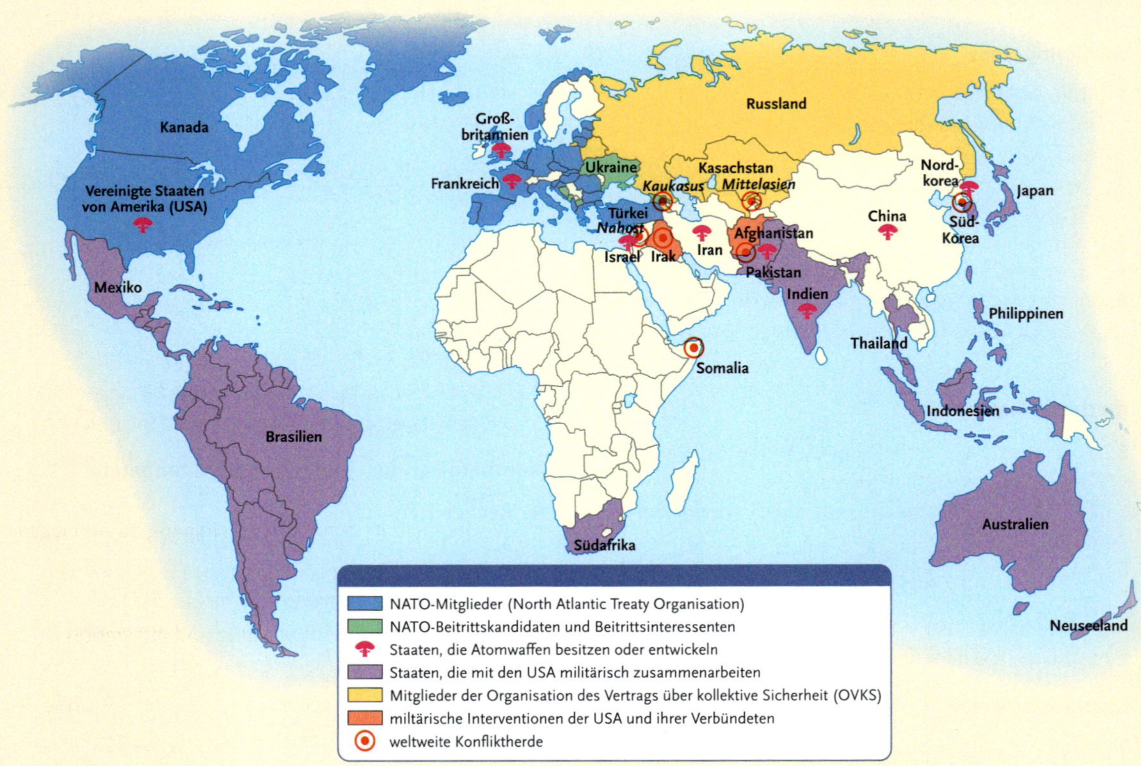

Die Einigung Europas

Der Europarat – eine beratende Versammlung

Nachdem die Gründung eines westdeutschen Staates realisiert war, unternahmen westeuropäische Politiker, vor allem französische, den ersten Versuch einer politischen Einigung Europas. Mit der Gründung des Europarats 1949 wollten sie die Weichen für eine politische Neuordnung Europas stellen. Da die meisten Mitgliedsstaaten jedoch nicht bereit waren, auf nationale Souveränitätsrechte zu verzichten, blieb der Europarat nur eine beratende Versammlung.

Der Weg zur wirtschaftlichen Einigung

Stärkere Impulse für Einigungsbestrebungen gingen im Nachkriegseuropa von wirtschaftlichen Faktoren aus: Die Vergabe der amerikanischen Hilfsgelder musste koordiniert werden. Damit ergab sich für die Staaten, die am sogenannten Marshallplan teilnahmen, die Notwendigkeit zusammenzuarbeiten. Deshalb wurde 1948 die Organization for Economic European Co-Operation (OEEC) eingerichtet, die den Einigungsprozess förderte: 1951 z. B. gründeten die Beneluxländer, Frankreich, Italien und die Bundesrepublik Deutschland die Europäische Gemeinschaft für Kohle und Stahl (EGKS). Unter der Aufsicht und Leitung einer internationalen Behörde wurde ein gemeinsamer Markt für Kohle, Eisenerz und Stahl geschaffen. Mit den Römischen Verträgen entstand 1957 die Europäische Wirtschaftsgemeinschaft (EWG), ab 1967 die Europäische Gemeinschaft (EG). Als „Antreiber" der Einigung Westeuropas gelten der französische Außenminister Robert Schuman (1886–1963) und der deutsche Bundeskanzler Konrad Adenauer (1876–1967).

Auf dem Weg zur politischen Einigung

Während die Römischen Verträge die wirtschaftliche Integration vorantrieben, galt das nur bedingt für die politische Einigung. Zwar waren mit dem Europarat 1949 erste Grundprinzipien auf dem Weg zur politischen Einigung festgelegt worden, ein militärisches Bündnis schien jedoch im Zuge der Verschärfung des Ost-West-Konflikts dringlicher: Bereits 1948 hatten sich die Beneluxstaaten, Frankreich und Großbritannien im Brüsseler Vertrag zusammengeschlossen, der späteren Westeuropäischen Union (WEU).

Erst 1985 begann eine neue Phase der europäischen Integration: Mit dem Schengener Abkommen entfielen die Kontrollen an den Grenzen der beteiligten europäischen Staaten, während die Außengrenzen verstärkt wurden. Praktisch umgesetzt wurden die Pläne einer Wirtschafts- und Währungsunion sowie einer politischen Zusammenarbeit erst mit dem Vertrag von Maastricht 1992. Er schrieb als Ziel sowohl die wirtschaftliche als auch die politische Union fest, die mit dem Vertrag von Lissabon (2009) weiterentwickelt werden soll.

Erweiterung und Vertiefung

Nachdem zwischen 1989 und 1991 die kommunistischen Regime in Osteuropa zusammengebrochen waren, konnten 2004 auch Polen, die Tschechoslowakei, Ungarn und die baltischen Staaten der EU beitreten. Die Beitrittsdynamik ist weiterhin ungebrochen. Angesichts der wirtschafts- und finanzpolitisch krisenhaften Entwicklung seit 2008 stellen sich vor allem zwei Fragen: Soll die EU weiter ausgedehnt werden? Und: In welchem Umfang können bzw. wollen die Mitgliedsstaaten Souveränitätsrechte abgeben, um die politische Einigung Europas zu vertiefen?

Vorschlag für eine Gruppenarbeit

1 Erarbeitet die Informationen auf den Seiten 309 bis 313 als Gruppenpuzzle in fünf Gruppen. Zieht den Darstellungstext auf dieser Seite mit heran.

Themenvorschläge:

I. Schritte zur wirtschaftlichen Einigung: „EGKS", „Römische Verträge" und „Binnenmarkt" (M1, M2, M3).
II. Die „Verfassung" der EU und ihre Machtstruktur (M5).
III. Etappen der europäischen Einigung bis zur Gegenwart (M4, M6).
IV. Grenzen der Erweiterung der EU (M7)?
V. Wirtschaftliche Entwicklung und Integration (Vertiefung) in der EU (M8, M9, M10).

2 Ordnet in einer gemeinsamen Gesprächsrunde den gegenwärtigen Stand der Einigung Europas in die globale Bündnis- und Konfliktstruktur ein. Zieht die Karte S. 308 heran.

M1

Die Europäische Gemeinschaft für Kohle und Stahl (EGKS)

Die Präambel (Einleitung) des am 18. April 1951 ausgefertigten Vertrags führte die Vertreter der sechs beteiligten Staaten auf und nannte als deren Ziele:

In der Überzeugung, dass der Beitrag, den ein organisiertes und lebendiges Europa für die Zivilisation leisten kann, zur Aufrechterhaltung friedlicher Beziehungen unerlässlich ist,

In dem Bewusstsein, dass Europa nur durch konkrete Leistungen, die zunächst eine tatsächliche Verbundenheit schaffen, …

In dem Bemühen, durch die Ausweitung ihrer Grundproduktionen zur Hebung des Lebensstandards und zum Fortschritt der Werke des Friedens beizutragen,

Entschlossen, an die Stelle der jahrhundertealten Rivalitäten einen Zusammenschluss ihrer wesentlichen Interessen zu setzen, durch die Errichtung einer wirtschaftlichen Gemeinschaft den ersten Grundstein für eine weitere und vertiefte Gemeinschaft unter Völkern zu legen, … und die institutionellen Grundlagen zu schaffen, die einem nunmehr allen gemeinsamen Schicksal die Richtung weisen können,

Haben [wir] beschlossen, eine Europäische Gemeinschaft für Kohle und Stahl zu gründen.

Zit. nach Europa-Recht, 11. Aufl., München (dtv) 1991, S. 164.

M2 **Der Binnenmarkt der EU seit 1. Januar 1993**

M3

Über die Wirtschaft nach Europa?

Auszug aus den Römischen Verträgen, mit denen 1957 die Europäische Wirtschaftsgemeinschaft (EWG) gegründet wurde:

Artikel 3: Die Tätigkeit der Gemeinschaft … umfasst:

a) die Abschaffung der Zölle und mengenmäßigen Beschränkungen bei der Ein- und Ausfuhr von Waren sowie aller sonstigen Maßnahmen gleicher Wirkung zwischen den Mitgliedsstaaten;

b) die Einführung eines gemeinsamen Zolltarifs und einer gemeinsamen Handelspolitik gegenüber dritten Ländern;

c) die Einführung einer gemeinsamen Politik auf dem Gebiet der Landwirtschaft; …

e) die Einführung einer gemeinsamen Politik auf dem Gebiet des Verkehrs;

f) die Errichtung eines Systems, das den Wettbewerb innerhalb des Gemeinsamen Marktes vor Verfälschungen schützt; …

h) die Angleichung der innerstaatlichen Rechtsvorschriften, soweit dies für das ordnungsgemäße Funktionieren des Gemeinsamen Marktes erforderlich ist;

i) die Schaffung eines Europäischen Sozialfonds, um die Beschäftigungsmöglichkeiten der Arbeitnehmer zu verbessern und zur Hebung der Lebenshaltung beizutragen.

Zit. nach Europa. Verträge und Gesetze, Bonn, 1972, S. 75 f.

Begriffe und Daten

1992 Vertrag von Maastricht

Im Februar 1992 unterzeichneten die 12 Mitgliedsstaaten der Europäischen Gemeinschaft den „Vertrag über die Europäische Union“ (EU-Vertrag). Vereinbart wurden: 1. Binnenmarkt, Zollunion, gemeinsame Agrarpolitik, Wirtschafts- und Währungsunion; 2. gemeinsame Außen- und Sicherheitspolitik; 3. Zusammenarbeit in der Innen- und Rechtspolitik.

2009 Vertrag von Lissabon

In Kraft getreten am 1. Dezember 2009. Er stärkt die Rechte des EU-Parlaments bei Gesetzgebung, Haushalt und internationalen Abkommen und die Rechte der Bürger (Möglichkeit der Bürgerinitiative). Das Prinzip der Einstimmigkeit wird ab 2014 weitgehend durch die qualifizierte Mehrheit abgelöst, um schnellere Entscheidungen zu ermöglichen.

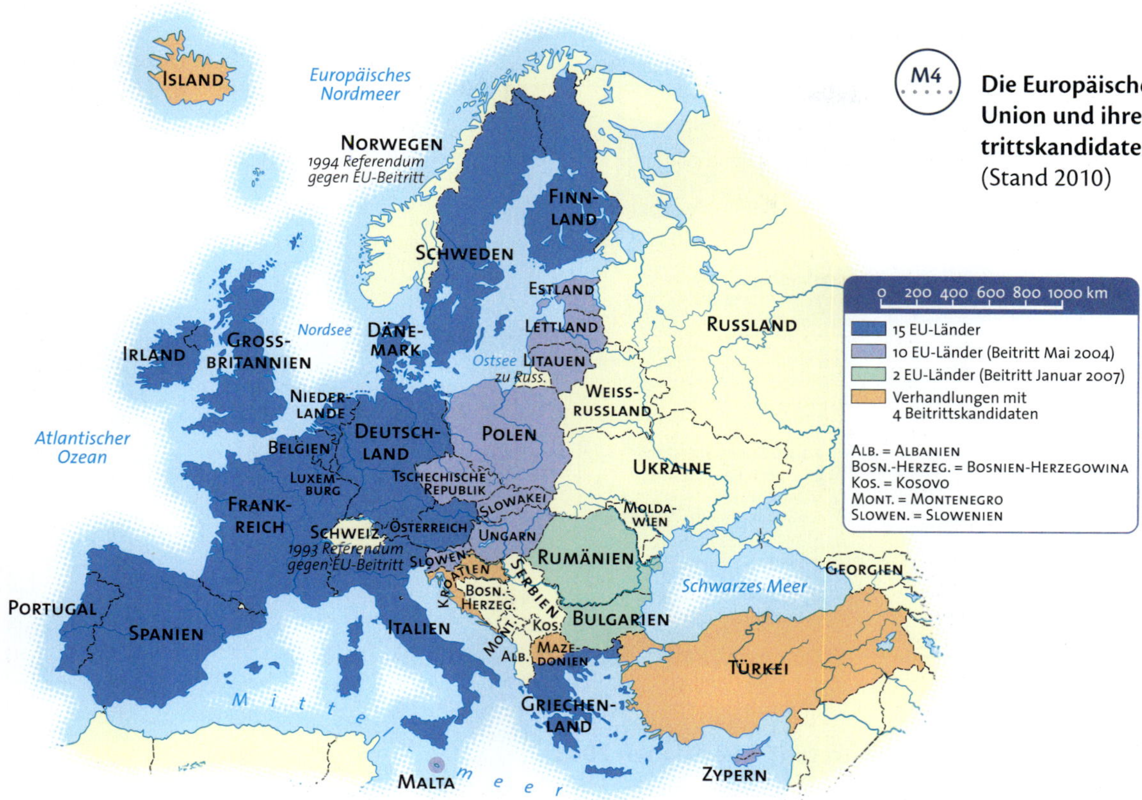

M4 Die Europäische Union und ihre Beitrittskandidaten (Stand 2010)

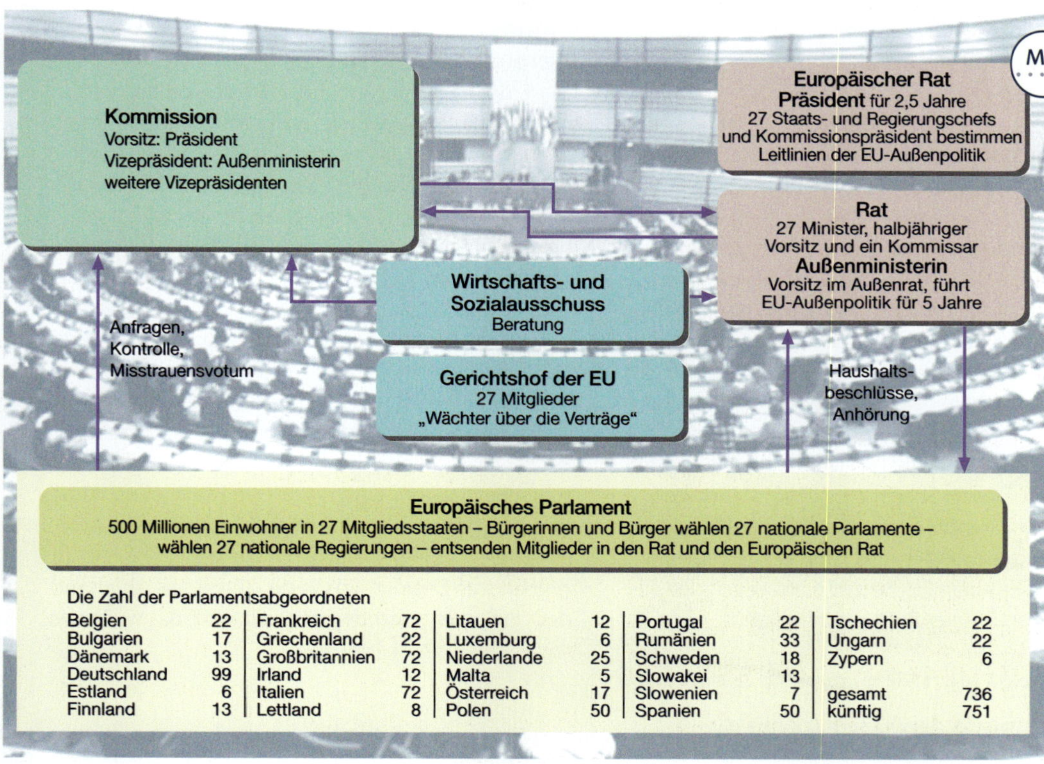

Belgien	22	Frankreich	72	Litauen	12	Portugal	22	Tschechien	22
Bulgarien	17	Griechenland	22	Luxemburg	6	Rumänien	33	Ungarn	22
Dänemark	13	Großbritannien	72	Niederlande	25	Schweden	18	Zypern	6
Deutschland	99	Irland	12	Malta	5	Slowakei	13		
Estland	6	Italien	72	Österreich	17	Slowenien	7	gesamt	736
Finnland	13	Lettland	8	Polen	50	Spanien	50	künftig	751

M5 Organe der Europäischen Union (EU) (Stand 2010)

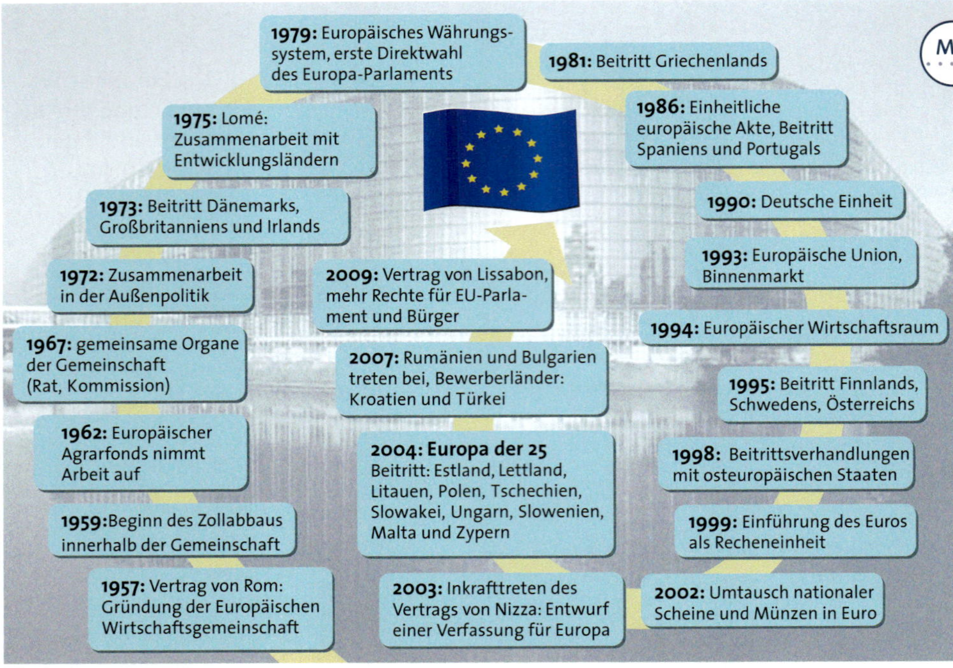

M6 **Etappen der europäischen Einigung**

M7

Soll die Türkei der EU beitreten? – Positionen 2002

Der damalige bayerische Ministerpräsident Edmund Stoiber äußerte sich dazu 2002:

7A Der EU-Beitritt der Türkei wäre das Ende der politischen Union Europas, weil er die Integrationskraft übersteigt. Wir wollen eine EU, die eine echte politische Union ist, keine bloße Freihandelszone …
Die neuen Mitglieder haben eine Wirtschaftskraft, die bei über 45 Prozent des EU-Durchschnitts liegt. Schon diese Aufgabe stellt die EU vor eine enorme Herausforderung. Die Türkei verfügt aber bloß über rund 20 Prozent der mittleren EU-Wirtschaftskraft. Die Gemeinschaft würde sich ganz eindeutig politisch und finanziell übernehmen. Und die Türkei hat einen anderen historischen und kulturellen Hintergrund als die jetzigen Beitrittskandidaten … Die Türkei ist kein Teil der Wertegemeinschaft Europas. Sie nahm nicht teil am Ringen der Völker Europas um Freiheit, Eigenverantwortung und Solidarität …
Wir plädieren doch für eine privilegierte Beziehung zur Türkei nicht nur in der Sicherheitspolitik. Wir sollten eine spezielle Freihandelszone zwischen der EU und der Türkei anstreben. Aber man kann gravierende Entscheidungen wie einen EU-Beitritt nicht gegen den Mehrheitswillen unserer Bürger durchsetzen.

Der Grünen-Politiker Cem Özdemir sagte 2002:

7B Jeder weiß, dass die Türkei noch einen langen Weg vor sich hat … Wer sagt, die Tür ist für die Türkei zu, riskiert, dass sie sich in eine Richtung entwickelt, die in niemandes Interesse sein kann …
Mit Erdogan ist hier jemand gewählt worden, der zumindest das Versprechen zu einem Neubeginn gegeben hat … Vor allem an zwei Punkten muss er noch beweisen, dass er sich von der Politik der Fundamentalisten abgewandt hat: Zum einen bei der Gleichstellung der Frauen, zum anderen beim Verhältnis zu den religiösen Minderheiten …
[Das Europäische an der Türkei] ist das, was … viele Menschen, vor allem in den Großstädten in der Türkei, als Vision haben: Werte, die auch die Menschen innerhalb der EU verbinden … Aber eine Türkei, die mit sich selbst im Frieden ist und es schafft, Demokratie und Rechtsstaatlichkeit mit einer mehrheitlich muslimischen Bevölkerung unter einen Hut zu bringen, hätte eine Magnetfunktion für die gesamte Region … Warum sollen die arabischen Massen nicht sagen: Das, was in Afghanistan beginnt, was in der Türkei seit Jahren mit dem Parlamentarismus praktiziert wird, das wollen wir auch.

M7A: Der Spiegel 50/2002. M7B: Spiegel online, 28. November 2002.

M8 **Entwicklungsstand wirtschaftlicher Räume in der EU,** 2009

M9 **„Griechenland",** Karikatur von Burkhard Mohr, 2010

M10

Keine Einbahnstraße

Der Journalist Peter Ehrlich von der „Financial Times Deutschland" schrieb am 3. Mai 2010:

Integration ist keine Einbahnstraße. Der Lissabon-Vertrag gibt dem Deutschen Bundestag erweiterte Mitsprache- und vor allem Informationsrechte in der europäischen Gesetzgebung. Mancher reibt sich jetzt verwundert die Augen, weil der Vertrag umgekehrt auch mehr Informations- und Eingriffsrechte der europäischen Ebene vorsieht. Das betrifft auch den Bundeshaushalt und damit eines der wichtigsten Rechte des Bundestages.
Unter Berufung auf Artikel 136[1] des Vertrags will die Kommission Regelungen erlassen, nach denen die Mitglieder der Euro-Gruppe ihre Haushaltsplanung frühzeitig den anderen Euro-Mitgliedern vorlegen müssen. Dafür wurde dieser Artikel geschaffen. Ziel ist es, dass in der ganzen Euro-Zone Haushalte beschlossen werden, die zur finanzpolitischen Gesamtstrategie passen. In den nächsten Jahren wird es also vor allem darum gehen, erst die Neuverschuldung und dann den Schuldenstand abzubauen. Hätte es diese Regelung schon früher gegeben, wären die Staaten nicht mit so unterschiedlichen Defiziten in die Krise hineingegangen, wie es der Fall war.
Erreicht werden kann eine größere Stabilität in der Euro-Zone, die letztlich auch den Deutschen nutzt, weil so Überraschungen wie im Fall Griechenland vermieden werden können. Und was spricht dagegen, dass Deutschland sein Haushaltsverfahren anpasst? Der Bundestag müsste dann schon Anfang des Jahres inhaltliche Haushaltsgrundsätze jeweils für das nächste Jahr beschließen. Die Schwerpunkte der nationalen Haushalte werden dann in der Euro-Gruppe abgestimmt, die Verteilung der Gelder bleibt Sache des Bundestages. Das Verfahren mag gewöhnungsbedürftig sein, aber es ist sinnvoll. Wer andere Länder besser kontrollieren will, muss auch selbst für Integration sorgen.

Peter Ehrlich, Keine Einbahnstraße. Gastkommentar. In: Das Parlament, Nr. 18, 3. Mai 2010, S. 2.

[1] Artikel 136 sieht vor, dass der EU-(Minister-)Rat Maßnahmen erlässt, um die Haushaltsdisziplin der Mitgliedsstaaten zu koordinieren und zu überwachen.

China – Aufstieg zur Weltmacht

Entwicklungsland und Supermacht

Auf dem Weg in die Spitzengruppe der Welthandelsnationen hat sich das „neue China" zu einem aktiven und selbstbewussten Akteur in der Weltpolitik entwickelt. Für die Lösung internationaler Probleme ist China von zunehmender Bedeutung, z.B. bei den Atomgesprächen mit Nordkorea und der Lösung des Iran-Konflikts. Der wirtschaftliche und internationale Aufstieg Chinas führt jedoch auch zu Interessenkonflikten mit den bisherigen Großmächten, wie den USA und Japan. Um die für ein dauerhaftes Wirtschaftswachstum notwendigen Rohstoffressourcen zu sichern, intensiviert China seit einiger Zeit seine diplomatischen Anstrengungen im Nahen und Mittleren Osten, in Afrika und in Lateinamerika. Andererseits sind die Absatzmärkte Europa und USA für das Land von zentraler Bedeutung. Innenpolitisch kämpft die kommunistische Staatsführung mit wachsenden Umweltbelastungen, hoher Arbeitslosigkeit, fehlender Altersversorgung, zehntausenden Demonstrationen gegen Korruption, Umweltproblemen, Zwangsumsiedlungen und Schließung von Staatsbetrieben. Ungelöst jedoch ist vor allem der grundsätzliche Konflikt zwischen Marktwirtschaft und bürokratisch-autoritärem Herrschaftssystem.

M1

Auf dem Weg zur Mehrparteiendemokratie?

Aus einem Interview des Magazins „Der Spiegel" mit dem chinesischen Staatspräsidenten Jiang Zemin, April 2002:

Spiegel: Müssen die wirtschaftlichen Umwälzungen nicht notwendigerweise auch Veränderungen im politischen System nach sich ziehen? ...

Jiang Zemin: Wir haben bereits in der Vergangenheit viele Reformen verwirklicht. In Form und Inhalt entsprechen sie allerdings nicht immer den westlichen Vorstellungen.

Spiegel: Ist das Einparteiensystem wirklich unabdingbar für die Entwicklung Ihres Landes?

Jiang Zemin: Denken Sie daran, dass China mehr als 1,2 Milliarden Einwohner hat. Unser Land ist arm. Wir müssen geschlossen für Wohlstand kämpfen. Nur die KP ist in der Lage, das Volk dazu zu führen ...

Spiegel: Sie haben sich stets gegen Mehrparteiensystem und Gewaltenteilung ausgesprochen. Brauchen Menschen, die relativ frei wirtschaften dürfen, nicht politische Rechte und unabhängige Gerichte?

Jiang Zemin: Die Welt zeichnet sich durch Vielfalt aus. Es hat sich doch längst gezeigt, dass es schnell zu sozialen Erschütterungen kommen kann, wenn Entwicklungsländer ohne Rücksicht auf die heimischen Bedingungen politische Systeme anderer Länder kopieren ... Die Tatsache, dass in unserer Partei Diskussionen geführt werden, zeigt doch nur, wie demokratisch die KP ist.

Der Spiegel vom 8. März 2002, S. 159 ff.

M2

Deutsche Autoproduktion in Shanghai, Foto, 1995

M3

Arbeitslose suchen auf einer Straße in Shenyang eine Stelle, Foto, 2000. Sechs Millionen Arbeiter sind in den ersten fünf Monaten des Jahres 2000 von chinesischen Staatsbetrieben entlassen worden. Die Zahlungen von Arbeitslosengeld wurden verzögert.

M4

„Elefant auf dem Fahrrad"

Der Journalist Ulrich Baron schrieb 2006 im Rahmen einer Rezension des Buches „China. Der Aufstieg einer hungrigen Nation" des Briten James Kynge:

Kynge beschreibt Großmärkte in China, auf denen Kopien westlicher Markenprodukte für ein Zehntel des hiesigen Preises angeboten werden … Längst hätten internationale Konzerne sich Chinas Arbeitskraft zunutzegemacht und verdienten am Preisgefälle kräftig mit … Stärker noch als das aufstrebende Indien beschäftigt das 1,3-Milliarden-Land China deshalb düstere Fantasien und ungezügelte Gewinnerwartungen im Westen … China gleiche, sage man in Peking, „einem Elefanten auf einem Fahrrad. Wenn er langsamer wird, könnte er herunterfallen und ein Erdbeben auslösen." … Auch heute gebe es Faktoren, die Chinas Wachstum Grenzen setzen:

So stehen Chinas enormem Potenzial an Arbeitskraft geringe Ressourcen an Land und Rohstoffen gegenüber. Bei einem Fünftel der Weltbevölkerung verfügt es über nur sieben Prozent der weltweit landwirtschaftlich nutzbaren Fläche. Wachstum bedeutet also zunehmende Importabhängigkeit. … Seine Wirtschaft wird noch staatlich gelenkt. Aktienkurse werden geschönt. Politik, Verwaltung und staatliche Syndikate agieren weitgehend unkontrolliert. Korruption, Produktpiraterie und illegale Enteignungen von privaten Investoren sind wegen der Verflechtung von Politik und Justiz kaum zu ahnden. In China wird auf einem Lohnniveau des 19. Jahrhunderts mit den Techniken des 21. produziert. … [Chinas] rund 100 bis 150 Millionen „Wanderarbeiter" leben von Billiglöhnen ohne Kranken- und Rentenversicherung. Ökologische und soziale Folgekosten werden verdrängt, Umweltskandale vertuscht. Vor allem aber: Chinas Erfolge auf dem Billigpreissektor sind mit geringen Gewinnmargen erkauft. Es fehlt an gewinnträchtigen Markenartikeln und selbst entwickelten Produkten.

Diesen Bedenken steht bei Kynge eine Würdigung der persönlichen Leistung unzähliger Chinesen gegenüber, die sich nach dem Elend der Mao-Ära vielfach erst in ihrer zweiten Lebenshälfte private Sicherheit und Wohlstand erarbeitet haben … Denn da sei noch ein Punkt: Nach Wachstumsschätzungen werde Chinas Wirtschaft zwar vor dem Jahr 2040 das Niveau der USA erreicht haben. Doch dies werde sich auf gut fünfmal so viele Menschen verteilen, von denen rund ein Drittel über sechzig Jahre alt sein werde. Fazit: „Es kann also sein, dass China alt ist, bevor es reich wird."

Ulrich Baron, Elefant auf dem Fahrrad. In: Die Welt vom 15. Dezember 2006, S. 28. http://www.welt.de/print-welt/article 702630/Chinas_wackelige_Zukunft.html

1 a) Entschlüssele M5. Ziehe den Darstellungstext heran.
b) Zeige zusammenfassend die Bedeutung Chinas in der internationalen Politik auf.

2 a) Analysiere M4.
b) Erörtere, welche Argumente des Autors überzeugend bzw. nicht überzeugend sind. Begründe.

3 Bewerte, inwiefern M2 und M3 den gegenwärtigen Stand der ökonomischen und sozialen Entwicklung Chinas widerspiegeln könnten.

4 Setze dich mit den Aussagen Jiang Zemins (M1) auseinander. Achte auf seine Auffassung über Opposition und Demokratie.

5 **Recherche:** Erarbeitet in Gruppen einen Reiseplan mit Zielen in China, die den wirtschaftlichen und technischen Aufstieg im 20./21. Jahrhundert widerspiegeln. Informiert euch in einem Reiseführer, im Reisebüro und im Internet. Berichtet in der Klasse.

M5

„Containment", Karikatur von Burkhard Mohr, 2006

Ein WebQuest erstellen – Geschichte aus dem Internet rekonstruieren

WebQuests im Geschichtsunterricht

Mithilfe der WebQuests wird das Internet als Informationsquelle genutzt. Dabei liegt der Schwerpunkt jedoch weniger bei der Suche nach Informationen. Vielmehr geht es darum, gewonnene Erkenntnisse zu nutzen, zu verarbeiten und weiter zu verwenden. WebQuests gehen von Fragen und Projektaufgaben aus, wie sie z. B. M1 und M2 aufwerfen. Sie können kurzfristig oder langfristig anlegt sein. Ein WebQuest eignet sich vor allem als Methode, ein Sachthema oder eine Fragestellung aufzuarbeiten und Ergebnisse zu formulieren. Besonders hilfreich sind WebQuests bei der Suche nach Antworten auf kontroverse Frage- und Problemstellungen, wie z. B. die Debatte um eine gemeinsame europäische Währung oder die künftige Rolle Chinas in der internationalen Politik und Wirtschaft.

Bei der Internetrecherche sollte immer auch nach Quellen und Literaturangaben gefragt werden. Im Idealfall vergleicht man die Ergebnisse der Onlinerecherchen mit der gedruckten Forschungsliteratur und den Primärquellen. Das erfordert jedoch einen größeren Zeitaufwand, der nur im Rahmen eines umfangreichen Projekts zur Verfügung stehen kann.

Marktwirtschaft und Sozialismus in China?

Bis zum Ende der 1970er-Jahre gab es im kommunistischen China nur Staatsbetriebe in der Landwirtschaft und in der Industrie. Was und in welchen Mengen produziert werden sollte, war in Wirtschaftsplänen des Staates festgelegt. Reformer innerhalb der Kommunistischen Partei erkannten die Ineffektivität des planwirtschaftlichen Systems und drängten auf Veränderungen.

Seit den 1980er-Jahren geht die Volksrepublik China einen Weg der Modernisierung des Landes: Die Planwirtschaft soll gelockert, die „Kräfte des Marktes" sollen gestärkt werden.

Die westlichen Demokratien beobachten diese Entwicklung mit Spannung: Kann es gelingen, eine marktwirtschaftliche Ordnung ohne Demokratie zu entwickeln? Lässt sich das Herrschaftsmonopol der Kommunistischen Partei Chinas auf Dauer aufrechterhalten? Welche Rolle werden Menschen- und Bürgerrechte künftig spielen?

Mit Begriffen wie „Staatskapitalismus" oder „sozialistische Marktwirtschaft" wird der Versuch unternommen, die Vorgänge in China zu beschreiben.

Arbeitsschritte

1. Schritt: Aufgabe stellen

Die Aufgabe kann als Arbeitsauftrag oder zu lösendes Problem formuliert werden. Dabei sollte bereits bedacht werden, wie das Ergebnis der Arbeit gestaltet werden kann.

2. Schritt: Ablauf organisieren und Informationsquellen auswerten

Die Aufgabe (Problemstellung) an die Arbeitsgruppen verteilen. Erste Zugänge zu Informationen (Webadressen) nennen. Auf Aktualität der Adressen achten, ggf. aktualisieren und weitere recherchieren. Zeitbedarf, Organisationshilfen und Tipps absprechen. Fragen beachten: a) zum Urheber (Autor) der Informationen (Einzelperson, Institution, z. B. Universität), b) zur Position des Autors und c) zum Material (Datierung, fachwissenschaftlicher Anspruch an das Material, schlüssige Information, Quellenangaben, weiterführende Hinweise wie Literatur, Links).

3. Schritt: Präsentation

Die Ergebnisse können in verschiedenen Formen vorgestellt werden (mündlicher Vortrag: Spickzettel, Power-Point-Vortrag, Zusammenstellung der Ergebnisse in einem Word-Dokument, Plakat, Rollenspiel, Ausstellung, Podiumsgespräch. Auf klare Strukturen in der Darstellung achten (Schriften, wenige Farben, Animationen; bei Bildern auf Urheberrechte achten).

4. Schritt: Bewertung/Fazit

Die Bewertung kann je nach Absprache zwischen den Gruppen oder (und) durch die Lehrkraft erfolgen, ggf. auch vor der Präsentation (Elemente als Hilfe für eine Bewertung siehe Kasten). Beim Fazit sollten die Ergebnisse präzise benannt und kritisch betrachtet werden – mit Anregungen zur Weiterarbeit.

Bewertung eines WebQuests

Fragen zur Bewertung der Leistungen

– Wie wurden die Aufgaben gelöst?	Nicht, lückenhaft, vollständig.
– Wie verlief der Bearbeitungsprozess?	Keine gelungene Zusammenarbeit; Organisation und Zusammenarbeit mithilfe der Lehrkraft; leichtere selbst überwundene Schwierigkeiten; gute problemlose Zusammenarbeit.
– Wie selbstständig wurde gearbeitet?	Beantworten der Frage nach Materialvorgabe; Erweiterung der Fragestellung; selbstständige Erweiterung der Materialien.
– Wie ist die Präsentation gelungen?	Mündliche Darstellung und Kommentierung; technische Ausführung; inhaltliche und sprachliche Qualität und Struktur; mediale Darstellung; Design; Layout.

Vorschlag für eine Gruppenarbeit

Marktwirtschaft und Sozialismus in China?

Problemstellung:

Welche Konflikte ergeben sich aus dem Nebeneinander von Marktwirtschaft und sozialistischer Diktatur?

Aufgaben:

1 Welche politische Entwicklung nahm China nach dem Tode Mao Zedongs (1976)?

2 Welche Ziele verfolgten die Nachfolger Maos in der Landwirtschaft und in der Industrie?

3 Welche sozialen Folgen hatte die wirtschaftliche Modernisierung?

4 Wie begründet die Kommunistische Partei Chinas die Aufrechterhaltung ihres Herrschaftsmonopols?

5 Wie ging bzw. geht die kommunistische Staatsführung mit nationalen Minderheiten um? (Beispiel Tibet)

6 Wie geht die chinesische Staatsführung mit dem Grundrecht der Meinungsfreiheit um? (Beispiel Internet)

7 a) Erörtert in einer gemeinsamen Gesprächsrunde Möglichkeiten und Probleme, Geschichte aus dem Internet zu rekonstruieren.
b) Vergleicht eure Erfahrungen mit euren Kenntnissen aus dem Umgang mit Fachbüchern.

M1

Chinesische Panzer gegen Studenten, Foto, 4. Juni 1989. Forderungen nach Freiheit und Demokratie mündeten 1989 in eine Studentenbewegung, die das Ende der Einparteien-Diktatur forderte. Soldaten der Armee beendeten am 4. Juni 1989 Demonstrationen und Hungerstreiks gegen unbewaffnete Zivilisten mit äußerster Brutalität. Es kam zum Massenmord mit einer hohen Zahl an Toten.

M2

„Workers, Peasants, Soldiers and Coca Cola“, Plakat von Wang Guangyi, 1992

Internettipp

www.nfhdata.de
www.china-botschaft.de
www.google.de (Stichworte: China Geschichte)

Israel und Palästina – zwei Staaten in einem Land?

Naher Osten – ferner Frieden?

Gegenwärtig ist kaum eine Region der Erde so spannungs- und konfliktgeladen wie der Nahe Osten. Hass und Angst, Starrsinn und Misstrauen bestimmen das Denken vieler Menschen und das Handeln der politisch Verantwortlichen. In diesem Raum stoßen verschiedene Konfliktfelder aufeinander: religiöse, ethnische und nationale Ansprüche, aber auch Großmachtinteressen – allesamt seit langem wie zu einem unauflösbaren Knoten miteinander verschlungen. Vereinfacht formuliert, geht es seit Beginn des 20. Jahrhunderts um das Lebensrecht zweier Gruppen in ein und demselben Raum, die sich als Völker oder Nationen verstehen.

Eine Heimat in Palästina finden – dieser Gedanke bestimmte das ganze 20. Jahrhundert hindurch einen Konflikt, der tausende von Juden und Arabern das Leben gekostet hat und der bis heute nicht beigelegt ist.

Seit Ende des 19. Jahrhunderts wanderten Juden, die vom Antisemitismus in den europäischen Staaten bedroht waren, in großer Zahl nach Palästina aus. Nach der Idee ihres Vordenkers Theodor Herzl (1860–1904) wollten sie einen eigenen Staat im „Land ihrer Väter" gründen. Auf der anderen Seite gab es die Hoffnungen und Erwartungen der in Palästina lebenden arabischen Bevölkerung auf Unabhängigkeit und nationale Selbstbestimmung nach dem Zusammenbruch des Osmanischen Reiches 1920/22.

M1

Friedensdemonstration von Israelis und Palästinensern, Foto, 1997. Über 50 000 Menschen demonstrierten für Frieden, für die Gründung eines Palästinenserstaates und die Nutzung Jerusalems als gemeinsame Hauptstadt.

Begriffe und Daten

Der Nahostkonflikt 1948/49 bis 2009

1948/49 Die Gründung des Staates Israel löst den 1. Nahostkrieg aus.

1952 2. Nahostkrieg um den Suez-Kanal und Sinai.

1967 3. Nahostkrieg (Sechs-Tage-Krieg); Israel siegt über Ägypten, Syrien und Jordanien; Besetzung arabischer Gebiete durch Israel; der Kampf der Palästinenser um ihr Land beginnt.

1973 4. Nahostkrieg (Yom-Kippur*-Krieg): Ägypten und Syrien greifen Israel an; arabische Staaten lösen durch Exportstopp von Erdöl eine internationale Energiekrise aus.

1975 bis 1985 Bürgerkrieg im Libanon: Christlich-muslimische Kämpfe führen zum Eingreifen Syriens und Israels.

1979 Auf der Grundlage des Camp-David-Abkommens schließen Israel und Ägypten Frieden. Räumung des Sinai und Rückgabe an Ägypten.

1982 Angriff israelischer Truppen gegen Palästinenser im Libanon.

1987 Beginn der ersten „Intifada" (arab.: Abschüttelung): bewaffnete Auseinandersetzungen zwischen Palästinensern und israelischem Militär.

1994 Friedensschluss zwischen Israel und Jordanien.

1995 Osloer Abkommen: Autonomie der Palästinenser im Westjordanland und im Gazastreifen.

2000 Juli Israelisch-palästinensische Konferenz in Camp David scheitert; zweite „Intifada".

2003 USA, UNO, Europäische Union und Russland legen Friedensplan („Roadmap") vor; Ziel: Errichtung eines palästinensischen Staates; Israel beginnt mit Bau von Sperranlagen zur räumlichen Trennung von Israelis und Palästinensern.

2005 Ende der Besetzung des Gazastreifens.

2006 Militäroffensive der israelischen Armee im Libanon und in Gaza.

2007 bis 2009 Nahostkonferenz in Annapolis; Ziel: Friedensvertrag bis Ende 2008; Spaltung der palästinensischen Gebiete in die Fatah-kontrollierte Westbank und den Hamas-kontrollierten Gazastreifen; erneute Offensive Israels im Gazastreifen nach Raketenbeschuss der Hamas aus Gaza auf Israel.

M2

„Versetzt euch in unsere Lage“

Schülerinnen einer deutsch-arabischen Schule in Ostjerusalem und junge Israelis schrieben sich gegenseitig Aufsätze in Briefform (um 1989):

2A *Die 17-jährige Lara an israelische Schüler:* Es gibt einiges, was wir gemeinsam haben, du und ich: Jeder von uns hat seine eigenen Träume, seine eigenen Wünsche und Erwartungen an die Zukunft. Dennoch – uns trennen Welten.

Du hast alle Möglichkeiten, dir deine Wünsche zu erfüllen … Du hast einen Staat, eine Fahne, einen Pass … du hast deine Freiheit: Du hast ein Leben! … Ich habe kein Zuhause, keinen Staat, keine Freiheit … ich habe nichts … Du lebst, aber lässt andere nicht leben. Du lernst, aber lässt andere nicht lernen. Du atmest reine Luft und erfüllst unsere Luft mit Tränengas und Giften … Die Welt bleibt stehen, sieht zu, wie wir sterben, wie unsere Tränen fließen, wie wir weinen. Helft uns doch, versetzt euch in unsere Lage … Auch wir haben Rechte und wir haben das Recht zu kämpfen!

2B *Ella, auch 17 Jahre alt, antwortet darauf:* Auch ich bin deiner Meinung, es ist nicht richtig, dass ihr keinen Staat, keinen Ausweis, keine Fahne und keine Hymne haben dürft (obwohl eure Fahne und eure Hymne bereits existieren). Doch was die geschlossenen Universitäten und Schulen betrifft, so möchte ich dir sagen, dass es bei euch vor der israelischen Besetzung gar keine Universitäten gab, und heute habt ihr sechs Universitäten. Außerdem ist der Ausbildungsstand an den Grundschulen bei euch heute wesentlich höher als früher … Du schreibst von deinem Wunsch nach einem eigenen Staat, aber du sprichst nicht von deinem Wunsch nach Frieden und das wundert mich. Willst du denn einen Staat und keinen Frieden?

Roswitha Benda, „… dann werden die Steine schreien“, München (Kindler) 1990, S. 153 f., S. 171 f.

Internettipp

www.bpb.de

Das Internetportal der Bundeszentrale für politische Bildung bietet zu dem Thema ein Dossier unter dem Titel „60 Jahre Israel“. Hier findet ihr zahlreiche Hintergrundinformationen zum Nahostkonflikt.

Biografie

Yitzhak Rabin

Rabin wurde am 1. März 1922 in Jerusalem geboren. 1940 bis 1967 war er Soldat und verteidigte 1948 als Mitglied der jüdischen Untergrundarmee Jerusalem gegen arabische Truppen. Nach dem Sechs-Tage-Krieg beendete er seine militärische Karriere und war bis 1973 Botschafter in Washington. 1974 wurde Rabin Arbeitsminister, im gleichen Jahr übernahm er das Amt des Ministerpräsidenten, von dem er aber zwei Jahre später zurücktrat. 1992 gewann er mit der Arbeiterpartei die Wahlen und wurde zum zweiten Mal Ministerpräsident. In dieser Funktion bemühte er sich um den Frieden mit den Palästinensern und erhielt dafür, gemeinsam mit Außenminister Shimon Peres und Palästinenserführer Yassir Arafat, 1994 den Friedensnobelpreis. Am 5. November 1995 wurde Rabin bei einer Friedensdemonstration von einem israelischen Extremisten erschossen.

Biografie

Yassir Arafat

Yassir Arafat wurde 1929 in Jerusalem geboren. 1959 gründete er die Kampforganisation „Al Fatah“, die seit 1965 vom Libanon aus einen Guerillakrieg gegen Israel führte. Arafat wurde 1969 Vorsitzender der PLO. In den folgenden Jahren erhielt die PLO international mehr Gewicht. Arafats Einstellung blieb unklar: Er verhandelte für den Frieden, machte sich aber zugleich terroristischer Aktivitäten verdächtig. 1988 rief Arafat den Staat Palästina aus. Weil er gleichzeitig das Existenzrecht Israels anerkannte und sich vom Terrorismus lossagte, waren die UNO und die USA zur Vermittlung bereit. Als deren Ergebnis wurde das Abkommen von Oslo formuliert. Den Aufbau eines unabhängigen Palästinenserstaates und einen friedlichen Ausgleich mit Israel hat Arafat nicht durchsetzen können. Er verstarb 2004.

M3A Israel und Palästina 1948/49 bis 1967

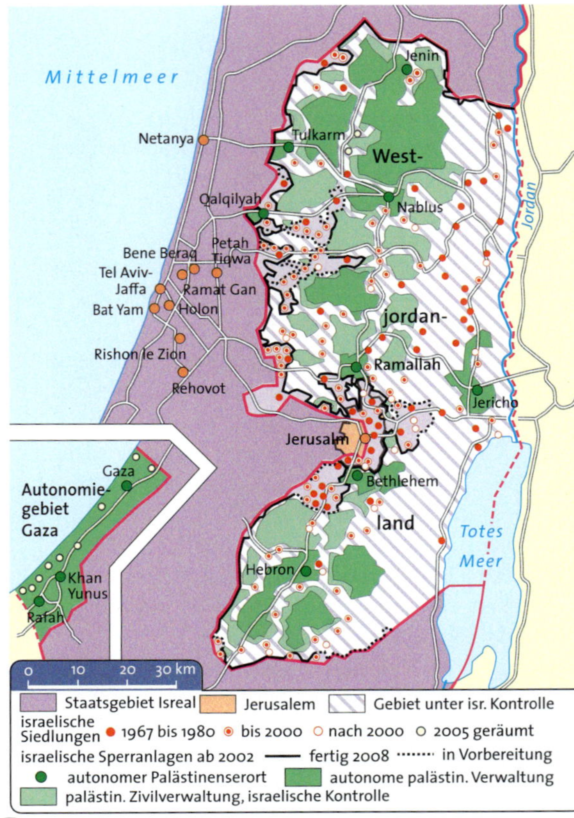

M3B Israel und Palästina 2008

M4 **Israel unter Beschuss,** Foto, 2000

M5 **Gaza unter Beschuss,** Foto, 2000

Begriffe und Daten

Streitpunkte im Konflikt zwischen Israelis und Palästinensern (Stand 2010)

Grenzen

Die Palästinenser fordern den Rückzug Israels aus den besetzten Gebieten hinter die Grenzen von 1967. Das Westjordanland und Gaza sollen das Staatsgebiet eines unabhängigen Staates Palästina werden – mit Jerusalem als Hauptstadt.

Israel wäre bereit, sich aus mehr als 90 Prozent des Westjordanlandes zurückzuziehen. Als Entschädigung für die bei Israel verbleibenden großen Siedlungsblöcke bietet Israel eine Landentschädigung in der Wüste Negev, die an Gaza angrenzt.

Jerusalem

Ostjerusalem soll Hauptstadt des zu gründenden palästinensischen Staates werden. Der Tempelberg wird von Palästina kontrolliert, nur die Klagemauer steht unter israelischer Hoheit.

Israel will die Mehrheit der palästinensischen Viertel von Palästina verwalten lassen, die jüdischen Enklaven in Ostjerusalem sollen unter israelische Verwaltung kommen. Der Tempelberg wird, eventuell mit internationaler Beteiligung, von beiden Staaten kontrolliert.

Verbindung zwischen Gaza und dem Westjordanland

Die Palästinenser fordern einen Landweg zwischen den räumlich getrennten Gebieten Gazas und dem Westjordanland. Die Verbindung soll von Palästina verwaltet werden.

Israel will Gaza und das Westjordanland durch Tunnel und hohe Brücken miteinander verbinden, die von Israel verwaltet und gesichert werden.

Rückkehrrecht der Flüchtlinge

Israel soll das Recht auf Rückkehr der palästinensischen Flüchtlinge anerkennen. Die Umsetzung des Rechts soll in einem zweiseitigen Abkommen ausgehandelt werden. Israel lehnt eine Rückkehr in israelisches Territorium ab.

Lesetipp

Ghazi Abdel-Qadir, Die sprechenden Steine, Weinheim (Beltz & Gelberg) 1998. Der Palästinenserjunge Kamal erzählt über sein Leben in Warda, einem Dorf im Westjordanland, und über Ereignisse während der Intifada.

M6

Feindbilder

Die Publizistin Alexandra Senfft schrieb 2010:

Das palästinensisch-israelische Verhältnis ist im Allgemeinen geprägt von tiefem Misstrauen, Ängsten, Feindbildern ... sowie tiefer Missachtung.

Daniel Bar-Tal, Dozent an der Tel Aviv Universität, sagt, dass Gesellschaften, die sich in unlösbaren Konflikten befinden, ein Repertoire an kollektiven Glaubenssätzen zur Formierung, Festigung und Aufrechterhaltung ihrer Identität entwickeln, um mit den alltäglichen Herausforderungen fertigzuwerden. Es entstehe in der kollektiven Erinnerung eine Beschreibung der Vergangenheit, die nicht unbedingt wahr sein müsse, aber für die Gruppe nützlich sei. Diese Geschichte sei meist voller Vorurteile, selektiv und verzerrt, sie vernachlässige Fakten und dichte andere hinzu, verändere den Ablauf von Ereignissen und interpretiere diese absichtlich neu. Erinnerungen über alte und neue Ereignisse vermischten sich und „beeinflussen maßgeblich aktuelle Haltungen, Wahrnehmungen und Verhaltensweisen".

In einem Konflikt neigten Gruppen stark zu Selbstrechtfertigungen, Selbstglorifizierung und Selbstlob, so Bar-Tal, während sie gleichzeitig ihre Gegner moralisch, politisch und auch kulturell delegitimierten [für unrechtmäßig erklären, abwerten]. Sie überhöhen die eigene Sache, was letztendlich dazu diene, Gewalt im Namen von Sicherheit und Gerechtigkeit zu rechtfertigen.

Alexandra Senfft, Wider die „Kultur des Konflikts": Palästinenser und Israelis im Dialog. In: Aus Politik und Zeitgeschichte, Nr. 9, 2010, S. 4.

Vorschlag für eine Gruppenarbeit

1 Erarbeitet die Seiten 318–321 als Gruppenpuzzle:
I. Bewertet den Verlauf des Nahostkonflikts (Darstellungstext, Kasten S. 318).
II. Erörtert, wie sich in den Lebensläufen Rabins und Arafats (S. 319) der Nahostkonflikts widerspiegelt.
III. Erarbeitet, welche Einstellungen in M2 erkennbar sind, und stellt einen Bezug zu M6 her.
IV. Erarbeitet, welche Informationen zum Nahostkonflikt sich M3A und M3B entnehmen lassen.
V. Analysiert M1, M4 und M5 unter der Fragestellung nach Bildaussage und Wirkung der Fotos.

2 Diskutiert in einer gemeinsamen Gesprächsrunde die gegenwärtigen Streitpunkte im Nahostkonflikt.

Folgen des „11. September 2001"

Wirkungen des Anschlags auf die USA

Als die beiden Türme des World Trade Centers in New York nach dem Aufprall entführter Passagiermaschinen zusammengebrochen und Teile des Pentagon, des Verteidigungsministeriums in Washington, zerstört waren, sprachen Beobachter von einem tiefen Einschnitt in die internationale Politik, von einem Ereignis, das in die Geschichte eingehen werde wie einst der Anschlag von Sarajewo im Jahre 1914, der den Ersten Weltkrieg auslöste.

Die Folgen des 11. September zeigten sich sehr schnell: Die US-Regierung sieht sich seit diesem Tag im globalen „Krieg gegen den Terrorismus", der grundsätzlich von den westlichen Staaten unterstützt wird. Die Kriege um Afghanistan und den Irak wären ohne den Anschlag wahrscheinlich nicht geführt worden. Auch die Verschärfung der Nahostkrise zwischen Israelis und Palästinensern kann teilweise auf den 11. September zurückgeführt werden. In den westlichen Demokratien werden seitdem Debatten um die innere Sicherheit und die Einschränkung bürgerlicher Freiheitsrechte geführt. Weltweit hat der Anschlag Diskussionen über das Verhältnis des Westens zum Islam bzw. zu islamischen Staaten ausgelöst. Es zeichnet sich ab, dass der Terrorismus zunehmend auch zu einem inneren Problem islamischer Staaten wird.

M2

Anschlag auf das World Trade Center in New York vom 11. September 2001, Foto. Bei dem Terroranschlag mit 3000 Toten lenkten islamistische Terroristen zwei entführte Passagiermaschinen in die beiden Türme des Bürohochhauses.

M3

Die Symbolik des 11. September 2001

Der Journalist Harald Martenstein schrieb 2001:

Zum ersten Mal berichtete das Medium Fernsehen nicht über ein Ereignis, sondern war mit ihm verwoben, war selbst ein Teil davon. Einiges spricht dafür, dass die Täter genau das beabsichtigten – das erste Flugzeug, das sich in den ersten Turm bohrte, sorgte dafür, dass die Kameras hinschauten, als einige Minuten später das zweite Flugzeug heranflog. Die Täter waren die Regisseure. Radikaler denn je wurde das Fernsehen zur Geisel genommen … Beide, das Medium und die Zuschauer, waren Objekt, ausgeliefert an etwas Drittes, noch Namenloses. Dieses Gefühl war neu. Ein Gefühl der Ohnmacht, auch der Demütigung, das die Wirkung der Bilder verstärkte … Die beiden Hochhäuser des World Trade Centers waren Zwillinge, sie bespiegelten einander … Zu zweit waren sie Symbol für die Kraft und die Stärke der westlichen Welt und des Kapitalismus. Türme sind mehrdeutige Symbole – sie demonstrieren Macht und Glauben, sie stehen für die Hybris [Selbstüberhebung] und für das Risiko der Macht, die Angst vor ihrem Verlust.

Harald Martenstein, Im Schatten des 11. September. In: Geo Epoche Nr. 7, 2001, S. 160 f.

M1

New York, 11. September 2001. Eine Passantin beobachtet, wie Menschen aus dem brennenden World Trade Center in den Tod springen, Foto, Ausschnitt

M4

Angriff auf das Selbstwertgefühl der Amerikaner

Die Politikwissenschaftlerin Beate Neuss schrieb 2006:

Der 11. September, darin sind sich die Amerikaner weitgehend einig, war ein Angriff auf den American Way of Life, verstanden als Leben in einer demokratischen, rechtsstaatlichen und offenen, liberalen Gesellschaft ... Das Gefühl der Unverwundbarkeit und der Sicherheit im eigenen Land vor äußeren Feinden gehörte zur psychischen Grundausstattung der Bürger. Um so tiefer traf der Schock ... Erst mit dem Desaster der Besatzungspolitik im Irak kamen Zweifel auf ... Nicht zuletzt ernüchtert die Erkenntnis, von der Regierung mit gefälschten Beweisen über das irakische Rüstungsprogramm in den Krieg geführt worden zu sein ... Die USA wären nicht die USA, säßen nicht ihre schärfsten Kritiker im eigenen Land. Bei der orthodoxen Linken, linken Intellektuellen, an den Universitäten und auf der extremen Rechten verwob sich die Kritik an der Politik der USA untrennbar mit fundamentaler Kritik des politischen Systems und des Kapitalismus ... Nach dem Irakkrieg glaubt nur rund die Hälfte der Bürger in den USA, dass die Welt sicherer geworden ist. Noch überzeugt aber mehrheitlich der Einsatz militärischer Mittel. ... Dennoch ist zu erwarten, dass die Vereinigten Staaten ihre Politik korrigieren und stärker auf politische und diplomatische Methoden zurückgreifen werden.

Beate Neuss, Konflikt mit dem Selbstbild. In: Das Parlament Nr. 36 vom 4. September 2006, S. 10.

M5

US-Außenpolitik: Blind durch Antiterrorkrieg?

Der amerikanische Rechtswissenschaftler und Autor Jedediah Purdy schrieb 2006:

Der Einmarsch in den Irak war das zentrale Ergebnis des Versuchs, die Welt nach dem 11. September 2001 neu zu verstehen ... Die Bedrohung durch Terroristen existiert tatsächlich, und sie wächst vermutlich weiter an. Dennoch kann diese Herausforderung nicht wie zuvor der Kalte Krieg der amerikanischen Außenpolitik als Richtschnur dienen. Den Kampf gegen den Terrorismus zum obersten Ziel zu erklären, verschafft noch keine Klarheit darüber, wie sich die Vereinigten Staaten zum Aufstieg von Indien und China verhalten sollten ... Der Vorrang der Terrorbekämpfung gibt auch keinen Aufschluss über die richtige Strategie im Umgang mit den unruhigen Gesellschaften Lateinamerikas, die Washington vergesessen zu haben scheint, derweil China dorthin regen Handel treibt ... Denn seit dem 11. September 2001 ist Amerika mit dem Irakkrieg, der Iran-Krise, dem Terrorismus, dem Wettbewerb um Ressourcen, der wachsenden Verschuldung der öffentlichen Haushalte, den Herausforderungen der Globalisierung und der Umweltzerstörungen in eine Abfolge sich verschärfender politischer Probleme geraten, auf welche die Politik keine Antworten zu finden imstande war.

Jedediah Purdy, Welt voller Lücken. In: Die Zeit Nr. 37 vom 7. September 2006, S. 5. Übers. von Tobias Dürr.

M6

Andres Serrano, „Blood On The Flag“, 2001 (Ausschnitt), Beispiel einer künstlerischen Verarbeitung des 11. September 2001

1 Beschreibe M1 und M2 und versuche einzuschätzen, welche Wirkungen mit solchen Fotos unmittelbar nach dem Anschlag weltweit erzielt werden konnten. Beachte, dass M1 ein Ausschnitt ist, der nicht die herabstürzenden Menschen zeigt. Ziehe M3 heran.

2 Erarbeite, welche Folgen die Autoren von M4 und M5 in der amerikanischen Politik und Gesellschaft sehen.

3 Interpretiere die künstlerische Verarbeitung des 11. September in M6 und nimm dazu Stellung.

Terrorismus

M1

Historische Wurzeln des modernen Terrorismus

Der Journalist Peter Orzechowski schrieb am 12. April 2002 in der Wochenzeitung „Das Parlament":

Der jüdische Historiker Josephus Flavius (37–97 n. Chr.) berichtet ... von einer extremen Splittergruppe, den Sikariern, die sich auf Anschläge in den Städten spezialisiert hatten. Vornehmlich im Schutz feiernder Menschenmengen schlichen sie sich an ihre Opfer heran und erstachen sie mit einem kurzen Dolch (sica). Ihre Mord- und Brandserie richtete sich vor allem gegen jene Juden, die mit den römischen Besatzern zusammenarbeiteten. Flavius nennt die Sikarier Verbrecher eines neuen Typs, den es bisher noch nicht gegeben habe.
Heutige Wissenschaftler verlegen die „Geburt des Terrors als ein politisches Mittel" in eine spätere Zeitepoche ... Der legendäre „Alte vom Berg" gründete Ende des 11. Jahrhunderts in Khorasam, einer Bergregion an der persisch-afghanischen Grenze, einen Geheimorden: die Assassinen. Von ihren Bergfestungen verlegten sie 1092 ihren Aktionsschwerpunkt auf die Städte und ermordeten zahlreiche Fürsten ...
In Europa taucht der Terrorismus erstmalig während der Französischen Revolution auf. Das „Regime des Terrors" der Jahre 1793/94 war freilich kein Krieg der Untergrundgruppen, sondern ein Herrschaftsinstrument des neuen Staates ...
Im 19. Jahrhundert bestimmte der Terror die Pläne italienischer und irischer Patrioten in ihrem Kampf um die Unabhängigkeit ihrer Länder genauso wie die der Revolutionäre und Anarchisten[1] in ihrem Versuch, die Monarchien zu stürzen ...
1878 gründeten russische Revolutionäre die Organisation „Narodnaja Wolja" (Volkswille). Ihr Ziel, die Bauern zu einem Aufstand zu mobilisieren, scheiterte zwar, aber ein Mordanschlag auf Zar Alexander II. im März 1881 gelang ...
Zwischen den 80er-Jahren des 19. Jahrhunderts und dem ersten Jahrzehnt des 20. Jahrhunderts ereigneten sich zahllose Attentate auf Staatsmänner in Europa und Amerika. ... Nach dem Ersten Weltkrieg ... bildeten sich neben den linksextremen Gruppen auch nationalistische, rechtsextreme Terrororganisationen heraus. Überall kämpften sie um territoriale Unabhängigkeit oder um einen Umsturz des politischen Systems. In Italien, Deutschland und Russland schufen Terrorgruppen öffentliche Unruhe, schürten Angst und Hass gegen Minderheiten und bestimmten mit ihren Uniformen und Aufmärschen das Straßenbild.

Das Parlament vom 12./19. April 2002. Bearb. d. Verf.

[1] Anhänger der Idee, dass eine Gesellschaft ohne Staatsgewalt und gesetzlichen Zwang am besten funktioniert

M2

Islamismus als Terrorismus

Der Journalist Albrecht Metzger schreibt 2002:

Der Islamismus, oder der politische Islam, wie er auch genannt wird, glaubt durch Rückgriff auf die Urquellen des Islams die Probleme der heutigen Zeit lösen zu können. Er verlangt von seinen Anhängern aktiv auf die Errichtung eines islamischen Staates hinzuarbeiten, in dem Gott und nicht der Mensch der Souverän ist. Wie dieser Staat genau aussehen soll, ist vielfach unklar. Klar ist jedoch, dass diese Bewegung totalitäre Ansätze hat. Grundsätzlich lehnt der politische Islam Pluralismus, Individualismus und Demokratie ab. In seiner verblendeten Form läuft er Gefahr, in den Terrorismus abzugleiten – nämlich dann, wenn seine Anhänger glauben, die Errichtung der göttlichen Ordnung verlange einen permanenten Dschihad[1], in dem die vermeintlichen Feinde des Islams mit allen Mitteln bekämpft werden müssten. Der 11. September war die schreckliche Manifestation dieses verblendeten Islamismus.

Albrecht Metzger, Die vielen Gesichter des Islamismus. In: Aus Politik und Zeitgeschichte, Nr. 3/4 vom 18. Januar 2002, S. 8.

[1] Sichanstrengen, Sichbemühen für die Sache des Glaubens unter Einsatz von Besitz und Leben; umstrittene Bedeutung: Heiliger Krieg

M3

Islamistische Fundamentalisten verbrennen eine amerikanische Fahne im pakistanisch-afghanischen Grenzgebiet, Foto, 23. September 2001

M4

Terrorismus und Globalisierung

Der israelische Journalist Uri Avnery schrieb kurz nach den Terroranschlägen von New York und Washington (2001):

Das ist die Kehrseite der Globalisierung: Alle Probleme der Welt betreffen jeden in der Welt. Jeder Fall von Ungerechtigkeit, jeder Fall von Unterdrückung. Terrorismus, die Waffe der Schwachen, kann leicht jeden Punkt der Erde erreichen. Jede Gesellschaft kann leicht anvisiert werden, und je weiter eine Gesellschaft entwickelt ist, umso gefährdeter ist sie. Immer weniger Menschen werden benötigt, um immer mehr Menschen Leid zuzufügen …

Das ist die Realität des 21. Jahrhunderts, die diese Woche allen Ernstes begann. Sie muss zur Globalisierung aller Probleme und zur Globalisierung ihrer Lösungen führen. Nicht abstrakt, durch einfältige Vereinbarungen der Vereinten Nationen, sondern durch die globale Bemühung, Konflikte beizulegen und Frieden zu erreichen, unter Beteiligung aller Nationen und der Vereinigten Staaten in einer führenden Rolle.

israel & palästina, Themenheft 65, Oktober 2001, S. 17 ff. Übers. von Marianne Weiß.

M5

Terrorismus als „psychische Gewalt"

Der Politikwissenschaftler Herfried Münkler 2003:

Der internationale Terrorismus … nutzt die Gewaltanwendung nicht mehr ausschließlich und nicht mehr bevorzugt als Zugangsmittel zur Weltöffentlichkeit, um bestimmte Botschaften und Nachrichten zu verbreiten. Anders als etwa die verschiedenen palästinensischen Gruppierungen Ende der 60er-, Anfang der 70er-Jahre, die durch spektakuläre Flugzeugentführungen ihre jeweiligen Ziele und Forderungen ins öffentliche Bewusstsein rücken wollten, zielt die neue Form der terroristischen Gewalt unmittelbar auf die Wirtschaftskreisläufe der westlichen Welt sowie der ihr verbundenen Staaten, und sie setzt dabei – das kennzeichnet sie als terroristische Gewalt – statt auf die physischen auf die psychischen Folgen der Gewalt. Sie ist zerstörerisch nicht dadurch, dass sie massive Schäden an der Infrastruktur der angegriffenen Länder, an Fabriken und Einkaufszentren, Steuerungs- und Transportsystemen anrichtet, sondern indem sie Schrecken verbreitet und damit das hochsensible psychische Wirtschaftsgewebe moderner Gesellschaften zerreißt. Hier liegt der schwächste Punkt dieser Gesellschaften, und ausgerechnet er ist relativ leicht zu treffen.

Herfried Münkler, Die neuen Kriege, 4. Aufl., Reinbek (Rowohlt) 2003, S. 205.

Begriffe und Daten

Terrorismus

Der Begriff ist nicht eindeutig zu bestimmen. Im Allgemeinen werden in der Fachliteratur drei wesentliche Merkmale genannt: 1. Es muss Gewalt angewendet oder angedroht werden. 2. Wichtig sind die emotionalen Reaktionen und 3. die sozialen, politischen und wirtschaftlichen Wirkungen. Ziel: Veränderung der bekämpften Politik. Terrorismus kann von Einzelnen, Gruppen, aber auch von diktatorischen Staatsführungen ausgeübt werden.

1 Partnerarbeit:

a) Erarbeitet anhand der Materialien auf dieser Doppelseite Begriff, Formen und Wirkungen des Terrorismus.

b) Erörtert und notiert Möglichkeiten der Bekämpfung des Terrorismus. Belegt eure Ergebnisse mit Beispielen.

Europa und die Welt nach dem Ost-West-Konflikt

M1

Europa – wohin?

Der Journalist Hans-Georg Golz schrieb 2010:

Das Projekt der europäischen Einigung begann in den 1950er-Jahren als Lehre aus Jahrhunderten der Kriege und unter dem Eindruck der schrecklichen Verwüstungen des vom nationalsozialistischen Deutschland angezettelten Weltkrieges. Kürzlich brachte der luxemburgische Ministerpräsident Jean-Claude Juncker die Lehren der Geschichte auf den Punkt: „Wer an Europa zweifelt, wer an Europa verzweifelt, der sollte Soldatenfriedhöfe besuchen!" Der Frieden auf dem Kontinent sei nicht der Normalfall; allzu leicht werde das vergessen.
Seit Ende 2009 ist der Vertrag von Lissabon in Kraft: ein weiterer Meilenstein zur Einigung Europas? Nach dem Scheitern des Verfassungsvertrags und langwierigen Ratifizierungsprozessen stellt der Vertrag die Europäische Union (EU) auf eine neue institutionelle Grundlage – symbolisiert durch die Ämter eines Ständigen Ratspräsidenten und eines Hohen Vertreters für Außenpolitik. Mit diesen soll sich die EU in der globalisierten Welt behaupten. Die Grundrechtecharta ist in den Mitgliedsländern (mit wenigen Ausnahmen) nun einklagbares Recht. Die Stellung des Europäischen Parlaments gegenüber der Exekutive wurde gestärkt. Das Bundesverfassungsgericht hat den Vertrag von Lissabon für grundgesetzkonform erklärt und zugleich gefordert, den Deutschen Bundestag stärker in die europäische Rechtsetzung einzubinden.
Das bislang ehrgeizigste Projekt der EU ist die Einführung der Gemeinschaftswährung. Im Zuge der globalen Finanzkrise sind auch die Länder der Eurozone in schwere Wasser geraten; die hohe Staatsverschuldung vieler Euroländer gefährdet die Stabilität des Euro. Auf lange Sicht dürfte jedoch die Distanz zwischen dem Europa der Bürgerinnen und Bürger und dem der Institutionen die größte Herausforderung für das europäische Projekt bleiben.

Hans-Georg Golz. In: Aus Politik und Zeitgeschichte, Nr. 18, 3. Mai 2010, S. 2 (Editorial).

M2

„Festung Europa", Karikatur von Borislav Sajtinac, 1992

M3

Titelbild des Nachrichtenmagazins „Der Spiegel" vom 3. Mai 2010

M4

Eine Lösung des Nahostkonflikts?

Die israelische Historikerin Fania Oz Salzberger schrieb um 2010:

Es gibt eine Lösung für den israelisch-palästinensischen Konflikt. Sie hat mit Teilung von Land zu tun und der Abtrennung von Heimstätten. Sie sieht schmerzliche, aber denkbare Kompromisse für beide Seiten vor: Jerusalem wird geteilt, die palästinensischen Flüchtlinge werden nicht in die Heimstätten ihrer Vorfahren zurückkehren und die jüdischen Siedlungen in der Westbank werden wie ihre Pendants im Gazastreifen aufgegeben oder gezwungen, für sich selbst zu sorgen. Eins steht für diese Lösung jetzt schon fest: Die Extremisten werden sie hassen. Die Gemäßigten hingegen werden sie akzeptieren, wenn auch zähneknirschend. Diese Art von Palästina wird die beste Neuigkeit sein, die der nahe Osten seit langem zu bieten hatte.

Fania Oz Salzberger. Zit. nach Gesellschaft für Auswärtige Politik. Aus: Praxis Politik, H. 2, 2010, S. 40.

M5

Demonstration in Hamburg-Harburg nach den Anschlägen vom 11. September 2001 in den USA, Foto

Überprüfe, was du kannst

Sachkompetenz

1 Partnerarbeit:
a) Legt eine Tabelle mit folgenden Themenspalten an: Europäische Einigung/Weltmacht China/Nahostkonflikt/Terrorismus. Tragt jeweils „Schlüsselwörter" zu den Themen ein.
b) Stellt eure Ergebnisse gegenseitig vor.

2 Analysiere M2, M3 und M5 unter der Fragestellung, welche Aussageabsicht und Wirkung von den Abbildungen ausgehen könnte. Lies im Kapitel nach.

Methodenkompetenz

3 Erarbeitet ein WebQuest mithilfe der entsprechenden Methode (S. 316 f.) zum Thema „Ursachen und Lösungsmöglichkeiten des Nahostkonflikts".

Urteilskompetenz

4 Analysiere M1 unter der Fragestellung, welche Chancen und Risiken die europäische Einigung bietet.

5 Beurteile M4 aus palästinensischer Sicht (S. 318–321).

Kommunikations-und Handlungskompetenz

6 Gestaltet ein Partnerinterview zum Thema „Terrorismus". Nehmt die Beispielfragen und die Seiten 324 f. zuhilfe und formuliert weitere Fragen. Ein Partner beantwortet jeweils eine Frage. Die Paare bringen ihre Antworten ins Plenum, wo sie weiter besprochen bzw. geklärt werden. Beispielfragen: a) Was ist Terrorismus? b) Welche Folgen hatte der Anschlag vom 11. September 2001? c) Welche historischen Wurzeln hat der Terrorismus? d) Welchen Zusammenhang gibt es zwischen Terrorismus und Islamismus?

1948 Gründung des Staates Israel – in der Folge kriegerische Konflikte mit arabischen Nachbarstaaten und Palästinensern

seit 1950 Anfänge der wirtschaftlichen und politischen Einigung Europas

1957/58 Römische Verträge/Inkrafttreten der Europäischen Wirtschaftsgemeinschaft (EWG)

1970er-Jahre Terrorismus in Deutschland durch die Rote-Armee-Fraktion (RAF)

1992 Vertrag von Maastricht

1993/94 EG wird Europäische Union (EU)

1999 Einführung des Euros als Recheneinheit; 2002 Umtausch nationaler Münzen und Scheine in Euro

11. September 2001 Terroranschlag auf das World Trade Center in New York

2009 Vertrag von Lissabon

1940 | 1950 | 1960 | 1970 | 1980 | 1990 | 2000 | 2010

Die Neuordnung Europas und der Welt nach 1945

Deutschland – geteilt und vereint

1945 übernahmen die Siegermächte USA, UdSSR, Großbritannien und Frankreich zunächst die oberste Staatsgewalt in Deutschland. Ihr Ziel war die Entmilitarisierung und Entnazifizierung Deutschlands. Unter den Vorzeichen des Kalten Krieges kam es im Alliierten Kontrollrat jedoch schon bald zu Spannungen. Schließlich zeichnete sich die Spaltung Deutschlands ab: 1947 legten die USA und Großbritannien ihre Zonen zu einem Wirtschaftsgebiet zusammen und 1948 führten die Westalliierten in ihren Zonen sowie in Berlin (West) eine Währungsreform durch. Darauf reagierte die Sowjetzone mit einer eigenen Währung. Während in den Westzonen demokratische Strukturen von unten nach oben aufgebaut wurden, bestimmte in der sowjetischen Zone die Sozialistische Einheitspartei Deutschlands (SED) unter der Kontrolle der sowjetischen Besatzungsmacht das politische Geschehen.

Im Westen wie im Osten Deutschlands entstand auf Weisung und mit Unterstützung der Siegermächte 1949 jeweils ein eigener Staat: die Bundesrepublik Deutschland als parlamentarischer Parteienstaat mit sozialer Marktwirtschaft, und die Deutsche Demokratische Republik unter der Vorherrschaft der SED mit einer zentral gelenkten Planwirtschaft.

Um die seit Jahren andauernde Massenflucht von Ost nach West zu stoppen, entschied sich die SED 1961 zum Bau einer Mauer an der Berliner Sektorengrenze. Die seit 1969 in Bonn regierende SPD/FDP-Koalition unter Willy Brandt leitete eine Entspannungspolitik ein, durch die u. a. Kontakte zwischen den Einwohnern beider Staaten erleichtert wurden.

Die Reformpolitik in der Sowjetunion seit 1985 ermutigte kritische DDR-Bürger, von der SED größere politische Freiheit, vor allem Reisefreiheit, zu verlangen. Als im Sommer 1989 die Grenze zwischen Ungarn und Österreich durchlässig wurde, flüchteten tausende DDR-Bürger in den Westen. In der Folge fanden in der DDR Massendemonstrationen gegen die Regierung statt. Ohne Unterstützung der Sowjetunion wagte es die SED nicht, mit Waffengewalt gegen die Protestierenden vorzugehen. Nachdem die Berliner Mauer am 9. November 1989 unerwartet geöffnet worden war, zeichnete sich bald eine Tendenz zur Vereinigung mit der Bundesrepublik ab. Denn bei den ersten freien Wahlen in der DDR siegten die Parteien, die für eine schnelle Einheit plädierten. Am 3. Oktober 1990 wurde schließlich nach Beschlüssen der Volkskammer der DDR und des Bundestages sowie mit der Erlaubnis der ehemaligen Alliierten die staatliche Einheit Deutschlands hergestellt. Dem damaligen Bundeskanzler Helmut Kohl kommt dabei eine bedeutende Rolle zu.

Folgen von Teilung und Wiedervereinigung Deutschlands

Den „Systemwechsel“ erlebten die Menschen in Ostdeutschland offensichtlich nicht nur als Befreiung, sondern nach einer Phase der Aufbruchsstimmung auch als Ernüchterung und Enttäuschung. Schnell wurde deutlich, dass sich die bisherigen Lebensbedingungen im DDR-Sozialismus nicht bruchlos in der Bundesrepublik fortführen ließen. Vorurteile und feindbildähnliche Klischees auf beiden Seiten bestimmten zeitweise die öffentlichen Diskussionen. Aus der Sicht von Wissenschaftlern sind vor allem die mentalen Folgen von Spaltung und Einheit Deutschlands noch nicht überwunden.

Kalter Krieg und „neue“ Weltordnung

Über vier Jahrzehnte wurde die Weltpolitik durch den Kalten Krieg, das Wettrüsten und die Angst vor einem Atomkrieg bestimmt. Die USA zogen die demokratischen Staaten (West-)Europas in ihren Einflussbereich: Sie förderten diese Verbindung erst durch finanzielle und wirtschaftliche Hilfe und sicherten sie später durch politische und militärische Zusammenarbeit (NATO). Die Sowjetunion band – ohne demokratische Legitimation – die Staaten Osteuropas und die DDR in das sozialistische Bündnissystem, den Warschauer Pakt, ein. Als wesentliche Ursachen des Kalten Krieges gelten in der Geschichtsforschung die Fehleinschätzung der Interessen und Motive der jeweils anderen Seite und die Verfestigung konstruierter Feindbilder.

Auch die 1945 gegründeten Vereinten Nationen (UNO) konnten die Spannungen und Konflikte nicht lösen. Sie boten aber ein wichtiges Forum zum Austausch der zeitweise unvereinbaren Positionen. Die Ziele der UNO, den Weltfrieden zu sichern und internationale Sicherheit sowie die Gleichberechtigung und Selbstbestimmung aller Völker zu erreichen, bilden auch gegenwärtig die Grundlage weltpolitischer Hoffnungen und Erwartungen.

Das Ende des Ost-West-Konflikts brachten schließlich die Reformen des sowjetischen Politikers und Generalsekretärs der KPdSU, Michail Gorbatschow, und – davon beeinflusst – die Revolutionen in Osteuropa 1989/90 mit dem Ende der kommunistischen Regime. Die Auflösung der Sowjetunion folgte 1991.

Nach dem Ende der „Bipolarität" in der Weltpolitik ist eine stabile neue Weltordnung bisher nicht zu erkennen. Deutlich wird jedoch der Aufstieg sogenannter Schwellenländer, wie z. B. China, Indien und Brasilien. Gegenwärtig wird die Weltpolitik beeinflusst durch langwierige Konflikte, wie der Nahostkonflikt, und durch global agierende terroristische Bewegungen.

Kooperationen und Integration

Die Einigung (West-)Europas richtete sich nach dem Zweiten Weltkrieg vor allem darauf, einen neuen Krieg zu verhindern und den Nationalismus zu überwinden. In jüngster Zeit waren für Europa zwei Kooperationsverträge bedeutend: 1992 der Vertrag von Maastricht über die Europäische Union (EU) und 2009 der Vertrag von Lissabon, der eine verfassungsähnliche Struktur für die EU vorsieht. Nach der Erweiterung der EU um Staaten in Ost- und Südosteuropa – zuletzt mit Rumänien und Bulgarien am 1. Januar 2007 – geht es gegenwärtig um die Frage einer gemeinsamen Wirtschafts- und Finanzpolitik der Euro-Länder innerhalb der EU.

Die Neuordnung Europas und der Welt nach 1945

Deutschland – geteilt und vereint

Ursachen der Aufteilung
- alliierte Beschlüsse zur Aufteilung Deutschlands nach Kriegsende: Zerschlagung der NS-Diktatur
- Differenzen zwischen Westalliierten und UdSSR führen zu getrennter Entwicklung in den Besatzungszonen

Teilung und Einheit
- 1949 Gründung der Bundesrepublik Deutschland und der DDR
- Wirtschaftssysteme: soziale Marktwirtschaft und zentrale Planwirtschaft
- Konfrontationspolitik
- Massenflucht, 1961 Mauerbau
- Entspannung in den 1970er-Jahren
- Fall der Berliner Mauer (9. November 1989)
- Sturz des DDR-Regimes, freie Wahlen
- Deutsche Einheit (3. Oktober 1990)
- mentale Folgen von Spaltung und Einheit

Kalter Krieg und „neue" Weltordnung

Anfänge und Ursachen
- Zerfall der Kriegskoalition nach 1945
- Fehleinschätzung der unterschiedlichen Interessen und Motive
- Aufbau von Feindbildern
- ideologische Gegensätze

Blockbildung und Kalter Krieg
- Bildung eines West- bzw. Ostblocks infolge der ideologischen, politischen und wirtschaftlichen Gegensätze mit den Führungsmächten USA bzw. UdSSR
- atomare Hochrüstung
- Politik der Abschreckung

Wandel
- Entkolonialisierung
- Entspannungspolitik
- Rüstungsbegrenzungen
- Auflösung des Ostblocks
- Ende der Bipolarität
- „multipolare Welt"?
- Aufstieg von „Schwellenländern", z. B. China, Indien

Kooperation und Integration

Vereinte Nationen (UNO)
- Ziele: Sicherung des Weltfriedens und der internationalen Sicherheit, Einsatz für Gleichberechtigung und Selbstbestimmung der Völker

Einigung Europas
- Motive: Überwindung des Nationalismus und Vermeidung neuer Kriege
- Ziele: Zusammenarbeit auf wirtschaftlichem und politischem Gebiet, Schaffung eines gemeinsamen Binnenmarktes, politische Integration, Aufnahme ost- und südosteuropäischer Staaten in die EU
- Bewältigung der Finanz- und Wirtschaftskrise der Euro-Länder

Globale Tendenzen
- Suche nach Konfliktlösungen (z. B. Nahostkonflikt)
- weltweit agierender Terrorismus

7. Längsschnitt: Migration im 19. und 20. Jahrhundert

Wissen • Urteilen • Handeln • Methoden anwenden

Am Ende dieses Unterkapitels kannst du

- den Begriff „Migration" klären
- Ursachen (Faktoren) von Wanderungsbewegungen nennen und erläutern
- den Wandel Deutschlands vom Auswanderungs- zum Einwanderungsland im 19. Jahrhundert erklären
- Übereinstimmungen und Unterschiede historischer Migrationsbewegungen feststellen
- die Problematik illegaler Zuwanderung aus verschiedenen Perspektiven bewerten

Globale Migration: Auf der Suche nach Arbeit

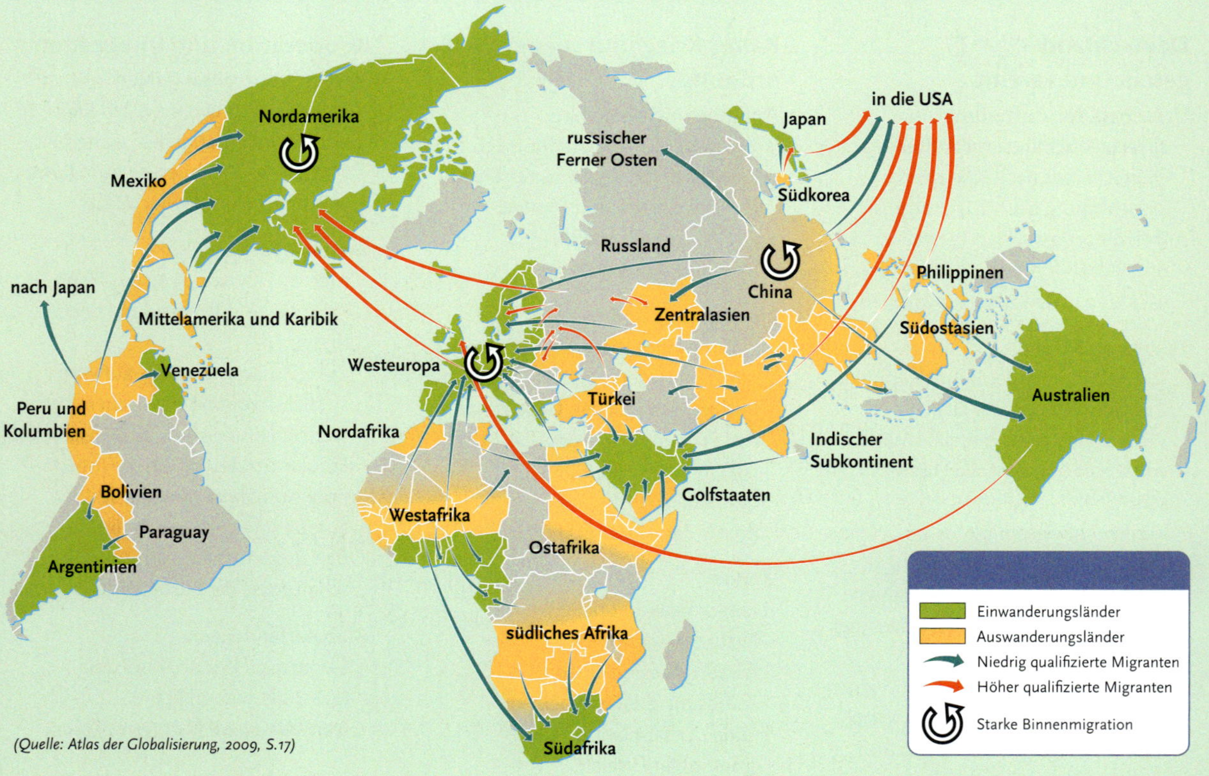

(Quelle: Atlas der Globalisierung, 2009, S.17)

Migration als Geschichte

Migration – ein neues Phänomen?

Migration ist kein einmaliges Ereignis in der Geschichte. In allen Epochen der Menschheitsgeschichte gab es freiwillige oder erzwungene Wanderungsbewegungen einzelner Menschen oder größerer Gruppen in andere Regionen oder Länder. Seit Beginn der Industriellen Revolution in Europa und der europäischen Siedlungskolonisation in Übersee ist räumliche Mobilität zu einem Kennzeichen moderner Gesellschaften geworden. Allerdings haben sich in den letzten zwei Jahrhunderten die Richtungen der Wanderungsströme verändert: Während im 19. und frühen 20. Jahrhundert mehr als 50 Millionen Europäer den Kontinent Richtung Übersee verließen, ist seitdem die Zuwanderung nach Europa größer als die Abwanderung. In Deutschland leben gegenwärtig etwa 15,4 Millionen Menschen mit Migrationshintergrund. Das sind circa 19 Prozent der Bevölkerung. Etwa neun Prozent sind Ausländer, d. h. sie haben nicht die deutsche Staatsbürgerschaft.

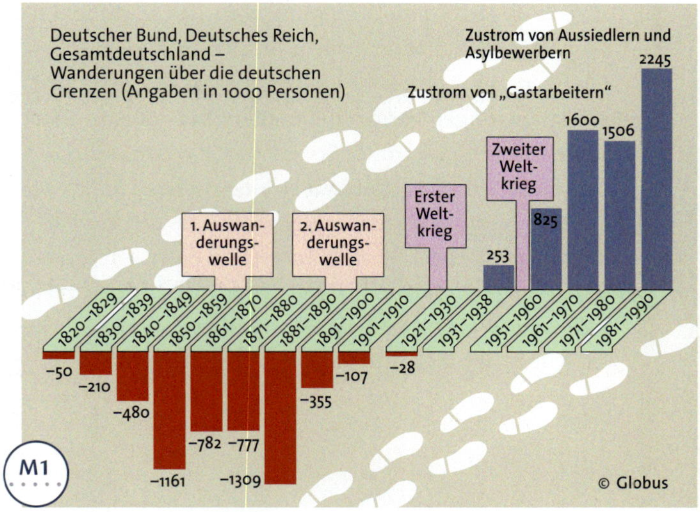

M1 Wanderungsbewegungen in Deutschland im 19. und 20. Jahrhundert

Begriffe und Daten

Migration

(von lat. migratio = Wanderung) Wanderungsbewegungen von Individuen und Gruppen mit einem ständigen oder vorübergehenden Wechsel des Wohnsitzes und des „Lebensmittelpunktes". Als Ursachen werden „Push"- und „Pull"-Faktoren (Druck- und Sogfaktoren) unterschieden. Erstere können Menschenrechtsverletzungen, Verfolgung von Minderheiten, Krieg, Bürgerkrieg, Armut, Arbeitslosigkeit und Umweltprobleme sein. Zu den Sogfaktoren zählen Hoffnungen auf ein besseres Leben mit Chancen auf Arbeit, Bildung und Ausbildung, auf persönliche Freiheiten wie politische und religiöse Rechte.

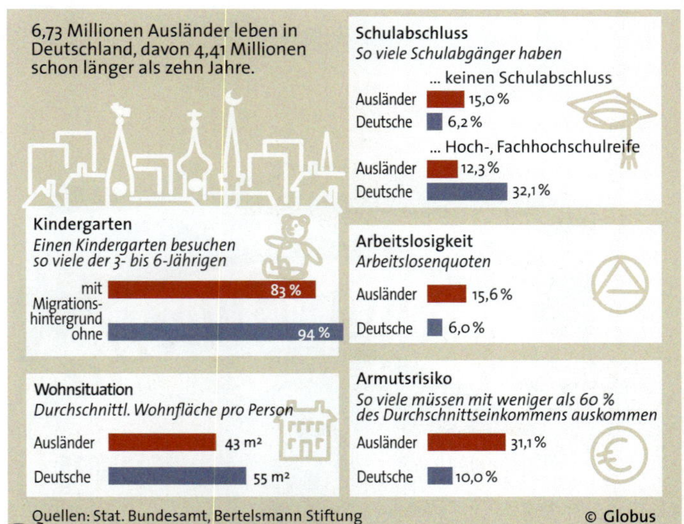

M2 Menschen mit Migrationshintergrund in Deutschland, 2009

1 a) Stelle fest, wie sich die Migrationsströme in Europa im 19. und 20. Jahrhundert veränderten (Darstellungstext).
b) Benenne Herkunfts- und Zielregionen der globalen Migration (siehe Karte).

2 Formuliere Aussagen über die Wanderungsbewegungen in Deutschland (M1).

3 Analysiere M2. Fasse dein Ergebnis zusammen.

Auswanderung nach Amerika im 19. Jahrhundert

Auf dem Weg nach Amerika

Zwischen 1820 und 1890 wanderten fast 5 Millionen Menschen aus den deutschen Staaten in die Vereinigten Staaten von Amerika aus. Eine Auswanderung war ein langwieriger Vorgang, der sich über Monate oder Jahre hinziehen konnte. So spielten die persönlichen und familiären Entscheidungen eine wichtige Rolle wie auch die Entscheidung der Behörden, die die Auswanderwilligen aus der Staatsbürgerschaft entlassen mussten. Die Anfahrt zu den Hafenstädten dauerte mehrere Tage oder Wochen und die Wartezeit im Hafen konnte sich über Wochen hinziehen. Die gefährliche Überfahrt – bis zum Einsatz der Dampfschiffe nach 1850 noch mit Segelschiffen – konnte bis zu 100 Tage dauern. Krankheiten, Stürme, Schiffbruch und Proviantmangel setzten den Passagieren zu. 1827 kam ein Schiff, das mit 1200 Auswanderern in Europa gestartet war, mit nur 800 Passagieren in den USA an.
Als in den 1890er-Jahren die Industrialisierung in Deutschland zunahm und die Anwerbung aus den USA nachließ, war Deutschland kein Auswanderungsland mehr.

M1

Plakat der HAPAG-Reederei nach 1871

M2

Endlich in New York

Auszug aus einem Brieftagebuch einer Überfahrt auf einem Auswanderersegler nach New York im Zwischendeck, 1837:

Endlich … landeten wir in New-York. Unbeschreiblich war unsere Freude, als wir das Schiff, ein Gefängniß voll Leiden und Schmerzen, für uns verließen und an's Land traten. Gegen Mittag wurden wir mit unseren Siebensachen hinüber auf ein großes 4eckiges Blockhaus geführt, um dort die Quarantaine fertig zu halten, und alle Koffer, alle Kisten wurden hier durchsucht, theils nach steuerbaren Sache, theils nach schmutziger Wäsche, die nicht nach New York eingeführt werden darf! – Wie wir nun so das Schiff verließen, wo wir 64 Tage darauf zugebracht hatten, als wir von den Matrosen, von den Steuerleuten Abschied nahmen. Es war uns beiden beinah wieder nicht recht und sogar die Matrosen nahmen ungern Abschied von uns! – Wie wir aber nun abstießen vom Schiff, brachten wir noch … ein donnerndes Hoch! und laut tönend wurde es dreimal von den Matrosen zurückgegeben! –
Daß sich doch auch der Mensch sogar an das gewöhnen kann, was ihm unangenehm war. Wir lagen nun hier wieder auf dem Quarantainekai ohne Betten, ohne Essen, ohne Alles die Nacht, man muss sich aber einrichten so gut es geht, und nicht die schlechteste Nacht habe ich auf den Dielen des Q. H. [= Quarantäne-Haus] zugebracht, obgleich es hartes Holz war, und ich weiches gewöhnt war!

Zit. nach Hans-Jürgen Pandel, Amerikaauswanderung im 19. Jh. In: Geschichte lernen, H. 33, 1993, S. 43.

M3

Bei Fleiß und Ausdauer zu etwas kommen

Johann Bauer schrieb am 10. Juni 1855 in einem Brief an seine Eltern in Deutschland:

Ich war so glücklich schon Nachmittags Beschäftigung zu finden, & obschon die Bedingungen nicht glänzend waren, nahm ich sie doch an, weil ich für den Augenblik nichts Besseres in Aussicht hatte ... Als ich 4 Tage meine Stelle bekleidet hatte, traf ich einen Farmer & da mir dieser weit bessere Bedingungen stellte, so ... gings abermals 110 Meilen weiter ins Land. Ich war den ganzen Winter bei diesem Farmer ... Ich befinde mich gegenwärtig in einer Gegend, welche vor 21 Jahren noch ganz im Besitze der Indianer oder Wilden war. Noch vor wenigen Jahren traf man hier keine einzige Farm. Vor 4 oder 5 Jahren wurde hier das Land zum Verkauf ausgeboten ... Ein amerikanischer Dollar ist f. 2,30 [Gulden]. Ihr seht hieraus daß zu einem Anfange hier auch schon ziemlich Geld erforderlich ist, weil fast alles unbebaute Land in den Händen der Spekulanten ist & ehe ich bei einem Anfange einem solchen Spekulanten den Beutel fülle lieber gehe ich noch 1000 Meilen weiter ins Innere. Es macht dieß mir nicht viel aus, denn in 6 bis 8 Jahren ist es dort gerade so wie Hier. Einer Reise von 1000 Meilen legt man hier nicht mehr Wichtigkeit bei als wenn Ihr nach Carlsruhe geht. Aus obiger Darstellung könnt Ihr ersehen, welchen Aufschwung die Verhältnisse hier nehmen, & daß man bei Fleiß & Ausdauer noch eher zu was kommen kann als in D. Ich kenne hier Leute welche vor 4 bis 5 Jahren keine 25 doll[ar] Vermögen besassen & jetzt Leute von 2 bis 3000 Dollar sind. Ihr müßt Euch Amerika nicht als Wildniß oder lauter Hecken & Stauden & Berge darstellen. Man trifft manchmal Gegenden von 30 bis 50 Meilen lang & breit nichts als das schönste fruchtbarste hügellichte Prarien oder Wiesenland; hinreichend mit Wasser versehen aber nicht immer hinreichend mit Holz.

Zit. nach: Hans-Jürgen Pandel, Amerikaauswanderung im 19. Jh. In: Geschichte lernen, H. 33, 1993, S. 43.

M4

Amerika-Auswanderer auf dem Unterdeck des Auswandererschiffes „Samuel Hope, 1849

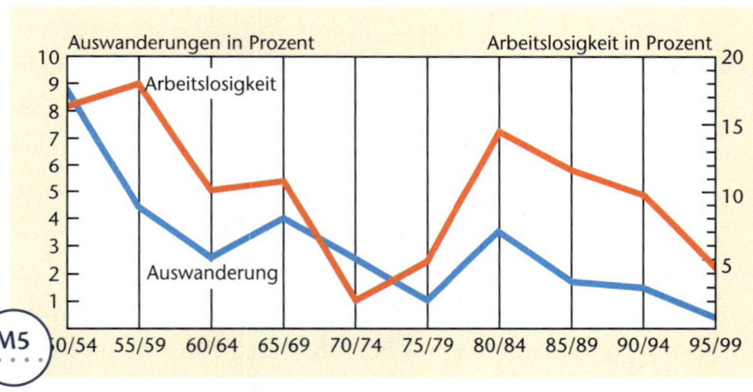

M5

Arbeitslosigkeit und Auswanderung in Deutschland 1850 bis 1900 (im Fünfjahres-Durchschnitt)

M6

Das Deutsche Auswandererhaus in Bremerhaven, Foto, 2005

1 a) Beschreibe M1.
b) Setze M1 in einen Bezug zum Darstellungstext und zu M4.

2 **Partnerarbeit:** Analysiert M2 und M3 mithilfe der Methode „Schriftliche Quellen analysieren" (im Anhang).

3 Prüfe, ob sich in M5 Zusammenhänge zwischen Arbeitslosigkeit und Auswanderung finden lassen.

4 **Partnerarbeit:** Führt eine Internetrecherche über das Deutsche Auswandererhaus in Bremerhaven (www.dah-bremerhaven.de) durch (M6). Bearbeitet folgende Themen: 1. Ziele und Konzeption des Museums, 2. Stationen des Rundgangs, 3. Aufgabe des „Forum Migration", 4. Museumspädagogische Angebote.

Polnische Arbeitswanderer im Ruhrgebiet vor dem Ersten Weltkrieg

Binnenwanderung als Einwanderung

Kuzorra, Szepan, Libuda, Abramczik und Schimanski – diese polnisch klingenden Namen sind heute vielen älteren Menschen noch vertraut. Sie kennen sie als Fußballspieler oder als Hauptfigur einer Krimiserie in der TV-Tatort-Reihe. Auch in heutigen Telefonbüchern der Ruhrgebietsstädte finden sich diese und ähnliche Namen in beachtlicher Anzahl. Sie verweisen auf die Zeit gegen Ende des 19. Jahrhunderts, als sich im Deutschen Kaiserreich die Massenauswanderung umkehrte und Deutschland zu einem „Arbeitseinfuhrland“ wurde. Lebten 1861 in den preußischen Provinzen Rheinland und Westfalen 16 Polen, so waren es 1890 bereits 30 000. 1910 war ihre Zahl auf 300 000 angewachsen. Zusammen mit den Masuren, die in der Statistik nicht immer von den Polen getrennt wurden, lebten zu Beginn des Ersten Weltkriegs (1914) im Ruhrgebiet etwa 500 000 Menschen aus den östlichen preußischen Provinzen. Diese Binnenwanderung war zugleich eine Einwanderung, denn die aus den Agrargebieten im Osten in das Industrierevier an Rhein und Ruhr zugewanderten Menschen sprachen nicht nur eine andere Sprache, sie brachten auch ihre Religion und eigene kulturelle Traditionen mit.

M1

Fahne des St.-Barbara-Vereins in Gladbeck von 1903

M2

Vincentius Wawrzyniak aus Posen

Der Journalist Jörg Bartel schrieb 1989:

Was macht er nun, der Mann aus Posen? Viele Stunden hat er zwischen fremden Menschen, Koffern, Kisten, Körben und Kartons auf einer harten Holzbank gekauert, ein Eisenbahnkunde 4. Klasse. Jetzt steht er müde und mit hochgezogenen Schultern im Treiben des Essener Hauptbahnhofs, viele hundert Kilometer entfernt von der Handvoll Hütten, dem Zisterzienserkloster und dem stillen Dorfteich von Perkowo im Südwesten der Provinz Posen.

Vincentius Wawrzyniak ist nicht der Einzige, der an diesem Oktobertag 1898 im Ruhrgebiet ankommt. Jahre später wird er erfahren, dass er nur einer von etwa zwei Millionen Menschen war, die zwischen 1870 und 1914 die armen Agrargebiete im Osten Richtung Mitteldeutschland, Berlin, Ruhrgebiet, Amerika verließen, auf der Flucht vor dem Hunger, auf der Suche nach dem Lebensminimum, das für viele das gleiche bedeutete wie das große Glück. Und Vincentius Wawrzyniak wird noch 1914 zu den 500 000 gehören, die polnisch sprechen in den Städten und Gemeinden in der Emscher-, Hellweg- und Vestzone, und die eigene Vereine, Banken, Parteien, Gewerkschaften und Gebete haben.

Doch jetzt schickt Vincentius erst mal einen Stoßseufzer in den rußigen Himmel, vielleicht sogar einen deutschen, denn daheim in Perkowo, wo die Eltern bei Herrschaften dienen und er selbst täglich 14, 15 Stunden bei wenig Lohn und vielen Prügeln als Landarbeiter knechten musste, hat er beide Sprachen gelernt. ... Wie so viele Ostwanderer musste auch Vincentius Wawrzyniak erst einmal tief hinabsteigen, um das Vertrauen der „Einheimischen“ zu gewinnen. Doch bei der Arbeit im „Pütt“, hundert Meter unter Tage, ging die Entfremdung schneller voran als andernorts. In der zusammengewürfelten Gesellschaft der Kumpel, in der jeder auf den anderen angewiesen war, in der man Schulter an Schulter schuftete, schwitzte, Angst hatte, ... schmolz das Ruhrgebiet seine Volksgruppen zum „Ruhrvolk“ zusammen. ...

M2

Nach der Schicht brachte das Miteinander in den Zechenkolonien auch hartnäckigste Vorurteile ins Wanken. In den anderthalbstöckigen Häusern, hastig hochgezogen und ebenso hastig vollgestopft, wohnten über die Hälfte aller Ruhrpolen, froh über die vergleichsweise billigen Mieten, großzügige Räume, Vorgärten und das Stück Land hinterm Haus, auf dem sich Gemüse ziehen und sogar ein Schwein oder eine Ziege halten ließ, die berühmte „Bergmannskuh" …

Von der „Normalität", dem ruhrpolnischen Alltag, wissen wir wenig: Er dürfte dem der Ruhrdeutschen geglichen haben: Die Kinder lernten in denselben überfüllten Schulklassen. Die Eltern trugen, was zu sparen war, entweder zu einer deutschen oder polnischen Bank; nach der Schicht trafen sich die Männer in den Kneipen … Die Mütter, anfangs noch in bunten heimatlichen Kopftüchern und Schürzen und sonntags in Tracht, stellten sich beim Schuster, Krämer, Bäcker „umme Ecke" in dieselbe Schlange oder strömten auf die Wochenmärkte zum Billigeinkauf. …

Zu Ende erzählt sei zumindest, was wir heute von Vincentius Wawrzyniak, dem Mann aus Perkowo, wissen. Vincentius findet an jenem Oktobertag 1898 einen Kostplatz bei einer deutschen Familie in Altenessen, arbeitet hier zwei Jahre auf Zeche Carl …, heiratet im Jahr 1900 Gertrud Heck, die Tochter des Hauses, zieht mit ihr nach Bottrop und zeugt neun Kinder. Von diesen neun wird keines mehr Polnisch sprechen; sie alle werden in deutsche Schulen gehen, die Jungs unter ihnen werden Bergleute sein und in deutschen Vereinen Brieftauben züchten und Fußball bolzen. …

Und der heute 44 Jahre alte Hans Wawrzyniak wird das völlig in Ordnung finden. Der Enkel … arbeitet heute als Diözesanreferent beim Essener Caritas-Verband und betreut hier die deutschstämmigen Aussiedler und polnischen Flüchtlinge der 80er- und 90er-Jahre des 20. Jahrhunderts. Und wenn er wieder mit einem Caritas-Transport nach Warschau reist und abermals an der Passkontrolle freundlich auf polnisch angesprochen wird, dann wird er bedauernd die Achseln zucken und sich vornehmen, viel mehr zu erfahren über seinen Großvater Vincentius und das Dorf Perkowo, unweit von Przemet.

Jörg Bartel, Die Geschichte des Vincentius Wawrzyniak. In: GEO special, Nr. 3, 1989, S. 70 ff.

M3

Zuwanderer aus Rybnik in Schlesien, Foto, um 1907

M4

Polnische Schulklasse im Ruhrgebiet, Foto, um 1900

1 „Binnenwanderung als Einwanderung". Kläre diese Formulierung anhand des Darstellungstextes.

2 Schildere, welche Eindrücke dir M1, M3 und M4 über die Einwanderer vermitteln.

3 **Partnerarbeit:** Analysiert M2 mithilfe folgender Fragen:
a) In welcher Lage befindet sich Vincentius Wawrzyniak bei seiner Ankunft?
b) Was ist über seine Herkunft zu erfahren?
c) Wie wird seine „Integration" in die neue Arbeits- und Lebenswelt beschrieben?
d) Wie verläuft sein weiteres Leben?
e) Was erfahren wir über seinen Sohn?
f) Wie bewertet ihr die Darstellung des Autors Jörg Bartel?

Türkische Arbeitswanderer seit den 1960er-Jahren

Arbeiten in Deutschland – auf Zeit?

Das starke Wirtschaftswachstum führte in der Bundesrepublik Deutschland in den 1950er-Jahren zu einem steigenden Bedarf an Arbeitskräften. Deshalb schloss die Bundesregierung zwischen 1955 und 1968 mit mehreren Staaten Anwerbeabkommen, 1961 auch mit der Türkei. Dort gab es wegen des starken Bevölkerungswachstums und wirtschaftlicher Krisen bei geringem Industrialisierungsgrad ein Überangebot an Arbeitskräften. In Westdeutschland dagegen verschärfte der Mauerbau 1961 zusätzlich den Arbeitskräftemangel, weil nun die Bürgerinnen und Bürger aus der DDR als Arbeitskräfte fehlten. Bis Mitte der 1960er-Jahre herrschte allgemein die Auffassung, dass die ausländischen Arbeitskräfte – die sogenannten Gastarbeiter – nur vorübergehend in Deutschland arbeiten sollten. Bei der Anwerbung hatte niemand über Pläne für einen dauerhaften Aufenthalt in Deutschland nachgedacht. Es gab damals auch keine Auseinandersetzung mit ihrem Herkunftsland, ihren Traditionen und ihrer Religion. Als es 1973 zur Ölkrise und der gefürchteten Rezession kam, erließ die Bundesregierung im selben Jahr einen Anwerbestopp.

M2

Die Wirkung des Anwerbestopps

1973, zur Zeit wirtschaftlicher Krise und steigender Arbeitslosigkeit, erließ die Bundesregierung einen Anwerbestopp für Ausländer aus Nicht-EG-Staaten. Die Folgen beschreibt der Sozialwissenschaftler und Politiker Daniel Cohn-Bendit 1992:

Die Rechnung ging … nicht auf, und zwar weil wieder der alte Fehler gemacht wurde: Man sah in den Ausländern Nur-Arbeitskräfte, deren anderweitige Existenz der Beachtung nicht wert war. Und dafür kam nun prompt die Quittung: Während in dem genannten Zeitraum der Anteil der ausländischen Beschäftigten um etwa ein Viertel zurückging, nahm die Wohnbevölkerung … insgesamt aber sogar noch geringfügig zu … Was war geschehen? … Ausländer aus Nicht-EG-Staaten sahen sich nun (und zwar gerade auch dann, wenn sie arbeitslos geworden waren) vor die Alternative gestellt, die es vorher nicht gegeben hatte: Entweder in die alte Heimat zurückkehren in der Gewissheit, dass eine erneute Remigration in die Bundesrepublik unmöglich sein würde, oder aber zu bleiben und den Wunsch nach einem dauerhaften Aufenthalt in der Bundesrepublik durch den möglichst schnellen Nachzug der Familie … zu unterstreichen.

Daniel Cohn-Bendit/Thomas Schmid, Heimat Babylon. Das Wagnis der multikulturellen Demokratie, Hamburg (Hoffmann u. Campe) 1992, S. 112 ff.

M1

Die türkische Familie Dagdeviren an einem Fenster ihrer Wohnung in München, Foto, Anfang der 1970er-Jahre

M3

Muslimische Frau in Frankfurt am Main während der Fußballweltmeisterschaft im Juni 2010, Foto

M4

Deutscher oder Türke?

Aus einem Interview mit dem 23-jährigen Ayberk, der 1976 in Hamburg geboren wurde:

Meine Eltern sind 1961 hierhergekommen, drei Monate nachdem sie geheiratet haben. Ihr Plan war, zwei, drei Jahre hier zu arbeiten und dann wieder in die Türkei zu gehen. Das war ganz klar deren vorgestecktes Ziel. Dann sind aus zwei, drei Jahren für meine Mutter mittlerweile 38 Jahre geworden und für meinen Vater 30 Jahre.

Ich bin in Hamburg geboren. Mein Bruder auch, 1962, der ist aber in der Türkei groß geworden, weil meine Mutter und mein Vater ja vorhatten, irgendwann zurückzukehren. Sie wollten, dass er quasi als Türke in der Türkei groß wird, sie dann zurückkommen und dort ihr Leben weiterführen. Da sich das über Jahre verzögert hat, ist mein Bruder in der Türkei ohne seine Eltern aufgewachsen bei der Großmutter ... Es war nicht der finanzielle Aspekt, der sie zurückgehalten hat, sondern – wenn sie irgendwann in die Türkei zurückkehren, bedeutet das automatisch ... ein Neuanfang für sie ... Wahrscheinlich hat sie das abgeschreckt ... Mit der Türkei verbindet mich nur, dass der Großteil meiner Familie dort lebt, sonst nicht viel. Ich spreche natürlich die türkische Sprache und weiß, wie es in der Türkei aussieht. Aber es ist nicht meine Heimat, ganz sicher nicht ... Wenn ich vor die Wahl gestellt werde: „Was denn nun, bist du jetzt Deutscher oder Türke?", dann würde ich sagen: Ich bin Deutscher, weil ich hier aufgewachsen bin, hier die meiste Zeit verbracht habe und wahrscheinlich auch hier alt werde und sterben werde.

Deutsche Shell (Hg.), Jugend 2000. 13. Shell Jugendstudie, Bd. 2., Opladen (Leske u. Budrich) 2000, S. 185 ff.

M6

Ein türkischstämmiger Polizeikommissar in Gelsenkirchen stellt die Personalien eines irakischen Asylbewerbers fest, Foto, 2007

1 Erarbeite anhand des Darstellungstextes, welche Faktoren zur Zuwanderung von „Gastarbeitern" führten. Verwende die Begriffe „Push"- und „Pull"-Faktoren" (siehe Kasten S. 331).

2 Stelle fest, welche Wirkung der Anwerbestopp von 1973 hatte (M2).

3 a) Erarbeite, wie Ayberk (M4) seine Rolle in der deutschen Gesellschaft sieht.
b) Berichte über weitere Beispiele aus eigener Kenntnis.

4 Beschreibe mithilfe von M1, M3 und M6 die Situationen der dargestellten Einwanderer.

5 Analysiere M5. Achte auf politische Entscheidungen und wirtschaftliche Entwicklung.

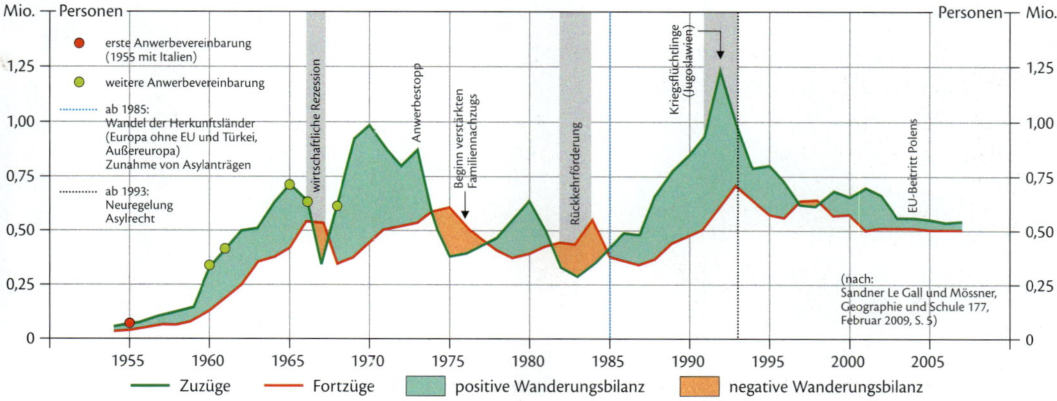

M5

Zuwanderer nach Deutschland seit 1955

„Boatpeople“ und Vertragsarbeiter – Vietnamesen in Deutschland

Flucht vor der kommunistischen Diktatur

Als die nordvietnamesischen Truppen 1975 den südlichen Teil des Landes erobert hatten, der von den US-Amerikanern finanziell und militärisch unterstützt worden war, setzte die kommunistische Regierung rigoros ein Enteignungs-, Umerziehungs- und Umsiedlungsprogramm durch. Diesen Repressalien entzogen sich hunderttausende durch die Flucht. Sie verließen das Land auf zumeist seeuntüchtigen Booten und unter dramatischen Bedingungen über das Südchinesische Meer. Oft mussten sie für die Flucht mit ihrem ganzen Vermögen bezahlen. Nach Schätzungen kamen 400 000 bis 500 000 Menschen ums Leben: Sie gingen mit den überfüllten Schiffen unter oder wurden von Piraten ausgeraubt und umgebracht. Etwa 36 000 dieser „boatpeople“ genannten Flüchtlinge fanden bis Mitte der 1980er-Jahre in der Bundesrepublik Deutschland Zuflucht. Besondere Verdienste erwarb sich dabei der deutsche Journalist Rupert Neudeck, der einen Frachter zum Hospitalschiff umbauen ließ. Mit der „Cap Anamur“ retteten er und seine Mitarbeiter mehr als 10 000 Flüchtlingen im Chinesischen Meer das Leben. Die in der Bundesrepublik Aufgenommenen wurden als politische Flüchtlinge anerkannt. Sie erhielten eine unbefristete Aufenthaltserlaubnis, Arbeitserlaubnis und Eingliederungshilfen.

Vertragsarbeitskräfte in der DDR

Die DDR holte Vietnamesen und Vietnamesinnen als Vertragsarbeiter ins Land. Wegen der Massenflucht nach Westen (3,4 Millionen bis zum Mauerbau 1961) fehlten der DDR-Wirtschaft Arbeitskräfte. In Abkommen mit anderen „Bruderstaaten“ wie Polen, Ungarn, Algerien, Angola, Kuba und Vietnam wurde die Beschäftigung der Arbeitskräfte geregelt. Ziel war ein befristetes Beschäftigungsverhältnis. Nach vier bis sieben Jahren wurden die Menschen wieder nach Hause geschickt. Untergebracht waren sie in streng kontrollierten Wohnheimen, nach Geschlechtern getrennt und von der Bevölkerung isoliert. Ende der 1980er-Jahre stellten vietnamesische Arbeitskräfte mit etwa 80 000 den größten Anteil der Vertragsarbeiter.

M1

Vietnamesische Flüchtlinge im südchinesischen Meer, fotografiert vom deutschen Hilfsschiff Cap Anamur, 1979

M2

Vietnamesische Flüchtlinge verlassen die Cap Anamur nach ihrer Ankunft in Hamburg, Foto, 1982

M3

Ehemalige Vertragsarbeiterin aus Vietnam, Foto, 1995. Die 29-jährige Nguyen Thi Huong lebt seit 1987 in der ehemaligen DDR und hat zwei Kinder. In ihrem Pass ist vermerkt, dass ihre Aufenthaltsgenehmigung erlischt, wenn sie in Deutschland Sozialleistungen in Anspruch nehmen will oder wenn ihr Mann, der in Vietnam arbeitslos ist, nach Deutschland zurückkehren möchte.

M4

Identität

Hoang Nguyen Duy, 20 Jahre alt, Student:

Manchmal wurde ich jetzt gefragt von Leuten, die ich neu kennengelernt habe: Fühlst du dich mehr vietnamesisch oder deutsch? Dann ist bei mir ein kleiner innerer Konflikt ausgebrochen. Vom Äußeren weißt du, dass du Vietnamese bist, aber vom Inneren her fühlt man sich eher deutsch. Bei den Leuten, die im kleinen Alter hergekommen sind und Werte von Vietnam und viele Sachen aus Deutschland mitbekommen haben, herrscht dieser gewisse Konflikt, dass man nicht sagen kann, ich bin jetzt 100 Prozent Vietnamese oder 100 Prozent deutsch. Ich denke, das ist eine Bereicherung, weil man beide Seiten kennt …

Zit. nach Uta Beth/Anja Tuckermann, „Heimat ist da, wo man verstanden wird". Junge VietnamesInnen in Deutschland, Berlin (Archiv der Jugendkulturen Verlag KG) 2008, S. 80.

M5

Vietnamesen in der DDR

Die Journalistin Renate Heusch-Lahl schrieb 2000:

Bis zum siebenten Monat hatte Phuong Kollath ihre Schwangerschaft geheim gehalten. Täglich ging sie ihrer Schichtarbeit als Köchin einer Großküche im Rostocker Überseehafen nach. … Das war 1987. Ein Kind zu bekommen, war für sie damals die einzige Möglichkeit, in der DDR bleiben zu dürfen. Sie hatte sich in einen Deutschen verliebt – und so etwas war weder bei den deutschen noch bei den vietnamesischen Behörden gern gesehen. … Das bedeutete im Klartext: Wenn eine Vietnamesin schwanger wurde und nicht abtreiben wollte, wurde sie in ihre Heimat zurückgeschickt.

Der Hallenser Michael Feige stellt in seiner Untersuchung … fest, dass die Stasi alles versuchte, um engere Kontakte zwischen Deutschen und Vietnamesen zu unterbinden. Praktisch sei jeder der 60 000 Vietnamesen in der DDR bespitzelt worden … Phuong Kollath kämpfte jahrelang um die Erlaubnis, in der DDR heiraten zu dürfen. … Der Aufenthalt der Vertragsarbeiter war für vier Jahre vorgesehen. Anschließend sollten sie wieder zurück in ihre Heimat gehen. … Das Ministerium für Staatssicherheit arbeitete eng mit dem vietnamesischen Geheimdienst zusammen. … Feige ist überzeugt, dass die eingeschränkten Kontakte zwischen Deutschen und Vietnamesen Neid und Hass, und damit ausländerfeindliche Tendenzen bei den DDR-Bürgern begünstigt hätten. Phuong Kollath hat dennoch viele gute Erinnerungen an jene Zeit. „Auch wenn wir oft als Außerirdische betrachtet wurden."

http://www.tagesspiegel.de/politik/vietnamesen-in-der-ddr-abtreibung-oder-ausweisung/185122.html. Stand: 20.05.2010.

1 Beschreibe und bewerte die Bedingungen,
a) unter denen die „boatpeople" in die Bundesrepublik kamen,
b) unter denen die Vertragsarbeitskräfte in die DDR geholt wurden (Darstellungstext, M1, M2, M5).

2 Zeige an M3 die persönlichen Schwierigkeiten, unter denen ehemalige Vertragsarbeitskräfte hier leben.

3 Stelle fest, wie Hoang seine Identität beschreibt (M4). Kennst du weitere (andere) Beispiele?

4 **Partnerarbeit:** Untersucht, wie sich an den „boatpeople" und den Vertragsarbeitskräften Folgen des Kalten Krieges zeigen. Lest im Kap. 6, S. 233 ff. nach.

Illegale Migration

Leben „ohne Papiere“

Der Begriff „Illegale Migration“ umschreibt nicht nur ein nationales oder europäisches, sondern ein weltweites Problem. Ein illegaler Migrant ist eine Person, die illegal (unerlaubt) in ein Land reist und sich dort aufhält. Bei einer scheinlegalen Migration werden falsche oder gefälschte Papiere für die Einreise verwendet. Staaten reagieren auf illegale Migration zumeist mit Abschiebung, Ausweisung oder Verhaftung.

Schwer zu durchschauen und zu beherrschen ist für staatliche Behörden das Zusammenspiel von illegaler Migration und Kriminalität. Dabei geht es weniger um einzelne kriminelle Delikte als vielmehr um organisierte Kriminalität durch Schleuserbanden, um Menschenhandel, z. B. Frauenhandel (Zwang zur Prostitution, Zwangsarbeit), um Drogenhandel und Waffenschmuggel.

Kirchliche Organisationen und Wohlfahrtsverbände weisen aus ethischen Gründen auf die schwierige Situation illegaler Migranten hin: Sie leben ohne soziale und medizinische Absicherung und ohne Arbeitsschutz im Land. Ein Schulbesuch ist Kindern illegaler Zuwanderer wegen des „Entdeckungsrisikos“ bisher legal nicht möglich. In der Debatte um illegale Migration stehen sich – vereinfacht formuliert – Repressionsbefürworter und Legalisierer gegenüber.

M1

Schulbesuch für Kinder „Illegaler“?

Aus einer Pressemitteilung der Deutschen Presseagentur (dpa) vom 12. März 2010:

Die Bundesregierung plant, dass künftig Kinder illegaler Zuwanderer am Schulunterricht teilnehmen können, ohne Angst vor Entdeckung haben zu müssen. „Wir wollen den Kindern sowohl den Besuch von Schulen als auch den von Kindergärten ermöglichen“, sagte die Integrationsbeauftragte der Bundesregierung, Staatsministerin Maria Böhmer, der „Süddeutschen Zeitung“. Das Aufenthaltsrecht soll dazu geändert werden. Bisher müssen Lehrer den Behörden melden, wenn sie erfahren, dass sich ein Kind ohne nötige Papiere im Land aufhält.

Quelle: www.merkur-online.de/nachrichten/politik/schulbesuch-kinder-illegaler-zuwanderer-geplant-zr-669557.html. Stand: 20.05.2010.

M2

Demonstration in Berlin, Foto, 1. Juni 2007

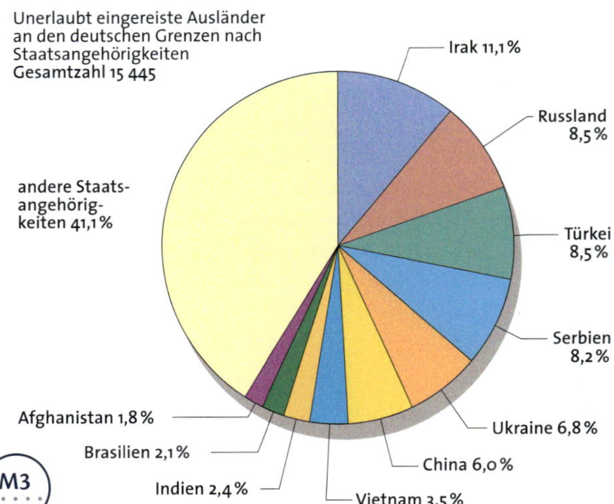

M3

Illegale Migration nach Deutschland, 2007

1. Organisiert eine Podiumsdiskussion zum Thema „Illegale Migration“. Geht in drei Schritten vor: 1. Vorarbeit in Gruppen, 2. Diskussion vor der Klasse durchführen, 3. Positionen und Ergebnisse im gemeinsamen Gespräch festhalten. Geht von den Materialien auf dieser Seite aus. Zieht zur aktuellen Situation weitere Informationen aus dem Internet heran.
2. Gestaltet in Gruppen Rollenspiele (Szenen), in denen die unterschiedlichen Erwartungen und Positionen von legalen und illegalen Migranten, aufnehmender Gesellschaft, Wirtschaft und Staat thematisiert werden.

7. Längsschnitt: Migration im 19. und 20. Jahrhundert

M1

Karikatur
von Jan Tomaschoff, um 1999

M2

Integrationsbereitschaft jugendlicher Migranten

Der Bildungsforscher Heinz Reinders schrieb 2009:

Das derzeit größte Risiko stellt die nicht gelingende Integration von Migrantinnen und Migranten dar. Der Integrationsprozess bedarf Investitionen sowohl von Seiten der Migranten als auch von Seiten der Aufnahmegesellschaft. Für Migrantinnen und Migranten stellt sich die Herausforderung einer gelingenden Balance zwischen Elementen der Herkunfts- und der Aufnahmekultur. Sprache und soziale Integration müssen hier als die wesentlichen Bausteine dieses Prozesse angesehen werden. Gerade bei jugendlichen Migranten zeichnet sich in diesen beiden Domänen eine erhebliche Integrationsbereitschaft und bereits faktisch realisierte Integration ab. Die Aufnahmegesellschaft muss ihnen ihrerseits ökonomische und soziale Chancen einräumen und die Integrationsbereitschaft auf diese Weise stützen und fördern. Investitionen in schulische Ausbildung, die Eröffnung besserer Chancen auf dem Arbeitsmarkt und deutlichere Signale sozialer Akzeptanz werden hier die wichtigsten Ansatzpunkte der Integrationsförderung darstellen. Pauschalisierte Zuschreibungen an „die" Migranten, die Übergeneralisierung nur teilweise vorhandener geringer Integrationsbereitschaft und die Popularisierung von Kriminaliät unter Mirgranten sind dabei nicht förderlich.

Heinz Reinders, Integrationsbereitschaft jugendlicher Migranten – Vexierbilder und empirische Befunde. In: Aus Politik und Zeitgeschichte, hg. von der Bundeszentrale für politische Bildung, Bonn, Nr. 5 vom 26. Januar 2009, S. 23.

Überprüfe, was du kannst

Sachkompetenz

1 Kläre: Migration (S. 331).
2 Erkläre die historische Entwicklung: Deutschland – vom Auswanderungs- zum Einwanderungsland.
3 Unterscheide: „Interessen von Migranten" und „staatliche Migrationspolitik".

Methodenkompetenz

4 Analysiere M1 mithilfe der Methode „Karikaturen entschlüsseln" im Anhang.
5 a) Fertige mithilfe der Methode „Sachtexte exzerpieren" (S. 42 f.) ein Exzerpt von M2 an.
b) Fasse den Inhalt mit deinen Worten schriftlich zusammen.

Urteilskompetenz

6 Beurteile die folgende These: Migrationsbewegungen haben ausschließlich wirtschaftliche Ursachen.

Kommunikations- und Handlungskompetenz

7 Diskutiert: Wie können Migranten in die Gesellschaft integriert werden? Geht von M2 aus.

Hier findest du Anregungen und Hilfen, wie du bei der Bearbeitung der Arbeitsaufträge historische Sachverhalte angemessen darstellen kannst.

Beschreiben/Darstellen eines Vorgangs

- Die Sprache ist knapp und sachlich. Die einzelnen Schritte werden in ihrer Reihenfolge genau wiedergegeben.
- Das Tempus ist bei Vorgängen in der Vergangenheit das Präteritum.

Sprachliche Hilfen

Präteritum:

z. B.

- Er trug ein Gewand aus Samt und saß auf einem Thron.
- Sie überlegten lange, bevor sie sich entschieden.

Konjunktionen:

Sie leiten einen Nebensatz ein, der

- einen Grund formuliert: weil; da; zumal
- eine Absicht formuliert: damit; auf dass
- eine Folge formuliert: sodass; so ..., dass; als dass
- eine Art und Weise formuliert: indem; wie; (anders) als; ohne dass; als ob; je ..., desto
- eine zeitliche Abfolge formuliert: als; während; nachdem; bevor; ehe; seitdem; sobald; wenn; bis

Berichten

- Beim Berichten gibt man Antworten auf die W-Fragen: Wer? Was? Wo? Wann? Wie? Warum? Welche Folgen?
- Man gibt nur Tatsachen wieder, keine Vermutungen.
- Tempus ist meist das Präteritum.
- Persönliche Berichte, die an einen bestimmten Adressaten gerichtet sind, können auch Eindrücke und Reaktionen einbeziehen.

Sprachliche Hilfen

Präteritum:

z. B.

- Ich zeichnete die Figur ab und übertrug den Text in meinen Hefter.
- Sie recherchierten in der Bibliothek und fanden mehrere Bücher über die Französische Revolution.

Konjunktionen:

Sie leiten einen Nebensatz ein, der

- einen Grund formuliert: weil; da; zumal
- eine Absicht formuliert: damit; auf dass
- eine Folge formuliert: sodass; so ..., dass; als dass
- eine Art und Weise formuliert: indem; wie; (anders) als; ohne dass; als ob; je ..., desto
- eine zeitliche Abfolge formuliert: als; während; nachdem; bevor; ehe; seitdem; sobald; wenn; bis

Eindrücke und Reaktionen schildern

- Unser Eindruck war ...
- Meiner Ansicht / Meinung nach ...
- Es schien, als ob ...
- Wir waren überrascht / verwundert / beeindruckt / enttäuscht ...

Wiedergeben einer wörtlichen in indirekter Rede

Eine wörtliche Rede kann in der indirekten Rede wiedergegeben werden als:

- indirekte Rede im Konjunktiv: „Der Kaiser sagte, dass er die Steuern anheben werde, weil die Ausgaben höher seien als geplant."
- geraffte Redewiedergabe (der Inhalt wird in eigenen Worten zusammengefasst): „Der Kaiser wollte die Steuern anheben."
- Umschreibung (Paraphrase): „Nach Aussage des Kaisers werden die Steuern angehoben."
- dass-Satz im Indikativ oder Konjunktiv: „Der Kaiser teilte mit, dass er die Steuern anheben werde / wird."

Sprachliche Hilfen

Indikativ:

- Befehlen – Er schrie, dass er den Angriff befehlen werde.
- Raten – Er sagte, dass du ihm dazu rätst.

Konjunktiv:

- Befehlen – Er schrie, dass er den Angriff befehle.
- Raten – Er sagte, dass du ihm dazu rietest.

Erörtern einer These (Behauptung)

- Alle Gesichtspunkte, die wichtig erscheinen, notieren und sortieren.

Eine Erörterung besteht aus Einleitung, Haupt- und Schlussteil:

- Einleitung: Bedeutung der These aufzeigen.
- Hauptteil: Argumente in eine Reihenfolge bringen, sodass das stärkste am Ende steht.
- Schlussteil: Hier werden die Argumente abgewogen und ein eigenes Urteil gefällt. Man kann einen Ausblick auf künftige Fragen geben und auf offene hinweisen.

Sprachliche Hilfen

Argumentation:

Sie besteht aus zwei Teilen:

- These (Behauptung): „Unsere Vergangenheit geht uns alle an …" und
- Argument (Begründung): „…, weil ihre Folgen bis heute nachwirken."

Konjunktionen:

Sie leiten einen Nebensatz ein, der

- eine Bedingung formuliert: wenn; falls; sofern; unter der Bedingung, dass
- einen Grund formuliert: weil; da; zumal
- eine Absicht formuliert: damit; auf dass
- eine Folge formuliert: sodass; so …, dass; als dass
- eine Art und Weise formuliert: indem; wie; (anders) als; ohne dass; als ob; je …, desto
- ein Zugeständnis formuliert: obwohl; obgleich; obschon; wenngleich; wenn auch
- einen Gegensatz formuliert: außer dass; wohingegen; während
- eine zeitliche Abfolge formuliert: als; während; nachdem; bevor; ehe; seitdem

Formulieren einer begründeten Stellungnahme

- Sich bewusst machen, an wen sich die Stellungnahme richtet (Adressat).
- Die eigene Meinung als These (Behauptung) in einem Satz formulieren.
- Argumente sammeln, die die These stützen.
- Die Argumente in eine Reihenfolge bringen, sodass das stärkste Argument am Ende steht.

Sprachliche Hilfen

Argumentation:

Sie besteht aus zwei Teilen:

- These (Behauptung): „Unsere Vergangenheit geht uns alle an …" und
- Argument (Begründung): „…, weil ihre Folgen bis heute nachwirken."

Konjunktionen:

Sie leiten einen Nebensatz ein, der

- eine Bedingung formuliert: wenn; falls; sofern; unter der Bedingung, dass
- einen Grund formuliert: weil; da; zumal
- eine Absicht formuliert: damit; auf dass
- eine Folge formuliert: sodass; so …, dass; als dass
- eine Art und Weise formuliert: indem; wie; (anders) als; ohne dass; als ob; je …, desto
- ein Zugeständnis formuliert: obwohl; obgleich; obschon; wenngleich; wenn auch
- einen Gegensatz formuliert: außer dass; wohingegen; während
- eine zeitliche Abfolge formuliert: als; während; nachdem; bevor; ehe; seitdem; sobald; wenn; bis

Inhalt der Methodenübersicht

Informationen beschaffen

Methoden aus diesem Band:

In einer Bibliothek recherchieren **S. 138**
Im Archiv recherchieren **S. 102**

Das Internet nutzen (Bd. 5/6)

1. Schritt: Suche durchführen
Du lässt zunächst eine Internetsuchmaschine nach dem Stichwort „Ägypten" suchen. Solche Suchmaschinen sind zum Beispiel Altavista (www.altavista.de), Google (www.google.de) oder die spezielle Kindersuchmaschine www.blinde-kuh.de. Wenn du die Internetadresse eingibst, erscheint eine Startseite mit einem Suchfeld, in das du den Begriff schreibst, über den du dich informieren möchtest.

2. Schritt: Suchabsicht festlegen, Überblick über das Suchergebnis bekommen
Damit du nicht planlos im Internet surfst, solltest du vorher genau festlegen, worüber du Informationen finden möchtest. Deine Fragen könnten z. B. lauten: Welche neuen Erkenntnisse haben Archäologen über Ägypten? Welche Museen informieren über die alten Ägypter? Wo gibt es zusätzliche Informationen über Ägypten? Du erhältst mithilfe der Suchmaschine eine Auswahl von Internetadressen. Meist ist aber die Zahl der „Treffer" sehr hoch, sodass du zuerst einmal einen Überblick bekommen musst, welche Internetseiten für dich Interessantes bieten.
Lies also zuerst die Überschriften und die Kurzerläuterungen in der Liste und überlege, welche Adressen für dich brauchbar sind.

3. Schritt: Ergebnisse ordnen
Wenn du entschieden hast, dass eine Webseite für dich interessant sein könnte, liest du dort die angebotenen Informationen. Achte dabei aber nicht nur auf die Bilder und Texte, sondern prüfe auch, wer die Seite verfasst hat.

Handelt es sich um ein Unternehmen, das nur ein Produkt verkaufen will? Stehen die Informationen auf einer privaten Homepage oder sind es Veröffentlichungen einer Gemeinde, einer staatlichen Einrichtung (z. B. Museum, Universität)?

4. Schritt: Informationen speichern
Wenn du über das Wissen, das du durch deine Internetsuche neu erworben hast, länger verfügen willst, musst du die Informationen in geeigneter Weise speichern: Du kannst z. B. auf deinem PC die Adressen interessanter Webseiten als Favoriten sammeln, Texte und Bilder als Dateien speichern oder ausdrucken. Manchmal ist es auch sinnvoll, sich handschriftliche Notizen zu machen.

Orte erkunden

Methoden aus diesem Band:

Eine Erkundung durchführen (Bd. 5/6)

1. Schritt: Erkundung vorbereiten
- Anschriften ermitteln und telefonisch oder persönlich Kontakt aufnehmen.
- Termin für den Besuch vereinbaren.
- Arbeitsmittel zusammenstellen (z. B. Fotoapparat, Kassettenrekorder, Notizblock usw.).
- Fragen sammeln, ordnen und einen Fragebogen zusammenstellen.
- Aufgaben verteilen.

2. Schritt: Erkundung durchführen
- Begrüßung und Vorstellen eurer Erkundungsziele.
- Alle notierten Fragen stellen.
- Antworten und weitere Beobachtungen notieren.
- Skizzen oder Fotos machen; eventuell Fotokopien erbitten.

3. Schritt: Antworten auswerten und Ergebnisse präsentieren
- Fragebogen (Antworten) in Gruppen auswerten.
- Ergebnisse dokumentieren, z. B. Antworten ordnen und – mit Fotos ergänzt – als Wandzeitung gestalten.
- Die Ergebnisse mit weiteren Bildern, Grafiken und Texten ergänzen und zu einem Beitrag für die Schülerzeitung oder die Lokalzeitung eures Wohnortes ausarbeiten.

Tipp: Ein Exemplar an eure „Informationsquelle" (Museum, Archiv, „Heimatexperte") schicken!

Ein Museum besuchen (Bd. 5/6)

1. Schritt: Informationen beschaffen
Besorgt euch zunächst Übersichtspläne und Informationsmaterial von der Verwaltung des Museums, das ihr besuchen möchtet. Erkundigt euch, welche Sonderausstellung zum Zeitpunkt eures Besichtigungstermins gezeigt wird. Vielleicht könnt ihr sie in euren Besuch einbeziehen.

2. Schritt: Organisation
Klärt, welcher Termin infrage kommt, und ermittelt Fahrzeiten und Fahrpreise der günstigsten Verkehrsmittel. Stellt vor der endgültigen Entscheidung fest, was die Fahrt wohl insgesamt kosten wird.

3. Schritt: Themen in der Schule vorbereiten
Sichtet das Informationsmaterial, entscheidet über die Arbeitsschwerpunkte, teilt euch in Gruppen ein. Jede Gruppe bereitet ein Teilthema vor und bearbeitet es im Museum. Hinweise auf Einzelthemen gibt der Kasten auf dieser Seite. Formuliert Einzelfragen, die ihr bearbeiten wollt. Bleibt aber auch offen für Unbekanntes.

4. Schritt: Orientierung und Entdeckungen im Museum
Verschafft euch vor Ort gemeinsam bei einem Rundgang einen ersten Überblick. Die einzelnen Gruppen können als Experten schon Informationen geben. Anschließend gehen die Gruppen an die Arbeit: Notizen, Skizzen, Fotos (Video?) anfertigen, vielleicht auch ein Interview mit einem Museumsmitarbeiter.

5. Schritt: Befunde auswerten und dokumentieren
Wertet eure Arbeitsergebnisse in der Schule aus. Jede Gruppe berichtet. Entscheidet, wie ihr eure Ergebnisse dokumentieren wollt. Einige Anregungen: ein Exkursionsbuch anlegen, eine Wandzeitung erstellen, Spielszenen / Hörspiel produzieren, eine Reportage für die Schülerzeitung schreiben.

Interviews führen

Methoden aus diesem Band:

Texte, Bilder, Karten, Kunstwerke untersuchen

Methoden aus diesem Band:

Eine Textquelle analysieren (Bd. 8)

Geschichtlicher Hintergrund
- In welche geschichtliche Situation lässt sich die Quelle einordnen?
- Ist ein Vergleich mit anderen Quellen und Darstellungen möglich?
- Welche weiteren Informationen sind zum besseren Verständnis notwendig?

Autor
- Wer hat den Text verfasst?
- In welchem Verhältnis steht er zum Ereignis?
- Was konnte er wissen (nicht wissen)?
- Lässt sich ein bestimmter Standpunkt des Autors feststellen?

Textquelle
- Welche Quellenart liegt vor?
- Wie lautet die Datierung?
- Gibt es eine Überschrift (ein Thema)?
- Wie lässt sie sich gliedern?
- Was ist aus der Quelle zu erfahren?
- Wie lautet die Kernaussage?
- Lassen sich Schlüsselbegriffe finden?
- Werden die Aussagen begründet?
- Sind die Aussagen schlüssig/widersprüchlich?
- Ist die Quelle glaubwürdig?
- Für wen, in welcher Absicht wurde der Text verfasst?

Adressat
- An wen ist der Text gerichtet (Privatperson, Machthaber, Amt, Öffentlichkeit, Nachwelt)?
- In welchem Verhältnis steht der Adressat zum Autor?
- Könnte die Art des Adressaten Einfluss auf den Inhalt des Textes haben?

Fragestellung aus heutiger Sicht
- Auf welche Frage(n) suchen wir eine Antwort?
- Welches Wissen bringen wir in die Analyse und Beurteilung ein?
- Beeinflussen Faktoren unserer Zeit unser Urteil?

Schriftliche Quellen vergleichen (Bd. 7)

1. Schritt: Jede Quelle einzeln erschließen
Nimm dazu die Anleitungen im Anhang zu Hilfe.

2. Schritt: Glaubwürdigkeit der Texte überprüfen
- Wann sind die Texte geschrieben worden? Wie groß ist der zeitliche Abstand zwischen Ereignis und Bericht? Waren die Autoren Augenzeugen? Wenn nicht: Wen geben sie als Informanten an?
- Ist eine Wertung (durch die Autoren oder deren Informanten) zu erkennen?

3. Schritt: Inhalte vergleichen
- Welche Informationen stimmen überein?
- Gibt es Einzelheiten, die nicht in allen Texten erscheinen bzw. unterschiedlich genau oder ausführlich wiedergegeben werden?
- Was wird berichtet, ist es logisch oder enthält es Unstimmigkeiten?

4. Schritt: Weitere Informationen sammeln
Um die Aussagen der Texte zu überprüfen bzw. Fragen zu klären, musst du weitere Quellen und wissenschaftliche Informationen (z. B. Lexika, Sachbücher) heranziehen.

5. Schritt: Ergebnisse formulieren
Vergleiche die Notizen aus den einzelnen Arbeitsschritten miteinander. Ergänze dann die Ergebnisse durch Sachinformationen. Nenne die Widersprüche und Unklarheiten, die du bei der Textarbeit festgestellt hast und nicht beseitigen konntest.

Einen Sachbuchtext erschließen (Bd. 5/6)

1. Schritt: Thema des Textes
- Worüber berichtet der Text? (a)
- Wie lässt sich das Thema kurz formulieren (Überschrift)? (b)

2. Schritt: Aufbau des Textes
- Wie ist der Text gegliedert? (c)
- Welche Überschriften lassen sich für die Abschnitte finden? (d)

3. Schritt: Inhalt des Textes
- Welche unbekannten Wörter muss ich klären? (e)
- Welche Schlüsselwörter enthält der Text? (f)
- Wie lautet die Kernaussage? (g)
- Welche Einzelinformationen liefert der Text? (h)

4. Schritt: Inhalt zusammenfassen
- Wie kann der Inhalt knapp und treffend zusammengefasst werden? (i)

Texte aus historischen Jugendbüchern erarbeiten (Bd. 7)

1. Schritt: Den Text inhaltlich erschließen
- Wovon handelt der Text?
- Wer sind die Hauptpersonen? Vertreten sie bestimmte Berufs- oder Bevölkerungsgruppen oder gesellschaftlich wichtige Ämter?
- Handeln die Personen selbstständig oder führen sie Anweisungen aus?
- Wird das Geschehen aus Sicht der Hauptpersonen dargestellt oder kommen andere Sichtweisen dazu?

2. Schritt: Den historischen Hintergrund prüfen
- Wird die Handlung mit geschichtlichen Daten, Plätzen, Personen oder Ereignissen verbunden?
- Wird die Handlung in größere geschichtliche Zusammenhänge oder Entwicklungen eingebunden?

3. Schritt: Die Darstellungsweise kritisch hinterfragen
- Wird deutlich, welche Vorgeschichte ein Ereignis hat, aus welchen Motiven eine Person handelt, welche Ziele sie verfolgt?
- Wie werden Lebensformen erklärt und gewertet, die in jener Zeit ungewöhnlich waren?
- Sind die Erklärungen für andere Lebensformen überzeugend, können sie (von dir) überprüft werden?

4. Schritt: Die Nähe zu eigenen Erfahrungen messen
- Lassen sich Verbindungen herstellen zwischen den geschilderten Ereignissen und Situationen, die du selbst erlebt hast?
- Kannst du dich in die Personen hineinversetzen und überlegen, wie du in der entsprechenden Situation handeln würdest?
- Fordert der Text dich auf, dein eigenes Denken und Handeln kritisch zu überprüfen?
- Gibt der Text Anlass, sich mit aktuellen Themen auseinanderzusetzen?

Politische Dichtung deuten und vergleichen (Bd. 8)

1. Schritt: Text in den historischen Kontext einordnen
- Welche biografischen Hinweise zum Dichter könnten wichtig sein?
- In welcher gesellschaftlichen Stellung befand sich der Autor?
- Wodurch ist die Entstehungszeit gekennzeichnet? (Frage nach wichtigen politischen Ereignissen.)

2. Schritt: Textinhalt erschließen
- In welche Sinneinheiten kann man den Text gliedern?
- Werden allgemeine Probleme oder Einzelheiten angesprochen?
- Welche historischen Hintergründe oder Einzelheiten müssen zum Verständnis geklärt werden?

3. Schritt: Politische Zielrichtungen und Absichten klären
- Gegen wen richten sich die einzelnen Aussagen?
- Mit welchen (sprachlichen) Mitteln wird der Gegner attackiert?
- Welche Wirkung soll von dem Text ausgehen? Welche Adressaten sind angesprochen?

4. Schritt: Versuch einer kritischen Textbewertung
- Handelt es sich um einen typischen Text der Zeit bzw. des Autors?
- Sind die kritischen Vorwürfe berechtigt?
- Weist der Text über die Problematik der Zeit hinaus?

Ein Bild als Quelle (Bd. 5/6)

1. Schritt: Die Einzelheiten des Bildes erfassen
Beschreibe die Einzelheiten des Bildes, indem du folgende Fragen beantwortest:
- Welche Personen sind dargestellt?
- Wie sind sie gekleidet?
- Welche weiteren Gegenstände oder Tiere sind zu sehen?
- Wo befinden sich die Personen und Gegenstände?

2. Schritt: Die Zusammenhänge erklären
Überlege, in welcher Beziehung die abgebildeten Personen, Tiere oder Gegenstände zueinander stehen. Findest du Merkmale, die auf bestimmte Eigenschaften, Beruf, gesellschaftliche Stellung der dargestellten Personen hinweisen?

3. Schritt: Zusätzliche Informationen über das Bild heranziehen
In der Bildlegende findest du wichtige Hinweise. Sie gibt dir Auskunft darüber, wer wann für wen warum ein Bild gemalt hat. Manchmal hat das Bild auch einen Titel.
Weitere Fragen lassen sich oft durch eine zusätzliche Textquelle klären.

Bilder vergleichen (Bd. 7)

1. Schritt: Einzelheiten der Bilder erfassen
- Darstellung von Personen, Gegenständen und Umgebung: Wirken sie lebensecht? Gibt es Merkmale, die den Charakter, bestimmte Eigenschaften, Beruf oder die Vermögensverhältnisse erschließen lassen?
- Aufbau des Bildes: Wie wird der Blick des Betrachters auf das Bildzentrum gelenkt? Wie gestaltet der Künstler den Hintergrund des Bildes? Gibt es eine Verbindung zwischen Vorder- und Hintergrund, zwischen Mittelpunkt und Umgebung?

2. Schritt: Gemeinsamkeiten und Unterschiede erarbeiten
Notiere die Unterschiede, die du zwischen beiden Bildern gefunden hast, in einer Tabelle.

3. Schritt: Die Aussage der Bilder erschließen
- Wer sind die Personen, die dargestellt sind? Waren sie z. B. arm oder reich, unbekannt oder berühmt, machtlos oder mächtig?
- Wie zeigt sich die Einstellung des Künstlers zu den abgebildeten Personen?
- Lebten die abgebildeten Personen wirklich?
- Unter welchen Bedingungen sind die Bilder entstanden? Informationen über Künstler, Auftraggeber und Absicht findest du z. B. in der Bildlegende.

4. Schritt: Gesamtaussage vergleichen
Gib die Aussage der beiden Bilder wieder. Mache deutlich, was der Künstler jeweils ausdrücken wollte. Weise insbesondere auf Unterschiede zwischen beiden Bildern hin und finde eine Erklärung.

Symbole und Gesten deuten (Bd. 5/6)

1. Schritt: Einzelne Elemente beschreiben
- Was ist dargestellt (Personen, Gegenstände)? In welchen Positionen (Haltungen), in welchen Bewegungen sind sie zu sehen?
- Wie lässt sich die Situation beschreiben?
- Was erscheint merkwürdig?

2. Schritt: Zusätzliche Informationen heranziehen
- Welche Hinweise gibt die Bildunterschrift?
- Welche Abbildungen gibt es, die Vergleichbares, Ähnliches zeigen? Welche Aussagen werden ihnen zugeschrieben?
- Welche Bedeutung würdest du der entsprechenden Geste, Gebärde, Handlung oder auch dem Gegenstand heute zuordnen?

3. Schritt: Bedeutung der Bildelemente entschlüsseln
- Welche Gegenstände oder Handlungen „sprechen für sich selbst", kannst du also ohne Probleme erschließen? Was „sagen" sie aus?
- Welche scheinen wichtig zu sein für die Aussage des Bildes? Woran erkennst du es?
- Inwiefern passen sie zu der Gesamtsituation, oder wirken sie eher künstlich, aufgesetzt?

4. Schritt: Eine Gesamtdeutung formulieren
- Welche Einzelaussagen ergeben sich aus den Symbolen und Gesten?
- Welche Gesamtaussage lässt sich formulieren? Gibt es mehrere Deutungen?

Karikaturen entschlüsseln (Bd. 8)

1. Schritt: Den ersten Eindruck festhalten
- Notiere, was dir bei der Betrachtung der Karikatur zuerst auffällt. Wie ist deine erste Reaktion?

2. Schritt: Ideen sammeln („Brainstorming")
- Sammle alle Ideen und Gedanken, die dir beim Betrachten der Karikatur einfallen.

3. Schritt: Die Einzelheiten beschreiben
- Welche Personen und Sachverhalte sind erkennbar? Achte auf Gesichtsausdruck, Körperhaltung, Kleidung und kennzeichnende Gegenstände. Welche Symbole werden verwendet? Achte auf einzelne Wörter und/oder die Bildunterschrift.

4. Schritt: Die Bedeutung klären
- Welche Bedeutung haben die Personen und Gegenstände? Auf welche Bildteile bezieht sich der Text? (Eventuell in einer Tabelle notieren.)

5. Schritt: Die Aussage der Karikatur formulieren
- Fasse in wenigen Sätzen zusammen: Auf welche Situation, auf welches Ereignis bezieht sich die Karikatur? Was sagt die Karikatur über das Thema aus? Wie beurteilt der Zeichner das Thema? Welche Wirkung könnte die Karikatur haben?

Ein Flugblatt analysieren (Bd. 8)

1. Schritt: Das „Bildprogramm" erschließen (falls vorhanden)
- Welche Personen sind dargestellt? Wen verkörpern sie?
- Welche Gegenstände sind zu erkennen? Welche Bedeutung haben sie?
- In welcher Beziehung stehen Personen und Gegenstände zueinander?

2. Schritt: Textstellen inhaltlich erfassen
- Welche zentralen Botschaften werden vermittelt (Schlagworte, Überschriften, Hervorhebungen)?
- Welche Detailinformationen werden gegeben?
- Welche sprachlichen Mittel werden eingesetzt?

3. Schritt: Die politische Intention klären
- Welche politischen Ziele sollen vermittelt werden?
- Gegen wen richten sich die Forderungen?
- Können die Verfasser einem politischen Lager zugeordnet werden?

4. Schritt: Die historische Bedeutung beurteilen
- Treffen die politischen Aussagen wichtige Probleme der Zeit?
- Wie ist der Wahrheitsgehalt der zentralen Aussage zu bewerten?
- Welche Wirkung könnte das Flugblatt ausgelöst haben?

Kunstwerke entschlüsseln (Bd. 5/6)

1. Schritt: Künstlerische Auswertung

- Was ist dargestellt? Aus welchem Material wurde das Kunstwerk geschaffen?
- Wie wirkt das Dargestellte auf mich? Warum gefällt es mir (nicht)? Was wirkt fremd, was kommt mir bekannt vor?
- Wie bildet der Künstler die Personen ab? Achte auf Einzelheiten des menschlichen Körpers und der abgebildeten Gegenstände.

2. Schritt: Historische Auswertung

Wann, wo und für welchen Zweck ist das Kunstwerk entstanden? Beachte die Bildlegende.

Welche Informationen vermittelt das Dargestellte über den Alltag der damaligen Zeit? Beachte z. B. die Kleidung, Frisur und Einrichtungsgegenstände.

In welcher Beziehung stehen die dargestellten Personen zueinander?

Mit Geschichtskarten arbeiten (Bd. 5/6)

1. Schritt: Das Thema einer Karte ermitteln und Fragen stellen

In der Regel haben Karten eine Überschrift, die das Thema der Karte angibt. Die Überschrift enthält fast immer eine Angabe über den dargestellten Zeitpunkt oder Zeitraum. Manche Karten zeigen zum Beispiel, wie die Landschaft ausgesehen hat, andere geben Auskunft über Städtegründungen, die Landwirtschaft oder die Bevölkerung eines Gebietes.

Wenn du dich über das Thema und die Zeitangabe orientiert hast, stellst du Fragen, die du mit der Karte beantworten möchtest. Zum Beispiel: Was bedeutet die Unterscheidung Mutterstädte – Tochterstädte? Wo haben die Griechen Kolonien gegründet? Gibt es Regionen, in denen gehäuft Kolonien zu finden sind?

Welche Gründe könnten dafür ausschlaggebend gewesen sein?

2. Schritt: Die Kartenlegende deuten

In der Kartenlegende werden alle Farben, Schattierungen und Zeichen erklärt, die auf der Karte zu sehen sind. Kartenlegenden sind nicht immer gleich ausführlich. Einige erklären sämtliche Kartenelemente, andere nur die Besonderheiten der gerade abgebildeten Karte.

3. Schritt: Den Maßstab feststellen

Wichtig für den Umgang mit Karten ist eine genaue Vorstellung von den dargestellten Entfernungen. Hier hilft die Maßstabsleiste weiter. Mit diesem Kartenelement kannst du z. B. ermitteln, wie groß die Entfernung zwischen zwei Städten ist. Bei Geschichtskarten ist der Maßstab oft in Form einer Entfernungsleiste mit Kilometerangaben dargestellt.

4. Schritt: Die Aussagen der Karte zusammenfassen und Fragen beantworten

Beschreibe die Zeichen und die Farbgebung der Karte. Damit erhältst du eine Vorstellung von den Bedingungen in dem abgebildeten Gebiet.

Stelle fest, wie die Geschichtskarte deine Fragen aus dem 1. Schritt beantwortet. In unserem Beispiel kannst du Aussagen über Verbindungen zwischen den Mutter- und Tochterstädten, die Entfernungen und die Häufung der Gründungen in bestimmten Regionen des Mittelmeerraumes machen.

5. Schritt: Weitere Informationen beschaffen

Um beispielsweise genaueres Wissen über die Art der Kolonisation und deren Folgen in den eroberten Gebieten zu erhalten, kannst du dich in Reiseführern z. B. aus deiner Stadtbibliothek und im Internet informieren.

Historische Karten lesen und vergleichen (Bd. 7)

1. Schritt: Jede Karte einzeln erschließen
Untersuche jede Karte einzeln:
Was ist das Thema der Karte (Inhalt, Raum und Zeit)?
Welche Informationen gibt die Bildunterschrift?
Ist die Karte genordet?
Welches Gebiet ist dargestellt, wo ist z. B. Land oder Wasser?
Welche Zeichen, Symbole, Farben sind zu erkennen? Was könnten sie bedeuten?
Zu welchem Zweck könnte die Karte angefertigt worden sein; gab es z. B. Auftraggeber?
Welche Gesamtaussage hat die Karte?
Welche Fragen sind nur mithilfe weiterer Informationen zu beantworten?

2. Schritt: Gemeinsamkeiten und Unterschiede feststellen
- Vergleiche die Einzelheiten der beiden Karten, z. B. die Datierung, die Art der Darstellung, das Land-Wasser-Verhältnis, die Küstenverläufe, die Lage von Inseln.
- Vergleiche dann die Gesamtaussage beider Karten.

3. Schritt: Ergebnisse auswerten
- Gibt es Veränderungen (z. B. im geografischen Kenntnisstand)?
- Was bedeuten die Veränderungen für das Weltbild in der damaligen Zeit?
- Welche Folgen hatte der veränderte Kenntnisstand (z. B. für die Politik, für die Seefahrt, für die Wirtschaft, die Wissenschaft)?
- Welche weiteren Informationen über die Karten hinaus sind noch vorhanden (z. B. in Begleittexten zu den Karten, in Sachbüchern)?

Eine Sachquelle untersuchen (Bd. 7)

1. Schritt: Die Sachquelle beschreiben
- Aus welchen Teilen (Elementen) besteht das Objekt?
- Wie sind sie miteinander verbunden?
- Aus welchen Materialien ist es hergestellt?
- Welchen Gesamteindruck macht das Objekt auf dich?

2. Schritt: Die Funktion der Sachquelle erkunden
- Wozu wurde das Objekt genutzt?
- Welche Hinweise ergeben sich aus ihm selbst?
- Welche liefert die Bildlegende (bzw. die Beschriftung im Museum)?
- Welche weiteren Informationen erhältst du (z. B. im Museum, aus Sachbüchern, Internet)?

3. Schritt: Die Sachquelle quellenkritisch untersuchen
- Welche Teile des Objekts sind noch im Original vorhanden? Welche sind später, z. B. bei der Rekonstruktion, verändert worden? – Haben die Veränderungen Einfluss auf die ursprüngliche historische Funktion des Objekts?
- Welche Informationen über die Echtheit des Objekts liefern die Bildlegenden (bzw. die Beschriftung im Museum)?
- Wo liegen die Grenzen der Aussagekraft einer Sachquelle, wie z. B. einem niedersächsischen Hallenhaus?

4. Schritt: Die Sachquelle in den historischen Zusammenhang einordnen
- Wie ist die Sachquelle zeitlich einzuordnen?
- Welche Rückschlüsse lässt sie zu, z. B. auf ihre Verbreitung und das Leben, Arbeiten, Wohnen der Menschen in jener Zeit?
- Welche Bedeutung hat sie für die geschichtliche Entwicklung, z. B. in der Gesellschaft, Wirtschaft, Technik?

Informationen auswerten und darstellen

Methoden aus diesem Band:

Ein Verfassungsschema interpretieren (Bd. 8)

1. Schritt: Einzelne Elemente der Abbildung erfassen
- Welche (Fach-)Begriffe werden genannt (z. B. Senat, Wahlmänner)?
- Welche Symbole sind zu erschließen (z. B. Farben, Pfeile)?

2. Schritt: Den Aufbau untersuchen
- Wie ist das Schaubild zu lesen: von unten nach oben, von links nach rechts – oder umgekehrt?
- Gibt es einen inhaltlich logischen „Einstieg"? Verändert sich die Aussage des Schemas für den Betrachter, je nachdem, welchen Zugang und Weg er wählt?

3. Schritt: Den Inhalt erschließen
- Welche Informationen enthält das Verfassungsschema?
- Gibt es Hilfen, um diese Informationen zu verstehen?
- Wird deutlich, wie die einzelnen Elemente der Verfassung in Beziehung zueinander stehen? Wer kann z. B. politisch (mit)bestimmen und wie? Sind alle Elemente einander gleichgestellt oder gibt es z. B. ein „Oben" und „Unten" – mit welchen Konsequenzen?
- Was bleibt unklar bzw. ungenau, sodass weitere Recherchen notwendig sind?

4. Schritt: Die Aussagekraft bewerten
- Lassen sich anhand des Schemas die Grundprinzipien der Verfassung formulieren?
- Ist es möglich, aus dem Schema „Stärken" und „Schwächen" der Verfassung zu erkennen?

5. Schritt: Den historischen Zusammenhang einbeziehen
- Da ein Verfassungsschema keine Quelle, sondern deren wissenschaftliche Interpretation ist, muss es anhand von weiteren Materialien bzw. Informationen überprüft werden.

Infomationen präsentieren (Bd. 5/6)

1. Schritt: Thema, Ziel und Form klären
- Kläre Thema und Ziel des Vortrags/des Referats.
- Beachte, für wen (welche Gruppe) präsentiert werden soll.
- Beachte die Zeitvorgabe für den Vortrag.

2. Schritt: Vortrag vorbereiten
- Sammle Material zum Thema (Bücher, Internet).
- Ordne die Informationen so, dass sie leicht nachzuvollziehen sind.
- Bilde Themenblöcke mit Behauptungen oder Fragen als Überschriften.
- Gliedere nach: Einleitung, Hauptteil und Schluss.

3. Schritt: Aussagen visualisieren
- Notiere die wichtigsten Aussagen deines Vortrags.
- Überlege, welches Medium sich zur Visualisierung eignet.
- Gestalte die Visualisierung so, dass der Inhalt schnell erfasst wird.

4. Schritt: Präsentation vorbereiten
- Entscheide, an welchen Stellen du visualisieren möchtest.
- Übe die Präsentation, bevor du an die Öffentlichkeit trittst.
- Sorge dafür, dass alle Materialien bereitstehen.

5. Schritt: Präsentation
- Prüfe, ob alle Medien und Materialien richtig geordnet sind.
- Trage deinen Vortrag möglichst ruhig vor und halte Blickkontakt mit den Zuhörern.
- Gib deinem Publikum nach dem Vortrag Zeit für Fragen oder für eine Diskussion.

Eine Mindmap entwerfen (Bd. 5/6)

1. Schritt: Hauptthema formulieren
- Das Hauptthema (Hauptzweig) formulieren, z. B. „Römisches Weltreich", und in der Mitte des Blattes notieren. Als Vorstufe kannst du auch einen zusammenhängenden Text aus dem Gedächtnis zum Thema schreiben, aus dem du dann die „Schlüsselwörter" herausschreibst und danach deine Mindmap entwirfst.
- Verschiedene Hauptäste zeichnen und benennen, die in verschiedene Richtungen vom Hauptthema ausgehen.
  Tipp: Nur Stichworte notieren, eventuell unterschiedliche Farben (Symbole, Bilder) für Haupt- und Unteräste verwenden.

2. Schritt: Unterthemen finden
- Die Hauptthemen mit Unterthemen benennen und zu jedem Ast Informationen notieren.
- Weitere Unteräste zeichnen, um Details einzuordnen.

3. Schritt: Auswertung
- Ergebnisse in Kurzvorträgen vorstellen (Tafel, Folie o. Ä.) und im Gespräch prüfen.
- Offenheit und Ergänzbarkeit der Entwürfe feststellen und begründen.

Einen historischen Spielfilm untersuchen (Bd. 7)

1. Schritt: Beobachtungshinweise klären
- Was wird in der Szene dargestellt?
- Welche Personen treten auf?
- In welcher Beziehung stehen die Personen zueinander?
- In welcher Umgebung handeln die Personen?
- Welche Handlung wird durch die Abfolge der Bilder erzählt?
- Wie wird etwas dargestellt?
- Welche Position nimmt die Kamera ein (z. B. Nahaufnahme)?
- An welchen Stellen wird ein Schnitt (Unterbrechung einer Aufnahme) gemacht?
- Welche Musik wird eingesetzt?

2. Schritt: Beobachtungen zusammenfassen

Legt eine Tabelle an:

Bildebene	Sprache	Ton
– Handlungsort – Personen – Geschehen – Kameraführung – Farbgebung – Licht – Schnitte	– inhaltliche Aussagen der Personen – Sprechweise (z. B. aggressiv, fordernd, belehrend, eingeschüchtert, sachlich erzählend)	– Wirkung der Musik (z. B. untermalend, dramatisierend) – Hervorhebung von Geräuschen (z. B. Prasseln eines Feuers)

3. Schritt: Vergleich mit historischen Quellen
- Wie verhält sich die Darstellung zu historisch belegten Quellen?
- Welche Ausschnitte werden gezeigt, welche werden ausgespart?
- Welche Mittel werden im Film eingesetzt, um Aufmerksamkeit und Spannung zu erregen?

Einen historischen Sachverhalt klären und darstellen (Bd. 7)

1. Schritt: Fragestellung festlegen und Material suchen
Lege fest, worüber du Informationen finden willst, z. B.: Wurden nur Frauen als Hexen verbrannt? Welche Gründe für die Hexenverfolgung lassen sich finden? Wer kritisierte die Hexenverfolgung?
Erste Informationen über solche und andere Fragen findest du in der Schul- und Stadtbibliothek. Lexika, Geschichts- und Sachbücher sowie das Internet geben Hinweise. Nutze für deine Suche die Methoden auf den Seiten 138 (Bibliothek) und 344 (Internet).

2. Schritt: Material sichern
Sichere die gefundenen Materialien (Kopien, Stichpunkte, Dateien ausdrucken).
Sammle und ordne die Materialien, z. B. in einem Schnellhefter oder Ordner.

3. Schritt: Materialien auswählen
Überprüfe, welche Informationen doppelt, unwichtig, veraltet oder vermutlich fehlerhaft sind. Sortiere diesen „Infomüll" aus.
Überlege, welche Informationen sich für dein Vorhaben (Referat o. Ä.) eignen.

4. Schritt: Ergebnisse bewerten und präsentieren
Bewerte nach der Recherche die verschiedenen Informationsquellen: Wie lange hat die Suche jeweils gedauert? Hast du die Antworten auf deine Fragen bekommen? Wo siehst du Vorteile, wo Nachteile der jeweiligen Informationsquelle? Wie können die Ergebnisse am besten präsentiert werden?

Statistiken auswerten und grafisch umsetzen (Bd. 7)

1. Schritt: Formale Analyse
Zuerst muss nach der Echtheit des Zahlenmaterials und seiner korrekten „Überlieferung" gefragt werden. Im Unterricht wird – abgesehen von eigenen Archivarbeiten – meistens bereits „bearbeitetes" (ausgewähltes und gedrucktes) Material vorgelegt. Deshalb kann sich die Analyse darauf beschränken, Vollständigkeit und erstes Verständnis der Daten in der Darstellung zu überprüfen.

2. Schritt: Inhaltliche Analyse
- Was ist Thema der Statistik?
- Wie ist sie aufgebaut?
- Was ist im Einzelnen dargestellt?
- Welche Aussagen lassen sich formulieren?
- Sind sie untereinander stimmig? (Durch Rundungen können sich Differenzen ergeben.)
- Lässt sich eine „Hauptaussage" finden?
- Bleiben Fragen offen?

3. Schritt: Historischer Zusammenhang
Ausgehend vom Thema der Statistik erfolgt eine Einordnung in den geschichtlichen Zusammenhang.
- Gibt es einen Bezug zu anderen Informationen (Materialien)?
- Ergänzen oder widersprechen sie sich?
- Welche weiteren Informationen werden benötigt?

4. Schritt: Bewertung der Aussagekraft
- Ist der Ausschnitt der statistischen Daten zu gering?
- Wird der Sachverhalt zu stark vereinfacht, verzerrt oder vielleicht verfälscht?
- Ist die grafische Darstellung angemessen?

Schaubilder verstehen (Bd. 5/6)

1. Schritt: Elemente der Abbildung erfassen
- Welche Fachbegriffe werden verwendet und sind zu klären?
- Welche Zeichen sind zu erschließen (z. B. Pfeile, Farben)?

2. Schritt: Den Aufbau untersuchen
- Wie ist das Schaubild zu lesen (z. B. von unten nach oben, von links nach rechts, von der Mitte)?
- Wo ist der beste „Einstieg“ in die Beschreibung des Schaubildes?

3. Schritt: Den Inhalt erschließen und bewerten
- Welche Informationen geben die einzelnen Elemente zur Machtverteilung, z. B.: Wer kann mitbestimmen, wer nicht?
- Sind die Elemente gleichgestellt; gibt es ein „Oben“ und „Unten“?
- Lassen sich Grundaussagen, „Stärken“ und „Schwächen“, z. B. der Verfassung, formulieren?

4. Schritt: Den historischen Zusammenhang einbeziehen
- Welche weiteren Informationen zur Einordnung und Bedeutung des Schaubildes sind notwendig?

Im Lexikon werden Fremdwörter, historische Begriffe und Ereignisse erläutert, die in den Darstellungstexten dieses Buches vorkommen und mit einem * versehen sind. Die Begriffe, die auf den Themenseiten in Kästen erklärt sind, haben einen Verweis auf die jeweilige Seite.

A

Akkulturation siehe S. 207
Allegorie, bildhafte, gleichnishafte Darstellung eines Begriffs oder Vorgangs.
Antisemitismus siehe S. 158
Arbeiter- und Soldatenräte, Vereinigung von Arbeitern und Soldaten, die ab dem 9. November 1918 in deutschen Fabriken und Kasernen die politische Macht übernahm. Mit dem Ende der Revolution lösten sich die Arbeiter- und Soldatenräte auf.
Arisierung siehe S. 161
Assimilation siehe S. 207
Atlantik-Charta, am 14. August 1941 von dem britischen Premierminister Churchill und dem amerikanischen Präsidenten Roosevelt beschlossene Erklärung der gemeinsamen Kriegs- und Nachkriegspolitik, die zu einem Grunddokument der UNO wurde. Gefordert wurden u. a. Verzicht auf Gebietsgewinn, Anerkennung des Selbstbestimmungsrechts der Völker bezüglich der Regierungsform, territorialer Veränderungen, der Gleichberechtigung im Welthandel, der Freiheit der Meere, des Verzichts auf Waffengewalt.
Autarkie, Bezeichnung für die wirtschaftliche Unabhängigkeit vom Ausland.

B

Bauhaus siehe S. 116
Beginn der Weltwirtschaftskrise 1929 siehe S. 119
Berlin-Blockade, Juni 1948 bis Mai 1949, Auslöser der Blockade war die Währungsreform in den Westzonen. Die Sowjetunion sperrte die Zonengrenzen, sodass Westberlin nur noch über einen Luftkorridor erreichbar war. Die Amerikaner versorgten die Bevölkerung durch eine Luftbrücke. Die Sowjetunion verfolgte mit der Blockade vor allem ein Ziel: Die Gründung eines westdeutschen Staates sollte verhindert werden. Doch die Gründung der Bundesrepublik wurde durch diese Maßnahme noch beschleunigt.
Bodenreform, Neuverteilung landwirtschaftlicher Flächen, entschädigungslose Enteignung des Großgrundbesitzes. Ihr folgte in den sozialistischen Staaten nach 1945 meist die Kollektivierung.
Bolschewiki/Bolschewismus, russ. für bolsche = mehr, auf dem Parteikongress von 1903 kam es bei der Frage der zukünftigen Organisation der Sozialdemokratischen Partei zur Spaltung. Eine knappe Minderheit (Menschewiki) trat für eine demokratisch organisierte Massenpartei ein und wollte verschiedene Formen der politischen Entwicklung zulassen. Die Mehrheit der Abgeordneten (Bolschewiki) entschied sich für den revolutionären Kurs Lenins. Danach musste eine revolutionäre Partei eine Kaderpartei sein, d. h. streng von oben nach unten gegliedert, mit dem Anspruch, dass ihre Mitglieder wichtige Posten in allen Massenorganisationen innehaben, um die verschiedenen gesellschaftlichen Gruppen (Arbeiter, Bauern, Jugend, Frauen usw.) auf den Weg zum Sozialismus zu führen. Innerhalb der russischen Arbeiterbewegung (Sozialrevolutionäre, Menschewiki, Bolschewiki u. a.) blieben die Vertreter des Bolschewismus allerdings in der Minderheit.
Bundesstaat Zusammenschluss von selbstständigen Einzelstaaten zu einem Gesamtstaat, wobei die Einzelstaaten einen Teil ihrer Rechte in der Gesetzgebung und Verwaltung an den Gesamtstaat übertragen, z. B. die Außen- und Finanzpolitik, einen anderen Teil aber weiterbehalten, z. B. die Schul- und Kulturpolitik. Man bezeichnet dieses Gestaltungsprinzip von Staaten als Föderalismus.

D

Demontage, Abbau von Industrie- oder Verkehrsanlagen durch Siegerstaaten in besiegten Ländern als Reparationsleistung, z. B. nach dem Ersten und Zweiten Weltkrieg in Deutschland.
Deportation, Zwangsverschleppung z. B. ausländischer Arbeitskräfte, auch politischer Gegner oder feindlicher Bevölkerungsgruppen, z. B. während des Nationalsozialismus.
DNVP (Deutschnationale Volkspartei) siehe S. 105
„Drittes Reich" siehe S. 131
DVP (Deutsche Volkspartei) siehe S. 105

E

Emanzipation Befreiung aus einem Zustand der rechtlichen, politischen und/oder gesellschaftlichen Ungleichheit oder Abhängigkeit. In der Neuzeit wurde Emanzipation aus der Gleichheit aller Bürger vor dem Gesetz begründet und im 19. und 20. Jahrhundert auf die politische und soziale Gleichstellung aller Bürger ausgedehnt.
Entnazifizierung siehe S. 223
Entspannungspolitik siehe S. 253
„Ermächtigungsgesetz" siehe S. 133
Erster Weltkrieg 1914 bis 1918 siehe S. 65
Eugenik siehe S. 162
„Euthanasie" siehe S. 162

F

Flucht und Vertreibung siehe S. 191

G

Generalstreik Der Generalstreik ist die schärfste Form des Streiks. Durch Arbeitsniederlegung aller oder doch der meisten Arbeitnehmer wird das wirtschaftliche Leben eines Landes lahmgelegt. Dadurch wird der Streik zu einem wirkungsvollen politischen Druckmittel.
Ghetto, ital., abgeschlossenes Judenquartier, im Mittelalter zuerst 1179 in Italien, dann auch in einigen deutschen Städten, in der Zeit der Aufklärung abgeschafft, von den Nationalsozialisten wieder eingeführt, v. a. in den polnischen Gebieten.
Glasnost und Perestroika siehe S. 257
„Gleichschaltung" siehe S. 133
Gründung der beiden deutschen Staaten 1949 siehe S. 226
Grundgesetz 24. Mai 1949 siehe S. 224
Grundlagenvertrag (Grundvertrag) 1972 siehe S. 275
Guerillakrieg, span., kleiner Krieg, Kampf irregulärer einheimischer Truppen gegen eine Besatzungsmacht, eine feindliche Armee oder im Bürgerkrieg. In den Entwicklungsländern die vorherrschende Kampfform für die nationale und soziale Befreiung (China von 1927–1949, Vietnam 1946–1973, Kuba 1956–1959 u. a.).

H

Hilfsprogramme und Währungsreform siehe S. 219
Hitlerputsch 1923 siehe S. 107

I

Imperialismus siehe S. 44

K

Kalter Krieg siehe S. 235
Kapitalismus, Wirtschaftsordnung, in der sich das Produktivkapital in den Händen von Privatpersonen bzw. -personengruppen befindet, d. h. der Kapitalisten und Unternehmer. Diesen stehen die Lohnarbeiter gegenüber. Der erwirtschaftete Gewinn geht wieder an den Unternehmer und führt zur Vermehrung des Produktivkapitals. Die wichtigsten wirtschaftlichen Entscheidungen werden in den Unternehmen im Hinblick auf den Markt und die zu erwirtschaftenden Gewinne getroffen, nicht aber vom Staat.
Kolchosen, durch Kollektivierung Zusammenschluss mehrerer Höfe oder Gemeinden zu gemeinsamer landwirtschaftlicher Bewirtschaftung unter vom Staat bestimmten Bedingungen in Bezug auf Arbeitsleistung, Produktion, Verwaltung usw.
Kolonialismus Die Einrichtung von Handelsstützpunkten und Siedlungskolonien in schwächeren Ländern (vor allem außerhalb Europas) sowie deren Inbesitznahme durch überlegene Staaten (vor allem Europas) seit dem Ende des 15. Jahrhunderts bezeichnet man als Kolonialismus. Die Kolonialmächte verfolgen dabei vor allem wirtschaftliche und militärische Ziele.
Koreakrieg (1950–1953) 1948 überfielen Streitkräfte des kommunistischen Nordkorea den Süden. Die westliche Welt sah darin einen Beweis für die Aggressivität des kommunistischen Lagers und der UN-Sicherheitsrat schickte unter amerikanischem Oberbefehl Truppen nach Südostasien. Sie eroberten Südkorea zurück. Nach Verhandlungen wurde die alte Grenze zwischen Nord- und Südkorea wieder bestätigt.
Kreisauer Kreis, eine Gruppe der Widerstandsbewegung im Dritten Reich, die nach dem Ort ihrer Zusammenkünfte auf dem Gut Kreisau (Schlesien) des Grafen von Moltke benannt wurde.
Kuba-Krise 1961/62 siehe S. 245
„Kulturkampf" siehe S. 23

L

LPG, seit 1952 in der DDR eingeleitete, seit 1960 erzwungene Zusammenfassung bäuerlicher Betriebe zu Großgenossenschaften.
„Machtergreifung" siehe S. 133
Mandat (von lat. mandare = beauftragen) Als Mandat bezeichnet man einen Auftrag oder eine Ermächtigung, die jedoch keine genaue Handlungsanweisung beinhaltet.
Marshallplan, auf den US-Außenminister Marshall zurückgehendes amerikanisches Hilfsprogramm für Europa nach dem Zweiten Weltkrieg. Die Marshallplan-Hilfe war die Grundlage für die rasche wirtschaftliche Gesundung Westeuropas.
Menschewiki, zahlenmäßig stärkerer Flügel der russischen Sozialdemokratischen Arbeiterpartei. Nach einer zufälligen Abstimmungsniederlage 1903 so benannt: Minderheitler, im Gegensatz zu den Bolschewiki (siehe dort). Endgültige Spaltung 1912.
Mittelstand, soziale Gruppen einer Industriegesellschaft, die nicht zu den Kapitaleignern und ihren Führungskräften (Oberschicht) und nicht zur Arbeiterschaft (Unterschicht) gehören.
Migration siehe S. 331
Mobil/Mobilität Mit der Einführung des öffentlichen Nahverkehrs (Pferdeomnibusse, Straßenbahnen, Untergrundbahnen usw.) gegen Ende des 19. Jahrhunderts wurden die Menschen in den Städten mobiler. Seit der Jahrhundertwende kamen individuelle Beförderungsmittel wie Krafträder, Automobile, Lastkraftwagen usw. hinzu.
Münchner Abkommen/Appeasement siehe S. 171

N

Nationalismus, übersteigertes, meist kämpferisches und mit Unduldsamkeit oder Überheblichkeit gegenüber anderen Völkern verbundenes Eintreten für das eigene Volk oder den eigenen Staat. Als Zeitalter des Nationalismus wird das 19. Jahrhundert wegen der Bildung zahlreicher Nationalstaaten bezeichnet.
Nationalsozialismus siehe S. 131
NATO siehe S. 239
Neue Ostpolitik siehe S. 275
„Notstandsgesetze" siehe S. 303
Nürnberger Prozesse, Gerichtsverfahren, die 1945 bis 1949 vor dem Internationalen Militärtribunal in Nürnberg zur Ahndung von nationalsozialistischen Kriegsverbrechen durchgeführt wurden.

O

Oder-Neiße-Grenze, von Stettin entlang der Oder und der Görlitzer Neiße bis zur böhmischen Grenze verlaufend, auf der Jalta-Konferenz beraten, 1945 in Potsdam bis zur endgültigen Regelung durch einen Friedensvertrag von den Westmächten als vorläufige Westgrenze Polens zugestanden. Sie wurde 1950 von der DDR als endgültige Staatsgrenze anerkannt. 1970 verpflichtete sich die Bundesrepublik Deutschland im deutsch-polnischen Vertrag, sie als unantastbare Grenze zu achten. 1990 als Grenze zu Polen von Deutschland endgültig anerkannt.
Öffnung der innerdeutschen Grenze siehe S. 280

P

Parteien siehe S. 21
Planwirtschaft, im Gegensatz zur freien oder sozialen Marktwirtschaft eine gelenkte Staatswirtschaft, die alle Bereiche der Wirtschaft durch genaue Planung festlegt.
Potsdamer Konferenz siehe S. 219
Proletariat (von lat. proles = Nachkomme), im Römischen Reich Angehöriger der unteren (rechtlosen) Schicht, deren Aufgabe es war, Nachkommen zu zeugen, z. B. für den Militärdienst. Im 19. Jahrhundert (nach Marx und Engels) die Klasse der Lohnarbeiter in einer auf dem Privateigentum an Produktionsmitteln (Fabriken, Maschinen usw.) begründeten industriellen Gesellschaft. Das Proletariat besaß keine Produktionsmittel und lebte vom Verkauf seiner Arbeitskraft.
Rätesystem, Regierungssystem, bei dem die in Fabriken und Kasernen gewählten Vertreter der Arbeiter und Soldaten direkt regieren. Die übrige Bevölkerung ist nicht an der Regierung beteiligt, siehe Sowjet.
Rassismus/Rassenlehre, pseudowissenschaftliche Anwendung der biologischen Unterscheidungen von menschlichen Gruppen gleicher erblicher Merkmale (z. B. der Hautfarbe) auf das gesellschaftlich-politische Leben, wobei die Höher- bzw. Minderwertigkeit verschiedener „Rassen" unterstellt wird. Meist mit Verherrlichung der eigenen und teilweise aggressiver Ablehnung anderer „Rassen" verbunden, mit einem Höhepunkt im nationalsozialistischen Rassenwahn (Antisemitismus, siehe dort).

Rechtsextremismus (Grundeinstellungen) siehe S. 197
Reformpolitik in der UdSSR siehe S. 257
Reichsgründung 1871 siehe S. 13
Reichsregierung, im Deutschen Reich 1919–1945 das zentrale Organ der vollziehenden Gewalt.
Reichstag siehe S. 17
Reparationen/Reparationszahlungen siehe S. 81
Revision, das Bemühen, bestehende Zustände durch Verhandlungen zu ändern. In der Weimarer Republik z. B. das Bestreben, die Regelungen des Versailler Vertrages für Deutschland abzumildern bzw. rückgängig zu machen.
RGW (Rat für gegenseitige Wirtschaftshilfe), Gegengründung der Sowjetunion gegen die OEEC. Seit 1950 war die DDR Mitglied, 1990 Selbstauflösung.
Russische Revolution siehe S. 77

S

Shoa (Holocaust) siehe S. 177
Sowchosen Staatsgüter, nach der Kollektivierung eingerichtete Spezialbetriebe der Landwirtschaft.
Sowjet, russ. für Rat, ursprünglich spontan gewählte Arbeitervertretungen, deren Ausschüsse die gesetzgebende und vollziehende Gewalt ausübten. Erstmalig in der russischen Revolution von 1905. Arbeiter-, Soldaten- und Bauernräte bildeten den wichtigsten Faktor in den beiden russischen Revolutionen von 1917, sanken dann aber zu Instrumenten der kommunistischen Parteiführung herab. Die staatliche Gewalt auf höchster, d. h. Landesebene wurde in der Sowjetunion offiziell bis zu ihrer Auflösung von dem aus zwei Kammern bestehenden Obersten Sowjet ausgeübt.
Sozialdarwinismus siehe S. 44
Soziale Marktwirtschaft, Wirtschaftsordnung, die ihrem Anspruch nach im Gegensatz zum frühliberalen (Laissez-faire-Kapitalismus) wie zum sozialistischen Wirtschaftssystem (Planwirtschaft, siehe dort) steht. Zu ihren wichtigsten Elementen gehören die Garantie und der Schutz des wirtschaftlichen Wettbewerbs, die soziale Abfederung negativer Auswirkungen marktwirtschaftlicher Prozesse (z. B. Arbeitslosigkeit) durch den Staat sowie die Verbreiterung des Privateigentums an Produktionsmitteln. Der Begriff entstand nach dem Zweiten Weltkrieg und wurde maßgeblich von Alfred Müller-Armack, einem engen Mitarbeiter Ludwig Erhards, geprägt.
Sozialgesetzgebung siehe S. 25
Sozialimperialistisch Als sozialimperialistisch wird eine Außenpolitik oder ein Denkmodell dann bezeichnet, wenn versucht wird durch imperialistische Bestrebungen von innenpolitischen Problemen abzulenken.
Sozialistengesetz siehe S. 25
Staatenbund, Zusammenschluss von Staaten, wobei die einzelnen Staaten ihre eigenständige Staatsgewalt vollständig behalten. Es gibt aber gemeinsame Einrichtungen, in denen eine gemeinschaftliche Politik für alle Mitgliedsstaaten verbindlich festgelegt wird. Diese zentralen Einrichtungen sind aber eher schwach im Vergleich zur Macht der Einzelstaaten oder auch zu einem Bundesstaat. Beispiel für einen Staatenbund ist der Deutsche Bund 1815 bis 1866.
Stalin/Stalinismus siehe S. 77
Stasi, Bezeichnung der DDR-Bevölkerung für die Mitarbeiter des Ministeriums für Staatssicherheit (MfS), die große Teile der Bevölkerung bespitzelten und überwachten.

T

„Tag der Deutschen Einheit“ siehe S. 280
Terrorismus siehe S. 325
„Totaler Krieg“, Vernichtungskrieg, der sich auch gegen die Zivilbevölkerung des Feindes richtet.
Truman-Doktrin siehe S. 235

U

Umbruch in Osteuropa siehe S. 261
UNO siehe S. 241
USPD (Unabhängige Sozialdemokratische Partei Deutschlands) siehe S. 105

V

VEB, volkseigener, sozialisierter, in Gemeineigentum überführter Betrieb in der SBZ bzw. DDR.
VEG, volkseigenes, sozialisiertes, in Gemeineigentum überführtes Gut in der SBZ bzw. DDR.
Verträge zur deutschen Einheit siehe S. 280
Vertrag von Lissabon 2009 siehe S. 310
Vertrag von Maastricht 1992 siehe S. 310
Vietnamkrieg siehe S. 247
Völkerbund siehe S. 85
Volksaufstand in der DDR 17. Juni 1953 siehe S. 269
„Volksgemeinschaft“ siehe S. 149
Volksgerichtshof, Sondergericht der Nationalsozialisten für die Verurteilung politischer Gegner.

W

Warschauer Pakt siehe S. 239
Weimarer Republik (1918–1933) Die erste deutsche Republik erhielt ihren Namen nach dem Tagungsort der Nationalversammlung.
Westintegration siehe S. 224
Widerstand siehe S. 183

Y

Yom Kippur, jüdischer Versöhnungstag, strengster Fasten- und Bußtag. Beginn des 4. Nahostkrieges 1973.

Z

Zentrale Planwirtschaft, Wirtschaftsordnung, in der die ökonomischen Prozesse einer Volkswirtschaft, insbesondere die Produktion und die Verteilung von Gütern und Dienstleistungen, planmäßig und zentral gesteuert werden.

1871: Reichsgründung siehe S. 13
9. November 1918: Ausrufung der Republik siehe S. 95
8./9. Mai 1945: Bedingungslose Kapitulation siehe S. 185
24. Mai 1949: Grundgesetz siehe S. 224
1949: Gründung der beiden deutschen Staaten siehe S. 226
17. Juni 1953: Volksaufstand in der DDR siehe S. 268

Lösungshilfen zu den Fragen auf den Kompetenz-Checkseiten

Kapitel 1: Das Deutsche Kaiserreich 1871 bis 1918

1. Herrschaft und Gesellschaft im Kaiserreich (S. 35)

1 Vergleiche die Seitenhinweise.
2 Ziele: Verzicht Bismarcks auf weitere Ausdehnung des Reiches nach 1871; Beschwichtigung der anderen Großmächte; Auftritt als Vermittler; Aufbau eines komplizierten Bündnissystems.
3 Auswahl eines Beispiels: Kampf gegen die Sozialdemokratie: Bismarck lehnte die Prinzipien der Volkssouveränität und der Demokratie ab; Furcht vor sozialrevolutionären Bewegungen; „Doppelstrategie": Verbote und Strafen (Sozialistengesetz) und soziale Reformen (Sozialgesetzgebung). Ziel einer Eindämmung wurde nicht erreicht.
4 Analyse anhand der Arbeitsschritte; Bildunterschriften und M3, M4 beachten, die wichtige Hinweise auf die Echtheit bzw. Interpretation der Darstellungen geben.
5 Analyse anhand der Arbeitsschritte. Beachten: Hut und Pickelhaube als Symbole; österreichische Perspektive.
6 Vergleich mithilfe der Arbeitsschritte zu den Methoden „Historiengemälde deuten" (S. 14) und „Karikaturen entschlüsseln" (S. 349); unterschiedliche Quellengattungen beachten; M1: historische Deutung und Glorifizierung des Reiches von 1871; M2: kritische Bewertung der Reichseinheit als obrigkeitsstaatliche, militaristische Lösung. Entwurf zweier sehr unterschiedlicher „Bilder".
7 Argumente für die These: einerseits obrigkeitsstaatliche Struktur, konservative Eliten blieben an der Macht, Unterdrückung von Minderheiten, demokratischen und sozialen Bewegungen; andererseits Modernisierung in wirtschaftlichen und technischen Bereichen (Industrialisierung); eingeschränkte Wahlmöglichkeiten über den Reichstag mit bestimmten Haushaltsrechten, Initiativen zur Gesetzgebung; Organisierung politischer, gesellschaftlicher, sozialer und wirtschaftlicher Interessen in Parteien und Verbänden (Ansätze von Pluralisierung). Die These sagt jedoch nichts über die Gewichtung der beiden „Gesichter" aus bei einer Gesamtbewertung des Kaiserreiches.
8 Stützung der These durch die Faktoren: innen- und außenpolitische Souveränität in der Hand des Kaisers; Bundesstaat der Fürstentümer und Freien Reichsstädte; Übergewicht des mächtigsten Einzelstaates Preußen; keine Grundrechte für den Einzelnen; schwacher Reichstag als Vertretung des Volkes; konstitutionelle Monarchie, keine parlamentarische Regierung. Gegen die These könnte die pauschale Begriffsverwendung „Obrigkeitsstaat" sprechen, die bürgerliche und proletarische Ansätze von Beteiligung und Demokratie in der Gesellschaft (Parteien, Verbände, Vereine) nicht erfasst.

Kapitel 2: Imperialismus, Erster Weltkrieg und die Folgen in Europa

1. Der Imperialismus (S. 53)

1 Vergleiche die Seitenhinweise.
2 Beispielhafte Darstellung; Großbritannien: indirekte Herrschaft, z. B. in Ägypten; Russland: Unterwerfung der „Grenzvölker".
3 Kartenanalyse mithilfe der Arbeitsschritte.
4 a) Bearbeitung mithilfe der Arbeitsschritte.
b) Einsichtige Darstellung der „Zeit der Gewalt" aus afrikanischer Sicht; die angesprochenen Faktoren der Eroberung, Unterdrückung, Zerstörung der „Gemeinschaften" und des mehr oder weniger bewaffneten Widerstandes sind nachweisbar.
5 Arbeitsschritte „Karikaturen entschlüsseln" im Anhang (S. 349) mit heranziehen. Reduzierung der Epoche des Kolonialismus auf die Personifizierung „schwarzer Mann" – „weißer Mann" (z. B. Industrieller); im Kern wird die Abhängigkeit und Unterwerfung der Kolonisierten unter die Kolonisierenden dargestellt. Datierung der Zeichnung: 1960er-/1970er-Jahre: Hauptphase der Befreiung der Kolonialländer aus der Abhängigkeit, Erreichen staatlicher Unabhängigkeit.
6 Eigene Entwürfe und Präsentation.

2. Der Erste Weltkrieg (S. 69)

1 Vergleiche die Seitenhinweise.
2 Anlass: Ermordung des österreichischen Thronfolgerpaars am 28. Juli 1914 durch serbische Nationalisten; Ursachen: Belastung des europäischen Gleichgewichts durch die Machtkämpfe der imperialistischen Staaten um Kolonien in Afrika und Asien; Rüstungswettlauf, vor allem zwischen dem Deutschen Reich und Großbritannien; Balkankrise, Balkankriege 1912/13 und 1913; Nationalismus und Imperialismus als wesentliche Ursachen; Verlauf und Ende vgl. S. 58–65; schwere Folgen für die Menschen durch die „Industrialisierung" des Krieges: Materialschlachten, Millionen von Opfern; Hunger und Verarmung; Orientierungslosigkeit; psychische Folgen für die Soldaten.
3 Wiedergabe der Stimmung als Kontrastdarstellung; Hinweis auf die Position der beiden Zeitungen; mögliche Schlüsse: perspektivische Sichtweise, keine eindeutig positive Stimmung, wie sie in vielen Darstellungen über den Beginn des Ersten Weltkrieges zu finden sind; Abhängigkeit der Darstellung von der Sichtweise des Reporters.
4 Analyse mithilfe der Arbeitsschritte „Ein Bild als Quelle" (S. 348); Aspekte einer Stellungnahme: geschickte Verknüpfung der „Kreuzarten" in propagandistischer Absicht, Verbindung bzw. Vermischung staatlich-nationalistischer und religiös-christlicher Motive.
5 Arbeitsschritte „Schriftliche Quellen vergleichen" (S. 347) mit heranziehen; Propaganda-Rede mit falschen (z. B. „in begeisterter Einmütigkeit", Krieg „der uns aufgezwungen worden war") Aussagen; Appell an die Einheit von Reichsführung und Volk („ein Ziel, ein Wille, ein Vaterland"; „Vaterland, Kaiser und Reich") und die Aufforderung, sein Leben zu opfern (Vaterland steht über dem Einzelnen); „Durchhalte-Rede".
6 Analyse anhand der Arbeitsschritte zur „Bildanalyse" (S. 348), historisch nicht haltbare Aussage zur Auslösung des Krieges; Widersprüchlichkeit der Darstellung: Friedensbeteuerung in militärischer Uniform.
7 Stellungnahme; „Urkatastrophe" im Sinne von „erster, grundlegender Katastrophe"; im Rückblick plausibel, wenn die folgenden Ereignisse in den Blick genommen werden, wie die Herrschaft des Nationalsozialismus, Faschismus in Italien, Zweiter Weltkrieg und Spaltung der Welt in zwei Machtblöcke Ost und West. Problematisch wäre es aber, eine Zwangsläufigkeit der späteren Ereignisse aus dem Ersten Weltkrieg zu folgern.
8 a) Analyse mithilfe der Arbeitsschritte „Karikaturen entschlüsseln" (S. 349); zeitgenössische Zeichnung, die den Krieg „als Subjekt", d. h. als handelnde Figur darstellt; Betonung der Eigendynamik des „industriellen" Krieges; Problem: die eigentlich handelnden bzw. entscheidenden Subjekte, die Herrscher der Krieg führenden Staaten, treten hier zurück.
b) und c) eigene Entwürfe und Präsentation.

3. Die Neuordnung Europas nach dem Ersten Weltkrieg (S. 89)

1 Vergleiche die Seitenhinweise.

2 Frühes Interesse an den Lehren von Karl Marx; Gründung des „Kampfbundes zur Befreiung der Arbeiterklasse", Verbannung, russische Sozialdemokratie, Anführer der Bolschewiki, treibende Kraft in der Oktoberrevolution zum Sturz der Zarenherrschaft.

3 Der Widerstand aus Teilen der Bevölkerung (demokratische, bürgerliche, monarchische Kräfte) wurde mit den Mitteln des „Kriegskommunismus", unter Stalin mit diktatorischen Zwängen niedergeschlagen. Geheimdienst und Arbeitslager wurden zur Unterdrückung und Vernichtung des Widerstandes und der Opposition eingesetzt. Gewalt war von Beginn an eine Methode zur Sicherung der Herrschaft. Sie stand im Widerspruch zu den Ansprüchen der Revolutionäre, eine neue Gesellschaft „für das Volk" zu schaffen.

4 Der Aufstieg des Faschismus ging von Italien aus (Mussolini) und hatte eine wichtige Ursache in der Krise von Staat und Gesellschaft nach dem Ersten Weltkrieg. Brutalität und Gewalt im Krieg hatten offensichtlich Auswirkungen auf das Verhalten und Zusammenleben der Menschen nach dem Ende des Krieges. Viele Menschen glaubten den Faschisten, dass sie Gleichheit und soziale Gerechtigkeit herstellen wollten. In der Realität zeigte sich der Faschismus als antidemokratisch, nationalistisch und militaristisch.

5 Analyse mithilfe der Arbeitsschritte und Vergleich.

6 Der Versailler Vertrag wurde in Deutschland weitgehend als „Diktat" empfunden, insofern kann er zunächst nicht als den Frieden fördernd gesehen werden („Symbol der Feindschaft" im Verhältnis zu Frankreich). Tatsächlich wurde der Vertrag in der Reparationsfrage schon bald revidiert und erwies sich in der Weltwirtschaftskrise ab 1929 als wirkungslos (keine Schlusszahlung mehr). Es blieben aber die Gebietsabtretungen und Bevölkerungsverluste. Die positive Idee eines Völkerbundes erwies sich in der Praxis als gescheitert. Der Rückzug der Amerikaner aus Europa und der Ausschluss der Besiegten ließen das Instrument des Bundes leicht als „Siegerwerkzeug" erscheinen.

7 a) Mangel an Zusammenhalt in Europa (moralisch und wirtschaftlich); Zerstückelung durch (Zoll-)Grenzen.
b) Gegenüber 1930 hat Europa große Schritte in seiner Einigung gemacht (Wirtschafts- und Währungsunion, politische Institutionen, die teilweise Aufgaben der Mitgliedsstaaten übernehmen).

8 Rechercheaufgabe.

Kapitel 3: Die Weimarer Republik

1. Gründung und Zerstörung einer Republik (S. 123)

1, 2 Vergleiche die Seitenhinweise.

3 Monarchisch-konservative Kräfte: „Dolchstoßlegende", „Erfüllungspolitiker" als Argumente gegen die demokratischen Parteien. Völkisch-antisemitische Demokratiekritik: Ablehnung des Parlamentarismus und der Parteiendemokratie als „undeutsch" und „widervölkisch"; verhindern die Einigkeit der „Volksgemeinschaft" und die „Einheit von Volk und Staat". „Neuer Nationalismus": Ziel ist das künftige „Reich" (das „Dritte Reich"); der „Nationalist" will „das Deutsche" retten; gegen die westliche Zivilisation gerichtet. Kommunistische Demokratiekritik: Kampf gegen „schwarz-rot-goldene Agenten/Reaktionäre" (= Demokraten der Weimarer Republik); „revolutionäres Proletariat" gegen „reaktionäre Bourgeoisie"; Massendemonstrationen gegen Wahlen („Stimmzettel").

4 a) Krisen 1923 bedrohten die Zukunft Deutschlands; die Größe der Gefahr wird erst im Rückblick klarer.
b) Der Autor bemängelt die fehlende Anerkennung der Politiker durch die Bevölkerung; sieht darin ein „deutsches" Problem; evtl. Hinweis auf das obrigkeitsstaatliche Denken in Deutschland: mangelnde Mitverantwortung für die Politik, „die da oben" sollen es machen.
c) Innenpolitische Beispiele finden sich im Verhalten der antidemokratischen Parteien, die gegen die Mehrheit in der Bevölkerung die politischen Vertreter der jungen Demokratie kritisierten bzw. ablehnten und sich einer konstruktiven Mitarbeit am Aufbau der Republik verweigerten. In der Außenpolitik fehlte weitgehend die Anerkennung der Politiker für ihr Bemühen, Deutschland in die „Völkergemeinschaft" zurückzuführen (Stresemann).

5 Analyse anhand der Arbeitsschritte.

6 a) Analyse mithilfe der Arbeitsschritte im Anhang (S. 349).
b) Mangelnde Unterstützung der Weimarer Demokratie findet sich in den Aussagen und Einstellungen der antidemokratischen Kräfte.

7 a) Analyse anhand der Arbeitsschritte im Anhang (S. 351).
b) Die Karte sollte den Eindruck einer „Verstümmelung" (Kartenüberschrift!) Deutschlands vermitteln, wobei ihre Wirkung wohl entscheidend beeinflusst wurde durch die Art der Einbettung der Karte in den Zusammenhang des damaligen Unterrichts: z. B. Erster Weltkrieg, Kriegsniederlage, (mangelnde) Einsicht in die Verliererrolle Deutschlands, militärische und außenpolitische Schwäche (Legende: „Trug-Abstimmung" dürfte sich auf die nicht einwandfreie Abstimmung über Eupen und Malmedy – an Belgien gekommen – beziehen).

8 Die These ist in ihrer starken Vereinfachung („ohne Demokraten") nicht zutreffend, gibt aber den Eindruck wieder, dass die Weimarer Republik – insbesondere in ihrer Endphase 1930 bis 1933 – immer weniger Unterstützung fand. Die starke Zunahme der antidemokratischen Kräfte (Nationalsozialisten, Kommunisten) und die vom Parlament nicht getragenen Regierungen Brüning, Papen und Schleicher stützen die These im Kern.

9 Diskussionsrunde.

Kapitel 4: Der Nationalsozialismus – Ideologie und Herrschaftspraxis

1. Das nationalsozialistische Herrschaftssystem (S. 147)

1 Vergleiche die Seitenhinweise.

2 a) Ernennung Hitlers durch den Reichspräsidenten von Hindenburg (30. Januar 1933) ohne Beteiligung des Parlaments; scheinbar bescheidene Vertretung der NSDAP in der Reichsregierung (zunächst nur drei Minister); Reichstagsbrand vom 27. Februar 1933 wurde von Hitler benutzt, durch eine Verordnung wichtige Grundrechte einzuschränken; Wahlen vom März 1933 unter Einschüchterung und Terror gegen Kommunisten und Sozialdemokraten; Ermächtigungsgesetz (23. März): Gesetzgebung ohne den Reichstag. Methode der Einschüchterungen und Drohungen, der Verhaftung politischer Gegner; antidemokratisches Vorgehen.
b) Historiker: Scheinlegales Vorgehen Hitlers, nachdem bereits zwischen 1930 und 1933 die Grundsätze der parlamentarischen Demokratie verletzt wurden; Verletzung der Grund- und Menschenrechte unmittelbar mit dem Machtantritt ab Ende Januar 1933.

3 Vergleiche die Seitenhinweise.

4 a) Erfassung der Jugendlichen und Erwachsenen in den verschiedenen „Staatsorganisationen", kein Raum für freie Aktivitäten in Verbänden und Vereinen, die nicht von der Führung von NSDAP und Staat genehmigt waren.
b) Erfassung und Organisierung bis in die Freizeit hinein; allenfalls blieben familiäre Freiräume, soweit nicht dort politische Differenzen (Auffassungen von Demokratie bzw. Diktatur) das Zusammenleben erschwerten.
5 Erarbeitung der Bildaussage mithilfe der Methoden Bild- bzw. Karikaturenanalyse (S. 348/349); Stichpunkte zur Interpretation: Aufbau und Struktur des Bildes, gesellschaftliche Gruppen; Hierarchie; links: Stacheldraht, Holzklotz, Beil, Blut.
6 Analyse mithilfe der Arbeitsschritte „Karikaturen entschlüsseln" (S. 349); Recherche zu den Biografien; Datierung der Zeichnung beachten; Rolle der Bürger- und Menschenrechte.
7 a) Arbeit am Text.
b) Die Aussage kann als geschickte Verschleierung der diktatorischen Absichten Hitlers und der NSDAP gesehen werden. Es geht Hitler nicht um verschiedene Auffassungen, um Diskussion und Beschlüsse durch Mehrheiten, sondern um das Recht der „Einzelpersönlichkeit", allein zu entscheiden, d.h.: die Demokratie zu beseitigen.
8 Rechercheaufgabe.

2. Leben in der nationalsozialistischen Diktatur (S. 167)
1 Vergleiche die Seitenhinweise.
2 a) Analyse mithilfe der Arbeitsschritte.
b) Beispiele: ausreichender Urlaub, wahre Erholung, Führerwille als heiliger Befehl, Aufbau der Gemeinschaft ..., Gegenüberstellung materieller (geringwertiger!) und moralisch-geistig-kultureller (höherwertiger!) Dinge; „Kraft durch Freude" als „Reglement".
3 a) Analyse anhand der Arbeitsschritte.
b) Scheinbar neutrale Information über die Kosten eines „Erbkranken"; Appell über die finanzielle Last zur Überlegung, ob sich diese Kosten nicht einsparen ließen: indirekte Aufforderung zur Euthanasie.
4 a) Zentrales Element der NS-Ideologie: Antisemitismus; Hitlers Einstellung schon vor 1933 bekannt; NSDAP-Programm wurde zur staatlich tolerierten Aktion bzw. zur Staatspolitik (z. B. Boykottaufrufe, Beamtengesetz, Nürnberger Gesetze, Schulausschluss usw.): deutlicher Zusammenhang bzw. skrupellose Umsetzung der Ideologie des Antisemitismus.
b) 1933–1938: Schulische, berufliche, persönliche und familiäre Folgen, z. B. Schul- und Arbeitsplatzverlust, gesellschaftliche Isolierung und Diskriminierung, Überwachung und Verfolgung, materielle Verluste, Auswanderung und Flucht.
5 Die Bürger- und Menschenrechte fordern Grundsätze, wie sie auch in der ab 1933 formal noch geltenden Weimarer Reichsverfassung enthalten sind: Gleichheit vor dem Gesetz, Freiheit der Person; aus heutiger Sicht dazu, z. B. nach dem Grundgesetz: Recht auf Leben, körperliche Unverletzlichkeit, Unantastbarkeit der Würde des Menschen.
6 Sprache der Verschleierung und „schleichenden Vergiftung"; Beispiele: vergleiche Werkstatt „Die Sprache der Verschleierung und Aggression" (S. 164). Stellungnahme.
7 Rechercheaufgabe.

3. Vernichtungskrieg und Völkermord (S. 199)
1 Vergleiche die Seitenhinweise.
2 Öffentliche Friedensreden und interne Weisungen zur Kriegsvorbereitung; Rückzug aus internationalen Abkommen (Völkerbund, Abrüstungskonferenz), allgemeine Wehrpflicht, „Achse Berlin—Rom", „Anschluss" Österreichs, „Eingliederung" des Sudetenlandes (Münchner Abkommen); zunehmende Aggressivität der deutschen Außen- und Militärpolitik.
3 Ursachen liegen in der NS-Politik: Revision des Versailler Vertrages, territoriale Eroberungen im Osten, Streben nach einer Weltmachtrolle Deutschlands; Appeasementpolitik der westlichen Mächte förderte möglicherweise die Aggressivität der NS-Führung bis Anfang 1939. Verlauf: Zunächst erfolgreiche „Blitzkriege" (scheitern jedoch gegen England), zunehmende Unterstützung Großbritanniens durch die USA; Krieg gegen die Sowjetunion; Vernichtungs-, Weltanschauungs- und Beutekrieg; europaweite Deportation und Vernichtung der Juden, Verschleppung von Millionen Menschen nach Deutschland zur Zwangsarbeit; Scheitern der globalen Kriegsziele Hitlers, Kriegserklärung an die USA, Dezember 1941; „letzte Mobilisierung" ohne Erfolg, alliierte Bombenangriffe auf Rüstungszentren und Städte, große Fluchtbewegungen aus dem Osten; Krieg in Asien (Japan – USA; Atombombenabwürfe); Ergebnis: Mai 1945 bedingungslose Kapitulation Deutschlands; Opfer siehe M2, S. 184.
4 Analyse mithilfe der Arbeitsschritte „Karikaturen entschlüsseln" im Anhang (S. 349). Vergleich: Datierungen der Karikaturen beachten; beide Darstellungen zeigen die blinde, willenlose Gefolgschaft von Menschen gegenüber dem Nationalsozialismus. Problem: Was erfolgte unter Zwang, was freiwillig?
5 Analyse anhand der Arbeitsschritte (S. 186 f.)).
6 Analyse mithilfe der Arbeitsschritte (S. 348).
7 a) Ideologische Ziele und praktische Politik der NS-Machthaber zeigen unmittelbar seit 1933 die Diskriminierung, Ausgrenzung, Entrechtung und Verfolgung der Juden in Deutschland, aus der sich als letzte Phase die Vernichtung ergab.
b) Durch die Besetzung vieler europäischer Staaten im Zweiten Weltkrieg gelang es den Nationalsozialisten, Millionen Juden unter ihre Herrschaft zu bringen. Insofern erleichterte der Krieg die Pläne der NS-Führung zur Vernichtung der Juden (Ablenkung durch die Kriegsvorgänge; Möglichkeit, Vernichtungslager außerhalb der Reichsgrenzen einzurichten).
8 „Kälbermarsch" und „Das Verhängnis" betonen die Verführungskraft der NS-Ideologie und -Politik (Phase vor bzw. kurz nach der Machtübernahme, 1932, 1934). Die Darstellungen zeigen nicht die aktive Rolle großer Teile der Deutschen, die sich dem Regime anschlossen bzw. aktiv die NS-Politik unterstützten. Weitsichtig sind die Andeutungen über das Ende: M2: Kälber werden geschlachtet. M3: Der Zug der Massen endet im Grab.
9 Die These gibt die frühe Phase der Beurteilung dieser Vorgänge wieder, als auch von einer Kollektivschuld der Deutschen allgemein gesprochen wurde („Aufrechnung" von Krieg und Kriegsverbrechen gegen Vertreibung und Umsiedlung). Etwa 50 Jahre nach Kriegsende begann eine Debatte um das Leid, das Deutsche erlitten hatten, die weder an der Entfesselung des Krieges noch an Kriegsverbrechen beteiligt waren. Heute geht es nicht mehr um die Revision der Ergebnisse des Zweiten Weltkrieges und um gegenseitige Schuldzuweisungen, sondern eher um die kollektive (gemeinsame) oder private Verarbeitung der Erlebnisse und Erinnerungen, auch in Ländern wie Polen und Tschechien.
10 Podiumsdiskussion.

Kapitel 5: Längsschnitt: Jüdisch-christliches Zusammenleben seit der frühen Neuzeit (S. 213)

1 Rückgang der Verfolgungen gegenüber dem späten Mittelalter; Spannung zwischen Schutz durch die Landesherren und judenfeindlichen Aktionen aus der christlichen Bevölkerung blieb; Differenzierung: Landjuden – Hofjuden; Verbesserung der Situation der Juden in der Zeit der Aufklärung, Rückschritte nach 1815 und 1848/49, in den folgenden Jahrzehnten aber Aufstieg einzelner jüdischer Familien in das Wirtschafts- und Bildungsbürgertum; antijüdische und nach 1870 antisemitische Tendenzen nahmen zu („Rassenlehre“, organisierter Antisemitismus, Juden als Sündenbock in der Wirtschaftskrise; Engagement für das „Vaterland“ im Ersten Weltkrieg wurde nicht „belohnt“; nach 1918: verschärfter, aggressiver Antisemitismus (politische Morde)); bedeutende wissenschaftliche und kulturelle Leistungen jüdischer Mitbürger.

2 a) Die Aktion Richard Sterns fällt in die Frühphase der Hitler-Regierung nach nur zwei Monaten Amtszeit. Hinweis Sterns auf die Leistungen für das Deutsche Reich, Enttäuschung über den „Wortbruch“ Hitlers und der NSDAP; Appell an die Mitbürger (Frontkameraden und Deutsche); die Frage nach dem Verhalten der deutschen Bevölkerung stellt sich hier deutlich.
b) Trotz Integration bzw. Assimilation in die deutsche Gesellschaft beginnt 1933 ein staatlich organisierter Ausgrenzungsprozess, dem weitere Maßnahmen bis zur späteren Vernichtung folgen. Die Widerspiegelung zeigt sich in der Situation jüdischer Mitbürger als „Fremde“, als „Menschen II. Klasse“. Völlig neu ist unter der NS-Herrschaft, dass der Staat als Träger der Ausgrenzung, Entrechtung, Verfolgung und Vernichtung auftritt.

3 Gesprächsrunde.

Kapitel 6: Die Neuordnung Europas und der Welt nach 1945

1. Deutschland 1945 bis 1949 (S. 231)

1 Vergleiche die Seitenhinweise.

2 M2: Hinweis auf die „Kollektivierung“ der Landwirtschaft, Beseitigung des Privateigentums an landwirtschaftlicher Fläche; M4: Hinweis auf die „soziale Marktwirtschaft“ mit Privateigentum an Produktionsmitteln bei sozialer Absicherung der in der Wirtschaft Tätigen. Zu „Markt“ und Plan“ siehe S. 228 f. Entscheidend: Unterschiedliche Positionen zum Eigentum an den Produktionsmitteln, die (wirtschaftliche) Freiheit des Einzelnen und Bedürfnisse der Konsumenten (freier Marktteilnehmer als Konsument, Angebot und Nachfrage oder Abhängigkeit von der Planvorgabe).

3 a) Analyse mithilfe der Arbeitsschritte (S. 346).
b) Föderalistische Verfassung, die die deutsche Einheit wiederherstellen kann, Schutz der Länderrechte, Zentralinstanz, Garantie der Rechte und Freiheiten des Einzelnen.

4 Analyse anhand der Arbeitsschritte. Verwendete Symbole beachten.

5 a) Sorge der westlichen Siegermächte vor einem ähnlichen Schicksal eines neuen (West-)Staates wie dem der Weimarer Republik, die durch die NS-Herrschaft zerstört wurde („Wird Bonn Weimar?“). Beobachtende Rolle der Sowjetunion.
b) Misstrauen der Siegermächte gegenüber der Fähigkeit der Deutschen zu einer dauerhaften Demokratiegründung erscheint angesichts der jüngsten Vergangenheit (1933–1945) durchaus berechtigt. Im Rückblick betrachtet wurden die bedeutenden demokratischen Traditionen aus der Zeit nach 1918 von den Alliierten zu skeptisch eingeschätzt. Historiker sprechen heute von einer gelungenen Demokratiegründung.

6 Durch die Aufteilung seit 1945 hatte Deutschland zunächst jede staatliche Souveränität verloren (Besatzungszonen). Die Staatsgründungen in West und Ost erfolgten auf Initiative der jeweiligen Besatzungsmächte und mit bestimmten Vorgaben, die zu jeweils unterschiedlichen politischen Systemen führten: im Westen parlamentarische Parteiendemokratie mit Aufbau von unten (Kommunen, Länder/Landtage, Bundestag; föderalistische Struktur); im Osten Errichtung einer scheinbar demokratischen Regierung unter Führung der Kommunistischen Partei (KPD bzw. SED; zentralistische Struktur).

7 Pro- und Kontradebatte.

2. Kalter Krieg und Entspannung – Internationale Politik seit 1945 (S. 265)

1 Vergleiche die Seitenhinweise.

2 UdSSR: Ausbau eines „Schutzgürtels“ gegen die USA in Osteuropa rief Gegenreaktion der westlichen Siegermächte hervor; USA: Politik der „Eindämmung“; tiefere Ursache: Systemgegensätze zwischen westlichen Demokratien und kommunistischem Herrschaftssystem; die eine Seite unterstellte der anderen jeweils Streben nach Vorherrschaft weltweit. Abbau von Feindbildern und Vertrauensbildung führte zu Entspannungstendenzen seit den 1970er-Jahren.

3 Wichtigste Funktionen: Weltfrieden erhalten, internationale Sicherheit schaffen, Streitigkeiten schlichten, Menschenrechte und Grundfreiheiten schützen.

4 Abschwächung der Konfrontation zwischen USA und UdSSR; Atomwaffensperrvertrag/Teststopp; Abkommen über atomare Rüstungsbegrenzung; Einbeziehen Chinas in die Weltpolitik; KSZE in Europa; Dritte Welt als „Kampfplatz“ der Weltmächte; Rückschritte Anfang der 1980er-Jahre: „Gleichgewicht des Schreckens“.

5 Analyse mithilfe der Arbeitsschritte (S. 346). Churchill benutzt hier die berühmt gewordene Formulierung vom „eisernen Vorhang“ zwischen dem Westen Europas und dem von der UdSSR beherrschten Osten. Dringlichkeit einer Reaktion des Westens auf das Vorgehen der UdSSR aus der Sicht Churchills.

6 Analyse mithilfe der Arbeitsschritte.

7 Die These greift zu kurz: Die Differenzen und Spannungen waren bereits während des Zweiten Weltkrieges und danach vor der Gründung der beiden Bündnisse erkennbar; aus ideologischer Sicht schon mit dem Aufstieg der kommunistischen Sowjetunion nach 1917; unterschiedliche Herrschafts-, Gesellschafts- und Wirtschaftssysteme als tiefere Ursachen.

8 Mit dem Lenin-Denkmal Sturz des gesamten „Sowjetsystems“ in Osteuropa; Scheitern des Versuchs, ein sozialistisch-kommunistisches System auf Dauer aufrechtzuerhalten, ohne die Mehrheit der Bevölkerungen hinter sich zu haben.

9 Gruppenarbeit: Recherche und Auswertung.

3. Deutschland – geteilt und vereint (S. 289)

1 Vergleiche die Seitenhinweise.

2 Analyse anhand der Arbeitsschritte „Karikaturen entschlüsseln“ im Anhang (S. 349).

3 Willensbekundung der Demonstrierenden nach wirtschaftlicher Teilhabe am Wohlstand, den sie sich künftig erhofften. Die „DM“ (Deutsche Mark der Bundesrepublik) als Symbol. Spaltung der DDR-Bevölkerung in der zweiten Jahreshälfte 1989: Die einen wollten bleiben, um das System zu verbessern

(z. B. „Sozialismus mit menschlichem Antlitz"), die anderen gingen in den Westen bzw. hatten Pläne zu gehen. Situation Ende Oktober 1989 vor dem Mauerfall am 9. November 1989.

4 Fall der Mauer war nicht zwingend der Weg zur deutschen Einheit; Versuch der SED durch angekündigte Reformen Macht zu erhalten; Forderungen der Bürgerrechtsbewegungen nach Demokratisierung; Kohls 10-Punkte-Programm (Konföderation); Zuspitzung der Lage in der DDR im Winter 1989/90; „Runder Tisch"; freie Wahlen am 18. März 1990; Zustimmung der Siegermächte; Verträge zur Herstellung der Einheit; 3. Oktober 1990: Einheit Deutschlands hergestellt.
5 Analyse mithilfe der Arbeitsschritte.
6 Neben der politischen Dimension (persönliche Freiheit, Grundrechte, Demokratie, Parteienvielfalt) spielt die wirtschaftliche Lage bei der Erklärung der Krise des DDR-Regimes eine bedeutende Rolle. Die vor allem über die Medien (Fernsehen) und persönliche Kontakte z. B. mit Verwandten wahrgenommenen krassen Unterschiede im Lebensstandard zwischen West und Ost waren für viele Menschen ein Motiv, das sozialistische System abzulehnen. Beachtet werden müssen dazu die außenpolitischen Bewegungen in Polen und der UdSSR.
7 Recherche/Gruppenarbeit.

4. Gesellschaftliches Leben im geteilten Deutschland – Lernen an Stationen (S. 307)

1 M1: Die berufstätige Mutter, die ihr Kind früh in die Krippe bzw. den Kindergarten gibt. M2: „Traditionelle" Rolle der Mutter und Hausfrau; in der Bundesrepublik bis 1990 stärker verbreitet als in der DDR. Abbildungen zeigen „Typisierung", wie sie jeweils in „reiner" Form nicht auf die Bundesrepublik bzw. auf die DDR beschränkt war.
2 Wichtig waren Konsummöglichkeiten, Wohnen, Freizeit, Arbeit und Arbeitsbedingungen.
3 Aussagen formulieren.
4 DDR: Staatlich organisiert, geringer persönlicher Freiraum, Ausweichen in Subkulturen, schwierige familiäre Situationen (Meinungsfreiheit, Spitzel). Bundesrepublik: Keine staatliche Organisierung, Subkulturen als „Normalfall", internationale Einflüsse, Konflikt- und Gewaltpotenzial bei Massenveranstaltungen. Bewertungen zu den Teilbereichen (enge Führung – Freiräume; Konsummöglichkeiten; „Amerikanisierung"?).
5 Analyse mithilfe der Arbeitsschritte und historischer Einordnung. Beachtenswert: Reflexion der Zeitzeugin über Verlauf der Bewegung: Problem – Aufbruchstimmung – Lösungsansätze – unerwartete Einflüsse – Ernüchterung/Enttäuschung.
6 Analyse mithilfe der Arbeitsschritte.
7 Analyse anhand der Arbeitsfragen. Beachtenswert: Regelverstoß als Argument? Welche Möglichkeiten bleiben, wenn der Eindruck entsteht, man werde nicht gehört bzw. man könne nichts ändern? In der Analyse der 68er-Bewegung wird in solchen Situationen die Gefahr des Umschlagens friedlichen Protests in Gewalt (zuerst gegen Sachen, später gegen Personen) gesehen.
8 Stellungnahme. Mit heranziehen: S. 303, M5 und M6.
9 Recherche.

5. Europa und die Welt nach dem Ost-West-Konflikt (S. 327)

1 Partnerarbeit.
2 M2: 1992: Europa als Kartenhaus, Eindruck des Instabilen, Zerbrechlichen; M3: 2010: Finanzkrise in EU-Staaten (Griechenland), drohende Pleite „Eurolands" (der Euro-Staaten), Eindruck einer gefährlichen Krise; M5: 2001: Demonstration von muslimischen Bürgerinnen/Bürgern gegen aufkommenden Hass in der Folge des 11. September 2001, Eindruck eines Aufrufs zum friedlichen Verhalten.
3 Erstellen eines WebQuests.
4 Chancen: Politische Einheit, friedliches Miteinander nach Kriegen, Erweiterung der Rechte des EU-Parlaments, stärkere EU-Spitzenämter (Ständiger Ratspräsident, Hoher Vertreter für Außenpolitik), Grundrechtecharta, Gemeinschaftswährung; Risiken: Staatsverschuldung, Finanzkrise in der Euro-Zone, Distanz zwischen Bürgerinnen/Bürgern und den Institutionen der EU.
5 Aus palästinensischer Sicht (wobei die Positionen der Fatah und der Hamas sich unterscheiden) wäre im Kern die Zweistaatlichkeit, die Teilung Jerusalems und die Aufgabe jüdischer Siedlungen in der Westbank kompromissfähig, nicht jedoch die Verweigerung des Rückkehrrechts der Flüchtlinge nach Israel. Radikale Position der Hamas: Raketenangriffe auf Israel von Gaza aus; bisher keine Anerkennung des Existenzrechts Israels, wodurch Kompromisse unmöglich werden.
6 Partnerinterview.

Kapitel 7: Längsschnitt: Migration im 19. und 20. Jahrhundert (S. 341)

1 Vergleiche den Seitenhinweis.
2 Auswanderung im 19. Jahrhundert vorwiegend als Arbeitsmigration. Mit der Industrialisierung wurden neue Arbeitsplätze geschaffen, die den Trend seit dem Ende des 19. Jahrhunderts umkehrten: Einwanderung von Arbeitskräften nach Deutschland (vor allem Binnenwanderung von Ost nach West, aus den Agrargebieten in die Industriegebiete).
3 Interessen von Migranten sind zumeist individuelle oder Gruppeninteressen, die nicht unbedingt im Einklang mit Zielen des aufnehmenden Staates stehen, z. B. in Fragen der sozialen Integration, der kulturellen Verträglichkeit, der sozialen Sicherung bei Arbeitslosigkeit, der Qualifikation für den Arbeitsmarkt, der Sicherheit für die Bürger.
4 Analyse mithilfe der Arbeitsschritte.
5 Einseitige These; siehe Kasten S. 331.
6 Diskussionsrunde.

Die mit einem * versehenen Begriffe werden im Lexikon näher erklärt.

Abbeville Press, New York – © 1984 Cross River Press Ltd.: 69/M4; akg-images: 9 o., 21/M4, 48, 56, 82, 110 (© VG Bild-Kunst, Bonn 2010), 112, 141/M2, 161, 171, 186/M1, 198 (© VG Bild-Kunst, Bonn 2007), 205/M3 3., 4., 209/M3 1. (Bildarchiv Pisarek), 2., 4. (Archiv Klaus Wagenbac), 222, 223, 269, 302/M3, 332; Amadeu Antonio Stiftung: 197/M6; Archiv der Demokratie der Friedrich-Ebert-Stiftung: 96/M2; Archiv Westermann, Braunschweig: 72; Bauhaus-Archiv, Berlin. Repro nach Glasdia aus dem Nachlass Hans Hildebrandt: 116/M3; Bayerische Staatsbibliothek, München: 83/M4; Behrendt/CCC,www.c5.net: 240; Bibliothek für Zeitgeschichte in der Württembergischen Landesbibliothek, Stuttgart: 60; Bild, Axel-Springer-Verlag: 271; Blaumeiser/CCC,www.c5.net: 275; bpk: 2, 3 (© VG Bild-Kunst, Bonn 2010), 9 u., 11, 14, 15, 18, 21/M3, 27, 30, 35, 51, 64, 65, 85 (© VG Bild-Kunst, Bonn 2010), 92/93, 97, 108, 123 (© VG Bild-Kunst, Bonn 2010), 126/127, 135/M5, M6, 141/M3, 143, 150, 154/M1, 162/M1, M2166, 184, 219, 226, 230/M3, M4, 290/M2 (Günter Zint), 292/M4, 294 (Dietmar Katz), 333/M4; Bundesarchiv: 149 (BArch, Bild 146/77/8/17), 165 (Plak 003-015-018), 175 (Bild 146-1970-043-30); Bundesbildstelle Berlin: 289/M4 1. o., 4. o. (Engelbert Reineke); Cliché Bibliothèque nationale de France, Paris: 46; Collection of David Tang, Hongkong – Foto: Hanart Gallery: 317/M2; Collection Raymond Bachollet, Paris: 83/M3; Corbis: 322/M1 (© Richard Cohen), M2 (© Neville Elder); Dietmar Dänecke, Hamburg: 282; Foto: F. Darchinger: 300; Das Fotoarchiv/Yavuz Arslan: 337; David King Collection, London: 79; Der Spiegel, Hamburg: 193, 326/M3; Deutsches Auswandererhaus, Foto: Werner Huthmacher: 333/M6; Deutsches Filminstitut – DIF e. V./Deutsches Filmmuseum, Frankfurt a. M.: 164; DHM, Berlin: 22, 45 (© VG Bild-Kunst, Bonn 2010), 63, 98, 99/M2, 167, 176/M1, 208/M1, 217/M1, 237/M5, 295; Dokumentationszentrum Prora: 153/M4, M5; aus: Josef Eberle, Im Trüben gefischt, Turmhaus Verlag, Stuttgart 1970: 233; Erich Schmidt Verlag – Zahlenbilder: 146/M1; aus: Erlebte Geschichte, Nationalsozialismus: 145; © Ferdinando Scianna. magnum/Focus: 77; Forschungs- und Gedenkstätte Normannenstraße: 301; Fretz & Wesmuth Verlag, Bern: 155; Fürstenberg, Mahn- und Gedenkstätte Ravensbrück: 178/M2; FU Berlin – Kennedy-Institut: 13; Gerhard Gäbler, Leipzig: 278; Galerie Yoon Lambert, Paris: 323; GEHAG, Berlin: 114; Gemeinde Extertal: 195; aus: Geschichte lernen, 18/1999: 264/M2; Getty Images: 191/M5; Germanisches Nationalmuseum, Nürnberg: 17; Gerburg Harenbrock: 102; Gidal S. 173: 203/M1; K. Golomb, Bottrop: 335/M3; Hella Harneit, Stubben: 67/M4; aus: Arno Herzig/Cay Redemacher, Die Geschichte der Juden in Deutschland, Ellert & Richter Verlag, Hamburg 2007: 208/M2; Herzog August Bibliothek Wolfenbüttel: 138; aus: Heiß und kalt, Elefanten Press: 292/M1; Historisches Museum, Hannover: 32, 33/M3-M5; aus: D. Hoffmann/F. Schütze, Weimarer Republik und nationalsozialistische Herrschaft, Schöningh, Paderborn 1991/© VG Bild-Kunst, Bonn 2010: 146/M3; Henri Huet: 247/M4; Imperial War Museum London: 59/M4; Interfoto: 264/M3; IPON/Stefan Boness: 284/M3; Jürgens Ost- und Europa-Photo, Berlin: 267, 296/M1; Katalog zur Ausstellung „Wir hatten noch gar nicht angefangen zu leben", Lagergemeinschaft und Gedenkstätte KZ Moringen e. V., Moringen/Liebenau 1997: 157 l.; Foto: Kaufhold: 296/M3; Keystone Pressedienst: 217/M2, 244; Bettina Klingel/B. Schaber/S. Spengler/G. Tannert, Fremdarbeiter und Deutsche, Bad Libenzell 1984: 157 r.; KNA-Bild: 180; Rosel Köhler, Herrsching: 268; Kunstsammlung NRW, Düsseldorf, Foto: Walter Klein/© VG Bild-Kunst, Bonn 2010: 117; Landesarchiv Berlin: 208 u.; Langewiesche-Brandt, Ebenhausen: 26, 81, 99/M3-M5, 106/M2, 123/M4, 144, 149/M1, 169, 154/M2, M3; Luff/CCC,www.c5.net: 260; © LWL-Medienzentrum für Westfalen: 334; Mary Evans Picture Library, London: 69/M5; Mohr/CCC,www.c5.net: 215 u., 313/M9, 315; Münchner Stadtmuseum, Plakatsammlung: 237/M3, M4; Musée de la Revolution francaise – Vizille: 82/M1; Museum für Gestaltung Zürich, Plakatsammlung: 39 u.; Museum Okrogowe, Thorn: 28; Museum Ratzeburg/© VG Bild-Kunst, Bonn 2010: 199; Robert Nadolny, Berlin: Titelbild (Hintergrund); National Archives, College Park, MD/USA: 185/M4; NS-Dokumentationszentrum der Stadt Köln (Bn 5269): 213/M2; aus: Olga und Piet. Eine Liebe in zwei Diktaturen, hg. für die Historische Kommission der Volkswagen AG, Wolfburg 2006: 189; Ostkreuz/Harald Hauswald: 297/M5; Hilmar Pabel, Hennburg: 230/M2; picture-alliance/akg-images: 205/M3 1., 2., 304/M3; picture-alliance/Bildagentur Huber: 284/M2; picture-alliance/dpa: 4, 49, 190, 196/M2, 256, 259, 272/M1, 314/M2, 319 o., u., 325, 339; picture-alliance/dpa/© dpa: 5, 196/M3, 287, 289/M4 2. u., 318, 320/M4, M5, 336/M3, 340; picture-alliance/dpa/© dpa-Bildarchiv: 214/215, 248, 265, 273, 289 2. o., 304/M1, M2; picture-alliance/dpa/© dpa-Fotoreport: 212/M2, 314/M3, 317/M1, 327; picture-alliance/dpa/© dpa-Report: 211, 212/M3, 289/M4 1. u., 305; picture-alliance/dpa/dpaweb: 289/M4 4. u.; picture-alliance/epd/www.relivision.com: 276/M2; picture-alliance/Keith Jones/Spectrum: 249/M6; picture-alliance/OKAPIA KG/© Nils Reinhard/OKAPIA: 153/M6; picture-alliance/Sven Simon: 262; picture-alliance/ZB/© dpa-Report: 194/M3; 289/M4 3 u. (Foto: Peer Grimm); Pressebilderdienst Kindermann: 172; Prestel Verlag, München 1995: 73; aus: Realismus. Zwischen Revolution und Reaktion 1919-1939: 87; Rheinisches Bildarchiv, Köln: 23, 213/M1; Foto: RIA „Nowosti": 74, 75; Jens Rötsch: 286; Russisches Staatsarchiv für Sozial- und Politikgeschichte, Moskau (RGASPI) – 393/1/205: 78; Sächsische Landesbibliothek – Staats- und Universitätsbibliothek Dresden, Abt. Deutsche Fotothek: 24; Borislav Sajtinac/© VG Bild-Kunst, Bonn 2010: 326/M2; Sammlung Alain Jaubert: 86; Volker Schadach, Fotostudio Goslar: 34; Karl Schaper/Rechte bei Hans Schaper, Sickte: 254/255; Roland Schmid: 247/M2; Schoenfeld/CCC,www.c5.net: 276/M1; Foto: Otwin Skrotzki: 67/M3; Besitzer: Staatliche Galerie Moritzburg, Halle, Landeskunstmuseum Sachsen-Anhalt/Foto: Klaus E. Göltz, Halle/© VG Bild-Kunst, Bonn 2010: Titelbild (Vordergrund), fliegendes Vorsatz Seite 4; Staatsarchiv Bremen: 101; Stadtarchiv Braunschweig: 134, 136; Stadtarchiv Dessau: 116; Stadtarchiv Eisenach: 176/M2; Stadtarchiv Hannover: 221; Stadtarchiv Kiel: 100, 191/M4; Stadtbildstelle Essen: 160; Karl Stehle, München: 55, 206; aus: Stillig/Wippermann, Der Nationalsozialismus: 147; Wilhelm Stöckle, Filderstadt: 8/9, 38/39, 68; Brigitte Szirmai, Berlin: 306/M1; sz-photo: 31, 39 r. M., 88, 96 r., 118, 130 (Scherl), 131, 148 r., 151, 158 (Scherl), 181 (Scherl), 185/M3, 188 (Scherl), 272/M2 (Sven Simon), 290/M1 (Georg Schödl), 298/M1, M2, 299/M3, M4, M6, 302/M1, 306/M2 (Fritz Neuwirth), 336/M1 (Manfred Vollmer); Tate Gallery London: 59/M3; Wolfgang Timme: 293/M7; Tomaschoff/CCC,www.c5.net: 341; Tretjakow-Galerie, Moskau: 76; ullstein bild: 58 (Archiv Gerstenberg), 61, 62, 95, 115, 129, 132 (Archiv Gerstenberg), 148 l., 153/M3, 178/M1, 182/M1 1., 3., 4., 207, 209/M3 3., 210, 270, 274, 279, 289/M4 3. o. (BPA), 288/M2, 338/M1 (Klijn), M2 (Poly-Press); Universitätesbibliothek Tübingen: 203/M2; Firouz Vladi, ArGe Spurensuche: 194/M2; Norbert Vogel: 297/M7; aus: Widerstand im Nationalsozialismus, Steinweg Verlag, Braunschweig 1985: 137; Verena Wistuba/Foto Tegeler: 66; Jupp Wolter (Künstler), Haus der Geschichte, Bonn: 250, 288/M1; www.deutsche-und-polen.de: 335/M4

Nicht in allen Fällen war es uns möglich, die Rechteinhaber der Abbildungen ausfindig zu machen. Für eventuell entstandene Fehler oder Auslassungen bitten wir um Verständnis. Berechtigte Ansprüche werden selbstverständlich im Rahmen der üblichen Vereinbarungen abgegolten.

Forum Geschichte

Band 9/10 wurde erarbeitet von:
Franz Hofmeier, Hans-Otto Regenhardt, Dr. Arnulf Siebeneicker, Claudia Tatsch, Ursula Winberger

Redaktion: Birgit Hackfeld
Bildassistenz: Dagmar Schmidt
Grafik: Dr. Volkhard Binder, Berlin; Peter Herlitze, Berlin
Karten: Carlos Borrell, Berlin
Layout und technische Umsetzung: Arnold & Domnick, Verlagsproduktion – alle Medien, Leipzig
Umschlaggestaltung: Klein & Halm Grafikdesign, Berlin

Das Umschlagbild ist eine Collage. Es zeigt das Brandenburger Tor und den „Jahrhundertschritt", Bronzeplastik bemalt, von Wolfgang Mattheuer (1927–2004), 1984, 250 x 150 x 230 cm.

www.cornelsen.de

1. Auflage, 2. Druck 2011

Alle Drucke dieser Auflage sind inhaltlich unverändert
und können im Unterricht nebeneinander verwendet werden.

Druck: CS-Druck CornelsenStürtz, Berlin

ISBN 978-3-06-064537-4

Inhalt gedruckt auf säurefreiem Papier aus nachhaltiger Forstwirtschaft.

OPERATOREN	ERLÄUTERUNGEN	BEISPIELE
Anforderungsbereich II (Reorganisation und Transfer: erschließen, einordnen, übertragen usw.)		
gegenüberstellen	wie skizzieren, aber zusätzlich argumentierend gewichten	– *Stelle* den Gründungsvorgang der Bundesrepublik Deutschland der Gründung der DDR *gegenüber* (Gründungen „von oben"; Frage der Souveränität; Wahlverfahren: freie Parteienbildung – Vormacht einer Partei; föderativ – zentralistisch).
vergleichen I	Aussagen, Sachverhalte und Probleme erkennen und im einfachen Vergleich Übereinstimmungen und Unterschiede feststellen	– *Vergleiche* die beiden Wirtschaftsmodelle (soziale Marktwirtschaft – zentrale Planwirtschaft (Grundbegriffe Markt, Plan; Eigentum an Produktionsmitteln: private Eigentümer – Staatseigentum; Planung und Kontrollen; Preisfestsetzung).
Anforderungsbereich III (Reflexion und Problemlösung: beurteilen, bewerten, Lösungen zeigen usw.)		
vergleichen[1] II	wie vergleichen I, dazu Ähnlichkeiten, Abweichungen usw. differenziert beurteilen	– *Vergleiche* die Lebenssituation der Juden in der Zeit der Aufklärung mit der im Deutschen Kaiserreich (Wandel der Grundeinstellung: Aufklärung, Liberalismus – organisierter Antisemitismus, Nationalismus; Emanzipation – gefährdete Gleichberechtigung; differenzierte Lage im Kaiserreich).
beurteilen	ein Sachurteil zu geschichtlichen Sachverhalten formulieren – ohne persönliches Werturteil	– *Beurteile* die alliierte Besatzungspolitik 1945–1948 (Probleme nach der Besetzung und Teilung; Verantwortung für das ganze Deutschland; dauerhafte Teilung?; Hilfsprogramme)
bewerten **Stellung nehmen**	wie beurteilen (s. o.), zusätzlich wird aber ein persönliches Werturteil formuliert	– *Bewerte* die „enttäuschte Vaterlandsliebe" der Juden im und nach dem Ersten Welrkrieg (z. B. Verständnis; Anerkennung ihrer Integrationsleistung, enttäuschte Erwartungen).
diskutieren **sich auseinandersetzen**	zu einer These oder einem Problem Argumente entwickeln und zu einer begründeten Bewertung gelangen	– *Diskutiert* in einer Gesprächsrunde die Frage, welche Erkenntnisse sich aus den Wanderungsbewegungen im 19. und 20. Jahrhundert für unsere Gegenwart gewinnen lassen (Begriff Migration: Motive, Ursachen, Push- und Pullfaktoren; aus Auswanderungsbewegung kann Einwanderung werden; Perspektiven: Individuum, Gruppe, Nationalitäten, Staat, Wirtschaft; Problem der Integration in die neue Gesellschaft, Illegalität). – *Setze* dich mit der These *auseinander*, der Untergang der DDR sei der Reformpolitik Gorbatschows zu verdanken (zutreffender Faktor, aber nicht allein entscheidend; längerfristig: Neue Ostpolitik der sozialliberalen Koalition (SPD-FDP-Regierung seit 1969, Entspannung in den Ost-West-Beziehungen; kurzfristig: Reformen in der UdSSR, Reformverweigerung der DDR-Regierung, Massenflucht, Wahlfälschung, Bürgerbewegungen.
prüfen **überprüfen**	Aussagen wie Vermutungen, Behauptungen, Urteile daraufhin überprüfen, ob sie zutreffend oder einsichtig sind	– *Prüfe*, welche Funktion und Bedeutung den „Feindbildern" im Kalten Krieg zukam (Wirkung nicht allein durch Waffen usw., sondern durch das „Bild", das jede Seite vom Gegner hatte. Gefahr der Verfestigung, Verzerrung, Verfälschung, „Eigenleben").
erörtern[1]	zu einer These oder einem Problem Für-und-gegen- bzw. Sowohl-als-auch-Argumente finden und eine eigene Stellungnahme formulieren	– *Erörtere* die These, dass zu einer wirklichen Einigung Europas die einzelnen Mitgliedsstaaten ihre bisherige Macht an die europäischen Institutionen abgeben müssten (Teile der politischen Macht sind bereits übertragen; strittig: europäische Wirtschafts- und Finanzregierung, Stabilität des Euro, Erweiterung).

[1] verlangt auch Leistungen aus den Anforderungsbereichen I und II

Vor- und Frühgeschichte (2 Mio. bis 3000 v. Chr.)

150 000 v. Chr.	Jetztzeitmensch in Afrika
40 000 v. Chr.	Jetztzeitmensch in Europa
9000 v. Chr.	Neolithische Revolution: Beginn der Sesshaftigkeit

Antike (um 3000 v. Chr. bis 500 n. Chr.)

seit 3000 v. Chr.	Hochkultur in Ägypten
753 v. Chr.	sagenhafte Gründung Roms
510 v. Chr.	Rom wird Republik
5. Jh. v. Chr.	Blütezeit der Demokratie in Athen
336 bis 323 v. Chr.	Regierungszeit Alexanders des Großen
27 v. Chr. bis 14 n. Chr.	Alleinherrschaft des Augustus, Beginn der römischen Kaiserzeit
391	Christentum wird römische Staatsreligion

Mittelalter (um 500 bis 1500)

7. Jh.	Ausbreitung des Islam
800	Frankenreich: Karl der Große wird Kaiser
962	Heiliges Römisches Reich: Otto I. wird Kaiser
seit 12. Jh.	Städtegründungen in Europa
1075 bis 1122	Investiturstreit zwischen Papst und Kaiser
1095 bis 1291	Kreuzzüge
1455	Gutenberg erfindet den Buchdruck

Frühe Neuzeit (um 1500 bis um 1800)

um 1300 bis 1600	Renaissance und Humanismus
1492	Kolumbus entdeckt Amerika
1517	95 Thesen Luthers: Beginn der Reformation
1618 bis 1648	Dreißigjähriger Krieg
17. und 18. Jh.	Absolutismus und Aufklärung
1688/89	England: Glorious Revolution und Bill of Rights

Neueste Zeit (um 1800 bis zur Gegenwart)

1776	Amerikanische Revolution
1789	Französische Revolution
1806	Ende des Heiligen Römischen Reiches
1814/15	Wiener Kongress
1835	erste Eisenbahn in deutschen Ländern
seit 1840	Industrielle Revolution in deutschen Ländern
1848/49	Revolutionen in Europa
1871 bis 1918	Deutsches Kaiserreich
1880 bis 1918	Imperialismus
1914 bis 1918	Erster Weltkrieg
1917	Russische Revolution
1919 bis 1933	Weimarer Republik
1933 bis 1945	Nationalsozialismus
1939 bis 1945	Zweiter Weltkrieg
1945	Gründung der Vereinten Nationen (UNO)
1947 bis 1991	Kalter Krieg
1949	Gründung der Bundesrepublik und der DDR
1958	Europäische Wirtschaftsgemeinschaft (EWG)
um 1990	Globalisierung, digitale Revolution
1990	Deutsche Einheit
2001	Terroranschläge in New York und Washington

KPD-Plakat zur Reichstagswahl
am 31. Juli 1932

NSDAP-Plakat zur Reichstagswahl
am 31. Juli 1932

Plakat der NSDAP, 1936

Plakat der NSDAP, 1943